MARGARETE KALLE

Die gute Köchin bittet zu Tisch

über 1500 Rezepte
für das ganze Jahr

SÜDWEST VERLAG MÜNCHEN

Bild Seite 2
Feiern Sie einen besonderen großen Festtag mit vielen Gästen und einem kalten Büfett, dann darf der Hummer nicht fehlen. Mit seinem leuchtend roten Panzer ist er der vielbewunderte Mittelpunkt. Aber auch bei einer schönen Feier zu zweit sollten Sie sich mal einen Hummer gönnen.

FOTOS: CHRISTIAN TEUBNER

Sonderausgabe für den Südwest Verlag GmbH & Co. KG, München

Umschlagfoto: Christian Teubner, Füssen
Gesamtherstellung: Ebner, Ulm
ISBN 3 517 00947 4

VORWORT

Sicher wissen Sie, liebe Hausfrau, daß Kochen keine Geheimwissenschaft ist. Aber manchmal ist es doch gut, wenn man einen treuen Helfer in Form eines Kochbuches als Rückhalt hat, der einem nicht nur bei komplizierten Gerichten beisteht, sondern auch, wenn einem das Naheliegendste einmal nicht einfällt. In diesem täglichen Begleiter finden Sie, was Sie über einfache Küchengeräte wissen müssen, Mengen- und Jahreszeittabellen, eine Aufstellung, welches Fleisch zu welchem Gemüse paßt, Menüvorschläge für festliche Anlässe, und dann beginnen die vielen leckeren Rezepte für alle Gelegenheiten. Die Gliederung ist in der altbewährten Aufteilung nach Vorspeisen, Salaten, Suppen, Gemüse, Fleisch und so fort gehalten. Kuchen und Kleingebäck, Diät- und Schonkost, Kindernahrung, Einkochen, Tiefkühlkost, Getränke und nicht zuletzt die schnelle Küche für Berufstätige sind natürlich auch dabei. Sicher werden Sie vieles entdecken, was gerade Ihnen Freude macht und was für Ihre Familie oder Gäste besonders gut geeignet ist. Lassen Sie sich auch von den hübschen Farbtafeln anregen und inspirieren, mal etwas ganz anderes auszuprobieren. Beginnen Sie gleich heute damit, es werden alle begeistert sein.

INHALTSVERZEICHNIS

Kuchen, Torten und Backwerk

Schnelle Küche für Berufstätige

Einkochen – Konservieren – Einlegen

Tiefkühlkost

ALPHABETISCHES VERZEICHNIS SÄMTLICHER REZEPTE (STICHWORTREGISTER)

A

B

C

D

E

F

G

H

I

J

K

L

M

N

O

P

Q

R

S

T

U

V

W

Y

Z

EINLEITUNG

Kochen ist leicht, gut kochen ist schwer. Man spricht also mit Recht von der Kunst des Kochens.

Gutes Essen und Trinken hält nicht nur Leib und Seele zusammen, sondern auch die ganze Familie. Wie beglückend ist es für Sie, meine verehrte Hausfrau, wenn Sie nach des Tages Hetze und Plage bei Tisch die Augen Ihres Mannes und der Kinder leuchten sehen. Wie schnell vergessen Sie darüber Ihre Sorgen und kleinen Ärgerlichkeiten, die sich vielleicht im Laufe des Vormittags einstellten und Ihnen den ganzen Tag zu vergällen drohten. Wiegt ein strahlender Blick oder ein zufriedenes Brummen nicht all die Arbeit auf, die Sie mal wieder um „Ihre Lieben" hatten?

Dieses Buch will Ihnen ein Helfer sein und soll Ihnen Ihre Arbeit einteilen helfen.

So leicht haben Sie es mit all den technischen Neuigkeiten und Geräten, die das Kochen wirklich zur Freude machen. Wer Besitzer einer Küchenmaschine oder eines Grills ist, der kommt kaum noch in Verlegenheit, wenn es ganz schnell gehen muß, oder wenn unerwartete Gäste kommen.

Denken Sie auch immer am Anfang des Monats daran, einen kleinen Vorrat an Konserven und lagerfähigen Nahrungsmitteln als eiserne Ration für Ultimo hinzustellen, dann kann getrost der Monat zu Ende gehen, ohne daß Sie Ihre Familie mit Suppen und Eintopfgerichten kurzhalten müssen.

In diesem Kochbuch finden Sie nun alles, was nötig ist, um den Anforderungen der heutigen Zeit in bezug auf Ernährung gerecht zu werden. Haben Sie Ihre Mahlzeit zusammengestellt, sollten Sie noch bedenken: auch das Auge will mitessen.

Achten Sie auf die farbliche Zusammenstellung Ihres Menüs; nehmen Sie ein paar Tomatenscheiben, ein wenig Petersilie, gehackt oder als Sträußchen, ein paar Scheiben Wurst; garnieren Sie Platten und Schüsseln und essen Sie in Ruhe. Widmen Sie Ihre Aufmerksamkeit aber auch Ihren Lieben, denn für viele Familien sind die Mahlzeiten der einzige gemeinsame Treffpunkt am Tag.

Neben der Zubereitung der Gerichte finden Sie die Zutaten auf dem Rand übersichtlich herausgestellt. Jedes Gericht können Sie im Stichwortverzeichnis in der entsprechenden Rubrik nachschlagen: Blumenkohl unter Gemüse, gefüllte Schinkenrollen unter Vorspeisen, Bowle unter Getränken usw. Sollten durch Erkrankung Ihrer Angehörigen Diätmahlzeiten erforderlich sein, schlagen Sie unter Krankenkost nach und Sie finden eine kleine Auswahl an Rezepten, die Ihnen die erste große Sorge um die Ernährung Ihres Patienten meistern helfen. Wir haben auch einen besonderen Abschnitt Kinderkost, angefangen von der Säuglingsnahrung im Fläschchen bis zum Schulbrot für die größeren Kinder. Für Einladungen und Partys erfahren Sie Wissenswertes unter: Kalte und warme Vorspeisen für solide Leute und Schlemmer; Salate, Getränke, kalte Platten und Schnittchen.

Alleinstehende Berufstätige, Junggesellen und Strohwitwer können sich schnell aus Beutelpackungen und Dosengerichten in kürzester Zeit kleine Menüs bereiten. Schauen Sie nach am Ende des Buches, wie bequem alles für Sie aufgezeichnet ist.

Außerdem werden die hübschen Bildtafeln besonderen Anreiz geben, für Familie, Feste und Gäste das Beste zu tun.

Erwarten Sie Ihre Freunde und Besucher nun ohne Herzklopfen im eigenen Heim, richten Sie sich ein wenig nach den vorliegenden Anweisungen und Sie können sicher sein, daß Familie, Freunde und Gäste zufrieden sind.

Um mal was „Besonderes" bereiten zu können, haben wir für Sie Gerichte herausgesucht, die in fremden Ländern häufig auf der Speisekarte stehen und die unseren Urlaubern gefielen. Die finden Sie jeweils am Ende eines Abschnittes. Vielleicht ist auch Ihr Lieblingsgericht dabei?

Was die Köchin wissen muß

KÜCHENGERÄTE HELFEN DER KÖCHIN UND HAUSFRAU

Wenn jemand, der 30 oder 40 Jahre von aller Kultur abwesend war, eines Tages bei uns erscheinen würde und Gelegenheit hätte, sich in einer modernen Küche umzusehen, würde er glauben, daß die Hausfrau von heute nur noch auf das berühmte „Knöpfchen" zu drücken brauchte, und alles andere täte sich von selbst.
Zugegeben, daß es im Idealfall so sein könnte. Wer aber hat die vielen Tausender zur Verfügung, um sich all die elektrischen Maschinen und Geräte anschaffen zu können? Und – würde Ihnen dann das Kochen überhaupt noch Freude machen?
Wir sind froh und dankbar, daß so viele Männer sich „unseren" Kopf zerbrechen, damit wir das Leben in der Küche ein wenig bequemer haben. Viele Stunden kann man von der Hausarbeit abzwicken, wenn man eine gute neuzeitlich eingerichtete Küche hat, und Sie sollten wirklich regelmäßig zweimal im Jahr mit aller Aufmerksamkeit ein Haushaltungsgeschäft aufsuchen und sich die „neuesten Neuigkeiten" vorführen oder zeigen lassen. Ergänzen Sie Ihre Haushaltsgeräte, wenn sie nützlich für Sie sind. Vermeiden Sie aber, Maschinen zu kaufen, die sich vielleicht erst bei einer 8- bis 10köpfigen Familie lohnen würden. Immer muß der Anschaffungswert im Verhältnis zur Zeitersparnis stehen. Bei größeren Anschaffungen spricht ja der Haushaltungsvorstand ein Wort mit, und es sind längere Aussprachen nötig, um das Für und Wider einer solchen Maschine zu erörtern. Aber auch die kleineren Gegenstände, die wir vom Haushaltsgeld abzweigen können, wollen wohl überlegt sein.
Die unbedingt erforderlichen kleineren Geräte werden schon in Ihrem Haushalt vorhanden sein, angefangen vom Küchenmesser und Durchschlag bis zur Kaffeemühle. Wir wollen uns nun umsehen nach den anderen kleinen Dingen, oder auch nach den größeren, die uns zusätzlich eine Hilfe sein können. Welche Anforderungen stellen wir nun an solche Geräte?

1. Sie müssen sich schnell und leicht reinigen lassen und einfach auseinanderzunehmen sein,
2. Ersatzteile müssen beschafft werden können,
3. sie müssen wirkliche Arbeitserleichterung bringen,
4. das Material muß leicht und zweckentsprechend sein.

An *Messern* sollten vorhanden sein:
Kartoffelschälmesser, Brotmesser, Aufschnittsäge, Tomatenmesser, Buntschälmesser, Schabemesser für Wurzelgemüse und zum Schnippeln von Bohnen, Apfelsinenschälmesser, Geflügelschere zum Tranchieren.

Zum Backen brauchen Sie:
Schüttelsieb für Mehl, Meßbecher mit Einteilung für Gramm und Kubikzentimeter, Rührlöffel, Schneebesen oder Radschneeschläger, Halteplatte für Rührschüsseln, Blitzrührer, Mandelmühle, Sahnespritzer mit verschiedenen Spritztüllen, Rollholz, Teigrädchen zum Ausradeln.

Küchengeräte für die Kocherei:
Kaffeefilter, Kaffeesiebchen; Tee-Ei-Löffel; Zitronenpresse; Eierzerteiler; Käsehobel; Schneidboy zum Zerkleinern von Küchenkräutern, Zwiebeln usw.; Muskatreibe mit Deckelverschluß für die Muskatnuß; Handmixbecher zum Anrühren von Mehl, Mondamin, Kakao usw.; Handreiben mit 3 oder 4 verschiedenen Reibflächen zum Raspeln, Reiben, Stifteln, Hobeln. Sie sind kastenförmig gearbeitet zum Auffangen des Reibgutes. Schaumlöffel; Pfannenmesser; Apfelausstecher zum Entfernen des Kerngehäuses; Kirsch- und Pflaumenentkerner; Kartoffelpresse zur Herstellung von Kartoffelbrei und -schnee; Passiermaschinen für Gemüse und Obst; Pommes-frites-Schneider.
Eine große Anschaffung ist eine *Küchenmaschine,* die ein unentbehrliches Haushaltungsgerät ist, wenn man sich an seine Mitarbeit gewöhnt hat. Die verschiedenen Zusatzgeräte sollte man möglichst sofort mitbestellen. Schnippelmaschine, Raspeln, Reibe, Knet- und Rührwerk, Mixer, Kaffeemühle und Fleischwolf; wenn es eben geht auch die Saft- und Beerenpresse. Alle die Arbeiten, die sonst soviel Zeit kosten, sind dann in wenigen Minuten geschafft. Für kleinere Haushalte genügt ein Mixstab.

Das Gerät aber, das sich jede Hausfrau wünscht und eigentlich haben sollte, ist der *Kühlschrank*. Viele Wege werden der Hausfrau und der berufstätigen Frau vor allem erspart, wenn sie nur ein- bis zweimal wöchentlich einkaufen gehen muß und ihre Vorräte, besonders in der größten Sommerhitze, vor dem Verderb sicher weiß. Er soll nicht zu groß sein, wegen des Stromverbrauchs, aber auch nicht zu klein, damit nicht nur Aufschnitt und Butter, sondern auch Getränke und Gemüse in ausreichendem Maße darin Platz finden. Für beinahe jeden Geldbeutel und jede Familiengröße sind Kühlschränke heute überall erhältlich.

Ein Küchengerät, das ich allen Hausfrauen dringend empfehlen möchte, ist der *drehbare Küchensessel* mit Rückenlehne. Verrichten Sie alle Ihre Arbeiten mit und ohne Hilfsgeräte möglichst sitzend. Sie ersparen sich Zeit, Kraft und Arbeit und tun gleichzeitig etwas für Ihre Gesundheit.

MENGENTABELLE

Um auch Anfängerinnen das Kochen und Messen zu erleichtern, ist hier eine Vergleichstabelle angeschlossen, nach der sich jede Köchin mühelos zurechtfinden kann:
Nehmen Sie einfach eine Tasse oder einen Eßlöffel zur Hand, wenn Sie keine Waage haben. Prägen Sie sich die Grundmengen und Maßangaben ein. Beim Backen und Einmachen jedoch nehmen Sie die genau abgewogene Menge, es hängt oft das gute Gelingen einer Speise davon ab.

1	gestrichener	Eßlöffel	Butter	20 g
1	„	„	Grieß	12 g
1	„	„	Haferflocken	5 g
1	„	„	Kaffee gemahlen	5 g
1	„	„	Kakao	5 g
1	„	„	Mehl	10 g
1	„	„	Mondamin	10 g
1	„	„	Reis	20 g
1	„	„	Salz	9 g
1	„	„	Zucker	15 g
1	„	Teelöffel	Backpulver	3 g
1	„	„	Mondamin	5 g
1	„	„	Salz	5 g
1	Tasse		Grieß	150 g
1	„		Mehl	100 g
1	„		Zucker	150 g

Für 3 – 4 Personen:

1 Pfd. Fleisch ohne Knochen
1 Pfd. Gehacktes
1 - 1½ Pfd. Gemüse
1 Pfd. Kartoffeln
1 Pfd. Obst
2 Pfd. Fisch gekocht
1½ Pfd. Fisch gebacken

¾ Pfd. Hülsenfrüchte
¾ Pfd. Nudeln
¼ Pfd. Grieß
½ Pfd. Reis
1 l Suppe
½ l Soße
½ l Flüssigkeit für Süßspeisen
40 g Suppeneinlagen

Mehlbutter: 20 g Mehl mit 20 g Butter zu Klößchen formen, im Bratensaft mit zerkochen lassen.

Rindfleisch

Beefsteak – Rumpsteak:
Grüner Salat, Rapunzel, Endivien, Karotten, Erbsen, Schwarzwurzeln, Paprika

Filet – Roastbeef:
Karotten und Erbsen, Karotten, Brechbohnen, Spargel, Blumenkohl, geschmorte Tomaten, grüner Salat, Selleriesalat, Rapunzel

Gekochtes Rindfleisch:
Brechbohnen, Schnittbohnen, Weiß-Wirsingkohl, Spitzkohl, geschmorte Zwiebeln, Möhren, Gurkensalat, Gewürzgurken

Gulasch – Rouladen – Ragout:
Blumenkohl, Kohlrabi, Schwarzwurzeln, Sellerie, Fenchel, Salate aller Art, Leipziger Allerlei, Rotkohl, Pfifferlinge

Zunge:
Spargel, junge Erbsen, Blumenkohl, Champignons

Rauchfleisch:
Grünkohl, Lauch, Teltower Rübchen

Rinderbraten:
Blumenkohl, Schwarzwurzeln, Wirsing, Erbsen und Karotten, geschmorte Tomaten, Rotkohl

Schweinefleisch

Bratwurst – Frikadellen – Hackbraten:
Rosenkohl, Mairüben, Stielmus, Erbsen und Karotten, Kohlrabi, Zuckererbsen, Brechbohnen, Schnittbohnen, Blumenkohl, Steckrüben, Porree, Jägerkohl, Selleriesalat, Tomatensalat, rote Beete, grüner Salat

Koch- und Bratwürstchen – Frankfurter Würstchen:
Sauerkraut, Kartoffelsalat, grüner Salat, weiße Bohnen, Grünkohl, Hülsenfrüchte

Gebackene Leber:
Blumenkohl, Karotten, Erbsen, Schwarzwurzeln, Sellerie, Porree, Salate aller Art, Apfelscheiben, Tomaten

Gefüllte Schweinerippe:
Rotkohl, Rosenkohl

Gekochtes Schweinefleisch:
Kohlrüben, Sauerkraut, rote Beete, grüner Salat, Bohnengemüse

Nierchen:
Sauerkraut, Steckrüben, Apfelmus
Hackfleisch:
als Füllung in Zwiebeln, Kohlrabi, Tomaten, Paprika, Gurken, Weißkohl
Kasseler Rippenspeer:
Sauerkraut, Schwarzwurzeln, Rosenkohl, Bohnengemüse
Königsberger Klopse:
Sellerie, Brechbohnen, Salate
Kotelett – Schnitzel:
Rotkohl, Maronen, Rübchen, Spargel, junge Erbsen, Gurkensalat, Salate
Eisbein:
Sauerkraut, Erbsbrei, Kohlrüben
Rauchfleisch – Bauchspeck:
Große Bohnen, Brechbohnen, Grünkohl, Weißkohl, Sauerkraut
Roher Schinken:
Karotten, Erbsen, Spargel, Chicoree
Schweinebraten:
Rotkohl, Erbsen und Möhren, Grünkohl, Rosenkohl, Brechbohnen, Salate aller Art, Schwarzwurzeln

Kalbfleisch

Kalbsbraten:
Spargel, Blumenkohl, junge Erbsen, Karotten, Leipziger Allerlei, Pilze
Kalbsfrikandeau:
Spinat, Mangold, Porree, geschmorte Gurken, Champignons
Kalbsfrikassee:
Spargel, Champignons, Pfifferlinge
Kalbsschnitzel:
Spargel, Erbsen und Karotten, Schwarzwurzeln, grüner Salat, Endiviensalat, Tomatensalat, Gurkensalat
Kalbsleber:
Salate aller Art
Kalbszunge:
Champignons, Spargel, Erbsen und Karotten

Hammelfleisch

Hammelkotelett:
Grüne Bohnen, Selleriesalat, Gurkensalat, grüner Salat

Hammelbraten

Brechbohnen, geschmorte Gurken und Tomaten, Selleriesalat, Rapunzelsalat, weiße Rübchen, Steckrüben

Hammelrippchen:

Mairüben, Teltower Rübchen

Gekochtes Hammelfleisch:

Weißkohl, Wirsing, grüne Bohnen

JAHRESTABELLE FÜR SALATE UND GEMÜSE

Januar

Chicorée, Endiviensalat, Grünkohl, Lauchgemüse, Möhren, Rotkohl, Rosenkohl, Sellerie, Schwarzwurzeln, Weißkohl.

Februar

Chicorée, Endiviensalat, Feldsalat, Grünkohl, Lauch, Möhren, Rosenkohl, Rotkohl, Weißkohl.

März

Chicorée, Gartenkresse, Möhren, Rosenkohl, Rotkohl, Weißkohl, Wirsing.

April

Artischocken, Fenchel, grüner Salat, Mangold, Radieschen, Rhabarber, rote Beete, Spinat, Weißkohl.

Mai

Fenchel, Gurken, Kopfsalat, Kohlrabi, Kresse, Möhren, Mangold, Radieschen, Rhabarber, Spinat, Spargel.

Juni

Blumenkohl, Erbsen, Gurken, große Bohnen, Möhren, Kohlrabi, Spargel.

Juli

Blumenkohl, Erbsen, grüne Bohnen, Gurken, große Bohnen, Möhren Pilze, Rotkohl, Salat, Spinat, Tomaten, Zwiebeln.

August

Essiggurken, grüne Bohnen, Gurken, Kohlrabi, Maiskolben, Mangold, Paprika, Pilze, Rettich, Rotkohl, Tomaten, Weißkohl.

September

Auberginen, Blumenkohl, grüne Bohnen, Mangold, Möhren, Paprika, Pilze, Rotkohl, Spinat, Schnittbohnen, Sellerie, Tomaten.

Oktober

Blumenkohl, Kohlrabi, Lauch, Mangold, Möhren, Rotkohl, Sellerie, Steckrüben, Tomaten, Wirsing.

November

Blumenkohl, Möhren, Paprika, Rotkohl, Rosenkohl, Steckrüben, Sellerie, Weißkohl.

Dezember

Alle Kohlarten, Kastanien, Möhren, Rüben, Sauerkraut, Steckrüben.

SPEISENFOLGE FÜR FEIERLICHE ANLÄSSE NACH DER SIE SICH RICHTEN DÜRFEN

Es gibt Gelegenheiten, die gefeiert werden müssen. Aber es geht nicht immer nur mit kalten Platten und Schnittchen! Zwar ist es heute kein Problem, sich ein Menü fix und fertig ins Haus liefern zu lassen, aber Hand aufs Herz! - das widerspricht doch Ihrer Hausfrauenehre. Gerne zeigen Sie doch, daß Sie vom Kochen etwas verstehen. Und es ist ja das Kochen nicht allein.

Nein, es ist noch das geheimnisvolle Etwas, diese innere Erregung; das Tischdecken mit all seinen Feierlichkeiten, angefangen vom Silber, über die herrlich geschliffenen Gläser bis zu den anmutig gefalteten Servietten und dem ganzen Tischschmuck, der der Feierlichkeit des Ereignisses entsprechen soll.

Ich denke an eine Tauffeier, eine Verlobung, eine Hochzeit, ein Jubiläum. Nirgendwo kann persönlicher gefeiert werden als zu Hause, in den eigenen vier Wänden. Diese feierliche Mahlzeit soll sich aus dem Alltagseinerlei hervorheben, und Sie tischen mehrere Gänge auf. Fisch und Fleisch sollen aufeinander folgen, auserlesene, warme Gemüsegerichte werden mit verschiedenen Salaten gereicht. Dazu Weine, der Speisenfolge entsprechend. Eine gute, nicht alltägliche Suppe oder eine warme Vorspeise leitet das Menü ein, und zum Abschluß gibt es Obst, Süßspeisen und Eis oder Kaffee. Abends kann man natürlich warm und kalt servieren, und Getränke sind in besonders guter Qualität ausreichend vorhanden. Vielleicht können Sie nachfolgende Anregungen in die Tat umsetzen. Wählen Sie aus:

I. GANG

Spargelsuppe

250 g Spargel
Suppengrün
2 Eßl. Butter
1 Eßl. Mehl
1½ l Brühe
Salz, Muskat
1 Eigelb
2 Eßl. Rahm

Spargelreste mit Suppengemüse in Butter anschwitzen, mit Mehl bestäuben und Knochenbrühe auffüllen. Gut auskochen lassen, alles durch ein Sieb passieren und die Suppe mit Eigelb und Rahm oder Milch abziehen. Als Einlage Spargelköpfe und Reis, die man vorher in Salzwasser weichgekocht hat.

oder:

Weinsuppe

½ Eßlöffel Mondamin
3 Eigelb
½ Flasche Wein
½ Flasche Sprudel
2 Eßl. Zucker
Zitronensaft
3 Eischnee

Mondamin und Eigelb mit Weißwein und Wasser anrühren, mit Zucker und Zitrone abschmecken und über starkem Feuer mit dem Schneebesen unter stetigem Schlagen bis zum Kochen bringen. Von dem zu festem Schnee geschlagenen Eiweiß kleine Klöße auf die fertige Suppe legen, mit Zucker bestreuen und servieren. Beilage Zwieback.

oder:

Erbsensuppe aus frischen Erbsen

500 g frische Erbsen
Suppengemüse
2 Kartoffeln, Muskat
3 Eßl. Butter, Salz
2 Eßl. Mehl
2 l Brühe
2–3 Eßl. Rahm
1 Kopfsalat

Ausgepellte frische Erbsen mit Suppengemüse und mit in Scheiben geschnittenen Kartoffeln in Butter anschwitzen. Mit Mehl bestäuben und Fleischbrühe auffüllen. Auskochen lassen. Durch ein Sieb streichen, mit Rahm oder Milch abziehen. Als Einlage in Streifen geschnittener Kopfsalat.

II. GANG

Aal, blau gesotten

1–2 Aale
1 l Wasser
1 Tasse Essig
2 Eßl. Salz
1 Zwiebel
1 Möhre
1 Lorbeerblatt
1 Nelke
Petersilie
1 Zitrone

Den Aal gründlich waschen sowie Schleim gut mit Salz abreiben. Fisch am Bauch der Länge nach aufschlitzen, Eingeweide entfernen. Rücken- und Bauchflossen sowie Aalkopf mit Schere abschneiden. Den Fisch in 5 cm große Stücke zerlegen. Stücke gut wässern und in einen heißen Sud aus Wasser, Essig, Salz, geschnittener Zwiebel, gelber Rübe, Lorbeerblatt und 1 Nelke legen. Langsam eine halbe Stunde kochen. Die fertigen Stücke auf einer Serviette anrichten, die auf eine Schüssel gelegt wird, und mit Petersilie und Zitronenscheibchen garnieren.

Haushofmeisterbutter oder Butter maitre d'hôtel

Frische Butter mit gehackten Schalotten und Petersilie schaumig rühren, mit etwas stark eingekochter Bratenjus vermischen und mit Worcestersoße abschmecken.

½ Tasse Butter
1 Zwiebel
1 Eßl. gehackte Petersilie
1 Eßl. Bratenjus
1 Spritzer Worcestersoße

Gebackene Kartoffeln

Geschälte Kartoffeln in ½ cm dicke, längliche Stücke schneiden, waschen, gut abtrocknen und in heißem Fett ausbacken und salzen.

500 g Kartoffeln
Fett
Salz

Gurkensalat

2 Gurken schälen, in dünne Scheiben hobeln, mit Schnittlauch, Salz und Pfeffer bestreuen und mit Essig und Öl vermischen.

2 Gurken, Essig
etwas Dill
1 Eßl. Schnittlauch
Pfeffer, Salz, Öl

oder:

Seezungenfilet in Weißwein

Filets von 2 Seezungen wie Rezept 763 auslösen und leicht mit Zitronensaft beträufeln. Dann entweder lang mit der Hautseite nach unten in eine mit Butter ausgestrichene Kasserolle legen oder die Filets so aufeinanderklappen, daß die Hautseite innen liegt, Weißwein dazugeben und Filets weichdämpfen. Aus dem Fond eine helle Pilzsoße bereiten. Die Filets auf einer langen Platte anrichten, die Soße darübergeben, einige französische Kartoffeln (Rezept 806) hinzufügen und auftragen. Die geklappten Filets kreuzweise oder in Kranzform anrichten; als Beilage

2 Seezungen
Zitronensaft
Butter
¼ l Weißwein
Pfeffer
Salz
1 Teelöffel geriebene Zwiebel

Kartoffelbrei gebacken

Man häuft sehr steifen Kartoffelbrei bergartig auf eine feuerfeste Schüssel, betropft mit Butter, bestreut mit Semmelbröseln oder geriebenem Käse oder beidem gemischt, betropft nochmals mit Butter und backt goldbraun.

Kartoffelbrei
Butter
Reibbrot
Reibkäse

Rehrücken mit Apfelsinen

1 Rehrücken
2 Apfelsinen
Butter
1 Prise Zucker

Rehrücken braten wie in Rezept 705, Apfelsinen schälen, die weiße, bittere Haut entfernen und die einzelnen Apfelsinenteile herausschneiden. Die Rehfilets auslösen, in schräge Streifen schneiden und sie auf dem Gerippe wieder aneinanderlegen. Die Apfelsinenstücke in etwas Butter andämpfen, mit Zucker überstreuen, glasieren und auf den Rehrücken geben. Als Beilage warme Apfelsinensoße, Rezept 521. Als Gemüse reichen Sie

Pfifferlinge

500 g Pfifferlinge
3 Eßlöffel Butter
1 Zwiebel
Salz
Pfeffer
Petersilie

Gut putzen, waschen und in kochendem Wasser etwa 5 Minuten blanchieren. In kaltem Wasser abkühlen und auf einem Sieb abtropfen lassen. In etwas Butter feingehackte Zwiebel anschwitzen, die Pilze dazugeben und mit brauner Soße, Rezept 494, auffüllen.

Römische Grießnockerln

1 l Milch
200 g Grieß
2 Eßlöffel Butter
Muskat
Salz
4 Eßlöffel Reibkäse
3 Eigelb

In kochende Milch Grieß langsam einlaufen lassen und Butter, Muskat sowie eine Prise Salz dazugeben. Mit Eigelb und geriebenem Parmesankäse abziehen, die Masse 2 cm dick auf ein Blech gießen, mit viel geriebenem Parmesankäse bestreuen und den Grieß erkalten lassen. Mit einem Ausstecher kleine Halbmonde herstellen, in eine feuerfeste Form legen und im Ofen überbacken bis sie braun sind. Mit Tomatensoße servieren; hier das Rezept:

Tomatensoße

Suppengrün
2 Eßlöffel Mehl
Speckreste, Salz
1 l Brühe, Zucker
3 Eßlöffel Butter
1 Eßl. Tomatenmark

In Würfel geschnittenes Röstgemüse und Speckabfälle in Butter anschwitzen, etwas Tomatenmark oder frische Tomaten dazugeben und andämpfen. Mit Mehl bestäuben und mit Fleischbrühe auffüllen. Durch ein Sieb streichen und mit Salz, Knoblauch und etwas Zucker abschmecken.

Überbackene Toasts. Diese kleinen leckeren Schnittchen sind schnell zubereitet und eignen sich für alle Gelegenheiten. Auch als Zwischenmahlzeit sind sie sehr beliebt. Der eigenen Phantasie sind dabei keine Grenzen gesetzt.

IV. GANG

Mandel-Pudding

100 g ger. Mandeln
50 g Weckbrösel
150 g Butter, 6 Eier
150 g Zucker
das geriebene Gelbe von ½ Zitrone
etwas Vanille
1 Gläschen Rum

Die Brösel mit Rum anfeuchten, Butter und Zucker schaumig rühren. Eigelb, Gewürz und Mandeln dazugeben, zuletzt den steifen Schnee unter das Ganze mengen. Alles in eine mit Butter gut bestrichene Form füllen und etwa eine Stunde kochen.

oder:

Vanillesulz

½ l Milch
100 g Zucker, Vanille
9–10 Blatt Gelatine
Sultaninen

Alles miteinander aufkochen, zuletzt die Beilage zugeben und in eine Form füllen.

oder:

Apfel-Creme

Herstellung wie Apfelschlagsahne, Rezept 908. Diese Creme kann aus Apfelkompott mit Gelatine oder aus Dunstäpfeln wie auch aus Birnen bereitet werden. Mit leichter Creme, Rezept 907, oder Sahnecreme, Rezept 918, zubereiten.

Außer dem ausführlich aufgezeigten Festessen – I. bis IV. Gang – nachfolgend einige zusammengestellte kleinere Menüs:

Mittagessen

Spargelsuppe
Seezunge gebacken mit feinen Kräutern, Weißwein (Rhein–Mosel–Nahe)

Abendbrot

Wildbraten mit Cumberlandsoße – Burgunderwein
Trüffelkartoffeln, Salate
Birne Helene – Sekt

Auch diese Toasts werden bei Ihrer Familie oder Ihren Gästen Begeisterung hervorrufen. Hier mit Pilzen, Käseflöckchen, Hawaii-Toast mit Schinken, Ananasscheibe, Käse und Cocktailkirsche und Schrimps mit Käse überbacken.

Mittagessen

Hühnerbrühe mit Einlage
Spargel mit Schinkenkrem, Aperitif – Wermutwein
Hühnerragout mit Pilzen im Reisrand – Rheinwein
Gefüllte Sellerie
Obsttörtchen mit Sahne – Kaffee

Abendbrot

Königinpastete mit Champignons – leichter Weißwein
Blätterteighalbmonde
Spargelsalat mit Schinkenröllchen
Zitronenkrem mit Sahne – Sekt

Mittagessen

Tomatenkremsuppe mit Schwemmklößchen
Fischauflauf, Pommes frites – Moselwein
Gefüllte Gans mit Äpfeln, Salate – Rheinwein
Pfirsich Melba – Sekt

Abendbrot

Kalte Braten, Hähnchen, Täubchen, Hühnchen – Rhein-Moselwein
Toastscheiben
Mayonnaisesalate, Käseplatten – Bier
Brotplatten, Kräcks, Kartoffelchips, Nibbit – Sekt

Mittagessen

Königinsuppe
Karpfen blau mit Butterkugeln – Moselwein
Rinderzunge in Madeira, Champignons, junges Gemüse in Butter – Burgunderwein
Herzoginkartoffeln
Apfelschlagsahne mit feinstem Gebäck – Kaffee

Abendbrot

Hummermayonnaise – Sekt
Rehfilet in Butter, gebackene Apfelscheiben – schwerer Weißwein
Käseauflauf – Burgunderwein
Obst mit Sahne – Süßwein

Wie die Köchin kochen muß

Kalte und warme Vorspeisen
Häppchen für solide Leute und Schlemmer

COCKTAILS ALS KALTE VORSPEISE

Die Cocktailschalen mit marinierten Salatblättern auslegen und feingewürfelte Tomaten, gehackte Nüsse, Mandelblättchen, Krabben, Lachs, Fisch oder Mandarinen, Apfelstückchen, Oliven oder Eierscheiben darauf betten.
Alle Zutaten beliebig untereinander mischen, mit verdünnter Mayonnaise beträufeln und in Butter geröstetes Weißbrot (in Viertel teilen), mit Spießchen versehen, dazu reichen.
Diese Cocktails erfreuen sich großer Beliebtheit, besonders bei den jungen Hausfrauen und Gästen. Es gibt so viele Kombinationsmöglichkeiten, daß jeder Gastgeberin schon das richtige einfällt.
Aber auch gefüllte Tomaten oder kleine Sandwiches können ein Essen einleiten. Man kann diese kalten Vorspeisen mit wenig Geld herstellen. Hauptsache: Frisch zubereiten und kühl servieren.
Als Vorspeise können ebenfalls Salate serviert werden. Reiche Anregung dazu verschaffen Sie sich beim Nachschlagen der Seiten 77 bis 92.

Rezept 1

Matjes-Cocktail

1 Tasse Matjessalat
Tomatenketchup
4 Eßlöffel saure Sahne
Sherry
Oliven
Salatherzchen

In eine Cocktailschale 1 Eßlöffel Matjessalat geben, darüber eine Soße von Tomatenketchup mit etwas Sherry und saurer Sahne verrührt. Garnitur eine Olive, ein Salatherzchen.

Rezept 2

Tomaten-Cocktail

500 g Tomaten
1 Prise Salz
Pfeffer
Zucker
gehackte Petersilie
1 Schuß Weinbrand
Schlagsahne

Tomaten durch ein Haarsieb treiben, das Püree würzen, Weinbrand zugeben und in Cocktailschalen füllen. Mit einem Löffel Sahn garnieren und mit Petersilie bestreuen.

Rezept 3

Lachs-Cocktail

3 Eßlöffel Schlagsahne
3 Eßl. Salatmayonnaise
1 Teelöffel Senf
Saft ½ Zitrone
Salz, Pfeffer
1 Gläschen Steinhäger
1 Apfel
1 Eßl. gerieb. Meerrettich
100 g Räucherlachs

Die Mayonnaise mit Sahne, Senf, Zitronensaft, Pfeffer, Salz und Steinhäger gut verrühren, die säuerlichen Äpfel grob geraffelt, den Meerrettich fein gerieben unter die Marinade mengen; den Räucherlachs unterziehen, den Cocktail in breite Gläser füllen, mit Lachsstreifchen garnieren und mit Mayonnaise appetitlich verzieren.

Rezept 4

Orientalischer Cocktail

4 Orangen
1 kl. Dose Champignons
1 kl. Dose Brechspargel
1 Beutel Salatmayonnaise
2 Eßl. Tomatenketchup
1 Prise Curry-Pulver
Saft ½ Zitrone
1 Gläschen Weinbrand

Die geschälten Orangen in kleine Würfelchen schneiden, die halbierten Champignons und den gut abgetropften Spargel untereinander mischen und in die Cocktailgläser füllen. Aus Salatmayonnaise, Ketchup, Curry, Zitrone und Weinbrand eine Marinade rühren, über die Cocktails füllen und mit Spargel- und Orangenstückchen garnieren.

Rezept 5

Ananas-Spargel-Cocktail

2 Salatblätter
250 g Spargelstücke
½ Tasse rohe Ananaswürfel
10 kl. Champignons
Saft ½ Zitrone
1 Eßl. Tomatenketchup

Ein Becher-Glas mit Salatblättern auslegen. Spargel, Ananas und Pilze einschichten. Ketchup und Zitrone verrühren und über den Cocktail träufeln.

Rezept 6

Hummer-Cocktail

Hummerstückchen
1 Dose Champignons
1 Dose Artischockenböden, Salatblätter
1 Tube Mayonnaise
etwas Rahm, Senf
Cayennepfeffer
Weinbrand
Worcestersoße
Zitronensaft
Tomatenketchup

Den Hummer in kleine Scheibchen schneiden, ebenso die Pilze und Artischocken. Aus Mayonnaise, Rahm, Senf, Cayenne, Weinbrand, Worcestersoße und etwas Zitronensaft eine feine Marinade rühren. Die Cocktailgläser mit einem Salatblatt auslegen, den Salat darauf füllen und den Cocktail mit Tomatenketchup garnieren. Kleine Hummerstückchen zur Garnitur verwenden.

Rezept 7

Oliven-Cocktail

20 Muscheln
1/4 l Weißwein
20 gefüllte spanische Oliven
1 Eßl. Perlzwiebeln
200 g Mayonnaise
3 Eßl. süße Sahne
Currypulver
Essig, Kopfsalat
Butter, Toast

In Weißwein gedämpfte Muscheln entbarten und mit in Scheiben geschnittenen Perlzwiebeln und ebenfalls in Scheiben geschnittenen Oliven vermischen. Die Mischung in Sektschalen, die mit Salatblättern ausgelegt sind, geben und mit Cocktailsauce aus Mayonnaise, süßer Sahne, Curry und Essig überziehen. Mit Olivenscheiben garnieren. Butter und Toast als Beigabe.

Rezept 8

Jäger-Cocktail

1 Dose Edelpilze
Rest von kaltem Wildfleisch
etwas Cumberlandsoße
Weinbrand
kandierte Kirschen
feine Marinade aus Mayonnaise
Rahm, Senf

Pilze in feine Streifen schneiden, in die Marinade geben und in Cocktailgläser füllen. Das Wildfleisch ebenfalls in feine Streifen schneiden, mit Cumberlandsoße überziehen und auf dem Pilzsalat anrichten. Alles mit Weinbrand beträufeln und mit einer kandierten Kirsche verzieren. Mit Löffel servieren. Die Gläser werden auf dem kalten Büfett mit aufgebaut.

Rezept 9

Vitamin-Cocktail

2 Eßl. Salatmayonnaise
1/2 Glas Apfelsaft
1 Schuß Weinbrand
1 Likörglas Tomatensaft
Saft 1/2 Orange
1 Prise Zucker
1 Hauch gerieb. Muskat
in feine Streifen geschnittene Salatblätter

Die Mayonnaise mit den Flüssigkeiten gut verrühren, Gewürze zugeben, die gewaschenen und feingeschnittenen Salatblätter unterheben, alles in Gläser füllen und mit einem Hauch Muskat überstäuben.

Rezept 10

Seerose

12 zarte innere Salatblätter
4 Eßlöffel Sahne
Meerrettich
1 Teelöffel gehackter Schnittlauch
2 Eßl. gehacktes Eigelb
Salatsoße, Kaviar

3 – 4 kleine Salatblätter in Marinade tauchen und in Muschelförmchen fächerartig zusammenlegen. Sahne und Meerrettich verrühren, in einen Spritzbeutel füllen und 8 bis 12 breite Flämmchen in Rosettenform auf die Salatblätter aufspritzen. In die Mitte gehackten Schnittlauch geben, rund um diesen feingehacktes Eigelb. Ganz wenig Kaviarkörnchen überstreuen.

Rezept 11

Krabben-Tomaten

4 Tomaten
125 g Krabben
1/2 Tube Mayonnaise
8 Salatblätter

Tomaten aushöhlen, Krabben mit Mayonnaise vermischen und in die Tomaten füllen. Auf grünem Blattsalat anrichten.

Rezept 12

Tomatentulpen

4 Tomaten
1 Gervais
2 Eßl. Büchsenmilch
1 Prise Pfeffer
1 Prise Salz
1 feingehackte Zwiebel
Petersilie

Tomaten kreuzweise aufschneiden, vorsichtig aushöhlen, Gervais mit den angegebenen Zutaten zu einer spritzfähigen Masse verarbeiten. Tomaten damit füllen und mit einem Büschel Petersilie garnieren.

Rezept 13

Gefüllte Tomaten

8 Tomaten
200 g Kalb- oder Hühnerfleisch
2 hartgekochte Eier
Mayonnaise oder Remouladensoße
einige Salatblätter

Von den gewaschenen Tomaten ein Deckelchen abschneiden, vorsichtig aushöhlen. Das feingewürfelte Fleisch mit den gehackten Eiern vermischen, in die Tomaten füllen. Diese auf Salatblätter setzen und mit dickflüssiger Mayonnaise- oder Remouladensoße übergießen.

Rezept 14

Gefüllter Paprika

- 4 Paprikaschoten
- 2 Eßlöffel Öl
- 200 g gehackter gekochter Schinken
- 2 Eßlöffel Mayonnaise

Man brät die Paprikaschoten ein paar Augenblicke in heißem Öl von allen Seiten an, damit sie etwas weicher werden, füllt mit Schinkenfülle und spritzt mit Mayonnaise.

Rezept 15

Lachstütchen

- 4 Scheiben geräucherter Lachs
- 125 g Quark
- Salz
- 2 hartgekochte Eigelb
- 1 Eßlöffel Milch

Quark mit Eigelb und Milch schaumig rühren. Lachsscheiben tütenförmig zusammenrollen und mit einer Spritztüte die Quarkfüllung als Rosette hineinspritzen.

Rezept 16

Lachsröllchen mit Sahnemeerrettich

- 6–8 Lachsscheiben
- 1/8 l Sahne
- 1/4 Stange Meerrettich
- Salz
- Paprika
- Essig

Sahne steifschlagen, geriebenen Meerrettich darunterziehen, mit Salz, Paprika und einigen Tropfen Essig abschmekken. Dünne Lachsscheiben mit Sahnemeerrettich belegen und zusammenrollen.

Rezept 17

Käsekugeln

- 1 Gervaiskäse
- 2 Eßlöffel Butter
- 2 Eßlöffel Rahm
- Pumpernickel
- 2 dicke Scheiben gekochter Schinken

Käse, Butter und Rahm untereinandermischen, kühlstellen. Dann kleine Kugeln formen und diese in zerbröseltem Pumpernickel wälzen. Gekochten Schinken in Dreiecke schneiden und die Kugeln daraufsetzen. Mit Holzspießchen befestigen.

Rezept 18

Schwedenhappen

- 200 g Schwedenhappen
- 4 Äpfel
- 4 Tomaten
- 1 Zwiebel

Die Heringsstückchen auf Apfel- und Tomatenscheiben legen, mit Holzspießchen befestigen und mit Zwiebelringen garnieren.

Rezept 19

Gefüllte Schinkenrollen

1 Dose Brechspargel
dickere Scheiben gekochten Schinken
Mayonnaise
Salatblätter

Spargel gut abtropfen lassen, auf den Schinkenscheiben so anordnen, daß die Köpfe vorn etwas herausstehen. Zusammenrollen, auf große Salatblätter legen und mit Mayonnaiseraupen garnieren.

Rezept 20

Russische Eier

Gekochte Eier
Butter
Kaviar
Salat
Tomaten

Hartgekochte, halbierte Eier mit geschlagener Butter garnieren, in die Mitte eine Messerspitze Malossolkaviar legen, mit Salat und Tomaten anrichten.

WARME VORSPEISEN AUS ÜBERBACKENEN SCHNITTEN, PASTETEN, GEFLÜGEL, EIERN, KROKETTEN UND OMELETTEN

Rezept 21

Überbackener Geflügellebertoast

2–4 Geflügelleber
1 Eßlöffel Butter
½ Glas Rotwein
2 Eßlöffel Jägersoße
4 Scheiben Toastbrot
4 Teelöffel Reibbrot
4 Teelöffel Reibkäse
4 Eßl. flüssige Butter

Die kleinstückig geschnittene Leber wird schnell und kurz in der Pfanne angebraten, mit Rotwein abgelöscht und mit Jägersoße vermischt. Man gibt die Leber auf Toast, bestreut mit geriebenem Weißbrot und Käse, beträufelt mit Butter und überbackt.

Rezept 22

Überbackene Zungenschnitten

1 gepökelte Zunge
4 Scheiben Toastbrot
½ Tasse dicke Zwiebelsoße
4 Teelöffel Reibkäse

Bleistiftdicke Zungenscheiben werden auf Toastscheiben gelegt, mit einer sehr dicken Zwiebelsoße überzogen, mit Käse bestreut und im heißen Ofen überbacken.

Rezept 23

Überbackene Brötchen

Gekochter Schinken wird gehackt, mit einer dicken Madeirasoße angemacht, auf ausgehöhlte Brötchenhälften getragen, mit Pfeffer und geriebenem Käse bestreut und im Ofen gebräunt.

4 Scheiben gekochter Schinken
1/2 Tasse Madeirasoße Rezept 1349
4 Brötchen
1 Prise Pfeffer
4 Teelöffel Reibkäse

Rezept 24

Wildragout in Muscheln

Kleinwürflig geschnittenes Wildfleisch wird mit Zitronensoße angemacht, in gefettete Muschelschalen gegeben, mit Reibbrot und Reibkäse bestreut, mit Butterflocken belegt und goldgelb überbacken.

2–3 Tassen Wildfleischreste
1 Tasse dicke Zitronensoße Rezept 1344
etwas Fett
2 Eßlöffel Reibbrot
2 Eßlöffel Reibkäse
Butterflöckchen

Rezept 25

Spargel und Pilze überbacken

Der in Salzwasser vorgekochte Spargel wird in kurze Stücke geschnitten und mit den Pilzen vermischt in Butter geschwenkt und in eine feuerfeste Schüssel gegeben. Man überzieht das Gemüse mit holl. Soße, streut etwas Käse darüber, gibt das Gemüse in den Ofen zum Überbacken.

1 kg Spargel
1 Dose Pilze
2 Eßlöffel Butter
2 Tassen holl. Soße Rezept 1333
2 Eßlöffel Reibkäse

Rezept 26

Austern gratiniert

Die geöffneten Austern in der unteren Schale lassen, mit holländischer Soße, Rezept 1333, überziehen und mit geriebenem Käse bestreuen. Die Austern im Ofen überbacken.

1–2 Dutzend Austern
2 Tassen holl Soße
2 Eßlöffel gerieb. Käse

Rezept 27

Ragout fin

Kalbfleisch, Kalbsmilch, Kalbszunge und Champignons kochen, feinhacken, mit einer dicken Bechamelsoße anmachen und mit Eigelb und Sahne legieren. Das Ragout fin mit Salz, Paprika, Zitronensaft und Worcestersoße abschmecken und zum Füllen von Pasteten verwenden.

125 g Kalbfleisch
125 g Kalbsmilch
125 g Kalbszunge
125 g Pilze
1 Tasse Bechamelsoße
Eigelb, Rahm
Salz, Paprika
Zitronensaft
engl. Soße

Rezept 28

Ragout fin in Muscheln

250 g Kalbfleisch
1 Kalbszunge
1 Kalbsmilch
1 Tasse helle Soße
1 Schuß Weißwein
1 Teelöffel Kapern
1–2 Sardellen
1–2 Eigelb
1 Dose Champignons
2 Eßlöffel Semmelmehl
2 Eßlöffel Reibkäse
2 Eßlöffel Butter

Alles Fleisch kochen, in feinste Würfel schneiden und in die helle Soße geben, die mit Wein, Sardellen, Kapern und Champignons versetzt worden ist. Mit Eigelb legieren. 12 Muscheln mit Butter ausstreichen, Fleisch hineinfüllen. Semmelmehl und geriebenen Käse darüberstreuen. Obenauf Butterflöckchen geben und in 15 Minuten im Backofen hellgelb backen. Zitronenscheiben und Weißbrot dazugeben.

Rezept 29

Semmelpastetchen mit Ei

Brötchen
Sardellenbutter
je Brötchen 1 Ei
geriebener Käse
Schnittlauch

Kleine runde Brötchen höhlt man aus, nachdem man einen Deckel abgeschnitten hat und streicht sie mit Sardellenbutter aus. In jedes Semmelchen läßt man 1 rohes Ei gleiten, bestreut mit geriebenem Käse und stellt sie so lange in den heißen Backofen, bis die Eier gestockt sind. Zum Auftragen wird feingeschnittener Schnittlauch übergestreut.

Rezept 30

Schinkenpastetchen

150 g feingehackter Schinken
1 eingeweichtes Brötchen
1 Prise Salz
1 Teelöffel Rahm
1/2 geriebene Zwiebel
3–4 Eier
4 Scheiben gekochter Schinken

Schinken, Zwiebel, Rahm, Salz und das ausgedrückte Brötchen miteinander vermischen. Mit dieser Masse 3 – 4 Tassen oder Förmchen auslegen. Dann in jede Tasse ein Ei schlagen, die Tassen in einen großen Topf ins Wasserbad stellen und so lange kochen, bis das Ei fest ist. Die gestürzten Pastetchen heiß servieren.

Rezept 31

Überbackene Schinkenwürfel

Schinken
1 Ei
1–2 Eßlöffel Milch
2 Eßlöffel Mehl
Salz
Muskat
Fett zum Backen

Aus Mehl, Ei und Milch einen Eierkuchenteig herstellen. Den Schinken in dicke Würfel schneiden, in den Eierkuchenteig tauchen, abtropfen lassen und in heißem Fett hellbraun backen.

Rezept 32

Römische Pastetchen

Feingesiebtes Mehl mit kalter Milch nicht zu dünn glattrühren, Eier sowie Öl dazugeben, mit Salz und Muskatnuß abschmecken und so viel Milch dazutun, daß ein dickflüssiger Pfannkuchenteig entsteht. Ein Pasteteneisen in Fett heißmachen, bis zum Rand in den Teig tauchen und in heißem Fett backen, bis die Teighülle schön hellgelb ist. Dann von der Form nehmen und zum Abtropfen auf die Seite stellen. Als Fülle Ragout fin, Rezept 27, oder ein anderes Ragout verwenden.

Milch
125 g Mehl
2 Eier
1 Eßlöffel Öl
Salz
Muskat
Ragout fin o. ä.

Rezept 33

Geflügelpasteten

Das gekochte Fleisch durch den Fleischwolf drehen. Aus Butter, Mehl und Brühe eine dicke, weiße Soße bereiten, mit Eigelb legieren, Gewürze und Reibkäse untermischen und abschmecken. Kleine gefettete Auflaufformen mit den gut abgetropften und blättrig geschnittenen Pilzen auslegen, das steifgeschlagene Eiweiß unter die fertige Soße ziehen und sogleich über die Pilze in die Formen füllen. Im Ofen etwa 3/4 Stunden hellbraun überbacken.

500 g Reste von Geflügelfleisch
2 Eßlöffel Butter
2 Eßlöffel Mehl
1/2 Tasse Brühe
3 Eigelb
Salz, Pfeffer
2–3 Eßlöffel geriebener milder Käse
1 mittlere Dose Champignons
3 Eischnee

Rezept 34

Gebackene Schinkenscheiben

Die Schinkenscheiben panieren, in heißer Butter schnell hellbraun backen.

4 dicke Scheiben gekochter Schinken
1 Ei
Paniermehl
Butter zum Backen

Rezept 35

Kalbfleischwürstchen

Gekochtes Kalbfleisch durch den Fleischwolf drehen. Butter schaumig rühren, Semmelmehl und Fleisch dazugeben, mit Ei verrühren. Die gehackten Pilze dazugeben, mit Trüffel vermischen. Kleine Würstchen rollen, mit Weißbrot panieren und in heißem Fett ausbacken.

250 g Kalbfleisch
5 Eßlöffel Butter
5 Eßlöffel Semmelmehl
1 Ei
100 g gekochte Champignons
20 g Trüffel
Fett zum Backen

Rezept 36

Schinken in Burgunder

1 Pfd. geräucherter Schinken
1 Lorbeerblatt
Pfefferkörner
Speck- und Zwiebelwürfel
2 Eßlöffel Mehl
Salz
Pfeffer
1 Tasse Rotwein

Den Schinken mit Schwarte in ungesalzenem Wasser mit Lorbeerblatt und Pfefferkörnern kochen, bis die Schwarte sich ablöst. Schwarte und Fett abtrennen. Das Fett und die Zwiebel würflig schneiden, in Öl hellbraun ausbraten. Mehl zustreuen und dunkeln lassen. Mit Wein und Brühe ablöschen, würzen, abschmecken und eine Weile ziehen lassen. Dicke Streifen des Schinkens mit der heißen, dickflüssigen Soße übergießen und zu gerösteten Weißbrotschnitten reichen.

Rezept 37

Wurstschüsselchen

4 dickere Scheiben Mortadellawurst
1 kl. Dose jg. Erbsen
Butter
feingehackte Petersilie
etwas Butter zum Backen
evtl. Salatblätter

Butter in einer Pfanne zergehen lassen. Die Wurstscheiben, an denen die Haut unbeschädigt sein muß, kurz in die heiße Pfanne legen, bis sich die Scheibe wölbt und ein Schüsselchen bildet. Herausnehmen, abkühlen lassen. Die abgetropften erhitzten Erbsen in Butter schwenken, in die Wurstschüsselchen geben und mit feingehackter Petersilie bestreuen. Auf Salatblättern anrichten.

Rezept 38

Würstchen im Schlafrock

6 Saitenwürstchen
1 Ei
Zum Teig:
125 g Mehl
3–4 Eßlöffel Butter
Salz
2–3 Eßlöffel Rahm

Mehl, Butter, Rahm und Salz zu einem glatten Teig verkneten und mit Mehl dünn ausrollen. Nach der Größe der Würstchen Teigstücke ausschneiden, Würstchen darin einrollen, mit Ei bestreichen und im heißen Ofen 15–20 Minuten backen.

Rezept 39

Gebackene Tomaten

6 Tomaten
50 g feingeh. Schinken
1 Ei
1–2 Eßlöffel Rahm
1 feingeschn. Zwiebel

Den Tomaten ein Deckelchen abschneiden, aushöhlen. Schinken, Zwiebeln, Ei und Sahne verrühren, 1 Teelöffel Tomateninneres dazu. Die Masse in die Tomaten füllen, Deckelchen aufsetzen und 15 Minuten auf dem Backblech überbacken.

Rezept 40

Warme Käsetaschen

Eier, Milch und Käse im Mixbecher einer Küchenmaschine 10 Sekunden rotieren lassen. In einer Pfanne die Butter erhitzen, die Eiermasse hineingießen und auf beiden Seiten backen, wie eine Tasche zusammenklappen und servieren.

3 Eier
3 Eßlöffel Milch
100 g Käsewürfel
Butter
Salz

Rezept 41

Tomaten, gefüllt mit Käsereis

Von den Tomaten ein Deckelchen abschneiden und aushöhlen. Mit Salz und Pfeffer würzen, geriebenen Käse, Reis und Schinkenwürfelchen vermischen, in die Tomaten einfüllen, mit Deckelchen verschließen. Dick mit Käse bestreut und etwas Öl beträufelt in gebutterter Auflaufform 10–15 Minuten backen. Ebenso lassen sich Paprikaschoten zubereiten, wenn die Schoten geöffnet und die Kerne restlos entfernt sind.

8 Tomaten
Salz
Pfeffer
2 Eßlöffel gerieb. Käse
6 Eßlöffel gekochter Reis
1–2 Eßlöffel Schinkenwürfelchen oder Pilze
1 Eßlöffel Fett
1 Eßlöffel Öl

Rezept 42

Bananenrollen

Bananen schälen, leicht salzen, kurz in Butter braten, dann in die Schinkenscheiben einwickeln, mit einer Käsescheibe bedecken, in zugedeckter Pfanne dämpfen, bis der Käse zerläuft.

4 Scheiben gekochter Schinken
4 Scheiben Schweizer Käse
4 Bananen
Butter zum Braten

Rezept 43

Flambierte Eiertaschen

Aus Ei, Milch, Mehl und Vanillezucker einen dünnflüssigen Teig bereiten, in heißer Butter in der Pfanne sehr dünne Küchlein daraus backen, auf eine gut gewärmte Platte legen, mit Orangengelee dünn bestreichen. Von vier Seiten her zu einer Tasche zusammenlegen, im Backofen gut warm halten bis alle Küchlein fertig sind. Den Kognak leicht erwärmen, über die Eiertaschen gießen, anzünden und flambieren, dann schnell servieren.

6 Eier
6 Eßlöffel Milch
je Ei ein Teelöffel Mehl
1 P. Vanillezucker
etwas Orangengelee
Butter zum Backen
1–2 Gläschen Kognak

Rezept 44

Kartoffelkroketten

3 Tassen Kartoffelbrei (Rest)
1 Eigelb
Reibbrot
Fett zum Ausbacken

Kartoffelbrei mit Eigelb verrühren, möglichst kleine Kugeln formen, in Reibbrot wälzen und in Fett schwimmend ausbacken.

Rezept 45

Reiskroketten

250 g Reis
1 l Brühe
Salz, Butter
Reibkäse
2 Eßlöffel Butter
Bechamelsoße
Eigelb, Rahm
Reibbrot
Fett zum Braten

Reis in Fleischbrühe mit Salz und etwas Butter garen. Der Reis muß körnig bleiben. Eine Handvoll geriebenen Parmesankäse dazugeben und mit etwas dick eingekochter Bechamelsoße, Rezept 477, binden. Mit Eigelb und Rahm verrühren, erkalten lassen. Die Kroketten in Reibbrot wälzen und in Fett ausbacken.

Rezept 46

Fleischkroketten

500 g Kalbsbraten
250 g Pilze
1 Zwiebel
Salz
Pfeffer
2 Eßlöffel Butter
1 Eßlöffel Mehl
Eigelb
Zitrone
geriebenes Weißbrot
Fett zum Backen

Gebratenes Kalb- oder Rindfleisch in kleine Würfel schneiden und mit gehackten Champignons vermischen. Eine feingeschnittene Zwiebel mit Butter dämpfen, Fleisch und Champignons dazugeben und alles in einer dicken braunen Soße binden, mit Eigelb und Zitrone legieren und die Masse kaltstellen. Zu flachen Plätzchen formen, in Eigelb und Weißbrot panieren und in heißem Fett in der Pfanne hellbraun backen.

Rezept 47

Fischkroketten

1 Pfd. Kochfisch
Suppengrün
1 Ei
Paniermehl
Butter
1/2 Tasse holl. Soße

Fisch schuppen, mit Suppengrün in Salzwasser kochen. Herausnehmen, abtropfen lassen und durch den Fleischwolf drehen. Eine dickflüssige holländische Soße herstellen, die Fischmasse hineingeben, zu Bällchen formen, panieren und in Butter hellbraun backen. Senf- oder Tomatensoße dazu reichen.

Rezept 48

Senf-Eier

Heiße oder kalte Senfsoße über halbierte oder in Scheiben geschnittene Eier gießen.

4–6 gekochte Eier
2 Tassen Senfsoße

Rezept 49

Eierkroketten

Hartgekochte Eier, in große Würfel geschnitten, und ebenfalls gewürfelte Champignons mit Bechamelsoße binden, mit Salz und Paprika abschmecken. Erkalten lassen, zu Kroketten formen, in Mehl, Ei und Semmelbröseln panieren und im Fett schwimmend ausbacken. Mit Tomatensoße servieren.

2–3 Eier
1 Tasse Pilze
1 Tasse Bechamelsoße
Salz
Paprika
2 Eßlöffel Mehl
1 Ei
Semmelbrösel
Fett zum Backen

Mit den nachfolgenden warmen Eierspeisen kann die Hausfrau oder Gastgeberin sich immer schnell aus der Affäre ziehen, wenn überraschender Besuch kommt. Rühreier mit Schinken oder Speck, mit Bückling oder Champignons, mit Spargel, Tomaten oder Thunfisch sind Ihnen sicher bekannt. Unter die schaumig geschlagene Eimasse mischt man entweder feingeschnittenes Gemüse oder Fleisch, Fisch oder Speck, Schinken oder Pilze. Mit einer Prise Würze und gehackten Kräutern kann man auch hier immer wieder Abwechslung in die Rezepte bringen. Ich habe nun noch ein paar kleine Besonderheiten gefunden, die ich Ihnen empfehlen möchte.

Rezept 50

Harte Eier überbacken

3 Eier hartkochen, schälen und (mit dem Eierschneider) in Scheiben schneiden. Die Brötchen in Würfelchen schneiden, in etwas heißem Fett knusprig rösten. Den Rahm mit 2 Dottern abquirlen, die Brotwürfelchen dazugeben und salzen. Die Eischeiben legt man in kleine gefettete Förmchen, bestreut sie mit Meerrettich und übergießt sie mit dem Semmelrahm, bäckt im heißen Ofen zu goldbrauner Oberschicht und serviert sie mit Schnittlauch bestreut.

5 Eier
2 Brötchen
1 Tasse Rahm
2–3 Eßlöffel gerieb. Meerrettich
1 Eßlöffel Fett

Rezept 51

Gehackte Eier in der Schale

2 hartgekochte Eier
2 rohe Eigelb, Salz
1 Messerspitze feingeschnittene Zwiebeln
1/2 Eßlöffel gehackte Petersilie, Pfeffer
2 gehackte Sardellen
2 Eßlöffel Butter
8 Eierschalenhälften
Paniermehl
Butter zum Braten

2 rohe und 2 gekochte Eigelb verrühren. Die übrigen feinzerhackten Zutaten mit den Gewürzen dazugeben, zuletzt die schaumig gerührte Butter untermischen. Die Masse in die Eischalen füllen, mit Paniermehl überstreuen und in einer Pfanne in heißer Butter leicht anbraten.
Dazu geröstetes Weißbrot.

Rezept 52

Saure Eier

6 Eier
Zur Soße:
50 g Schmalz
50 g Mehl
1 Zwiebel
1 Tasse Wasser
Lorbeerblatt
Nelken
Wein
Paprika

Verlorene Eier und folgende Soße bereiten: Schweineschmalz in Kasserolle zergehen lassen, Mehl hellgelb anschwitzen, dann eine feingeschnittene Zwiebel ebenfalls hellbräunen. Mit kaltem Wasser oder Fleischbrühe auffüllen, 1/2 Lorbeerblatt und 1 – 2 Nelken dazugeben und mit Salatessig oder Rotwein und Paprika abschmecken. Die Kochzeit der Soße beträgt 1/2 Stunde. Die Verlorenen Eier auf Röstbrot legen, auf einer Platte richten und mit der sauren Soße überziehen.

Rezept 53

Eier im Nestchen

4 Eier
Salzwasser
Kartoffelbrei
Tomatensoße

Weichgekochte Eier (4 Minuten Kochzeit) leicht abkühlen und abpellen. In lauwarmes Salzwasser zum Warmhalten legen. Auf eine Platte mit dem Spritzbeutel runde Nestchen aufs Kartoffelpüree spritzen, die Eier hineingeben und sie mit einer Tomatensoße überziehen.

Rezept 54

Ochsenauge

4 Scheiben Weißbrot
4 Eier, Salz, Paprika
4 Teelöffel Reibkäse
Butterflöckchen
Zur Garnitur:
Tomatenviertel
Petersilie

In gefettete, feuerfeste Schüsselchen je 1 Scheibe Weißbrot legen, je 1 Ei darüberschlagen, das Eiweiß leicht salzen, Reibkäse und Paprika überstreuen, mit Butterflöckchen belegen und backen. Mit Tomaten und Petersilie anrichten.

Rezept 55

Thunfisch, warm

Aus 2 Eiern Rührei bereiten, etwas zur Seite schieben und den Thunfisch kurz in der Pfanne erwärmen. Diesen auf einen Teller füllen, mit dem Rührei umgeben und den Tellerrand mit Tomatenscheiben belegen. Mit Pfeffer und Salz würzen, geh. Schnittlauch oder Petersilie überstreuen und evtl. mit Salatmayonnaise garnieren. Reichen Sie dazu Salzstangen.

1 Dose Thunfisch
2 Eier
2 Tomaten
Pfeffer
Salz
2 Scheiben gebuttertes Knäckebrot
Schnittlauch bzw. Petersilie

Rezept 56

Eier im Glas

Die Eier pflaumenweich (3 Minuten) kochen, abpellen, in ein breites Stengelglas legen, mit Mettwurststreifchen belegen und Tomatenketchup überspritzen. Weißbrot mit Butter bestreichen, in Würfel schneiden, in der Pfanne rösten und auf Spießchen stecken.

2 Eier
Mettwurststreifchen
Tomatenketchup
2 in Butter geröstete Weißbrotscheiben

Rezept 57

Gefüllte Eier

Die Eier schälen, der Länge nach teilen, Eigelb herausnehmen, mit Öl, gehackten Sardellen, Schinken, Salz, Zitronensaft und Paprika mischen, in die Eihälfte füllen, mit der Soße umgießen, die mit Gurkenwürfelchen und reichlich Kapern vermischt ist.

4 hartgekochte Eier
1 Eßlöffel Öl
2 feingehackte Sardellen
2 Scheiben gehackter Schinken, Paprika
Salz, Zitronensaft
2 Tassen warme Senfsoße
Gurken, Kapern

Rezept 58

Omelett natur

Eier in eine Schale schlagen, etwas Pfeffer und Salz darangeben. Die Masse mit dem Schneebesen kräftig schlagen und in eine flache Pfanne geben, in der man vorher Butter heiß werden läßt. Die Eier mit einer langen Gabel bewegen, damit sie gleichmäßig dicken. Während dieser Arbeit die Pfanne ständig über dem Feuer drehen. Die angezogenen Eier zusammenrollen oder von beiden Seiten aus nach der Mitte zu einschlagen und servieren.

3 Eier
Pfeffer
Salz
1 Eßlöffel Butter

Rezept 59

Omelett

3 Eier
1 Eßlöffel Zucker
1 Eßlöffel Butter

Eier und Zucker schaumig schlagen. Fett in einer Pfanne erhitzen, die Eimasse hineingeben und die Pfanne über dem Feuer drehen, während man die Eimasse mit einer Gabel bewegt, damit sie gleichmäßig stockt. Herausnehmen, zusammenrollen und heiß servieren.

Rezept 60

Omelett mit Käse

7 Eßlöffel Mehl
2 Eier
etwas Milch
100 g gerieb. Käse
Muskat, Salz
1–2 Eßlöffel Butter

Mehl und Eier mit Milch zu einem kremartigen Teig verrühren. Käse und Gewürze dazugeben. Kleine flache Kuchen davon in heißer Butter goldgelb backen.

Rezept 61

Kräuteromelett

7 Eßlöffel Mehl
2 Eier
1 Tasse Milch
Muskat
Salz
2 Eßlöffel geh. Kräuter
2 Eßlöffel Butter

Aus Mehl, Eiern, Milch und Gewürz einen kremartigen Teig bereiten, die Kräuter untermengen und in kleinen Portionen in einer Pfanne mit heißem Fett auf beiden Seiten goldgelb backen.

Rezept 62

Omelett Jägerart

Eierkuchenteig
Rezept 295
Speck, Salz
Pfeffer
10 Pfifferlinge
Tomatenwürfel
½ Tasse Rotweinsoße
Rezept 479

Speck in Würfel schneiden und anbraten, Pfifferlinge und Tomaten in Fett dünsten. Eierkuchenteig herstellen, flache Kuchen daraus backen und mit den obigen Zutaten füllen. Mit Rotweinsoße umgießen und anrichten.

Rezept 63

Eierschnitte

4 Scheiben Weißbrot
Butter
Tomatenpüree
4 Spiegeleier
4 Scheibletten
Mayonnaise

Tomatenpüree mit schaumig gerührter Butter vermischen, auf die Brotscheiben streichen, ein Spiegelei darauflegen, mit einer Käsescheibe bedecken, kleine Mayonnaisetupfen daraufsetzen und im Ofen überbacken.

Welche besonderen Eiergerichte gibt's in fremden Ländern?

Rezept 64

Hollywooder Eierköpfchen

Den feingehackten Schinken mit Käse und Ketchup verrühren. In 4 gefettete Tassen oder Förmchen wird je 1 Ei geschlagen, mit der Schinkenfülle bedeckt und im Wasserbad 10 Minuten gekocht, ohne daß das Wasser überspült. Salatblätter waschen, mit Mayonnaise-Marinade anmachen und auf einer Platte gefällig zusammenlegen, die Eierköpfchen daraufstürzen und anrichten.

125 g roher Schinken
65 geriebener Käse
1 Eßl. Tomatenketchup
4 Eier
8 Salatblätter
etwas Mayonnaise

Rezept 65

Holländische Eier

Eier mit Käse verquirlen und mit der Schlagsahne vermengen, würzen. Kleine Auflaufförmchen ausfetten, die Eiermasse einfüllen und 10 Minuten im Backofen überbacken. Mit 1 Spritzer englischer Soße und gehackten Kräutern servieren.

4 Eier
4 Eßl. Parmesankäse
4 Eßlöffel Schlagsahne
1 Prise Salz
Fett
gehackte Kräuter

Rezept 66

Amerikanisches Eierfrikassee

Milch, Mondamin, Käse, Salz, Pfeffer, Fett verrühren und langsam zum Kochen bringen. Nach dem Aufkochen gut abschmecken, gehackte Kräuter dazugeben. In Würfel geschnittenen Schinken und Eischeiben in der Soße warm werden lassen, mit Toast zu Tisch geben.

1/2 l Milch
35 g Mondamin
2 Eßlöffel ger. Käse
Salz, Pfeffer
75 g Butter
Petersilie
Schnittlauch
125 g gek. Schinken
4–5 hartgekochte Eier

Rezept 67

Windsor Eierspeise

Champignons feinblättrig geschnitten in Butter schmoren, mit Bechamelsoße vermischen. In eine flache Schüssel füllen, die weichgekochten Eier darauflegen. Meerrettich mit Schlagsahne vermischen, leicht salzen, die Eier damit bedecken und englische Soße darüberspritzen.

1 Dose Champignons
2 Tassen Bechamelsoße
Rezept 477, 4 Eier
2 Eßlöffel Meerrettich
2 Eßlöffel Schlagsahne
Salz
engl. Soße

Rezept 68

Florentiner Eier

1 P Tiefkühlspinat
4 Eier
1 Eßl. Röstzwiebel
1 Eßlöffel Reibbrot
Pfeffer
Muskat
4 Eßlöffel Käse
3 Eßlöffel Butter

Spinat mit wenig Wasser im Topf auftauen, dann Röstzwiebeln einstreuen, würzen, Fett und Reibbrot zugeben, alles gut verrühren, herzhaft abschmecken. Eier als weiches Ei oder als Verlorenes Ei zurichten. Auflaufförmchen am Boden mit Spinat füllen, das Ei daraufgeben, Butterflöckchen daraufsetzen, dick mit Käse bestreuen und im Ofen überbacken.

Rezept 69

Jugoslawische Paprikaeier

2 Tassen Kartoffelbrei
4 Eier
4 Eßl. Paprikamus
2 Eßlöffel Joghurt
Salz
1 Prise Zucker
1 Eßl. Röstzwiebel
4 Scheiben Käse

In kleine Schüsselchen den sehr heißen Kartoffelbrei füllen, ein Verlorenes Ei hineinlegen. Paprikamus mit Joghurt, Röstzwiebeln und den Gewürzen verrührt erhitzen, über die Eier füllen, mit einer Käsescheibe bedecken und im Ofen backen, bis der Käse zerläuft.

Rezept 70

Österreich. Paradieseier

4 Weißbrotschnitten
Butter
Räucherwurst oder Schinken
Reibbrot
4 Eier
4 Scheiben Käse
2 Scheiben Lachs

Weißbrotscheiben mit Butter bestreichen, mit Wurst belegen, darauf 1 Scheibe Käse. Eiweiß sehr steif schlagen, auf die Schnitten häufeln, in die Mitte eine kleine Vertiefung drücken und vorsichtig das Eigelb hineingeben. Im Backofen hellgelb backen und vor dem Anrichten mit Lachsstreifchen garnieren.

Rezept 71

Französische Eierspeise

1 Pfd. Champignons
2 Eßlöffel Butter
1 Teelöffel gehackte Petersilie, Pfeffer, Salz
1 Eßlöffel Mehl
1 Tasse Brühe
6 hartgekochte Eier
1 Tasse saure Sahne
2 Eßlöffel Reibkäse

Man dünstet die Pilze mit Butter und Petersilie, staubt etwas Mehl darauf und kocht mit der Brühe auf. Diese gibt man über die blättrig geschnittenen, hartgekochten Eier in eine Schüssel, darauf wieder Eierscheiben, dann saure Sahne und geriebenen Käse und backt sie im Ofen schön braun. (Beim Dünsten Pfeffer und Salz zugeben.)

Rezept 72

Venezianische Eier

4–6 Eier
2–4 Eßlöffel Fett
2–3 feingeschnittene Zwiebeln
1 Prise Salz
2–3 Scheiben Weißbrot

Für jede Person nimmt man 2 nicht zu hart gekochte Eier, halbiert sie, schüttet heiße, goldgelbe Zwiebeln darüber, salzt sie nach Geschmack und serviert sie heiß zu Weißbrotscheiben.

Rezept 73

Schwedische Eier

4 Eier
100 g Fleischsalat
2 Sardellen
1 gekochte Kartoffel
Kräutersahne
Rezept 124
Salatblätter
Radieschen

Die hartgekochten Eier halbieren, den Dotter herausnehmen und mit den gewässerten und feingehackten Sardellen, den feingewürfelten Kartoffeln und dem Fleischsalat gut vermengen. Hoch in die Eihälften füllen und glatt verstreichen. Mit dickflüssiger Kräutersoße übergießen. Auf Salatblättern anrichten und mit Radieschen garnieren.

Rezept 74

Bosnischer Eierkuchen

3 Eßlöffel Mehl
2 Eier
2 Eßlöffel Milch
1 Prise Salz
1 Tasse Tomatenketchup
1 Teel. Rosenpaprika
Öl zum Backen
Zur Soße:
150–200 g Gehacktes
1 Paprikaschote
Pfeffer
Salz
1 feingew. Zwiebel
2–3 Eßlöffel Brühe

Das Gehackte mit der feingeschnittenen Zwiebel in der Pfanne anrösten, den in feine Ringe geschnittenen Paprika zugeben, würzen und 10 Minuten zugedeckt schmoren, ab und zu durchrühren, dann ein wenig Brühe angießen und diese evtl. zum Schluß mit 1 Teelöffel Mondamin binden. Warmstellen. Aus Milch, Eiern, Mehl und Salz einen Eierkuchenteig rühren, das Ketchup zugeben, dann die Gewürze und alles mit dem Schneebesen schaumig schlagen. Daraus dünne Eierkuchen in heißem Öl in der Pfanne backen und die Hackfleischsoße dazu reichen.

FRANZÖSISCHE ART KÄSE ZU GENIESSEN

Französischer Käse schmeckt am besten auf „französisch“: Nie ißt man eine Sorte allein. Immer mehrere.
Ein Stückchen von dieser, ein Stückchen von jener ... jede ein erlesener Genuß – einzigartig, unnachahmlich im Geschmack. – Beim milden Käse fängt man an. Dann die würzigeren Sorten. Immer mit ein wenig Brot dazu und Butter nach Belieben. – Bon appétit!

Kleine Käsekunde für Feinschmecker

Saint-Paulin: Ganz mild im Geschmack – weich in seiner Konsistenz.

Saint-Florentin: Eine Käsespezialität aus Burgund von besonders mildem Geschmack.

Comté: Charakteristisch für ihn der zarte, feine Geschmack sowie kleine, runde Löcher.

Doppelrahm-Spezialität: Ein Weichkäse mit frischem Rahm von ausgesprochener Milde.

Brie: Ein köstlicher Weichkäse aus dem Bauernland der Brie im Herzen Frankreichs.

Camembert: Berühmtester französischer Käse. Einzigartig sein pikanter Geschmack.

Carré de l'Est: Ein Käse von köstlich feiner Milde. Würziger Übergang zu den pikanteren Sorten.

Pont-l'Evêque: Seine rötliche Oberfläche birgt einen köstlichen, weichen Kern von nußartigem Wohlgeschmack.

Roquefort: Roquefort wird aus Schafsmilch hergestellt. Typisch seine Marmoräderung. Unnachahmlich im Geschmack.

Doppelrahmkäse mit Kräutern: Erlesene Kräuter geben diesem Doppelrahmkäse seinen würzigen Geschmack.

Und man trinkt einen Wein dazu: Beaujolais rot oder Weißwein.

Weil wir gerade an dieser Stelle zu leckeren Käserezepten kommen, möchte ich feststellen, daß die heutige Hausfrau auch gelernt hat, mit Käse zu kochen und zu backen. Besonders die überbackenen Schnitten oder warmen Vorspeisen, die mit Käsescheiben bedeckt oder mit Reibkäse überstreut einen wohlschmeckenden, appetitanregenden, hellbraunen Überzug erhalten, der das Gericht besonders bekömmlich macht, finden nicht nur im Kreis der Familie, sondern auch bei Gästen begeisterte Anhänger.
Wie anregend schmeckt ein Käsewürfelchen mit einer aufgespießten Weintraube darauf; wie kräftig und herzhaft ist ein Nudelauflauf mit Tomaten und geriebenem Käse; wie delikat schmeckt ein überbackenes Käsebrot mit Schinken oder Ei; wie würzig und appetitanregend ein Mayonnaisesalat aus Käse-, Tomaten-, Gurken- und Eiwürfelchen. Wer möchte all die leckeren Süßspeißen missen, die wir aus Quark oder ähnlichem Weißkäse zubereiten mit gezuckertem Obst, mit Sahne und Nüssen, mit Eis oder Schokoladensoßen? Wer möchte auf das duftige Backwerk verzichten, das durch Quark erst seine leckere, lockere Beschaffenheit erhält?
Immerhin dient er dazu, das Essen oder die Mahlzeit gehaltvoller zu gestalten, und so ist er auch willkommen bei herzhaften Getränken, als Brotaufstrich oder als Suppeneinlage. Fleisch- und Fischgerichte werden extra pikant, Salate besonders herzhaft und aromatisch. Ob Sie italienische, spanische, holländische oder Schweizer Spezialitäten zubereiten wollen, immer bekommen die Gerichte durch Verwendung von Käse eine besondere Note. Achten Sie beim Durchblättern mal besonders auf diese Rezepte.

Rezept 75

Käseschnitten gebacken

Je Person:
1 Weißbrotschnitte
1 Würstchen
Butter
Senf
Käse in Scheiben

Weißbrotschnitten mit Butter bestreichen, die Würstchen halbieren, dünn mit Senf bestreichen, auf die Butterschnitten legen und mit einer großen Scheibe Käse bedecken. Im heißen Backofen backen, bis der Käse zerläuft.

Rezept 76

Überbackenes Champignonbrot

8 Champignons
8 Brotschnitten
80 g orieb. Käse
1/2 Tasse Rahm
1 Teelöffel Kognak
3 Eßlöffel Butter
Salz, Paprika

Butter sahnig rühren, die Brotschnitten dünn bestreichen. Die gereinigten, rohen Champignons in dünne Blättchen schneiden, die Brote damit ganz belegen. Den geriebenen Käse mit Sauerrahm und Kognak mischen, abschmecken. Die Champignons mit Salz und Paprika überpudern, die Käsemasse darüberstreichen und hell backen. Verfeinerung: In den Käserahm noch ein Eigelb mengen.

Rezept 77

Warme Schnitten

Fleischreste
Speck
Pilze
Madeirasoße
2 hartgekochte Eier
1 Eßl. Semmelbrösel
Weißbrotschnitten
Geriebenen Käse

Reste von Schinken oder Fleisch und etwas Speck mit einigen Champignons fein hacken. Mit Madeirasoße, Rezept 1349, dick anrühren, die Masse mit hartgekochten Eiern und etwas Semmelbröseln vermischen und auf geröstetem Weißbrot erhaben anrichten. Mit Parmesankäse überstreuen und im Ofen überbacken.

Rezept 78

Käseleckerbissen

Weißbrot
150 g geriebenen Käse
100 g Butter
1 Teelöffel Senf
100 g feingeh. Schinken
3 Eigelb
1 Ei
geriebenes Weißbrot
Butter zum Braten

Dünne Scheiben Weißbrot mit folgender Masse dick bestreichen: Geriebenen Parmesan- oder Chesterkäse mit Butter, englischem Senf, feingehacktem, gekochtem Schinken und Eigelb gut mischen. Mit einer zweiten Scheibe Weißbrot belegen, in Rechtecke schneiden, mit Ei und geriebenem Weißbrot panieren und in Butter ausbacken.

Rezept 79

Käsesoufflée

1/2 l Milch
200 g Mehl
200 g geriebenen Käse
100 g Butter
3–4 Eier

Milch mit Butter aufkochen, Mehl zuschütten und den Teig so lange auf dem Feuer rühren, bis er sich vom Topf löst. In den abgekühlten Kloß Reibkäse geben, nach und nach das Eigelb, zuletzt den steifen Schnee, eine Auflaufform damit füllen und 3/4 Stunden im Ofen überbacken. Man kann die Masse auch in kleinere Förmchen füllen

Rezept 80

Käsemuscheln

Reibbrot, Milch, Eigelb, Butter und Käse glattrühren und mit Pfeffer und Salz abschmecken. Den steif geschlagenen Eischnee unterziehen, die Masse in gut gefettete Muscheln füllen und im Backofen in 15 Minuten goldgelb backen.

3 Eßl. geriebenes Weißbrot
1 Tasse Milch
3 Eier
50 g Butter
100 g geriebenen Käse
Pfeffer
Salz

Rezept 81

Käsefrikadellen

Den Reis mit den Zutaten gut vermischen. Bällchen formen, in Fett hellbraun ausbraten und mit Ketchup servieren.

Je Person:
1 Tassenkopf körnig gekochter Reis
½ Tassenkopf Reibkäse
1 Teel. Röstzwiebeln
1 Ei, Salz, Muskat
Fett zum Backen

Rezept 82

Schlemmersonne

Die Brote auf einer Seite toasten, auf der anderen Seite mit Dorahm bestreichen. Darauf je eine Scheibe Schinken legen. Die Eier vorsichtig trennen, das Eiweiß sehr steif schlagen, mit Salz und Muskat würzen. In die Mitte eine kleine Vertiefung drücken und den unverletzten Dotter hineinsetzen. Im vorgeheizten Backofen bei Mittelhitze überbacken, bis das Eiweiß leicht gelb wird. Heiß servieren.

2 Scheiben weißes Kastenbrot
1 Portion Dorahm
2 Scheiben gekochter Schinken
2 Eier
Salz
Muskat

Rezept 83

Japanischer Tomatentoast

Die Brote auf einer Seite toasten, auf der anderen Seite mit Mayonnaise bestreichen. Den Thunfisch abtropfen lassen, auf die 4 Brote verteilen und mit Zitronensaft beträufeln. Jedes Brot mit 3–4 dünnen Tomatenscheiben belegen. Die Brote 2 bis 3 Minuten in den vorgeheizten Backofen schieben, so daß der Belag gleichmäßig warm wird. In der Zwischenzeit für jedes Brot eine Scheiblette in 6 Streifen schneiden. Die Brote herausnehmen, mit Petersilie bestreuen, in Gitterform mit dem Käse belegen und auf der obersten Schiene in den Ofen geben, bis der Käse zu schmelzen beginnt.

4 Scheiben weißes Kastenbrot
2 Eßl. Mayonnaise
1 Dose Thunfisch
Saft ½ Zitrone
2 Tomaten
1 Eßlöffel gehackte Petersilie
4 Scheibletten Chesterkäse

1 Camembert
1 Eigelb
2 Eßlöffel Butter
Pfeffer
Muskat
Öl
geriebener Käse
Ei
geriebenes Weißbrot
Butter zum Backen

Rezept 84

Camembert-Krapfen

Einen weichen Camembertkäse reinigen und durch ein Haarsieb streichen, mit Eigelb und Butter verrühren und mit Pfeffer und Muskatnuß abschmecken. Diese Masse 1 Zentimeter dick auf Pergamentpapier, das man mit Öl bepinselt, streichen, mit geriebenem Parmesankäse bestreuen und kaltstellen. Dann runde Scheiben ausstechen, sie in Ei und geriebenem Weißbrot panieren und in Butter ausbacken.

2 Scheiben Weißbrot
1 Ei
etwas Milch
Salz
Mayonnaise
Senf
2 Scheiben Schinken
1–2 Äpfel
2 Scheiben
Schweizer Käse
etwas Butter
zum Backen

Rezept 85

Apfelsandwiches, warm

Ei mit Milch und 1 Prise Salz verklopfen. Das Weißbrot auf einer Seite mit Mayonnaise und Senf bestreichen. Schinken auflegen, dann die Apfelschnitzel, und mit einer Käsescheibe abdecken. Diese Schnitte mit der Unterseite kurz in das verklopfte Ei eintauchen und in heißem Fett in der Pfanne zugedeckt anbraten, bis der Käse weich wird. Die übrige Eipanade in die Pfanne gießen, stocken lassen und auf die Schnittchen füllen.

AUFREGENDE SPEZIALITÄTEN, FLAMBIERT

Eine neue und besondere Art, an sich schon leckere Speisen zur höchsten Vollendung zu bringen ist: Flambieren. Ein Kniff ist zu beachten: Die Speisen müssen wirklich heiß sein. Man nimmt die Zeremonie am Tisch vor versammelten Gästen vor.
Über das fertige Gericht, es kann Hühnchen, Fleisch oder Obst sein, wird kurz vor dem Servieren ein Glas Weinbrand gegossen und angezündet. Das gibt den Speisen ein gewisses Etwas.

Rezept 86

Flambierte Pfirsiche

Dosenfrüchte mit dem Saft und einigen Gewürznelken und etwas Zitronensaft heiß werden lassen, in eine Glasschale füllen, mit Weinbrand begießen und anzünden. Die Schale hält! Keine Aufregung deswegen! Wenn die Flämmchen verlöschen, einige Teelöffel Mandeln überstreuen und servieren.

1 Dose Obst
2 Nelken
Zitronensaft
1 Glas Weinbrand
3 Teel. Mandelblättchen

Rezept 87

Flammende Äpfel

Geschälte Äpfel entkernen, in 1 cm dicke Scheiben schneiden, in Butter goldbraun backen. Auf eine heiße Platte legen und im Ofen warmhalten, bis die nächste Portion fertig ist. Schüssel und Äpfel dürfen nicht kalt werden. Bei Tisch Hagelzucker überstreuen, einen guten Weinbrand übergießen, anzünden und abbrennen. Heiß servieren.

4 Äpfel
etwas Butter
Hagelzucker
1 Glas Weinbrand

Rezept 88

Züngelnde Rehfilets

Rehfilet in Scheiben schneiden, mit Pfeffer und Salz würzen, feine Speckwürfelchen ausbraten und die Filets darin gar braten; in Scheiben geschnittene Champignons mitschmoren lassen. Alles auf geröstete Weißbrotscheiben verteilen (sehr heiß), mit Weinbrand begießen und am Tisch anzünden.

4 Rehfilets
Pfeffer, Salz
3 Eßl. Speckwürfel
1 Ds. Champignons
4 Weißbrotscheiben
1 Glas Weinbrand

Rezept 89

Brennendes Geheimnis

Mehl, Eigelb, Salz und Zucker verrühren, Milch zufügen, Butter gut einmischen und den Teig 1 Stunde ruhen lassen. Vor dem Backen den Likör zugießen. In einer Pfanne Fett erhitzen, dünne Pfannkuchen darin backen, 1 Eßl. Mandelblättchen überstreuen, etwas zuckern und einmal zusammenfalten, warmhalten. Etwas Weinbrand übergießen, anzünden und flambieren.

125 g Mehl
3 Eigelb
1 Messerspitze Salz
1 Eßlöffel Zucker
1 Tasse Milch
3 Eßl. flüssige Butter
2 Eßlöffel Likör
1 Eßl. Mandelblättchen
1 Gläschen Weinbrand

Rezept 90

Flambierte Nierli

3 Schweinsnierchen
1 Tasse Milch
2 Eßlöffel Butter
Pfeffer
Salz
1 Teel. Rosenpaprika
1 Gläschen Kognak
1 Teelöffel Senf
1 Teel. Paprikamus
4 Eßlöffel Rahm
1 Teel. Zitronensaft
1 Eßl. Röstzwiebeln

Nierchen kurz in Milch einlegen, abtropfen, in Schnitze teilen. Butter erhitzen, die Nierchen ringsum bräunen, dann würzen mit Pfeffer und Salz. Den Kognak zugießen, anzünden und flambieren. In diese Soße den Senf, das Paprikamus, Zitronensaft und Rahm einrühren, die Röstzwiebeln überstreuen und die Nierchen in der Soße schmurgeln lassen, bis sie gar sind. Direkt anschließend recht heiß servieren.

Rezept 91

Flambierte Melone

1 Stück Melone
1 Ei
etwas Milch
1 Teelöffel Mehl
Öl zum Backen
2–3 Eßl. Mandelsplitter
1 Eßlöffel Zucker
1 Glas Weinbrand oder Rum
evtl. 1/2 Tasse Schlagsahne
Schokoladenstreusel

Die Melone schälen, entkernen, das Fleisch in walnußgroße Stücke schneiden. Aus Ei, Milch und Mehl einen Teig bereiten, die Würfel eintauchen und im Fett ausbacken. Mandelsplitter und Zucker mischen, die gebackenen Würfel darin wälzen und auf eine Platte legen. Bei Tisch mit Alkohol begießen und anzünden. Man kann etwas Schlagsahne dazu reichen, die mit Schokoladenstreusel garniert ist. Dazu ein Glas Tee.

Rezept 92

Flambierte Pfannkuchen

2 Eier
2 Eßlöffel Mehl
2–3 Eßlöffel Milch
1 Prise Salz
Öl zum Backen
Füllung:
Saft von 1 Orange
1/2 Zitrone
2–3 Eßl. feingeriebene Mandeln
Mandeln oder Nüsse
2 Eßlöffel Honig
1 Schuß Eierlikör
1 kräftiger Schuß Rum

Aus Eiern, Mehl, Milch und Salz einen dünnflüssigen Teig bereiten. In einer Pfanne Öl erhitzen, so viel Teig einfüllen, daß eben der Pfannenboden bedeckt ist und vier Pfannkuchen davon backen. Aufeinanderlegen und etwas abkühlen lassen. In der Zwischenzeit aus den angegebenen Zutaten eine Füllung bereiten, die Pfannkuchen einzeln damit belegen und zweimal übereinanderfalten, so daß kleine Rechtecke entstehen, und auf einer Platte schuppenartig aufeinanderlegen. In einer Kasserolle einen Schuß Rum erhitzen, anzünden und brennend über die Pfannkuchen gießen.
Sehr eindrucksvoll für Gäste und Besucher, dann aber das Rezept verdoppeln.

FÜR SPIESSGESELLEN ETWAS BESONDERES

Fleisch als Braten ist schon seit Urzeiten bekannt. Bereits die Höhlenmenschen brieten sich ihr Fleisch am Spieß über dem Lagerfeuer. Auch heute braten wir wieder am Spieß, zwar nicht in der Höhle, sondern am Kamin, auf dem Balkon oder im Garten, denn das Abenteuer, die Romantik, das Zigeunern liegt noch immer im Blut. Es ist die allerletzte Mode und es zeugt von Kultur, wenn man seine Gäste mit „Spießchen" bewirtet. Wir hängen uns zwar kein Bärenfell um, aber auf der Bärenhaut liegt man ganz gern dabei, wobei die Bärenhaut aber auch durch eine bequeme Couch oder durch eine Hollywoodschaukel ersetzt werden kann.
Man kann die Spießchen nun umständlich in der Pfanne braten, bequemer auf dem Rost, schnell und besonders saftig im elektrischen Grill. Sie haben keinen Grill und keine Spießchen? Macht nichts! Sie stricken doch gern, zwei rechts, zwei links, zwei geradeaus. Prächtig! Reißen Sie schnell aus Ihrem Strickwerk die verchromten Nadeln, wenn auch alle Maschen fallen; hier ist eine neue Masche, todschick!
Bereiten Sie all die leckeren Einzelteile in zwei Bratpfannen vor, picken Sie die verschiedensten Teilchen aufeinander und bewirten Sie Ihre „Spießgesellen" am Tisch, und wenn's romantisch werden soll, flambieren Sie. Hier die Anleitungen.

Rezept 93

Weinbrandspießchen

in der Pfanne zu bereiten

1 Schweinsfilet
Butter zum Braten
Pfeffer
Salz
Maraschinokirschen
Perlzwiebeln
Pilzköpfchen von Champignons
Zur Grillsoße:
1 Beutel Salatmayonnaise
1 Eßlöffel Tomatenketchup
1/2 Glas Weinbrand

Das Filet schnell von allen Seiten anbraten, salzen, pfeffern, 1 Spritzer Weinbrand darüber geben. Wenn schön durchgebraten, in runde Scheiben schneiden, auf eine Nadel spießen, abwechselnd mit 1 Perlzwiebel, 1 Maraschinokirsche, 1 Champignonköpfchen (Champignons in heißer Butter schwenken). Salatmayonnaise, Tomatenketchup und etwas Weinbrand in der Pfanne gut verrühren, erhitzen und als Soße über die Spießchen träufeln.

Rezept 94

Wurstspieße

1 kleine Dose Cocktailwürstchen
Tomatenwürfel
Käsewürfel
in Butter geröstete Weißbrotwürfel
Weintrauben

Die Würstchen erhitzen und wieder abkühlen lassen. In der Reihenfolge: Brot, Tomate, Käse, Weintraube, Würstchen die Spießchen (lange Spießchen, Stricknadeln oder Wursthölzchen vom Metzger) bestecken, mehrere Male im Wechsel, und anschließend auf Platte zusammenlegen.

Rezept 95

Fürstenspieße

2–4 Scheiben vom Schweinsfilet
Pfeffer, Salz
Fett zum Braten
2–4 Weinbrandkirschen, 1 Banane
1 Blutorange
Weißbrotscheiben

Die Fleischmedaillons mit Pfeffer und Salz würzen, schnell in heißem Fett von beiden Seiten braun braten. Eine Bananenscheibe und 1 Weinbrandkirsche daraufspießen, das man auf runde Weißbrotscheibchen legt. Mit etwas Blutorangensaft beträufeln.

Rezept 96

Feinschmecker-Spießchen

Für 2 Spießchen:
6 grobe Würfel von Kalb-, Rind- und Schweinefleisch, etwas durchw. Speck
1 Paprikaschote
1 kleine Dose Champignons
1–2 Zwiebeln

Zutaten in dicke Scheiben schneiden. In der Reihenfolge Pilz, Fleisch, Zwiebel, Speck, Tomate, Pilz auf Spießchen aufstecken und in der Pfanne in heißem Fett braten oder auf dem Grill rösten. Fleißig begießen und zu Weißbrot servieren. Grillsoße, Rezept 698, auf die Spießchen träufeln.

Rezept 97

Kalbsmedaillons am Spieß

1 Kalbslendchen
Schinkenspeckwürfel
Öl, Salz
Zitronensaft
1 Messerspitze Senf

Lendchen in Scheiben schneiden, abwechselnd mit Speckwürfeln auf den Spieß packen, mit dem Pinsel Öl auftragen, 5–8 Minuten grillen, öfter drehen. Dann würzen mit den angegebenen Zutaten, die man verrührt hat.

Besonders gut schmeckt die Käsesuppe »Rustikal« zum Brunch oder am Abend. Lauch und Zwiebeln werden in dünne Ringe geschnitten, Karotten, Sellerie, Weißkohl und Kartoffeln fein geraspelt und alles in Butter angeröstet und mit Kümmel, Majoran und Salz gewürzt. Man gießt mit Fleischbrühe auf und kocht 30 Minuten weiter. Die Suppe in feuerfeste Tassen füllen, mit Speckscheiben belegen, geröstete Brotscheiben darüberschichten, mit Scheibletten bedecken, pfeffern und in der Röhre überbacken.

Rezept 98

Leberspießchen

Kalbsleber in Stückchen teilen, abwechselnd mit Apfelstückchen und Zwiefelwürfeln auf den Spieß stecken. Butter flüssig werden lassen, mit den anderen Gewürzen verrühren, die Spießchen gut betropfen oder bepinseln, 3 bis 4 Minuten grillen.

2 Scheiben Kalbsleber
2 kleine Äpfel
1 Zwiebel
Butter
1 Prise Paprika
Salz, Zitronensaft

Rezept 99

Schweinsfilet mit Pilzen, gegrillt

1 Schweinslendchen
1 Zwiebel
1 kleine Dose Champignons

Lendchen in Scheiben schneiden, Zwiebel in Würfel, abwechselnd mit Pilzen auf den Spieß heften, mit Grillsoße, Rezept 698, beträufeln und 10–15 Minuten grillen.

Rezept 100

Gegrilltes Hawaiisteak

2–4 Schweine- oder Kalbssteaks
1 Tasse Ananaswürfel
2–4 Scheiben Schmelzkäse
Paprika
Senf, Salz
Zitronensaft, Öl

Steaks mit Öl bepinseln, auf beiden Seiten etwa 4–5 Minuten grillen. Paprika, Senf, Salz und etwas Öl miteinander verrühren. Auf die Steaks Ananaswürfel legen, mit einer Käsescheiben bedecken, etwas Grillsoße, Rezept 698, übertröpfeln und noch einmal grillen, bis der Käse weich wird. Auf Weißbrotscheiben anrichten.

Rezept 101

Schaschlik

Scheibchen von Hammelfleisch
Zwiebeln
Speck
Tomaten
Paprika
Fett zum Braten
Grillsoße

Die Zutaten abwechselnd auf die Spießchen heften, mit Grillsoße, Rezept 698, beträufeln und von allen Seiten schön bräunen. Oder die einzelnen Zutaten in der Pfanne braten oder schmoren und nur zum Anrichten auf die Spießchen picken. Wenn nur in Fett gebraten wird, muß mit Salz, Pfeffer und etwas Zitronensaft gewürzt werden.

Rehmedaillons am Spieß: Zuerst bereitet man eine Würzmischung aus Salz, süßem Paprika, gestoßenem Pfeffer, Worcestersauce und 3 zerdrückten Wacholderbeeren. Damit reibt man die Medaillons gut ein und läßt sie aufeinandergeschichtet eine Stunde ruhen. Dann werden sie abwechselnd mit Räucherspeckscheiben, Apfelschnitzen, halbierten Ananasringen aufgespießt und gebraten. Am Schluß gießt man ein Gläschen Kognak darüber und zündet es an.

„Wenn sich die Gäste um das Pfännchen scharen, wenn alle ihre Fleischwürfel ins heiße Öl oder Fett tauchen, dann kommt eine gemütliche Stimmung auf. Jeder ist sein eigener Koch, jeder verteidigt seine Spezialität, ob englisch gebraten, ob mit wunderbar brauner Kruste. Dazu die würzigen Soßen aus Tatar, Curry, Knoblauch usw. Bei der Fondue wird die Tafelrunde zur Feinschmeckerrunde!
Das Schönste für die Gastgeberin: sie hat keine Küchensorgen. Es macht Spaß, die dünn geschnittenen Streifen von Rinds-, Kalbs-, Schweinsfilet, Kalbsniere und Kalbsleber auf den Spießchen zu braten; sie dann nach eigenem Geschmack in verschiedenen Soßen zu würzen. Als würdigen Abschluß genießen Sie mit Ihren Gästen einen guten Sherry.
Oder bitten Sie Ihre Gäste zu einer Käse-Fondue. Keine Sorgen: den richtigen Schweizer Käse – und Wein – werden Sie schon finden. Die Zubereitung ist ganz einfach: Sie kochen den Inhalt im vorgewärmten Pfännchen auf und rühren leicht mit dem Holzlöffel. Sobald die Fondue leicht kocht, tauchen Sie den ersten Brotwürfel ein."
So rät ein Fonduespezialist ... und hier einige bewährte Rezepte, die Sie mal versuchen sollten.

Rezept 102

Käse-Fondue

400 g Emmentaler Käse
2–3 Gläser Weißwein
1 Glas Kirschwasser
1 Teel. Mondamin
1 Knoblauchzehe
Salz
Pfeffer
Weißbrot

Kochtopf mit Knoblauch ausreiben, den Käse in feine Scheiben schneiden und in den Topf geben. Weißwein dazugießen und die Masse unter Rühren zum Kochen kommen lassen. Mondamin und Kirschwasser verrührt tropfenweise an die Käsemasse gießen, mit Pfeffer und Salz abschmecken. Wenn sich kleine Bläschen bilden, den Topf vom Feuer nehmen und die Fondue im Kochtopf zu Tisch geben. Das Weißbrot in große Würfel schneiden. Jeder Gast spießt sich seine Weißbrotwürfel auf die Gabel und taucht sie in die heiße Käsemasse. Die Käsefäden rasch um das Weißbrot wickeln und Weißwein oder Kirschwasser zum Gericht reichen.

Rezept 103

Fisch-Fondue

Pro Person
1 Fischfilet
Salz, Pfeffer
etwas Mehl
Zitronensaft
1 Prise Curry
gerieb. Zwiebel
Pikante Soßen:
Remoulade o. ä.
Pikantes Saures:
Mixed-Pickles o. ä.

Die in grobe Würfel geschnittenen Filets am Tisch in die Fonduepfanne geben (das Fett kann man schon in der Küche erhitzen), nachdem man sie gewürzt und mit etwas Mehl bestäubt hat, hellbraun ausbacken und mit der Gabel herauspicken. In eine der Soßen tauchen und mit sauren Beilagen verzehren. Das kann man sowohl im Familien- als auch im Freundeskreis veranstalten.

Rezept 104

Fondue Bourguignonne

600 g Rinderfilet
1–2 Liter Olivenöl
Salz
Pfeffer
Perlzwiebeln
Oliven
Cornichons
Essigfrüchte
Preiselbeeren
Mixed Pickles
Piccalilli
Mango Chutney
Sardellen
Kapern
geriebener Meerrettich
verschiedene kalte Saucen
Tomatenketchup
Curryketchup
Worcestersauce
Weißbrot

Das Fleisch, das keinerlei Abfälle haben darf und gut abgehangen sein muß, wird in 2½ cm große Würfel geschnitten. Alle angegebenen Zutaten sorgfältig und hübsch anrichten. Bei einiger Phantasie können Sie in kurzer Zeit eine festliche Tafel herbeizaubern. Kalte Saucen vorbereiten und anrichten. Olivenöl in einer Kasserolle oder Caquelon auf dem Herd erhitzen, dann vorsichtig ins Zimmer tragen und auf dem Rechaud heiß halten. Am Tisch werden die Fleischstücke auf Fonduegabeln gespießt und ins heiße Öl getaucht. Die richtige Hitze bekommen Sie bald heraus. Das Öl muß zischen, darf aber nicht brennen. Es kann auf 170 oder 180° C erhitzt werden, ohne daß das Fleisch verbrennt. Anschließend taucht man das Fleisch nach Belieben in eine kalte Sauce. Nach Bedarf kann man noch mit Salz und Pfeffer würzen. Dazu gibt es Toast, Schwarzbrot oder Kartoffeln und Gemüse. Auch in der Küche bereits vorgebackene Pommes frites (rohe Kartoffeln in gleichmäßige Stäbchen schneiden) lassen sich am Tisch fertig backen.

Salate
mit erprobten Salatsoßen, würzig und pikant

Die folgenden Rezepte eignen sich vorzüglich als kalte Vorspeise, als Beigabe zum Mittagessen, für den Empfang von geladenen Gästen und für überraschenden Besuch. Häufig sind sie in kürzester Zeit zubereitet, und es bleibt Ihrer Phantasie überlassen, jedes Gericht weiter zu verändern mit all den Kleinigkeiten, die solch ein Gericht verwandeln können.

Im Frühjahr, Sommer, Herbst und Winter – also zu jeder Jahreszeit – sind Salate in jeder Form eine Bereicherung unseres Küchenzettels. Ob es sich um Fisch-, Fleisch- oder Gemüsesalate handelt, immer paßt die Schüssel sowohl auf den Tisch wie auf die festliche Tafel und bleibt ein erfrischender Ausgleich zu den schweren und warmen Speisen.

Ein köstlicher Salat erfordert eine pikante, gut gewürzte Soße, die entweder mit Öl, Essig oder Zitrone und den entsprechenden Zutaten bereitet wurde, oder eine Marinade von Mayonnaise mit Beigabe von Kräutern, gehackten Eiern und Gewürzen, die dadurch eine eigene Geschmacksrichtung erhält

Kaltgerührte Soßen geben den Gerichten erst die richtige Abrundung. Die Küchenmaschine leistet hier schnelle und zuverlässige Arbeit. Würzen Sie sparsamer als bisher mit stark aromatischen Zutaten! Nach dem Ausschalten abschmecken, evtl. nachwürzen und nochmals kurz rotieren lassen.

Man kann zusätzlich, je nach Art und Geschmack, folgende Ingredienzen mitverwenden:
Senf, Meerrettich, Tomaten, Gurken, Radieschen, Kapern, Eier, Sardellen, Ketchup.

SALATSOSSEN, MARINADEN UND MAYONNAISE

Rezept 105

Grundsoße für einfache Salate

Alle Zutaten miteinander verrühren.

2–3 Eßlöffel Öl
½ Eßl. Zitronensaft
(2 Eßl. Essig)
1 Prise Salz
1 Prise Pfeffer
1 Prise Zucker

Pikante Soße

Alle Zutaten miteinander verrühren und feingehackte Zwiebel und Kräuter untermischen.

2 Eßlöffel Essig
4 Eßlöffel Öl
1 Teel. Meerrettich
½ Zwiebel
Salz, Pfeffer
Schnittlauch
Petersilie, Dill
Kerbel, evtl. Zucker

Französische Salatsoße

Alle Zutaten in den Mixbecher geben und so lange rotieren lassen, bis der Inhalt vollständig gemischt ist. Anstelle von Zitronensaft kann auch Essig verwendet werden.

½ Tasse Öl
1 Eßl. Zitronensaft
1 Prise Zucker
Salz, Paprika
1 kleine Zwiebel
1 Teelöffel Senf
etwas Knoblauch

Rezept 106

Vinaigrettesoße

Zwiebeln, Gurke und Ei fein zerhackt mit Essig und Öl vermischen, die übrigen Zutaten zugeben und abschmekken; evtl. mit einem Teelöffel Senf herzhaft abschmecken.

1 hartgekochtes Ei
je 3 Eßl. Öl und Essig
3 Zwiebeln
1 Gewürzgurke
Schnittlauch
Petersilie
Salz, Pfeffer

Rezept 107

Pfeffersoße

½ Teelöffel schwarzer Pfeffer
2 Eßlöffel Essig
5 Eßlöffel Öl
2 gehackte Zwiebeln

Grob geriebenen, schwarzen Pfeffer mit Essig, Öl und gehackten Zwiebeln vermischen. Zu kaltem Wildfleisch servieren.

Rezept 108

Mayonnaise gerührt

4 Eigelb
1 Eßlöffel Essig
1 Tasse Öl
Salz, Paprika
Zitronensaft
Worcester-Soße

Eigelb gut mit dem Schneebesen verrühren, etwas Essig zugeben, tropfenweise das Öl zulaufen lassen, gut verschlagen. Mit Gewürzen abschmecken.

Rezept 109

Mayonnaise geschlagen

1 Eßl. Mondamin
1 Tasse Wasser
1 Ei
1 Prise Salz
1 Prise Zucker
Pfeffer
Senf
1 Tasse Öl
1 Teel. Zitronensaft

Mondamin mit Wasser anrühren, kurz aufkochen und abkalten lassen. Ei, Salz, Zucker, Senf und Pfeffer mit dem Schneebesen schaumig schlagen, tropfenweise Öl zugeben, den erkalteten Mondaminbrei unterrühren. Mit Essig (Zitrone) abschmecken.

Rezept 110

Joghurt-Mayonnaise

4 Eßlöffel Joghurt
2 Eßl. Mayonnaise

Joghurt wird mit Mayonnaise gut geschlagen. Mit feingehackten Karotten oder Petersilie ergibt die Mayonnaise eine köstliche Zutat zu allen Gemüsesalaten.

Rezept 111

Remouladensoße

4 hartgek. Eigelb
1 rohes Eigelb
½ Tasse Öl, Essig
2 Eßlöffel Senf
1 Sardelle, Kapern
1 Teelöffel Petersilie
Salz, Pfeffer, Zwiebel
Zucker

Die gekochten Eigelb mit dem rohen Eigelb fein verrühren, tropfenweise Öl, dann alle anderen feingehackten Zutaten zugeben und sehr würzig abschmecken. Das gehackte Eiweiß zum Verzieren der Salate verwenden.

Rezept 112

Rahm-Mayonnaise

Mayonnaise mit Rahm verrühren, Gewürze zugeben, evtl. gehackte Kräuter.

4 Eßl. Mayonnaise
2 Eßlöffel Rahm
1 Teelöffel Senf
1 Eßlöffel gehackte Kräuter

Rezept 113

Teufelssoße

In die Remouladensoße 3 Eßlöffel, den feingehackten Estragon und den geschabten Apfel geben. Zu Roastbeef oder Sülze servieren.

3 Eßl. Remouladensoße
3 Eßlöffel Rotwein
1 Eßlöffel Estragon
1 Eßlöffel feingeschabter Apfel

Rezept 114

Russische Soße

Remouladensoße mit geriebenem Meerrettich vermischen. Zu Eier- und Fleisch- oder Fischgerichten servieren.

3 Eßl. Remouladensoße
1 Eßlöffel geriebener Meerrettich

Rezept 115

Amerikanische Soße

Mayonnaise mit englischem Senf, etwas Tomatenketchup und Hummerstückchen vermischen. Zu Hummer und kaltem Fisch servieren.

3 Eßl. Mayonnaise
1 Teelöffel Senf
1 Eßlöffel Ketchup
1 Eßlöffel Hummerstückchen

Rezept 116

Grüne Soße

In die Mayonnaise werden die feingehackten Kräuter und die Gewürze gegeben. Gurke, Zwiebel und evtl. Knoblauch sehr feingeschnitten unterheben, pikant abschmecken und eisgekühlt zu Fisch oder Fleischstückchen reichen.

125 g Mayonnaise
2 Handvoll feingeh. grüne Kräuter
2 harte Eier
1 Gewürzgurke
1 kleine Zwiebel
Knoblauch
2 Eßlöffel Senf
Saft ½ Zitrone

Rezept 117

Preiselbeersoße

Mayonnaise mit Preiselbeeren abschmecken und zu Hammel- und Ochsenfleisch servieren.

4 Eßlöffel Mayonnaise
2 Eßl. Preiselbeeren

Rezept 118

Sardellensoße

2 Eßl. Mayonnaise
2 feingeschnittene Sardellen
1 Teelöffel Senf
1 Prise Zucker
1 Teel. feingeschnittene Kapern

Mayonnaise mit Senf glattrühren, Zucker zugeben, dann die feingehackten, gewässerten Sardellen und Kapern. Die Soße reicht man zu kaltem, gekochtem Rindfleisch oder zu Eiern.

Rezept 119

Feuersoße

3 Eßlöffel Salatmayonnaise
2 Teel. Tomatenpüree
1 Schuß Ketchup
1 Teelöffel Senf
1 Teel. geriebener Meerrettich

Alle Zutaten glatt miteinander verrühren, bis eine kremartige Soße entsteht. Man kann sie zu Fleisch- und Fischspeisen reichen oder zum Anmachen von Salaten verwenden.

Rezept 120

Quarksoße

125 g Quark
1 Tasse saure Sahne
1 geh. Gewürzgurke
Kapern
Zitronensaft
Schnittlauch

Den Quark durch ein Sieb streichen und gut mit Sahne verrühren; dann alle übrigen Zutaten beifügen, ebenso den gehackten Schnittlauch. Herzhaft abschmecken. Vorzüglich zu Pellkartoffeln.

Rezept 121

Apfel-Meerrettich-Krem

100 g Quark
2 Eßl. Meerrettich
4 Eßlöffel Sahne
1 geriebener Apfel
Zucker
Salz
Pfeffer
Zitronensaft

Den Quark durch ein Sieb Streichen, mit allen anderen Zutaten gut verrühren, mit Schneebesen schaumig schlagen abschmecken. Zu Fisch, Fleisch oder kalten Gemüsegerichten reichen.

Rezept 122

Tomatenkrem

1 Tasse Tomatenmark
1–2 Eßlöffel Sahne
1 feingeschn. Zwiebel

Tomatenmark aus frischen Tomaten mit Sahne gut verrühren, Zwiebelchen beigeben. Kalt servieren. Zu Fisch- und Fleischwürfelchen oder zu in Butter gerösteten Weißbrotstückchen.

Rezept 123

Senfkrem

3 hartgekochte Eigelb
6 Eßlöffel Senf
1 Teel. geh. Zwiebeln
6 Eßl. saure Sahne
2 geriebene Äpfel

Die hartgekochten Eigelb mit Senf und Zwiebeln vermischen, die geriebenen Äpfel dazugeben und die Sahne unterrühren. Zu gekochten Eiern servieren.

Rezept 124

Kräutersahne

1 Tasse saure Sahne
Saft 1/2 Zitrone
Salz, Zucker
2 hartgekochte Eier
2–3 Eßl. feingehackte Kräuter

Zitronensaft mit Sahne gut verschlagen, abschmecken, die gehackten Eier und Kräuter dazugeben. Sehr lecker zu gekochtem Rindfleisch.

Rezept 125

Meerrettichsahne

1 Tasse Schlagsahne
1 Teel. engl. Senf
1 Eßlöffel gerieb. Meerrettich
1 Eßlöffel geriebenes Weißbrot

Schlagsahne vermischen mit englischem Senf, geriebenem Meerrettich und geriebenem Weißbrot. Zu Ochsenfleisch und Räucherlachs servieren.

Rezept 126

Eierlose Mayonnaise

5 Eßlöffel Rahm (Dosenmilch)
2 Eßlöffel Essig
1 Teelöffel Senf
7 Eßlöffel Öl, Salz
1 Prise Zucker

Alle Zutaten mit 2 Eßlöffel Öl im Mixbecher wenige Sekunden rotieren lassen, restliches Öl langsam zutropfen lassen bei laufendem Motor, bis eine sämige Masse entsteht.

Rezept 127

Salat-Grundsoße für gekochte Salate

1/4 l Wasser
1/2 Eßl. Mondamin
3 Eßlöffel Essig
Salz
1 Prise Zucker
Pfeffer
2 Eßlöffel feingeh. Kräuter

In das kochende Wasser das mit etwas kaltem Wasser angerührte Mondamin rühren, bis die Soße glasig ist. Die Gewürze zugeben und die Soße kalt oder warm (Kartoffelsalat) verwenden. Zu allen gekochten Salaten schmeckt die Soße ausgezeichnet. Sie ist leicht verdaulich und überzieht alle Salate mit einem seidigen Glanz. Man nennt die Soße auch Couli. Sie dient oft als Grundlage für Mayonnaise.

1 Tasse Portwein
Saft ½ Apfelsine
3 Eßl. Johannisbeergelee
2 Teelöffel Senf
gerieb. Zitronen- und Apfelsinenschale

Rezept 128

Cumberlandsoße

Alle Zutaten gut miteinander verrühren, Zitronen- und Apfelsinenschale fein abgerieben dazugeben. Kalt zu Wild oder Braten reichen.

Rezept 129

Pfefferminzsoße

1 Eßl. Pfefferminzblätter
1 Tasse Kräuteressig
3 Eßlöffel Wasser
½ Teelöffel Zucker

Frischgehackte Pfefferminzblätter in Kräuteressig aufkochen lassen, mit Wasser verdünnen und mit Zucker abschmekken. Einige Tage ziehen lassen. Als Beilage zu Lamm- oder Hammelfleisch. Besonders beliebte Soße zu Osterlamm!

1 Tasse Wein
1 Tasse Wasser
½ Teelöffel Salz
1 Päck. Aspikpulver
1 Teel. Gewürzkörner

Rezept 130

Aspik

Das Aspikpulver nach Vorschrift verwenden und in der heißen Brühe aus Wasser und Wein auflösen.

2 Tassen Essigbrühe
8 Zwiebelringe
8 Pfefferkörner
2 Lorbeerblätter
1 Teel. Senfkörner
1 Paprikaschote
1 Teel. Wacholderbeeren, Salz, Zucker
½ Tasse Rahm

Rezept 131

Fischmarinade

Alle Zutaten in nicht zu scharfe Essigbrühe einlegen. Den Paprika in feine Ringe oder Würfel schneiden und in die Brühe legen, ebenso die gesäuberten Fische. 24 Stunden ziehen lassen. Kurz vor dem Anrichten den Rahm unter die Soße rühren und abschmecken.

Zitronenkörbchen zum Füllen mit Salaten

Zitronen sind zum Garnieren für kalte und warme Platten immer beliebt und wirkungsvoll. Sie sollen aber nicht nur garnieren, sondern auch nähren und unsere Speisen nahrhafter und bekömmlicher machen. Zu gekochtem und

gebackenem Fisch, zu Gemüse und Fleischsalat, zu Mayonnaisegerichten und Gemüsesülzen verwendet, verbessert Zitrone den Geschmack dieser besonders delikaten Gerichte. In Scheiben, in Viertel oder Achtel geschnitten, sind sie schnell zur Hand. Das Zitronenkörbchen erfordert ein wenig mehr Aufmerksamkeit.
Auf der einen Seite der Zitrone zwei Ecken ausschneiden, so daß ein Henkel entsteht. Das Fruchtfleisch aushöhlen, den Saft anderweitig verwenden. Das Körbchen mit Petersilie füllen und als Mittelpunkt für eine Salatplatte wählen. Oder aus der gelben Schale dünne Streifen ausschneiden, daß die innere weiße Haut zu sehen ist. Oder Zitronenscheiben am Rand auszacken. Das muß getan werden, bevor man die Scheibe abschneidet. Oder die Zitrone in dicke Scheiben schneiden, das Fruchtfleisch heraustrennen und die so entstandenen Zitronenringe mit Salaten füllen. Auch etwa 2 cm hohe Ringe von rotem und grünem Paprika eignen sich vorzüglich zum Füllen von Salaten.

Unser Tip

Besonders an heißen Sommertagen oder wenn sich überraschender Besuch einstellt, sind Salate aller Art ein beliebtes Gericht. Er erfordert in jedem Falle eine gut gewürzte Soße, die Sie nun einmal nicht gewohnheitsmäßig mit Essig und Öl oder mit Mayonnaise bereiten sollten. Verwenden Sie – um Ihren Salaten eine extra pikante Note zu geben – auch einmal Käsesoßen aus Quark, Gervais oder ähnlichem. Geben Sie viele grüne Kräuter hinein, rohes Eigelb statt Öl, oder sahnig gerührtes, gekochtes Eigelb. Sie werden überrascht sein, wie gut das schmeckt.

Rezept 132

Selleriekrem

½ geriebene Zwiebel
3 Eßl. Mayonnaise
1 Eßl. gerieb. Sellerie
Salz
Muskat
gehackte Petersilie

Man schmeckt eine der Mayonnaisen mit geriebener Zwiebel und rohgeriebenem Sellerie sehr fein ab, salzt, würzt mit einer Spur Muskat und untermengt mit Petersiliengrün oder Gartenkresse.

Rezept 133

Senfsoße

2 harte Eier
1 rohes Eigelb
3 Eßlöffel Öl
2 Teelöffel Senf
2 Eßlöffel Wein
geriebene Zwiebel

Rohes und gekochtes Eigelb dick rühren, mit dem tropfenweise zugegebenen Öl weiterrühren, dann Senf und Wein untermischen und 1 Eßlöffel feingeriebene Zwiebel.

Rezept 134

Indische Soße

1 feingeh. Zwiebel
1 feingeh. Gurke
1 Apfel, 1 Tomate
1 Eßlöffel Essig
3 Eßlöffel Öl
Salz, Zucker, Pfeffer

Zwiebel und Gurke fein schneiden, Apfel und abgezogene Tomate in Würfel mit Essig und Öl anmachen, mit Salz, Pfeffer und Zucker würzen.

Rezept 135

Schnittlauchsoße

Je Person:
1 Ei
Salz
Pfeffer
Öl
Essig oder
Zitronensaft
Zucker
Salz
viel Schnittlauch

Die Eier werden hart gekocht und getrennt (Eigelb und Eiweiß), fein zerrieben und zerhackt. Man verrührt das Eigelb mit Öl und gewässertem Essig, fügt das feingehackte Eiweiß darunter und zuletzt je Ei 1 Eßlöffel feingehackten Schnittlauch. Man verdünnt zu sämiger Soße mit Wasser oder kalter Brühe und schmeckt mit Salz, Pfeffer und mildem Essig ab. Sehr gut zu neuen Kartoffeln oder gekochtem Fleisch.

Rezept 136

Apfelsoße (Shutney-Sauce)

4 gebratene Äpfel
1–2 Eßl. roten Rübensaft
1–2 Eßlöffel Essig
1/2 Zehe Knoblauch
1 Prise Salz
Pfeffer

Gebratene Äpfel durch ein Sieb rühren, mit rotem Rübensaft färben, mit Essig, geriebenem Knoblauch, Salz und Cayennepfeffer abschmecken. Zu Hammel servieren.

Rezept 137

Herzblättchensalat

15–20 Salatköpfe
2 Eßlöffel Zitronensaft
4 Eßlöffel Öl
Pfeffer, Salz
1 Teelöffel Zucker
2 Eßlöffel Rahm
gehackte Petersilie
4 Tomaten

Man verwendet nur das zarte Innere, die Herzblättchen, und läßt sie wie eine Rosenknospe am Stielende haften, taucht sie in die Salatsoße und richtet sie auf mit Pfeffer und Salz gewürzten Tomatenscheiben an.

Rezept 138

Endiviensalat

1 Endiviensalat
3 Eßlöffel Essig
3 Eßlöffel Öl
Pfeffer
Salz
1 Teelöffel Zucker
2–3 Eßlöffel Rahm
oder Dosenmilch
gehackte Kräuter

Die äußeren, harten Blätter und Blattspitzen abschneiden. Den Salatkopf waschen, fest zusammennehmen, auf einem Holzbrett von der Wurzel her in feine, dünne Streifen schneiden und in der Soße anrichten. Wenn der Salat älter und evtl. bitter ist, 1/2 Stunde in lauwarmes Wasser legen. Ebenso lassen sich Weißkohl- und Rotkohlsalat zubereiten.

Rezept 139

Chicoréesalat

2–3 Stauden Chicorée
1 Tasse Joghurt
2 Teel. Zitronensaft
1 Prise Salz
1 Prise Zucker
reichlich geh. Kräuter

Den Chicorée 1/2 Stunde in lauwarmes Wasser legen, welke Blätter und den Strunk mit spitzem Messer herausschneiden (bitter). Von der Spitze her in hauchdünne Streifchen schneiden, in der Soße anrichten und einige Minuten ziehen lassen. Feine Apfelwürfelchen und Mandarinenschnitze können untergemischt werden.

Rezept 140

Spargelsalat

1–2 Pfd. Brechspargel
2 Eßlöffel Essig
2 Eßlöffel Öl
Pfeffer
Salz
2 hartgekochte Eier
Tomatenscheiben
1/2 Tasse saurer Rahm

Spargel schälen, in gleichmäßige (4 cm) lange Stücke schneiden. In leichtem Salzwasser kochen, abtropfen. Spargel warm in die Soße geben und immer wieder begießen. Die Schüssel mit Eiervierteln auf Tomatenscheiben garnieren. Kurz vor dem Essen den Spargelsalat mit 1/2 Tasse saurem Rahm übergießen.

Rezept 141

Apfel-Möhrensalat

3–4 große Möhren
2 Äpfel geraspelt
3 Eßl. Mayonnaise
1 Tasse Rahm
1 Eßlöffel Zucker
Saft 1/2 Zitrone

Mayonnaise mit Rahm verdünnen, Zitronensaft und Zucker dazugeben. Die feingeraspelten Äpfel in der Soße verrühren. Möhren putzen, waschen, abtrocknen. Feingeraspelt in eine Glasschale bergförmig hineinlegen. Die sämige Salatsoße darübergießen und sofort servieren. Schmeckt vorzüglich zu dick mit Butter bestrichenem Pumpernickel.

Rezept 142

Karotten – Sellerie in Tomaten

2–4 Tomaten
3–4 Karotten
1 kleiner Sellerie
1 Teelöffel geraspelte Haselnüsse
4–5 Eßl. Salatmarinade aus Zitronensaft
Öl, Pfeffer, Salz

Den Tomaten ein Deckelchen abschneiden, aushöhlen, mit Salz und Pfeffer vorsichtig würzen. Die gereinigten Karotten und den Sellerie fein raspeln, ebenso die Nüsse, alles in die Marinade geben, kräftig durchmengen und in die Tomaten füllen. Mit in Scheiben geschnittenen Haselnüssen verzieren.

Rezept 143

Schwarzwurzelsalat

6–8 geschälte Schwarzwurzeln
3 Eßl. Salatmayonnaise
1 Teelöffel geriebener Meerrettich
1 kleiner Apfel

Die Schwarzwurzeln schnell reiben und mit Mayonnaise vermischen, den Meerrettich unterziehen, dann die in feine Streifen geschnittenen Äpfel. Den Salat zum Füllen von Tomaten, Paprikaschoten oder Lachstütchen verwenden oder als Aufstrich auf Vollkorn- oder Knäckebrot.

Rezept 144

Blumenkohl mit Mayonnaise

2 Rosen Blumenkohl
1/2–1 Tasse Mayonnaise
1–2 Löffel Rote-Beete-Saft
2 Eßl. gehackter Schnittlauch
Essig, Öl

Die beiden Blumenkohlrosen waschen und in mildem Salzwasser nicht zu weich kochen. Die festere in die Mitte der Salatplatte legen, sie darf nicht zerfallen. Die andere in ihre Röschen zerteilen, mit Öl und etwas Essig marinieren und mit dem Rote-Beete-Saft rosa färben. Man ordnet sie nett um die mittlere Rose herum, der man ein gelbes Mayonnaisehäubchen aufsetzt und mit fein geschnittenem Schnittlauch bestreut.

Rezept 145

Rettichsalat

2–3 Rettiche
Salz, Zucker
Essig, Öl
etwas Paprika
1 feingeriebener Apfel

Rettiche raspeln, salzen und etwas ziehen lassen. Dann alle übrigen Zutaten untermischen, zuletzt den feingeriebenen Apfel.

Rezept 146

Bunter Selleriesalat

1 Sellerieknolle
1 feingewürfelter Apfe
1 Teel. geh. Nüsse
Beliebige Salatsoße

Sellerieknolle bürsten und in der Schale kochen, noch heiß unter kaltem Wasser schälen und sofort mit einigen Tropfen Zitronensaft übergießen (zum Bleichen). Abkühlen lassen und mit einem Buntschälmesser in nicht zu dünne Scheibchen oder Würfelchen schneiden. Die Apfelwürfel untermischen und den Salat häufig mit der Soße übergießen; danach kegelförmig auf einer ebenen Platte anrichten.

Rezept 147

Pilzsalat

1 Pfd. Champignons
oder andere Pilze
Salatsoße:
Feingeh. Petersilie
1 kleine Zwiebel
3 Eßl. Mayonnaise
2 Eßlöffel Rahm

Pilze säubern und waschen. Im eigenen Saft ohne Fettzugabe schmoren und den Saft ganz einkochen. Noch warm in die Soße geben, die ohne Öl mit wenig Rahm und Mayonnaise angerührt ist. Mit gehackter Petersilie oder Estragonkraut überstreuen (keine Reste stehen lassen; Vergiftungsgefahr).

Rezept 148

Rote-Beete-Salat

2 Pfd. rote Beete
Salatsoße aus:
1–2 Tassen Essig
1 Tasse Wasser
2 kleine Zwiebeln
1 Teelöffel schwarze
Pfefferkörner, Salz
1 Teel. Senfkörner
1–2 Lorbeerblätter
1 Teelöffel Zucker
1 Prise Kümmel
1 Stück Meerrettichwurzel

Rote Beete waschen, die Blätter nicht zu kurz über der Knolle abschneiden (bluten aus) und weichkochen. Unter fließendem Wasser noch heiß schälen, etwas abkühlen lassen. Mit dem Buntschälmesser in Scheiben schneiden, in die Salatsoße geben und gut bedecken. Zwiebel in feine Ringe schneiden und darübergeben. Den Salat zugedeckt einige Stunden ziehen lassen. Kaltgestellt ist er mehrere Tage haltbar.

Rezept 149

Waldorfsalat

250 g rohe Äpfel
250 g roher Sellerie
1 Eßl. feingeh. Nüsse
Mayonnaisesoße
Rezept 112

Rohe Äpfel und rohen Sellerie in ganz feine Würfel schneiden, die gehackten Nüsse zugeben und den Salat mit Mayonnaisesoße anmachen.

Rezept 150

Italienischer Salat

125 g gek. Schinken
125 g Äpfel
125 g Gewürzgurken
125 g gek. Kartoffeln
1 gek. Möhre, 1 Sellerie
2 Sardellen, 10 Kapern
4 Eßlöffel Remoulade
2 hartgekochte Eier
2–3 Tomaten

Schinken, Äpfel, Gurken, Kartoffeln, Möhre, Sellerie in feine Streifen schneiden. Sardellen wässern, säubern, fein hacken. Alles in die Mayonnaise geben und gut vermischen. Mit Gurken, hartgekochten Eiern und Tomaten verzieren.

Rezept 151

Gemüsesalate aus gekochten Gemüsen

Blumenkohlröschen
Erbsen, Pilze, Karotten
Spargelabschnitte
Sellerie usw.
Marinade aus:
Essig, Öl usw. oder
Mayonnaise und
geh. frischen Kräutern

Die in schwachem Salzwasser gekochten, abgetropften und abgekühlten Gemüse mit Salatsoße marinieren. Oder Mayonnaise-Marinade mit vielen grünen Kräutern verrühren und über die hübsch arrangierten Gemüsegruppen geben, die man auf großer Platte angerichtet hat.

Rezept 152

Salat von weißen Bohnen

½ Pfd. weiße Bohnen
Zwiebeln
Öl
Essig
Salz
Zucker

Man wählt dafür am besten kleine weiße Bohnen, die man weichkocht, doch ohne daß sie zerfallen. Man gießt sie ab und untermengt sie noch heiß mit Zwiebeln, Öl, Essig, Salz, Zucker.

Verfeinerung: Man rührt mit der Marinade noch etwas Tomatenmark durch.

Rezept 153

Salat von Linsen, ungar.

½ Pfd. gekochte Linsen
Zwiebeln
Öl, Essig
Salz, Pfeffer
2 Gewürzgurken
2 Äpfel

Der Salat wird ebenfalls mit Zwiebeln, Öl, Essig und Salz gemischt und mit Pfeffer gewürzt. Gurken und Apfelwürfelchen untermischen.

Rezept 154

Kartoffelsalat kalt

Kartoffeln in der Schale kochen, abpellen, abkühlen lassen. Mit einem Buntmesser in Scheiben schneiden. Mit 1 Liter kochender Brühe übergießen, 2 Minuten zugedeckt stehen lassen; abgießen. Die Kartoffeln noch warm in die Mayonnaisesoße geben, in die man die Zwiebel und Gurke gibt. Gut vermischt bis zum Erkalten stehen lassen. Mit Petersilie, Eivierteln und Tomatenscheiben garnieren.

2 Pfd. Salatkartoffeln
3 Eßl. Mayonnaise
1 Gewürzgurke
1 feingeh. Zwiebel
1 Teelöffel Salz
1 Prise Pfeffer
1 Eßlöffel Essig
1 l Brühe

Rezept 155

Kartoffelsalat warm

Kartoffeln in der Schale kochen, abpellen. Noch warm in Scheiben schneiden und mit der Brühe übergießen. Mit Salz, Essig, Pfeffer abschmecken. Die ausgebratenen Speck- und Zwiebelwürfelchen darübergeben. Warm, jedoch nicht heiß, anrichten.

1½ Pfd. Salatkartoffeln
⅛ l Brühe
40 g Speck
1 Zwiebel
Pfeffer
Salz
Essig

Rezept 156

Gefüllte, frische Gurken

Frische Gurken schälen und in 5 cm lange Stücke schneiden. Die Gurkenstücke mit einem Kaffeelöffel halb aushöhlen, mit Wasser überbrühen und abtrocknen. Leicht salzen. Mit Gemüsesalat füllen und auf Tomatenscheiben oder leicht marinierte Salatblätter stellen.

2 grüne Gurken
1 Prise Salz
6–8 Eßl. Gemüsesalat
2 Tomaten
Salatblätter

Rezept 157

Eier-Tomatensalat

Eier hartkochen, feste Tomaten in Eigröße in Scheiben sägen, auf eine Platte so ordnen, daß immer eine Tomaten- und eine harte Eischeibe schuppenartig aufeinander zu liegen kommen. Die Unterlage bildet ein Gemüsemayonnaisesalat oder eine Erbsenmayonnaise mit Kartoffelsalat. Über die Ei- und Tomatenscheiben tröpfelt man die Soße aus Essig, Öl, Senf, Meerrettich, Pfeffer und Salz und garniert mit Petersilienbüscheln.

6–8 Eier
6–8 Tomaten
½ Pfd. Gemüsesalat
½ Pfd. Kartoffelsalat
3 Eßlöffel Öl
2 Eßlöffel Essig
1 Teelöffel Senf
1 Teel. Meerrettich
Pfeffer
Salz
Petersilie

Rezept 158

Florida-Salat

4 Scheiben Ananas
1 Orange, 1–2 Äpfel
1 rohe Sellerieknolle
2 Eßl. Dosenmilch
1 Eßl. Zitronensaft
2 Eßlöffel Öl
1 Prise Pfeffer
Salz, Zucker

Äpfel grob, Sellerie fein raspeln, mit Marinade aus Milch, Zitronensaft, Öl, Pfeffer, Salz und Zucker vermischen. Ananasscheiben auf ein Tellerchen legen, den Salat bergförmig darauf anrichten, mit Orangenschnitten verzieren.

Rezept 159

Blitzsalat

1 Dose Pfifferlinge
1 Beutel Mayonnaise
Salz, Pfeffer, Petersilie
Schnittlauch
4 Würstchen
1/2 kleines Glas
Perlzwiebeln

Die Pilze zum Abtropfen auf ein Sieb geben. Die Mayonnaise mit 2 Eßlöffel Pilzwasser verrühren und mit Salz und Pfeffer abschmecken. Kräuter hacken. Würstchen abziehen und in Scheibchen schneiden, Perlzwiebeln halbieren. Alles zusammen mit den Pfifferlingen unter die Mayonnaise.

Rezept 160

Traubensalat

250 g Brickkäse
500 g helle und blaue
Trauben
65 g Walnüsse
1 Beutel Salat-
mayonnaise

Käse wird in Würfel geschnitten, Weintrauben gewaschen, abgezupft und halbiert. Käse und Trauben mit feingehackten Walnüssen vermischen. Der Salat muß gut durchziehen.

Rezept 161

Geflügelsalat

250 g Geflügelfleisch
250 g zarte Erbsen
Spargel
Sellerie
4 Eßlöffel Kräuter-
mayonnaise
Rezept 112

Fleisch in dünne Streifen schneiden, Spargel in 2 Zentimeter lange Stückchen, Sellerie in kleine Würfel; alles in die Kräutermayonnaise geben. In einer Glasschüssel angerichtet, den Rand mit Mayonnaiseerbsen garnieren.

Rezept 162

Fleischsalat

250 g Fleischreste
2 rohe Äpfel
2 hartgekochte Eier
1–2 Gewürzgurken
1 Teelöffel Kapern
2 Eßl. Mayonnaise
1 Eßlöffel Rahm

Fleisch- oder Wurstreste, Äpfel, Eier und Gurken in feine Streifen schneiden. Den Salat in die mit etwas Rahm verdünnte Mayonnaise geben und 1 Stunde ziehen lassen. Mit Tomaten, Radieschen und Petersilie hübsch garnieren oder in Tomaten füllen.

Rezept 163

Fischsalat

250 g Fischreste
Salatsoße
Rezept 105
1 Gurke
1 Zwiebel
1 Teelöffel Senf
1 feingehacktes Ei
2 Tomaten, 1 Apfel
1 Teel. gehackte Nüsse

Fisch in kleine Würfel schneiden. In die Salatsoße feingehackte Zwiebeln, Gurken und Eischeiben geben, Apfel und gehackte Nüsse, 1 Teelöffel Senf unterrühren, den Fisch hineingeben und 1/2 Stunde ziehen lassen, mit Tomatenvierteln garnieren.

Rezept 164

Heringssalat

1 Salzhering
3 gek. Kartoffeln
2 Äpfel
1 rote Beete
Zwiebel
Senf
Öl
Essig
2 Eßl. gehackte Nüsse
1 feingeh. Gurke

Den Hering 24 Stunden in Wasser oder in Buttermilch legen, sodann entgräten und in feine Streifchen schneiden. Die Kartoffeln in kleine Würfelchen, ebenso die Äpfel und rote Beete. Alle Zutaten durcheinandermengen, wozu auch Heringsmilch oder -rogen noch fein ausgestrichen untermengt wird. Mild und doch pikant sauer-süß abschmecken.
Verfeinerung: Mayonnaise. Anstelle des Herings kann auch anderer Fisch wie Thunfisch oder Sardelle zum Salat gegeben werden.

Rezept 165

Bunter Käsesalat

1/2 Tasse Mayonnaise
1 Eßlöffel Milch
1 kl. Stück Sellerie
200 g Käse
100 g Schinken

Sellerie, Käse und Schinken in feine Streifchen schneiden. Mayonnaise mit Milch verrührt darüber geben, gut durcheinandermengen und anrichten.
Statt Milch kann auch Rahm oder Weißwein verwendet werden.

Rezept 166

Straßburger Salat

125 g Emmentaler Käse in dicken Scheiben
125 g Cervelatwurst
1 Gewürzgurke
1/2 geriebene Zwiebel
1 Prise Salz und Pfeffer
1 Teelöffel Essig
1 Eßlöffel Mayonnaise
Zur Garnitur:
Eier, Gurken, Tomaten

Käse, Wurst und Gurke in feine Würfel schneiden, Zwiebel und Gewürze zugeben; Mayonnaise mit etwas Essig sahnig rühren und die Würfelchen hineingeben, alles gut miteinander vermischen und mit Eiern, Gurken und Tomaten garniert auf einer Platte anrichten.

Rezept 167

Potpourri-Salat

2–3 gek. Kartoffeln
2–3 Scheiben Emmentaler Käse
1–2 Chicorée
1–2 Würstchen
2–3 Eßlöffel Öl
1 Teel. Tomatenmark
2 Eßlöffel Essig, Senf
Salz, Pfeffer, Zucker

Kartoffeln und Käse in Würfel schneiden, Chicorée und Würstchen in dünne Scheiben. Aus den übrigen Zutaten eine feine Marinade rühren, über den Salat geben und alles miteinander vermischen. Mit Eiern, Tomaten und Salatblättern garniert anrichten.

Rezept 168

Garnierter Endiviensalat

1 Kopf Endiviensalat
1–2 säuerliche Äpfel
2 Eßlöffel geriebene Mandeln oder Nüsse
2 Eßlöffel Essig
3 Eßlöffel Öl
Salz, Pfeffer, Zucker
etwas Senf
2–3 Eßlöffel Rahm (Dosenmilch)

Den Salatkopf waschen, in feinste Streifchen schneiden und in eine Schüssel legen. Die geschälten Äpfel ebenfalls in Streifen schneiden, über den Salat verteilen und mit den geriebenen Mandeln bestreuen. Aus den übrigen Zutaten eine feine Marinade bereiten, alles gut zusammen vermischen und kurz vor dem Anrichten über den Salat gießen.

Rezept 169

Apfelgeheimnis

2 große schöne Äpfel
Saft 1 Zitrone
1 Scheibe Kasseler
1 Tomate
1 kleine Gewürzgurke
1 hartgekochtes Ei
1/2 Beutel Salatmayonnaise
1 Eßl. Tomatenketchup

Die Äpfel schälen, vorsichtig aushöhlen und mit Zitronensaft beträufeln. Das Fleisch in feine Würfel schneiden, ebenso Tomate, Ei und Gurke. Ketchup mit Mayonnaise verrühren, alles untereinander mischen und den Salat in die ausgehöhlten Äpfel füllen. Die Äpfel kann man dann auch auf marinierten Salatblättern anrichten.

Rezept 170

Restesalat in Tomaten

Reste von Paprikasalat
1 kl. Dose Fleischsalat oder Thunfisch
1 Tassenkopf gek. Reis
1/2 kl. Dose Erbsen
2 Scheiben gekochter Schinken, 8 Tomaten
4 Salatblätter
etwas Marinade
4 Scheiben Holl. Käse

Paprika, Fleischsalat, Reis, Erbsen, Schinkenwürfel gut miteinander vermischen. Den Tomaten ein Deckelchen abschneiden, aushöhlen, den Salat einfüllen, die Salatblätter leicht marinieren, auf einen Teller legen, mit einer Käsescheibe bedecken und je zwei gefüllte Tomaten daraufsetzen.

Rezept 171

Mainzer Käsesalat

2–3 Mainzer Käschen
je 1 Eßlöffel Öl, Essig
1/4 ganz fein geschn. Zwiebel
Kümmel, Pfeffer
Zuckerkrümelchen

Die Käschen zu Würfeln schneiden, die Zutaten zusammenrühren, über den Käse gießen und eine Weile ziehen lassen; dann sind sie spießfertig.

Rezept 172

Sellerie-Apfelsalat mit Nüssen

1 gek. Sellerieknolle
2 Äpfel
1 Eßlöffel Öl
1/8 l Rahm
1 Eßlöffel Zucker
1 Spritzer Zitronensaft
1–2 Eßl. gerieb. Nüsse

Den gewaschenen und geschälten Sellerie auf der Reibe raffeln, ebenso die geschälten Äpfel. Öl, Rahm und Zitronensaft mit Zucker verrühren, schnell mit Sellerie und Apfel zusammengeben und gut vermischen. Die geriebenen Nüsse überstreuen und anrichten.

Rezept 173

Sauerkrautsalat

250 g Sauerkraut
1–2 Äpfel, 1 Möhre
3 Eßlöffel Öl
1 Eßl. Zitronensaft
1–2 Eßl. Dosenmilch
1 Eßlöffel geriebener Meerrettich
Zucker, Zwiebelpulver

Das Sauerkraut lose zupfen. Apfel und Möhre schälen, grob raspeln. Aus den übrigen Zutaten eine feine Marinade bereiten, Sauerkraut, Apfel und Möhre hineingeben, mit 2 Gabeln locker mischen und anrichten.

Pikante Salate aus Teigwaren

Die entsprechende Verwandlung aller möglichen Reste geschieht am besten in Form von Salaten, die immer ihre Liebhaber finden. Hier einige Tips:
Der Reis vom Vortage läßt sich als Salat vorteilhaft verwerten, wenn man ihn mit Essig abschmeckt, etwas Mayonnaise darunterzieht und gehackten Schinken, einige Pilze und kleingeschnittenes Geflügelfleisch dazugibt.
Teigwaren eignen sich besonders gut für Salate, wenn man sie mit kleingewürfelten Paprikaschoten oder Tomaten, mit Essiggurken, Kapern, aufgeschnittener Wurst, etwas Öl, Essig, Salz, einer Prise Senf und Zucker vermischt. Die Hausfrau gewinnt so ein ganz neues Gericht.

Fleisch- oder Wurstreste ergeben einen besonders pikanten Salat, wenn man sie mit Tomatenscheiben, kleingewürfelten Äpfeln, Sellerie, grünen Erbsen und kleinen Käseresten vermengt. Darunter gibt man etwas Öl, Essig oder Mayonnaise und läßt den Salat eine halbe Stunde ziehen.

SALATE AUS FREMDEN LÄNDERN

Rezept 174

Französischer Bohnensalat

500 g grüne Bohnen
2 Tomaten
1 Zwiebel
3 Eßlöffel Öl
1 Eßlöffel Rahm
2 Eßlöffel Essig
1 Prise Salz
Zucker, Pfeffer
1 Teel. frischg. Estragon

Die Bohnen fädeln, brechen, in schwachem Salzwasser offen kochen, abschütten. Tomaten und Zwiebel in feine Scheiben schneiden, salzen, säuern, Öl zugeben, kaltstellen und etwas ziehen lassen. Die Hälfte des Tomaten-Zwiebelsaftes über die Bohnen geben und durchmengen. Kurz vor dem Anrichten den Rest der Soße mit Rahm und Estragon vermischt über den Salat gießen.

Rezept 175

Kopfsalat mit Nüssen, französisch

2 kleine Salatköpfe
10 Walnüsse
2 Eßlöffel Öl
2 Eßlöffel Essig
1 Prise Salz
Zucker, Pfeffer

Den gewaschenen Salat in kleine Stücke zupfen und gut abtropfen lassen. Die Walnüsse grob hacken, die Salatblätter in die Soße geben und mit den Nüssen bestreut anrichten.

Rezept 176

Salat Nizza, französisch

2 Ts. gek. grüne Bohnen
2 Ts. Tomatenwürfel
2 Tassen Paprikawürfel
1 feingew. Zwiebel
1 Tasse Selleriewürfel
4 Eßlöffel Öl, Salz
3 Eßlöffel Essig
1 Prise Pfeffer, Zucker
1 Dose Thunfisch
4–6 Oliven

Die Bohnen in Stücke teilen, die anderen Zutaten zurichten; aus Öl, Essig, Pfeffer, Salz und Zucker eine Marinade bereiten und die Salatzutaten hineingeben. Öfter durchmischen. Mit Thunfisch, Oliven und Eivierteln garnieren.

Rezept 177

Pfeffersalat, spanisch

Die Pfefferschoten halbieren, Kerne entfernen, wenige Minuten in Salzwasser kochen, abtropfen lassen, abkühlen. In der Zeit den gut gewaschenen Reis in kochendes Wasser geben und 15 Minuten quellen lassen, abschütten und kalt überbrausen. Aus Öl, Salz, Pfeffer, Paprika eine pikante Soße bereiten. Die Pfefferschoten in eine größere Schüssel geben, auf jedes Stückchen 1 Eßlöffel Reis setzen, mit 1 Tomatenscheibe bedecken, mit Schnittlauch bestreuen und die Soße überträufeln.

4–6 Pfefferschoten
1 Tasse Reis
2 Tomaten
3 Eßlöffel Öl
Salz
Pfeffer
Paprikagewürz
geh. Schnittlauch

Rezept 178

Reissalat, ungarisch

Den Reis körnig kochen, mit kaltem Wasser überbrausen, mit den übrigen Zutaten vermischen und bergartig auf einer Schüssel anrichten. Mit Tomaten- und Eischeiben garnieren.

2 Tassen Reiskörner
6–8 Tassen Wasser
3 Eßlöffel Öl, Salz
2 Eßlöffel Essig
Pfeffer, Curry
2 feingeschnittene Paprikaschoten

Rezept 179

Paprikasalat, ungarisch

Die Paprikaschoten entkernen, in feine Ringe schneiden, kurz in Butter dünsten. Aus Essig, Öl, Pfeffer und Salz eine Marinade bereiten, die Tomaten in feine Scheiben geschnitten hineingeben, dann die abgekühlten Paprikaringe, alles gut durcheinandermischen, mit Schnittlauch bestreuen.

3 rote Tomatenpaprika
3 grüne Paprikaschoten
2 Eßlöffel Fett
3 Eßlöffel Öl, Salz
2 Eßlöffel Essig
1 Eßlöffel feingeh. Schnittlauch, Pfeffer
2 Tomaten

Rezept 180

Dänischer Bohnensalat

Bohnen abfädeln, brechen, in Salzwasser mit Bohnenkraut weichkochen. Eine Marinade aus Essig, Öl, Pfeffer, Salz und gewürfelter Zwiebel bereiten. Sardellen wässern, in feine Streifchen zerlegen. Die Bohnen und in Scheiben geschnittene Tomaten in der Soße ziehen lassen. Vor dem Anrichten die Sardellenfilets gitterartig über den Salat verteilen und mit Mayonnaise verzieren.

500 g grüne Bohnen
1 Stg. Bohnenkraut
Salz
Pfeffer
1 feingeh. Zwiebel
4 Eßlöffel Öl
2–3 Eßlöffel Essig
2 Tomaten
6 gewässerte Sardellen

1 Pk. Hörnchennudeln
2 Tomaten, 1 Gurke
150 g Fleischwurst
2 Eier, Sellerie, Salz
½ Btl. Salatmayonnaise
2 Eßlöffel Essig, Pfeffer
1 Eßlöffel feingeh. Schnittlauch

Rezept 181

Dänischer Nudelsalat

Nudeln in Salzwasser kochen, kalt abbrausen. Die übrigen Zutaten in feine Würfel schneiden. Mayonnaise mit Essig strecken, würzen und alle Zutaten gut miteinander mischen. Vor dem Anrichten mit Schnittlauch bestreuen.

1 Tasse Fleischreste
1 Ts. Fleischwurstwürfel
1 Tasse Fischreste
1 Gurke, 1 Apfel
1 Tasse Sellerie, Salz
1 Eßl. geh. Nüsse
je 4 Eßl. Öl u. Essig
1 Zwiebel, Pfeffer

Rezept 182

Bunter Schwedischer Salat

Alle Zutaten in grobe Würfel schneiden; aus Öl, Essig, Pfeffer und Salz eine herzhafte Marinade bereiten, den Salat gut mischen, öfter durchmengen und zum Schluß mit Zwiebelringen garnieren.

½ Pfd. gek. Fisch
5 gehackte Sardellen
1 gehackte Zwiebel
2 gehackte Eier
2 Eßlöffel Senf
⅛ Gurke, Essig
2 Pellkartoffeln
Pfeffer, Salz, Essig

Rezept 183

Norwegischer Fischsalat

Sardellen wässern, feinhacken. Den Fisch in kleine Stückchen zerlegen, Zwiebel, Eier, Gurke und Kartoffeln feinwürfelig schneiden. Aus Essig, Öl, Pfeffer, Salz und Senf eine Marinade bereiten, evtl. 1 Teelöffel Tomatenpüree zugeben. Alle Zutaten in die Soße geben und kalt servieren.

1 kl. Dose Krabben
1 Sellerieknolle
2 Gewürzgurken
2 Tomaten, Zwiebeln
1 gekochtes Ei, Öl
Mayonnaise, Essig

Rezept 184

Krabbensalat, schwedisch

Krabben waschen, abtrocknen. Alle Zutaten in gröbere Würfel schneiden, in die Mayonnaise geben, die mit Öl und etwas Essig verdünnt ist. Zwiebelchen nicht vergessen.

200 g Schwedenhappen
4 Äpfel
4 Tomaten
1 Zwiebel

Rezept 185

Schwedenhappen

Die Heringsstückchen auf Apfel- und Tomatenscheiben legen, mit Holzspießchen befestigen und mit Zwiebelringen garnieren.

Rezept 186

Margarethensalat, schweizerisch

Ananas und Sellerie in Essig-Öl-Marinade einlegen, 1 Stunde ziehen lassen. Fleisch, Äpfel, Pilze und Kartoffeln zufügen, Mayonnaise unterziehen. Eine Schüssel mit Salatblättern auslegen, den Salat daraufgeben und mit einem Kranz Kirschen umgeben.

- 2 Tassen Ananaswürfel
- 2 Tassen Selleriewürfel
- 2 Ts. Kalbsbraten-Streif.
- 1 feingewürfelter Apfel
- 1 Tasse Champignons
- gek. Kartoffelwürfelchen
- 1/3 Ts. Essig-Öl-Marinade
- 1 Btl. Salatmayonnaise
- 1 Kopf Salat
- 2 Tassen Herzkirschen

Rezept 187

Amerikanische Gurke

Gurken schälen, entkernen, aushöhlen, leicht zuckern und mit Zitronensaft beträufeln. Äpfel in schmale Streifen schneiden, ebenso den Chicorée, Mandarinen in Spalte zerlegen und alles mit Mayonnaise vermischen. Dann in die Gurken füllen und auf Salatblättern mit Mandarinenspalten garniert anrichten.

- 2 kleinere Landgurken
- 2 Teelöffel Zucker
- 2 Teelöffel Zitronensaft
- 2 Äpfel, 2 Mandarinen
- 2 Eßlöffel Selleriewürfel
- 1 Chicorée
- 1 Beutel Salatmayonnaise

Rezept 188

Amerikanischer Krabbensalat

Melone von Kernen, Weichem und Schalen befreien, in kleine Würfel schneiden, mit Zitronensaft beträufeln und kaltstellen. Champignons in Scheiben schneiden, mit Butter dünsten, mit Krabbenfleisch und den Melonenwürfeln mischen. Mit Salz, Pfeffer und Zitronensaft abschmecken. Salat kaltstellen, eine Stunde durchziehen lassen. In eine mit grünen Salatblättern ausgelegte Glasschale füllen. Mit Mayonnaisetupfern garnieren.

- 1/2 Melone
- Saft 1 Zitrone
- 1 kleine Dose Champignons
- 1 Eßlöffel Butter
- 1 kl. Dose Krabben
- Salz
- Pfeffer
- Salatblätter
- Tubenmayonnaise

Rezept 189

Prager Salat

Schinken, Sellerie und die hartgekochten Eier in kleine Würfelchen schneiden und alles mit der mit Senf, Zitronensaft, Salz und Pfeffer gewürzten Mayonnaise vermengen. Portionsweise anrichten und mit kleinen Scheiben scharfer Pfeffergurken und der gewürfelten roten Paprikaschote garnieren.

- 300 g gek. Schinken
- 100 g gek. Sellerie
- 2 hartgekochte Eier
- 1 Tasse Mayonnaise
- Zitronensaft
- 1 Löffel franz. Senf
- Salz, Pfeffer

Zur Garnitur:

- 2 kleine Pfeffergurken
- 1 rote Paprikaschote

Rezept 190

Geflügelsalat Miami, amerikanisch

1 gekochtes Huhn
2 Äpfel
2 Scheiben Ananas
1 Dose Champignons
2–3 Eßlöffel Öl
Saft 1 Zitrone
Pfeffer
Salz
Spargelspitzen
Radieschen

Das gekochte Huhn enthäuten und das Fleisch in feine Scheiben schneiden. Geschälte Äpfel in feine Streifen schneiden, die frische Ananas in Würfelchen aufschneiden, Pilze in Scheiben und alles untereinander mischen. Mit Zitronensaft, Öl, Pfeffer und Salz marinieren und mit Spargelspitzen, Radieschenscheiben und Ananasstückchen garniert servieren.

Rezept 191

Zungensalat, französisch

1 gekochte Rinderzunge
5 Eßlöffel Öl
3–4 Eßlöffel Essig
1 Teelöffel Salz
1 Prise Pfeffer

Die Zunge in gleichmäßige Scheiben schneiden, in eine tiefe Schüssel ordnen und mit der Soße übergießen. Kühlstellen. Garniert mit harten oder gefüllten Eiern und schwarzen Oliven; zu lauwarmem Kartoffelsalat oder zu Reissalat servieren.

Rezept 192

Ungarischer Spezialsalat

1 Tasse Reis
3 Äpfel
1 gekochter Sellerie
Salz, Paprika
Zitronensaft
1 Tasse Schlagsahne
15 Salatherzen

Den Reis in 3–4 Tassen Brühe (Würfel) garkochen. Äpfel und gekochte Sellerie in Streifen schneiden, sofort mit Zitrone, Salz und Paprika marinieren. Zuletzt den sehr steifen Rahm unterheben, bergförmig auf einer Schüssel und mit marinierten Salatherzen garnieren.

Rezept 193

Selleriescheiben, amerikanisch

4 Scheiben Ananas
4 Scheiben gek. Sellerie (beides aus Dosen)
2–3 gek. Kartoffeln
2 Eßl. Salatmayonnaise
je 1 Eßlöffel Öl, Essig
1 Teelöffel Senf
Salz, Pfeffer
4 Scheib. Räucherwurst
4 gekochte Eier

Selleriescheiben nebeneinander auf eine Platte legen, darauf je eine Ananasscheibe. Die Kartoffeln in feine Würfel schneiden. Die Salatmayonnaise mit den übrigen Zutaten verrühren, dann gut mit den Kartoffeln zu einem pikanten Salat anmachen, auf die Sellerie-Ananasscheiben häufen und mit Streifen von Räucherwurst und gekochtem Ei (vierteln) garnieren.

Rezept 194

Italienisches Salatquartett

Jeder Salat wird für sich in einer Schale mit Salatsoße mariniert und dann auf einer großen Platte in breiten Streifen nebeneinander aufgelegt. Auf den Chicorée häufen wir Apfelsalat, auf den Kopfsalat Orangensalat, auf den Endiviensalat Käsesalat und auf den Feldsalat Schinkensalat, garnieren mit zu Röschen geschnittenen Radieschen und Tomatenscheiben. Apfel- und Orangensalat wird mit einer Prise Zucker gewürzt, Käsesalatmarinade mit etwas Senf. Alle anderen Marinaden mit verschiedenen Kräutern, z. B. Dill, Petersilie, Schnittlauch, Kerbel zurichten. Statt Marinade aus Essig und Öl kann bei Apfel-, Orangen-, Käse- und Schinkensalat mit etwas Weißwein verdünnte Salatmayonnaise verwendet werden.

Kopfsalat
Rapünzchen
Endivie
Chicorée
Marinade aus:
Öl, Essig
Wein
Pfeffer, Salz
gehackten Kräutern
1 Prise Zucker
oder Senf
Apfelwürfel
Orangenwürfel
Schinkenwürfel
Käsewürfel
Radieschen
Tomaten

Rezept 195

Russischer Salat

Kartoffeln, Möhren, Selerie, rote Beete und Gurken kochen, in kleine Würfel schneiden. Mayonnaise mit den übrigen Zutaten verrühren und den Salat in der Marinade anmachen.

3 Kartoffeln, 2 Möhren
1/2 Sellerie, 2 rote Beete
3 Essiggurken
3 Eßl. ger. Meerrettich
1 Teelöffel Kapern
Salz, Paprika, Senf
1 Btl. Salatmayonnaise

Rezept 196

Polnischer Spargelsalat

Gut abgetropfte Spargel halbieren, mit feingehacktem Ei bestreuen und die Petersilie untermischen. Alle Zutaten miteinander verrühren und über den Salat gießen.

500 g Spargel gekocht
2 hartgekochte Eier
feingeh. Petersilie
je 2 Eßl. Essig und Öl
1 Eßl. Tomatenketchup
1 Schuß Weinbrand
Pfeffer, Salz

Rezept 197

Andalusischer Salat

Paprika in feine Streifen schneiden, Chicorée in feine Scheiben; feingeraspelten Apfel und die Blutorange mit einer Soße aus Tomatenketchup, etwas Orangensaft, Salz und Pfeffer anmachen und kurz vor dem Anrichten Paprika und Chicorée untermischen.

2 gelbe, 2 grüne,
2 rote Paprika
1 Chicorée, 1 Apfel
1 Blutorange
Tomatenketchup
Orangensaft
Salz, Pfeffer

1 Kopf Endivie
1 Blutorange
1 Teelöffel Mandeln
Zitronensaft
Pfeffer
Zucker
Joghurt

Rezept 198

Spanischer Salat

Endiviensalat in feine Streifen schneiden, Blutorange in Stückchen teilen, feingeraspelte Mandeln zugeben; 1 Löffel Zitronensaft, 1 Prise Zucker, Pfeffer und 1 Eßlöffel Joghurt zu einer Marinade verrühren und den Salat gut mischen.

1 grüne Gurke
Roquefortkäse
1 Paprika, Öl
Zitronensaft
Zucker
feingeh. Kräuter

Rezept 199

Französischer Salat

Scheiben von grüner Gurke, einige Würfelchen Roquefortkäse, feingeschnittene Paprikaschote mit Öl, Zitronensaft, feingehackten Kräutern und 1 Prise Zucker anmachen.

1 dicke Scheibe holl. Käse
1 hartgekochtes Ei
1 Tomate, 1 Orange
1 Gewürzgurke
10 Weintrauben
1 Scheibe Ananas
2 Eßl. Salatmayonnaise

Rezept 200

Holl. gemischter Salat

Alle Zutaten in feine Würfel schneiden, nur die Weintrauben halbieren, Kerne entfernen und alles zusammen mit der Mayonnaise gut durchmischen.

Je Person:
1 Brötchen
1 dickere Scheibe Käse u. gek. Schinken
2–3 Eßl. Tomatenketchup, 1 Apfel
1 Eßl. Mayonnaise
1 Eßl. geh. Schnittlauch

Rezept 201

Schweizer Käsesalat in Brötchen

Alles außer Brötchen in feine Würfel schneiden, Mayonnaise mit Ketchup verrühren, den Salat hineingeben, gut durchmischen und mit gehackten Kräutern bestreuen. Brötchen halbieren, aushöhlen, mit einem gewaschenen Salatblatt bedecken, den Käsesalat noch darauffüllen.

Rest von Kochfisch
1 säuerlicher Apfel
1 hartgekochtes Ei
1 Gewürzgurke, Senf
1 Tomate, Pfeffer, Salz
etwas gerieb. Zwiebel
je 2 Eßlöffel Essig u. Öl
Pfeffer, Salz, Senf
1 Eßl. feingeh. Kräuter

Rezept 202

Italienischer Fischsalat

Fisch, Apfel, Ei, Gurke und Tomate in feine Streifen oder Würfel schneiden. Aus den übrigen Zutaten eine pikante Marinade bereiten, über den Salat geben, gut mischen.

Suppen und Kaltschalen

Ich bin überzeugt, daß der Suppentopf der älteste Topf der Weltgeschichte ist. Wenn die Suppe auf dem Tisch erscheint, schnuppern die Nasen mit Wohlgefallen, das Wasser läuft im Mund zusammen und deshalb sollten Sie als Auftakt einer Mahlzeit öfter eine schmackhafte Suppe reichen.
„Suppen sollen 7 Eigenschaften haben", sagt der Italiener,

> „sie sollen den Durst stillen,
> den Hunger dämpfen,
> den Magen füllen,
> die Zähne reinigen,
> Schlaf und Verdauung fördern
> und die Wangen röten."

Damit Sie aber eine recht große Auswahl haben und viel Abwechslung in Ihren Speisezettel bringen können, sind außer den vielen deutschen Suppen auch ausländische bekannte und unbekannte Köstlichkeiten angeführt. Versuchen Sie, was Ihnen vielleicht im Urlaub so gut schmeckte, auch einmal daheim im eigenen Kochtopf zu „komponieren".

Rezept 203

Klare Suppe

500 g Rindfleisch
500 g Knochen
2 l Wasser
1 Eßlöffel Salz
1 Bd. Suppengrün
1 Zwiebel

Kräftige Fleischbrühe erzielt man, wenn Suppenfleisch oder Knochen mit Gewürzkräutern in kaltem Wasser angesetzt werden und bei kleiner Flamme 2–3 Stunden langsam kochen. Soll das Fleisch aber noch Verwendung finden, geben Sie es ins kochende Wasser. Das Fleisch muß während des Kochens mit Wasser bedeckt sein. Füllen Sie gleich zu Beginn genügend Flüssigkeit in den Topf; das Nachgießen von Wasser verdirbt den Geschmack. Die gewaschenen und kleingeschnittenen Kräuter sollten Sie nur 1 Stunde mitkochen lassen. Petersilie oder Schnittlauch werden erst kurz vor dem Anrichten übergestreut.
Zu allen Suppen, ausgenommen die süßen, läßt sich Fleischbrühe verwenden.
Eine Kraftbrühe läßt man bis auf die gewünschte Menge (1 Tasse oder 1 Teller voll) einkochen.

Rezept 204

Kalbfleischbrühe

1 Kalbsfuß
250 g Kalbfleisch
2 l Wasser, 1 Eßl. Salz
Suppengrün, 1 Zwiebel
½ Lorbeerblatt
6 Pfefferkörner
Löffelspitze Senfkörner

Fleisch waschen, mit zerkleinertem Suppengrün und Gewürzen ansetzen, langsam kochen lassen. Brühe durchsieben, abschmecken. Als Einlage 1–2 Eßlöffel Reis.

Rezept 205

Frühlingssuppe mit Fleischklößchen

1 l Brühe
1 Bdch. Suppengrün
4 Stangen Spargel
125 g grüne Erbsen
2 Karotten
3–4 junge Bohnen
1 Blumenkohl
1–2 Tomaten
Salz, Pfeffer
2 frische Bratwürstchen

Alles Gemüse, ebenso das Suppengrün, putzen, waschen und in kleine Stückchen geschnitten in die kochende Fleischbrühe geben. Aus Bratwürstchen kleine Klößchen herausdrücken und 10 Minuten mitkochen lassen. Die Suppe mit feingehackter Petersilie bestreuen und über rohen Tomatenscheiben anrichten.

Rezept 206

Einlaufsuppe

1 l Fleischbrühe
40 g Mehl
1 Eßlöffel Wasser
1 Messerspitze Muskat
2 Eier
Salz
Schnittlauch

Alle Zutaten (außer Brühe) zu einem glatten Teig verrühren, durch einen Schaumlöffel in die kochende Brühe laufen lassen, Brühe nicht rühren. Wenn die Teigmasse gestockt ist, die Suppe kurz aufkochen lassen. Mit Schnittlauch überstreut anrichten.

Rezept 207

Brühgrieß-Suppe

1 l Fleischbrühe
3–4 Eßlöffel Grieß
1 Teelöffel Salz
geh. Petersilie
1 Stich Butter

In die kochende Brühe langsam den Grieß einrühren und 10 bis 15 Minuten kochen lassen, mit Salz abschmecken, gehackte Petersilie überstreuen. Vor dem Anrichten die Butter auf der Suppe zergehen lassen. Man kann auch den Grieß mit 1 Eßlöffel Butter anrösten und dann mit Brühe auffüllen.

Rezept 208

Reissuppe

1 l Brühe
3 Eßlöffel Reis
1 Eßlöffel Butter
1 Ei
Schnittlauch
Salz

Den trockenen Reis in Butter anrösten, mit Fleischbrühe auffüllen und in 20 Minuten langsam garziehen lassen. Mit geschlagenem Ei abziehen und mit Schnittlauch oder Petersilie bestreut anrichten.

GEBUNDENE SUPPEN

Gebundene Suppen entstehen aus einer hellen oder dunklen Grundsuppe, in die dann die verschiedenen Einlagen oder Beigaben kommen.

Rezept 209

Helle Grundsuppe

40 g Fett
40 g Mehl
1 l Flüssigkeit

Bei heller Grundsuppe Mehl in das zerlassene Fett geben und so lange schwitzen lassen, bis es hellgelb ist. Unter ständigem Rühren langsam die Flüssigkeit zugeben, 10 Minuten bei mäßiger Hitze durchkochen, damit das Mehl quellen kann; dann gut abschmecken.

Rezept 210

Dunkle Grundsuppe

40 g Fett
50 g Mehl
1 l Flüssigkeit

Dunkle Grundsuppe genauso, Fett und Mehl aber bräunen lassen.

Rezept 211

Selleriesuppe

1 kleine Sellerieknolle
2 Eßlöffel Fett
2 Eßlöffel Mehl
1 l Brühe
Salz
Pfeffer
2 Eßlöffel Rahm
1 Teel. feingeschn. Selleriekraut

Den Sellerie waschen, schälen, in feine Würfel schneiden, in Butter leicht anrösten, Mehl zugeben und mit der Brühe ablöschen. Bei kleiner Flamme kochen lassen, bis der Sellerie weich ist. Rahm zugeben, abschmecken und die Suppe mit Selleriekraut überstreuen.

Rezept 212

Tomatensuppe

1 l helle Grundsuppe Rezept 209
6–8 Tomaten
2 Eßlöffel Butter
1 Zwiebel, 2 Nelken
1 Lorbeerblatt
Pfeffer, Salz
1 Eßlöffel gehackte Petersilie

Tomaten und Zwiebel in Butter anrösten, etwas Flüssigkeit zugeben und garschmoren, durch ein Sieb passieren, das Tomatenmark zur Grundsuppe geben, mit den angegebenen Gewürzen abschmecken und noch einmal aufkochen lassen. Vor dem Anrichten mit Petersilie überstreuen. Man kann auch 1–2 Eßlöffel gekochten Reis oder in Butter geröstete Weißbrotwürfel hineingeben.

Fondue ist eine gesellige Angelegenheit. Sie sollten Ihre besten Freunde dazu einladen. Ob Sie nun Fleisch oder Fisch dazu verwenden oder ein Käsefondue machen, der Abend wird ein voller Erfolg sein. Ein besonders leckeres Fondue ist das Rezept Nr. 104.

ESSIG

Rezept 213

Tomatenmarksuppe

3 Eßl. Tomatenmark
1 kleine Zwiebel
2 Eßlöffel Fett
1 Eßlöffel Mehl
1 Nelke, Pfeffer, Salz
1 l Brühe
1/2 Lorbeerblatt
2 Eßlöffel Rahm oder
1 Schuß Weinbrand

Zwiebel in Fett anrösten, Mehl zugeben, ebenso Tomatenmark, mit Brühe ablöschen, Gewürze zugeben und einige Male aufkochen lassen. Mit Rahm oder 1 Schuß Alkohol abschmecken. Die Suppe mit 1 Teelöffel gehacktem Schnittlauch oder Petersilie überstreuen.

Rezept 214

Pilzsuppe

1 l Brühe
250 g Pilze
1 Zwiebel
40 g Mehl
50 g Fett
Salz
Petersilie

Die verlesenen, gewaschenen und feingehackten Pilze mit der kleingeschnittenen Zwiebel 10 Minuten in Butter dünsten. Eine helle Mehlschwitze bereiten, mit Brühe auffüllen, die Pilze darin langsam garkochen lassen, die Suppe abschmecken und mit Petersilie bestreut anrichten.

Rezept 215

Blumenkohlsuppe

1 Blumenkohl
2 Eßlöffel Butter
2 Eßlöffel Mehl
1 l Grundsuppe
1 Eßlöffel Rahm
1 Eigelb
Salz
Muskat

Den gewaschenen und zerteilten Blumenkohl in 1 Litter Salzwasser nicht zu weich kochen. Aus der Gemüsebrühe eine helle Grundsuppe bereiten, mit Rahm und Eigelb legieren, abschmecken und die Blumenkohlröschen hineingeben. 1 Eßlöffel feingehackte Kräuter überstreuen.

Rezept 216

Kalbsnierensuppe

2 Kalbsnieren
1 Eßlöffel Fett
2 Eßlöffel Mehl
2 Eßlöffel Fett
1 l Brühe
Salz, Pfeffer
1 Schuß Weißwein

Die fein zerhackten Nierchen in etwas Butter anrösten. Aus Fett und Mehl eine helle Schwitze bereiten, mit Brühe ablöschen, mit Salz und Pfeffer würzen und mit Wein abschmecken. Nach Belieben mit Eigelb legieren.

Salate und Rohkost sind nicht nur gesund, sie schmecken auch. Mit den verschiedensten Zutaten können Sie Salate als leckere Vorspeisen oder als Beigaben zum Fleisch servieren.

Rezept 217

Spargelsuppe

1 l helle Grundsuppe Rezept 209
$^{1}/_{2}$ Pfd. Brechspargel
1 Eigelb
gehackte Petersilie
Salz
Muskat

Den geschälten Spargel in gleichmäßige Stücke schneiden in leichtem Salzwasser garkochen. Eine helle Grundsuppe bereiten, die Spargelbrühe mitverwenden. Mit Salz und Muskat abschmecken, mit Eigelb legieren und die Spargelstückchen hineingeben. Vor dem Anrichten Petersilie überstreuen. Statt Eigelb kann man auch $^{1}/_{2}$ Tasse Rahm an die Suppe geben.

Rezept 218

Graupensuppe

2 Pfd. Suppenfleisch mit Knochen
1 Wurzelwerk
1–2 rohe Kartoffeln
1 Zwiebel
2 Eßlöffel Fett
1 Tasse Graupen
2 l Flüssigkeit
Salz
Pfeffer
Lorbeerblatt

Kartoffeln würfelig schneiden, Zwiebeln und Suppengrün klein schneiden und 10 Minuten im Fett dünsten. Fleisch und Knochen zugeben und mit dem kalten Wasser und den Gewürzen zum Kochen bringen. Nach einer Stunde die eingeweichten Graupen zugeben und $1^{1}/_{2}$ Stunden weiterkochen lassen. Das Fleisch herausnehmen, in kleine Stücke schneiden und in der sämigen Suppe anrichten.

Rezept 219

Westfälische Kartoffelsuppe

1 Pfd. Kartoffeln
1 l Brühe
2 Eßlöffel Fett
2 Eßlöffel Mehl
4 Eßlöffel Speck
Suppengemüse
1 Zwiebel

Kleingeschnittene Kartoffeln und Suppengemüse in der Brühe kochen, durchsieben. Eine helle Mehlschwitze bereiten, mit der Brühe auffüllen. Speck- und Zwiebelwürfelchen hellbraun ausbraten, in die Suppe geben und Kartoffelpfannkuchen, Rezept 830, dazu reichen.

Rezept 220

Thüringer Klößchensuppe

1 l Fleischbrühe
4 Eßlöffel Butter
4 Eßl. Paniermehl
$^{1}/_{2}$ Pfd. gekochtes Kalbfleisch
2 Eigelb
2 Eßlöffel Rahm
Pfeffer
Salz
Muskat

Das Fleisch zweimal durch die Maschine drehen, Butter schaumig rühren, Paniermehl und Fleisch dazugeben. Die Masse mit dem Eigelb verrühren, Rahm zufügen, würzen. Mit einem Teelöffel kleine Klößchen abstechen und in der kochenden Fleischbrühe 10 Minuten langsam ziehen lassen. Die Klöße müssen leicht und locker sein.

Rezept 221

Rheinische Erbsensuppe mit Blutwurst

1½ l Brühe
200 g getrocknete Erbsen
Speckschwarten
Schinkenknochen
2 Kartoffeln
Suppengrün
Speckwürfel
Sellerie, Porree
1 Möhre
Salz, Pfeffer
Majoran

Erbsen am Abend vorher einweichen, Schinkenknochen wässern. Die Erbsen mit dem Schinkenknochen oder den Schwarten im Einweichwasser in 2 Stunden garkochen. Suppengrün und Kartoffeln in kleine Stücke schneiden und ½ Stunde mitkochen lassen. Knochen und Schwarten herausnehmen. Kleine Speckwürfel, evtl. mit Zwiebelwürfeln, in der Pfanne gebräunt über die abgeschmeckte Suppe geben. Mit Majoran bestreuen. Blutwurststreifen dazu reichen.

Rezept 222

Bohnensuppe mit Würstchen

1½ l Brühe
200 g getrocknete Bohnen
2 Kartoffeln
4 Möhren
Essig, Salz, Pfeffer
Speckwürfel
1 Zwiebel
4 Räucherwürstchen

Bohnen am Abend vorher einweichen, in dem Einweichwasser in 2 Stunden garkochen. Möhren und Kartoffeln in Würfel geschnitten ½ Stunde mitkochen lassen. Mit Pfeffer, Essig und Salz abschmecken. Speck- und Zwiebelwürfel hellbraun ausbraten, über die Suppe geben. Räucherwürstchen ¼ Stunde mitkochen lassen.

Rezept 223

Linsensuppe mit Bauchfleisch

500 g Bauchfleisch
1½ l Brühe
200 g Linsen
1 Bd. Suppengrün
Fett
1 Kartoffel
(Bratenfett)
Pfeffer
Salz
Essig

Die eingeweichten Linsen und das Fleisch im Einweichwasser mit kleingeschnittenem Suppengrün aufsetzen und 80 Minuten kochen. Dann die rohen Kartoffeln hineinreiben und 10 Minuten mitkochen lassen. Bratenfett oder Soßenreste dazugeben. Mit Salz, Pfeffer und einem Schuß Essig säuerlich abschmecken. Das Fleisch in Scheiben schneiden und mit Senftupfen garniert dazureichen.

Rezept 224

Wildsuppe

Wildknochen oder Fleischreste
1 l Brühe
Suppengemüse
2 Eßlöffel Mehl
2 Eßlöffel Fett
1 Schuß Rotwein

Knochen oder Fleischreste kräftig mit Suppengemüse aufkochen. Dunkle Mehlschwitze bereiten, mit der durchsiebten Brühe auffüllen. Mit Salz und Rotwein abschmecken und die kleingeschnittenen Fleischreste hineingeben.

Rezept 225

Hühnersuppe

1 Suppenhuhn
2½ l Wasser
Suppengrün
Salz
Zwiebel
Reis

Das ausgenommene und gewaschene Huhn mit kaltem Salzwasser und feingeschnittenem Suppengrün ansetzen, weichkochen. Das Fleisch von den Knochen lösen und kleingeschnitten in die Suppe geben oder zu Frikassee verwenden. Eine Handvoll Reis 15 Minuten mitkochen lassen. Aus Magen, Herz und Leber kleine Klößchen, Rezept 282, bereiten. Verfeinern mit Spargel, Blumenkohlröschen, Grießklöschen, Rezept 283.

Rezept 226

Entenkleinsuppe

Entenkopf
Entenfüße
Hals
Magen
Herz
Leber
Salz
Suppengrün
2 l Wasser
Petersilie

Den Entenkopf sorgfältig reinigen, von Schnabel und Füßen die gelbe, harte Haut abschaben. Magen, Herz, Kopf, Hals und Füße mit Suppengrün in kaltem Salzwasser ansetzen und 2–3 Stunden kochen lassen. Durchsieben. Von Leber, Magen und Herz Leberklößchen, Rezept 282, herrichten und 10 Minuten in der Brühe mitkochen lassen. Die Suppe mit feingehackter Petersilie zu Tisch geben.

Rezept 227

Fränkische Kräutersuppe

250 g Spinat
Sauerampfer, Kresse
Schnittlauch, Petersilie
2 Eßlöffel Butter, Salz
Buttermilch, Pfeffer
2 Eßlöffel Reibkäse
1–2 Tassen Bouillon
125 g Schinkenwürfel

Spinat und Kräuter waschen, kleinschneiden, in Butter dämpfen. Buttermilch und Käse miteinander verrühren, zum Gemüse geben, durchkochen. Brühe zugießen und die Suppe mit Salz und Pfeffer abschmecken und vor dem Anrichten die Schinkenwürfel einstreuen.

Rezept 228

Holsteiner Bäuerinnensuppe

100 g ger. Speck
1 rohe Kartoffel
½ Sellerieknolle
2 Möhren, 2 Zwiebeln
60 g Butter, 50 g Mehl
1½ l Knochenbrühe
½ Tasse Rahm, 2 Eier
½ Tasse gerieb. Käse
2–3 Eßl. geh. Schnittlauch

Speck, Kartoffel, Sellerie, Möhren und Zwiebeln in feine Würfel schneiden, in Butter anschwitzen, mit Mehl bestäuben, mit Brühe auffüllen. 1 Stunde langsam auskochen. Mit Eiern und süßem Rahm abziehen. Vor dem Servieren mit Käse und Schnittlauch bestreuen.

Rezept 229

Hamburger Gemüsesuppe mit Grießklößchen

Fleisch und feingeschnittenes Suppengemüse mit Gewürzen in Salzwasser garkochen. Erbsen und Blumenkohlröschen 15 Minuten mitkochen lassen. Aus Speck und Mehl eine helle Schwitze bereiten und mit Fleischbrühe auffüllen. Das Fleisch aus der Suppe nehmen und in Scheiben schneiden. Suppe mit Salz abschmecken. Aus den angegebenen Zutaten Grießbrei bereiten. Unter die abgekühlte Masse Eier und Muskat rühren, kleine Klößchen abstechen und in Salzwasser in 6 Minuten garkochen, herausnehmen, in die Suppe geben und die Petersilie überstreuen.

1 Pfd. Suppenfleisch
1 Pfd. Suppengemüse
1/2 Pfd. Erbsen
1 Blumenkohl
1 Teel. Gewürzkörner
2 l Wasser
3 Eßl. Speckwürfel
2 Eßlöffel Mehl
Salz
Grießklößchen:
1 Tasse Milch
2 Eßlöffel Butter
2 Eier
4 Eßlöffel Grieß
Salz, Muskat
gehackte Petersilie

Rezept 230

Hamburger Aalsuppe

Den über Nacht gewässerten Schinkenknochen 2 Stunden kochen. In der Brühe eine Sellerieknolle, Möhren, Porree, Erbsen und Backpflaumen weichkochen. Den abgezogenen, gesäuberten Aal in 3 cm dicke Stücke schneiden, 1/4 Stunde mitkochen lassen. Eine helle Mehlschwitze bereiten, mit Brühe ablöschen und mit feingehacktem Schnittlauch bestreuen. Das abgeschabte Fleisch des Schinkenknochens in die Brühe geben, mit Pfeffer, Salz, Weißwein und Curry abschmecken. Evtl. Schwemmklößchen, Rezept 279, dazugeben.

1 Schinkenknochen
Sellerie, Möhren
Zwiebel, Erbsen
Porree
2 l Brühe
Backpflaumen
1 Aal
3 Eßlöffel Fett
3 Eßlöffel Mehl
Salz, Pfeffer
1 Prise Curry
1 Glas Weißwein

Rezept 231

Ochsenschwanzsuppe

Den Schwanz zerhackt in kochendem Essigwasser mit Lorbeerblättern und Wacholderbeeren 1 1/2 Stunden kochen lassen. Kartoffeln, Karotten, Zwiebeln unzerschnitten dazugeben und 1/2 Stunde mitkochen lassen. Das Fleisch von den Knochen lösen und mit dem Gemüse durch die Fleischmaschine drehen, in die Brühe geben und mit dunkler Mehlschwitze, Rezept 210, binden. Mit Salz, Pfeffer, Zucker, einem Schuß Rotwein und etwas saurer Sahne abschmecken.

2 l koch. Essigwasser
1 Ochsenschwanz
2 Lorbeerblätter
6 Wacholderbeeren
5 Karotten
5 gesch. Kartoffeln
5 Zwiebeln
Zucker, Rotwein
2–4 Eßlöffel Mehl
4 Eßlöffel Fett
Salz, Pfeffer
3 Eßlöffel Rahm

Rezept 232

Reis- oder Risottosuppe

1 l Wasser
40 g Reis oder
8 Eßl. eines Risottorestes
2 Bund Suppengrün
40 g Fett
Zwiebeln
1–2 Eßl. Tomatenmark oder 2 frische, weiche Tomaten
Salz
Würze

In dem heißen Fett läßt man die geschnittenen Zwiebeln hell anrösten, fügt das feingeschnittene Suppengrün, Tomatenmark und Salz bei und läßt weichkochen. Hat man Risotto und frische Tomaten zu verwerten, so fügt man den Risottorest erst dann bei, wenn das Suppengrün bereits weichgekocht ist, ebenso die weichen Tomaten, die man durch ein Sieb zur Suppe streicht. Man schmeckt nach Salz und Würze fein ab und trägt mit Schnittlauch auf. Verfeinerung: Man reicht geriebenen Käse gesondert. Veränderung: Man kann mit dem Reis auch fein streifig geschnittenen Wirsing mitdünsten und sonst wie oben verfahren.

Rezept 233

Jägersuppe

1 l Wasser
500 g Kalbskopf oder -füße
2 Bund Suppengrün
40 g Fett
40 g Mehl
Salz
Essig
Zwiebel
Knoblauch
Thymian
Pfeffer

Das Fleisch wird mit den Gemüsen, Zwiebel, Knoblauch und Thymian in Wasser weichgekocht, vom Knochen gelöst und in Streifen geschnitten. Aus Fett und Mehl bereitet man eine dunkle Mehlschwitze, die man mit dem Wasser ablöscht und auf die nötige Menge ergänzt. Man legt das Fleisch ein, schmeckt nach Salz, Säure und Pfeffer pikant und kräftig ab und reicht Semmelschnitten gesondert, die man fettlos geröstet hat. Die Suppe schmeckt überaus pikant und eignet sich als Vorgericht, dem nur mehr eine süße Mehlspeise folgt.

Rezept 234

Grüne Fleischsuppe aus Friesland

500 g Kalbfleisch
500 g Kalbsknochen
2 l Wasser, Salz
1 Suppengrün
250 g Spinat
2 Eßlöffel Fett
2 Eßlöffel Mehl
1 Hauch Muskat
2–3 Tomaten
1 steifgeschl. Eiweiß
1 Prise Paprikapuder

Fleisch, Knochen und Suppengrün in Salzwasser kochen. Den Spinat waschen und kurz in wenig Wasser dünsten und feinhacken. Aus Fett und Mehl eine helle Schwitze bereiten, mit Gemüsewasser und Brühe ablöschen, Spinat und das feingeschnittene Fleisch in die Suppe geben, mit Salz und Muskat würzen. Die Tomatenscheiben auf die Suppe legen, Eiweißklößchen obenauf setzen, mit Paprika bestäuben und vorsichtig auffüllen.

Rezept 235

Erbsensuppe

200 g grüne Erbsen
Suppengemüse
3 Eßlöffel Butter
2 l Brühe
1 Schuß Rahm
Weißbrot
Butter
Salz, Pfeffer, Paprika

Grüne oder gelbe Erbsen über Nacht einweichen, mit in Scheiben geschnittenem Suppengemüse in Butter anschwitzen, mit Fleischbrühe auffüllen und weichkochen lassen. Durch ein Sieb streichen und mit Sahne oder Milch abschmecken. Die Erbsensuppe mit in Butter gebackenen Brotwürfeln servieren.

Rezept 236

Königinsuppe

1 Suppenhuhn
Suppengrün
3 Eßlöffel Butter
3 Eßlöffel Mehl
1 Eigelb
Weißwein
Salz
Muskat

Das gewaschene Huhn mit dem feingeschnittenen Suppengrün kalt ansetzen und weichkochen, abhäuten. Das Fleisch in kleine Würfel schneiden, die kleinsten Stückchen mit dem Suppengrün durch die Maschine drehen. Eine helle Mehlschwitze bereiten, mit Brühe ablöschen. Das durchgedrehte Fleisch und die Fleischstückchen in die Suppe geben, mit Eigelb abziehen, einen Schuß Weißwein dazugeben und abschmecken.

Rezept 237

Schwäbischer Gemüsetopf

1½ Pfd. Rindfleisch mit Knochen
Suppengemüse
1 Zwiebel, Salz
6 würflig geschnittene Kartoffeln
100 g gek. Spätzle
2 Eßlöffel Butter
2 Eßlöffel Zwiebelringe

Fleisch mit Knochen, Salz, Suppengrün und Zwiebel weichkochen. Brühe mit den Gemüsen durch ein Sieb streichen und die Kartoffeln darin garkochen. Die fertigen Spätzle und das in Würfel geschnittene Fleisch zugeben und vor dem Anrichten mit in Butter gerösteten Zwiebelringen bedecken.

Fremdländische Suppen haben oft charakteristische Merkmale. In Österreich sind Schöberlsuppen Spezialitäten; in Frankreich wird Suppe häufig mit Wein abgeschmeckt und Weißbrot gibt's in jedem Falle dazu. Alle Länder, die fischreiche Küsten haben, sind Liebhaber von Fischsuppen, wobei auch allerlei Meeresgetier Verwendung findet. Die Schweizer gehen verschwenderisch mit Käse um, ebenso die Dänen. Die Italiener lieben Tomaten, Käse und Teigwaren, die Spanier Gemüsesuppen mit Hühnerfleisch, auf dem Balkan werden Schaffleischsuppen mit Knoblauch und Paprika geschätzt.

Rezept 238

Hirnschöberlsuppe aus Österreich

1 Kalbshirn
2 Brötchen
1 Tasse Milch
feingeh. Petersilie
1 feingeh. Zwiebel
1½ Eßlöffel Fett
1 Eigelb
1 Eischnee
Salz
Pfeffer

Hirn mit kochendem Wasser brühen und 10 Minuten stehen lassen. Semmel abreiben, in Scheiben schneiden und mit Milch begießen. Das Hirn häuten und mit Petersilie und Zwiebel fein zerhacken. Das Fett schaumig rühren, Eigelb zufügen und alle Zutaten gut untereinander vermischen. Zuletzt den Eischnee unterziehen. Die Masse auf ein gut gefettetes Backblech fingerdick aufstreichen und im Ofen hellbraun backen. Nach dem Erkalten die Hirnmasse in feine Würfel schneiden, in eine Suppenschüssel geben und die fertige Fleischbrühe darübergießen.

Rezept 239

Spanische Gemüsesuppe

½ Pfd. getrocknete Erbsen
1 Pfd. Suppenfleisch
¼ Pfd. Schinkenspeck
reichlich Suppengemüse
2 Kochwürste
1 Kartoffel
Gewürz, Salz
1½ l Brühe, Pfeffer

Erbsen am Abend vorher einweichen. Fleisch, Speck, Knochen und Salz im Einweichwasser zum Kochen bringen, abschäumen, die Erbsen zufügen und 1 Stunde kochen. Das Gemüse in Scheiben oder Würfel schneiden, ebenso die Wurst, und zusammen in die Brühe geben. Noch eine Stunde kochen. Kartoffel darüberreiben und die Suppe mit Pfeffer abschmecken. Das in Scheiben geschnittene Fleisch gesondert anrichten.

Rezept 240

Französische Gemüsesuppe

1 kleiner Sellerie
1 kleiner Wirsing
250 g Möhren
2 kleine Kohlrabi
2 Stangen Porree
3 Kartoffeln, 1 Zwieb
3 Eßlöffel Fett
1½ l Brühe (Würfel)
3 Scheiben roher Schinken u. Weißbrot
2 Tomaten in Scheibe
½ Tasse Reibkäse
Butterflöckchen

Gemüse und Kartoffeln feinschneiden oder mit der Küchenmaschine grob raspeln, in heißem Fett anschmoren und ½ l Brühe zugießen. Kurz aufkochen lassen. Eine feuerfeste Terrine mit Tomaten und Schinkenscheiben auslegen, den dickflüssigen Gemüsebrei darauf verteilen, die Suppe mit Weißbrotscheiben bedecken, dick mit Reibkäse bestreuen, Butterflöckchen aufsetzen und im Backofen solange backen, bis sich eine braune Kruste bildet. Recht heiß servieren.

Rezept 241

Fischsuppe Bouillabaisse

Krabben
Krebs- oder Fischstücke
1¼ l Brühe
1 Zwiebel, Dill
Salz
Suppengemüse
Zitronensaft
2 Eßlöffel Mehl
2 Eßlöffel Butter
½ Tasse Rahm

Fischreste in kaltem Wasser ansetzen, mit Suppengrün, Zwiebel und Salz 1 Stunde kochen, durchsieben. Eine helle Mehlschwitze bereiten, mit Brühe auffüllen und mit Zitrone, Rahm und Kräutern abschmecken. Kleine Fischstückchen hineingeben oder mit Schwemmklößchen, Rezept 279, oder gerösteten Semmelwürfeln anrichten.

Rezept 242

Pariser Zwiebelsuppe

1 Pfd. feingehackte Zwiebeln
2 Eßlöffel Fett
1 Teelöffel Mehl
4 Tassen Fleischbrühe
Pfeffer, Salz
1 Glas Weißwein
6 Scheiben Toastbrot
4 Eßlöffel Reibkäse

Zwiebeln in Fett hellgelb rösten, Mehl überstäuben und mit Brühe auffüllen. 15 Minuten kochen lassen. Pfeffer, Salz und Wein zur Suppe geben, in eine feuerfeste Schüssel gießen, mit Weißbrotscheiben belegen, dick mit Käse bestreuen und 10 Minuten im Ofen überbacken.

Rezept 243

Dänische Fischsuppe

750 g Fisch (Dorsch, Zander, mit Kopf)
1 Beutel Fischgewürze
1 Möhre, 1 Zwiebel
3 Eßlöffel Fett
2 Eßlöffel Milch
1 Tasse saurer Rahm
Salz, Zitronensaft
1 Eßlöffel feingehackter Dill, Petersilie, Kapern

Den Fisch säubern und im Wasser mit Zwiebel, Möhre und Gewürzen garziehen lassen. Fisch entgräten, in Stückchen brechen. Eine helle Mehlschwitze bereiten, mit Fischwasser löschen, Rahm und die übrigen Gewürze zugeben, 1 Tasse Fischstückchen in die fertige Suppe geben und mit gehackten Kräutern bestreut servieren.

Rezept 244

Gulaschsuppe

1 l Wasser
beliebiger Gulaschrest
200 g Kartoffeln
Spätzle von 150 g Mehl und 1 Ei
Salz, Würze, Paprika
1 Glas Sherry

Man verdünnt einen beliebigen Gulaschrest mit Wasser auf die nötige Menge und läßt die roh geschälten, gewürfelten Kartoffeln darin weichkochen. Inzwischen überbrüht man 150 g Mehl mit 1/8 l kochendem, milde gesalzenem Wasser, rührt den Teig mit 1 Ei gründlich durch, er muß ziemlich fest sein, und legt davon kleine Spätzle in die Gulaschsuppe, in der man sie 5 Minuten mehr ziehen als kochen läßt. Zuletzt wird die Suppe kräftig nach Salz, Würze und Paprika abgeschmeckt. Zum Schluß einen Schuß Sherry zugeben.

Rezept 245

Fischsuppe jugoslawisch

750 g Fische
1 1/4 l schwaches Essigwasser
2 Zwiebeln, 1 Paprika
2–3 Tassen Suppengemüse
1 Lorbeerblatt
Salz, Pfeffer
1 Glas Joghurt
1 Tasse Weißbrotwürfel
2 Eßlöffel Öl

Die gesäuberten Fische im heißen Essigwasser garziehen lassen, herausheben und in kleinere Stückchen zerteilen. Zwiebeln, Paprika und das feingeschnittene Suppengemüse in dem Fischwasser garkochen. Aus Öl und Mehl eine helle Schwitze bereiten, mit der Suppe ablöschen, Joghurt mit dem Schneebesen unterziehen, die Fischstückchen einlegen, die Suppe noch einmal recht heiß werden lassen und über in Butter gerösteten Weißbrotwürfeln anrichten.

Rezept 246

Schweizer Gemüsetopf

1 Pfd. Suppenfleisch
1 l Wasser
Suppengemüse
1/2 Pfd. durchwachsener Speck
2 Pfd. grüne Bohnen
1 Stengel Bohnenkraut
1 Tasse Wasser
1/2 Pfd. Kochwurst
Salz, Pfeffer

Suppengemüse in Salzwasser zum Kochen bringen und das Fleisch in der Brühe gar kochen. Den in Scheiben geschnittenen Speck glasig braten, die abgefädelten ganzen Bohnen mit Salz, Pfeffer und Bohnenkraut dazugeben und mit dem Wasser übergießen. Die Bohnen im verschlossenen Topf weich dünsten. Die Wurst 15 Minuten in Wasser und 15 weitere Minuten im Bohnengemüse kochen. Auf eine flache Schüssel geben, Suppenfleisch, Speck- und Wurstscheiben darauf anrichten. Je nach Bedarf auch mehr Kochwurst.

Rezept 247

Lammfleischsuppe vom Balkan

500 g Lammfleisch
Suppengemüse
2 Zwiebeln, Salz
2 Paprikaschoten
250 g Böhnchen
Bohnenkraut, Pfeffer
2 Eßl. Fett u. Mehl
1 Knoblauchzehe
1 Joghurt
1 Eßl. geh. Kräuter

Den Suppentopf mit Knoblauch ausreiben. Das Fleisch und das Gemüse in Würfel schneiden, kurz in Fett anrösten, mit Mehl bestäuben, mit 1½ l Wasser auffüllen und mit den Gewürzen und dem Bohnenkraut garkochen. Joghurt mit dem Schneebesen unterziehen, die Suppe herzhaft abschmecken, die gehackten Kräuter überstreuen und recht heiß servieren.

Rezept 248

Windsorsuppe

2 Pfd. Knochen
1 Pfd. Rindfleisch
1½ l Wasser
Suppengrün
2 Eßlöffel Butter
2 Eßlöffel Mehl
Salz, Curry, Paprika
3 Eßlöffel Sahne
1 Glas Madeira
Suppennudeln

Fleisch, Knochen und feingeschnittenes Suppengrün 1½ Stunden kochen lassen. Aus Fett und Mehl eine dunkle Schwitze bereiten, mit Brühe ablöschen, würzen und mit Sahne und Curry abschmecken. Die Nudeln werden in etwas Brühe gesondert gekocht und vor dem Anrichten in die Suppe gegeben.

Rezept 249

Englische Ochsenschwanzsuppe

1 Ochsenschwanz
1 Zwiebel, Pfeffer
Suppengrün, Salz
2 Eßlöffel Fett
1½ l Flüssigkeit
2 Eßlöffel Mehl
3 Eßlöffel Fett
½ Teelöffel Paprika
1 Glas Rotwein

Den kleingehackten Ochsenschwanz mit Zwiebel und Suppengemüse in heißem Fett anbraten. Wasser zugießen, salzen und 2 Stunden kochen lassen. Aus Fett und Mehl eine dunkle Schwitze bereiten, mit Brühe ablöschen. Das Fleisch von den Knochen lösen und in die Suppe geben. Mit Salz, Pfeffer, Paprika, Rotwein abschmecken.

Rezept 250

Italienische Tomatensuppe

500 g Tomaten
1 l Brühe, 2 Nelken
1 Lorbeerblatt
1 Tasse geschn. Pilze
1 feinger. Zwiebel
2–3 Eßlöffel Öl
2 Eßl. feingeh. Kräuter
Salz, Pfeffer, Zucker
1 Prise Zucker
1 Glas Wein

Die feingeschnittenen Tomaten in 1 Tasse Brühe weichschmoren, Lorbeerblatt und Nelke zugeben, durch ein Sieb passieren. Die Pilze mit der geriebenen Zwiebel in Öl schmoren, Tomatenpüree zugeben, dann mit der übrigen Brühe auffüllen, würzen, mit Wein abschmecken. Mit gehackten Kräutern bestreut anrichten.

Rezept 251

Schweizer Käsesuppe

1/2 Pfd. Weißbrot
1/2 Pfd. harter Käse
1 l Brühe
Salz
Pfeffer
2 Eßlöffel Butter
2 Zwiebeln

Weißbrot und Käse in feine Scheiben schneiden, in einen Topf geben und mit der Fleischbrühe auffüllen. Zugedeckt an warmer Stelle 1 Stunde ziehen lassen. Die Masse zu einem dicken Brei aufrühren, abschmecken und evtl. noch etwas Fleischbrühe nachgießen, daß die Suppe schön sämig ist. Zwiebeln in feine Ringe schneiden, in Butter hellgelb rösten und vor dem Anrichten über die Suppe geben.

Rezept 252

Griechische Fleischsuppe

500 g Rindfleisch
500 g Knochen
Salz, 1 Zwiebel
3–4 Kartoffeln
4 Eßl. feingeh. Kräuter
2 Eßlöffel Mehl
1 Tasse Rahm
1–2 Ingwerstäbchen

Fleisch und Knochen kochen, abschäumen, Salz und Zwiebel zugeben. Durchsieben. Kartoffeln in sehr feine Würfel schneiden, ebenso das Fleisch. Kochen bis die Kartoffeln gar sind. Das Fleisch in die Suppe geben. Mehl mit Sahne anrühren, die Suppe binden, mit Ingwer abschmecken und mit den gehackten Kräutern anrichten.

Rezept 253

Russischer Borschtsch

Weißkohl, Rüben
Porree, Zwiebeln
2 l Brühe
Essig, Salz, Rahm, Dill
Tomatenmark
Lorbeerblätter
3 Eßlöffel Schmalz
100 g Rauchfleisch
100 g Rindfleisch
100 g Wurst
Pfefferkörner

Fleisch, Wurst, das in Stückchen geschnittene Gemüse mit Wasser, Essig und Tomatenmark aufsetzen. Pfefferkörner, Lorbeerblatt und Schmalz zugeben und alles zusammen weichkochen. Fleisch und Wurst in Scheiben geschnitten dazugeben. Die Suppe herzhaft abschmecken. 1/2 Tasse sauren Rahm unterziehen und mit gewiegtem Dill überstreuen.

Rezept 254

Minestrone, italienisch

2 Pfd. junges Gemüse
1 Wurzelwerk
1/2 Pfd. Schinkenspeck
2 Eßlöffel Öl
4 Tomaten
1 Prise Paprika
1 Teelöffel Salz
1 1/2 l Brühe
1 Paket Spaghetti
3 Eßl. gerieb. Käse

Das gewaschene Gemüse in feine Streifen schneiden, den Speck in feine Würfel, mit dem Öl glasig braten und das Gemüse – außer Tomaten – darin halb gar dünsten. Dann Tomaten, Paprika und Salz zufügen und mit Brühe aufgießen. Spaghetti gesondert kochen, zum Gemüse geben. Mit Fleischwürze abschmecken; geriebenen Käse darüber

Rezept 255

Holländische Käsesuppe

$^1/_2$ Pfd. Zwiebeln
2 Eßlöffel Fett
2 Eßlöffel Mehl
125 g Käseecke
$1^1/_4$ l Brühe
1 Prise Paprika
1 Prise Zucker
1 Eßl. geh. Kräuter
1 Brötchen
Salz

Die feingeschnittenen Zwiebeln in Fett hellbraun rösten, Mehl überstäuben, Käse zugeben und mit der kochenden Brühe angießen. 10 Minuten kochen lassen und mit Salz, Paprika und Petersilie abschmecken. Das Brötchen in Würfel schneiden, in Fett hellbraun rösten und die Suppe mit den Semmelbröckchen zu Tisch geben. Statt Semmelbröckchen können auch 60 g in Salzwasser abgekochte Makkaronistückchen als Füllung dienen.

An heißen Tagen verzichten wir natürlich auf jede Flüssigkeit, die uns noch mehr „einheizt". Darum heißt der Schlachtruf:

KALTSCHALEN UND SÜSSE SUPPEN

Alle süßen Speisen können kalt genossen werden, müssen aber dann bis zum Erkalten gerührt werden, damit sich keine Haut bildet.

Alle Obstsorten eignen sich vorzüglich zu Kaltschalen. Darum folgt ein Grundrezept für Obstsuppen, das Sie beliebig mit den Früchten abwandeln können, die die Jahreszeit bietet. Statt Obst kann bei einer Kaltschale auch eine Handvoll Rosinen als Einlage dienen. Jeder Kaltschale kann nach Belieben Wein zugesetzt werden. Wenn Wein oder Fruchtsaft verwendet werden, sollte man entsprechend weniger Wasser nehmen. Es kann auch ungeschlagener süßer Rahm nach dem Erkalten untergerührt werden.

Rezept 256

Grundrezept für Obstsuppen

1 l Flüssigkeit
$^1/_2$ Pfd. Früchte
6 Eßlöffel Zucker
Vanillezucker
2 Eßlöffel Mondamin
$^1/_4$ l Wein
evtl. 1 Ei oder Sahne

Das gesäuberte Obst mit dem Buntschälmesser klein schneiden, mit Flüssigkeit und Zucker zum Kochen bringen, gar werden lassen. Das kalt angerührte Mondamin unter Rühren hineingeben, noch einmal aufkochen lassen. Eigelb unterziehen, abschmecken. Eiweiß mit 1 Teelöffel Zucker steif schlagen. In kleinen Klößchen auf die noch warme Suppe geben, 2 – 3 Minuten zugedeckt ziehen lassen. Kalt stellen. Oder nach völligem Erkalten mit Schlagsahne verziert anrichten. Evtl. vor dem Anrichten noch 2 bis 3 Eisstückchen in der Kaltschale zergehen lassen. Statt Mondamin kann auch Gelatine zum Binden verwendet werden. Auf 1 l Flüssigkeit 6 Blatt Gelatine.

Rezept 257

Apfel-, Birnen-, Rhabarberkaltschale

1 l Flüssigkeit
$^1/_2$ Pfd. Früchte, 1 Ei
2 Eßlöffel Mondamin
3–4 Eßlöffel Zucker
Zitronensaft
Vanillezucker

Das gesäuberte und kleingeschnittene Obst mit der Flüssigkeit und dem Zucker kochen und gar werden lassen. Weitere Zubereitung siehe Grundrezept 256.

Rezept 258

Kirschen-, Pflaumenkaltschale

$^1/_2$ Pfd. Früchte
Zutaten wie Grundrezept 256

Obst putzen, waschen, entkernen. Mit der Flüssigkeit und dem Zucker zum Kochen bringen. Dann weitere Zubereitung wie Rezept 256.

Rezept 259

Buttermilchkaltschale

1 l Buttermilch
8 Blatt rote Gelatine
Saft $^1/_2$ Zitrone
feingeh. Mandeln
2 Eßlöffel Zucker

Gelatine in kaltem Wasser einweichen. Buttermilch kochen, Zitronensaft, feingehackte Mandeln und Zucker nach Geschmack hinzugeben. Gelatine ausdrücken, in die kochende Buttermilch geben. Sofort vom Feuer nehmen und in eine Schüssel gießen. Nach dem Erkalten mit Mandelstiftchen belegen. (Mandeln abziehen: kurze Zeit in heißes Wasser legen, braune Schale läßt sich leicht entfernen.)

Rezept 260

Milchkaltschale

Alle Zutaten in den Mixbecher einer Küchenmaschine geben und so lange pürieren, bis eine sämige Masse entsteht.

4 Tassen Milch
2 grob geschn. Äpfel
100 g Quark
1–2 Eßlöffel Zucker
1 Teel. Zitronensaft
1 Päck. Vanillezucker

Rezept 261

Erdbeer-, Himbeer-, Johannisbeer-, Stachelbeer-, Weintraubenkaltschale

Beeren säubern, waschen, in der kochenden Flüssigkeit mit Zucker kurz aufwallen lassen. Dann weitere Zubereitung wie Rezept 256. Man kann auch die Hälfte der Früchte roh in die fertige Kaltschale mischen.

1 l Flüssigkeit
½ Pfd. Beeren
2 Eßlöffel Mondamin
oder 1 Fruttinabeutel
4 Eßlöffel Zucker
Zitronensaft
Vanillezucker
1 Ei

Rezept 262

Pfirsichkaltschale

Die Pfirsiche enthäuten, in Zuckerwasser kurz aufkochen, abkühlen. Den Apfelsaft mit in wenig Wasser angerührtem Mondamin binden, die Pfirsiche hineinlegen und die Kaltschale tellerweise anrichten. Die Pfirsiche obenauf mit Schlagsahne und Borkenschokolade garnieren.

½ l Apfelsaft
1 Eßl. Mondamin
4 Pfirsiche
2 Eßlöffel Zucker
1 Vanillezucker
2 Eßlöffel Borkenschokolade

Rezept 263

Winzerkaltschale

Wasser und Zucker zum Kochen bringen. Mondamin mit Wein, Eigelb und Zitronensaft verrühren und in die kochende Flüssigkeit einlaufen lassen. Einige Male aufkochen lassen. Über Makrönchen anrichten. Eischnee als Klößchen obenauf setzen.

1 Tasse Wasser
3 Eßlöffel Zucker
2 Teelöffel Mondamin
2 Tassen Weißwein
2 Eigelb, 2 Eiweiß
1 Teel. Zitronensaft
Suppenmakrönchen

Rezept 264

Wein-Zitronen-Kaltschale

Eigelb und Zucker schaumig schlagen, Wein, abgeriebene Zitronenschale und -saft dazugeben. Die in ½ Tasse heißem Wasser aufgelöste Gelatine und den Rahm unterziehen und 4 Stunden kalt stellen.

¼ l Wasser
¼ l Wein
2 Zitronen, 2 Eier
½–1 Tasse Zucker
6 Blatt Gelatine
1 Tasse Rahm

Rezept 265

Orangenkaltschale

- 1/2 l Weißwein
- Saft von 2 Apfelsinen
- 2 Eier
- 1/2 Tasse Zucker
- 6 Blatt Gelatine
- 1 Tasse Rahm

Eigelb und Zucker schaumig schlagen, Wein und Apfelsinensaft dazugeben. Die in 1/2 Tasse heißem Wasser aufgelöste Gelatine und den Rahm unterziehen und vier Stunden kalt stellen.

Rezept 266

Winterkaltschale

- 1 Handvoll getrocknete Pflaumen
- 2 Bananen
- 2 Eßlöffel Rosinen
- 1/2 l Fruchtsaft
- 1/4 l Rahm
- 2 Eßlöffel gehackte Nüsse oder Mandeln

Rosinen und Pflaumen über Nacht in Fruchtsaft oder Wein einweichen. Fein zerdrücken oder durch die Maschine drehen. Bananen mit einer Gabel zu Brei drücken. Süßen Rahm mit Saft und dem Fruchtmus vermischen und mit dem Schneebesen schlagen, bis es locker wird. Geriebene Nüsse oder Mandeln überstreuen.

Rezept 267

Weinsuppe mit Sago

- 3/4 l Wasser
- 1/4 l Wein
- 2 Eßlöffel Sago
- Zimt, Eigelb
- Saft 1/2 Zitrone
- Zucker
- Vanillezucker

Wasser mit Sago, Zimt, Zucker und Zitrone kochen, bis der Sago glasig ist. Den Wein zugießen, Suppe mit Eigelb abziehen, Vanillezucker überstreuen. Evtl. Eischnee steif schlagen und als Kloß daraufgeben.

Rezept 268

Weinschaumsuppe

- 1/2 l Wein
- 4 Eßlöffel Zucker
- 1 Eßl. Zitronensaft
- 4 Eigelb
- 2 ganze Eier
- 1 Vanillezucker
- Zwiebackbröckchen

Wein kochen. Alle Zutaten unter ständigem Rühren mit dem Schneebesen zugeben, aufkochen, mit Zucker und Vanillezucker abschmecken. Über Zwiebackbröckchen anrichten.

Rezept 269

Buttermilchsuppe

- 1 l Buttermilch
- 1–2 Eßlöffel Zucker
- 2–3 Eßlöffel Mehl
- 1 Prise Salz
- 1 Stich Butter
- 1 Pfd. gekochte Pflaumen

Mehl mit Buttermilch, Zucker und Salz verrühren, auf dem Feuer bis zum Kochen schlagen, abschmecken. 1 Stückchen Butter auf der Suppe zergehen lassen. Die gekochten Pflaumen dazu reichen.

Rezept 270

Grießsuppe mit Rosinen

- 3/4 l Wasser, 1/4 l Wein
- 3 Eßlöffel Grieß
- 2 Eßlöffel Rosinen
- 1/2 Zitronenschale
- Saft 1/2 Zitrone
- 2 Eßlöffel Zucker
- Salz, 1 Ei
- Vanillezucker

Grieß mit Zitronenschale in Wasser kochen. Dann Zitronensaft, die gewaschenen Rosinen, Salz und zum Schluß den Wein zugeben, kurz aufkochen lassen. Ei und Zucker in der Suppenschüssel verrühren, die Suppe langsam unter Rühren dazugeben. Mit Vanillezucker abschmecken.

Rezept 271

Haferflockensuppe

- 1 l Milch
- 6 Eßl. Haferflocken
- 1 Prise Salz
- 1 Eßlöffel Zucker
- 1 Schuß Himbeersaft oder Rotwein

Haferflocken in die kalte Milch einstreuen und zum Kochen bringen. Einige Minuten bei kleiner Flamme kochen lassen. Mit Salz und Zucker, evtl. Vanillezucker abschmecken. Mit Himbeer- oder Erdbeersaft oder Rotwein anrichten.

Rezept 272

Rhabarbersuppe mit Grießwürfeln

- 1 Pfd. Rhabarber
- 1 l Flüssigkeit
- 3 Teel. Kartoffelmehl
- Zimt
- Zucker
- 1 Vanillezucker
- 1/2 l Milch
- 4 Eßlöffel Grieß
- 1 Eßlöffel Butter
- 1 Prise Salz

Rhabarber abziehen, in 1 cm lange Stückchen schneiden, zum Kochen aufsetzen. Das kalt angerührte Kartoffelmehl unterrühren, aufkochen. Mit Zucker, Zimt, Vanillezucker abschmecken. Aus Milch und Grieß einen Grießbrei kochen, die Butter darin verrühren und die Masse auf eine Platte zum Erkalten fingerdick aufstreichen. In kleine Würfel schneiden, leicht in Butter anbraten, und kurz vor dem Anrichten in die Suppe geben.

Rezept 273

Biersuppe

- 3/4 l Bier
- 1/4 l Milch
- 2 Eßlöffel Butter
- 2 Eßlöffel Mehl
- Zucker, Zimt
- 2–3 Eier
- abgeriebene Zitronenschale
- 1–2 Eßlöffel Zucker

Eine helle Mehlschwitze mit Milch ablöschen, Bier und Stangenzimt dazugeben. Vorsichtig aufkochen, mit Zucker abschmecken. 2 – 3 Eigelb und etwas abgeriebene Zitronenschale unterziehen. Eischnee mit Zucker schlagen, auf die heiße Suppe geben, 2 Minuten zugedeckt stehen lassen, bis der Eischnee fest ist. Dann in kleinen Klößchen auf dem Teller anrichten.

Suppen können durch Einlagen oder Beigaben geschmackvoller gemacht werden, immer können Sie für Abwechslung sorgen. Das gilt sowohl für Fleisch – als auch für süße Suppen. Gute Suppeneinlagen bekommen Sie bei Ihrem Kaufmann in den bekannten Formen als Sternchen, Hörnchen, Buchstaben, Fadennudeln, Eiergräupchen, Riebele usw. Sie können Grieß oder Reis verwenden, haben also immer alles zur Hand, wenn es mal schnell gehen soll, und das ist häufig der Fall.
Nehmen Sie sich aber ein wenig Zeit für die nun folgenden Rezepte. Und bedenken Sie: Die Einlagen immer in die kochende Suppe geben!

Rezept 274

Markklößchen

1–2 Markknochen
2 Eßlöffel geriebenes Weißbrot
1 Ei
Muskat
Salz
(etwa 10 Klößchen)

Das Mark zerkleinern, in einem kleinen Töpfchen bei kleinster Flamme auslassen. Geriebenes Weißbrot mit Ei, Muskat und Salz zu einem Brei verrühren, das heiße zerlassene Mark hinzugeben und gut verrührt 10 Minuten kalt stellen. Mit leicht bemehlten Händen kleine Klößchen rollen. In der siedenden Brühe so lange ziehen oder ganz schwach kochen lassen, bis sie wieder an die Oberfläche kommen. Sie müssen schön locker sein (evtl. Probekloß).

Rezept 275

Fleischklößchen

2 feine Bratwürstchen

Aus frischen Bratwürstchen kleine Klößchen herausdrücken und 10 Minuten in Brühe kochen lassen.

Rezept 276

Käseklößchen

Zutaten wie Rezept 280
2 Eßl. gerieb. Käse

Wie Schwemmklößchen, Rezept 280. Statt Muskat 2 Eßlöffel geriebenen Käse verwenden. Zu Tomatensuppe besonders schmackhaft.

Rezept 277

Eierstich

2 Eier
2 Eßlöffel Milch
Salz
Muskat
etwas Fett

Milch und Eier gut mit Salz und Muskat verquirlen. Ein Stieltöpfchen mit Fett ausstreichen, die Masse hineingeben, im Wasserbad zugedeckt so lange heiß stellen, bis die Masse fest wird. Auf ein Brettchen stürzen und in Würfel geschnitten in die Suppe geben.

Rezept 278

Einlauf

1 Ei
1 Eßlöffel Mehl
Salz
Muskat

Zutaten verrühren, in die kochende Brühe laufen lassen. Brühe nicht rühren, bis die Masse stockt. Nochmals kurz aufkochen lassen.

Rezept 279

Suppennudeln

125 g Mehl
1 Eßlöffel Wasser
1 Ei
Salz

Aus den Zutaten einen festen, geschmeidigen Teig rühren, dünn ausrollen, in schmale Streifen schneiden und trocknen.

Rezept 280

Schwemmklößchen

1/4 l Milch
2 Eßlöffel Butter
2 Eier
4 Eßlöffel Mehl
Salz
Muskat

Milch, Butter, Salz kochen, Mehl hineinschütten und zum Kloß abrühren. Das Eigelb in die heiße Masse einrühren, kalt werden lassen und den Eischnee unterziehen. Mit einem Teelöffel kleine Klößchen abstechen, in der Brühe 5 Minuten ziehen lassen.

Rezept 281

Grießklößchen

1 Tasse Milch
2 Eßlöffel Butter
2 Eier
4 Eßlöffel Grieß
Salz
Muskat
gehackte Petersilie

Milch, Butter, Salz und Muskat zum Kochen bringen, Grieß einrühren, zum Kloß abkochen. Eier und gehackte Petersilie unterrühren, erkalten lassen. Klößchen mit nassem Kaffeelöffel abstechen. In der heißen Fleischbrühe so lange ziehen lassen, bis sie von selbst nach oben kommen.

Rezept 282

Petersilienklößchen

1 Tasse Milch
2 Eßlöffel Butter
4 Eßlöffel Mehl
1 Prise Salz
Muskat
1 Teelöffel feingeh. Petersilie
2 Eier

Milch und Butter zum Kochen bringen, schnell das Mehl hineingeben und so lange rühren, bis sich ein Kloß bildet. 1 Ei unterrühren. Wenn die Masse glatt und abgekühlt ist, das zweite Ei mit den Gewürzen zugeben, kleine Klößchen mit einem Teelöffel abstechen und in der Fleischbrühe einige Minuten ziehen lassen.

Rezept 283

Leberklößchen

125 g Leber
½–1 Brötchen
1 Eßlöffel Butter
1 Eßlöffel Mehl
1 Ei, Pfeffer
geriebenes Weißbrot
1 Zwiebel
Fett, Salz

Die durchgedrehte oder gehackte Leber mit dem eingeweichten, gut ausgedrückten Brötchen vermischen. Mehl, Ei, Pfeffer und Salz zugeben, evtl. etwas geriebenes Weißbrot. Die in Butter gedünsteten Zwiebelstückchen untermischen und mit einem Teelöffel kleine Klößchen in die kochende Fleischbrühe geben. 10 Minuten ziehen lassen. (Man kann auch Geflügelleber verwenden.)

Rezept 284

Schneeklößchen

2 Eiweiß
2 Eßlöffel Zucker
1 Vanillezucker
Zimt
oder gerieb. Schokolade

Eiweiß steif schlagen, nach und nach den Zucker zugeben, zuletzt Vanillezucker. Kleine Klößchen abstechen, auf die heiße Suppe geben. Zugedeckt einige Minuten stehen lassen, bis der Schnee fest wird. Beim Anrichten etwas Zimt oder geriebene Schokolade überstreuen. Man kann die Klößchen statt mit Zucker auch mit Salz abschmecken und zu Tomatensuppe oder anderen gebundenen, dunklen Suppen verwenden.

Rezept 285

Speckklößchen

2 Eßlöffel gewürfelter Speck
2 Eigelb
4 Eßlöffel Mehl
Salz
Muskat

Speckwürfelchen hell ausbraten, etwas abkühlen lassen; mit Mehl, Eigelb und Gewürz schaumig rühren. ½ Stunde stehen lassen. Kleine Klößchen abstechen, in der Brühe langsam kochen lassen, bis sie nach oben kommen.

Rezept 286

Semmelklößchen

Butter schaumig rühren, das verschlagene Ei mit Salz und soviel Semmelmehl dazugeben, bis ein geschmeidiger Teig entsteht. 1/2 Stunde stehen lassen. Klößchen formen, in der Brühe 3 Minuten langsam kochen lassen.

2 Eßlöffel Butter
1 Ei
1 Prise Salz
3 Eßl. Semmelmehl

Rezept 287

Wiener Nockerln

Wie Semmelklößchen, Rezept 286. Statt Semmelmehl Mehl verwenden.

Zutaten wie Rezept 286
2 Eßlöffel Mehl

Rezept 288

Flädle

3 Eßlöffel Mehl
1/2 Tasse Milch
1 Teelöffel Petersilie
1 Ei, Salz
1 Eßlöffel Butter
zum Backen

Aus den angegebenen Zutaten einen Eierkuchenteig bereiten, in Butter auf beiden Seiten kleine Kuchen goldgelb backen. Abgekühlt in feine Streifen schneiden. In heiße Fleischbrühe geben, mit Petersilie bestreuen.

Rezept 289

Goldwürfel

1 Tasse Milch
1/2 Ei
2–3 Weißbrotschnitten
geriebener Käse
Semmelmehl
Fett zum Backen

Eigelb mit Milch verschlagen. Die gewürfelten Weißbrotschnitten in die Eiermilch eintauchen. In Semmelmehl, das mit Käse vermischt ist, wälzen. In Butter hellbraun backen und zu gebundenen Suppen verwenden.

Rezept 290

Reisklößchen

100 g Reis
1/4 l Brühe
1 Teelöffel Butter
1 Ei
1 Teelöffel Curry
1 Teelöffel Petersilie
1–2 Eßl. Reibbrot

Reis in die kochende Brühe geben und in 15 Minuten gar quellen. Noch warm den Reis mit den angegebenen Zutaten vermengen, die Reismasse zu kleinen Klößchen formen und in kochendem Salzwasser garziehen lassen. Dann die Klößchen als Einlage in Hühner- oder Tomatensuppe geben.

Rezept 291

Pilzklößchen

3 Eßlöffel Pilze

Wie Speckklößchen, Rezept 285. Statt dessen 3 Eßlöffel im eigenen Saft geschmorte, kleingeschnittene Pilze dazugeben.

Gemüsegerichte aus aller Herren Länder von A-Z

Die Gemüserezepte sind alphabetisch geordnet und nach Gemüsesorten zusammengestellt. Sie finden z. B. alle Kohlarten wie Rosenkohl, Weißkohl, Rotkohl, Wirsing, Grünkohl unter dem Sammelbegriff: Kohl. Dann, damit Sie es gleich erkennen, steht die Rezeptherkunft dabei. Mal kochen Sie also Spinat französisch, Blumenkohl italienisch und manchmal kommt Ihnen auch etwas spanisch vor. Aber das sind auch sehr gute Rezepte, versuchen Sie's nur mal!

GEMÜSEGERICHTE – ALLGEMEIN

Junge Gemüse in Soße

Blumenkohl, Erbsen, Chicorée, Kohlrabi, Lauch, Spargel, Rosenkohl, Wirsing, Schwarzwurzeln können in Salzwasser gekocht und mit folgenden Soßen angerichtet werden: Braune Butter mit Semmelbröseln, Frikasseesoße, Grüne Soße, Fleischsoße mit Klößchen; sie können ferner mit in Butter gerösteten Weißbrotbröckchen überstreut und mit flüssiger Butter begossen werden.

Junge Gemüse ausgebacken

Blumenkohl, Spargel, Möhren, Sellerie, Rosenkohl, Schwarzwurzeln, Lauch können in Eierkuchenteig, Rezept 295, getaucht und in Fett schwimmend ausgebacken werden.
Die Gemüse werden in Salzwasser nicht zu weich gekocht, in mundgerechte Stücke geteilt, in Eierkuchenteig getaucht und in Fett ausgebacken; dann schwach salzen. Dazu eine pikante Remouladensoße.

Rezept 292

Artischocken als Vorspeise

Artischocken
Salatmayonnaise
2–3 Gürkchen
2 Eßl. gehackte Kräuter
1 Spritzer Zitronensaft

Die gekochten Artischocken auf einer Platte servieren. Mayonnaise mit den angegebenen Zutaten vermischen. Die Blättchen auszupfen und in die gesondert gereichte Soße tunken. Die Artischockenböden mit Mayonnaise verzehren.

Rezept 293

Gefüllte Artischocken franz. Art

gekochte Artischocken
1 Bt. Salatmayonnaise
Zitronensaft
Meerrettich a. d. Tube
1/2 Ts. Schinkenwürfel
1 kl. D. Champignons
2 Eßl. Ananaswürfel
1/2 Tasse Apfelwürfel
8 Maraschinokirschen

Alle Zutaten untereinandermischen als Salat. Die Mayonnaise mit Zitronensaft oder Wein und etwas Ananassaft nicht zu dünnflüssig verrühren. Sie wird in einer Karaffe gesondert serviert, nachdem man die halbe Menge unter den Salat gemischt hat. Die Kirschen werden als Garnitur verwendet.

Rezept 294

Artischockenböden

8–10 Artischocken
2 Zitronen
Rahmsoße

Stengel und äußere harte Blätter abschneiden. Die Artischockenböden mit Zitronenscheiben belegen, festbinden und in Salzwasser kochen, bis sich die Blätter im Inneren leicht mit einem Löffel herausnehmen lassen. Auf einer Serviette anrichten und Rahmsoße, Rezept 1341, dazu reichen oder 1/2 l holländische Soße, Rezept 303, oder 1/2 l Vinaigrettesoße, Rezept 106.

Rezept 295

Eierkuchenteig

2 Eier
2 Eßlöffel Mehl
1 Schuß Selters-Wasser und Milch, Salz

Zutaten zu einem festflüssigen Teig verrühren.

Rezept 296

Überbackene Artischocken

6–8 Artischocken
Zur Füllung:
1/2 l dicke Buttersoße, Rezept 482
1/2 Tasse Rahm
feingeschnittene Schinkenwürfel
Zum Backen:
1 Eßlöffel Butter
Reibkäse
Bröselbutter

Artischocken geputzt und gewaschen in Salzwasser garkochen. Die Blätter entfernen. Schinkenwürfel und Rahm in die dicke Buttersoße geben, die Artischocken damit füllen. Die Früchte in feuerfester Form nebeneinanderstellen, Reibkäse und Bröselbutter überstreuen, den Boden mit etwas Rahm bedecken und einige Minuten im Backofen überbacken.

Rezept 297

Grüne Bohnen mit Auberginen nach südländischer Art

4–6 Auberginen
250 g grüne Bohnen
2 Eßlöffel Olivenöl
2 Zwiebeln
250 g Lammfleisch
Salz, Pfeffer
etwas Knoblauch
1/2 Tasse Brühe
4–6 Pepperoni

Die Auberginen schälen und in kleine Scheibchen oder Stücke schneiden, mit den Bohnen mischen. In spanischem Olivenöl feingehackte Zwiebeln und etwas Lammfleisch andämpfen, das Gemüse beigeben, mit Salz, Pfeffer und etwas Knoblauch würzen, in Brühe dämpfen, anrichten und mit Pfefferschoten garnieren.

Rezept 298

Gefüllte Auberginen, amerikanische Art

4–5 Auberginen
2 Paprikaschoten
2 Eßlöffel gekochter Sellerie
200 g Fleischreste
1 Banane
150 g Mayonnaise
Senf
Meerrettich
Johannisbeergelee

Die Auberginen in Salzwasser fünf bis acht Minuten dünsten, abtropfen lassen und nach dem Erkalten längs aufschneiden und etwas aushöhlen. Das Fleisch der Auberginen mit gegartem Paprika, Sellerie, Fleischwürfel und Bananenscheiben mischen. Alles mit Mayonnaise vermengen, die mit Senf und Meerrettich pikant abgeschmeckt wurde. Auf Salatblättern anrichten und mit Würfeln von Johannisbeergelee garnieren.

Rezept 299

Auberginen ausgebacken

Eierkuchenteig
Rezept 295
4 Auberginen
Fett zum Backen
Salz

Die Früchte enthäuten, in 1/2 cm dicke Scheiben schneiden, in den Eierkuchenteig eintauchen und in reichlich Fett schmimmend backen. Ein wenig Salz überstreuen.

Rezept 300

Gebackene Auberginen, ital. Art

4 Auberginen
3 Eßlöffel Öl
3 Eßlöffel Butter
3 Eßlöffel milder geriebener Käse
Salz
Tomatenketchup
Butterflöckchen

Die geschälten Auberginen in 1/2 cm dicke Scheiben geschnitten salzen und in Mehl wenden. In heißem Fett auf beiden Seiten sanft braten, dann in eine gefettete, feuerfeste Form geben, mit Butterflocken besetzen, mit Reibkäse bestreuen und Ketchup darüberspritzen. Im Backofen 1/4 Stunde überbacken.

BLUMENKOHL FÜR JEDEN GESCHMACK

Rezept 301

Blumenkohl mit Bröselbutter

1 Blumenkohl
3 Eßlöffel Butter
2 Eßl. gerieb. Weißbrot
Muskat
gehackte Petersilie

Blumenkohl putzen, zum Säubern einige Zeit in Essig- oder Salzwasser legen. Röschen abtrennen und in kochendem Salzwasser in 15–20 Minuten garkochen, abtropfen lassen. Geriebenes Weißbrot in heißem Fett rösten, über den Blumenkohl geben, Muskat überreiben, mit gehackter Petersilie überstreuen.

Rezept 302

Blumenkohl mit holländischer Soße

1 Blumenkohl
1/2 l holländische Soße
Rezept 303

Zubereitung wie Rezept 301. Der Blumenkohl bleibt ganz. Nach dem Kochen in eine Schüssel geben und mit holländischer Soße übergießen oder vor dem Anrichten Tomatensoße übergießen, gehackte Petersilie überstreuen.

Rezept 303

Holländische Soße

2 Eigelb
1 Eßlöffel Essig
1 Teelöffel Wasser
Salz
Pfeffer
150 g Butter
Muskat

Alle Zutaten bis auf die Butter in einem Topf vermischen, im Wasserbad schlagen unter ständiger Zugabe von Butterflöckchen, bis die Eimasse dickschaumig ist. Sofort über dem gekochten Blumenkohl anrichten. Paßt auch zu Spargel, Schwarzwurzeln und Fisch.

Rezept 304

Blumenkohl mit Tomaten, ital. Art

1 Blumenkohl
8–10 Tomaten
4 Scheiben Käse
Pfeffer
Salz
Muskat
1 Tasse Schinkensoße Rezept 1339
Paprikapuder

Blumenkohl in Salzwasser nicht zu weich kochen, Tomaten oben kreuzweise einritzen. Den ganzen Blumenkohl in eine gefettete Auflaufform legen, die Tomaten im Kranz darum setzen. Pfeffern und salzen und oben ein Butterflöckchen aufsetzen. Den Blumenkohl mit den Käsescheiben bedecken. Paprika überstäuben. Die Schinkensoße um den Blumenkohl gießen und den Auflauf 10 – 15 Minuten im Backofen überbacken, bis der Käse weich wird.

Rezept 305

Blumenkohl in Schinkentüten, franz. Art

1 Blumenkohl
Je Person:
2 Scheiben gekochter Schinken
1–2 Tassen heiße Remouladensoße Rezept 111

Die Röschen zerteilen, in Salzwasser kochen, abtropfen lassen. Dann aus dem Schinken Tüten formen, ein Röschen hineinstecken, fächerartig auf einer Platte anordnen, mit dickflüssiger heißer Remouladensoße betröpfeln. Dazu Pommes frites.

Rezept 306

Blumenkohl mit Räucherzunge, Schweizer Art

1 Blumenkohl
1 geräucherte Zunge
2 Tassen Kräutersoße Rezept 480
Meerrettich

Den in Salzwasser gekochten Blumenkohl auf eine Platte legen, ringsum mit Zungenscheiben garnieren. Eine Tasse Zungenwürfelchen mit der Kräutersoße mischen, über den Blumenkohl gießen und die Zungenschnitten mit Meerrettich aus der Tube garnieren.

Rezept 307

Italienischer Blumenkohl

1 Blumenkohl
3 Eßlöffel Fett
2 Eßlöffel Mehl
2 Tassen Gemüsebrühe
Muskat, Salz
Eigelb
2 Eßlöffel Reibkäse
2 Eßlöffel Reibbrot
Butterflöckchen

Den gekochten Blumenkohl in Röschen zerteilen. Aus Fett, Mehl und Gemüsebrühe eine helle Soße bereiten, mit Salz und Muskat abschmecken und mit Eigelb legieren. Den Blumenkohl in eine gefettete Auflaufform legen, mit der Soße übergießen, darüber Reibbrot und Käse streuen und Butterflöckchen aufsetzen. Bei mittlerer Hitze im Backofen ½ Stunde hellbraun backen.

Rezept 308

Blumenkohl auf Schweizer Art

1 Kastenbrot
Butter
Schweizer Käse
Blumenkohl
Bechamelsoße
Rezept 477
Reibkäse
Eigelb
flüssige Butter

Kastenbrot entrinden, in Scheiben von etwa 7 mm Dicke schneiden und auf beiden Seiten leicht in Butter anrösten. Jede Scheibe mit einer ganz dünnen gleichgroßen Scheibe Schweizer Käse belegen und mit gekochten Blumenkohlröschen bedecken. Portionsweise in flachen Back- oder Eierplatten anrichten. Mit Mayonnaisesoße (Bechamelsoße, mit geriebenem Käse unterzogen und mit Eigelb legiert) gleichmäßig bedecken, mit geriebenem Käse bestreuen, mit Butter beträufeln und bei mäßiger Hitze im Ofen gleichzeitig überkrusten und den Schweizer Käse zum Schmelzen bringen

Rezept 309

Rumän. Zwiebelpaprika mit Blumenkohl

4 große Zwiebeln
Olivenöl
4 Paprikaschoten (rot und grün)
1 Prise Zucker
Salz
1 Prise Cayennepfeffer
gehackte Petersilie
4 Tomaten
1 Blumenkohl
Semmelbrösel
Butter

Die vorbereiteten Zwiebeln in Ringe schneiden und im Olivenöl goldgelb werden lassen. Die sorgfältig entkernten, gewaschenen und in Streifchen geschnittenen Paprikaschoten zufügen, nach 10 Minuten die kleingeschnittenen Tomaten, und bei geschlossenem Topf gardünsten. Gegebenenfalls etwas Wasser aufgießen. Mit den Gewürzen abschmecken. Dieses farblich wunderschön anzusehende Gemüse um einen in Salzwasser gargekochten ganzen Blumenkohl anrichten, der mit in Butter gerösteten Semmelbröseln bestreut wurde. Frische Salzkartoffeln dazu.

Rezept 310

Brechbohnen

Die Bohnen abfädeln, waschen, brechen oder in gleichmäßige Stücke schneiden. In kochendem Salzwasser mit Bohnenkraut garkochen, abtropfen lassen und mit brauner Butter übergießen. Einen Spritzer Maggi und feingehackte Petersilie darübergeben. Nach Geschmack etwas Pfeffer überstreuen. Oder eine helle Soße, Rezept 476, bereiten und die Bohnen damit übergießen.

1½ Pfd. grüne Bohnen
2–3 Stengelchen Bohnenkraut
3 Eßlöffel Butter
Maggi
Pfeffer

Rezept 311

Schnittbohnen mit Specksoße

Die Bohnen abfädeln, waschen, schnippeln. In kochendem Salzwasser mit Bohnenkraut garkochen. Eine Specksoße zubereiten (das Kochwasser dazu verwenden), ein Zwiebelchen mit ausbraten und über die Bohnen gießen. Mit gehackter Petersilie überstreuen.

1½ Pfd. grüne Bohnen
Bohnenkraut
gehackte Petersilie
½ Tasse Specksoße (Bechamelsoße) Rezept 477

Rezept 312

Wachsbohnen

Zubereitung wie Brechbohnen.

Rezept 313

Groß-Bohnen mit Speck

Den Speck in wenig Wasser halb gar kochen. Die aus den Schalen entfernten zarten Groß-Bohnen dazugeben, mit 1 Stengelchen Bohnenkraut in ½ Stunde garkochen. Die Flüssigkeit mit ein wenig kalt angerührtem Mehl oder Kartoffelmehl binden, mit Salz und Pfeffer abschmecken. Man reicht neue Kartoffeln dazu. Den Speck, in dickere Scheiben geschnitten, appetitlich auf einer Schüssel anrichten, mit Senfraupen verzieren.

6 Pfd. Groß-Bohnen
250 g durchwachsener geräucherter Speck
Bohnenkraut
1 Eßlöffel Kartoffelmehl
Pfeffer
Salz
1 Spritzer Maggi

Rezept 314

Serbische Speckbohnen

1 kg grüne Bohnen
500 g Paprikaspeck
1 Zwiebel, 2 Tomaten
1 Stengel Bohnenkraut
1 Teelöffel Salz
Pfeffer und Paprika
250 g Kartoffeln
1/2 l Wasser

Die grünen Bohnen abfädeln und schnippeln, den Paprikaspeck in einem halben Liter heißem Wasser mit der Zwiebel und den Tomaten fast weich kochen. Dann das Bohnenkraut, die geschnippelten Bohnen und die in grobe Würfel geschnittenen Kartoffeln zugeben. Alles zusammen gar kochen und sehr feurig abschmecken mit Paprika, Pfeffer und Salz. Vergessen Sie nicht den Senf!

Rezept 315

Schweizer Bohnentopf

1 Pfd. Suppenfleisch
1 l Wasser
Suppengemüse
1/2 Pfd. durchwachsener Speck, Salz, Pfeffer
2 Pfd. grüne Bohnen
1 Stengel Bohnenkraut
1 Tasse Wasser
1/2 Pfd. Kochwurst

Suppengemüse in Salzwasser zum Kochen bringen und das Fleisch in der Brühe garkochen. Den in Scheiben geschnittenen Speck glasig braten, die abgefädelten ganzen Bohnen mit Salz, Pfeffer und Bohnenkraut dazugeben und mit dem Wasser übergießen, weich dünsten. Die Wurst im Bohnengemüse mitkochen. Auf eine flache Schüssel geben, das Suppenfleisch, die Speckscheiben und die Wurstscheiben darauf anrichten.

Rezept 316

Englischer Bohneneintopf mit Hammelfleisch

200 g weiße Bohnen
1 1/2 Tassen Wasser
Salz
Speckschwarten
1 Knoblauchzehe
1 Pfd. Hammelfleisch
2 Eßlöffel Fett
1 gehackte Zwiebel
2 Tomaten
1 Paprikaschote
1 Eßlöffel Mehl
Semmelbrösel
Butterflöckchen

Bohnen am Abend vorher einweichen und mit dem Einweichwasser, Salz, Speckschwarten und der Knoblauchzehe fast weichkochen. Das Fleisch in grobe Würfel schneiden und mit Zwiebel in heißem Fett braten. Tomaten zugeben, Paprikaringe überstreuen. Die Soße mit Bohnenwasser aufgießen und das Fleisch darin weich kochen. In eine gefettete Auflaufform eine Lage Bohnen, Fleisch und wieder Bohnen einfüllen. Die Soße mit angerührtem Mehl binden und über den Auflauf geben. Paniermehl überstreuen, Butterflöckchen aufsetzen und in 30 Minuten im Backofen knusprig backen.

Rezept 317

Holsteiner Bohneneintopf

Bohnen abfädeln, waschen und 1–2mal brechen. Speck in grobe Würfel schneiden – wie Gulasch – und in etwas Fett anbraten. Wasser darübergießen, Bohnen dazulegen und die ungeschälten, von Blüten und Stiel befreiten Birnen darüber. Das Gericht ohne Umrühren 1 Stunde im geschlossenen Topf gar dünsten. Mit Salz und Pfeffer abschmecken. Petersilie überstreuen. Die Birnen sollen unzerkocht auf dem Gemüse angerichtet werden.

2 Pfd. Brechbohnen
1 Pfd. Schinkenspeck
2 Eßlöffel Fett
3 Tassen Brühe
1 Pfd. Birnen
Salz, Pfeffer
gehackte Petersilie

Rezept 318

Ungarische Bohnen mit Paprika

Bohnen abfädeln, waschen und 1–2mal brechen. Fleisch und Tomaten in grobe Würfel schneiden – wie Gulasch – und in etwas Fett anbraten. Wasser darübergießen, Bohnen dazulegen und die in feine Ringe geschnittenen Paprika darüber. 1 Stunde dünsten. Mit Salz und Pfeffer abschmekken. Petersilie überstreuen.

2 Pfd. Brechbohnen
1 Pfd. Hammelfleisch
250 g Tomaten
etwas Schmalz
3 Tassen Wasser
4 Paprikaschoten
Salz, Pfeffer
feingeh. Petersilie

Rezept 319

Überbackene Bohnen

Salzkartoffeln kochen, zerquetschen und mit gekochten weißen Bohnen vermischen. Mit Rahm verdünnen, in eine gefettete Auflaufform füllen, mit geriebenem Käse bestreuen, Butterflöckchen aufsetzen und im Ofen backen.

1 Pfd. geschälte Kartoffeln
1/2 Pfd. gekochte weiße Bohnen
1/2 Tasse Rahm
2 Eßl. geriebenen Käse
Pfeffer, Salz
Butterflöckchen

Rezept 320

Grüne Bohnen mit Tomaten, italienisch

Zwiebeln reiben, in Öl andämpfen, feingeschnittene oder gebrochene grüne Bohnen und von Haut und Samen befreite, in Scheiben geschnittene Tomaten und Tomatenmark hinzufügen, das Gericht im eigenen Saft bei geringer Wärmezufuhr gar dünsten. Zum Schluß mit Mehl binden, mit Salz, Zucker und gewiegter Petersilie abschmecken.

250 g Zwiebeln
2 Eßlöffel Öl
1 kg grüne Bohnen
250 g Tomaten
1 Eßl. Tomatenpüree
1/2 Eßlöffel Mehl
Salz, Pfeffer
1 Prise Zucker
1 Eßlöffel gehackte Petersilie

Rezept 321

Chicoréeauflauf

6–8 Chicorée
4 Scheiben gehackter Schinken
2 Tassen holl. Soße Rezept 487
1 Eßlöffel geriebenes Weißbrot
Butterflöckchen

Den Chicorée reinigen und zurichten, Strunk herausschneiden. 10 Minuten in Salzwasser kochen, herausnehmen und in eine feuerfeste Form legen. Den Schinken in feine Würfel schneiden, in die Soße geben, diese über den Chicorée gießen und mit Paniermehl bestreuen. Mit Butterflöckchen belegt 30 Minuten im Backofen goldgelb backen. Nach Belieben auch 2 – 3 Eßlöffel geriebenen Käse überstreuen.

Rezept 322

Chicorée in Schinkenröllchen

8 Kolben Chicorée
4 Scheiben gekochter Schinken, 1 Ei
2 Eßlöffel Butter
$1^1/_2$ Eßlöffel Mehl
1 Tasse Gemüsebrühe
1 Tasse Milch, Salz
2 Eßl. gerieb. Käse
Butterflöckchen

Den gereinigten und zugerichteten Chicorée 10 Minuten in Salzwasser kochen, herausnehmen und abtropfen lassen. Auf 1 Schinkenscheibe 2 Chicorée legen, zusammenrollen und in eine gefettete Auflaufform legen. Aus Fett, Mehl, Milch und Brühe eine helle Soße bereiten, mit Salz abschmecken und mit Ei legiert über das Gemüse geben. Käse überstreuen, Butterflöckchen aufsetzen und in 30 Minuten goldgelb überbacken.

Rezept 323

Chicorée mit Pilzen, franz. Art

8 Stauden Chicorée
1 Dose Champignons
2 Tassen Soße blanche Rezept 486

Chicorée in Salzwasser garkochen. In die helle Soße feinblättrig geschnittene Pilzchen geben, den Chicorée damit begießen und anrichten.

Aus den einheimischen Gemüsesorten lassen sich herrliche Suppen und Eintöpfe zubereiten. Besonders herzhaft wird der Geschmack, wenn Sie Fleisch und Speck dazu verwenden. Der bekannteste Eintopf ist Pichelsteiner, Rezept 541.

Rezept 324

Gefüllter Chicorée, belgisch

6–8 Chicorée
Füllung:
250 g Hackfleisch
1 Ei
Salz, Pfeffer
1 Eßlöffel Reibbrot
1 Tasse Fleischbrühe

Dicke Stauden von bester Qualität werden nach unten ausgehöhlt, mit Hackfleisch gefüllt, zugebunden und in eine Schmorpfanne gelegt. Das Ganze wird mit Fleischbrühe begossen, dann Pfeffer und Salz hinzufügen, mit Butterpapier bedecken und anschließend 30 Minuten lang im Ofen braten.

Rezept 325

Chicorée mit Tomaten und Käse, Schweizer Art

4 Stauden Chicorée
8 Tomaten
2 Ecken Schmelzkäse mit Salami
Butterflöckchen
Muskat

Den Chicorée in Salzwasser nicht ganz weich kochen, abtropfen, in eine gefettete Gratinschüssel geben, abwechselnd 1 Reihe Chicorée, 1 Reihe Tomaten, die man kreuzweise oben einritzt. Auf den Chicorée 1 Butterflöckchen setzen, etwas Muskat überreiben, Tomaten mit Käseflöckchen belegen. Im Backofen backen, bis Tomaten gar sind.

Rezept 326

Chicorée mit Champignons oder Steinpilzen

4 Stauden Chicorée
Zitronensaft
2–3 Eßlöffel Butter
1 Schuß Rahm
1 Dose Pilze
1 Teel. Mondamin
Pfeffer, Salz
Muskat

Die gewaschenen und gereinigten Chicoréeblätter werden in Stücke geschnitten, in Salzwasser gekocht, mit Zitrone beträufelt und in Butter gegart. Man fügt Rahm und die Pilze hinzu, die mit dem Chicorée zusammen gedünstet werden. Die eingekochte Brühe wird etwas gebunden und fein abgeschmeckt.

Diese farbenprächtige Gemüseplatte ist eine ideale Ergänzung zu gebratenem und gebackenem Fleisch. Wenn es ganz schnell gehen soll, kann man das Gemüse auch aus Dosen oder aus dem Glas nehmen.

Rezept 327

Chicorée in Rahmsoße, holländ. Art

8 Stauden Chicorée
2 Tassen Rahmsoße
Rezept 1341
8 pochierte Eier
1 Tasse Schinkenwürfel

Den Chicorée in schwachem Salzwasser garkochen, auf eine flache Schüssel legen (sternförmig), abwechselnd mit pochierten Eiern. Die Soße übergießen, Schinkenwürfelchen überstreuen, Kartoffelbrei dazu servieren.

ERBSEN UND ERBSCHEN

Rezept 328

Erbsenpüree

350 g geschälte Erbsen
2 Eßlöffel Schmalz
2 Eßlöffel Mehl
Salz
Pfeffer
ausgebratene Zwiebelringe

Erbsen am Abend vorher einweichen, im Einweichwasser garkochen. Durch ein Sieb passieren oder mit Fleischklopfer breiartig zerstampfen. Helle Mehlschwitze bereiten, Erbsen dazugeben und mit gebräunten Zwiebelringen anrichten. Schmeckt vorzüglich zu Sauerkraut.

Rezept 329

Erbsenauflauf

1 Pfd. grüne Erbsen
junge Kohlrabi
gelbe Rübchen
250 g Teigwaren
40 g Fett
2 Löffel Tomatenmark
$^1/_4$ l Rahm
1 Eigelb
Petersiliengrün
Salz
Pfeffer

Die Gemüse dämpfen, die Nudeln in Salzwasser weichkochen und mit kaltem Wasser überspülen. Man legt sie als Rand in die gefettete und mit Semmelbröseln ausgefütterte Backschüssel und füllt die Mitte mit den Gemüsen aus. Der Rahm wird mit dem Eigelb und Tomatenmark abgequirlt, gesalzen, gepfeffert und mit Petersiliengrün untermengt. Man übergießt alles damit und überbäckt goldgelb.
Verfeinerung: Man erhöht die Eieranzahl oder legt eine Fleisch- oder Wurstschicht dazwischen oder fügt geriebenen Käse unter den Eierrahm. Oder: Man füllt die Mitte mit Pilzen.
Statt Nudeln kann man auch Reis verwenden.

Rezept 330

Erbsen in Butter

2 Pfd. Schoten
Muskat
1 Stich Butter
1 Prise Zucker
gehackte Petersilie

Die Erbsen aus den Schoten entfernen, in wenig kochendem Salzwasser ansetzen, Butter und 1 Prise Zucker zugeben. Mit Muskat abschmecken und Petersilie überstreuen. Konservenerbsen kurz erhitzen, die Brühe evtl. mit Mondamin binden. Butter darauf zerfließen lassen.

Rezept 331

Erbsen und Karotten

2 Pfd. Schoten
250 g kleine Karotten
1 Eßlöffel Butter
1 Tasse Brühe
1 Prise Salz
Zucker
1 Hauch Muskat
gehackte Kräuter

Erbsen palen, Karotten schaben. Entweder beides getrennt in Brühe kochen oder beide Gemüse zusammengeben und garen. Butter und Gewürze zugeben. Die Brühe beim Anrichten ablaufen lassen oder mit etwas kalt angerührtem Mondamin binden. Man kann auch Spargelstückchen und feine Pilze wie Morcheln mit in das Mischgemüse geben. Mit gehackten Kräutern bestreuen.

Rezept 332

Leipziger Allerlei

125 g Erbsen
125 g Karotten
125 g Spargel
½ Blumenkohl
4–5 Morcheln
2 Eßlöffel Butter
⅛ l Brühe, Salz
gehackte Petersilie
1 Teel. Mondamin

Alles junge Gemüse putzen, Spargel in 4 – 5 cm lange Stücke schneiden, Blumenkohl in kleine Röschen zerteilen und in Fett und Brühe dünsten. Übrige Flüssigkeit mit angerührtem Mondamin binden, abschmecken, mit Petersilie überstreuen. Man kann auch jedes Gemüse einzeln dämpfen und dann zusammen in Butter schwenken.

Rezept 333

Löffelerbsen

¾ Pfd. gelbe Erbsen
2 l Wasser
1 Pfd. Schweinsohren
4 Eßlöffel Schmalz
1 Möhre, 1 Zwiebel
1 Tasse Selleriewürfel
1 Tasse Kartoffelwürfel
Salz
Pfeffer
gehackte Petersilie

Erbsen am Abend vorher einweichen. Zwiebeln, Möhren, Sellerie in Fett andünsten. Kartoffeln, Erbsen und Schweinsohren zusammen im Einweichwasser mit dem angedünsteten Gemüse auf kleiner Flamme gar kochen. Schweinsohren in feine Streifen schneiden und wieder in die Suppe geben. Gehackte Petersilie einstreuen, abschmecken. Geröstete Semmelwürfel in die Suppe geben und anrichten.

Rezept 334

Erbsen mit Reis, italienisch

1 Tasse Reis
1 Brühwürfel
1 Dose junge Erbsen
oder
2 Pfd. Erbsenschoten
3 Eßl. flüssige Butter
1 Teel. feingehackte Petersilie
Salz, Pfeffer

Den Brühwürfel zerkrümeln, 3 Tassen Wasser zugeben, dann den Reis und in 10 Minuten garen. Erbsen erhitzen, abtropfen, unter den Reis heben, der schön locker und nicht zu weich ist, mit Butter betropfen und Petersilie überstreuen. Kalbfleischgerichte dazu servieren.

Rezept 335

Erbsen in Tomaten, Schweizer Art

8 kleine Tomaten
1 Dose Erbsen
Pfeffer
Salz
2 Eßlöffel Fett
gehackte Petersilie
1 Tasse Paprikasoße Rezept 488

Den Tomaten ein Deckelchen abschneiden, vorsichtig aushöhlen, mit Pfeffer und Salz würzen, zugedeckt in Fett weichschmoren. Sie dürfen nicht zerfallen. Auf eine Platte setzen, schnell mit den erhitzten und gewürzten Erbsen füllen, die Soße am Rand zugießen und mit gehackter Petersilie bestreut servieren.

Rezept 336

Feine Erbsen nach Bauernart
Petite pois à la paysanne

300 g Schweinefleisch
Fett
2 Eßlöffel Mehl
Salz
Pfeffer
1 Dose Erbsen

Schweinefleisch in kleine Würfel schneiden und diese in einer Pfanne schmoren. In einem Topf Mehl mit Butter bräunen und diese Schwitze salzen und pfeffern. Den Inhalt einer Dose Erbsen in ein Sieb schütten und den ablaufenden Erbsensaft unter ständigem Umrühren mit der eben bereiteten Mehlschwitze binden. Jetzt noch die gebratenen Fleischwürfel hinzugeben. Das nun 1/4 Stunde kochen lassen. Zum Schluß die feinen Erbsen in den Topf schütten, alles noch einmal erhitzen.

FENCHEL

Fenchel ist eine Doldenpflanze der Mittelmeerländer. Sie liefert außer der eßbaren Knolle auch Öle und Tee.

Rezept 337

Fenchel geschmort

Die äußeren Blätter entfernen, Fenchel putzen, waschen und in Salzwasser aufkochen. Speckscheiben, gelbe Rüben und Fenchel in einen Bratentopf legen, Fleischbrühe zugießen und weich dämpfen. Mit Pfeffer und Salz abschmekken, Rahm zugießen, oder mit Tomatenmarksoße, Rezept 483, servieren.

4 Fenchelknollen
50 g Speck
1 gelbe Rübe
1 Tasse Fleischbrühe
Pfeffer, Salz
1/2 Tasse Rahm

Rezept 338

Italienisches Fenchelgemüse

Fenchelknollen waschen, das harte Äußere entfernen, das junge Grün fein schneiden und mit den Knollen im kochenden Salzwasser weichkochen. Helle Mehlschwitze bereiten, mit Gemüsebrühe ablöschen. Gemüse hineingeben, nochmals aufkochen lassen, abschmecken und Rahm unterziehen.

4 Fenchelknollen
2 Eßlöffel Butter
2 Eßlöffel Mehl
Brühe
2 Eßlöffel Rahm
Pfeffer, Salz, Muskat

Rezept 339

Gefüllter Fenchel, span. Art

Den Fenchel putzen, waschen, halbieren und in Salzwasser garkochen. Die Mitte der Fenchelhälften etwas aushöhlen und das Gemüse warm stellen. Das Gemüsemark fein hacken und mit Schinken in Fett schmoren. 4 Eßlöffel Fenchelwasser zugeben, mit Salz abschmecken und mit Rahm abziehen. Die ausgehöhlten Knollen mit der Schinkenmasse füllen und sofort anrichten.

4 Fenchelknollen
4 Scheiben gekochter Schinken
2 Eßlöffel Butter
Salz
1 Eßlöffel Rahm

Rezept 340

Gurkengemüse

2–3 Landgurken
Salz, Pfeffer, Essig
2 Tassen Brühe
2 Eßlöffel Mehl
2 Eßl. Speckwürfel
1 Eßlöffel feingeschn. Zwiebel, Dill

Gurken von der Blüte zum Stiel schälen, der Länge nach halbieren, ausschaben, in 3 – 5 cm lange Streifen schneiden. Mit Salz, Essig, Pfeffer würzen, 1/2 Stunde ziehen lassen. Die Gurken in Brühe nicht zu weich kochen. Eine helle Specksoße, Rezept 477, bereiten, die Gurken hineingeben, abschmecken. Feingehackten Dill überstreuen.

Rezept 341

Schmorgurken, Pariser Art

1–2 Gurken
1 Tasse Wasser
2 Eßlöffel Essig
1/2 Teelöffel Salz
1 Prise Zucker
40 g Speck
2 Eßlöffel Sauermilch
40 g Mehl
Pfeffer
Salz
1 Teel. geschnittenen Dill

Gurken schälen, der Länge nach halbieren und ausnehmen Aus Wasser, Essig, Salz und Zucker eine Marinade kochen und mit der heißen Marinade, die in größere Stücke geschnittenen Gurken übergießen. Man läßt sie wenigstens zwei Stunden stehen. Die Gurkenstücke aus der Marinade nehmen, trocknen und zu heißem Speck einlegen und anbräunen lassen. Dann die Marinade zugießen und damit aufkochen. Inzwischen in der Sauermilch Mehl glatt rühren, dazugeben und verkochen lassen. Nach feiner Säure, Salz, Zucker und Pfeffer oder Paprika pikant abschmecken und mit Dill überstreut auftragen.

Rezept 342

Gefüllte Gurken in Tomatensoße, Züricher Art

2 Pfd. Gurken
100 g Bratenreste
30 g Schinkenspeck
30 g Semmelbrösel
50 g gerieb. Käse
3/4 l Tomatensoße

Die geschälten Gurken von beiden Seiten her mit einem Kochlöffelstiel aushöhlen, die Fülle von beiden Seiten lückenlos eindrücken, die Gurken in einer gut abgeschmeckten Tomatensoße, Rezept 489, gar dünsten.
Fülle: Das Fleisch sehr fein hacken, ebenso den Speck. Dazu den Käse und die Semmelbrösel mengen, allenfalls mit einigen Tropfen Sauermilch binden. Die fertigen Gurken werden in dicke Räder aufgeschnitten und mit der Tomatensoße übergossen.

Rezept 343

Gurke mit Pfifferlingen

1 kleine Gurke
100 g Pfifferlinge
1 Eßlöffel Öl
1 kleine Zwiebel
1 Eßlöffel Rahm
gehackte Petersilie
Salz, Pfeffer

Gehackte Zwiebel in Öl braun rösten, Pfifferlinge waschen, putzen und dazugeben. Kurze Zeit dünsten. Dann die geschälte Gurke in kleine Stücke schneiden, ebenfalls dazugeben und mit Sahne, Pfeffer, Salz und Kräutern vermengt gar dünsten.

Rezept 344

Gefüllte Gurkenkästchen

2–3 mittelstarke frische Gurken
Salatmarinade aus:
2 Eßl. verd. Essig
1 Eßl. Zitronensaft
1/2 Teelöffel Salz
Pfeffer, Zucker
1 kl. Sellerieknolle
1 Döschen Pilze
1–2 Paprikaschoten
Meerrettich
2 Eßl. Mayonnaise
3 Eßl. gerieb. Käse
3 Eßlöffel Rahm
1 Eßl. Champignonköpfchen, 2 Tomaten

Die frischen Gurken in 5 cm breite Stücke schneiden, mit dem Buntmesser sorgfältig schälen und mit einem Ausstecher so aushöhlen, daß ein Boden darin bleibt. Aus den angegebenen Zutaten eine Salatmarinade bereiten. Die Gurken kurz darin eintauchen und auf ein Tuch zum Abtropfen stellen. In der Zwischenzeit folgenden Salat bereiten: Selleriewürfelchen, streifig geschnittenen Paprika und blättrig geschnittene Champignons mit Rahm, Käse, Meerrettich und Mayonnaise abschmecken, in die Gurkenkästchen füllen, diese mit Champignonköpfchen und Tomatenstückchen verzieren und auf großer Platte anrichten.

Rezept 345

Gurkenmännchen mit Käsesoße

1 Salatgurke
4 Tomaten
8 kl. Bratwürstchen
Pfeffer
Salz
3 Eßlöffel Fett
gehackte Petersilie
1 kleine Zwiebel
2 Eßlöffel gerieb. Käse
1/2 Tasse Rahmsoße
Rezept 1341

Die Gurke schälen und in 8 gleich lange Stücke schneiden, aushöhlen, so daß unten ein Boden stehen bleibt. Tomaten ein Deckelchen abschneiden, aushöhlen. Gurken und Tomaten innen kräftig mit Salz, Pfeffer und Petersilie ausstreuen. Die kleinen Bratwürstchen von der Haut befreien und hineinfüllen. Fett im Topf erhitzen, die Gurken und Tomaten hineinsetzen, das Tomatenfleisch zugeben und 20 Minuten zugedeckt dünsten. Inzwischen die feingeschnittene Zwiebel rösten. Käse untermischen, Rahm angießen und gehackte Petersilie zugeben. Die Gurken und Tomaten auf Salatblätter setzen, den Bratenfond in die Rahmsoße gießen, kräftig durchrühren und abschmecken. Die Soße muß dickflüssig sein und wird vor dem Anrichten über das Gemüse gegeben.

Rezept 346

Gefüllte Gurken, überbacken

3–4 Landgurken
Salz, Pfeffer, Essig
Fleischfüllung:
3/4 Pfd. Gehacktes
1 Ei, 1 Brötchen
1 Zwiebel
Soße:
3 Eßlöffel Fett
2 Eßlöffel Mehl
3/4 l Brühe
Zucker, Wein

Gurken schälen, halbieren, aushöhlen. Die Hälften in einer Soße von Pfeffer, Salz, Essig marinieren. Darin die Gurken 10 Minuten kochen, herausnehmen und abtropfen lassen. Die Hälften mit der Fleischfarce füllen, die obere Hälfte darauflegen und zubinden. Eine helle Soße bereiten, mit Wein, Essig, Pfeffer, Salz abschmecken. Die Gurken in eine feuerfeste Schüssel geben, Soße darübergießen und 3/4 Stunden backen.

KOHLGERICHTE IN WEISS, GRÜN UND ROT

Rezept 347

Rosenkohl in Buttersoße

1 Pfd. Rosenkohl
2 Eßlöffel Fett
Muskat

Rosenkohl verlesen, in kochendem Salzwasser gar kochen. Vor dem Anrichten mit zerlassener Butter übergießen und Muskat überreiben. Oder in Brühe kochen und mit heller Soße, Rezept 476, servieren.

Rezept 348

Pikanter Rand mit Rosenkohl

200 g altbackenes Weißbrot ohne Rinde
3 Eßlöffel Butter
1 Tasse Milch
Salz
Pfeffer
3 Eier
1/2 Tasse gerieb. Käse
1/2 Pfd. gekochter Schinken
1 Pfd. Rosenkohl
2 Eßlöffel Butter

Weißbrot in Würfel geschnitten in Milch einweichen, gut ausdrücken und in der Butter über kleiner Flamme durchschwitzen. Mit Salz und Pfeffer würzen, abkühlen. Unter die Brotwürfel Eigelb, den geriebenen Käse und den feingewürfelten Schinken rühren. Das steifgeschlagene Eiweiß unterziehen. Die Masse in eine gut gefettete Puddingform geben und im Wasserbad 1 Stunde kochen. Inzwischen in Salzwasser Rosenkohl gar kochen, abtropfen lassen, in Butter schwenken. Den Pudding auf eine große Platte stürzen, den Rand mit Rosenkohl garnieren.

Rezept 349

Rosenkohl mit Kastanien

Die Kastanien einschneiden, überkochen und schälen. Den Rosenkohl reinigen, waschen und sehr gut abtropfen lassen. Butter oder Gänsefett heiß machen, Gemüse und Maronen dazu einlegen und unter Begießen mit Brühe weichdünsten lassen. Man würzt mit Salz, Pfeffer und einer Prise Zucker und läßt zuletzt etwas süße Milch eindünsten. Man reicht dazu Bratwürste.

1 Pfd. Rosenkohl
1 Pfd. Maronen
60 g Butter
oder Gänsefett
1 Tasse Brühe
Salz
Pfeffer
Zucker
2–3 Eßlöffel Milch

Rezept 350

Rosenkohl, italienisch

Den geputzten Rosenkohl in wenig Wasser mit Butter 15 Minuten dünsten, mit Sahne ablöschen und Reibbrot überstreuen. Mit den angegebenen Zutaten würzen. Dick mit Käse überstreuen.

1 Pfd. Rosenkohl
2 Eßlöffel Butter
1/2 Tasse Rahm
2 Eßlöffel Reibbrot
Muskat, Pfeffer, Salz
2 Eßlöffel Reibkäse

Rezept 351

Österreichischer Rosenkohleintopf

Rosenkohl in Salzwasser gar kochen, herausnehmen, abtropfen lassen. Gemüsebrühe mit etwas Wasser auffüllen, die in Würfel geschnittenen Kartoffeln darin kochen. Brühe mit Mehl binden, Rosenkohl unterziehen. Butter zerlassen, darübergießen, mit Salz, Pfeffer, Muskat abschmecken und anrichten. Dazu Fleischklopse.

1 Pfd. Rosenkohl
1 Pfd. Kartoffeln
2 Eßlöffel Mehl
2 Eßlöffel Butter
Salz
Pfeffer
Muskat

Rezept 352

Spanischer Rosenkohl

Rosenkohl säubern, in Salzwasser garen. Fett und Käse zerschmelzen, Wein zugeben, den Rosenkohl darin schwenken. Warmhalten. Maronen schälen, mit kochendem Wasser übergießen, enthäuten, in 1 Teel. Zucker und 2 Eßl. Butter bräunen, 1 Gläschen Wein zugießen, die Maronen darin dünsten. Mit Salz und Zitronensaft abschmecken. Die Maronen auf eine Platte geben, mit dem Rosenkohl umgeben und Brühwürstchen kreuzweise darüberlegen.

500 g Rosenkohl
2 Eßlöffel Fett
1 Schmelzkäse
Salz
1–2 Gläschen Rotwein
1 Hauch Muskat
500 g Maronen
4 Brühwürstchen
Zitronensaft

Rezept 353

Rotkohl

1 kl. Rotkohl (2 Pfd.)
3 Eßlöffel Schmalz oder Gänsefett
1 große Zwiebel
4–5 Nelken
2 saure Äpfel
1/8 l Brühe
1 Prise Zucker
Pfeffer, Salz
1 Lorbeerblatt

Äußere Blätter entfernen, den Kohlkopf halbieren, fein hobeln und schneiden. Fett zerlassen, die Nelken in die Zwiebel stecken. Lorbeerblatt, Salz, Pfeffer in den Kohl geben, ebenso die Äpfel, in feinste Scheiben geschnitten, und schmoren. Möglichst wenig Flüssigkeit zugeben. Herzhaft mit einem Spritzer Maggi, Pfeffer, Salz und Zucker abschmecken. Zwiebel, Nelken und Lorbeerblatt wieder entfernen.

Rezept 354

Rotkohl mit Maronen

1 Rotkohl
Salz
Kümmel
Essig
2–3 Eßlöffel Fett
1 Prise Zucker
1 Zwiebel
1 Glas Wein
1 Teelöffel Mehl

Das Kraut wird geschnitten, mit Salz und Kümmel durchgemengt und mit Essig gespritzt. So bleibt es kurz liegen. Im heißen Fett Zucker und Zwiebel anbräunen, das Kraut dazugeben und zuerst im eigenen Saft, dann unter geringer Wasser-, Wein- oder Mostzugabe weichschmoren. Es kann mit Mehl gebunden werden wie das Weißkraut. Das fertige Gericht wird fein nach Salz, Säure und Zucker abgeschmeckt.
Verfeinerung mit Kastanien: Man läßt geschälte Kastanien darin vollkommen zerkochen. Hat man etwas Bratensaft, füge man auch diesen bei, das Gericht wird immer besser. Oder: Man läßt im Kraut die Kastanien weg und reicht einen Kastanienbrei als Beigabe. Diese Zusammenstellung entspricht auch dem verwöhntesten Geschmack.

Rezept 355

Rotkohl in Sellerierand

1 Rotkohl
3 Eßlöffel Öl
1 Eßlöffel Essig
Pfeffer
Salz
Zucker
1 Sellerie
1 Tasse Remouladensoße, Rezept 111

Rotkohl fein hobeln, in Öl schmoren, Essig, Pfeffer, Salz und Zucker zugeben. Das Kraut muß glänzen. Den Sellerie kochen, auf der Raspel in dünne Scheibchen hobeln, warm halten. Den Rotkohl in eine Schüssel füllen, in die Mitte eine Vertiefung machen, den Sellerie hineinfüllen und mit heißgemachter Remouladensoße übergießen. Dazu Kartoffelbrei. Auch als Beigabe zu Fleischgericht.

Rezept 356

Rotkohl mit Mayonnaise

1 Rotkohl
2 Tassen Essigwasser
1 Beutel Salatmayonnaise
1 Apfel

Rotkohl fein hobeln, in heißem Essigwasser gar kochen, abtropfen. Heiß in die Mayonnaise geben, die mit einem feingeraspelten Apfel gewürzt wurde. Gut durchmischen.

Rezept 357

Weißkraut in Bechamelsoße

1 Weißkohl
4 Eßlöffel Speckwürfel
1 Zwiebel
1/2 Tasse Brühe
1 Tasse Bechamelsoße
Muskat
Salz
Pfeffer

Krautkopf in vier Teile zerschneiden und in Salzwasser blanchieren. Mit frischem Wasser abkühlen, ausdrücken und fein hacken. In einer Kasserolle etwas geschnittenen Speck und Zwiebel anschwitzen, das gehackte Kraut dazugeben, mit einigen Löffeln Fleischbrühe auffüllen und das Ganze weichdämpfen lassen. Das Kraut mit etwas Bechamelsoße, Rezept 477, oder mit in Milch verrührtem Mehl abziehen und mit Muskatnuß, Salz und Pfeffer würzen.

Rezept 358

Gedünsteter Weißkohl

1 1/2 Pfd. Weißkohl
3 Eßlöffel Fett
1/4 l Brühe
1 Prise Kümmel
Salz
Pfeffer
1 Teelöffel Mehl

Grobe äußere Blätter entfernen, Kopf zerteilen, Strunk und dicke Mittelrippen herausschneiden. Nach dem Waschen in feinste Streifchen schneiden oder auf dem Gemüsehobel schaben. In zerlassener Butter mit möglichst wenig Brühe dünsten, mit Salz, Pfeffer und Kümmel abschmecken. Zuviel Flüssigkeit mit angerührtem Mehl binden.

Rezept 359

Jägerkohl — Bayrisch Kraut

1 Weißkohl
4 Eßl. Speckwürfel
1/4 l Brühe
1 Teelöffel Kümmel
2 Äpfel
Zitronensaft
oder Weißwein
Zucker
Salz
1 Teelöffel Mehl

Kohl putzen, waschen, hobeln. Speckwürfel anbräunen, Kohl hineingeben, anschmoren, Flüssigkeit zugießen und gar kochen. Äpfel 10 Minuten in dünnen Scheibchen mitkochen lassen. Mit den angegebenen Gewürzen abschmekken, zuviel Flüssigkeit mit etwas Mehl binden. Vor dem Anrichten mit Zitronensaft oder Weißwein überträufeln, gut durchrühren. Bergförmig auf flacher Schüssel anrichten. Mit Würstchen garnieren.

Rezept 360

Kohlrollen

2 Pfd. Weißkohl
4 kl. Bratwürstchen
3 Eßlöffel Fett
1 Eßlöffel Mehl
1/2 l Brühe
Pfeffer
Salz

Weißkohl entblättern, waschen. Die ganzen Blätter in siedendem Salzwasser überwellen, bis sie biegsam sind. Herausnehmen, abtropfen lassen. Bratwürstchen aufschlitzen, Haut entfernen. Mehrere Kohlblätter übereinanderlegen, würzen, Wurstrolle hineinlegen, zusammenrollen, zubinden oder mit Kohlklammern befestigen. Helle Mehlschwitze bereiten, mit Kochwasser ablöschen. Kohlrollen hineingeben, langsam gar kochen. Soße abschmecken, evtl 1 Eßlöffel Rahm zugießen. Vor dem Anrichten Klammern entfernen. Statt mit Fleisch können die Rollen mit Reis gefüllt werden. Oder in der Soße einige Tomaten mitschmoren lassen.

Rezept 361

Grünkohl

2–3 Pfd. Grünkohl
2 Eßlöffel Schmalz
2 Eßlöffel Mehl
Salz
1 Prise gemahlener Nelkenpfeffer
500 g Bauchspeck oder
500 g Schweinefleisch
oder Bregenwurst

Das Gemüse muß Frost gehabt haben. Gelbe, welke Blätter entfernen, dickere Stengel kreuzweise einschneiden und mit verwenden. Strunk nicht genießbar. Blätter kräftig zusammenfassen und fein schneiden, waschen. Mit kochendem Wasser übergießen, abschütten. In wenig schwachem Salzwasser 1 1/2 Stunden gar kochen. Durchwachsenes Schweinefleisch oder Bauchspeck und Bregenwurst 1/2 Stunde lang mitkochen lassen. Mehl überstäuben, um die Flüssigkeit zu binden. Mit Salz und gemahlenem Nelkenpfeffer abschmecken und 15 Minuten an warmer Stelle ziehen und das Schmalz darauf zergehen lassen.

Rezept 362

Österreichische Krautfleckerl

1 Pfd. Weißkraut
100 g Speck
1 knapper Eßl. Zucker
1 Zwiebel
Paprika
1 Schuß Essig
1 Pak. Hörnchennudeln
1 Paprikaschote

Den würflig geschnittenen Speck auslassen, Zucker zugeben, hellgelb rösten und die feingeschnittenen Zwiebeln kurz darin durchbraten. Mit Essig abschrecken, das feingeschnittene Weißkraut und Paprika zugeben. Ganz wenig Wasser angießen und mit Salz abschmecken. Die inzwischen gekochten Nudeln mit kaltem Wasser abschrecken und unter das Kraut mischen.

Rezept 363

Schweizerkabis mit Hammelfleisch

Das würflig geschnittene Hammelfleisch in heißem Fett anbraten. Den grob geschnittenen Kohl und die würflig geschnittenen Kartoffeln zufügen, ebenso Salz, Pfeffer, Zwiebel und den zerdrückten Knoblauch. Die Fleischbrühe zugießen und 1½ Stunden kochen.

1 Pfd. Hammelfleisch
2½ Eßlöffel Fett
1 Pfd. Weißkohl
1 Pfd. Kartoffeln
Salz, Pfeffer
1 gehackte Zwiebel
1 Knoblauchzehe
1–1½ Tassen Brühe

Rezept 364

Gefüllter Kohlkopf

Wirsing putzen, entblättern. kurz in Salzwasser überwallen, bis die Blätter biegsam sind. Herausnehmen, abtropfen, dicke Rippen herausschneiden. Puddingform gut einfetten, mit größeren Blättern auslegen. Abwechselnd Gehacktes, Gewürze und Kohlblätter lagenweise hineinlegen, obenauf Kohlblätter. Form fest verschließen, 2 Stunden im Wasserbad kochen. Vorsichtig auf eine vorgewärmte Platte stürzen. In Tortenstücke schneiden. Mit Tomatenmark- oder Sardellensoße übergießen.

1 Wirsing
½ Pfd. Gehacktes
Salz
Pfeffer
1 Eßl. Röstzwiebel
1 Tasse Tomatenmarksoße, Rezept 483
oder Sardellensoße
Rezept 496

Rezept 365

Rumänische Krautwickel

Weißkohl putzen und in Blätter zerlegen, die leicht blanchiert werden. Sie sollen mittelgroß sein. Folgende Füllung daraufgeben: 250 g Schweinefleisch, 750 g Rindfleisch, 1 bis 2 in 150 g Schmalz leicht angeröstete Zwiebeln, 50 g Reis, den man 5 Minuten gekocht hat, 2 bis 3 Eier, Salz, Pfeffer, Petersilie und Dill. Füllung durchdrehen und sehr geschmeidig mischen. Die gefüllten Krautblätter mit Bindfaden zu Wickeln rollen. Auf den Boden einer Kasserolle eine Schicht leicht angeröstete Zwiebel, dann rohes Sauerkraut darübergeben, die Krautwickel dicht nebeneinanderlegen, mit Sauerkraut bedecken und bis zur Höhe der Kasserolle mit Sauerkrautsaft und Fleischbrühe mit Tomatenmark auffüllen. Mit Ölpapier bedecken und unter Verschluß 1½ bis 2 Stunden im Ofen gar dünsten. Sauren Rahm oder Maisbrei dazu servieren. – Die Füllung kann auch in Spinat oder Weinblätter eingerollt werden.

1 Weißkohl
3–4 Zwiebeln
Fett
250 g Sauerkraut
Brühe
2 Eßl. Tomatenpüree
Zur Füllung:
250 g Schweinefleisch
750 g Rindfleisch
2 Zwiebeln
Schmalz
½ Tasse Reis
2–3 Eier
Salz
Pfeffer
Petersilie
Dill

Rezept 366

Krautbraten

1 Kopf Weißkraut
4 Eßlöffel Schmalz
1 Zwiebel
Salz
1 Lorbeerblatt
1 Gewürznelke
500 g Gehacktes
Salz
Pfeffer
50 g Speckscheiben
2 Eßlöffel saure Sahne

Kohlkopf säubern, kurz in heißes Wasser legen und 6 bis 8 Blätter ablösen. Das übrige Weißkraut in kleine Würfel schneiden und in heißem Fett mit Zwiebeln und Salz dämpfen. Eine gut gefettete Bratpfanne mit 3–4 Krautblättern auslegen. Das Kraut mit Hackfleisch, Pfeffer und Salz vermischen und auf die Krautblätter legen. Mit den übrigen großen Blättern zudecken, diese mit Speckscheiben belegen und mit Sahne bestreichen. Den Krautbraten im heißen Ofen in einer Stunde schön braun braten und vor dem Anrichten in Scheiben schneiden.

Rezept 367

Sprutenkohl

1½ Pfd. Spruten (Sprossen-Kohlkeime)
½ l Brühe, Zitrone
2 Eßlöffel Schmalz
Salz, Paprika
1 Eßl. Mehl

Spruten waschen, mit kochendem Wasser übergießen, abtropfen lassen. In Fett und wenig Brühe dämpfen. Mit Mehl überstäuben, um die Flüssigkeit zu binden. Mit einem Spritzer Zitronensaft, Paprika und Salz abschmecken.

Rezept 368

Butterwirsing

2 Pfd. Wirsingkohl
2–3 Eßlöffel Butter
2 Eßlöffel Mehl
Salz
Muskat
½ l Brühe

Den Kopf halbieren, Strunk und harte Rippen ausschneiden. Kohl waschen, in feine Streifen schneiden, in wenig kochendem Salzwasser offen gar kochen. Herausnehmen und abtropfen lassen. Helle Mehlschwitze bereiten, mit Kochwasser ablöschen, abschmecken. Den Wirsing hineingeben und ein wenig ziehen lassen. Vor dem Anrichten ein Stückchen Butter darüber zergehen lassen.

Rezept 369

Wirsingeintopf

1½ Pfd. Wirsing
2–3 Tassen Wasser
1 Pfd. Suppenfleisch
1 Pfd. Kartoffeln
Salz
Pfeffer
Muskat

Suppenfleisch 1 Stunde kochen. Kleingeschnittenen Wirsing und Kartoffelstückchen zugeben, würzen und gar kochen. Suppenfleisch herausnehmen, in grobe Würfel schneiden und wieder zum Eintopf geben. Muskat überreiben und anrichten.

Rezept 370

Siebenbürger Kraut mit saurer Sahne

Schweinefleisch in kleine Würfel schneiden, mit grobgewürfelten Zwiebeln in Butterschmalz hell andünsten. Sauerkraut dazugeben, ferner Reis. Mit Salz, reichlich Paprika und nach Geschmack mit geriebenem Knoblauch abschmecken, mit Brühe, in der Tomatenmark aufgelöst wurde, auffüllen, in eine Kasserolle geben und langsam dünsten lassen. Vor dem Anrichten saure Sahne darübergeben und mit Paprika, gewiegter Petersilie und feingeschnittenem Schnittlauch bestreuen.

500 g Schweinefleisch
250 g Zwiebeln
3 Eßlöffel Fett
250 g Sauerkraut
1 Tasse Reis
Salz
Paprika
1 l Brühe
2 Eßl. Tomatenmark
1 Schuß Sauerrahm

Rezept 371

Paprika-Weinkraut

Mageren Räucherspeck 45 Minuten in Wasser kochen. Sauerkraut locker auseinanderzupfen, zusammen mit einer geschnittenen Zwiebel, und 1 Lorbeerblatt dazugeben Ca. 30 Minuten kochen. Inzwischen Paprikaschoten waschen, Kerne und weiße Scheidewände entfernen, gut ausspülen und in grobe Stücke schneiden. Unter das Kraut heben und nun das Gericht in ca. 20 Minuten vollends garen. Tomatenmark und Weißwein unterheben und mit angerührtem Mondamin binden. In Schmalz goldgelb geröstete Zwiebelringe auf das Kraut füllen und mit dem aufgeschnittenen Speck reichen.

375 g Speck
$^{1}/_{2}$ l Wasser
500 g Sauerkraut
1 Zwiebel
1 Lorbeerblatt
375 g Paprikaschoten
1 Eßlöffel Tomatenmark
1 Glas Weißwein
2 Teelöffel Mondamin
Zwiebelringe

KASTANIEN

Rezept 372

Maronenpüree

Die Maronen werden geschält wie Rezept 373. In etwas Fleischbrühe werden sie weichgekocht, man kann 1 Stück Sellerie mitkochen lassen, durch ein Sieb gestrichen und mit Butter, Milch und Brühe zu einem Püree verrührt.

wie Rezept 373

Rezept 373

Kastanien - Maronen

2 Pfd. Kastanien
2 Eßlöffel Butter
1 Teelöffel Zucker
1/8 l Brühe, Salz
gehackte Petersilie
1 Teelöffel Mondamin
1 Schuß Wein
1 Zitrone

Kastanien schälen, mit kochendem Wasser überbrühen und die gelbe Haut entfernen, solange die Früchte heiß sind. Den Zucker in der Butter bräunen, Kastanien und Brühe hineingeben und dünsten. Flüssigkeit mit kalt angerührtem Mondamin binden, mit Rotwein oder Madeira abschmekken, Salz und Zitronensaft zugeben.

KOHLRABI

Rezept 374

Kohlrabigemüse

3–4 Kohlrabi
3 Eßlöffel Butter
1/8 l Brühe
1 Tasse helle Soße
Muskat
Salz
gehackte Petersilie

Kohlrabi schälen, in dünne Scheibchen oder in Stifte schneiden, in wenig Brühe dünsten. Junge, zarte Blättchen mit Stiel fein dazwischen schneiden. Aus Fett, Mehl und Brühe eine helle Soße bereiten, evtl. etwas Rahm zugießen, oder halb Brühe, halb Milch nehmen. Mit den angegebenen Gewürzen und Salz abschmecken. Vor dem Anrichten gehackte Petersilie überstreuen.
Man kann die fertige Soße auch mit etwas Reibkäse durchschütteln.

Rezept 375

Fleischgefüllte Kohlrabi

6–8 junge Kohlrabi
Bratwurstfüllung
von 2 Würstchen
2 Eßlöffel geh. Pilze
1–2 Tassen Brühe
1 Teelöffel Mehl
Salz
Muskat

Kohlrabi schälen, Deckelchen abschneiden, vorsichtig aushöhlen. Mit Fleischmasse und den gehackten Pilzen füllen. Deckelchen verschließen. In Fleischbrühe dünsten, die Soße mit ein wenig kalt angerührtem Mehl binden und abschmecken. Die Deckelchen nach dem Anrichten mit Tomatenmarktüpfelchen verzieren.

Rezept 376

Berner Käsekohlrabi

Vorbereiten und dünsten wie Rezept 374. Wenn aller Saft wieder eingesogen ist, mit geriebenem Käse durchschütteln, mit Kräutern überstreuen und auftragen. Milde salzen.

3–4 Kohlrabi
3 Eßlöffel Butter
1/8 l Brühe
1 Tasse helle Soße
Muskat, Salz
gehackte Petersilie
2–3 Eßl. gerieb. Käse

Rezept 377

Kohlrabieintopf

Kohlrabi schälen, in Stifte schneiden und mit den in Scheiben geschnittenen Kartoffeln in Salzwasser gar kochen. Aus den Bratwürstchen kleine Klößchen herausdrücken und 10 Minuten mitkochen lassen. Die Brühe mit ein wenig kalt angerührtem Mondamin binden, abschmecken und mit Petersilie bestreut anrichten.

4 mittlere Kohlrabi
1 Pfd. Kartoffeln
3 Bratwürstchen
1 Teelöffel Mondamin
Salz
Pfeffer
Muskat
gehackte Petersilie

Rezept 378

Überbackene Kohlrabi

Die in Salzwasser gekochten Kohlrabi aushöhlen, mit fein gehackten Eiern vermischen, mit einem rohen Ei und Semmelbröseln binden, würzen und damit die Knollen füllen. In eine gefettete Auflaufform setzen, Rahm mit Käse vermischt überstreichen und im Backofen überbacken.

4 Kohlrabi
2 gek. Eier
1 rohes Ei
Weckmehl
Salz, Pfeffer, Muskat
Butter
1/2 Tasse Rahm
2 Eßlöffel Reibkäse

LAUCH

Rezept 379

Lauchgemüse

Den gut gewaschenen Lauch in 10 cm lange Stücke schneiden, in leichtem Salzwasser gar kochen, herausnehmen und abtropfen lassen. Aus der Gemüsebrühe holländische Soße bereiten, Lauchstückchen hinein, noch einmal kurz aufkochen, vor dem Anrichten mit Petersilie überstreuen.

2 Tassen holl. Soße
Rezept 487
4–6 Porreestangen
1 Eßlöffel gehackte
Petersilie
Salz

Rezept 380

Panierte Lauchstangen

4 Poreestangen
1 Eßlöffel Milch
1 Ei
1 Eßlöffel Mehl
Fett zum Backen
2 Eßlöffel gerieb. Käse
2 Eßl. feingehackte Petersilie

Porree geputzt und gewaschen in gleichmäßig lange Stücke schneiden, etwa 8 cm lang und in Salzwasser fast garkochen, herausnehmen und abtropfen lassen. Milch und Ei verklopfen, die Lauchstangen panieren und in die Panade recht fest drücken. In einem Topf genügend Fett erhitzen, die Lauchstangen darin schwimmend goldbraun backen, auf gewärmter Platte gefällig anrichten, mit Schinkenröllchen garnieren, und Käse mit Petersilie vermischt als dicken Streifen darüberstreuen.

Rezept 381

Porree mit Schinken und Käse

4 Porreestangen
4 Scheiben gekochter Schinken
Senf
2 Eßlöffel Butter
2 Eßlöffel Mehl
½ l Milch
Salz
Pfeffer
Muskat
5 Eßlöffel Reibkäse
2 Eßlöffel Reibbrot
Rosenpaprika
2 Eßlöffel Butter

Die weißen Stücke der Porreestangen werden etwa 10 Minuten in gut gesalzenem Wasser gekocht. Gut abgetropft, umwickelt man sie mit je einer Scheibe gekochtem Schinken von etwa 50 g, deren Unterseite mit Senf bestrichen wurde. Die Stangen werden nebeneinander in eine gut gefettete Auflaufschüssel gelegt. Außerdem bereitet man von Butter, Mehl und Milch eine Soße, der man während des Kochens etwas Salz, Pfeffer, einen Hauch Muskat und geriebenen Käse beifügen. Diese Soße gießt man über die Porreestangen, streut darüber noch geriebenen Käse, Paniermehl, etwas Rosenpaprika, gießt weiche Butter darüber und backt das Ganze bei mäßiger Hitze 20 Minuten.

MÖHREN UND KAROTTEN

Rezept 382

Karotten

1–1½ Pfd. Karotten
Butter, Brühe
1 Prise Salz, Zucker
gehackte Petersilie

Junge Karotten waschen, ältere schaben, in Fett dünsten, wenig Brühe zugießen. Mit Petersilie bestreuen.

Rezept 383

Möhren

Zutaten wie **Rezept 382**

Junge Möhren waschen, ältere schaben, in dünne Scheiben oder in Stifte schneiden, in wenig Brühe dünsten. Weiter wie Rezept 382. Kochzeit bei älteren Möhren 40 bis 50 Minuten.

Oder:

Möhren oder Karotten in reichlich Brühe gar kochen und übrige Flüssigkeit mit kalt angerührtem Mehl oder Mondamin binden.

Oder:

3/4 Pfd. Suppenfleisch kochen, vorbereitete Möhren hineingeben, gar kochen. Das Suppenfleisch herausnehmen, etwas abkühlen lassen und in größere Würfel geschnitten wieder mit in die Brühe geben, diese mit Mehl binden und abschmecken. Zusammen mit den Möhren in einer Schüssel anrichten.

Rezept 384

Karottentopf mit Rauchfleisch

250 g Rauchfleisch
1 gehackte Zwiebel
1 Tasse Fleischbrühe
1 Pfd. junge Karotten
250 g kleine Kartoffeln
250 g grüne Bohnen
Salz, Pfeffer, Essig
Schnittlauch

Fleisch klein schneiden und anrösten, die gehackte Zwiebel dazugeben und glasig werden lassen, Fleischbrühe zugießen. Karotten, Kartoffeln, Bohnen dazugeben. 30 Minuten dünsten. Mit den angegebenen Gewürzen abschmecken und den Schnittlauch untermischen.

Rezept 385

Badischer Möhren-Eintopf

500 g Schweinehals
1–2 Tassen Essigbeize
Fett
250 g Kartoffeln
250 g Möhren
2 Zwiebeln
1 Sellerie
Salz
Pfeffer
1 Lorbeerblatt
Petersilie
Reibkäse

Fleisch mit den Gewürzen 3–4 Tage in Essigbeize einlegen. Eine gefettete Auflaufform mit Kartoffelscheiben auslegen; Sellerie, Möhren, Fleisch und wieder Kartoffelscheiben darauflegen. Zwiebeln feingeschnitten darüber verteilen. Beize durch ein Sieb darübergeben, Butterflöckchen aufsetzen und in 2 Stunden zugedeckt im Backofen gar werden lassen. Deckel abnehmen, das Gericht noch 15 Minuten überbacken, bis es eine braune Kruste hat. Mit gehackter Petersilie sowie Reibkäse überstreuen und anrichten.

Rezept 386

Italienische gebackene Karotten

etwas Mehl
1 Eßlöffel Muskat
Salz, Wasser
1 Pfd. gek. Karotten
Öl zum Backen
Remouladensoße

Aus den angegebenen Zutaten einen dickflüssigen Teig bereiten. Die geputzten Karotten im ganzen darin eintauchen und in heißem Öl backen. Dazu Remouladensoße (siehe Rezept 111).

Rezept 387

Möhren mit Rindfleisch, schott. Art

500 g Möhren
2 große Zwiebeln
1 Pfd. Rindfleisch
$1/2$ l Wasser
Salz
Pfeffer
1 Eßlöffel Mondamin
$1/2$ Tasse Milch
2 Eßlöffel Schnittlauch

Die geputzten rohen Möhren in Scheiben schneiden, ebenso die Zwiebeln. Das Fleisch in einen Bratentopf geben, Möhren und Zwiebeln darumlegen und kochendes Wasser angießen. Mit Salz würzen. In 2 Stunden bei mittlerer Flamme gar kochen. Mondamin mit Milch anrühren, zur Brühe geben, aufkochen und abschmecken. Mit Schnittlauch bestreuen.

MANGOLD

Rezept 388

Mangold

Zutaten wie Spinat, Rezept 452
Holländische Soße, Rezept 487
2 Eßlöffel Reibkäse

Zubereitung wie Spinat. Aber nur die Blätter verwenden. In holländischer Soße anrichten. Evtl. geriebenen Käse überstreuen.

Rezept 389

Mangoldstiele überbacken

1 Pfd. Mangoldstiele
2 Eßlöffel Sahne
Gemüsebrühe
etwas gerieb. Käse
Butterflöckchen
Salz
Muskat

Mangoldstiele abziehen, in fingerlange Stücke schneiden und in etwas Brühe weich dämpfen, in eine feuerfeste Form legen, würzen, mit Sahne und wenig Gemüsebrühe übergießen, mit geriebenem Käse überstreuen, mit kleinen Butterstückchen belegen und im Backofen kurze Zeit überbacken.

Rezept 390

Gefüllter Paprika in Sauerkraut

Die Schoten werden ausgehöhlt und man drückt die Fülle mit gehacktem, gekochtem Hammelfleisch oder Schweinefleisch ein und läßt sie in Sauerkraut, das man zu heißem Fett und Zwiebeln eingelegt hat, weichdünsten. Salz, Pfeffer, Kümmel überstreuen.
Verfeinerung: Man dünstet einige rohe Tomaten mit oder rührt zuletzt Tomatenmark unter das Kraut. Es muß fein säuerlichsüß abgeschmeckt werden.

4 Paprikaschoten
1 Tasse gekochtes Hammelfleisch
500 g Sauerkraut
4 Eßlöffel Schmalz
2 Zwiebeln
Salz
Pfeffer
1 Teelöffel Kümmel

Rezept 391

Gefüllter Paprika

Von den Paprikaschoten Stiel und Deckelchen abschneiden. Die Samerkörner entfernen, ohne die Schote zu beschädigen. Aus Gehacktem, Zwiebelchen, dem eingeweichten und ausgedrückten Brötchen eine Fleischfüllung bereiten, mit Salz und Pfeffer würzen, die Schoten damit füllen und Deckelchen verschließen. In eine feuerfeste Kasserolle Fett und Brühe geben, die gefüllten Paprikaschoten nebeneinander hineinstellen und gar dünsten. Übrige Flüssigkeit mit angerührtem Mehl oder Mondamin binden, mit Salz und einigen Tropfen Maggi abschmecken.

4–6 Paprikaschoten
200 g Gehacktes
1 Brötchen
Pfeffer
Salz
Maggi
1 kleine Zwiebel
1 Teelöffel Mondamin
$^1/_2$ Tasse Brühe
2 Eßlöffel Fett

Rezept 392

Walliser Schoten

Von den Paprikaschoten einen Deckel abschneiden, Kerne entfernen und die Schoten gut waschen. Unter das Bratwurstbrät die gehackte Petersilie, die verquirlten Eier und wenig Weckmehl mischen (etwa 2 – 3 Eßlöffel). Gut umrühren und schlagen. Die Fülle in die Paprikaschoten verteilen. Diese zuerst in Fett schmoren, dann etwas Weißwein zugießen und zugedeckt auf mittlerer bis kleiner Flamme garen. Die Paprikaschoten mit einem Klecks Tomatenketchup verzieren; Bratkartoffeln dazu reichen.

6–8 grüne Paprikaschoten
400 g Bratwurstbrät
Fett
Weißwein
Petersilie
3 Eier
Reibbrot

Rezept 393

Paprikaschoten mit Tomaten

4 Paprikaschoten
4 Tomaten
1 Zwiebel
1 Eßlöffel Öl
2 Eßlöffel Rahm
1 Eßlöffel geh. Kräuter

Tomaten enthäuten, Paprikaschoten waschen, Stiele entfernen, Kerne herausnehmen. Schoten in Streifen schneiden. Zwiebel in Ringe geschnitten in Öl rösten, Paprika und Tomaten dazugeben und weich dünsten, etwas Rahm zugießen. Mit der übrigen Sahne und gehackten Kräutern abschmecken.

Rezept 394

Borschik, russ. Art

2 große Zwiebeln
100 g Fett
150 g geräucherter, durchwachsener Speck
500 g Paprikaschoten
500 g Tomaten
½ Flasche Tomatenketchup
¼ l Wasser
Salz
Pfeffer

Die Paprikaschoten waschen, das Kerngehäuse sehr sorgfältig entfernen und die Schoten in lange Streifen schneiden. Die Tomaten waschen und vierteln. Die Zwiebeln schneiden, den Speck würfeln und beides in Fett dünsten. Die Paprikaschoten und Tomaten dazugeben. Dann das Tomatenketchup mit Wasser verlängern, darübergießen und zugedeckt 20 Minuten leicht kochen lassen. Vorsichtig mit Salz und Pfeffer würzen.

Wer wirklich keine Paprikaschoten mag, kann dieses köstliche Eintopfgericht auch mit zarten, grünen Bohnen herstellen.

Rezept 395

Paprika mit Fisch, dänische Art

3 Zwiebeln
Butter
3 Tomaten
6 Paprikaschoten
Salz
Zitronensaft
Fondor
3 Heringe
½ Tasse Sauerrahm

Zuerst schmort man große, aufgeschnittene Zwiebeln in etwas Fett an; dann gibt man aufgeschnittene Tomaten und sorgfältig von ihren Kernen befreite, in Bänder geschnittene Paprikaschoten dazu. Das Gemüse sieht besonders hübsch aus, wenn man rote, grüne und gelbe Paprikaschoten gleichzeitig verwendet. Das angeschmorte Gemüse gibt man, mit Salz, Zitronensaft und einer Würze versehen, in eine längliche, feuerfeste Glasform und legt grüne, gereinigte Heringe oder auch Makrelen darauf. Dann gießt man etwas sauren Rahm darüber und schmort die Fische in der Röhre gar.

Rezept 396

Paprikagemüse, italienisch

300 g Hackfleisch
6–8 Paprikaschoten
Pfeffer, Salz
2 Eßl. Röstzwiebeln
4 Eßlöffel Öl
2 Eßlöffel Reis
1 Tasse Brühe
2 Eßl. Schnittlauch

Öl erhitzen, das Hackfleisch hineinbröckeln, anrösten. Paprika entkernen, in Ringe schneiden, mit dem Fleisch zusammen dünsten, 1 Tasse Brühe zugießen, Reis einstreuen, Gewürze zugeben und zugedeckt 15 Minuten gar schmoren. Vor dem Anrichten Schnittlauch überstreuen.

Rezept 397

Paprika mit Spiegelei, Schweizer Art

6 Tomatenpaprika
150 g gek. Schinken
3 Kartoffeln
2 Zwiebeln
3–4 Feigen
Fett
4 Eier
Salz

Tomatenpaprika und gekochter Schinken werden in Würfel geschnitten. Geschnittene Kartoffeln und Zwiebeln werden angebraten, mit einigen grünen, zarten Feigen gemischt. Das ganze gibt man auf eine Eierplatte oder in ein kleines, gutgefettetes Pfännchen, läßt es heiß werden, gibt die aufgeschlagenen Eier hinzu und läßt garen, was am besten in der Röhre oder mit Oberhitze geschieht.

PILZE

Rezept 398

Pilzeintopf

80 g Räucherspeck
Zwiebelwürfel
250 g Möhren
150 g frische Erbsen
500 g Kartoffeln
1/2 l Brühe od. Wasse
1 Eßl. Tomatenmark
Salz
500 g Pilze
2 Eßlöffel gereinigte Petersilie

In dem kleinwürflig geschnittenen Räucherspeck die kleinen Zwiebelwürfel anbraten. Mit Brühe, bestehend aus 1/2 l heißem Wasser und 1 Fleischbrühwürfel, ablöschen. Gemüse und Kartoffeln vorbereiten, in kleine Stücke schneiden und dazugeben. In der Brühe das Tomatenmark und etwas Salz verrühren und dazugießen. Nach dem Aufkochen den Topf fest zudecken und das Gericht auf kleiner Flamme halbgar werden lassen, Erst dann die vorbereiteten Pilze zugeben. Nach etwa 15 Minuten vom Feuer nehmen und mit Petersilie bestreuen.

Rezept 399

Pilzkoteletts

1 Pfd. Pilze
2 Eßlöffel Butter
1–2 Eßlöffel Rahm
1 Eßlöffel geriebenes Weißbrot, 1 Ei
Pfeffer, Salz
Zum Panieren:
Weißbrot
Fett zum Backen

Die gereinigten Pilze 1/2 Stunde in schwachem Salzwasser kochen, herausheben, abtropfen lassen, durch den Fleischwolf drehen und mit den übrigen Zutaten zu einem Teig verarbeitet 1/2 Stunde stehen lassen. Kleine Plätzchen formen, in Paniermehl wälzen und in heißem Fett in der Pfanne braten. Dazu angemachten Kopfsalat und Dillsoße servieren.

Rezept 400

Pilzragout

1 1/2 Pfd. Mischpilze
50 g Räucherspeck
Zwiebeln
Petersiliengrün
Salz, Pfeffer
2 Eßl. Semmelbrösel
Paprika
Sauerrahm

Die Pilze werden vorbereitet wie gewohnt. Je mehr verschiedene Sorten dabei Verwendung finden, um so pikanter wird es. Man röstet die Semmelbrösel mit, sie zerkochen in dem sich bildenden Pilzsaft vollkommen. Man würzt nach Geschmack und kann zuletzt noch mit etwas süßem oder saurem Rahm verfeinern.

Rezept 401

Pilzkroketten

1 1/2 Pfd. Pilze
1 Zwiebel
1 Ei
Semmelbrösel
Pfeffer, Salz
Fett zum Backen

Pilze in Fett und Zwiebeln dünsten, bis der Saft eingesogen ist, dann mit Ei und soviel Semmelbröseln vermengen, daß formbare Masse gewonnen wird, die man würzig abschmeckt und zu Kroketten formt und danach in heißem Fett bäckt.

Rezept 402

Pilzsoufflée

1 Pfd. Pilze
2–3 Eßlöffel Öl
Pfeffer, Salz
1 Eßlöffel gehackte Petersilie
4–6 Tomaten
2 Eigelb, 2 Eischnee
2 Eßlöffel Mehl
1/2 Tasse Milch
1 Velveta-Käse

Pilze säubern, waschen und in feine Blätter schneiden. In Öl auf kleiner Flamme andünsten, würzen und mit Petersilie vermischen. In 20 Minuten garen und in eine gefettete Auflaufform füllen. Tomatenscheiben darüberlegen. Eigelb, Milch und Mehl verrühren, salzen, Eischnee unterziehen und die Eiermasse über den Auflauf gießen. Veveta-Käseflöckchen aufsetzen und 15 Minuten im heißen Backofen überbacken.

Rezept 403

Französischer Pilzauflauf mit Reibkäse

1 Pfd. in Scheiben geschnittene Pilze
1 Zwiebel, 4 Tomaten
3 Eßl. Butter, Pfeffer
1 Löffel geh. Petersilie
2 Eigelb, 2 Eischnee
2 Eßlöffel Mehl, Salz
2 Eßl. gerieb. Käse
3 Eßlöffel Wein

Pilze mit der geriebenen Zwiebel in Fett dünsten, würzen. Eine Auflaufform ausfetten, die Pilze hineingeben und Tomatenscheiben darauf legen. Eigelb, Mehl und Wein verquirlen, würzen, Eischnee unterziehen und über den Auflauf geben, Käse überstreuen und 15 Minuten überbacken.

Rezept 404

Hammelkoteletts mit Pilzen, engl. Art

Hammelkoteletts
2 Eßlöffel Fett
2 Eßlöffel Mehl
$1/2$ Tasse Brühe
$1/2$ Tasse Sahne, Salz
1 Dose Champignons
$1\,1/2$ Eßl. flüssige Butter
2 Eßl. gerieb. Käse

Koteletts salzen und in heißem Fett auf einer Seite braten. Aus Fett, Mehl, Brühe, Sahne und Salz eine dickliche Soße bereiten. Die grobgehackten Pilze in die Soße geben und auf die gebratene Seite der Koteletts häufen. Das Fleisch in eine gefettete, feuerfeste Pfanne legen, Butter und Käse darüber geben und im Backofen gar backen. Dazu schmekken Reis und Erbsen.

Rezept 405

Römischer Pilzauflauf mit Spaghetti

1 Pfd. Pilze
$1/2$ Pfd. gekochtes Kalbfleisch
1 Paket Spaghetti
2 Tassen Frikasseesoße Rezept 478
2 Eßlöffel Butter
2 Eßlöffel gerieb. Käse

Gereinigte Pilze in der Butter dünsten. Spaghetti in Salzwasser weichkochen, ohne sie zu brechen. Das Kalbfleisch in Würfel schneiden. Eine Auflaufform ausfetten, lagenweise Pilze, Spaghetti, Kalbfleisch einfüllen, die Frikasseesoße übergießen, geriebenen Käse darüber streuen und 30 Minuten im Backofen überbacken.

Rezept 406

Pußta-Pilzgericht mit Paprika

$1\,1/2$ Pfd. Pilze
4 Paprikaschoten
40 g Fett
50 g Mehl
Zwiebeln
Salz
Pfeffer
Petersiliengrün

Es werden alle schadhaften Stellen ausgeschnitten und die Pilze mehrmals gründlich gewaschen. Man schneidet sie blättrig und gibt sie zu heißem Fett, fein geschnittenen Zwiebeln und den Paprikaringen. Man dünstet bis der Saft eingesogen ist, streut dann Mehl darüber, läßt dies kurz anbräunen, gießt mit Wasser auf und läßt kurz dünsten. Nach Salz und Pfeffer pikant abschmecken und mit viel Petersiliengrün auftragen.

Rezept 407

Steinpilze in Bechamelsoße, österr. Art

500 g Steinpilze
Butter
Soße:
125 g magerer Räucherspeck
20 g Butter
1 Zwiebel
50 g Mehl
¼ l Milch
¼ l Brühe
Thymian

1½ kg gekochte Salzkartoffeln
¼ l Milch
1 Eßlöffel Butter
Salz
Muskatnuß

Die Pilze putzen, in passende Stücke schneiden und in Butter gar dünsten. Inzwischen eine Bechamelsoße bereiten. Den Speck in kleine Würfel schneiden und in Butter anbraten, die geschnittenen Zwiebel darin dünsten und das Mehl darin schwitzen. Mit Milch und Brühe auffüllen, mit Thymian würzen und durchkochen. Die gedünsteten Pilze mit dem Fond in die Soße geben und im überbackenen Kartoffelrand anrichten.
Die Kartoffeln durch ein Sieb passieren, in die kochende Milch geben, die Butter dazugeben und mit Salz und Muskatnuß würzen. Die Kartoffeln mit dem Schneebesen tüchtig durcharbeiten und heiß in den Spritzbeutel füllen und in gebutterter, flacher Form einen Rand spritzen.

Rezept 408

Bunter Pilztopf, serbische Art

500 g Steinpilze
500 g rohe Kartoffeln
500 g Tomaten
2 Paprikaschoten
125 g geräucherter Speck, Salz
2 Zwiebeln
1 Tasse Fleischbrühe
Rosenpaprika
1 Tasse saurer Rahm
Petersilie
geriebenen Käse

Die geputzten Pilze in Würfel schneiden. Die Kartoffeln kleinschneiden, Tomaten häuten und ebenfalls kleinschneiden. Die Paprikaschoten aushöhlen und in Streifen schneiden. Den Speck anbraten (vorher in Würfel schneiden), die gehackten Zwiebeln darin dünsten, das gemischte Gemüse zugeben und mit der Fleischbrühe auffüllen. Auf kleiner Flamme gardünsten. Mit Salz und Paprika würzen. Den Topf vom Feuer nehmen und den Rahm unterziehen. Mit Petersilie und Käse bestreuen.

Rezept 409

Champignons de Paris nach Bauernart

400 g Champignons
125 g in Würfel geschnittenen Räucherspeck
ca. 1 Dutzend kleine Zwiebeln
(oder 3 große zerkleinerte)
25 g Butter
Petersilie
Salz, Pfeffer

Butter erhitzen und darin die kleinen Zwiebeln, den Speck und die gehackte Petersilie schmoren, bis der Speck langsam braun wird. Dann die Pilze hinzufügen und alles noch 3 – 4 Minuten lang schmoren (etwas länger, wenn die Pilze groß sind). Während der Schmorzeit ständig umrühren. Die Champignons heiß servieren. Als Vorspeise oder als Beigabe zum Fleisch auf jeden Fall reichlich Tomaten hinzugeben.

Rezept 410

Steckrüben

Steckrüben schälen, in 4 – 5 cm lange Streifen oder Stifte schneiden, in Brühe und Fett dünsten. Übrige Flüssigkeit mit angerührtem Mehl binden oder eine rohe Kartoffel hineinreiben. Mit Salz, Pfeffer, Kümmel abschmecken. Gebratene Hammelkeule dazu servieren.

1 Steckrübe
3 Eßl. Hammelfett oder Schmalz
1/4 l Brühe
Salz, Pfeffer
1 Prise Kümmel
1–2 Eßlöffel Mehl od. 1 gerieb. Kartoffel

Rezept 411

Teltower Rübchen

Die Rübchen schaben, in Salzwasser kochen und herausnehmen. Zucker in Butter bräunen, die ganzen Rübchen hineingeben und mitbräunen. Langsam Brühe zugießen und gar kochen. Die Flüssigkeit mit Mehl binden. Mit Salz und Pfeffer abschmecken.

1 Pfd. Rübchen
2–3 Eßlöffel Fett
1 Eßlöffel Mehl
1 Eßlöffel Zucker
Salz
Pfeffer

Rezept 412

Weiße Rüben

Rüben schaben, Stifte schneiden, in Brühe weich kochen. Das abgetropfte Gemüse in heißer Butter schwenken, salzen, Kümmel überstreuen und zu Hammelbraten servieren.

5–6 kleine weiße Rüben
1/2 l Brühe
2 Eßlöffel Fett
Salz, Pfeffer, Kümmel

Rezept 413

Rübeneintopf

Rübchen in feine Streifen schneiden, in Salzwasser gar kochen (10 Minuten). Hammelfleisch würzen, in Butter anbraten, Tomaten zugeben. Wenn das Fleisch fast gar ist, Rübchen einfüllen. Helle Mehlschwitze bereiten, mit Gemüsebrühe ablöschen und zusammen noch einmal 1/2 Stunde kochen. Evtl. 1 Prise Kümmel darüberstreuen.

1 Pfd. Hammelfleisch
1 Pfd. weiße Rüben
Salz
Paprika
2 Eßlöffel Butter
2 Tomaten
4 Eßlöffel Mehl
2 Tassen Fleischbrühe

Rezept 414

Sauerkraut gekocht

1–1½ Pfd. Sauerkraut
1 Zwiebel
Schmalz
1 Prise Zucker
einige Tropfen Maggi
Salz

Faßsauerkraut waschen, evtl. mehrere Male, wenn zu sauer. Schmalz zerlassen, das zerpflückte Sauerkraut locker hineinlegen. 1 Zwiebel grob geschnitten dazwischengeben. Wenig Flüssigkeit zugeben und gar dünsten. Mit Salz, Zukker, Maggi abschmecken. Kasseler Rippenspeer dazu reichen.

Rezept 415

Sauerkraut geschmort

2 Pfd. Sauerkraut
2 Tomaten
1 Apfel
1 Zwiebel
3 Eßlöffel Öl

Rohkost-Sauerkraut oder Zitronen-Sauerkraut (aus dem Reformhaus) zerpflücken (nicht waschen). Die feingeschnittene Zwiebel mit Äpfeln und Tomaten in Öl schmoren, Sauerkraut dazugeben, möglichst ohne Flüssigkeit 20 Minuten im offenen Topf schmoren. Abschmecken und heiß anrichten. Kartoffelbrei und Brühwürstchen dazu reichen.

Rezept 416

10-Minuten-Sauerkraut

1 Pfd. Sauerkraut
30 g Fett
Zwiebeln
Kümmel
Salz
Zucker
Lorbeerblatt

Das Sauerkraut wird mehrmals durchgeschnitten. Im heißen Fett röstet man die Zwiebeln hell durch, legt das Sauerkraut dazu ein und läßt es zuerst im eigenen Saft schmoren, Lorbeerblatt und Kümmel wird dazugegeben. Etwas Wasser angießen, salzen und mit einer Prise Zucker abschmecken. Es wird sogleich aufgetragen, muß saftig sein, ohne daß Flüssigkeit daran steht.

Dasselbe mit Mehl gebunden: Man rührt 1 Eßlöffel Mehl in kaltem Wasser glatt und läßt es mit dem Kraut durchkochen.

Dasselbe mit Kartoffeln: Für 1 Pfd. Sauerkraut reibt man 200 g rohe, geschälte Kartoffeln auf einer sehr feinen Reibe und läßt diese vom Anfang an mit dem Sauerkraut durchkochen. In diesem Fall ist die Dünstdauer 20 Minuten, weil die Kartoffeln zerkochen müssen.

Rezept 417

Sauerkraut mit Eisbein

Sauerkraut vorbereiten wie Rezept 414. Bauchspeck oder Eisbein im Wasser gar kochen, etwas Salz und Pfeffer überstreuen, herausnehmen. Sauerkraut in der Brühe gar kochen, etwas Mehl überstreuen oder 1 rohe Kartoffel hineinreiben, um die übrige Flüssigkeit zu binden. Abschmecken, Fleisch wieder hineingeben und einige Zeit auf kleinster Flamme ziehen lassen. Möglichst heiß anrichten und sofort servieren. Scharfen Senf zum Fleisch reichen.

1 Pfd. Sauerkraut
1 Pfd. Bauchspeck oder Eisbein
Salz
Pfeffer
Mehl

Rezept 418

Überbackene Sauerkrautschüssel

Sauerkraut waschen, fest ausdrücken, lose zupfen. Gehacktes mit Zwiebeln, Ei, Salz und Gewürzen abschmecken und lagenweise mit Sauerkraut in eine gut gefettete Auflaufform geben. Ei und Milch verquirlt über den Auflauf gießen. Semmelbrösel mit Käse vermischt darüber streuen, mit Butterflöckchen belegen und in 1/2 Stunde im Backofen goldbraun backen.

1 1/2 Pfd. Sauerkraut
2 Eier
1 Tasse Milch
1/2 Pfd. Gehacktes
Zwiebeln
Salz, Paprika
2 Eßlöffel Fett
2 Eßlöffel gerieb. Käse
Semmelbrösel

Rezept 419

Ananas-Sauerkraut zu Wild u. Geflügel

Sauerkraut zu Wildbraten mit 1 Schuß Wein abschmecken, zu Wildgeflügel je nach Geschmack einige Ananasstücke dazugeben.

Zutaten wie Rezept 415
1 Schuß Weißwein
einige Ananasstückchen

Rezept 420

Sauerkraut mit Tomaten

Sauerkraut mit Öl und Zwiebelwürfeln schmoren, gut durchmischen. In die Mitte eine Vertiefung drücken, Tomaten enthäuten oder oben kreuzweise einritzen, in die Vertiefung setzen, Gewürze zugeben und zugedeckt 20 Minuten schmoren. Möglichst keine Flüssigkeit beigeben. Man reicht Kartoffelbällchen dazu.

500 g Sauerkraut
4 Tomaten
4 Eßlöffel Öl
2 Zwiebeln
Salz
Pfeffer
4 Wacholderbeeren
1 Prise Zucker

Rezept 421

Szegedyner Sauerkraut

2 Pfd. Sauerkraut
2 Tomaten
1 Apfel
1 Zwiebel
3 Eßlöffel Öl

Sauerkraut zerpflücken (nicht waschen). In Öl die feingeschnittene Zwiebel mit Apfel und Tomaten schmoren, Sauerkraut dazugeben, möglichst ohne Flüssigkeit 20 Minuten im offenen Topf schmoren. Abschmecken und heiß anrichten. Kartoffelbrei und Brühwürstchen dazu reichen

Rezept 422

Sauerkraut auf franz. Art

1½ Pfd. Rippenspeer
2 Eßlöffel Schmalz
1 Zwiebel
1½ Pfd. Sauerkraut
½ Tasse Weißwein

Das Fleisch in dicke Scheiben schneiden. Zwiebel in Würfel in heißem Fett goldgelb dünsten, Sauerkraut zufügen und mit Wein aufgießen. Die Rippchen auf das Kraut legen und langsam gar kochen.

Rezept 423

Polnischer Sauerkrauttopf

½ Pfd. durchw. Speck
½ Pfd. Schweinefleisch
1 l Wasser, Kümmel
1½ Pfd. Sauerkraut
1½ Pfd. Kartoffeln
Salz, Zwiebel
1½ Eßl. Schmalz
1 Eßlöffel Mehl
½ Pfd. Krakauer Wurst

Fleisch und Speck im Wasser zum Kochen bringen. Nach ½ Stunde Sauerkraut, Kümmel, die in Scheiben geschnittenen Kartoffeln und Salz zugeben und mit allen Zutaten gar kochen. Zwiebel in heißem Fett glasig dünsten. Mehl zugeben und die in Scheiben geschnittene Wurst in dem Essen gar ziehen oder im Backofen gar werden lassen.

Rezept 424

Krautröllchen Turin

250 g Sauerkraut
1 feingeh. Zwiebel
1 Ei
Pfeffer, Salz
350 g Gehacktes, 1 Ei
½ Teelöffel Senf
1 Eßlöffel Reibbrot
1 Eßlöffel Fett
1 Eßlöffel Öl
Zum Braten:
1 Schuß Tomatenketchup
1 Eßl. Röstzwiebel

Aus Gehacktem, Zwiebel, Ei, Pfeffer, Salz, Senf und Reibbrot einen geschmeidigen Fleischteig bereiten und zu Röllchen formen. Das Sauerkraut lose zupfen, zu handtellergroßen Flächen ausbreiten und je 1 Fleischröllchen darin einwickeln. Fett in der Pfanne erhitzen, die Röllchen von allen Seiten darin anbraten, 15 Minuten zugedeckt dünsten, herausnehmen, warm halten. In das Bratenfett 1 Schuß Tomatenketchup geben, 1 Eßlöffel Röstzwiebeln einrühren, kurz aufkochen, bis eine sämige Soße entsteht. Die Röllchen mit der Soße begießen und anrichten.

Rezept 425

Schwarzwurzeln mit Klößchen

Die geschabten Schwarzwurzeln in feine Stifte schneiden (wie Möhren) und in leichtem Essigwasser gar kochen. Aus dem Gemüsewasser eine helle Soße bereiten und mit Salz und Muskat abschmecken. Aus Bratwürstchen Klößchen herausdrücken, 10 Minuten in der Soße kochen lassen, die Soße mit Eigelb legieren und die Schwarzwurzeln dazugeben.

Oder: Schwarzwurzeln legiert. Die Soße etwas dicklich bereiten und mit Eigelb legieren. Die in Stücke geschnittenen Schwarzwurzeln in eine gefettete Auflaufform legen, 3 Handvoll Schinkenwürfel dazwischengeben, die Soße darübergießen und 1/2 Stunde im Backofen überbacken.

Oder: Schwarzwurzeln gebacken. Die etwa 5 cm langen Stückchen in Eierkuchenteig, Rezept 295, tauchen und in Fett schwimmend hellbraun backen. Mit Petersilie bestreuen.

1 1/2–2 Pfd. Schwarzwurzeln
1/2 l helle Soße
3–4 feine Bratwürstchen
1 Eigelb
Salz
1 Prise Muskat

Rezept 426

Schwarzwurzelauflauf

Die in Essigwasser weich gekochten Schwarzwurzeln werden mit Schinkenwürfeln in eine Auflaufform geschichtet. Darüber gibt man eine dicke Buttersoße und überstreut das Ganze mit geriebenem Schweizer Käse. Der Auflauf wird bei mittlerer Hitze überbacken.

1 Tasse Schinkenwürfel
1 Tasse Buttersoße Rezept 482
1/2 Tasse Reibkäse
2 Pfd. Schwarzwurzeln

Rezept 427

Überbackene Schwarzwurzeln

Eine Bechamelsoße, Rezept 477, bereiten und den Inhalt einer Dose Schwarzwurzeln hineingeben, geriebenen Käse, geriebenen Muskat und Paniermehl darüberstreuen, Schwarzwurzeln und Soße in eine Auflaufform geben und erhitzen im Backofen.

Schwarzwurzeln
2 Tassen Bechamelsoße
2 Eßlöffel Reibkäse
Muskat
2 Eßl. Paniermehl

Rezept 428

Schwarzwurzeln in Butter geschwenkt

2 Pfd. Schwarzwurzeln
3 Eßl. heiße Butter
1 Eßlöffel Petersilie

Die Wurzeln werden in Essigwasser weich gekocht oder im Dampf gedämpft. Sodann werden sie in heißer Butter geschwenkt und mit gehackter Petersilie überstreut zu Tisch gebracht.

Rezept 429

Schwarzwurzel-Eintopf

350 g Kalbfleisch, gewürfelt
Butter
Salz, Pfeffer
$\frac{1}{2}$ l Fleischbrühe
500 g Schwarzwurzeln
2 Eigelb
$\frac{1}{8}$ l Sahne
1 Tasse Tiefkühlerbsen
Paprika, Muskat
Petersilie

Das gewürfelte Kalbfleisch in reichlich Butter anbraten, mit Salz und Pfeffer würzen und mit der Fleischbrühe aufgießen. Dann die sauber geputzten und in Stücke geschnittenen Schwarzwurzeln dazugeben und bei mittlerer Hitze ca. 40 Minuten garkochen. Eigelb mit Sahne verrühren und damit den Eintopf binden. Erbsen zugeben und das Ganze noch etwa 10 Minuten leicht kochen lassen. Mit Paprika, Muskat und etwas Petersilie abschmecken.

SELLERIE AUF MANCHERLEI ART

Rezept 430

Roh gebratene Selleriescheiben

1 Sellerie
1 Ei
Paniermehl
Öl
Salz
Zitronensaft

1 Sellerie roh schälen, in $\frac{1}{2}$ cm dicke Scheiben schneiden. In Ei und Semmelbrösel panieren, in Öl goldgelb backen. Dann salzen und säuern.

Schwarzwurzel-Eintopf: Läuft Ihnen hier nicht schon das Wasser im Mund zusammen? Wie er zubereitet wird, finden Sie auf dieser Seite, Rezept 429.

Rezept 431

Sellerieauflauf

2 rohe Sellerieknollen
6 geschälte, rohe Kartoffeln
Fleischreste
Fleischbrühe
Salz, Pfeffer
Meerrettich, gerieben
Butterflöckchen

In eine gut gefettete Auflaufform lagenweise rohe Scheibenkartoffeln geben, dann fein gehacktes Selleriekraut, Selleriescheiben, Fleischreste. Obenauf Kartoffeln. Brühe darangießen, Butterflöckchen aufsetzen und bei guter Hitze 1 Stunde im Backofen backen. Gewürze einstreuen.

Rezept 432

Selleriegemüse mit Schinkenwürfeln

1 große Sellerieknolle
1/2 l helle Soße Rezept 476
1 Prise Zucker
125 g gekochten Schinken
Zitronensaft
Salz

Sellerieknolle gründlich bürsten, in leichtem Essigwasser gar kochen, abschälen. Sofort einige Tropfen Zitronensaft überträufeln (zum Bleichen). Eine helle Soße bereiten, mit 1 Prise Zucker und Zitronensaft abschmecken. Den Sellerie mit Buntschälmesser in Würfel oder Scheiben schneiden, in der Soße anrichten. Schinkenwürfel darübergeben.

Rezept 433

Sellerie nach Schweizer Art

2 Knollen Sellerie
150 g Fleisch (Kalb oder Hammel oder gemischt)
30 g Mehl, 40 g Fett
1 Eigelb, Zwiebel
Petersiliengrün
Salz, Pfeffer
Muskat, Ingwer
Zitronensaft
1/8 l Weißwein
etwas Milch

Das Fleisch in sehr kleine Würfelchen schneiden und mit Fett und Zwiebeln anbraten. Die Sellerieknollen schälen, dämpfen, aushöhlen; das Ausgehöhlte zum Fleisch geben und unter Zugießen des Dämpfwassers weich dünsten. Der Saft muß eingesogen sein. Dann das Mehl darüberstreuen, hell anbräunen und mit Selleriedämpfwasser ablöschen, würzen. Das mit Milch verplopfte Eigelb an die Soße geben, damit die Sellerie füllen und den Rest darüberstreichen, sofort auftragen.

Gefüllte Auberginen nach Tessiner Art: Die Auberginen der Länge nach halbieren. In das Fruchtfleisch mit einem Messer mehrere Einschnitte machen, mit Öl bestreichen und die Früchte im Ofen so lange backen lassen, bis sich das Innere mit einem Kaffeelöffel leicht herauslösen läßt. Das Fruchtfleisch hacken. In einer Kasserolle eine feingehackte Zwiebel dünsten, vier geschälte Tomaten zerkleinert dazugeben und kurz mitdünsten. Nun 4 Tassen körnig gekochten Langkornreis, das Fleisch der Auberginen und 250 g feingewürfelten gekochten Schinken daruntermischen. 150 g abgetropfte kleine Dosenchampignons halbieren, in etwas Butter andünsten und dazugeben. Diese Masse in die Auberginenhälften füllen, mit geriebenem Käse bestreuen, einige Butterflöckchen daraufgeben und kurz im heißen Ofen überbacken.

Rezept 434

Gefüllte Sellerie

3–4 kleine Sellerieknollen
Fleischfüllung von Bratwürstchen
2 Tassen Brühe
½ l helle Soße Rezept 476
Tomatenscheiben

Sellerie vorbereiten wie Rezept 432. Deckelchen abschneiden, vorsichtig aushöhlen, Fleischfarce hineinfüllen, Deckelchen schließen. Die Knollen in Brühe kochen. Helle Soße bereiten und über die angerichteten Knollen gießen, mit Tomatenscheiben verzieren.

Rezept 435

Sellerie in Sahnesoße

2 Sellerieknollen
2 Eßlöffel Butter
Salz
Pfeffer
1 Eigelb
½ Tasse Rahm
Toastbrot
geh. Petersilie

Die Sellerieknollen kochen, abtropfen lassen, in zwei Hälften schneiden, leicht in Butter schwenken, salzen und pfeffern. Dann mit einer Eisahnecreme binden. Mit gerösteten Brotscheiben und Petersilie servieren.
Sahnecreme: Eigelb mit Rahm schlagen.

Rezept 436

Sellerie gefüllt, holländische Art

2 Sellerieknollen
2 gekochte Eier
Butter
½ Tasse Sauerrahm
2 Eßlöffel Reibkäse
etwas Milch
Suppenwürze

Das ausgehöhlte unter feingehackte harte Eier mengen, mit einem rohen Ei und Semmelbröseln binden und damit die Knollen füllen. In gebutterte Form setzen, mit Sauerrahm, mit geriebenem Käse vermischt, überstreichen und wie Rezept 433 backen. Knollen auf vorgewärmte Platte setzen, den Pfannenbelag mit Milch und Würze abkochen und über die Knollen gießen.

Rezept 437

Schwetzinger Stangenspargel

Den geschälten Spargel zusammenbinden, Spargelschalen in Salzwasser auskochen, herausnehmen und den Spargel mit dem Zucker hineingeben. Ist der Spargel weich, gibt man ihn auf eine Platte und begießt ihn mit flüssiger Butter.

2 Pfd. Spargel
2 Stück Zucker
150 g Butter
4 dicke Scheiben Katenschinken

Oder holländische Soße, Rezept 487, neue Petersilienkartoffeln und rohen Katenschinken dazu servieren.

Rezept 438

Spargel mit Schinkenkrem

Spargel schälen und vorbereiten wie Rezept 437. Schinkenkrem nach Rezept 1339 zubereiten. Den Spargel auf einer vorgewärmten Platte anrichten, Schinkenkrem darüber geben, mit Petersilie garnieren.

2 Pfd. Spargel
Schinkenkrem

Rezept 439

Spargel mal auf andere Art

Sauber geputzter, frisch gekochter Spargel auf erwärmter Platte so anrichten, daß die Enden über den Rand zu liegen kommen. Stangen bis zur Mitte mit geriebenem Käse dick bestreuen. Heiße, gebräunte Butter darübergeben. Mit Setzeiern servieren.

2 Pfd. Spargel
1 Tasse geriebenen Parmesankäse
gebräunte Butter
1 Prise Salz

Rezept 440

Spargelgemüse in Fleischbrühe

Geschälten Spargel in gleichmäßige Stücke schneiden, in Fleischbrühe gar kochen. Eine helle Soße bereiten, mit Muskat abschmecken, über die Spargel geben. Mit feingehackter Petersilie bestreuen und kleine Schinkenwürfel beimengen.

1 kg Spargel
3/4 l Fleischbrühe
1/2 l Haushofmeistersoße, Rezept 511
Muskat
gehackte Petersilie
Schinkenwürfel

Rezept 441

Spargelauflauf Lugano

2 Pfd. Bruchspargel
4 hartgekochte Eier
Salz, Pfeffer
1/2 Tasse flüssige Butter
1 Teel. gehackte Petersilie
4 Eßlöffel Paniermehl
2 Eßl. gerieb. Käse
2 Eßlöffel Butter

Den im Salzwasser gekochten Bruchspargel abtropfen lassen und in eine gut gebutterte Auflaufform geben. Die hartgekochten Eigelb mit der flüssigen Butter zu einem Brei verarbeiten, würzen, Petersilie zugeben. Eiweiß fein zerhackt einstreuen. Die Masse über den Spargel geben. Paniermehl mit Käse vermischt dick über den Auflauf streuen, Butterflöckchen aufsetzen und 20 Minuten backen.

Rezept 442

Italien. gebackener Stangenspargel

2 Pfd. Spargel
3–4 Eier
3 Eßlöffel Mehl
3 Eßlöffel Milch
Salz, Muskat
Butter zum Backen
1 Eßl. feingehackte Petersilie
2 Eßlöffel Butter

Spargel sorgfältig schälen, bündeln. In leichtem Salzwasser gar kochen, herausnehmen. Aus den angegebenen Zutaten einen Eierkuchenteig bereiten, die Spargel einzeln hineintauchen. Sorgfältig nebeneinander gelegt in einer Pfanne mit zerlassener Butter backen. Die gebackenen Spargel übereinander anrichten. Feingehackte Petersilie in Butter dämpfen, einige Tropfen Maggi dazugeben und über den Spargel gießen.

Rezept 443

Stangenspargel, holländisch

2 Pfd. Spargel
2 Eßlöffel Mehl
1/2 Tasse Wasser
2 ganze Eier
2 Eigelb
Saft einer halben Zitrone, Salz, Pfeffer
2 Eßlöffel Butter
1 Tasse Fleischbrühe
1 Glas Weißwein

Den geschälten Spargel bündeln, in Salzwasser gar kochen, herausnehmen, abtropfen lassen.
Zur Soße: Aus den übrigen Zutaten eine Soße mit dem Schneebesen schlagen, bis sie sämig ist. Kurz aufkochen lassen, noch etwas weiterschlagen, abschmecken. Über dem Spargel anrichten.

Rezept 444

Stangenspargel mit franz. Rahmsoße

2 Pfd. Spargel
1/4 l Rahm, 4 Eigelb
1/2 Teel. Zitronensaft
Salz, Pfeffer
2 Eßlöffel Butter
1 Teel. Kartoffelmehl
1 Tasse Spargelwasser
einige Tropfen Maggi

Den geschälten Spargel gar kochen. Aus den angegebenen Zutaten eine dickliche Soße bereiten, unter ständigem Schlagen mit dem Schneebesen bis kurz vor das Kochen kommen lassen und sofort über dem Spargel anrichten.

Rezept 445

Spargeleier

Den geschälten Spargel in gleichmäßige, 4 – 5 cm lange Stücke schneiden und in Salzwasser weichkochen, herausnehmen und abtropfen lassen, und als Rand in eine gefettete Auflaufform einordnen. Für die Mitte verklopft man die Eier mit Milch, salzt und füllt die Mitte der Schüssel damit aus. Zu 1/2 Tasse Eierrest gibt man den geriebenen Käse, bestreicht damit den Spargel und bäckt das Gericht so lange im Ofen, bis die Eier gestockt sind und die Oberfläche gebräunt ist. Man kann auch feinblättrig geschnittene Champignons oder zarte grüne Erbsen unter die Eiermasse mischen.

2 Pfd. Spargel
4–6 Eier
1/2 Tasse Milch
1/2 Tasse gerieb. Käse
Salz
Muskat
Pfeffer
Petersilie

Rezept 446

Überbackene Spargel im Schlafrock

Spargel in 1 cm lange Stücke schneiden, kochen, abtropfen lassen und mit einer weißen Tunke aus 30 g Butter, 1 Eßlöffel Mehl, Spargelwasser, gekörnter Fleischbrühe und Zitronensaft binden. Aus 1/4 l Milch, 4 Eiern, 125 g Mehl und Salz kleine Eierkuchen von ca. 8 cm Durchmesser backen, mit dem Spargel füllen, zusammenrollen, nebeneinander auf eine gebutterte, feuerfeste Platte setzen, mit Käse bestreuen, mit Butter beträufeln und im Ofen überbacken.

2 Pfd. Stangenspargel
50 g Butter, Salz
1 Eßlöffel Mehl
1 Eigelb, 4 Eier
1 Eßl. Zitronensaft
1 Kaffeelöffel gekörnte Fleischbrühe
1/4 l Milch
125 g Mehl
50 g geriebenen Käse

Rezept 447

Italienische Spargel

Essig auf kleines Feuer geben, die Flüssigkeit bis zur Hälfte einkochen und dann auskühlen. Butter mit einer Gabel schaumig rühren, Eigelb und etwas Salz dazugeben, Essig beifügen, in ein Wasserbad stellen, die Soße unter ständigem Schlagen mit dem Schneebesen dick werden lassen, tropfenweise etwas kaltes Wasser dazugießen, zuletzt mit etwas geriebener Zitronenschale und frischem Apfelsinensaft abschmecken und über gegarten, gut abgetropften, heißen Spargel gießen.

2 Pfd. Spargel
2 Eßl. milder Essig
4 Eßlöffel Butter
3 Eigelb
Salz
Zitronenschale, gerieb.
1 Teel. Apfelsinensaft

Rezept 448

Spargelgemüse auf englische Art

2 Pfd. Spargel
1 Scheibe Weißbrot
Fett
4 Eßl. flüssige Butter
1 Eigelb
Salz
Würze

Frischen, geschälten Spargel schneidet man unten so ab, daß die Kopfenden 10–12 cm lang sind, bündelt ihn und kocht ihn in Salzwasser weich. Unterdessen röstet man eine große runde Weißbrotschnitte auf beiden Seiten schön braun, legt sie in die Mitte einer runden Schüssel, gibt den gut abgetropften Spargel darüber und reicht zerlassene, mit einem Eigelb verrührte und mit Würze abgeschmeckte Butter dazu. Will man das Gericht reichhaltiger gestalten, so garniert man den Spargel mit Verlorenen Eiern.

Rezept 449

Spargel auf ungarische Art

2 Pfd. Spargel
1/4 l saurer Rahm
Paniermehl
Butter
Paprika

Nicht zu dünnen Spargel sorgfältig schälen.
Man kocht den zugerichteten Spargel weich und legt ihn anschließend zum Abtropfen auf ein Sieb. Dann buttert man eine feuerfeste Form gut aus, gibt 1/8 l sauren Rahm hinein, bedeckt mit in Butter geröstetem Paniermehl, legt dann den Spargel darauf und gießt den restlichen Rahm darüber Zuoberst kommt wieder eine Schicht geröstetes Paniermehl, das anschließend reichlich mit Paprika bestreut wird. Die Form in den heißen Ofen schieben und überbacken. bis sich eine hellbraune Kruste bildet.

Rezept 450

Spargelgemüse mit Sahne – franz. Art

2 Pfd. Spargel
Butter
1/2 Tasse Rahm
Salz
Pfeffer
Muskat
feingeh. Kräuter
Weißwein

Der Spargel wird nach dem Schälen in 2 cm lange Stückchen geschnitten und, wie gewöhnlich, in Salzwasser weichgekocht. In einer Kasserrolle läßt man ein Stück frische Butter hellgelb werden, gießt etwas Rahm hinzu, gibt den gut abgetropften Spargel mit Salz, Pfeffer und einer Prise Muskatnuß hinein und kocht ihn darin einmal auf. Beim Anrichten schmeckt man mit einigen Tropfen Würze ab.
Nach Belieben mit feingehackten Kräutern überstreuen.
Die Soße kann statt mit Rahm auch zur Hälfte mit Rahm und einem milden Weißwein bereitet werden.

Rezept 451

Spargel „Sauce Mousseline“

Auf einer Platte den Spargel anrichten und mit einer „Sauce Mousseline“ servieren. In einer großen Schüssel Eigelb mit dem Saft einer halben Zitrone, mit Butterstückchen, Salz, Pfeffer und ein wenig Wasser vermengen. Die Schüssel in ein Wasserbad stellen und die Soße gut umrühren bis sie schaumig wird.

2 Pfd. gek. Spargel
2 Eigelb
1/2 Zitronensaft
4 Eßlöffel Butter
Salz
Pfeffer

SPINAT – NICHT NUR FÜR KINDER

Rezept 452

Spinatgemüse

Den Spinat gut verlesen, man nimmt nur die derben Stiele weg. In wenig kochendes Wasser den Spinat einlegen, 5 Minuten kochen, umwenden, noch einmal ein paar Augenblicke aufkochen lassen, den Spinat abtropfen. Er wird fein gehackt oder passiert. Man bereitet eine Mehlschwitze mit geriebener Zwiebel, löscht sie mit Spinatsaft und Milch ab, legt den Spinatbrei ein, würzt mit fein zerdrücktem Knoblauch, mildem Salz und Pfeffer und trägt sogleich auf. Einen kleinen Spinatteil roh zerhacken mit etwas Butter untermengen.
Verfeinerung: Man nimmt nur wenig Mehl zur Bindung und legiert mit rohem Eigelb.

2 Pfd. Spinat
40 g Fett
40 g Mehl
1/4 l Milch
Zwiebel
Salz
Pfeffer
Knoblauch

Rezept 453

Spinat gedünstet

Die ganzen Blätter werden in Fett oder Öl unter mehrmaligem Wenden in wenigen Minuten gedünstet und wenig gesalzen. Es wird ohne Bindung aufgetragen. Man legt je Person ein poschiertes oder gebackenes Ei auf den angerichteten Spinat.

1 1/2 Pfd. Spinat
2 Eßlöffel Fett/Öl
1 Prise Salz
Muskat
poschierte Eier

Rezept 454

Frittos von Spinat

1 Pfd. Spinat
10–12 Eßl. Mehl
5 Eier
Salz
etwas Milch
Margarine
gerieb. Weißbrot
Petersilie
Öl
1 Brötchen
100 g fetter Schinken
Pfeffer
Paprika

Aus Mehl, 3 ganzen Eiern, etwas Salz und der nötigen Milch einen nicht zu dicken Pfannkuchenteig rühren. 5–6 dünne Pfannkuchen backen. Spinat mit etwas Fett im eigenen Saft dünsten und sobald keine Flüssigkeit mehr vorhanden ist, fein wiegen. Brötchen in Milch einweichen, ausdrücken und mit dem Schinken durch die Fleischmaschine geben. Restliche Eier verquirlen, mit Salz, Pfeffer, Paprika würzen und mit dem Spinat, dem Brötchen und Schinken zu einer leichten Farce vermischen. Diese Farce gleichmäßig auf die fertigen Pfannkuchen streichen, zusammenrollen und mit einem Brettchen beschwert, kalt stellen. Nach dem Erkalten in Scheiben schneiden, in Ei und Weckmehl panieren und schwimmend in heißem Öl backen. Zum Schluß die Frittos reichlich mit Petersilie garnieren.

Rezept 455

Spinat für Männer

Spinat wie Rezept 453
Zur Soße:
2–3 Eßl. Speckwürfel
1 kleine Zwiebel
2 Eßl. Semmelmehl
1/2 Tasse Rahm
Salz, Pfeffer, Muskat

Speck- und Zwiebelwürfelchen möglichst fein geschnitten hellbraun ausbraten, Semmelmehl hineingeben, mit Rahm ablöschen, mit Salz, Pfeffer, Muskat abschmecken. Den feingehackten Spinat hineingeben, kurz aufkochen lassen. Gekochte Fleischklopse dazu reichen, die in Kapernsoße gegart sind.

Rezept 456

Schwedische Spinatplatte

2 Pfd. Spinat
4 Eßlöffel Speckwürfel
1 feingeh. Zwiebel
2 Tiefkühl-Fischfilets (paniert)
Fett zum Braten
Salz, Pfeffer
Paprika, Senf
Butterflöckchen

Den gewaschenen Spinat in Brühe garen, grob hacken, Speck- und Zwiebelwürfel goldgelb rösten, den Fisch hineingeben, kurz anbraten. Eine Kasserolle ausfetten, die Filets in die Mitte legen, den Spinat kurz in dem Fischbratfett schmoren, mit Salz, Pfeffer und Paprika abschmecken, um die Filets legen, den Fisch mit Senf ganz dünn bestreichen, Butterflöckchen aufsetzen und 20 Minuten in Backofen überbacken.

Rezept 457

Dänische Spinatschüssel

Den gewaschenen Spinat in Öl dünsten, würzen. In eine gefettete Auflaufform füllen, mit Käsescheiben abdecken, Paprika überstreuen, Butterflöckchen aufsetzen. Im Backofen überbacken, bis der Käse zerläuft.
Pommes-frites dazu reichen.

2 Pfd. Spinat
2 Eßlöffel Öl
Pfeffer
Salz, Muskat
4 Scheiben Dän. Käse
1 Teel. Paprika
Butterflöckchen

Rezept 458

Schweizer Spinat

Im Dampf gegarte Spinatblätter in flüssiger Butter schwenken und kurz vor dem Anrichten mit reichlich geriebenem Allgäuer Emmentaler bestreuen.

2 Pfd. Spinat
3 Eßlöffel Butter
1/2 Tasse Reibkäse

Rezept 459

Spinatplätzchen

Der aufgetaute Spinat wird mit den durchgedrückten Kartoffeln, Käse, Ei, Muskat vermischt, zu flachen Plätzchen geformt, in geriebenem Weißbrot gewälzt und in Butter kurz in der Pfanne gebacken.

2 Pakete oder 1 Pfd. gek. gehackter Spinat
250 g gekochte durchgedrückte Kartoffeln
1 Ei, 1 Eßlöffel Fett
Salz, Muskat
2–3 Eßl. Reibkäse
2–3 Eßl. Weißbrot
Fett zum Backen

TOMATENVARIATIONEN

Rezept 460

Tomaten in Butter

Tomaten einige Minuten in kochendes Wasser legen, herausnehmen, enthäuten. In Hälften oder Viertel schneiden, die Kerne herausnehmen. Kurz in zerlassener Butter dämpfen. Mit Pfeffer und Salz abschmecken. Als Beilage zu Braten.

8–10 Tomaten
3–4 Eßlöffel Butter
Salz
Pfeffer

Rezept 461

Gefüllte Tomaten

8–10 Tomaten
1 Tasse geh. Pilze
$^1/_4$ l Brühe
1 Eßlöffel Mehl
Butter
gehackte Petersilie

Tomaten waschen, Deckelchen abschneiden, aushöhlen (inneres zur Suppe verwenden). Mit geschmorten Pilzen füllen. Deckelchen aufsetzen. In zerlassener Butter und Brühe schmoren. Soße mit wenig Mehl binden, abschmekken. Mit gehackter Petersilie bestreuen. In einer vorgewärmten Schüssel gefällig mit Schinken- oder Wurströllchen oder Spargelspitzen anrichten.

Rezept 462

Tomaten gefüllt mit Reis

8 Tomaten
Salz
Pfeffer
2 Eßl. gerieb. Käse
8 Eßl. gek. Reis
1–2 Eßlöffel Schinkenreste oder Pilze
1 Eßlöffel Fett
1 Eßlöffel Öl

Tomaten einen Deckel abschneiden und aushöhlen. Man streut die Früchte mit Salz, Pfeffer, auch geriebenem Käse aus, füllt mit gedünstetem Reis (einem Rest), dem man feingehackte Fleischreste oder etwas Hackfleisch untermengt hat, oder mit Risi-pisi, setzt die gefüllten Früchte in eine Backschüssel, bestreut die Deckel mit geriebenem Käse, betropft mit Öl und schmort 10–15 Minuten.

Rezept 463

Geschmorte Tomaten, italienisch

8 Tomaten
2 Eßl. Speckwürfel
2 feingeh. Zwiebeln
Pfeffer
Salz

Tomaten einige Minuten in kochendes Wasser legen, enthäuten. Speck- und Zwiebelwürfel hellbraun ausbraten, Tomaten hineingeben, mit Pfeffer und Salz bestreuen und gar schmoren. Zu Makkaroni, Spaghetti oder Reis servieren. Auch als Beigabe zu Braten aller Art.

Rezept 464

Gefüllte Tomaten mit Petersilienreis, römische Art

4 große Tomaten
Streuwürze
65 g Reis
20 g Öl
$^1/_2$ Zwiebel
gehackte Petersilie
$^1/_2$ Tasse Gemüsebrühe

Den gewaschenen Reis in der Gemüsebrühe ausquellen. In etwas Öl die gehackte Zwiebel und Petersilie kurz rösten, würzen und unter den Reis mischen. Tomaten aushöhlen, mit Reis füllen, Deckelchen auflegen und mit Öl in einer Pfanne weichdünsten.

Rezept 465

Tomaten gefüllt mit Fleisch

Aus den Zutaten bereitet man eine Fülle, der man das Ausgehöhlte der Tomaten untermengt. Es wird kräftig abgeschmeckt. Die gefüllten Tomaten 15 Minuten im heißen Ofen braten. Man überstreut mit Schnittlauch.
Auf andere Art: Auch Schinkenfülle kann verwendet werden. Jede gefüllte Tomate oder Tomatenhälfte wird mit einer dünnen Scheibe Schmelzkäse bedeckt und nur so lange im heißen Ofen gebacken, bis die Käsescheiben weich geworden sind.
Für die eierreiche Zeit: Man läßt in jede ausgehöhlte und mit Salz und etwas Pfeffer ausgestreute Tomate ein rohes Ei gleiten und bedeckt ebenfalls mit einer kleinen Käsescheibe oder bestreut das Ei mit geriebenem Käse. Wie oben überbacken.

10 mittlere Tomaten
200 g Hackfleisch
40 g Fett
Zwiebeln
Salz
Pfeffer
Semmelbrösel
Schnittlauch

Rezept 466

Tomatenauflauf

Von Tomaten Deckelchen abschneiden, aushöhlen. Reis mit Fleischresten vermischen und in die Tomaten füllen. Deckelchen schließen. Nebeneinander in eine dick ausgebutterte Auflaufform stellen. Käseecken mit Sahne auf kleiner Flamme flüssig werden lassen, bis Blasen kommen, über die Tomaten tröpfeln, ein wenig Paniermehl überstreuen und im Backofen bei mäßiger Hitze 1/2 Stunde backen. Dazu kann man Kartoffelbrei oder Bratkartoffeln geben.

6–8 Tomaten
2 Tassen gek. Reis
1 Tasse Fleischreste
2 Schmelzkäse
1 Tasse Sahne
Paniermehl

Rezept 467

Ital. Tomaten-Nudeltopf

Spaghetti in Salzwasser gar kochen, abschütten und abtropfen lassen. Speckwürfel mit feingeschnittener Zwiebel bräunen, abgezogene Tomaten und die aus dem Gehackten bereiteten kleinen Fleischklößchen mitschmoren. Pfeffer und Salz überstreuen. Zusammen 10 Minuten braten, über die Spaghetti geben und mit Schnittlauch überstreut anrichten.

1/2 Pfd. Spaghetti
1 Pfd. Tomaten
4 Eßl. Speckwürfel
1 große Zwiebel
1/2 Pfd. Gehacktes
Salz, Pfeffer
feingeh. Schnittlauch
1 Ei
1 Eßl. Reibbrot

Rezept 468

Gebratene Tomatenscheiben, ungar.

Tomaten
1 Ei, Mehl
1 Prise Salz
Paniermehl
Öl

Feste Tomaten in dicke Scheiben schneiden. Ein Ei verschlagen, salzen, Tomatenscheiben in Mehl, dann in Ei und Semmelbrösel wälzen. In Öl braten.

Rezept 469

Französische Tomatenspeise

6 Tomaten
2 Zwiebeln
2 Scheiben gekochter Schinken
1 kl. Dose Pilze
1 Teel. gehackte Petersilie
Pfeffer, Salz
Öl zum Braten

Zwiebeln und Schinken sehr fein hacken, würzen mit Pfeffer und Salz, Pilze zufügen. Tomaten ein Deckelchen abschneiden, aushöhlen, innen würzen, die Füllung hineingeben, hoch auffüllen. In eine gefettete Auflaufform setzen, Öl darübertropfen und im Backofen garen.

ZWIEBELN – GEKOCHT – GEBACKEN GEBRATEN

Rezept 470

Geschmorte Zwiebeln

500 g kleine Zwiebeln
2 Eßlöffel Butter
Salz
1 Teelöffel Zucker
Fleischbrühe

Zwiebelchen schälen, in Salzwasser aufkochen, herausnehmen und abtropfen lassen. Butter mit Zucker hellbraun rösten, Zwiebeln hineingeben, etwas Brühe zugießen. Auf größerer Flamme öfters umwenden und schmoren, bis sie braun und glänzend sind.

Rezept 471

Zwiebelringe gebacken

2–3 Zwiebeln
1 Eßlöffel Mehl
Paprika
3 Eßlöffel Butter

Die Zwiebeln schälen und in dünne Ringe schneiden. Mit Mehl und etwas Paprika bestreut, werden sie in heißer Butter unter häufigem Umwenden gleichmäßig gebräunt. Sie müssen hellbraun und knusprig sein. Man verwendet sie zum Garnieren von Fleischspeisen oder Kartoffelbrei.

Rezept 472

Gefüllte Zwiebeln, franz. Art

Zwiebeln schälen, aushöhlen und füllen. Zucker in Butter bräunen, Brühe zugießen. Feuerfeste Form gut mit Butter ausstreichen, Zwiebeln nebeneinander hineinstellen. Die Flüssigkeit dazugeben und auf kleiner Flamme zugedeckt gar dünsten. Mit Wein und Essig abschmecken. Flüssigkeit mit kalt angerührtem Mondamin binden. In der Form servieren.

4–6 große Zwiebeln
Fleischfüllung oder feingehackte Pilze
3 Eßlöffel Butter
1/2 l Brühe
Weißwein, Essig
Zucker
Salz
1 Teel. Mondamin

Rezept 473

Gefüllte Weinblätter

Grüne, frische Weinblätter waschen, in heißes Wasser geben und eben aufkochen. Herausnehmen, glattstreichen und mit der Fleischfülle belegen, die zu 15–20 kleinen Röllchen geformt ist. Die Weinblätter von beiden Seiten um die Füllung schlagen, fest zusammenrollen; sie müssen ganz klein und fest sein, evtl. mit kleinen Holzspießchen zusammenstecken. Die Weinröllchen in kochendes Salzwasser geben, 1 Stich Butter zufügen und zugedeckt in 15–20 Minuten garkochen. Appetitlich anrichten und entweder eine spanische Pfeffersoße oder Tomatensoße dazu servieren. Dazu schmecken in Butter geröstete Weißbrotwürfel, die nicht zu klein geschnitten sein sollen. Diese Würfel sollten auf Spießchen gesteckt werden, so kann sich jeder, auf originelle Weise, gut bedienen. Ein Glas würzigen und gut gekühlten Weißwein dazu reichen.

15–20 Weinblätter
Füllung:
150 g Gehacktes
1 feingeh. Zwiebel
1 Eßl. gehackte Petersilie
1 Ei
2 Eßlöffel roher Reis
1 Eßlöffel flüssige Butter
Pfeffer
Salz
1 Stich Butter

Rezept 474

Zwiebeln mit Speck, italienische Art

Den Speck in Würfel schneiden und ausbraten lassen, kleine, ganze Zwiebeln dazugeben und kurz von allen Seiten goldbraun anrösten. Man streut das Mehl darüber, läßt nicht zu dunkel bräunen, gießt Wasser zu, würzt mit Zitronensaft, Salz und Pfeffer, einem Schuß Rotwein. Eine kleine Zuckerbeigabe erhöht den Geschmack. Man kann auch noch einige Tomaten mitdünsten.

1 Pfd. Zwiebeln
60 g Räucherspeck
30 g Mehl
Zitronensaft und -schale
Salz
Pfeffer
1 Schuß Rotwein
1 Prise Zucker

Rezept 475

Wiener Zwiebelfleisch

1 Pfd. Rindsschulter oder -keule
1/2 Pfd. Zwiebeln
4 Eßlöffel Schmalz
1 Teelöffel Essig
1/2 Lorbeerblatt
Thymian, Salz
1 Teelöffel Mehl
1/2 Tasse Wasser
Fleischwürze

Zwiebeln in große Würfel schneiden und in heißem Fett gelb rösten. Mit Essig abschrecken. Das blättrig geschnittene Fleisch und die Gewürze zugeben und alles zusammen zugedeckt weichschmoren. Dann Mehl überstäuben und soviel Wasser zugießen, bis eine sämige Soße entsteht. Mit Salz und Fleischwürze abschmecken.

Soßenbrevier

Das Geheimnis aller gutschmeckenden Speisen ist die Soße. Sie ist das Tüpfelchen auf dem

i

Ob hell oder dunkel, pikant oder süß, immer ist die Soße entscheidend für eine Mahlzeit. Was nun das Abschmekken, das eigentliche Geheimnis der Soßenzubereitung, betrifft, so lassen sich Vorschriften darüber überhaupt nicht machen. Diese Feinheiten finden Sie in keinem Kochbuch, man muß es in den Fingerspitzen haben. Rezepte können da nur Ratschläge und Anregungen geben. Einige Tropfen Suppenwürze oder Zitronensaft, ein Schuß Wein oder Rahm, etwas Tomatenmark oder Sardellenpaste, eine Prise Zucker, Paprika, Muskat oder Würzsalz können für das Gelingen entscheidend sein. Zum Schluß noch ein Stückchen Butter auf der fertigen Soße zergehen lassen, so bekommt sie einen schönen Glanz und ist nun in jeder Hinsicht das Tüpfelchen auf dem

i

Als Grundlage für alle hellen Soßen gilt die weiße Grundsoße, darauf wird aufgebaut, d. h. durch die verschiedensten Zugaben von Kräutern, Gewürzen, Eiern usw. wird die Soße verändert.

Rezept 476

Weiße Grundsoße

40 g Fett
40 g Mehl
½ l Flüssigkeit
Salz

Fett erhitzen, Mehl darin hellgelb schwitzen und unter ständigem Rühren die Flüssigkeit zugeben. Es dürfen sich keine Klümpchen bilden. Am besten kalte Flüssigkeit nehmen, 10 Minuten durchkochen lassen und abschmecken.

Rezept 477

Bechamelsoße

3 Eßlöffel Butter
2 Eßl. Speckwürfel
2 Zwiebeln
2 Eßlöffel Mehl
¼ l Brühe, ¼ l Milch
Pfeffer, Salz
1 Eßl. Zitronensaft
1 Eßlöffel Rahm

Speck und Zwiebel würfelig schneiden und in Butter dünsten, Mehl dazugeben und hellgelb rösten, mit Brühe ablöschen, Milch zugießen, aufkochen lassen, abschmecken mit Salz, Zitronensaft und Rahm.

Rezept 478

Frikasseesoße

40 g Fett, 40 g Mehl
¼ l Brühe, ¼ l Milch
1 Eigelb, 1 Lorbeerblatt
1 Zitronensaft, Kapern
1 Eßl. geh. Kräuter
Salz, Pfeffer, Muskat

Aus Fett, Mehl, Milch und Brühe eine weiße Soße bereiten, mit Eigelb legieren und Zitronensaft, Kräuter, Salz und Muskat darangeben, pikant abschmecken. Zu Kalbfleischgerichten und allen feinen Gemüsen zu verwenden.

Rezept 479

Rotweinsoße, französisch

40 g Fett
2 Möhren, gewürfelt
2 feingeschn. Zwiebeln
50 g Mehl
¼ l Brühe
¼ l Rotwein
Salz
1 Nelke
1 Prise Zucker
½ Teel. milder Senf
Saft und gerieb. Schale einer Apfelsine

Man röstet im Fett die Möhren und Zwiebeln gut durch, streut Mehl darüber und löscht mit Brühe ab. Die weichgekochten Möhren und Zwiebeln durch ein Sieb streichen. Das ganze wieder in den Kochtopf füllen, Rotwein zugießen und die Soße nach Wein und Zucker kräftig abschmecken. Man läßt noch einmal kurz aufkochen und reicht die Soße zu gekochtem, eingelegtem Fleisch. Man kann auch Senf fein in der Soße verrühren und den Saft und die geriebene Schale einer Apfelsine zugeben.

Rezept 480

Kräutersoße

Weiße Soße mit Milch oder mit Milch und Brühe ablöschen und gut verkochen. Feinstgehackte Kräuter wie Kerbel, Kresse, Petersilie, Schnittlauch, Dill einzeln oder gemischt zugeben, aber nicht kochen lassen. Mit oder ohne Zitronensaft und Salz und Muskat würzen. Man kann mit Eigelb legieren.

1/2 l weiße Soße
2 Eßl. geh. Kräuter
Salz
Muskat
1 Eigelb

Rezept 481

Pilzsoße

Die gewaschenen Pilze sehr fein hacken, im Fett mit Zwiebel und Petersilie anrösten, das Mehl darüberstreuen und ebenfalls anrösten. Dann erst mit heißer Brühe aufgießen, gut verkochen lassen und mit Salz, Pfeffer und evtl. Zitrone abschmecken. Mit viel Petersilie bestreut auftragen.

1 Pfd. gereinigte Pilze
40 g Fett, 40 g Mehl
1 feingeschnittene Zwiebel
feingeh. Petersilie
1/2 l Brühe
Zitronensaft
Salz, Pfeffer

Rezept 482

Französische Buttersoße

50 g Butter lauwarm zergehen lassen, Mehl einrühren und mit Flüssigkeit (Wasser, Brühe, Milch) ablöschen. Dann erst aufs Feuer setzen und sämig kochen lassen. In die fertige Soße noch 40 g Butter geben, diese langsam auf der Soße zergehen lassen, ohne sie noch einmal zu kochen und mit Pfeffer und Salz abschmecken.
Diese Soße wird für feine und kultivierte Gemüsegerichte verwendet.

50 g Butter
40 g Mehl
1/2 l Flüssigkeit
40 g Butter
Salz
Pfeffer
beliebige Gewürze wie Senf, Zitronensaft

Rezept 483

Italienische Tomatenmarksoße

Die weiße Soße mit Brühe, Wasser und etwas Milch ablöschen, geriebene Zwiebeln zugeben und je Person 1 Eßlöffel Tomatenmark. Kurz aufkochen, mit Salz und Zucker abschmecken, das Selleriekraut überstreuen. Man kann auch 100 g feingehackten Schinken mit verkochen lassen, dann aber vorsichtig salzen.

1/2 l weiße Soße
1 Teel. geriebene Zwiebel
3–4 Eßl. Tomatenmark
Salz
Zucker
feingehacktes Selleriekraut

Rezept 484

Meerrettichsoße

$^1/_2$ l weiße Grundsoße
1 Eßlöffel gerieb. Meerrettich
2 Eßlöffel Rahm
1 Prise Zucker
Salz

Die weiße Soße nur mit Milch ablöschen und gut verkochen. Den Meerrettich unterrühren, aber nicht mitkochen lassen. Zuletzt den Rahm zugeben und mit Salz und Zucker abschmecken.

Rezept 485

Berner Soße

1 Tasse Weißwein
$^1/_2$ Tasse Essigwasser
2 feingeh. Zwiebeln
1 Teel. gehacktes Kerbelkraut, 3 Eigelb
Pfeffer, Salz
1 Tasse Butter

Wein, Essig, gehackte Zwiebeln, Pfeffer, Salz zusammen in einen Topf geben, bis auf die Hälfte der Menge einkochen, erkalten lassen. Eigelb zugeben, im Wasserbad mit der Butter schaumig schlagen und abschmecken.

Rezept 486

Soße blanche, franz.

$^1/_2$ l weiße Grundsoße
2 Eigelb
1 Spritzer Zitronensaft
2–3 Eßlöffel Wein

Zur weißen Soße gibt man das Eigelb und würzt mit Zitronensaft und Wein. Als Flüssigkeit verwendet man Gemüse- und Fleischbrühe. Man kann auch feingehackte Petersilie darüberstreuen und zu Kalbfleisch, Huhn, feinen Gemüsen oder Fisch servieren.

Rezept 487

Holländische Soße

3 Eigelb
3 Eßlöffel Brühe
1 Prise Salz
Saft $^1/_2$ Zitrone
90 g Butter

Eigelb, Brühe, Salz und Zitronensaft mit dem Schneebesen im Wasserbad dick schaumig schlagen, ohne daß die Masse ans Kochen kommt. Zuletzt die Butter in Flöckchen verteilt zugeben (unter weiterem Schlagen) und sofort anrichten.

Rezept 488

Paprikasoße, rumänisch

2 Eßlöffel Butter
2 Eßlöffel Mehl
$^1/_2$ l Brühe
Salz, Zucker
Paprikapulver
evtl. 2–3 Eßlöffel Speckwürfel

Aus Butter, Mehl und Brühe eine helle Schwitze bereiten. Statt Butter kann ausgelassener Speck verwendet werden. Mit Salz, Paprika und 1 Prise Zucker abschmecken und die Soße nicht zu scharf würzen.

Rezept 489

Rumänische Tomatensoße

1 Pfd. weiche Tomaten
40 g Fett
50 g Mehl
$^1/_2$ l Brühe
1 feingeh. Zwiebel
Salz, Zucker
etwas Pfeffer
Rahm oder Wein

Aus Fett und Mehl eine helle Mehlschwitze bereiten, mit Brühe ablöschen, die feingeriebenen Zwiebeln hineingeben und gut durchkochen lassen. Die feingeschnittenen, rohen Tomaten durch ein Sieb streichen, in die Soße geben und herzhaft mit Salz, Pfeffer und Zucker abschmecken.

Rezept 490

Senfsoße, englisch

$^1/_2$ l weiße Grundsoße
1 Teel. engl. Senf
Salz, Essig
1 Prise Zucker
1 Stich Butter

Eine helle Soße mit süßer oder saurer Milch ablöschen und mit Senf nach Geschmack würzen. Man schmeckt pikant mit Salz, Essig und Zucker ab und läßt zuletzt ein Stückchen Butter auf der Soße zergehen.

Rezept 491

Musselinsoße, italienisch

3 Eßlöffel Öl
2 Eßlöffel Mehl
$^1/_2$ l Brühe, Pfeffer
Zucker, Salz
Zitronensaft, 1 Ei
Rahm

Von Öl und Mehl eine helle Schwitze rühren, mit Brühe Salz, Pfeffer und Zitronensaft unter ständigem Rühren kochen. Vom Feuer nehmen, mit Eigelb legieren und vor dem Anrichten den Rahm zugeben.

Rezept 492

Indische Currysoße

3 Eßl. Speckwürfel
1 Zwiebel
1 Tasse Pilze
1 Eßlöffel Mehl
Salz, Curry
Wein
1 Eigelb

Speck- und Zwiebelwürfelchen gelb rösten, feinblättrig geschnittene Pilze zugeben, Mehl überstäuben, 15 Minuten kochen lassen. Salz und Curry zugeben, Eigelb mit etwas Wein verrühren, die Soße legieren und zu Reis oder Geflügel servieren. Man kann die Soße auch durchsieben.

Rezept 493

Schweizer Käsesoße

$^1/_2$ l helle Soße
1–2 Eßlöffel gerieb. Käse, Salz
Pfeffer, Muskat
1 Teel. feingehacktes Kerbelkraut

Unter die helle Soße mengt man nach Geschmack geriebenen Käse. Man würzt mit Salz, Pfeffer und etwas Muskat und gibt zuletzt die frischen Kräuter in die fertige Soße.

Rezept 494

Dunkle Grundsoße

40 g Fett
50 g Mehl
½ l Flüssigkeit
1 Zwiebel
Salz
Pfeffer

Fett erhitzen, Mehl darin dunkelbraun schwitzen. Feingeschnittene Zwiebel kurz mitrösten. Unter ständigem Rühren die Flüssigkeit zugeben. Es darf keine Klümpchen geben. Am besten kalte oder lauwarme Flüssigkeit nehmen. 10 Minuten durchkochen, abschmecken und durchsieben. Durch die verschiedensten Zutaten kann die dunkle Grundsoße umgewandelt werden.

Rezept 495

Burgundersoße

2 Eßlöffel Fett
3 Eßlöffel Mehl
½ l Flüssigkeit
2 Eßl. Perlzwiebeln
1 Eßlöffel Zucker
Salz
Zitronensaft
½ Tasse Burgunder
etwas Brühe

Dunkle Grundsoße, Rezept 494, herstellen. Die Zwiebeln schälen und mit kochendem Wasser überbrühen. Den Zucker bräunen, Brühe und Zitronensaft hinzugeben und die Zwiebeln darin schmoren, bis sie glasig sind. Die fertige Grundsoße dazugeben, nochmals gründlich durchkochen und mit Burgunder abschmecken.

Rezept 496

Sardellensoße

3 Sardellen, Zwiebel
40 g Fett
40 g Mehl
Zitronenschale
1 Tasse Brühe
Petersiliengrün
¼ l Sauerrahm
oder etwas mehr
Sauermilch

Aus Fett und Mehl eine dunkle Schwitze bereiten, die gehackten Zwiebeln darin andünsten lassen. Dann die entgräteten, feingehackten Sardellen, feingeschnittene Zitronenschale dazugeben, mit Suppe oder Würfelbrühe ablöschen und kurz verkochen. Zuletzt mit dem Sauerrahm aufwallen lassen.

Rezept 497

Zitronensoße für Wildbret

1 Stück Schwarzbrot
mit dicker Kruste
3 Tassen Wein
Zimt
Muskat
Zucker
Zitronenwürfel
Essig

Schwarzbrot mit dicker Kruste recht braun braten, dann in Wein kochen, durchrühren, mit Zimt, Muskat, Zucker würzen. Zitronenwürfel und ein wenig Essig zugeben, noch einmal aufkochen lassen und die Soße über den Braten geben.
Besonders gut zu Rehsteak, Hirschsteak.

Rezept 498

Polnische Soße

2 Eßlöffel Butter
1 Eßlöffel Mehl
1 1/2 Ts. dunkles Bier
1/2 Tasse Brühe
2 Eßl. ger. Pfefferkuchen
1 Zwiebel, Salz
Suppengrün
Pfeffer, Zucker
Zitronensaft

Mehl in Butter braun rösten, mit Brühe und Bier ablöschen und mit allen Gewürzen 1/2 Stunde kochen. Durchrühren, mit Zitronensaft, Pfeffer und Salz abschmecken, 1 Prise Zucker zugeben. Zu Karpfen servieren.

Rezept 499

Madeirasoße

2 Eßlöffel Fett
3 Eßlöffel Mehl
1 Zwiebel
1/2 l Brühe
50 g roher Schinken
Suppengrün
2 Tomaten
Salz, Zucker
Zitronensaft
2–3 Eßl. Madeira

Aus Fett, Zwiebel, Mehl und Brühe 1/2 Liter dunkle Grundsoße bereiten. Suppengrün und Tomaten in den ausgelassenen Schinkenwürfeln anschwitzen, mit der Soße auffüllen, 1/2 Stunde kochen lassen. Soße durchsieben, mit Zitronensaft, Zucker, Madeira abschmecken. Man reicht die Soße zu gekochter Zunge.

Rezept 500

Spanische Zwiebelsoße

350 g Zwiebeln
1 gelbe Rübe
1 Eßlöffel Zucker
40 g Fett
50 g Mehl
Pfeffer
Lorbeerblatt
Salz
Brühwürfel

Die feingeschnittenen Zwiebeln läßt man mit der geschnittenen gelben Rübe in heißem Fett mit 1 Eßlöffel Zucker anbräunen. Dann erst streut man das Mehl darüber, läßt auch dieses bräunen und löscht mit Wasser und Brühe ab. Die Soße wird, wenn die Zwiebeln ganz zerkocht sind, durch ein Sieb gestrichen. Man nimmt sie zurück in den Topf, würzt pikant und kann auch noch, je nach Geschmack, mit Senf oder Tomatenmark kräftigen.
Verfeinerung: Man gibt auch noch etwas Wein dazu und läßt kleine geschälte Zwiebelchen in der Soße weichkochen.

Rezept 501

Englische Ragoutsoße

2 Eßlöffel Fett
3 Eßlöffel Mehl
1/2 l Brühe
Salz
Pfeffer
Zitronensaft
Paprika
süße Sahne

Mehl in heißer Pfanne bräunen, abkühlen lassen. Fett im Topf erhitzen, das gekühlte Mehl mit Brühe verquirlen, ins heiße Fett geben und aufkochen lassen, bis die Soße dicklich ist. Herzhaft mit Salz, Pfeffer, Zitronensaft und den anderen Gewürzen abschmecken. Vor dem Anrichten die Sahne zugießen. Zu Kartoffelbrei oder Makkaroni.

Rezept 502

Französische Rahmsoße

- ½ l dunkle Grundsoße
- ¼ l saurer Rahm
- Zitronensaft
- Butterstückchen

In die Grundsoße, Rezept 494, rührt man den sauren Rahm, schmeckt mit Zitronensaft ab und verfeinert mit Butterstückchen.

Rezept 503

Österreichische Sauerbratensoße

- 3–4 Eßlöffel Speck- und Zwiebelwürfel
- 1 Brotkruste
- 2 Eßlöffel Mehl
- 1 Lorbeerblatt
- 1 Teel. Pfefferkörner
- 1 Prise Zucker u. Salz
- 1 Tasse Marinade

Speck- und Zwiebelwürfel und eine Brotkruste braun braten, mit Mehl überstäuben und mit der Marinade ablöschen. Alle Zutaten hineingeben, gut durchkochen lassen, pikant abschmecken. Vor dem Anrichten durch ein Sieb streichen. Evtl. 2 Eßl. Rahm unterziehen.

Rezept 504

Russische Soße

- 4 Eßlöffel Butter, Rahm
- 2½ Eßlöffel Mehl
- 1½ Tassen Brühe
- 1 Eßl. Kräuteressig
- 1 Eßl. saurer Rahm
- Meerrettich, Pfeffer
- Tomatenmark, Salz
- Zitronensaft, Zucker

Aus Butter, Mehl und der Brühe eine helle Grundsoße bereiten, Gewürze, Meerrettich und Tomatenmark zugeben und kurz aufkochen lassen. Rahm und Zitronensaft hinzufügen und herzhaft abschmecken. Zu Rindfleisch oder Rumpsteak reichen.

SÜSSE SOSSEN – WARM

Manche der süßen Soßen, besonders die pikanten, werden mit Vorliebe zu Gerichten von Wildfleisch oder auch zu Hammelbraten gegessen.

Ebenso geben sie ausgezeichnete und aparte Beilagen zu gekochtem oder gebratenem Fleisch und zu gekochter Zunge.

Rezept 505

Zwetschgensoße

250 g getr. Pflaumen
40 g Fett
40 g Mehl
Zimt, Nelken
Zitronenschale
und -saft
etwas Rum, Zucker
Salz, Pfeffer

Die Pflaumen weichkochen, entkernen und sehr fein hacken. Aus Fett und Mehl eine mitteldunkle Mehlschwitze rösten, mit dem Zwetschgenkochwasser ablöschen, das Mus wieder einlegen, mit allen Zutaten würzen, aufkochen lassen und pikant abschmecken. Man reicht sie zu Schweinebraten oder geräucherter Zunge ebenso wie zu Knödeln.

Rezept 506

Preiselbeersoße

40 g Butter
30 g Semmelbrösel
1/8–1/4 l Wein
Salz, Zucker
4 Eßl. eingelegte
Preiselbeeren

In der heißen Butter die Semmelbrösel anrösten, die Preiselbeeren und alle Zutaten dazugeben, kochen lassen, bis die Brösel sämig zerkocht sind, und pikant abschmecken.

Rezept 507

Johannisbeersoße

40 g Gansfett oder
Rindermark
40 g Mehl oder
30 g Semmelbrösel
4 Eßlöffel Johannisbeer
gelee, Zucker
Brühe, Pfeffer, Salz
1 Teelöffel gerieb.
Meerrettich

Im Gänsefett oder dem gehackten und ausgebratenen Rindermark Mehl oder Semmelbrösel anrösten, mit der Fleischbrühe oder Wasser ablöschen, das Johannisbeergelee und alle Zutaten der Reihe nach dazugeben und kurz verkochen. Der geriebene Meerrettich wird erst in die nicht mehr kochende Soße eingelegt.

Rezept 508

Italienische feine Orangensoße

250 g Zuckerwürfel
4–5 Orangen
30 g Butter
30 g Mehl
1/4 l Weißwein
1–2 Eigelb

Das Gelbe von drei Orangen mit Zucker sehr fein abreiben. Allen Orangen den Saft auspressen und alles Fruchtfleisch mitnehmen. Aus Fett und Mehl eine helle Mehlschwitze bereiten, zuerst mit etwas Wasser ablöschen, glattrühren und kurz verkochen lassen. Dann Wein und Frucht dazugeben, kräftig süßen. Die Eigelb mit etwas kaltem Wein glattrühren und damit die Soße legieren. Orangengelb in feinste Streifchen schneiden und über die Soße streuen. Sie ist zu Fleischspeisen ebenso gut wie zu Süßspeisen.

Rezept 509

Rosinensoße, englisch

200 g Rosinen
2 Tassen Rumwasser
40 g Fett
40 g Mehl
Zitronenschale
und -saft
Zucker
Pfeffer
Salz

Die gewaschenen Rosinen läßt man in gewässertem Rotwein, Rumwasser oder Zitronensaft weichen und hackt sie sehr fein. Dunkle Soße bereiten und mit allen Zutaten sehr fein und pikant abschmecken. Die Soße kocht kurz auf. Sie wird verfeinert, wenn man noch etwas Rotwein mit dazugeben kann. (Der Rosinen-Weichsaft wird mitverwendet.)

Rezept 510

Englische Rumsoße

50 g Mehl, 50 g Fett
1 Tasse Wein
Zitronensaft und Schale
1/4 Teelöffel Zucker
1 Eßlöffel Rum
1 Prise Pfeffer u. Salz

Mehlschwitze mit Weißwein ablöschen, gut verkochen und mit Zitronensaft und -schale, Zucker und Rum einige Male aufwallen lassen. Mit Pfeffer würzen.

FISCHSOSSEN

Rezept 511

Haushofmeistersoße

2–3 Eßl. Butter
1/2 Teel. Zitronensaft
1 Teelöffel gehackte Petersilie

Man läßt frische Butter zergehen, aber nicht bräunen, gibt dazu Zitronensaft und feinst gehacktes Petersiliengrün und reicht dieses im kleinen Kännchen gesondert zu Fisch.

Rezept 512

Legierte Weißweinsoße

1 Eigelb
1–2 Glas Weißwein
Soße wie Rezept 511

Man rührt Eigelb mit Weißwein glatt, läßt dies im Wasserbad eindicken (nicht kochen!) und rührt dieses unter die Haushofmeistersoße.

Rezept 513

Englische Fischsoße

1 Ei
1 Teelöffel Mehl
$1/2$ l Fischsud
1 Stück Butter
1 Spritzer Zitronensaft
Salz
Pfeffer

Man schlägt Ei, Mehl und Fischsud (auch von Abfällen gekocht) über dem Feuer zu dicklicher Soße, läßt, wenn sie vom Feuer genommen ist, ein Stückchen frische Butter darin zergehen. Gewürzt wird mit Zitronensaft, Salz, Pfeffer.
Veränderungen: Senf, Kapern, feingehackte Sardellen, Gürkchen usw.

Rezept 514

Fischmarinade

1–2 Heringsmilch
1–2 Rogen
2–3 Eßlöffel Essig
3 Eßlöffel Öl
2–3 Zwiebeln
$1/2$ Teel. Senfkörner
oder:
Salatsoße mit Öl und Essig
1 kleine Zwiebel
1 kleine Gurke
1 Teelöffel Senf
1 feingehacktes Ei
1–2 Pfefferschoten

Salzheringe legt man in Buttermilch statt sie zu wässern. Sie werden darin besonders zart. Die Heringsmilch streicht man durch ein Sieb, den Rogen nur fein, aus, vermengt alles, würzt mit Essig und Öl. Die Heringsfilets bestreut man mit viel feinringlig geschnittenen Zwiebeln und streicht die Soße darüber. Nach einigen Stunden können sie gegessen werden.
Veränderung: Anstatt mit Öl kann die Heringsmilch auch mit Sauerrahm durchgerührt werden, doch müssen die Fische dann noch am Bereitungstag gegessen werden.

Rezept 515

Heringssoße

2 Salzheringe
1 feingeschn. Zwiebel
2 Eßlöffel Butter
2 Eßlöffel Mehl
$1/2$ l Fleischbrühe
Salz
Pfeffer
Zitronensaft
$1/2$ geriebener Apfel

Heringe wässern, putzen, entgräten und fein hacken. Mit der Zwiebel in Butter anschwitzen, Mehl darüberstäuben und mit der Brühe auffüllen. Aufkochen und mit den angegebenen Gewürzen abschmecken. Zuletzt den geschabten Apfel unterrühren. Zu Pellkartoffeln reichen oder die Kartoffeln in Scheiben geschnitten in die Soße geben. Oder zu gekochtem Rindfleisch oder Fisch servieren.

Rezept 516

Grundrezept für Fruchtsoße

1/8 l Fruchtsaft
1/8 l Wasser od. Wein
1 Teel. Mondamin
1/2 Teel. Zitronensaft
2 Eßlöffel Zucker

Man nimmt statt Milch Wasser und anstelle von Eiern wird Fruchtmark von frischen oder konservierten Früchten verwendet. Frische Früchte mit etwas Wasser und Zucker aufkochen, durchpassieren, dann fertigkochen und mit einem vorher angerührten Stärkepuder dicken.

Rezept 517

Erdbeer-, Stachelbeer-, Johannisbeer- usw. -Soße

250 g Früchte
200–250 g Zucker
20–30 g Stärkepuder
etwa 1/2 l Wasser

Aus den zerkleinerten Früchten und Zucker einen Fruchtsirup kochen.
Fruchtsirup mit Wasser verdünnen, aufkochen und mit Puder – mit Wasser angerührt – eindicken. Etwas Zitronensaft hinzugeben.

Rezept 518

Ananassoße

1 kleine Dose geraspelte Ananas
1 Teel. Mondamin
Zitronensaft
Wein

Den Saft der Ananas zum Kochen bringen, kalt angerührtes Mondamin hineingeben, aufkochen lassen. Geraspelte Früchte zugeben, mit Zitronensaft abschmecken; evtl. etwas Weißwein zum Verdünnen zugeben. Bis zum Erkalten rühren.

Rezept 519

Bananensoße

1 Eßlöffel Butter
1 Eßlöffel Mehl
1/4 Tasse Zucker
1/2 Tasse Milch
1 Eigelb
1 Banane
1/2 Tasse Sahne

Butter schaumig schlagen, Mehl und Zucker zurühren. Milch mit Eigelb verquirlen und langsam zugeben. 3 Minuten auf schwacher Flamme kochen; die Banane fein zerdrücken. Nach dem Abkühlen Bananenmark und die steifgeschlagene Sahne unterziehen.

Rezept 520

Zitronenschaumsoße

Alle Zutaten verquirlen, im Wasserbad schaumig schlagen (nicht kochen lassen). Bis zum Erkalten öfters umrühren.

1 Eigelb, 1 Ei
1 Teel. Mondamin
4 Eßlöffel Zucker
Saft von 2 Zitronen
1/8 l Wasser od. Wein

Rezept 521

Apfelsinenschaumsoße

Zubereitung wie Zitronenschaumsoße, Rezept 520. Statt Zitronensaft den Saft von 2–4 Orangen verwenden.

Zutaten wie Rezept 520
2–4 Orangen

Rezept 522

Weinschaumsoße

Wie Rezept 520. Statt 1/8 Liter Wein 1/4 Liter nehmen. (Nicht kochen lassen.)

Zutaten wie Rezept 520
1/4 l Wein

Rezept 523

Grundrezept für Milchsoße

Sie dient zum Übergießen von Pudding und wird auch kalt oder warm zu Dampfnudeln, Reis usw. gegeben. Die Herstellungsweise ist dieselbe wie bei Krem.
Zucker, Milch, Eigelb, Gewürz, Mandeln, Nüsse, Schokolade usw. aufs Feuer setzen. Einen Teil der Milch mit dem Puddingpulver oder Weizenpuder kalt anrühren, in die kochende Milch geben und aufwallen lassen, bis die Soße dick ist, dann das geschlagene Eiweiß unterziehen. Stets gut umrühren!

1/2 l Milch
2 Eßlöffel Zucker
1 Eigelb
Gewürze wie
Mandeln
Nüsse
Schokolade
Vanille
usw.
2 Teel. Bindemittel

Rezept 524

Mandelsoße

Mondamin mit etwas kalter Milch anrühren und in die kochende Milch mit Zucker und Mandeln geben. Mit Eigelb abziehen.
(Mandeln geschält!)

1/2 Tasse Milch
1 Teel. Mondamin
2 Eßlöffel Mandelblättchen
2 Eßlöffel Zucker
1 Eigelb

Rezept 525

Haselnußsoße

Zutaten wie Rezept 524
2 Eßlöffel geriebene Haselnüsse

Zutaten wie Rezept 524, statt Mandeln geröstete Haselnüsse verwenden.

Rezept 526

Vanillesoße

Zutaten wie Rezept 523
Vanillezucker

Wie Rezept 523, Milchsoße etwas Vanillezucker beifügen oder 1/2 Stange Vanille aufschlitzen, den Samen herausschaben und in der Milch mitkochen lassen.

Rezept 527

Karamelsoße

3 Eßlöffel Zucker
1 Tasse Milch
1 Tasse Sahne

Zucker mit Butter in der Pfanne bräunen, die kalte Milch zugießen und aufkochen. Kalt stellen. Vor dem Anrichten die Sahne beifügen.

Rezept 528

Schokoladensoße

1 Tafel Schokolade
1 Tasse Rahm

Schokolade im Wasserbad zergehen lassen, Rahm unterrühren. Heiß zu eisgekühlten Birnen anrichten.

Fleischgerichte

BEIZEN UND MARINADEN FÜR FLEISCH

Man legt entweder die weniger edlen Fleischteile eines Wildes für einen oder mehrere Tage in eine Beize oder auch Rind- oder Hammelfleisch, das auf Wildbretart zubereitet werden soll. Abgesehen von der Geschmacksbereicherung, die sich durch das Beizen für das betreffende Gericht ergibt, wird auch das Fleisch selbst darin zarter.

Rezept 529

Essigbeize

Sehr kräftiges Essigwasser wird mit Zwiebeln, Knoblauch, gelben Rüben, Petersilienwurzel, Sellerie, Lauch (Porree), Thymian, etwas Zitronenschale, Lorbeerblatt, (sehr wenig Kümmel), Wacholder-, Gewürz- oder Pfefferkörnern $1/2$ Stunde gekocht. Soll das gebeizte Fleisch schnell verwendet werden, gießt man die heiße Beize darüber und läßt es nur einige Stunden darin marinieren. Ist die Beizung für einige Tage vorgesehen, so gießt man die kalte Beize über das Fleisch, das in beiden Fällen davon bedeckt sein soll.

$1/2$–1 l Essigwasser
1 Zwiebel
1 Zehe Knoblauch
1 Stück Möhre
1 Stück Petersilienwurzel
1 Stück Sellerie
Lauch
Zitronenschale
$1/2$ Lorbeerblatt
Gewürzkörner

Rezept 530

Buttermilchbeize

Zutaten wie Rezept 529
statt Essig
1/2 l Buttermilch

Jedes beliebige Fleischstück, auch Wildgeflügel, Wildfleisch, Rindsleber, kann 24 Stunden in Buttermilch gelegt werden. Das jeweilige Fleischstück wird unter Mitverwendung dieser Buttermilch geschmort oder gebraten. Der sich ergebende Saft schmeckt ganz besonders fein.

Rezept 531

Weinbeize

Zutaten wie Rezept 529
statt Essig
1/2 l Wein

Anstelle von Essig wird Weiß- oder Rotwein, oder beide Sorten gemischt, verwendet.

Rezept 532

Trockenbeize

6–8 Wacholderbeeren
1 Prise Pfeffer
1/2 Lorbeerblatt
Zitronenschale
einige Fichtennadeln

Man zerstößt Wacholderbeeren, vermengt mit etwas Pfeffer, Lorbeerblatt, abgeriebener Zitronenschale und Fichtennadeln, reibt das Fleischstück damit gut ein. Es wird beschwert, in einer Schüssel bedeckt 24 Stunden verwahrt.

Rezept 533

Beize auf griechische Art

1/4 l Weißwein
1/4 l Wasser
1 Tasse Essig
1/2 Tasse Öl
5 Pfefferkörner
2 kl. geh. Schalotten
1 gewiegte Zwiebel
1 Gewürzsträußchen
mit großem Lorbeerblatt
und zerdrückter
Knoblauchzehe

Alle Zutaten 25 Minuten kochen lassen und passieren. Champignons, Blumenkohl, frische Gurken, Zwiebeln und ähnliche feste Gemüse sowie Fleisch und Fisch aller Art können in dieser Beize auf griechische Art gekocht werden. Gemüse, Fisch oder Fleisch in der Beize garziehen lassen und eiskalt darin zu Tisch geben. Mit Petersilie überstreuen!

Die Verwendung von Suppenfleisch: Gekochtes Suppenfleisch kann auf mancherlei sehr schmackhafte Weise noch geschmort werden. Man läßt es dann nicht ganz weich kochen, sondern nimmt es nach $1^1/_2$ Kochstunden aus der Suppe. Es wird am besten in Schnitten aufgeteilt, die man pfeffert und in Mehl dreht und in sehr heißem Fett rasch von beiden Seiten bräunt. Dann legt man reichlich geschnittene Zwiebeln dazu ein, gießt heißes Wasser dazu oder Suppe und läßt fertig schmoren. Man richtet das Fleisch, mit der Soße übergossen, an.

Diesen Soßen kann man nun beliebige Geschmacksveränderungen geben: Einmal gehackte Sardellen, Zitronenschalen und Zitronensaft, gehackte saure Gürkchen, gehackte frische oder geweichte Pilze, etwas Rotwein, etwas Tomatenmark, Senf oder Meerrettich. Die Soße muß kräftig pikant-säuerlich schmecken und wird über das in Scheiben aufgeschnittene Fleisch gegossen.

Wurzelfleisch: $^1/_2$ Liter Brühe, 500 g vorgekochtes Rindfleisch, gelbe Rüben, Sellerie, Pastinak, Petersilie, Zwiebeln und Lauch, 40 g Fett, Pfeffer, 40 g Mehl. Das Fleisch in Blättchen schneiden, in Mehl drehen und im heißen Fett anbräunen. Dann erst Zwiebeln und Wurzeln dazu geben, auch diese kurz anbräunen und mit heißem Wasser oder Suppe übergießen und langsam gar schmoren. Nach Salz, Pfeffer, allenfalls etwas Würze, pikant abschmecken.

Rezept 534

Rindfleisch mit Gemüse

1 Pfd. Rindfleisch
$1^1/_2$ Pfd. Gemüse, wie Wirsing, Möhren Kohlrabi etc.
1 Pfund Kartoffeln
3 Eßl. Fett
Salz, Pfeffer
gehackte Kräuter
$1-1^1/_2$ l Brühe

Gemüse, Fleisch und Kartoffeln würfelig schneiden. In einen großen Topf das Fett geben, alle Zutaten beifügen, wenig salzen, mit Kräutern bestreuen. Wasser oder Brühe zugießen. Auf schwachem Feuer weichkochen. Vor dem Anrichten Petersilie überstreuen und abschmecken (2 Stunden Kochzeit).

Rezept 535

Rindfleisch mit Meerrettichsoße

1–1½ Pfd. Rindfleisch
1–1½ l Wasser
1 Teelöffel Salz
1 Zwiebel
Suppengrün

Wasser mit Suppengrün, Zwiebeln und Salz zum Kochen bringen. Das gewaschene Rindfleisch hineingeben. Langsam gar kochen. Herausnehmen, in dicke Scheiben schneiden und mit Meerrettichsoße, Rezept 484, anrichten.

Rezept 536

Rindfleisch mit Senfsoße

1 Pfd. Rindfleisch
Suppengrün
½ l Senfsoße
Rezept 490
1 l Wasser
Salz

Das gewaschene Rindfleisch mit Suppengrün in das kochende Wasser einlegen und gar kochen. Herausnehmen, etwas abkühlen lassen, in mehrere dicke Scheiben schneiden und nochmals kurz mit der Senfsoße heiß werden lassen. Auf vorgewärmter Platte die Scheiben gefällig anrichten und mit der Soße übergießen. Gewürzgurken oder Tomatensalat dazu servieren (2 Stunden Kochzeit).

Rezept 537

Rindfleischragout

1 Pfd. Rindfleisch
Suppengrün
2 Eßlöffel Fett
2 Eßlöffel Mehl
Pfeffer, 1 saure Gurke
½ l Brühe, 1 Zwiebel
Salz, 1 Prise Zucker
1 Eßlöffel Zitronensaft

Rindfleisch mit Suppengrün in kochendem Wasser ansetzen, gar kochen, in Würfel schneiden. ½ Liter dunkle Soße herstellen, herzhaft abschmecken. Fleisch hineingeben, gewürfelte Gurkenstückchen hinzu. 10 Minuten ziehen lassen (2 Stunden Kochzeit).

Rezept 538

Ragout von Rinderherz

1 Pfd. Rinderherz
Zutaten wie Rindfleischragout, Rezept 537

Zubereitung wie Rezept 537. Anstelle von gekochtem Rindfleisch ebensoviel gekochtes Rinderherz verwenden.

Steak »Couronne«, die Krone eines guten Steaks. In etwas Butter werden die geschnittenen Champignons und die Zwiebeln angedünstet. Dann legt man beides auf einen Teller. Jetzt wird das Steak, an dem kein Häutchen mehr sein darf, mit starker Hitze von beiden Seiten kurz gebraten. Nun gibt man Zwiebeln und Pilze wieder dazu, ebenfalls die in Streifen geschnittene Paprika und eine halbierte Tomate. Noch kurz braten und kräftig mit Salbei, frisch gemahlenem Pfeffer und Salz würzen.

Rezept 539

Königsberger Klopse

1 Pfd. Gehacktes
1 Brötchen
1 Zwiebel
Pfeffer, Salz
1 Hering, Kapern
Butter, Mehl
Zitronensaft

Aus Gehacktem, dem eingeweichten Brötchen, dem feingeschnittenen Hering, Zwiebel, Pfeffer und Salz einen Fleischteig bereiten und zu runden Klößen formen. Aus Butter, Mehl und Brühe eine helle Soße bereiten, die Klöße darin 15 Minuten gar kochen. Mit gehackten Kapern und Zitronensaft abschmecken.

Rezept 540

Ochsenschwanzragout

1–1½ Pfd. Ochsenschwanz, Paprika
2 Eßlöffel Butter
1 Wurzelwerk
1 Teel. Tomatenmark
1 Glas Rotwein
2–3 Eßlöffel Mehl
Fleischbrühe, Salz

Den Ochsenschwanz in gleichmäßige Stücke teilen, mit Paprika bestreut in Butter anbraten. Das grob zerschnittene Wurzelwerk zugeben, mit Tomatenmark verrühren und den Wein angießen. Nach und nach etwas Brühe zufüllen und 2–3 Stunden kochen lassen. Die Brühe mit Mehl binden, abschmecken und durchsieben. Den Ochsenschwanz in der Soße anrichten.

Rezept 541

Pichelsteiner Fleisch

1 Pfd. Hammel-, Rind- und Kalbfleisch
1 Stück Ochsenmark
2–3 Zwiebeln
3–4 Möhren
2 Stangen Lauch
1 kl. Sellerie
1 kl. Wirsing
1 Pfd. Kartoffeln
Salz, Fleischbrühe
gehackte Petersilie

In einen großen Bratentopf in Scheiben geschnittenes Ochsenmark geben. Dann in Lagen abwechselnd Möhren-, Lauch-, Selleriescheiben, in Würfel geschnittenes Fleisch mit Salz gewürzt, Zwiebelringe, würfelig geschnittene Kartoffeln, zuletzt kleingeschnittene Wirsingblätter daraufgeben. Darüber die Fleischbrühe, bis der Topf halbvoll ist. Zudecken, 1 Stunde im Backofen bei mäßiger Hitze dünsten. Vor dem Anrichten gehackte Petersilie überstreuen.

Wollen Sie es nicht einmal mit einem Valencianischen Rindfleischtopf versuchen? Sie brauchen dazu ein Pfund Rindfleisch, in Würfel geschnitten, das Sie gut anbraten. Dann geben Sie zwei bis drei feingehackte Zwiebeln dazu, etwa 200 g kleingewürfelte Paprikaschoten, 200 g gewürfelten rohen Schinken, 200 g gewürfelte Knoblauchwurst, etwa 200 g Krabben aus der Dose, eine kleine Dose Erbsen, Salz und zwei bis drei oder mehr Tassen Tomatensaft. Aufkochen lassen und eine Tasse Schnellkochreis daruntermengen und nun noch etwa fünf Minuten alles garen lassen.

Rezept 542

Pfefferpotthast

1 1/2 Pfd. Rinderrippen
2 große Zwiebeln
Lorbeerblatt, Salz
Pfefferkörner
5 Eßl. gerieb. Weißbrot
1 l Brühe

Rippen zerschlagen, klein schneiden (wie Gulasch). Mit Gewürzen und viel Zwiebeln knapp mit Wasser bedeckt 1 1/2–2 Stunden kochen. Nur so viel Brühe als zur Soße nötig ansetzen. Brühe mit Weißbrotbröseln binden, mit Zitronensaft und Gewürzen abschmecken. Markklößchen, Rezept 274, vor dem Anrichten mitkochen lassen.

Rezept 543

Sauerfleisch

1/2 l Brühe
500 g Rindfleisch
30 g Speckstreifen
30 g Fett
40 g Mehl
Zur Beize:
Beizenwurzeln
Lorbeerblatt
3 Wacholderkörner
Thymian, Pfeffer
Zwiebel, Salz
etwas Kümmel
Knoblauch, Essig

Beize kochen, erkalten lassen und das Fleisch darin 2 bis 3 Tage marinieren lassen, wobei es von Beize bedeckt sein muß. Vor dem Kochen nimmt man es aus der Beize, salzt es, spickt es und legt es in einen Topf. Es wird mit der Beize und allen ihren Wurzeln übergossen und weich gedünstet. Aus Fett und Mehl röstet man eine ziemlich dunkle Mehlschwitze, löscht sie mit der gesiebten Beize und läßt sie gut verkochen. Die Beizenwurzeln streicht man durch ein Sieb und legt sie mit dem Fleisch wieder in die Soße ein. Sie wird kräftig und pikant nach Salz, Pfeffer und Säure abgeschmeckt und in tiefer Schüssel über das aufgeteilte Fleisch gegossen.

Rezept 544

Siedfleisch

1/2 Pfd. Knochen
1 Pfd. Ochsenfleisch
Suppengrün
Salz, Pfeffer
1 Tomate
Petersilie

Knochen mit Suppengrün und Tomate in kaltem Wasser zum Kochen bringen, das Fleisch dazugeben, 2–3 Stunden langsam kochen lassen. Fleisch in Scheiben schneiden, mit Salz, Pfeffer und gehackter Petersilie bestreuen. Zu Kartoffelsalat reichen oder zu Bratkartoffeln mit Salat.

Rezept 545

Saure Kutteln

1/2 l Frikasseesoße
Rezept 478
1 Pfd. gekochte Kutteln

Die vorbereiteten und gewaschenen Kutteln in feine Streifen schneiden und in der Frikasseesoße 1/2 Stunde kochen.

Rezept 546

Leberknödel

250 g Rindsleber
3–4 Scheiben Speck
1 Zwiebel
4–5 Brötchen
1 Ei, Majoran
Salz, Pfeffer

Die Leber enthäuten, mit Speck und Zwiebel durch den Fleischwolf drehen. Die in Wasser eingeweichten Brötchen ausdrücken, mit Ei und Gewürzen zu der Leber geben, evtl. etwas geriebenes Weißbrot. Aus der Masse Klöße formen und in 10 Minuten in Salzwasser garkochen.

Repept 547

Falscher Hase

500 g Gehacktes
1 Brötchen
1 Zwiebel
Salz, Pfeffer
1 Eßl. gerieb Weißbrot
3 Eßlöffel Fett
1/4 l Brühe
1 Teelöffel Mondamin

Aus Fleisch, eingeweichtem Brötchen, Zwiebel und Gewürzen einen Fleischteig bereiten, gut durchkneten und zu einer länglichen Rolle formen. Mit Semmelmehl bestreut in heißem Fett von allen Seiten schön braun braten und öfter begießen (1 Stunde). Die Soße entweder mit kalt angerührtem Mondamin binden oder als Bratenfett zu den Kartoffeln geben. Salate aller Art schmecken dazu.

Rezept 548

Deutsches Beefsteak

1 Pfd. Gehacktes
1 Zwiebel
1 Prise Pfeffer
1 Teelöffel Salz
2 Eßlöffel Wasser
1 Eßlöffel Mehl
3 Eßlöffel Butter
2 in Ringe zerteilte Zwiebeln

Die feingeschnittene Zwiebel mit dem Fleisch, den Gewürzen, Mehl und Wasser vermengen und längliche Klöße formen, in deren Mitte ein kleines Butterstückchen gedrückt wird. Vertiefung schließen. In heißem Fett auf beiden Seiten 5 Minuten braten. Fleißig mit Fett begießen. Zwiebelringe knusprig braten und die Beefsteaks damit garnieren. Den Bratensaft mit etwas angerührtem Mehl binden und herzhaft abschmecken.

Rezept 549

Frikadellen

500 g gemischtes Hackfleisch
2 Brötchen, 2 Eier
Prise Salz, Prise Pfeffer
etwas Majoran
1 Zwiebel, 30 g Butter
1 Teelöffel gehackte Kräuter
Margarine oder anderes Fett zum Braten

Hackfleisch mit eingeweichten und ausgedrückten Brötchen vermischen. Eier, Salz, Pfeffer und gehackte Kräuter dazugeben. Gehackte Zwiebel in Butter goldgelb rösten und ebenfalls unter die Masse mischen. Mit feuchten Händen Hacksteaks formen und in heißer Pfanne in Margarine oder anderem Fett auf beiden Seiten braten. Dazu Sauce, Gemüse und Kartoffeln nach Belieben.

Rezept 550

Festbraten: Große gefüllte Rinderrolle

1 kg Ochsenfleisch als sehr große Fleischscheibe
Zur Fülle:
2 eingeweichte Semmeln
40 g Räucherspeck oder Schinkenspeckwürfel
Zwiebelwürfel
etwas Knoblauch
100 g frische oder
20 g getrocknete und geweichte Pilze
2 Eßl. grüne Erbsen
40 g Fett
Salz, Pfeffer
1 Ei
gehackte Petersilie

Die Fleischscheibe wird vorsichtig groß und dünn ausgeklopft. Auf diese setzt man die Fülle, näht die Fleischscheibe darüber wie zu einer Wurst zusammen und brät sie in sehr heißem Fett von allen Seiten braun an. Dann bringt man den Braten mit reichlich fein ringlig geschnittener Zwiebel, allenfalls auch mit blättrig geschnittenen Wurzeln ins heiße Rohr und brät ihn unter Begießen langsam gar. Vor dem Aufschneiden wird der Nähfaden herausgezogen und die großen gefüllten Fleischscheiben werden schuppenartig auf die vorgewärmte Schüssel gelegt. Die Bratensoße wird gesondert gereicht, damit die Bratenfülle nicht davon aufgeweicht wird.
Die Fülle: Man bereitet die Fülle wie für Kalbsbrust, bereichert sie noch mit Speck, Pilzen oder grünen Erbsen, Petersilie, Zwiebel, Salz und Pfeffer. Sie muß fest sein.

Rezept 551

Italienische Fleischvögel

4 dünne Scheiben Roastbeef, Reibbrot
200 g Gehacktes
Salz, Pfeffer
1 Prise Rosenpaprika
4 Kolben Chicorée
2 Eßlöffel Fett, 1 Ei
1 Möhre in Scheiben
1 Zwiebel in Würfel
Sellerie in Scheiben
1 Lorbeerblatt
1 Eßlöffel Mehl
2 gehäutete Tomaten
½ Tasse Weißwein
½ Tasse Fleischbrühe

Das Gehackte gründlich vermischen, würzen und auf die gewürzten Roastbeefscheiben verteilen. Den bitteren Strunk aus dem Chicorée herausschneiden, den Kolben auf die Fleischscheiben legen und diese zusammenrollen und festbinden. In heißem Fett von allen Seiten anbraten, Gemüse und Gewürze in Fett andünsten, Mehl darüberstäuben und Tomaten, Wein und Fleischbrühe zugeben. Das Fleisch zugedeckt im Backofen garschmoren. Die Fleischvögel auf vorgewärmter Platte anrichten, die Soße durchsieben und darübergeben.

Rezept 552

Balkan-Gulasch

500 g Zwiebeln
¾ Pfd. Hammel- und Schweinefleisch
2 Paprikaschoten
Fett, Sahne
Thymian, Paprika
Salz, Pfeffer
etwas Rotwein

Zwiebeln zerkleinern, Paprikaschoten in feine Streifen schneiden und in Fett schmoren. Fleischwürfel zugeben, mit Fleischbrühe ablöschen, garen und zuletzt pikant mit den Gewürzen abschmecken. Erst kurz vor dem Anrichten Rotwein zugießen.

Rezept 553

Amerikanisches Gulasch

500 g Schweine- und Rindfleisch
2 Zwiebeln, Sellerie
Mehl, Fett
3 Mohrrüben, Lauch
Fleischbrühe, Paprika
1 kl. Dose Champignons
2 Tomaten, Salz

Fleisch in Würfel schneiden, Mehl darüberstäuben, mit den kleingeschnittenen Zwiebeln anrösten, kleingeschnittenes Gemüse dazugeben, Fleischbrühe zugießen, garen. Soße mit Mehl und Gewürzen abschmecken. Zum Schluß Champignons zufügen.

Rezept 554

Russisches Gulasch

500 g abgelagertes Rinderfilet
50 g Speck, Fett
2 Essiggurken
1 Eßlöffel Rotwein
Tomatenmark
Büchsenmilch
Pfeffer, Salz
Paprika

Fleisch in kleine Würfel schneiden, salzen und pfeffern, in Fett englisch anbraten. Zur Soße Speck in Würfel schneiden, auslassen, in Scheiben geschnittene Gürkchen zugeben und mit den Gewürzen pikant abschmecken. Ganz zuletzt etwas Büchsenmilch zugießen. Fleisch in der Soße ziehen lassen. Dazu schmecken Semmelknödel.

Rezept 555

Römisches Gulasch

500 g Rind-, Kalb- und Schweinefleisch
1 Zwiebel
Öl oder anderes Fett
1 kleine Büchse Tomatenmark
Salz, Pfeffer
Paprika, Mehl

Kleingewürfeltes Fleisch mit einer gehackten Zwiebel in Fett anbraten, das mit Wasser verdünnte Tomatenmark zugeben, würzen und auf kleiner Flamme (nach dem das Ganze mit etwas Fleischbrühe abgelöscht wurde) garen. Zuletzt Soße mit Mehl dicken und gut abschmecken. Spaghetti mit Käse überstreut dazureichen.

Rezept 556

Rindsgulasch

1 Pfd. Rindfleisch
3 Eßlöffel Fett oder Speck
2 große Zwiebeln
1 Messerspitze Paprika
Salz
Pfeffer
1 Teelöffel Mondamin

Das Fleisch in gleichmäßig große Würfel schneiden, in ausgelassenem Speck und kleingeschnittenen Zwiebeln anbräunen, Mehl überstäuben und bräunen lassen. Kochendes Wasser angießen, Gewürze zusetzen und in 1½ Stunden gar schmoren. Soße mit Mondamin binden, durchsieben und mit Paprika abschmecken.
In der Soße kann man 1–2 kleingeschnittene Tomaten mitschmoren lassen oder in die fertige Soße etwas Tomatenmark geben und Sahne zugießen. Reis, Nudeln, Klöße oder Salat dazu reichen.

Rezept 557

Rindsroulade

4 Scheiben Rindfleisch
Salz
Pfeffer
Zwiebel
Speck
1 Eßlöffel Mehl
3 Eßlöffel Fett
1/2 l Brühe
1 Teelöffel Mondamin

Rindfleischscheiben klopfen, salzen, pfeffern, mit Speckstreifen und Zwiebelscheiben belegen. Zusammenrollen, mit Rouladenhaltern zusammenklemmen oder mit Rouladennadeln zusammenspießen oder mit Faden umwickeln. Mit Mehl bestäuben und in heißem Fett gut anbräunen, kochendes Wasser zugießen und zugedeckt 1 bis 1 1/2 Stunden schmoren lassen, bis sie gar sind. Klammern oder Fäden entfernen. Soße mit angerührtem Mondamin binden, abschmecken, durchsieben. Blumenkohl, Leipziger Allerlei, Schwarzwurzeln, Bohnensalat oder Nudeln dazu servieren.

Rezept 558

Schmorbraten

1 1/2 Pfd. Rindfleisch
1 Eßlöffel Mehl
Speckscheiben
3 Eßlöffel Fett
1 Zwiebel
1/2 l Brühe
1 Teelöffel Mondamin
Salz

Fleisch waschen, klopfen, große flache Stücke zusammenrollen und binden, in Mehl wenden, mit Speckscheiben umwickeln oder spicken. In erhitztem Fett von allen Seiten schnell anbraten. Zwiebel, evtl. Suppengrün, kurz mit anschwitzen. Vorsichtig die Hälfte der heißen Brühe zugießen, salzen und in zugedecktem Topf langsam 2 bis 2 1/2 Stunden schmoren! Ab und zu umwenden, nach und nach verkochte Flüssigkeit ersetzen. Ist das Fleisch gar, Fäden lösen und die Soße mit kalt angerührtem Mondamin binden. Durchsieben, abschmecken. In der Soße evtl. eine Tomate mitschmoren. Zu Gemüse, Kartoffelbrei, Salaten.

Rezept 559

Bremer Matrosenfleisch

1/2 Pfd. Schweinefleisch
1/2 Pfd. Rindfleisch
Gewürz
1 feingeschnittene Zwiebel
1 Knoblauchzehe
3 Eßlöffel Fett
1 Glas Rotwein
1 Lorbeerblatt
1 Teelöffel Meerrettich
1 Wurzelstück
1/2 l Flüssigkeit
Salz

Fleisch würfelig schneiden, mit Pfeffer und Salz würzen. Zwiebel in feine Würfel schneiden, in heißem Fett goldgelb ausbraten und mit Rotwein ablöschen. Fleisch, Lorbeerblatt und Meerrettich zugeben. Das feingeschnittene Suppengemüse und die zerdrückte Knoblauchzehe werden an das Fleisch gegeben und so lange durchgeschmort, bis es anfängt sich anzusetzen. Dann erst mit Wasser aufgießen. Das Fleisch nach einer Kochzeit von 2 Stunden noch einmal abschmecken, dann mit Nudeln auftragen.

Rezept 560

Gefüllte Rindsroulade

Zutaten wie Rezept 557
Dazu Gewürzgurken
Gehacktes
Senf

Zubereitung wie Rezept 557 In die Roulade eine kleine Gewürzgurke mit einrollen oder mit Gehacktem füllen und die Roulade vorher innen mit Senf bestreichen.

Rezept 561

Gefüllte Lendenschnitte

4 Scheiben Rindslende
100 g Gehacktes
1 Sardelle
1 Zwiebel
1 Teelöffel gehackte Petersilie
2 Eßlöffel saure Sahne
Salz, Pfeffer, Muskat
3 Eßlöffel Fett
1/2 Tasse Brühe
1 Teelöffel Zitronensaft

Lendenschnitten klopfen, salzen und mit einer Fleischfüllung aus Hackfleisch, feingehackter Sardelle, Zwiebel und Sahne, mit Pfeffer, Salz und Muskat abgeschmeckt, bestreichen. Die Fleischscheiben zur Hälfte übereinanderklappen, mit Rouladennadeln oder Zahnstochern zusammenstecken. In heißem Fett von beiden Seiten braun braten; ab und zu etwas heiße Brühe angießen. Dann zugedeckt langsam gar schmoren (10 Minuten). Die Soße mit Zitronensaft abschmecken, evtl. mit Mondamin binden.

Rezept 562

Badisches Würzfleisch

4 Scheiben Rindfleisch
Pfeffer, Salz
2 Eßlöffel Mehl
3 Eßlöffel Fett
1 Zwiebel
Gewürzkörner
3 Tassen Brühe
1/2 Glas Madeira

Das Fleisch in 1 1/2 cm dicke Scheiben schneiden, würzen, in Mehl wenden und in heißem Fett von beiden Seiten anbraten. Zwiebel kurz in dem Fett dünsten, Gewürze zugeben und mit Fleischbrühe auffüllen. Das Fleisch 1 1/4 Stunden schmoren lassen. Soße mit Madeira abschmecken.

Rezept 563

Zungenragout

1 Rinderzunge
Suppengrün
1 Zwiebel
4 Eßlöffel Butter
1 Tasse Mehl
1/2 Tasse Rotwein
2 Eßlöffel Zitronensaft
Zucker
Salz
1 l Brühe

Zunge mit Suppengrün und Zwiebel in kochendem Wasser ansetzen, 3–4 Stunden kochen, abschrecken. Zunge enthäuten und in gefällige Scheiben schneiden. Aus dunkler Mehlschwitze und Brühe 1 Liter Soße bereiten, mit Wein, Salz und Zucker abschmecken, die Scheiben hineingeben und 10 Minuten in der Soße ziehen lassen. Mit geschmorten Pilzen oder mit Semmelklößchen auf großer Platte anrichten oder zu Kartoffelbrei und Spinat servieren.

Rezept 564

Rheinischer Sauerbraten

1½ Pfd. Schmorbraten
1 Lorbeerblatt
2 Eßlöffel Schmalz
1 Teel. Tomatenmark
1 Eßlöffel Mehl
Beize aus:
1 l Essigwasser
Zwiebel, Lorbeerblatt
Gewürzkörner

Das Fleisch einige Tage in die Beize legen, dann in dem Fett anbraten, Salz und Lorbeerblatt zugeben; 1 Tasse Beize und 1 Tasse Wasser zugießen. Unter ständigem Begießen das Fleisch im Ofen gar braten. Soße mit Mehl binden und das Tomatenmark zufügen. Dazu Kartoffelklöße aus gekochten Kartoffeln.

Rezept 565

Lendenstück mit Champignons

4 Scheiben Rindslende
Senf
3 Eßlöffel Fett
150 g Champignons
1 Zwiebel
2 Eßlöffel Petersilie
3 Eßlöffel Butter
Salz
Pfeffer

Die Steaks klopfen und mit wenig Senf bestreichen. Die Bratpfanne ohne Fett sehr heiß werden lassen, das Fleisch darauflegen und kurz anbraten, dann das Fett zugeben und das Fleisch unter öfterem Wenden goldbraun braten (6–8 Minuten). Innen muß es rosig bleiben. Das Fleisch salzen, herausnehmen und auf vorgewärmter Platte warmhalten. Die Pilze säubern, feinblättrig schneiden, mit einer Zwiebel und Petersilie in Butter dünsten. Mit Pfeffer und Salz abschmecken. Die Pilze auf die Steaks häufen und möglichst heiß servieren. Man reicht Pommes frites oder Weißbrotscheiben dazu.

Rezept 566

Rumpsteak

4 Scheiben Rumpsteak
3 Eßlöffel Butter
½ Teelöffel Salz
1 Prise Pfeffer
evtl. Zwiebel

Rumpsteak dünn klopfen, würzen, den Fettrand an mehreren Stellen einschneiden. Sehr schnell in heißer Butter braten (5–10 Minuten). Evtl. braune Zwiebelringe zum Garnieren verwenden.

Rezept 567

Wiener Rostbraten

1 Pfund Rostbraten
Salz
Pfeffer
4 Eßlöffel Butter
2 Zwiebeln

Rostbraten in 1 cm dicke Scheiben schneiden, klopfen, würzen. In heißer Butter ganz kurz bei starker Hitze braten (8 Minuten). Zwiebel in Scheiben schneiden, in Butter rösten, auf die Fleischscheiben geben und mit brauner Butter servieren. Dazu Bratkartoffeln und Salat.

Rezept 568

Rindsfilet

Gut abgehangenes Filet enthäuten. Den Bratentopf mit Speckscheiben auslegen und darauf das Filet, mit kochender Butter übergießen und im heißen Ofen öfter begießen, damit es nicht austrocknet. Ganz wenig Brühe am Rand zuschütten und 20–30 Minuten braten. Soße mit Mondamin binden, saure Sahne zurühren und abschmecken. Alle zarten Gemüse schmecken gut dazu.

2 Pfd. Filet (Lende)
4–6 Scheiben Speck
3 Eßlöffel Butter
Salz
1/4 l Brühe
1/4 l Sahne
1 Teel. Mondamin

Rezept 569

Ungarischer Rostbraten

Den Rostbraten von beiden Seiten in Mehl drehen, in heißem Fett anbraten, dazu 1/4 Gewichtsmenge Zwiebeln geben, fein gehackt, und Paprika; mit Sauerrahm oder Milch begießen, etwas Wasser oder Brühe daran geben und zugedeckt andünsten.

Zutaten wie Rezept 567
Mehl
Zwiebeln
Paprika
Rahm

Rezept 570

Szegediner Gulasch

Würfelig geschnittenes Fleisch würzen, in heißem Fett anbraten, feingeschnittene Zwiebeln zugeben, ebenfalls abgezogene und in Viertel geschnittene Tomaten. Alles zusammen gut schmoren lassen und mit etwas Brühe auffüllen. Sauerkraut zugeben und alles auf kleiner Flamme gar schmoren (1 1/2–2 Stunden).

1/2 Pfd. Rindsgulasch
2–3 Eßl. Fett
1/2 Pfd. Zwiebeln
1/2 Pfd. Tomaten
1/2 Pfd. Sauerkraut
Salz, Paprika
1 Tasse saure Sahne
1 Tasse Brühe

Rezept 571

Englisches Roastbeef

Das abgehangene Fleisch salzen, mit der Fettseite in den Bratentopf legen und mit heißem Fett fleißig begießen. Möglichst wenig, am besten gar keine Flüssigkeit zugießen. In 25 bis 30 Minuten so braten, daß es innen zartrosa ist. Das Bratenfett etwas abschöpfen, die Soße mit kalt angerührtem Mondamin binden, abschmecken. Kurz vor dem Anrichten Sahne zugießen.

1 1/2–2 Pfd. Roastbeef
4–5 Eßlöffel Fett
Salz
1/4 l Brühe
1/2 Tasse Rahm
1 Teelöffel Mondamin

Rezept 572

Zwiebelfleisch, bulgarisch

1 Pfd. gekochtes Rindfleisch, Pfeffer
2 Eßlöffel Mehl, Salz
Butter zum Braten
2 feingeschnittene Zwiebeln, Setzeier

Das gekochte Rindfleisch in nicht zu dünne Scheiben schneiden, salzen, pfeffern, in Mehl wenden und in Butter anbraten. Das Fleisch auf eine Platte legen, braune Zwiebelringe darübergeben, obenauf Setzeier legen.

Rezept 573

Franz. Rindfleisch mit Schlagsahne

1½ Pfd. Rindfleisch
½ l Weißwein
2 Lorbeerblätter
1 Nelke, 1 Zwiebel
Pfefferkörner, Salz
½ l Schlagsahne
1 Eßlöffel Tomatenmark
Engl. Soße
einige Tropfen Kognak
geröstete Weißbrotwürfel
1 kl. Dose Preiselbeeren

Suppenfleisch in Marinade aus Weißwein, Lorbeerblatt, Nelke, Pfefferkörnchen, Zwiebel und Salz 3–4 Tage einlegen, 1 Stunde auf kleiner Flamme in der Marinade kochen lassen. Fleisch herausnehmen, abkühlen lassen. In 1 cm dicke Scheiben schneiden und in eine Kastenform schichten mit 2 cm Abstand. Die Zwischenräume mit steifgeschlagener Sahne (etwas salzen) ausfüllen. Auf Eis stellen. Brühe durchsieben, mit Tomatenmark, englischer Soße, 1 Spritzer Kognak und gerösteten Weißbrotwürfeln abschmecken und in kleinen Schälchen dazu servieren. Das Fleisch auf eine Platte stürzen und mit eingezuckerten Preiselbeeren garnieren.

Rezept 574

Boeuf à la mode als Braten

2 Pfd. Rindskeule
40 g Fett, 40 g Speck
40 g Räucherzunge
1 Essiggurke
1 Sardelle
1 Karotte
1 Zwiebel
Zitronenschale
Thymian
Basilikum
Sellerie
Karotten
Salz, Pfeffer
1 Eßlöffel Mehl
1 Tasse Brühe
1 Glas Weißwein

Speck, Zunge und Gurke zu Stäbchen schneiden. Zwiebel, Zitronenschale, 1 geriebene Karotte, die Kräuter und die Sardelle sehr fein wiegen und die Spickstückchen darin wälzen, ehe man sie ins Fleisch steckt. Im heißen Fett den gespickten Braten scharf anbraten, dann erst die Wurzeln und Zwiebelringe dazu einlegen. Um die Farbe noch zu verschönern, läßt man auch ein Stück Schwarzbrotrinde mitbraten. Zum Begießen verwendet man Knochenbrühe und gewässerten Wein oder Essigwasser. Zuletzt rührt man 1 Eßlöffel Mehl in kalter Flüssigkeit glatt und läßt es in der Bratensoße noch gut verkochen. Man würzt mit einem Glas Wein und richtet die Bratensoße über dem aufgeschnittenen Braten an. Garnierung: Kartoffelklöße, Reis oder Nudeln oder Kartoffelschnee.

Rezept 575

Tournedos chasseur – Lendenschnitten Jägerart

4 Scheiben Rindsfilet
2 gr. Zwiebeln
2 Scheiben Rinderspeck
1 Blättchen Rosmarin
Pfeffer
Salz
Öl
1 Dose Champignons

Filetscheiben mit Öl einpinseln, Räucherspeck und Zwiebeln in Würfel schneiden, hell anbraten, Filets zulegen, würzen und Rosmarin beilegen. Filets wenden, Champignons zufügen, alles zusammen gar schmoren. Die Filets auf eine gewärmte Platte legen, Soße mit all den Einlagen über das Fleisch füllen und noch auf jede Portion ein Butterflöckchen setzen.

Rezept 576

Französische Senfrollen

4 Schnitzel
4 Eßlöffel Senf
250 g Zwiebeln
40 g Fett
1/8 l Sauerrahm (Milch)
Salz
Pfeffer
30 g Speck
1 Eßlöffel Mehl

Die geklopften Schnitzel mit Räucherspeck spicken, salzen, pfeffern, mit Senf bestreichen, einrollen und feststecken, in Mehl drehen. Im heißen Fett anbräunen, Zwiebeln dazu und ebenfalls bräunen, Würfelbrühe untergießen und zugedeckt im Ofen gar dünsten. Den Sauerrahm mit Mehl glattrühren und im Bratensaft verkochen lassen. Man reicht Makkaroni oder Kartoffeln dazu.

Rezept 577

Ital. Rindfleisch mit Pilzen und Oliven

1 Pfd. Rindfleisch
getrocknete Pilze
1/8 Pfd. Oliven
4–6 Zwiebeln
3 Eßlöffel Öl
Salz
Pfeffer
Curry

Oliven in Essigwasser legen, entkernen. Das Fleisch in Öl bräunen, mit den feingeschnittenen Zwiebeln 1 Stunde zugedeckt dünsten. Ab und zu umwenden, etwas Wasser zugießen. Das Fleisch mit den Oliven und den am Tag vorher eingeweichten Pilzen noch einmal 1 Stunde kochen, abschmecken.

Der Schweinebraten

Grundsätzliches: Schweinefleisch ist fast immer von einer dickeren oder dünneren Fettschicht umgeben. Man hat deshalb nicht nötig, zum Anbraten noch Exrafett dazu zu geben. Schweinefleisch soll hellrot und fest, das Fett schön weiß sein. Auch der Speck muß sich fest, nicht schwammig, anfühlen. Es ist, im Gegensatz zu Kalbfleisch, schwer verdaulich, jedoch wegen seines hohen Fettgehalts sehr begehrt.

Rezept 578

Schweinefleisch gekocht

1–1½ Pfd. Schweinefleisch
1 l Wasser
Salz
1 Zwiebel
Suppengrün
1 Lorbeerblatt
Pfefferkörner

Zum Kochen verwendet man Bauchfleisch oder durchwachsenen Speck, Fleisch vom Nacken oder Blatt. Die Schwarten läßt man am Fleisch und kocht sie mit. Man kann verschiedene Soßen dazu reichen oder das Fleisch im Gemüse mitkochen (Möhren, Wirsing, Sauerkraut). 1½ Stunden Kochzeit.

Rezept 579

Pökelfleisch

1–1½ Pfd. Pökelfleisch
1 l Wasser
1 Zwiebel

Das Fleisch 2–3 Stunden wässern. Dann in kochendem Wasser ansetzen und zubereiten wie Rezept 578. Verwendung ebenso (Kochzeit 1½–2 Stunden).

Rezept 580

Schweineohren

2–4 Schweineohren
1 l Salzwasser
5 Pfefferkörner
2 Nelken, 1 Zwiebel
2 Eßlöffel Butter
2 Eßlöffel Mehl
Zitronensaft
1 Teelöffel Kapern

Schweineohren waschen, in Salzwasser mit Nelken, Zwiebel und Pfefferkörnchen kochen (1½ Stunden). Aus Butter und Mehl eine helle Schwitze bereiten, mit der Brühe ablöschen und mit Zitronensaft, Kapern und Salz abschmecken.

Rezept 581

Schweinenieren

Nieren aufschneiden, nach Entfernen der Röhrchen waschen. In kleine Scheibchen geschnitten in Mehl wenden. Fett auslassen, Zwiebel hineinschneiden, die Nieren zugeben, ganz wenig anrösten und mit Brühe auffüllen. Zugedeckt langsam kochen lassen (1/2 Stunde), aber öfter umrühren. Kurz vor dem Anrichten eine Handvoll Rosinen mitkochen lassen. Soße mit Zitronensaft, evtl. Tomatenmark, oder 1 Schuß Madeira abschmecken.

3/4–1 Pfd. Schweinenieren
2 Eßlöffel Fett
2 Eßlöffel Mehl
1 Zwiebel
1/2 l Brühe
1 Eßlöffel Zitronensaft
1 Handvoll Rosinen
Salz, Pfeffer

Rezept 582

Schweinezunge

Zubereitung wie Kalbszunge, Rezept 651.

1 Schweinezunge

Rezept 583

Eisbein mit Sauerkraut

Eisbein in Wasser ansetzen, bis zum Kochen bringen. Sauerkraut vorbereiten wie Rezept 414 und zu dem Fleisch geben. Dieses nun auf das Sauerkraut legen und öfter umwenden, damit es gleichmäßig gar wird. Kurz vor dem Anrichten Pfeffer und Salz überstreuen (1 1/2 Stunden).

1 Stück Eisbein
1 l Brühe
Sauerkraut
Salz
Pfeffer

Rezept 584

Sülzkotelett

Eine Glasform für Sülze mit Öl auspinseln, Sülzbrühe hineingießen und etwas steif werden lassen. Dann Eierscheiben, Gurkenstreifchen und kleine, aus gekochten Möhren geschnittene Rädchen auf den Aspik legen, darauf die Fleischscheibe. Diese so mit Sülzbrühe übergießen, daß sie gut bedeckt ist. Kalt stellen und stürzen. Vorher mit dem Messerrücken leicht am Rand loslösen oder kurz in heißes Wasser halten. Dazu Bratkartoffeln und Tomatensalat. Wenn Aspikpulver verwendet wird, genaue Gebrauchsanweisung beachten. Wenn Gelatine verwendet wird, kann sie auch in Wasser mit Wein vermischt aufgelöst werden.

4 Scheiben gekochter Schweinerücken
Sülzbrühe oder
Aspikpulver oder
6–10 Blatt Gelatine
1 hartgekochtes Ei
1 Gurke
1 gekochte Möhre

Rezept 585

Schweinefleisch mit Gemüsen

1 Pfd. Schweinefleisch
1/2 Pfd. ausgelöste grüne Erbsen
1 Pfd. Karotten
Zwiebeln
1/2 Pfd. rohe Kartoffeln
Salz, Pfeffer

Das Fleisch im Eigenfett mit den Zwiebeln andünsten, nach halber Garungsdauer die Gemüse dazu einlegen, mit Wasser überdecken und weich dünsten. Rohe geschälte Kartoffeln ganz zerkochen lassen (weitere 20 Minuten).

Rezept 586

Leberkäs

2 Pfd. Leber
1 Pfd. roher Speck
2 Eigelb, Zwiebel
1 Eßlöffel Mehl
feingehackte Schalotten
Salz, Pfeffer, Majoran

Gut vorbereitete Leber hacken, desgleichen den Speck. Eigelb, Zwiebel, Mehl und Gewürz zugeben und alles gut verrühren. Eine längliche Form mit Butter ausstreichen, mit zugeschnittenen Speckstreifen hübsch auslegen. Die Masse einfüllen und etwa 1 1/2 Stunden bei mäßiger Hitze backen.

Rezept 587

Specknester

3/4 Pfd. Gehacktes
1 feingeschnittene Zwiebel
2 eingeweichte Brötchen
1 Ei, Pfeffer, Salz
4–6 Speckstreifen
3 Eßlöffel Fett
1 Eßlöffel Rahm
1 Prise Salz
3 Kapern

Das Gehackte mit Brötchen, Ei, Zwiebel, Pfeffer und Salz vermischen und zu einem Fleischteig verarbeiten. Mit feuchten Händen längliche Laibchen formen. Um jedes Laibchen einen Speckstreifen legen und ihn mit einem halben Zahnstocher befestigen. In heißem Schmalz von beiden Seiten goldgelb braten. Den Bratensaft mit Sahne (Schmand) ablöschen und mit Kapern und Salz aufgekocht abschmecken.

Rezept 588

Bierwürstchen

1 Tasse Wasser
1 Eßl. Gewürzkörner
1 Stck. Lorbeerblatt
4 Bratwürste
2 Eßlöffel Fett
1 Tasse dunkles Bier
Gewürz
1 Teel. Zitronensaft

Gewürze in ein Beutelchen füllen und 1/4 Stunde im Wasser kochen. Bratwürste mit kochendem Wasser übergießen, damit sie nicht platzen, abtrocknen und in heißem Fett von allen Seiten anbraten. Das Bier zugießen und die Würstchen in der Flüssigkeit gar kochen. Die Soße mit etwas angerührtem Mehl binden und mit Salz, Pfeffer, Zucker und Zitronensaft abschmecken. Dazu Rotkohlsalat und Kartoffelbrei.

Rezept 589

Sülze

Fleisch vom Schwein oder Kalb oder beides gemischt kochen, bis es gar ist (ca. 1½ Stunden). Füße und Schwarten mitkochen. Dem Kochwasser Gewürze zusetzen. Das Fleisch herausnehmen, erkalten lassen, in Würfel schneiden. Den Knochen aus den Füßen heraustrennen. Brühe durchsieben. Das Fleisch in kleine oder größere Schüsselchen geben. Die Brühe, die mit Zitrone und Essig recht würzig abgeschmeckt ist, übergießen. Erkaltet und steif geworden, läßt sich die Sülze stürzen. Vorher am Rand ein wenig ablösen. Man kann auch die gesamte Fleischmasse in eine große Puddingform füllen und nach dem Steifwerden stürzen. In Scheiben geschnitten mit Senf oder Mayonnaise garniert oder als Salat in kleine Würfel geschnitten mit Eierscheiben und Gurkenstreifchen gut gekühlt servieren.

Schweine- oder Kalbfleisch
Schwarten
Brühe
Salz
Zwiebel
Lorbeerblatt
etwas Zitrone
Essig
1 Kalbsfuß
1 Schweinsfuß zum Gelieren

Rezept 590

Westfälische Mahlzeit

Blutwurst in Würfel schneiden, Knoblauch reiben und beides zusammen in einer Pfanne mit Fett braten. Aus Mehl, Ei und Tomatenmark einen dicklichen Teig bereiten und darübergießen. Ist die eine Seite gebacken, vorsichtig wenden und auf der anderen Seite fertig backen. Mit einem Kranz Bratkartoffeln servieren. Als Beigabe angemachten grünen Salat.

½ Pfd. Blutwurst
4 Knoblauchzehen
1 Eßlöffel Mehl
1 Ei
Tomatenmark
Fett zum Backen

Rezept 591

Gebratene Fleischstangen

Aus den angegebenen Zutaten einen Fleischteig bereiten und daraus 4 Stück 20 cm lange Stangen formen. Diese Fleischstangen in eine mit kaltem Wasser ausgespülte Bratpfanne nebeneinander setzen, mit verquirltem Ei, Kümmel und Paprika bestreichen und in 25 Minuten hellbraun braten. An die braune Butter Zitronensaft und Fleischbrühe gießen, durchsieben und über das angerichtete Fleisch geben.

1½ Pfd. Gehacktes
2 Eßlöffel Paniermehl
Paprika, 1 Ei
1 Prise Kümmel
Pfeffer, Salz, Zwiebel
2 Eßlöffel Butter
1 Teelöffel Zitronensaft
1 Tasse Brühe

Rezept 592

Bratwürstchen

4 Bratwürstchen
1 Eßlöffel Senf
2 Eßlöffel Fett
1 Eßlöffel Mehl
etwas Brühe
(1 Tomate)

Bratwürstchen mit kochendem Wasser übergießen. Herausnehmen, abtrocknen. Mit Senf bestreichen und in heißem Fett in der Pfanne gleichmäßig bräunen (10 – 15 Minuten). Im Bratensatz Mehl bräunen, Brühe zugießen, sämig kochen, abschmecken. Nach Belieben eine in Viertel geschnittene Tomate mitbraten. Ergibt eine sehr schmackhafte Soße.

Rezept 593

Thüringer Rostbratwürste

4 Bratwürstchen
etwas Öl

Würste mit Öl bepinseln und auf dem Rost gleichmäßig braun braten.

Rezept 594

Kasseler Rippenspeer

1½ Pfd. Schweinerücken, 1 Zwiebel
Pfeffer, Salz
1 Tasse Wasser
1 Teel. Mondamin
½ Tasse Rahm

Der gepökelte Schweinerücken wird wie Schweinenacken, Rezept 609, gebraten (1 Stunde). Man reicht dazu Sauerkraut oder Rotkohl.

Rezept 595

Schweinelende

1 Schweinelendchen
3–4 Scheiben Speck
2 Eßlöffel Butter
Salz
½ Tasse Brühe
1 Teel. Mondamin
½ Tasse Sahne

Das Lendchen wie Rindsfilet, Rezept 568, vorbereiten. Den Topf mit Speckscheiben auslegen, darauf das Lendchen. Mit kochender Butter begießen, würzen und 20 Minuten braten. Öfter begießen, damit es nicht trocken wird. Die Soße mit Mondamin binden, abschmecken, Sahne dazu.
Oder: Das Filet in Mehl wenden, salzen und in Butter oder Öl in der Pfanne braten. Dazu Rahm- oder Tomatenmarksoße, Rezept 483.
Oder: Das Filet in Scheiben schneiden, klopfen, würzen. Mit Zwiebel und Tomate auf beiden Seiten anbraten. Die Soße mit Rahm oder Wein abschmecken und über das Fleisch gießen.
Alle jungen Gemüse schmecken dazu.

Rezept 596

Leber gebacken

Die Leberscheiben enthäuten, mit Mehl bestäuben, in heißem Fett schnell braten (5 – 8 Minuten). Zwiebelringe am Rand mitrösten. Kurz vor dem Anrichten die Leberscheiben leicht salzen und pfeffern. Man kann auch Tomaten- oder Apfelscheiben kurz mitschmoren lassen. Dazu Kartoffelsalat oder Kartoffelbrei.

4 Scheiben Leber
1 Eßlöffel Mehl
1 Zwiebel
2 Eßlöffel Fett
Pfeffer
Salz
evtl. Apfel oder Tomate

Rezept 597

Saure Leber

Die gut vorbereitete Leber 1 – 2 Stunden in Milch legen, abtrocknen, mit Mehl bestreuen und in Fett anbraten. Salzen. Etwas Essig und Brühe zugießen und die Leber weich schmoren (5 – 10 Minuten). Die Soße mit Zitronensaft abschmecken.
Recht heiß servieren.

4 Scheiben Leber
1 Tasse Milch
1 Eßlöffel Mehl
Salz, Fett
Essig, Brühe
Zitronensaft

Rezept 598

Gefüllte Schweinerippchen

Rippchen vom Metzger quer durchschlagen lassen, so daß sich beide Hälften zusammenklappen lassen. Gehacktes, Zwiebel und Apfelscheiben auf die untere Hälfte der Rippchen legen, würzen, die obere darüberklappen und zunähen. Weitere Zubereitung wie Schweinenacken, Rezept 609 (Bratzeit 1 Stunde).

2 Pfd. Rippchen
1/2 Pfd. Gehacktes
1/2 Pfd. Apfelscheiben
1 Zwiebel
1/2 Tasse Wasser
Pfeffer, Salz

Rezept 599

Schweinefilet mit Äpfeln, franz. Art

Das Filet mit Senf bestreichen, mit Eigelb und Paniermehl panieren und in heißem Fett auf beiden Seiten schön braun braten (20 – 30 Minuten). Die Äpfel mit der Schale in die Bratpfanne legen, Braten und Äpfel mit Majoran bestreuen und auf kleiner Flamme 10 Minuten schmoren lassen. Kurz vor dem Anrichten einen Spritzer Rum über die Äpfel geben. Dazu Kartoffelbrei servieren.

1 Filet
1 Teelöffel Senf
Panade aus Eigelb
Paniermehl
4 kleine, süße Äpfel
1 Prise Majoran
4–5 Tropfen Rum
Öl zum Braten

Rezept 600

Klopfschinken

4 Scheiben magerer Schinken, 1 Ei
1 Tasse Milch
Semmelmehl
2 Eßlöffel Butter

Mageren Schinken in halbfingerdicke und 3 cm breite Streifen schneiden. 3 – 4 Stunden in Milch ziehen lassen. Die Streifen tüchtig klopfen, panieren und in heißer Butter auf jeder Seite 5 Minuten braten.

Rezept 601

Schweineschinken in Brotteig

1 mittlerer gekochter Schinken
1–1½ Pfd. Brotteig

Den gekochten Schinken in einen festen Brotteig wickeln (beim Bäcker erhältlich) und ungefähr 1½ Stunden auf dem Bratenblech im Backofen backen. Herausnehmen, in Scheiben schneiden und auf einer Platte warm servieren. Oder die Brotkruste abschneiden und den Schinken mit den Brotstücken anrichten.

Rezept 602

Schweinefuß gefüllt

1 Schweinefuß
½ Pfd. Gehacktes
50 g Trüffeln, Salz
2 Eßlöffel Sahne
3 Eßlöffel Fett

Aus Pfötchen und Eisbein den Knochen heraustrennen (am besten beim Metzger). Eine Füllung bereiten aus Gehacktem, Trüffeln und Sahne, hineinfüllen, oben zunähen, mit Salz bestreuen und mit Butter im Bratentopf dämpfen.

Rezept 603

Schweinegulasch

Zutaten u. Zubereitung wie Rindsgulasch Rezept 556

Statt Rind- verwendet man Schweinefleisch. Zum Anbraten weniger Fett nehmen und mehr im eigenen Saft schmoren lassen (1 Stunde).
Der Soße evtl. 1 Eßlöffel Tomatenmark oder Madeira zugeben.

Rezept 604

Schweineschnitzel

4 Schnitzel
Salz, Pfeffer
2 Eßlöffel Fett
1 Zitronenschnitz

Schnitzel klopfen, leicht würzen. In heißem Fett in der Pfanne schön bräunen (10 – 15 Minuten). Einige Minuten zugedeckt ziehen lassen. Zitronenschnitz beigeben.

Rezept 605

Kotelett paniert

Die Koteletts klopfen, mit Salz und Pfeffer bestreuen, panieren in Ei (Milch) und Paniermehl und in eine Pfanne mit heißem Fett geben. In 15 Minuten auf beiden Seiten schön braun braten. Das Bratenfett mit Mehl binden, Brühe zugießen und mit Kapern und Zitronensaft abschmecken.

4 Koteletts
Salz, 1 Teel. Kapern
1 Ei oder Milch
1 Eßlöffel Paniermehl
3 Eßlöffel Fett
1 Eßlöffel Mehl
1 Tasse Brühe, Pfeffer
1 Spritze Zitronensaft

Rezept 606

Italienisches Kotelett mit Tomatenmark

Koteletts klopfen, mit Tomatenmark dünn bestreichen, etwas einziehen lassen und auf beiden Seiten in Fett anbraten, Rahm zugießen und zugedeckt gar dünsten. In den Bratenfond 1 Prise Zucker rühren und beim Anrichten über das Fleisch träufeln.

4 Koteletts
2 Teel. Tomatenmark
3 Eßlöffel Fett
2 Eßlöffel Rahm
1 Prise Zucker

Rezept 607

Marinierte Schweineschulter

Das Fleisch einige Tage in die Beize legen, dann in Fett anbraten, Salz und Lorbeerblatt zugeben; 1 Tasse Beize und 1 Tasse Wasser zugießen. Unter ständigem Begießen das Fleisch im Ofen gar braten. Soße mit Mehl binden und die gehackten Sardellen zufügen. Dazu Kartoffelklöße aus gekochten Kartoffeln. Auch alle kräftigen Gemüse schmekken dazu: Bohnen, gemischtes Gemüse, Pilze o. ä.

1½ Pfd. Schweineschulter
Beize aus:
1 l Essigwasser
Zwiebelscheiben
Pfefferkörnern
Nelkenpfeffer
Thymian, Lorbeerblatt
und Zitronenscheiben
2 Eßl. Schweinefett
Salz, etwas Mehl
2 gehackte Sardellen

Rezept 608

Schinken Gärtnerinnen Art (Schinken Jardinière)

Karotten in Butter und Ölgemisch garschmoren mit Zwiebel, Pfeffer und Salz. 10 Minuten vor dem Ende der Bratzeit feinblättrig geschnittene Pilze mitschmoren, die mit Zitronensaft beträufelt werden. Schinken, in dickere Scheiben geschnitten, auf dem Gemüseberg auf einer großen Platte anrichten. Die Schinkenscheiben mit Tomatenpürreetropfen garnieren, auf die man ein Pilzköpfchen setzt.

500 g Karotten
1 Eßl. Fett und Öl
1 Zwiebel
Pfeffer
Salz
Zitronensaft
4 Schinkenscheiben
1 Dose Champignons

Rezept 609

Schweinenacken

2 Pfd. Schweinenacken
Salz
Pfeffer
1 Tasse Wasser
1 Zwiebel
1 Tomate
1 Teel. Mondamin
$^1/_2$ Tasse Rahm

Das Fleisch mit Pfeffer und Salz einreiben, Wasser mit Tomate und Zwiebel zum Kochen bringen und das Fleisch hineingeben. Auf beiden Seiten dämpfen. Wenn das Wasser verkocht ist, soll das Fleisch im eigenen Saft schmoren ($1^1/_2$ Stunden), bis es gar und braun ist. Öfter begießen. Den Bratensaft mit Mondamin und Sahne binden.

Rezept 610

Schweinerouladen

4 Scheiben Schweinefleisch
1 Eßlöffel Senf
Salz, 1 Zwiebel
2 Eßlöffel Fett
1 Tasse Brühe
1 Teel. Mondamin

Rouladen klopfen, mit Senf bestreichen, rollen und zusammenklammern oder -stecken. Dann weiter wie Rindsrouladen, Rezept 557, Bratzeit 1 Stunde. Man kann auch mit Tomatenmark oder mit geriebenem Meerrettich bestreichen.

Rezept 611

Schweineschmorbraten

$1^1/_2$ Pfd. fettes Schweinefleisch
$^1/_2$ Tasse Wasser
1 Zwiebel
Pfeffer
Salz
1 Teel. Mondamin
Lorbeerblatt

Fettes Fleisch im eigenen Saft schmoren. Wasser, Lorbeerblatt und Zwiebelscheiben zum Kochen bringen, das gesalzene und gepfefferte Fleisch hineingeben und einige Male wenden, bis das Fett herausgetreten ist. Wenn das Wasser verdampft ist, das Fleisch schön braun wie Rinderbraten, Rezept 558, schmoren. Soße mit Mondamin binden; Bohnen-, Sellerie- oder Tomatensalat dazu.

Rezept 612

Brüsseler Nierenschnitze

2–3 Schweinsnieren
2 Eßlöffel Fett
1 feingeschn. Zwiebel
1 Prise Paprika
Salz, Mehl
2 Tomaten
6–8 Brüsseler Trauben
$^1/_2$ Tasse süßsaurer Essig
1 Schuß Weinbrand

Die Nierchen in feine Schnitze schneiden, feingeschnittene Zwiebel und enthäutete Tomaten in Fett schmoren, die Nierchen zugeben, dann kurz anbräunen, etwas Mehl überstäuben, mit der Essigbrühe ablöschen, würzen und garschmoren. Kurz zuvor die mit 1 Stäbchen angepickten Trauben in die Soße geben, mit 1 Gläschen Weinbrand abschmecken.

Rezept 613

Schweinerücken garniert, österr. Art

Ein Kotelettstück salzen und pfeffern. In einer Kasserolle in der Backröhre anbraten, Röstgemüse dazugeben und schön bräunen lassen. Mit Tomatenmark andünsten, mit Mehl bestäuben. Alles gut braun werden lassen. Wenn das Fleisch fertig ist, herausnehmen, mit Knochenbrühe auffüllen, die Soße auskochen lassen und passieren. Das Fleisch in Scheiben schneiden, auf einer Platte anrichten und mit Gemüse umlegen. Die Soße als Beilage servieren.

2 Pfd. Schweinefleisch
Salz
Pfeffer
Zwiebel
Möhre
Lorbeerblatt
2 Teel. Tomatenmark
2 Eßlöffel Mehl
1 Tasse Brühe

Rezept 614

Züricher Schweinebraten in Natursaft

Der Braten wird gesalzen, mit Pfeffer und fein zerdrücktem Knoblauch eingerieben, und – wie oben – zubereitet. Man brät im heißen Ofen unter häufigem Begießen. Der Saft wird gebunden, indem man Kartoffelmehl in kaltem Wasser glatt rührt und dieses im Bratensaft noch gut verkochen läßt. Er muß eine hellbraune schöne Farbe haben und fein pikant schmecken.

2 Pfd. Schweinefleisch
Salz
Pfeffer
1 Zehe Knoblauch
1 Teel. Kartoffelmehl
Wasser

Rezept 615

Schweinefilet mit Rahm, engl. Art

Gesalzene und leicht geklopfte Schweinefilets (man rechnet 1 Stück für zwei Personen) werden mit Speckstreifchen gespickt. In hell gebräunte Butter legt man sie ein, läßt kurz anbraten und brät im Backofen. Unter häufigem Begießen mit Butter und wenig heißem Wasser brät man sie ½ Stunde, wenn sie innen noch rosa bleiben sollen. Werden sie durchgebraten, muß eine volle Bratstunde gerechnet werden. Nach ¾ Bratzeit übergießt man die Filets mit dickem Sauerrahm und läßt diesen noch bräunen. Die Bratensoße wird mit Mehl oder Kartoffelmehl in kaltem Wasser glatt gerührt, gebunden. Pfeffer macht sich gut darin.

Schweinefilet auf Mailänder Art: Mit dem Sauerrahm etwas Tomatenmark, Mehl und geriebenen Käse verrühren und verkochen lassen.

2 Filets
3 Speckscheiben
3–4 Eßlöffel Butter
½ Tasse Rahm
1–2 Teel. Kartoffelmehl
etwas Brühe
Salz, Pfeffer

Rezept 616

Serbisches Schweinesteak

1 Schweinefilet
Salz
Pfeffer
Paprika
2–3 Eßlöffel Fett
3–4 Eßlöffel Brühe
2 Paprikaschoten

Ein oder zwei Schweinefilets schneidet man in daumendicke Scheiben (sie sind sehr klein), klopft sie nur mit der Breitseite des Hackmessers leicht von beiden Seiten, salzt und pfeffert und legt sie in sehr heißes Fett (Eigenfett, klein gehackt und ausgebraten oder gebräunte Butter), läßt jede Scheibe auf beiden Seiten bräunen und untergießt erst dann mit heißem Wasser oder Suppe (auch von Brühwürfeln). Die in breite Stücke geschnittenen Paprikaschoten zufügen. Das Fleisch wird schuppenartig auf eine vorgewärmte Schüssel gelegt und mit dem Natursaft übergossen

Rezept 617

Bulgarischer Schweinebraten

2 Pfd. Schweinefleisch
Pfeffer, Salz, Paprika
1 Zehe Knoblauch
1 Teel. Senf

Man reibt den Braten mit Salz, Paprika, Pfeffer und zerdrücktem Knoblauch ein, brät ihn wie Rezept 616, bestreicht nach einiger Bratzeit die Schwarte mit scharfem Senf recht dick und läßt braun und krustig fertig braten

Rezept 618

Franz. Schweinebraten im Schlafrock

2 Pfd. Schweinerücken
35 g Butter
Zwiebel
Pfeffer
Salz
Belag:
6 gek. Kartoffeln
6 Eßl. Rahm
1 Stich Butter
1 Prise Muskat
3–4 Eßl. Semmelbrösel
3–4 Eßl. Butter
1 Teel. Mondamin

Der Braten wird von den Knochen gelöst, gewürzt und vorbereitet wie ein Rollbraten. Nach 1–1½ Stunden Bratzeit erhält der Braten seinen Schlafrock und brät im sehr heißen Ofen noch ½–1 Stunde zu goldbrauner Kruste. Der Belag: Man bereitet von gekochten, geriebenen Kartoffeln, Rahm und etwas Butter einen milde gesalzenen Kartoffelbrei. Gewürzt wird mit einer Prise geriebener Muskatnuß. Diesen Brei trägt man in dicker Schickt auf den Braten auf, bestreut dicht mit Semmelbröseln, betropft mit aufgelöster Butter und bäckt den „Schlafrock" im heißen Ofen zu goldbrauner Oberfläche. Sie muß sehr knusprig gebacken sein. Der Bratensaft wird, wie üblich, mit Mehl gebunden. Dieser Braten eignet sich besonders für einen Fest- oder Gästetisch. Verfeinerung: Man rührt 1 Eigelb und 1 Eischnee unter die Kartoffelmasse.

Rezept 619

Schweineragout

Zubereitung in genau der gleichen Weise wie Rindfleischragout, Rezept 537.

1½ Pfd. Schweinefleisch

Rezept 620

Serbisches Schichtessen

In einen gut verschließbaren Topf gibt man zuerst geschnittene Zwiebeln und das gewürfelte Schweinefleisch. Darauf eine Lage Tomatenscheiben, darauf den Reis, darauf die Paprikaschoten, ausgenommen und in feine Streifchen geschnitten. Schließlich die Kartoffelscheiben. Man übergießt alles mit so viel Wasser, daß es gerade darübersteht und dünstet es ohne aufzurühren in 2 Stunden weich.

250 g Zwiebeln
¾ Pfd. Schweinefleisch
½ Pfd. Tomaten
3 Paprikaschoten
1 Tasse Reis
3 Kartoffeln
Salz

Rezept 621

Elsässer Schweinefleisch mit Erbsen

Die Erbsen über Nacht einweichen, das Wasser abgießen. Man setzt sie mit dem Fleisch zusammen, mit frischem Wasser überdeckt, an und läßt auf kleinem Feuer langsam weich kochen (2½–3 Stunden), nimmt das Fleisch heraus, streicht die Erbsen durch ein Sieb, rührt Mehl mit kaltem Wasser glatt und läßt es mit dem Erbsenbrei noch gut verkochen. Das Fleisch wird in Portionsstücke geschnitten und sternartig auf den angerichteten Erbsenbrei gelegt.

1 Pfd. Schweinefleisch
½ Pfd. getr. Erbsen
25 g Mehl
Salz
Pfeffer

Rezept 622

Dänischer Schweinegulasch

Das Fleisch in Würfel schneiden und mit heißem Wasser untergossen aufs Feuer setzen. Man dünstet langsam weich. Inzwischen werden die übrigen Zutaten klein geschnitten und zum Fleisch gegeben, von dem aller Saft weggedünstet sein muß. Man läßt es kurz anbraten, stäubt Mehl über, löscht mit Wasser ab und richtet nach ein paar Kochminuten an. Dazu Kartoffel- oder Semmelklöße oder Kartoffelschnee.

¾ Pfd. fettes Schweinefleisch
½ Pfd. Leber und Niere gemischt
1 große Zwiebel
30 g Mehl
Salz
Pfeffer

Rezept 623

Speck auf englische Art

500 g magerer roher Schinken
1 Lorbeerblatt
1 Teel. Pfefferkörner
1 Zwiebel mit
2 Nelken
2 Eßl. brauner Zucker
1 Tasse Reibbrot

Den möglichst mild gesalzenen Schinken mit den Gewürzen in recht heißes Wasser legen (nicht kochen) und etwa 20 Minuten ziehen lassen, abtropfen, Schwarte ablösen, den Schinken mit Zucker einreiben, in Reibbrot panieren und im Backofen 30 Minuten backen. Dann in Scheiben oder Streifen schneiden und zu gebuttertem Röstbrot servieren.

Rezept 624

Pariser Schweinekarbonaden

1 Pfd. Schweinefleisch
$1/2$ Pfd. Rindfleisch
1 Brötchen, Pfeffer
1 feingeschn. Zwiebel
1 Teel. feingehackte Petersilie, Salz
2–3 Eßlöffel Fett
2 Eier
2–3 Eßlöffel Paniermehl

Schweinefleisch und Rindfleisch durch die feine Scheibe der Fleischmaschine drehen und mit der im Wasser eingeweichten und ausgedrückten Semmel sowie Pfeffer und Salz anmachen. Gehackte Zwiebel und Petersilie in Butter dämpfen und mit ganzen Eiern an die Fleischmasse geben. Flache, runde Stücke von etwa 125 g formen, welche man in Paniermehl wendet und in Fett oder Butter in der Pfanne bäckt.

Rezept 625

Rumänisches Zwiebelfleisch

500 g Schweinefleisch
500 g Zwiebeln
50 g Schmalz
1 Eßlöffel Paprika
Salz
$1/2$ l Tomatensaft
2 Tassen Reis
1 Tasse Champignons
3 Paprikaschoten
3 Tomaten

Schweinefleisch und Zwiebeln kleinschneiden und in heißem Schmalz oder Öl gelblich anbraten. Mit Salz und Paprika würzen. Einen halben Liter Tomatensaft zugießen und das Fleisch auf kleiner Flamme fast gar schmoren. Drei bis vier Paprikaschoten und die Tomaten, alles kleingeschnitten, dazugeben. Obenauf kommt der gewaschene Reis und eine Tasse feingehackte Champignons. Zugedeckt noch etwa 20 Minuten dünsten lassen.

Rezept 626

Tatarröllchen

1 Pfd. Schweinegehacktes
Salz, Pfeffer
1 gr. Zwiebel
1 Gewürzgurke

Das Gehackte mit feingeschnittener Zwiebel und Gurke vermischen und würzen. Aus der Fleischmasse kleine Röllchen formen und mit frischen Brötchen und Senf servieren.

Rezept 627

Rheinische Bratwürste

1 Pfd. frische Bratwürste
4 Eßlöffel Schmalz
2 Pfd. Kartoffeln
Salz
5 Eßl. heißes Wasser
1 Tasse saure Sahne

Die Bratwürste in einer feuerfesten Form in heißem Fett knusprig braten, aber bei fest verschlossenem Deckel. Die geschälten, in Scheiben geschnittenen Kartoffeln mit Salz vermischt auf die Bratwürste geben. Das heiße Wasser wird an die Seite, die Sahne über die Kartoffeln gegossen. Zugedeckt im Backofen oder auf dem Herd in etwa 30 Minuten gar kochen.

KALBFLEISCH GEKOCHT UND GEBRATEN

Rezept 628

Kalbfleisch gekocht

$1\,^3/_4$ l Wasser
1 Pfd. Kalbfleisch
500 g Kalbsknochen
Suppengrün
Salz
1 Lorbeerblatt
1 Prise Pfefferkörner

In das kochende Wasser gibt man Knochen, Fleisch, Suppengemüse und Gewürze und läßt etwa 1 Stunde kochen. Fleisch herausnehmen, Zwischenhäute oder Röhrchen sorgfältig entfernen, in appetitliche Scheiben oder große Würfel schneiden und Bechamelsoße, Rezept 477, Rotweinsoße, Rezept 479, oder Ragoutsoße, Rezept 501, dazu reichen. Zur Soße verwendet man die durchgesiebte Brühe.

Rezept 629

Kalbfleisch in Biersoße

2 Pfd. Kalbfleisch
$1\,^1/_2$ l Wasser
Salz, Zucker
Suppengemüse
Kartoffelmehl
Zitronensaft
1 Tasse dunkles Bier
40 g Kochpfefferkuchen
1 Zwiebel mit
4 Nelken gespickt
$^1/_2$ Lorbeerblatt

Kalbfleisch von Schulter, Brust oder Hals wird wie Suppenfleisch gekocht. $^1/_2$ l Brühe zur Soße zurücklassen. Das Bier zu der Soßenbrühe gießen, Lorbeerblatt, Zwiebel und Wurzelwerk hineingeben und so lange kochen, bis das Gemüse weich ist. Brühe durchsieben, den in warmem Wasser gelösten Kochpfefferkuchen hineingeben, mit Kartoffelmehl andicken und mit Zucker, Salz und Zitronensaft abschmecken. Das Fleisch in Scheiben schneiden.

Rezept 630

Kalbslunge und Herz gekocht

Lunge und Herz
2–3 l Wasser
1 Eßlöffel Salz
Suppengrün

Lunge und Herz gründlich waschen, das Herz in zwei Hälften oder alles in handgroße Stücke schneiden. Mit dem Suppengrün in das Salzwasser geben und gar kochen (2 Stunden). Man kann Ragout, Rezept 537, daraus bereiten oder alles durch den Wolf drehen und die helle Soße mit Essig, Zitronensaft und Pfeffer abschmecken, das durchgedrehte Fleisch hineingeben und zu Kartoffelklößchen oder Nudeln servieren.

Rezept 631

Kalbsmilch gekocht

2 Kalbsmilch
1 Tasse Brühe
3 Eßlöffel Butter
2 Eßlöffel Mehl
1 Glas Weißwein
Pfeffer
Salz

Die gut gereinigte Kalbsmilch in schwachem Salzwasser kurz aufkochen, abgießen. Dann in der Fleischbrühe gar, aber nicht zu weich kochen (30 Minuten). Herausnehmen, abkühlen lassen. Eine helle Mehlschwitze mit Brühe und Weißwein ablöschen, das Fleisch hineingeben und Kartoffelbrei und Blumenkohl dazu reichen.

Rezept 632

Kalbsbries pikant

2 Kalbsbriese
30–40 g Fett
2 Eßlöffel Brühe
50 g fetter Schinken
1/8 l Weißwein
Zitronenschale
Muskat, Salz, Pfeffer
Zwiebel, Petersilie

Im Fett den klein gehackten Schinken und Zwiebel anrösten, die Briese dazugeben, mit Suppe, Würfelbrühe oder Wasser untergießen und unter mehrmaligem Wenden zugedeckt 1/2 Stunde schmoren. Den Saft mit Wein und Gewürzen abschmecken, die in Scheiben geschnittenen Briese mit dem sehr pikanten Saft übergießen. Dazu Reis oder Kartoffeln.

Rezept 633

Kalbsbries gebraten

1 Kalbsbries
60 g Butter
Salz
Pfeffer

Bries vorbereiten, salzen und in schäumende Butter einlegen. Unter fleißigem Begießen zuerst mit der Butter, später unter Zugabe von heißem Wasser oder Suppe, brät man das Bries in 1/2–3/4 Stunde weich. Es wird, in Scheiben geschnitten und mit dem Bratsaft übergossen, aufgetragen.

Rezept 634

Franz. eingekrustete Kalbsmilch

2 Kalbsmilch
1/4 l Brühe
3 Eßlöffel Butter
3 Eßlöffel Mehl
1 Glas Weißwein
Pfeffer
Salz
1 Ei
Paniermehl
Butter zum Backen

Kalbsmilch in leichtem Salzwasser aufkochen, abgießen. Dann in Brühe nicht zu weich kochen (20–30 Minuten), herausheben, abkühlen lassen. Eine ganz dicke Soße aus Butter, Mehl, Brühe, Wein bereiten. Kalbsmilch in Scheiben schneiden, hineintauchen, daß sie dick mit Soße behaftet sind. In Ei und Paniermehl wenden und in heißem Fett hellbraun braten. Kartoffelbreirand bereiten, das Fleisch in die Mitte geben und mit Blumenkohl servieren.

Rezept 635

Gekochtes Kalbshirn

1–2 Kalbshirn
1/2 l Brühe
Suppengrün
Salz
1 Eßlöffel Essig
2 Eßlöffel Butter

Kalbshirn so lange wässern, bis das Blut ausgeschwemmt ist. Haut und Adern entfernen. Hirn mit den Gewürzen in kochendes Wasser geben und 20 Minuten sieden lassen. Herausnehmen, mit brauner Butter übergießen und Tomatensalat dazu servieren.

Rezept 636

Kalbsfrikassee

1 Pfd. Kalbfleisch
2 Eßlöffel Butter
2 Eßlöffel Mehl
Salz, Pfefferkörner
1/2 l Brühe
1 Eßl. Zitronensaft
oder Weißwein
1 Teel. Kapern
1 Ei oder
1 Eßlöffel Sahne
125 g Champignons

Das Fleisch nach Vorschrift kochen (30–40 Minuten). Eine helle Soße aus Butter, Mehl und Brühe bereiten; mit Zitronensaft, Weißwein und Kapern abschmecken, mit Eigelb abziehen oder Sahne zugießen. Die in feine Scheiben geschnittenen Champignons in Butter schmoren und zum Garnieren verwenden oder in die Soße geben. Abschmekken. Das in Würfel geschnittene Kalbfleisch mit der Soße übergießen.

Rezept 637

Kalbsragout

1 Pfd. gekochtes
Kalbfleisch
2 Eßlöffel Butter
2 Eßlöffel Mehl
1 Zwiebel, Gewürz
1/2 l Brühe
1 Tasse Rotwein
1 Prise Zucker

Das gekochte Kalbfleisch in große Würfel schneiden und in heißem Fett leicht bräunen. Die helle Soße aus Butter, Mehl und Brühe mit Rotwein und Zucker abschmecken, würzen. Das Fleisch hineingeben und im Reisrand anrichten.

Rezept 638

Braunes Ragout

1 Pfd. beliebiges Fleisch, 40 g Fett (bei Hammel oder Schwein auch das Eigenfett)
40 g Mehl, Zwiebel
Würzen, Rezept 637
Wein, Rezept 637

Das sehr klein geschnittene Fleisch wird im Fett mit geriebener Zwiebel kräftig angebräunt. Auch das darüber gestreute Mehl läßt man dunkel bräunen, ehe man weiter verfährt wie Rezept 637. Die Würzung muß in diesem Fall auch kräftiger als beim weißen Ragout sein, das sich durch feine Milde auszeichnen soll.

Rezept 639

Kalbsgulasch

1 Pfd. Kalbfleisch
3 Eßlöffel Fett
2 Tomaten
1 Zwiebel
2 Eßlöffel Mehl
Salz
1 Tasse Brühe
1 Lorbeerblatt

Das Kalbfleisch in Würfel geschnitten in heißem Fett mit Zwiebeln und Tomaten anbraten. Das gebräunte Fleisch mit Mehl bestäuben, salzen, Wasser oder Brühe zugießen, Lorbeerblatt dazugeben und gar schmoren (1 Stunde). Die Soße abschmecken, evtl. Rahm zugießen. Lorbeerblatt herausnehmen.

Rezept 640

Kalbsleber gebraten

4 Scheiben Kalbsleber oder ½ Pfd. im Stück
1 Eßlöffel Mehl
3 Eßlöffel Butter
1–2 Zwiebeln
Salz
Pfeffer

Die Leber enthäuten. In Scheiben oder daumengroße Stücke geschnitten mit Mehl bestäuben, in heißem Fett schnell von allen Seiten bräunen (6 Minuten). Am Pfannenrand Zwiebelringe mitrösten. Leber herausnehmen, pfeffern und salzen. Mit Zwiebelringen belegen und das Bratenfett übergießen. Dazu Kartoffelsalat oder Kartoffelbrei. Oder: die kleinen Leberstückchen mit Holzspießchen auf eine kleine Speckscheibe spießen und zusammen in Butter knusprig braten. Mit Spießchen auf Kartoffelbrei anrichten.

Rezept 641

Leber mit Bananen

4 Scheiben Leber
1 Eßlöffel Mehl
1 Ei, Salz
Paniermehl
3 Eßlöffel Butter
1 Spritzer Kognak
2 Bananen
1 Eßlöffel Johannisbeergelee

Leber enthäuten, in Mehl wenden, panieren. In heißer Butter so braten, daß das Innere rosa bleibt (6 Minuten), salzen. 1 Spritzer Kognak darübergeben. Bananen halbieren, kurz in Butter braten; die Leber damit belegen und mit Johannisbeergelee verzieren.

Rezept 642

Kalbsleber mit Äpfeln

Leber in Mehl wenden, in heißem Fett schnell anbraten, umwenden. Die in Scheiben geschnittenen, geschälten Äpfel in die Mitte der Pfanne legen, mit Kognak parfümieren und glasig schmoren. Zur Seite schieben und die Leber fertig braten. Dann würzen, auf einer gewärmten Platte anrichten und die Apfelscheiben schuppenartig darauf garnieren.

4 Scheiben Kalbsleber
1 Eßlöffel Mehl
Butter
Salz
Pfeffer
2 Äpfel
1 Schuß Weinbrand

Rezept 643

Italien. Leber gespickt und gebraten

Die enthäutete Leber wird im ganzen Stück belassen, mit feinen Speckstreifchen gespickt und in aufschäumende Butter gelegt. Man brät sie unter öfterem Wenden. Der Natursaft wird behandelt wie Rezept 616 und beim Auftragen über die fein aufgeschnittene Leber gegossen.
Veränderung: Man würzt mit Rotwein oder Zitronensaft.

1 Pfd. Kalbsleber
40 g Räucherspeck
40 g Butter
Salz
Pfeffer

Rezept 644

Englische Leber gebraten

Die Leber enthäuten und in dünne Scheiben schneiden. Man dreht jede Scheibe leicht in Mehl und brät sie im heißen Fett rasch von beiden Seiten hellbraun, nimmt sie heraus, salzt sie und hält sie warm, salzt den Saft milde (oder Würze), läßt das Stückchen Butter darin zergehen und gießt den Saft über die angerichteten Leberschnitten.

4 Scheiben Kalbsleber
50 g Bratenfett
15 g Butter
Salz
Pfeffer

Rezept 645

Französische Leber geröstet

Die enthäutete Leber in dünne Blättchen schneiden und zur angerösteten Zwiebel ins heiße Fett legen. Unter Aufrühren läßt man die Leber von allen Seiten grau werden. Man gießt etwas Suppe an, würzt mit Pfeffer, Salz und etwas Majoran und trägt im Natursaft auf, in dem die Zwiebeln gut zerkocht sein müssen.

4 Scheiben Leber (Kalb, Schwein oder Hammel), Pfeffer
40–50 g Fett
200 g Zwiebeln
Salz, Majoran
Zitronenschale

Rezept 646

Wiener gebackene Leber

4 Scheiben Kalbsleber
2 Eßlöffel Mehl
1 Ei
2 Eßl. Semmelbrösel
2–3 Eßlöffel Fett
1/2 Teel. Salz
1 Spritzer Zitronensaft

Scheiben von Kalbsleber werden in Mehl, Ei und Semmelbröseln paniert und aus heißem Fett herausgebacken; dann erst gesalzen. Man kann sie vor dem Auftragen mit etwas Zitronensaft bespritzen oder mit Zitronenspalten garnieren. Ist Schweinsleber sehr zart und milde, kann auch sie gebacken werden.

Rezept 647

Bayrische Leberknödel

250 g beliebige Leber
80 g Milz, 1 Ei
2–3 Semmeln
40 g Schweinefett
Zwiebel, Mojoran
Petersiliengrün
Pfeffer, Salz

Wie Hackfleisch zubereiten, Klößchen formen, in Salzwasser 20 Minuten kochen.
Verfeinerung: Sind die Knödel Hauptgericht, mit gebräunter Zwiebel übergießen, gut zu Sauerkraut. Als Kroketten: Man formt auf Mehl oder Semmelbröseln Rollen und bräunt sie in Fett.

Rezept 648

Leberpastete

500 g Leber
100 g weicher Schweinespeck (Bauchfleisch)
2 Semmeln
50 g Fett oder Räucherspeck
Petersiliengrün
1–2 Eier, Zwiebeln
Salz, Pfeffer
engl. Soße
einige Tropfen Kognak oder Kochmadeira

Die Leber enthäuten, dreimal durch die Fleischmaschine drehen und allenfalls noch passieren. Den Schweinespeck und geweichte Semmeln nachdrehen. Im Fett Zwiebeln hell andünsten, Petersiliengrün dazu und alles zur Semmelebermasse geben, mit allen Gewürzen fein abschmekken und dann weiter wie Rezept 586 verfahren. Zum gestürzten warmen Gericht Sardellen- oder Tomatensoße, zum kalten Mayonnaise, Aspik, Gürkchen oder Sardellen als Garnierung geben.

Rezept 649

Kalbsnieren gedämpft

2 Kalbsnieren
1 Zwiebel
2 Eßlöffel Fett
1 Eßlöffel Brühe
1 Eßlöffel Weißwein
Salz
Pfeffer

Die aus dem Fett gebrochenen Nieren in dünne Scheiben schneiden und in einer Pfanne mit feingehackten Zwiebeln und Butter anbraten. Herausnehmen, den Fond mit Fleischbrühe und Bratensoße ablöschen, mit Weißwein abschmekken, aufkochen lassen, über die Nieren gießen.

Rezept 650

Kalbsnierenschnitten im Reisrand

Die in Scheiben geschnittenen Nieren in heißem Fett kurz anbraten und würzen. Die in Scheiben geschnittenen Pilze zugeben und gar dünsten. Mondamin mit Sahne und Senf verrührt darübergießen und einige Male aufkochen lassen. Den Reisrand, Rezept 837, auf eine große Platte stürzen, die Nieren hineinfüllen und sofort anrichten.

2 Kalbsnieren
2 Eßlöffel Fett
Pfeffer, Salz
2 Eßlöffel Pilze
½ Tasse saure Sahne
1 Teelöffel Senf
1 Teel. Mondamin

Für alle Zungenarten gilt gleich, daß sie nach gründlicher Reinigung mit Suppengrün gekocht werden, bis sie weich sind. Jede Zunge muß in noch heißem Zustand geschält werden, weil sich von der erkalteten Zunge die Haut nicht mehr abziehen läßt.

Rezept 651

Frische Zunge gekocht

Eine beliebige Zunge mit reichlich Suppenwurzeln kochen, enthäuten, in Scheiben schneiden und schuppenartig auf die gewärmte Platte legen. Die Wurzeln nett schneiden und damit die Zunge belegen, mit etwas von der Zungenbrühe untergießen und mit geriebenem Meerrettich überstreuen. Dazu Kartoffeln.

1 Zunge
Suppengrün
gerieb. Meerrettich

Rezept 652

Feines Ragout von Zunge, franz. Art

Die Zungen kochen, abziehen und warmhalten. Aus Fett und Mehl eine Mehlschwitze bereiten, mit der Zungenbrühe ablöschen, die fein gehackten Pilze und die weichgekochten, zerdrückten Kastanien und Zitrone dazugeben und gut verkochen lassen. Man schmeckt nach Salz und Säure pikant ab. Es verbessert das Gericht, wenn man etwas Wein daran gibt. Die Soße über die Zunge streichen.

2 Kalbs- oder andere kleinere Zungen, Salz
40 g Fett, 30 g Mehl
50–100 g Champignons oder andere Pilzchen,
je Zunge 5 Kastanien
Zitronensaft und Schale von ¼ Zitrone

Rezept 653

Züricher Zungenragout im Reisrand

1 Kalbszunge
200 g Kalbsmilch
100 g Gehacktes
1/2 Brötchen
1 Zwiebel
gehackte Petersilie
Suppengrün
1 Ei, Salz, Pfeffer
2 Eßlöffel Fett
1 1/2 Eßlöffel Mehl
Wein, Zitronensaft
1 kl. Dose Champignons

Zunge mit Suppengrün 2 Stunden kochen, abschrecken und abhäuten. Aus Gehacktem und seinen Zutaten kleine Fleischklößchen formen und in der Zungenbrühe gar kochen; ebenso die Kalbsmilch. Diese dann in kleine Stücke schneiden. Aus Fett und Mehl eine dunkle Schwitze bereiten, mit 1 1/2 Tassen Brühe ablöschen und mit Zitronensaft, Salz, Wein und Pfeffer abschmecken. Die in Scheiben geschnittene Zunge, Kalbsmilch, Fleischklößchen und Pilze in Soße geben, aufkochen, im Reisrand anrichten.

Rezept 654

Kalbsherz gedämpft

1 Kalbsherz
2 Scheiben Speck
100 g Butter
1 Zwiebel, Salz
1 Möhre, Pfeffer
1 Glas Weißwein
1 Eßlöffel Brühe
1 Eßlöffel Mehl

Kalbsherz halbieren, in kaltem Wasser wässern, bis alles Blut herausgezogen ist, und gut abtrocknen. Hierauf spikken. In eine Kasserolle Butter, in Scheiben geschnittene Zwiebel und gelbe Rübe geben, das Herz salzen und pfeffern, auf beiden Seiten anbraten, mit Weißwein und etwas Bratensoße ablöschen und weichdämpfen. Noch etwas Fleischbrühe dazugeben, mit etwas Mehl abziehen und die Soße über das in Scheiben geschnittene Kalbsherz geben.

Rezept 655

Pikanter Kalbskopf (en tortue)

1/2 Kalbskopf
40 g Fett, Zitrone
40 g Mehl
250 g Suppenwurzeln
150 g Zwiebeln
Pfefferkörner, Salz
Rotwein

Den Kalbskopf sehr gründlich reinigen und im ganzen Stück in Salzwasser mit etwas Zwiebeln und den Pfefferkörnern weich kochen. Man legt ihn zur Abkühlung ins kalte Wasser, löst das Fleisch von den Knochen und achtet wohl darauf, keine Knochensplitterchen daran zu lassen. Dann verarbeitet man ihn wie braunes Ragout, Rezept 537, mit viel Suppenwurzeln und Zwiebeln und würzt mit Salz, Pfeffer, Rotwein und Zitronenschale.

Cordon bleu. Versuchen Sie es einmal mit einer pikanten Note. Bestreichen Sie die großen, aber dünnen Kalbsschnitzel auf beiden Seiten mit Senf und belegen Sie je Schnitzel eine Hälfte mit einer Schinkenscheibe und einer Emmentaler Scheiblette. Die andere Hälfte darüber klappen, die »offenen Stellen« mit Eiweiß etwas zukleben, denn es darf nichts herausschauen. Dann in Mehl, Ei und Bröseln wälzen und in heißer Butter von beiden Seiten goldbraun backen. Das schmeckt!

Rezept 656

Gefülltes Kalbsherz

1 Kalbsherz
30 g Speck
3 Eßlöffel Fett
1/2 l Brühe
1 Teel. Mondamin
2 Brötchen
1 Tasse Milch
1 Ei, Salz
1 Eßlöffel Butter
1 Zwiebel
Muskat, Kräuter

Das Kalbsherz waschen, öffnen und füllen. Aus zwei in Milch eingeweichten und ausgedrückten Brötchen, Butter, Ei, gehackten Kräutern und Gewürz eine Füllung bereiten, in das Herz füllen, zunähen. Mit Speckscheiben umwickelt schmoren (2 Stunden) wie Rinderschmorbraten, Rezept 558. Die Soße mit Mondamin binden und evtl mit Rahm abschmecken. Vor dem Anrichten mit gehackten Kräutern wie Petersilie, Schnittlauch oder ähnl. bestreuen.

Rezept 657

Kalbskotelett natur

4 Koteletts
Salz, Pfeffer
Mehl
3 Eßlöffel Butter
Zitrone

Die Koteletts klopfen, würzen, in Mehl wenden und in heißem Fett von beiden Seiten braten (8 bis 10 Minuten). Mit Zitronenvierteln anrichten. Bohnen, Kohlrabi oder Blumenkohl dazu reichen.

Rezept 658

Kalbskotelett paniert

4 Koteletts, 1 Ei
Salz, Pfeffer
2 Eßl. Paniermehl
3 Eßlöffel Butter
Zitrone

Koteletts klopfen, würzen, panieren, in heißer Butter von beiden Seiten braten (8 bis 10 Minuten). Mit Zitronensaft beträufelt servieren.

Rezept 659

Holsteiner Schnitzel

4 Schnitzel, 1 Ei
4 Spiegeleier
3 Eßlöffel Fett
Salz, Pfeffer
Paniermehl

Schnitzel klopfen, würzen, panieren. In heißem Fett braten. Auf angewärmtem Teller anrichten und mit einem Spiegelei belegen. Bratzeit 10 Minuten.

Sehr leicht und gut bekömmlich sind Schnitzel naturgebraten. Schmoren Sie noch Champignons in etwas Butter an, geben diese auf die Schnitzel und überstreuen das Ganze mit frischgehackter Petersilie. Dazu gibt's feine Erbsen und Kartoffelpüree.

Rezept 660

Wiener Schnitzel

4 Schnitzel, 1 Ei
Salz, Mehl
1 Eßlöffel Wasser
1 Eßlöffel Öl
Paniermehl
3 Eßlöffel Butter zum Backen

Schnitzel klopfen, salzen, in Mehl wenden. Ei mit Wasser und Öl verquirlen, Schnitzel darin wenden, dann in Paniermehl. Sofort in heißem Fett in 5 bis 10 Minuten goldbraun braten. Mit Zitronenscheiben und Petersilie garnieren.

Rezept 661

Rumänisches Paprikaschnitzel

400–500 g Fleisch
50 g Räucherspeck
250 g Zwiebeln
Salz
Paprika
1/8 l Sauerrahm (Milch)
1 Eßl. Tomatenmark
1 Eßlöffel Mehl

Die Schnitzel vorbereiten. Den Speck klein schneiden und mit den Zwiebeln ganz hell anrösten, die in Mehl getauchten Schnitzel dazu einlegen und kurz von beiden Seiten anbraten lassen. Dann streut man reichlich süßen Paprika darüber, gießt Suppe oder Wasser daran und läßt 20 Minuten dünsten. Zuletzt fügt man Tomatenmark und den Sauerrahm bei, den man vorher noch mit 1 Eßlöffel Mehl glattrühren kann, um reichlich Soße zu bekommen. Dazu reicht man am besten Reis.

Rezept 662

Überbackene Schnitzel „Bergère“

4 Kalbsschnitzel
80 g Butter
150 g Champignons
70 g frische Sahne
1 Glas Madeirawein
30 g geriebenen Parmesankäse
Paniermehl
1 Schalotte
etwas Petersilie
Salz
Pfeffer

Die Champignons in Stückchen schneiden, in 3 Minuten anbraten, mit der gehackten Schalotte, mit Petersilie und einem nicht zu kleinen Stück Butter in einem kleinen Brattopf, der zugedeckt wird. In der Zwischenzeit die vorher gesalzenen und gepfefferten Schnitzel mit reichlich Butter bei starker Flamme schmoren. Die Schnitzel müssen von beiden Seiten gut angebraten werden. Wenn sie goldgelb aussehen, aus der Pfanne nehmen und warmstellen. Den Madeirawein und unter ständigem Umrühren die Sahne und die Champignons geben. Nur erhitzen – nicht kochen! Die Schnitzel werden jetzt auf einen Bratenteller gelegt, mit geriebenem Parmesankäse bestreut und mit den Champignons bedeckt. Zum Schluß mit Paniermehl – oder mit einem zerkrümelten Zwieback – bestreuen und noch einige Minuten überbacken.

Rezept 663

Kalbsmedaillon

Das Filet in 2 cm dicke Scheiben schneiden, salzen, in heißer Butter schön braun braten. Das Innere muß rosa bleiben. Die Scheiben auf Toastbrot legen, Spiegelei darauf. Mit Sardellenhäppchen garnieren. Paprika und feingehackten Schnittlauch überstreuen. Bratzeit 5 bis 10 Minuten.

1 Kalbsfilet
3 Eßlöffel Butter
4 Spiegeleier, Salz
4 Scheiben Toastbrot
2 Sardellenfilets
Rosenpaprika
gehackter Schnittlauch

Rezept 664

Schwalbennester

Schnitzel klopfen, würzen und mit einer Scheibe gekochtem Schinken belegen. Das hartgekochte Ei pellen, darauflegen und zusammenrollen. Mit Rouladenklammern oder -nadeln zusammenstecken. Butter im Topf erhitzen, die Fleischrollen hineingeben, von allen Seiten kurz anbraten, wenig Flüssigkeit zugeben und gar schmoren (1 Stunde). Wenn sie gleichmäßig braun sind, herausnehmen, die Klammern entfernen und warm stellen. Soße mit Mehl binden, herzhaft abschmecken, evtl. Tomatenpüree oder Pilze zugeben. Die Schwalbennester der Länge nach aufschneiden und auseinandergeklappt gefällig anrichten. Dazu kann Leipziger Allerlei oder Blumenkohl gereicht werden.

4 große Kalbsschnitzel
4 Scheiben gekochter Schinken
4 hartgekochte Eier
4 Eßlöffel Butter
Salz
1 Teel. Tomatenpüree
1 Eßlöffel Mehl
Pilze

Rezept 665

Franz. Schnitzel in Ei gebacken

Kalbsschnitzel dünn ausklopfen, milde salzen (allenfalls mit Zitronensaft betropfen). Je Schnitzel 1 Ei aufschlagen, die Schnitzel in Mehl drehen, im Ei wälzen und in heißem Fett, besser noch in schäumender Butter, auf einer Seite braten, wenden, nochmals Ei darüber gießen und fertig braten. Auf vorgewärmter Schüssel schuppenartig anrichten und mit dem restlichen Bratsaft untergießen.
Garnitur: feine Gemüse wie grüne Erbsen, Blumenkohl, Spargelgemüse, junge Karotten, nach Farben abgewechselt

4 Kalbsschnitzel
½ Teelöffel Salz
4 Eier
2 Eßlöffel Mehl
4 Eßlöffel Butter
feine Gemüse

Rezept 666

Elsässer Rahmschlegel

2 Pfd. Kalbskeule
8–10 Speckstreifchen
2 Eßlöffel Fett, Salz
5 Scheibch. Karotten
Sellerie, Zwiebel
2 Eßlöffel Fett
1 Glas Weißwein
1 Teel. Tomatenmark
1 Tasse Rahm
1 Teelöffel Mehl

Kalbfleisch häuten, spicken, salzen und in heißem Fett anbraten. Karotten-, Sellerie- und Zwiebelscheiben in Fett andünsten und mit Weißwein auffüllen, Tomatenmark und Basilikum zugeben. Das Fleisch im Backofen unter häufigem Begießen dünsten. Die Hälfte des Rahms über das Fleisch gießen und zugedeckt im Ofen gar braten. Soße durchsieben, mit Mehl binden und mit Rahm abschmecken.

Rezept 667

Cordon bleue – Gefüllte Schnitzel

Schnitzel
Schinken
Zitronen

Doppelschnitzel und je Doppelschnitzel 1 Scheibe Schinken. Man legt in je ein Doppelschnitzel eine Schinkenscheibe ein und verfährt dann wie bei Rezept 665. Die Zitronenspalten nicht vergessen.

Rezept 668

Italienische Kalbsschnitzel

4 Kalbsschnitzel
4 dünne Scheiben
Schinkenspeck
Tomatenmark
Öl zum Braten

Kalbsschnitzel klopfen, halbieren und je eine Hälfte leicht salzen. Die anderen Hälften mit Tomatenmark und mit Speckscheiben belegen. Jetzt werden die gesalzenen Fleischscheiben daraufgelegt und mit halbierten Zahnstochern zusammengehalten. Diese sogenannten „Saltimbocca" auf beiden Seiten in heißem Öl goldgelb braten.

Rezept 669

Englische Kalbsschnitzel natur

4 Kalbsschnitzel
50 g Fett
20 g Butter
$^1/_2$ Tasse Rahm
Zitronensaft
Salz

Die geklopften Schnitzel salzen und 1 Stunde liegen lassen. Dann taucht man sie auf einer Seite in Mehl, legt sie mit dieser Seite ins sehr heiße Fett und brät sie 10–12 Minuten unter leichter Bräunung auf beiden Seiten, wobei man etwas Flüssigkeit tropfenweise angießt. Man nimmt die gebratenen Schnitzel aus dem Fett und hält sie heiß. In den Bratensaft gibt man $^1/_8$ Liter Sauerrahm, mit etwas Zitronensaft gewürzt, läßt kurz aufkochen und gießt über die angerichteten Schnitzel. Beilage: Reis.

Rezept 670

Kalbsbraten

Das Fleisch würzen. Das Fett in einen Topf geben, heiß werden lassen und das Fleisch von allen Seiten schnell anbraten. Zwiebel und Tomaten zugeben, etwas Flüssigkeit angießen und das Fleisch in 1 Stunde gar schmoren. Den Bratensatz mit etwas Mehl binden, abschmecken und evtl. 2 Eßlöffel Rahm zugeben.
Das Fleisch muß öfter begossen werden, damit es nicht trocken wird.

$1^1/_2$ Pfd. Kalbfleisch
Salz, Pfeffer
1 Zwiebel
1 Eßlöffel Schmalz
1 Eßlöffel Butter
2 kleine Scheiben Speck, Tomaten
1 Eßlöffel Mehl
1 Tasse Brühe

Rezept 671

Kalbsnierenbraten

Die Knochen auslösen, das Fleisch salzen und die Niere darauflegen. (Kann man beim Metzger auch fertig haben.) Das Fleisch zusammenrollen. Die Hälfte des Fettes im Topf erhitzen, das Fleisch hineingeben; die andere Hälfte des Fettes kochend darübergießen. Braten öfter umwenden. Nach und nach die Brühe zugießen und kurz vor dem Garwerden (1 Stunde) die Sahne über das Fleisch geben. Die Soße mit Mehl binden, abschmecken. Man kann auch Zwiebel, Tomate oder Pilze mit in der Soße schmoren.

$1^1/_2$ Pfd. Nierenstück
Salz
4 Eßlöffel Fett
1 Tasse Brühe
1 Tasse Sahne
1 Eßlöffel Mehl

Rezept 672

Gefüllte Kalbsbrust

Knochen vom Metzger auslösen lassen und eine Tasche schneiden. Diese mit Salz und Zitronensaft ausreiben. Aus Gehacktem, Ei, Salz, Muskat eine Fleischfüllung bereiten, die Tasche damit füllen und zunähen. Im Bratentopf Butter und Wasser erhitzen, die Kalbsbrust hineingeben, Tomate und Zwiebel dazu und weich dämpfen. Ab und zu etwas Brühe und Rahm zugießen und in $1^1/_2$ Stunden fertig braten. Eine dunkle Soße bereiten, abschmecken. Das Fleisch muß man vorsichtig mit sehr scharfem Messer in halbdicke nicht zu dünne Scheiben schneiden, damit die Füllung nicht zerdrückt wird.

2 Pfd. Kalbsbrust
1 Teel. Zitronensaft
5 Eßlöffel Butter
1 Tasse Wasser
1 Tasse Sahne
1 Eßlöffel Mehl
Füllung:
125 g Gehacktes
1 Ei, Salz
Zwiebel, Muskat
Tomate

Rezept 673

Kalbshaxe

1 Kalbshaxe
1 Zwiebel
3 Eßlöffel Butter
1 Tasse Wasser
1 Eßlöffel Mehl
Salz
Pfeffer

Die Haxe würzen und mit einer Zwiebel in heißem Fett anbraten. Wenig Wasser zugießen, öfter umwenden und schön bräunen (1½ Stunden). Aus Fett und Mehl eine dunkle Schwitze bereiten, mit Brühe ablöschen, abschmecken und über das Fleisch gießen.

Rezept 674

Österreichische Kalbshaxe, blau

1 Kalbshaxe
1 l kochendes Wasser
1 Wurzelwerk
40 g Butter
40 g Mehl
½ Glas Weißwein
½ Tasse Brühe
Zitronensaft
1 Eigelb
1 Eßlöffel Rahm
½ Tasse junge Erbsen
½ Tasse feingeschn. Pilze

Die Kalbshaxe in kochendes Wasser oder Fleischbrühe geben, abschäumen und in Würfel geschnittenes Wurzelwerk, Zwiebel, gelbe Rübe, Selleriewurzel dazugeben. Nachdem die Kabshaxe weichgekocht ist, von Butter und Mehl eine weiße Mehlschwitze machen. Die Brühe mit Weißwein dazugießen. Die Soße ½ Stunde auskochen lassen, mit Zitrone abschmecken und mit Eigelb und Sahne abziehen. Die Haxe mit dem Wurzelwerk in die Soße geben, der man noch einige Erbsen und Champignons hinzugefügt hat, und auftragen.

Rezept 675

Kalbsnuß

2 Pfd. Kalbsnuß
80 g Fett oder Butter
Salz

Wird gebraten wie der Kalbsbraten im Natursaft. Dieser Braten ist von einem eigenen Häutchen umschlossen und kann sehr schön aufgeschnitten werden. Man wählt ihn auch für den kalten Aufschnitt.

Rezept 676

Schweizer Kalbsnierenbraten

Zutaten wie Kalbsbraten Rezept 670
1–2 Kalbsnieren

Wird gebraten wie der Kalbsbraten im Natursaft. Man placiert die Niere in die Mitte des Bratens und rollt ihn nun von der dicken Seite her zur dünnen hin zusammen. Der Braten wird mit Bindfaden zusammengeschnürt und an- und fertiggebraten wie immer. Nach Geschmack kann mit Sardellenstäbchen gespickt werden. Man läßt dann feinst geschnittene Zitronenschalen im Saft mitdünsten.

Rezept 677

Franz. Kalbsfricandeau gespickt

1 kg Kalbsnuß
60 g Fett
50 g Speck oder Schinkenspeck
Salz
1/8 l saure Sahne
Suppe
Knochen- oder Würfelbrühe

Die Kalbsnuß wird geklopft, gesalzen und gespickt und in das aufschäumende Fett gelegt. Kurz anbraten und in Backofen schieben. Er muß alle 6–8 Minuten begossen werden. Knochen- und Würfelbrühe angießen. In der letzten Bratzeit übergießt man den Braten mit dem Sauerrahm und läßt auch diesen noch auf dem Braten bräunen. Man reicht Reis dazu oder Makkaroni, gebratene Kartoffeln oder Gemüse nach der Jahreszeit.

Rezept 678

Wiener Kalbsgulasch

4–5 feingeschnittene Zwiebeln
4 Eßlöffel Fett
1 Eßlöffel Paprika
1 Eßlöffel Wasser
1 Pfd. Kalbfleischwürfel
1 Tasse Rahm
1 Eßlöffel Mehl
1/2 Tasse Wasser
Salz, Pfeffer

Die feingeschnittenen Zwiebeln in heißem Fett hellgelb dünsten, Paprika überstreuen, 1 Eßlöffel Wasser dazugeben und die Zwiebeln noch 2 Minuten dünsten. Das würfelig geschnittene Fleisch zugeben, salzen und in 30 Minuten gar rösten. Sahne mit Mehl und Wasser verquirlt zum Fleisch geben. Den Gulasch zugedeckt noch 10 Minuten dünsten. Zum Verfeinern frische oder getrocknete Pilze zugeben und das Fleisch im Reisrand anrichten.

HAMMEL – ETWAS AUSSERGEWÖHNLICHES

Rezept 679

Hammelbrust mit Kapernsoße

1 Pfd. Bruststück
Suppengrün
1 Tomate
2 Eßlöffel Butter
2 Eßlöffel Mehl
1/2 l Brühe, Wein
Zitrone, Paprika
2 Eßlöffel Sahne
Kapern

Fleisch mit Suppengrün in kochendem Wasser aufsetzen und in 3/4 Stunden gar kochen. Butter und Mehl erhitzen, mit Brühe ablöschen und mit Zitrone, Wein, Paprika und gehackten Kapern abschmecken. Vor dem Anrichten Sahne zurühren. Das Fleisch in Scheiben geschnitten anrichten oder in Würfel geschnitten in die Soße geben.

Rezept 680

Hammelfleisch mit grünen Bohnen

1 Pfd. Hammelfleisch
1 l Salzwasser
2 Lorbeerblätter
1 Zwiebel, 2 Nelken
1 Knoblauchzehe
1 Pfd. grüne Bohnen
1/2 Pfd. Kartoffeln
Pfeffer, Salz
Bohnenkraut

Hammelfleisch in gleichmäßige Stücke hacken. Mit den angegebenen Gewürzen ins kochende Wasser geben und 20 Minuten kochen lassen. Inzwischen die Bohnen abziehen, in 3 cm lange Stücke schneiden, Kartoffeln schälen, in Würfel schneiden und mit Bohnenkraut zusammen zu dem Fleisch geben. In 1/2 Stunde alles gar kochen, abschmecken und den Knoblauch herausnehmen.

Rezept 681

Hammelragout mit weißen Rüben

700 g Hammelfleisch
300–400 g weiße Rüben
500 g Kartoffeln
Salz
Pfeffer

Vom Fleisch das Eigenfett ablösen, klein schneiden und in diesem Fett mit 1/2 Teelöffel Zucker schön braun braten; 1 Löffel Mehl darüberstreuen, ebenfalls bräunen lassen und dann erst mit heißem Wasser untergießen. Das Fleisch schmort 3/4 Stunden. Inzwischen schält man die weißen Rüben, schneidet sie in nette Stäbchen, schält auch die Kartoffeln, würfelt sie und legt nun alles zum Fleisch ein. Man gießt, wenn nötig, noch etwas heißes Wasser zu und läßt das ausgezeichnete Gericht langsam weich schmoren (ungefähr 1 weitere Stunde). Das Gericht ist richtig, wenn es sämig gebunden ist, ohne daß die Kartoffeln vollkommen zerkocht sind. Man schmeckt nach Salz und Pfeffer ab. Anstelle von weißen Rüben kann man gelbe Rüben, Schwarzwurzeln oder Sellerie beigeben.

Rezept 682

Irish stew

1 1/2 Pfd. Hammelfleisch
1 fester Wirsing- oder Weißkrautkopf
je 200 g gelbe Rüben und Sellerie
250 g Zwiebeln
Salz
Pfeffer

Das Hammelfleisch wird mit zerdrücktem Knoblauch eingerieben und in Stücke aufgeteilt. Der Kohlkopf wird in Achtel geschnitten, die Wurzeln in Stückchen, die Zwiebeln in Ringe. In einen Topf legt man zuerst die Zwiebelringe, darauf Rüben und Wirsing, das Fleisch und wieder die Gemüse. Zwischendurch streut man immer Zwiebelringe, Salz und Pfeffer. Man übergießt mit heißem Wasser und läßt nach kurzem, scharfem Aufkochen auf kleiner Flamme weichdünsten (1 1/2 bis 2 Stunden). Man reicht Kartoffeln.

Rezept 683

Englisches Lammfleisch pikant

Im heißen Fett werden Suppenwurzeln angeröstet, ehe man das Lammfleisch, möglichst mit der Niere, einlegt. Man übergießt mit aufgelöstem Tomatenmark und Würfelbrühe, legt die geschnittenen Zwiebeln, Kohl (Wirsing) und die roh geschälten, in Würfel geschnittenen Kartoffeln dazu ein, gießt, wenn nötig, noch etwas Brühe oder Wasser daran und dünstet alles weich. Das Fleisch wird in tiefer Schüssel angerichtet und mit Gemüsen und Saft übergossen.
Veränderung: Es kann auch mit Mehl bestäubt, mit Wasser aufgegossen und zuletzt mit Sardelle gewürzt werden.

750 g Lammfleisch
40 g Fett
3 Löffel Tomatenmark
200 g Zwiebeln oder
Lauch, Suppengrün
½ kleiner Kohlkopf
750 g Kartoffeln
Salz
Paprika

Rezept 684

Französische Hammelkoteletts

Die Koteletts klopfen, salzen, pfeffern und abliegen lassen. Vor dem Essen in heißem Fett langsam braun schmoren, dabei mit Suppe (Würfelbrühe) untergießen, auf eine warme Schüssel ordnen und sehr heiß halten. In den Bratsaft etwas kalt angerührtes Kartoffelmehl, Kognak (oder Wein) geben, abschmecken und über die Koteletts gießen. Man garniert sie mit zarten, grünen, gedünsteten Prinzeßböhnchen (auch aus Dosen). Kartoffeln werden gesondert gereicht.

Je Person
1 großes oder
2 kleine Koteletts
40 g Fett, Pfeffer
1 kleines Gläschen
Kognak
Spur Knoblauch
Kartoffelmehl, Salz

Rezept 685

Hammelkeule

Wein, Wasser, Zwiebel, Gewürze und Karotten aufkochen und abkühlen lassen. Das Fleisch mit dem in feine Streifen geschnittenen Speck spicken. Die Beize über das Fleisch gießen und 24 Stunden ziehen lassen. Am andern Tag das Fleisch ein wenig salzen und in heißem Fett von allen Seiten hellbraun braten, Wasser aufgießen und unter häufigem Begießen 1½ bis 2½ Stunden braten. Die Weinbeize bis zur Hälfte einkochen und mit dem Bratensaft vermischen. Die Soße mit angerührtem Mehl binden, mit Tomatenmark, Senf, Salz und Fleischwürze abschmecken.

2–3 Pfd. Hammelkeule
200 g Speck
1 Tasse Apfelwein
2 Tassen Wasser
Gewürzkörner
½ Lorbeerblatt
1 Zwiebel
1–2 Karotten
2 Eßlöffel Fett
1 Tasse Wasser
1 Eßlöffel Mehl
1 Teel. Tomatenmark
1 Teelöffel Senf, Salz
Fleischwürze

Rezept 686

Hammelrücken

2 Pfd. Hammelrücken
$^1/_2$ l Buttermilch
Wacholderbeeren
3 Eßlöffel Fett
1 Zwiebel
1 Tomate
Salz, Pfeffer
$^1/_8$ l saure Sahne
1 Teel. Mondamin

Das Hammelfleisch 3 bis 4 Tage in Buttermilch mit Wacholderbeeren einlegen. Herausnehmen, abtropfen lassen, würzen. In heißem Fett mit Zwiebel und Tomate von allen Seiten anbraten, wenig Buttermilchmarinade zugießen, öfter umwenden und in $1^1/_2$ Stunden schön braun braten. Den Bratensatz mit Mondamin andicken, mit der Marinade ablöschen, abschmecken und vor dem Anrichten die saure Sahne zugießen (schmeckt wie Wildbraten). Dazu Möhren oder Blumenkohl.

Rezept 687

Hammelschmorbraten

$1^1/_2$ Pfd. Hammelfleisch
$^1/_2$ Tasse Brühe
2 Eßl. geschnittene Zwiebeln
2 Tassen Brühe
Salz, Pfeffer
Steinpilze
1 Tomate
1 Eßl. Mondamin

Fleisch von allen Seiten anbraten, würzen. Inzwischen das Wasser mit Zwiebeln und Tomate zum Kochen bringen und über das Fleisch geben. Wenn das Wasser verkocht ist, ist so viel Fett ausgebraten, daß das Fleisch im eigenen Saft schmoren kann, evtl. etwas Wasser angießen und in $1^1/_2$ Stunden gar schmoren. Nach 1 Stunde die geputzten Pilze dazugeben. Bratensatz mit Mondamin andicken, etwas Flüssigkeit zugeben. Die Soße durchsieben und abschmecken.

Rezept 688

Hammelgulasch auf serbische Art

1 kg Hammelfleisch
250 g Zwiebeln
2 Eßlöffel Öl
2 Eßlöffel Fett
1 Karotte
1 Tomate
1 Knoblauchzehe
Pfeffer, Salz
1 Eßlöffel Mehl

Das Fleisch in große Würfel schneiden. Zwiebeln fein hobeln, im Fett glasig dünsten. Das Fleisch zugeben, von allen Seiten anbraten und würzen. Darnach die Karotte, die Knoblauchzehe, die in vier Teile geschnittene Tomate zugeben und alles zusammen schmoren lassen. Nach einer Stunde Bratzeit das Mehl überstäuben, mit Brühe ablöschen und nochmals eine halbe Stunde in der Soße sanft ziehen lassen. Abschmecken und recht heiß servieren.
Reichen Sie Kartoffelklöße von gekochten und rohen Kartoffeln, oder auch von Kartoffelpulver zubereitet, dazu. Auch Tiefkühlklöße können verwendet werden.

Rezept 689

Hammelpilaff, bulgarische Art

Das Fleisch in kleine Stücke schneiden. In heißem Fett mit feingeschnittenen Zwiebeln anbraten. Rotwein zugießen, einkochen lassen. Fleischbrühe zugießen, mit Salz, Pfeffer, Thymian und Tomatenmark würzen. Englische Soße darüberspritzen. In eine Auflaufform füllen. Über das Fleisch eine dicke Schicht (4 cm) gekochten Reis geben, der mit steifgeschlagenem Eiweiß gelockert ist. Butterflöckchen aufsetzen, mit geriebenem Käse bestreuen und 10 Minuten im Backofen überbacken.

1 Pfd. Hammelfleisch
1/2 Pfd. Hammelnieren
2 Eßlöffel Butter
2 geh. Zwiebeln
1 Glas Rotwein
1 Tasse Brühe
Salz, Pfeffer, Thymian
3 Eßl. Tomatenmark
englische Soße
2 Tassen gekochter Reis, 2 Eischnee
Butterflöckchen
geriebenen Käse

Rezept 690

Überbackene Lammsteaks, Schweizer Art

Die Steaks auf einer Seite in heißem Fett anbraten. In eine gut gefettete Auflaufform, mit der gebratenen Seite nach unten, legen. Obenauf mit einer Farce aus Zwiebeln, Schinken, Eigelb, Rahm, Gewürz bestreichen. Butterflöckchen aufsetzen, dick mit Käse bestreuen und 15 Minuten im Backofen gratinieren.

3 Steaks (Lendenschnitte)
2 Eßlöffel Butter
Füllung:
1 feingeh. Zwiebel
100 g durchgedrehter Schinken 2 Eigelb
2 Löffel Rahm
englische Soße
geriebenen Käse
Butterflöckchen

Rezept 691

Englischer Lammbraten

Fleisch mit getrocknetem Pfefferminzkraut einreiben. Über Nacht in einen in Essig getränkten Lappen einwickeln. In eine große Pfanne Speckscheiben legen, darauf das Fleisch, ringsum kleine, rohe Kartoffeln und die jungen Möhren, würzen. Im Backofen 3/4 Stunden bei mittlerer Hitze braten. 10 Minuten vor dem Garwerden die grünen Erbsen auf die Kartoffeln und Karotten streuen. Vor dem Anrichten Butterflöckchen aufsetzen, die auf dem Fleisch schmelzen müssen. Evtl. etwas Sahne beim Braten angießen.

2 Pfd. Lammfleisch
Pfefferminzkraut
4 Speckscheiben
1 Pfd. kleine Kartoffeln
1/2 Pfd. junge Karotten
Pfeffer
Salz
1 Tasse grüne Erbsen
Butterflöckchen

Andere Länder nennen unser Hammelfleisch Schöpsenfleisch.

Rezept 692

Hammelspießchen am Grill

500 g Hammelkeule
Zitronensaft, Öl
Pfeffer, Salz
1 Knoblauchzehe
1 Lorbeerblatt
1 Paprikaschote
Schinkenspeckwürfel

Hammelfleisch, Speck und Paprika in Würfel schneiden Öl, Zitronensaft, feingeriebenen Knoblauch und Gewürze verrühren. Abwechselnd Fleisch, Paprika und Speck aufspießen, mit der Soße beträufeln und auf dem Grill oder in der Pfanne unter häufigem Wenden braten.

Rezept 693

Indisches Ragout mit Salat

600 g Schöpsenfleisch
60 g Schmalz
Salz
Curry
1 Eßlöffel Mehl
1 große Zwiebel
$^3/_4$ l Fleischbrühe
3 säuerliche Äpfel

Fleisch würfeln, mit Salz und Curry einreiben. Im Schmalz goldgelb anbraten. Mehl darüberstäuben, Zwiebelwürfel dazugeben, nochmals von allen Seiten rösten, mit Brühe auffüllen und etwa $1^1/_2$ Stunden langsam schmoren lassen. Äpfel schälen, in Würfel schneiden und 10 Minuten mitgaren lassen. Dazu: Reis und Kopfsalat oder Spaghetti

Rezept 694

Amerikanische Schöpsenkeule

1 Schöpsenkeule
Speck zum Spicken
Fett, Pfeffer
Semmelbrösel
Weiß- od. Apfelwein
Milch
etwas Mehl
Johannisbeergelee

Die gespickte Keule mit Pfeffer einreiben, mit Butter bestreichen und dick mit Semmelbrösel bestreuen. In reichlich Fett unter häufigem Begießen goldbraun braten, mit Weißwein oder Apfelwein ablöschen. Wenn die Keule gar ist, aus der Soße herausnehmen und warm stellen. Die Soße mit in Milch verquirltem Mehl eindicken und mit einem Löffel Johannisbeergelee würzen.

DAS GRILLEN VON FLEISCH

Dazu bedarf es eines besonderen Küchengeräts, eines sogenannten „Rostes". Er wird mit dem Fett gerade nur eingepinselt, damit das Fleischstück nicht anklebt.

Es ist dies unleugbar die schmackhafteste Form der Fleischzubereitung für sogenannte „steaks". Sehr magere Fleischstücke wie Kalbfleisch oder Fische wird man vor dem Auflegen auf den eingefetteten Rost auch noch von allen Seiten mit Fett bepinseln. Die Garungsdauer richtet sich naturgemäß nach der Fleischdicke, nicht nach der Größe und ist bei einer Fleischdicke von 3 cm ungefähr 30 Minuten bei sehr guter Hitze. Gegrilltes Fleisch wird erst nach dem Grillen gesalzen.

Rezept 695

Amsterdamer Kalbssteak

4 Steaks, Öl
1 Dose Champignons
1 Zwiebel
Butter, Salz
1 Eßlöffel Mehl
1 Schuß Wein
1 Prise Pfeffer
4 Scheib. Edamer Käse

Die Steaks in Form bringen, Wein, Salz, Pfeffer und Öl zusammengeben, die Steaks damit betropfen und 10 Minuten grillen. Butter erhitzen, feingeschnittene Pilze und Zwiebeln darin bräunen, auf die Steaks häufen, mit Käsescheiben bedecken und nochmals grillen, bis Käse schmilzt.

Rezept 696

Grillfleisch mit Tomatenketchup

4 kleine Filets
Grillsoße aus:
Öl, Zitrone
Salz
Pfeffer, Tomatenketchup
Röstzwiebeln

Filets formen, mit der Soße einpinseln und im Grill braten, bis das Filet faserig ist: immer wieder einpinseln. In den Rest der Grillsoße 1 Schuß Tomatenketchup geben, evtl. 1 Teel. Röstzwiebeln, kurz aufkochen und zum Fleisch servieren.

Rezept 697

Gegrillte Tomatengarnitur

Tomaten
Salz, Pfeffer
Butter
1–2 Eßl. feingehackter Schinken

Tomaten kreuzweise einritzen, vorsichtig etwas Tomateninneres herausholen, feingeh. Schinken statt dessen hineingeben, 1 Butterflöckchen daraufsetzen und kurz grillen. Mit Pfeffer und Salz schwach würzen und als Plattengarnitur verwenden.

Rezept 698

Grillsoße

Flüssiges Fett
Zitronensaft
Paprika, Salz
gehackte Kräuter

Zutaten zusammengeben und Grillgerichte damit beträufeln.

Wild- und Geflügelgerichte

Auch Wild und Geflügel haben immer und überall ihre Liebhaber, und wer in den Wald gehen und nach „fleißigem Anstand selbstgeschossene Böcke" heimbringen kann, wird die mit ganz besonderem Appetit verzehren.
Nun gehören ja zum Wild außer dem Rehbock auch noch andere Tiere, und wir wollen beginnen, dem kleinsten der Wildtiere, dem Hasen, mit unserem gezückten Küchenmesser „auf den Balg" zu rücken.
Wenn Sie den Hasen nicht schon zugerichtet kaufen können, so müssen Sie einiges wissen, um ihn auch weidgerecht zu verarbeiten.
Achten Sie zunächst beim Einkauf darauf, daß er nicht durch Schüsse allzu sehr zerfetzt ist. Um zu proben, ob er jung ist, reißen Sie die Löffel (Ohren) ein; es muß leicht gehen wie bei dünnem Papier. Das Abziehen ist ein Kapitel, das man am besten den Männern überläßt; sie spielen doch so gerne Fachmann. Ein wenig können Sie Ihrem Mann aber mit Rat zur Seite stehen, wenn Sie sich hier informieren.

HASEN – KANINCHEN

Den Hasen an den Hinterläufen zusammenbinden und mit dem Kopf nach unten aufhängen. Die Haut rings um die Hinterläufe mit spitzem Messer einschneiden und etwas

aufschlitzen. Jetzt das Fell langsam, aber fest vom Schwanz und den beiden Hinterläufen herunterstreifen. Mit der Messerspitze leicht nachhelfen und weiter vom Leib über die Ohren hinweg abziehen.
Zum Ausnehmen legen Sie den Hasen auf ein Brett und schlitzen den Bauch der Länge nach auf. Eingeweide herausnehmen (Vorsicht bei der Galle!) und Leber, Herz, Lunge, Nieren abtrennen. Auch den Kopf, die Bauchlappen mit den Rippen und Vorderpfoten entfernen und daraus den Hasenpfeffer oder -ragout bereiten. Hinterläufe mit scharfem Messer enthäuten und evtl. auch abtrennen. Rükkenwirbel einknicken; man kann den Hasen dann besser braten.
Keulen und Rücken werden zum Braten gespickt und je nach Größe 20–40 Minuten gebraten. Für ein Pfund Gewicht rechnet man ungefähr 20 Minuten. Hasenläufe gebraten zu Rotkohl oder Apfelbrei reichen.

Rezept 699

Kaninchenbraten

1 Kaninchen
Marinade aus:
½ l Buttermilch
5 Wacholderbeeren
1 Lorbeerblatt

Das Kaninchen, das in ländlichen Gegenden häufig gehalten wird, wird genauso zubereitet wie der Hase und kann auch so ausgenommen werden. Das Fleisch ist weißer und etwas fetthaltiger, ähnlich wie Kalbfleisch. Die Bratenzeit ist etwas länger als beim Hasenbraten. Man kann aber auch das Fleisch 3–4 Tage in Buttermilch mit Wacholderbeeren einlegen. Oder die Soße mit Tomatenmark, Zitronensaft oder Senf abschmecken.

Rezept 700

Hasenpfeffer

1 Hasenklein
50 g Speck
1 Zwiebel
3 Eßlöffel Mehl
½ l Brühe
Salz, Pfeffer
Zitronensaft

Herz, Leber, Niere, Vorderläufe, Bauchlappen und Rippen in kleine, gleichmäßige Stücke schneiden, mit Speck und feingeschnittener Zwiebel anbraten. Etwas Mehl überstäuben, salzen und ein wenig Flüssigkeit zugießen. In 1 bis 1½ Stunden gar schmoren. Die Soße mit Zitronensaft und 1 Prise Zucker abschmecken. Dazu Kartoffelbrei oder Kartoffelklöße.

Rezept 701

Hasenrücken

1 Hasenrücken
4 Speckscheiben
5 Eßlöffel Butter
½ l Rahmsoße
Rezept 1341
Salz
Pfeffer

Den enthäuteten Hasenrücken spicken und würzen und ¾ Stunden am besten im Backofen bei nicht zu großer Hitze schön bräunen. Öfter mit dem Bratensatz beträufeln. Mit Rahmsoße anrichten, die man mit dem Bratensatz verrührt hat. Rotkohl oder Apfelbrei dazu reichen.

Rezept 702

Gespickte Hasenschnitzel

2 ganze Hasenrücken
40 g Salz, Pfeffer
150 g geräucherter Speck, Zwiebeln
50 g Fett
30 g Tomatenmark
20 g Mehl
Beize, Rezept 530

Das enthäutete, vom Knochen gelöste Fleisch zwei Tage lang in kalter Beize kühlhalten. Dann in Scheiben schneiden, mit Speck spicken, salzen, pfeffern, in heißem Fett braten. Das Fleisch herausnehmen und in dem Fett, Tomatenmark etwas schmoren lassen, eine Mehlschwitze anrichten, aufkochen lassen, durchsieben und über die Fleischscheiben geben. Dazu Reis.

REH, HIRSCH UND WILDSCHWEIN

bekommen Sie küchenfertig zugerichtet in den Geschäften zu kaufen, oft sogar in saubere Stücke geschnitten und gespickt. Wildfleisch eignet sich wegen seines geringen Fettgehaltes auch für magenempfindliche Personen.

Rezept 703

Rehblatt

1 Rehblatt
1 l Buttermilch
5 Wacholderbeeren

Das Fleisch vorbereiten und 3–4 Tage in Buttermilch einlegen. Weitere Zutaten und Zubereitung wie Rinderschmorbraten, Rezept 558, Bratzeit 2–2½ Stunden.

Rezept 704

Rehkeule mit Sahnensoße

2 Pfd. Rehkeule
50 g Speck
1 Zwiebel
4 Eßlöffel Butter
Salz
Pfeffer
Brühe
1 Tasse saure Sahne
1 Teel. Mondamin
Zitronensaft

Das Fleisch enthäuten, mit Speckscheiben umwickeln und würzen. In heißer Butter mit kleingeschnittener Zwiebel anbraten. Etwas Brühe zugießen und dämpfen. Nach 1 Stunde öfter begießen, damit das Fleisch braun und knusprig wird. Nach und nach die Sahne über das Fleisch gießen, es muß in 2 Stunden dunkelbraun und glänzend sein. Die Soße mit Mondamin binden. Mit Zitronensaft oder Rotwein abschmecken. Dazu Kartoffelbrei und Preiselbeeren oder Rotkohl und Apfelmus.

Rezept 705

Rehrücken mit Cumberlandsoße

Rehrücken
Speckscheiben
1 Zwiebel
Suppengrün, feingeschn.
$^1/_2$ l Brühe
Salz

Den Rehrücken wie Rehkeule, Rezept 704, zubereiten. Er soll aber innen noch rosa sein und muß 45–60 Minuten dämpfen. Erkaltet in Scheiben schneiden, mit Zitronenkörbchen garniert in Cumberlandsoße, Rezept 128, anrichten. Johannisbeergelee dazu reichen.

Rezept 706

Rehschnitzel

4 Schnitzel
$^1/_2$ Teelöffel Salz
2 Eßlöffel Mehl
5 Eßlöffel Butter
4 Bananen
1 Teelöffel Zitronensaft
2 Eßlöffel Madeira

Schnitzel salzen, in Mehl wenden und in heißer Butter braten, daß sie innen noch ein wenig rosa sind. Fleisch aus der Pfanne nehmen, Bananenscheiben einlegen, beiderseits anbraten, salzen, Zitronensaft überträufeln, Madeira angießen. Das Fleisch auf vorgewärmter Platte anrichten, mit Bananenscheiben garnieren. Dazu Kartoffelrosetten.

Rezept 707

Hirschrücken

2 Pfd. Hirschrücken
1 l Buttermilchbeize
Rez. 530

wird vorbereitet und zubereitet wie Rehkeule, Rezept 704, Bratzeit $2^1/_2$ Stunden.

Rezept 708

Hirsch- oder Rehragout

Wildfleischreste
3 Eßlöffel Fett
1/2 Tasse Brühe
1 Schuß Rotwein
1 Spritzer Zitronensaft
1 Prise Paprika
Buttermilchbeize
Rezept 530

bereitet man aus Resten von Wildfleisch. Man legt sie entweder in Beize oder verwendet sie frisch. Das Fleisch in heißem Fett anbraten, etwas Brühe zugießen und weich schmoren. Man stellt eine braune Soße her, schmeckt mit Rotwein, Zitronensaft und Paprika ab und gibt das Fleisch in Streifen oder Würfel geschnitten hinein und läßt es 10 Minuten in der Soße ziehen. Herzhaft abschmecken.

Rezept 709

Wildschweinbraten

Wildschweinrücken
oder -keule
Beize aus:
1 l Buttermilch
4 Wacholderbeeren
1 Lorbeerblatt
1 Zwiebel, 2 Nelken
4 Eßlöffel Butter
1 Prise Muskat
2 Eßlöffel Mehl
Johannisbeergelee
Salz, Pfeffer

Das Fleisch einige Tage mit den angegebenen Zutaten in Buttermilch einlegen. Dann mit Salz abreiben und in heißem Fett anbraten. Ab und zu mit der Buttermilchbeize begießen und etwa 1 Stunde dünsten. Dann die Zwiebel zugeben, mit Muskat würzen und den Braten öfter mit zerlassener Butter bestreichen, bis er schön gebräunt ist. Den Bratensatz mit Mehl binden, mit Gelee, Pfeffer und Salz abschmecken. Dazu Kartoffelklöße und Sauerkraut oder zarte Dosengemüse in Butter geschwenkt.

Rezept 710

Wildtopf auf provenzalische Art

1 Pfd. Wildfleisch
(Hirsch oder Reh)
1/4 l Weinessig
Pfefferkörner
1 Lorbeerblatt
1 Zwiebel, Öl
50 g Speck, Salz
600 g Weißkohl
1/2 l Fleischbrühe
saure Sahne

Je 1/4 Liter Weinessig und Wasser mit Salz, Pfefferkörnern, Lorbeerblatt, einer gehackten Zwiebel aufkochen und erkalten lassen. Wildfleisch in Öl wenden, in Marinade legen und über Nacht stehen lassen. Speckwürfel glasig braten, das Fleisch anbraten, etwas Marinade dazugießen und fast garschmoren, vorbereiteten Weißkohl dazufüllen und Fleischbrühe darübergießen. Alles auf kleiner Flamme gardünsten. Vor dem Anrichten mit saurer Sahne übergießen.

Geflügel wird heute meist koch- oder bratfertig geliefert. In allen einschlägigen Geschäften bekommen Sie entweder frisch geschlachtetes und zumeist auch ausgenommenes Geflügel oder tiefgekühltes in beliebigen Stücken zum Auswählen.
Manche von Ihnen werden einen eigenen Geflügelhof haben und müssen die Tiere selbst „küchenfertig" zubereiten. Ihnen seien die nächsten Zeilen gewidmet.
Nachdem das Tier getötet ist – Tauben wird buchstäblich der Hals umgedreht –, rupft man es noch warm, da sich dann die Federn am besten lösen. Die feinen Flaumfedern werden abgesengt, indem man das Tier über einer Flamme schnell hin und her dreht. Dann abwaschen und abtrocknen. Das auf einem Brett liegende Tier wird auf den Rücken gedreht. Man öffnet mit einem Längsschnitt die Legeöffnung mit scharfem Messer um einige Zentimeter und greift mit der Hand in die so entstandene Öffnung. Die Eingeweide löst man heraus. Am unteren Teil des Halses macht man einen Schnitt und zieht die Luftröhre und den Schlund heraus. Magen, Herz und Leber trennt man von den Eingeweiden; die Galle ist vorsichtig abzuschneiden. Den Magen öffnet man an einer Seite und zieht die innere Magenhaut ab, nachdem der Mageninhalt entfernt wurde. Man kann den Hals und die unteren Flügelenden abtrennen und mit Magen, Leber und Herz zur Suppe oder zu Leberklößchen verwenden.

Rezept 711

Gekochtes Suppenhuhn

1 Suppenhuhn
1 Bdch. Suppengrün
1 Zwiebel
Salz
1–2 Eßl. Reis
Muskat

Das ausgenommene und gewaschene Huhn wird von innen und außen mit Salz eingerieben und mit der Zwiebel und dem feingeschnittenen Suppengrün in 2 Liter Wasser gargekocht. Reis läßt man am Schluß 20 Minuten mitkochen. Man kann das abgetropfte Huhn nun ringsum in heißem Fett schnell bräunen oder zerlegen und zu Frikassee, Rezept 718, verarbeiten. Etwas Muskat überstreuen.

Rezept 712

Taube gekocht

1 l Wasser
1–2 Tauben
Suppengrün
Salz
$^1/_2$ l helle Grundsoße Rezept 476
1 Eigelb

Das vorbereitete Tier in das kochende Salzwasser geben und mit Suppengrün in ca. 30 Minuten gar kochen. Eine helle Soße bereiten, mit Eigelb legieren oder mit Sahne verbessern oder beides und die Taube im ganzen oder in Portionsstückchen zerlegt in die Soße geben (Krankenkost).

Rezept 713

Gefüllte Taube

1 Taube je Person
Innereien
1 Ei
1 Eßl. Paniermehl
Salz
Pfeffer
Muskat
3 Eßl. Butter
evtl. $^1/_2$ Tasse Brühe
1 Teel. Mondamin
2 Eßlöffel Sahne

Herz, Magen und Leber durch die Maschine drehen oder fein zerhacken und mit Ei, Paniermehl und Gewürzen gut vermischt in die Taube füllen, zunähen, in heißer Butter anbraten, wenig Brühe zugeben und in ca. 30–40 Minuten gar braten. Öfter begießen. Soße evtl. mit 1 Teelöffel Mondamin binden, mit Brühe ablöschen, mit 2 Eßlöffel Sahne abschmecken und anrichten.
Oder: Die Taube halbieren und in heißem Fett in der Pfanne gar braten.
Oder: Der ausgenommenen Taube den Hals nach hinten legen, die Flügel auf den Rücken biegen, so daß der Hals nach hinten festgehalten wird. Dann steckt man die Beine in die Bauchöffnung. Man kann das Tier so bequemer braten.
Für eine Person rechnet man 1 Taube.

Rezept 714

Huhn mit Reis

1 Suppenhuhn
2 l Wasser
1 Eßlöffel Salz
Suppengrün
$^1/_2$ Pfd. Reis
3 Eßlöffel Butter
3 Eßlöffel Mehl
Zitronensaft
1 Eigelb
Wein

Das vorbereitete Huhn mit dem Suppengrün in kochendes Salzwasser geben. Wenn es gar ist ($^3/_4$ bis 1 Stunde), das Fett etwas abschöpfen und den Reis in dem Fett anrösten. Dann auf je 1 Tasse Reis 4 Tassen Brühe geben und unter langsamem Kochen gar werden lassen. Den Reis nicht rühren. Aus Butter, Mehl und Brühe eine helle Soße bereiten, mit Eigelb abziehen, mit Zitronensaft und Weißwein abschmecken. Das Huhn in die Mitte einer Platte geben, den Reis als Kranz auf den Plattenrand.

Rezept 715

Spanischer Hühnereintopf

Das vorbereitete Huhn von innen und außen mit Salz abreiben, mit den angegebenen Zutaten ins kochende Wasser geben und fast gar kochen. Dann herausnehmen, in Flügel, Schenkel und große Bruststücke zerlegen, in Butter anbraten und den Reis zugeben. Diesen kurz rösten, mit Brühe ablöschen und 10 Minuten auf schwachem Feuer kochen lassen. Weitere 10 Minuten zugedeckt an warmer Stelle ziehen lassen. Der Reis muß körnig bleiben. Mit Salz und Pfeffer abschmecken und den Weißwein zugießen. Auf vorgewärmter Schüssel anrichten und mit Oliven garnieren.

1 Huhn
2 l Wasser
1 Wurzelwerk
1 Lorbeerblatt
2 Nelken
4 Eßlöffel Butter
1 Tasse Reis
2 Tassen Brühe
Pfeffer
Salz
½ Glas Weißwein
Oliven

Rezept 716

Spaghetti ai fegatini, ital. Hühnerleber

Spaghetti in Salzwasser gar kochen, herausnehmen, auf einem Sieb abtropfen lassen und auf eine vorgewärmte Platte geben. Inzwischen die Leber in kleine Streifen schneiden. Gehackte Zwiebel, Petersilie und Tomatenmark in heißem Fett rösten, Leber zugeben und braten, bis sie nicht mehr blutig ist. Dann leicht salzen und etwas Brühe zugießen. Den Bratensaft etwas einkochen lassen und mit der Leber über die Spaghetti geben. Darüber geriebenen Käse streuen.

1 Paket Spaghetti
4 Scheiben Hühnerleber, Salz
2 Eßlöffel Butter
2 Teelöffel gehackte Petersilie, Pfeffer
1 gehackte Zwiebel
Brühe
1 Teel. Tomatenmark
geriebenen Käse

Rezept 717

Hühnerfrikassee mit Gemüseeinlage, englische Art

Das gekochte Huhn wird in kleinere Stücke zerlegt, die Knochen werden entfernt. In der Brühe werden die vorbereiteten Gemüse wie Spargelköpfchen, Blumenkohlröschen und Champignons gar gekocht (oder aus Dosen entnommen). Aus Butter, Mehl und Brühe wird eine helle Soße bereitet, die man mit Wein, Zitronensaft und Kapern abschmeckt. Die abgetropften, nicht zu weich gekochten Gemüse in die fertige Soße geben, ebenso die Fleischstücke, vorsichtig durchrühren und anrichten.

1 gekochtes Huhn
4 Eßlöffel Butter
2 Eßlöffel Mehl
1 l Brühe
Spargelköpfe
Champignons
Blumenkohlröschen
Weißwein
Zitronensaft
Salz

Rezept 718

Französisches Hühnerfrikassee

gewürfeltes Hühnerfleisch
50 g Butter
3 Eßlöffel Mehl
250 g Champignons de Paris
mehrere Schalotten
2 Karotten
Thymian, Lorbeer
2 Brühwürfel
Saft 1 Zitrone
75 g Sahne
1 Eigelb, Petersilie
Salz, Pfeffer

Die Hühnerstückchen in heißer Butter schwenken und mit Mehl überpudern. Unter ständigem Rühren nacheinander Wasser, gereinigte Schalotten, Karotten, Salz, Pfeffer, Thymian, Lorbeer und Brühwürfel hinzugeben. Das Ganze 25 Minuten zugedeckt kochen lassen. Die in Stücke geschnittenen Champignons in Butter mit Petersilie und mit der gehackten Schalotte schmoren. In einem separaten Topf ein Eigelb, Sahne und Zitronensaft mit ein wenig Hühnerbrühe (auch dieses gut umrühren) vermengen. Den Topf mit den Hühnerstückchen vom Feuer ziehen und den Thymian und den Lorbeer entfernen.
Alles noch einmal 1 Minute erhitzen und recht heiß servieren.

Rezept 719

Gebratenes Huhn – Hähnchen

1 Hühnchen oder
2 Hähnchen
4 Eßlöffel Butter
Salz
Brühe (ca. 1 Tasse)
1/2 Tasse Sahne
1 Teel. Mondamin

Das vorbereitete Hühnchen oder Hähnchen in den Topf legen, mit heißer Butter begießen und 3/4 Stunde braten. Häufig begießen, bis es gleichmäßig braun ist. Den Bratensatz mit Mehl oder Mondamin binden, mit Brühe und Sahne ablöschen, abschmecken. Im Backofen auf dem Bratrost braucht das Fleisch etwas weniger Fett.
Während des Bratens gut würzen.

Rezept 720

Schweizer Huhn mit Tomaten

1 Hühnchen
1 1/2 l Wasser
Suppengrün
Salz, Pfeffer
2 Eßlöffel Butter
2 Eßlöffel Öl
2 Zwiebeln
1 Glas Madeira
1 Tasse kochende Brühe
2 Eßl. Tomatenmark

Das Hühnchen ins kochende Wasser geben, Suppengrün zugeben und nur so lange kochen, bis es sich zerlegen läßt in Schenkel, Beine, Flügel, Brust. Dann salzen, pfeffern und im heißen Öl und Fett schön goldbraun anbraten. Feingehackte Zwiebel zugeben und bräunen lassen. Madeira angießen, die kochende Brühe und das Tomatenmark oder die in Viertel geschnittenen, geschälten Tomaten zugeben und bei schwacher Flamme schmoren lassen, abschmecken und mit körnig gekochtem, strohigem Reis anrichten.

Rezept 721

Geschmortes Huhn, Mailänder Art

Das Huhn wie gewohnt ausnehmen, von innen und außen mit Salz, Pfeffer, Muskat einreiben. Butter und Öl erhitzen, das Huhn damit bepinseln, dann braten und fleißig gießen. Enthäutete Tomaten und Champignons mitschmoren, evtl. 1 Schuß Kognak zugeben.
Das Huhn anrichten und mit dem Bratensaft, den Tomaten und Pilzen servieren.

1 Brathuhn
Salz, Pfeffer
Muskat
Tomaten
Champignons
Butter
1 Eßlöffel Öl

Rezept 722

Huhn paniert

Die Hühnchen vorbereiten und zerteilen. Die Stücke würzen, mit verschlagenem Ei in Mehl und Semmelbrösel wenden, in eine gut gefettete Pfanne legen und im Backofen 5 Minuten backen. Danach mit flüssiger Butter begießen und weitere 25 Minuten backen.
Appetitlich auf einer Platte dekorieren und anrichten.

2 junge Hühner
2 Eßlöffel Mehl, Salz
1 Ei, Pfeffer
1/2 Tasse Semmelbrösel
3 Eßl. flüssige Butter
2 Tassen Soße blanche Rezept 486

Rezept 723

Gänsebraten

Die vorbereitete Gans von innen und außen mit Salz einreiben. Im Bratentopf 1 Eßlöffel Gänsefett flüssig werden lassen, 2 Tassen kochendes Wasser beigeben, ebenso ein Stengelchen Beifuß und die Gans, mit der Brustseite nach unten, zugedeckt 1 Stunde dünsten. Wenn die Haut anfängt sich zu bräunen, ist das Fett ausgetreten. Nun die Gans im Backofen auf den Rost legen, 2 Tassen Bratensaft in die Fettfangschale füllen und unter öfterem Begießen und Wenden so lange braten, bis das Fleisch weich ist (1 1/2 Stunden). Dann die Gans mit kaltem Wasser bespritzen, damit sich die Kruste gleichmäßig bräunt und knusprig und glänzend wird. Das Fett etwas abschöpfen, den Bratensatz in eine Kasserolle füllen und mit kalt angerührtem Mondamin zu einer Soße rühren, Zitronensaft zugeben und abschmecken mit Wein.

1 Gans
1 Eßlöffel Salz
1 Stengelchen Beifuß
2 Tassen kochendes Wasser
1 Eßl. Zitronensaft oder Weißwein
1 Eßl. Mondamin

Rezept 724

Gans gefüllt mit Äpfeln

Zutaten wie
Rezept 723
2 Pfd. Äpfel
2 Eßl. Rosinen

Soll die Gans gefüllt werden, kann man säuerliche Äpfel geschält und in Achtel geschnitten mit Rosinen vermischt einfüllen und die Öffnung zunähen.

Rezept 725

Gans gefüllt mit Maronen

Zutaten wie
Rezept 723
500 g Maronen

Maronen zubereiten wie Rezept 373, in die Gans einfüllen und zunähen.

Rezept 726

Gans gefüllt mit Leberpastete

Zutaten wie
Rezept 723
Leber
Herz
Magen

Die Innereien wie Herz, Magen, Leber zur Füllung verarbeiten wie Leberklößchen, Rezept 283, die gesamte Menge in die Gans einfüllen und zunähen.

Rezept 727

Gänsebraten mit Bananen

Zutaten wie
Rezept 723
8 Bananen
4 Salatherzchen
4 Tomaten

Dies Gans mit 4 geschälten Bananen füllen. Nach dem Braten das Fleisch von den Knochen lösen und auf einer Platte warmhalten. Im Gänsefett 4 Bananen kurz dämpfen, an die Bratenstücke legen und mit Salat und Tomatenvierteln garnieren. Die Füllung der Gans gesondert servieren. Anregung: Die Bananen mit Zitronensaft beträufeln.

Rezept 728

Gänseklein (confit d'oie)

1 Gänseklein
1 l Wasser
1 Eßlöffel Salz
1 Wurzelwerk
1 Eßl. geh. Petersilie
1/2 l Rahmsoße
Rezept 502
Zitronensaft

Hals und Kopf, Magen und Herz, Füße und Flügel gut gereinigt in 1 1/2 Stunden in leichtem Salzwasser mit dem Suppengrün weichkochen. Aus der Brühe eine Rahmsoße bereiten und mit etwas Zitronensaft abschmecken. Vor dem Anrichten mit Petersilie überstreuen. Dazu körnig gekochten Reis oder Salzkartoffeln.

Rezept 729

Gedämpfter Puter mit Champignonsoße

Dem vorbereiteten Puter Keulen und Flügel an den Körper binden, in das zerlassene Fett geben und mit Wasser und Weißwein begießen. Das Suppengrün und die Gewürze in die Flüssigkeit geben, den Puter mit Speckscheiben bedekken und langsam in 2½–3 Stunden weich dünsten. Herausnehmen, in gefällige Portionsstücke schneiden und mit Champignonsoße, Rezept 481, anrichten.

1 Puter
½ Pfd. Butter
100 g Speckscheiben
1 l Wasser
1 Glas Weißwein
Zwiebel
Suppengrün
Pfeffer
Salz

Rezept 730

Puter gebraten

Puter ebenso vorbereiten wie anderes Geflügel, Seite 243. Das zugerichtete Tier von innen und außen leicht salzen, mit dünnen Speckscheiben umwickeln, da das Fleisch leicht trocken wird. In Butter oder Öl ungefähr 1½ Stunden braten, häufig mit Bratenfett begießen und eßlöffelweise den Wein zugeben. Wenn das Tier gar ist, die Speckscheiben entfernen und die Haut leicht bräunen lassen. Zum Binden der Soße den Rahm zugeben, evtl. etwas kalt angerührtes Mehl aufkochen lassen und herzhaft abschmecken.

1 Puter
1 Teelöffel Salz
5–7 dünne Speckscheiben
3–4 Eßlöffel Fett
½ Glas Weißwein
½ Tasse Rahm
1–2 Eßlöffel Mehl
Salz, Pfeffer

Rezept 731

Truthahnfüllung

Herz, Leber, Magen durchdrehen, 1 Pfund Gehacktes halb und halb dazu, Rührei von 3 Eiern, 2 rohe durchgedrehte Möhren, 2 eingeweichte ausgedrückte Brötchen, in Scheiben geschnittene, gebräunte Zwiebel, Salz, Pfeffer, Paprika. Alles miteinander vermischen, einfüllen. Truthahn zunähen, in Form binden, mit Fett bepinseln und mit dünnen Speckscheiben belegen, auf den Rost auf der unteren Schiene in mittelheißem Ofen braten (pro kg ¾ Stunden). Öfter mit Bratensaft begießen. In der letzten halben Stunde mit kaltem Wasser besprengen. Bratensaft mit etwas saurer Sahne binden. Dazu ausgehöhlte Äpfel vorsichtig in schwachem Zuckerwasser kochen, abtropfen lassen und mit Preiselbeeren füllen.

Herz
Leber
Magen
500 g Gehacktes
3 Eier
2 Möhren
2 Brötchen
½ Zwiebel
Fett
Salz
Pfeffer
Paprika
Äpfel
Preiselbeeren

Rezept 732

Gefüllter Fasan

1–2 Fasanen
Salz, Pfeffer
250 g Schweinefleisch
2 Geflügelleber
1 Teel. gehackte Petersilie, 1 Eigelb
2 große Speckscheiben
Butter, Muskat
1 Glas Madeira
1 Eßl. Tomatenmark
etwas Brühe

Die Fasanen vorbereiten, innen würzen und mit der gut abgeschmeckten Fleischfarce aus Schweinefleisch, Geflügelleber (durch den Wolf gedreht), Eigelb und Gewürzen füllen und zunähen. Das Fleisch mit Speckscheiben bewikkeln und auf den Rost legen, unter den die mit Wasser ausgespülte Fettpfanne gestellt wird. Die Soße mit Wein, Tomatenmark und Brühe abschmecken.

Rezept 733

Ente gebraten mit Orange

1 Ente
$^1/_2$ l kochendes Essigwasser
1 Teelöffel Salz
1 Eßl. Zitronensaft
1 Teel. geriebene Orangenschale
4 Eßlöffel Fett
1 Eßlöffel Weißwein
Saft von 1 Orange
abgerieb. Zitronenschale
1 Eßlöffel Mehl

Die vorbereitete Ente mit kochendem Essigwasser zum Blanchieren übergießen, von innen und außen mit Salz einreiben, Zitronensaft und Orangenschale vermischen und die Ente damit beträufeln. Dann von allen Seiten in heißem Fett schnell anbraten, etwas Weißwein angießen und unter öfterem Umwenden 1 Stunde dämpfen. Kurz vor dem Garwerden mit Fett bepinseln und die Kruste schön bräunen. Den Bratensatz mit etwas kalt angerührtem Mehl binden und mit Salz, Orangensaft und Zitronenschale abschmecken. Dazu Kartoffelklöße und Preiselbeerkompott.

Rezept 734

Wildgeflügel

Fasan
Birkhuhn
Haselhuhn
Rebhuhn
Schneehuhn
Schnepfen

Speckscheiben
Weinblätter
Salz
Mehl
Wein
Kognak
Trüffeln

soll möglichst jung sein und ist dann auch meist schnell zubereitet. Junges Geflügel hat weiche Füße und ist daran leicht zu erkennen. Es wird gerupft und ausgenommen wie anderes Geflügel, Seite 243. Die inneren Organe wie Leber, Herz, Magen sind auch genauso zu verwenden oder zu Klößchen als Suppeneinlagen oder zu Ragout zu verarbeiten. Fasan wird wie Ente, Rezept 733, zubereitet. Birkhuhn, Haselhuhn, Rebhuhn, Schneehuhn und Schnepfen haben die gleiche Zubereitung wie Tauben, Rezept 713. Da Wildgeflügel nicht fett ist, wird es nach dem Zurichten in dünne Speckscheiben gewickelt, damit es nicht trocken wird. Je nach Geschmack kann man auch unter die Speckscheiben Weinblätter legen. Das innen und außen gesalzene Tier gibt man in einen Bratentopf mit heißem Fett und brät es im Backofen in 1/2 bis 1 Stunde unter häufigem Begießen fertig. Die Soße mit Mehl binden und mit Wein, Kognak, Bouillon und Trüffeln verfeinern. Rebhühner sind zarter, sie sind in 20–25 Minuten gar. Als Beigabe Sauerkraut, Blumenkohlröschen, Pilze, Kartoffelbrei.

Fischgerichte

Nicht nur gekocht und gebraten, nicht nur gedämpft und gebacken, auch sauer und salzig, frisch und getrocknet, geräuchert, kalt und warm ist der Fisch schmackhaft und bekömmlich.

Allgemeine Zubereitungsart:

Fisch kann man am bequemsten gleich in den Fischgeschäften schuppen lassen, andernfalls vom Schwanzende zum Kopf hin schuppen, also gegen den Strich und am besten unter Wasser. Die Bauchhaut aufschlitzen, Eingeweide herausheben (Vorsicht, damit die Galle nicht ausfließt!) und die dunkle innere Bauchhaut entfernen. Flossen und Schwanz mit einer starken Schere beschneiden.
Eine goldene Regel, die für alle Zubereitungsarten gilt: Die drei großen „S": „Säubern, Säuern, Salzen."
Schleimige Fische wie Karpfen, Schleien usw. vorsichtig säubern, um die Schleimhaut nicht zu verletzen. Sie soll ja nach dem Kochen ihren bläulichen Schimmer behalten. Nach dem Säubern und Ausnehmen den Fisch schnell unter kaltem Wasser waschen, abtrocknen und mit ein wenig Zitronensaft beträufeln. Der Fischgeruch verschwindet, und außerdem wird das Fleisch fester und schmackhafter. Überhaupt dürfen Sie bei der Fischzubereitung mit Gewürzen nicht sparen. Man nimmt:

Zum Kochen: Essig, Lorbeerblatt, Tomate, Salz, Suppengrün, Zitrone.

Zum Braten: Ei, Fett, geriebene Zwiebel, gehackte Kräuter, Paniermehl, Rahm, Tomate, Salz, Speck, Pfeffer, Zitrone.

Zum Einlegen: Aspik, Essig, Ei, Lorbeerblätter, Pfefferkörner, Senfkörner.

Sie können nun zwischen den Zubereitungsarten wählen und sicher das Richtige für Ihre Familie herausfinden. Reichen Sie Salate und Gemüse zum Fisch, damit Sie Gleichgewicht zwischen den einzelnen Nahrungsmittelgruppen haben. Am besten eignen sich Kartoffeln in Form von Salat oder gespritztem Kartoffelbrei oder einfach als Salzkartoffeln.

Reichen Sie zu gekochtem Fisch Soßen jeder Art, je würziger um so besser. Richten Sie ihn appetitlich mit viel Petersilie, Tomaten oder Zitronen an.

GERICHTE VON AAL BIS ZANDER

Rezept 735

Schellfisch, Kabeljau, Rotbarsch, Seelachs

- 1½–2 Pfd. Fisch
- 1 l Salzwasser
- 1 Schuß Essig
- 1 Zwiebel
- 1 Tomate
- 1 Lorbeerblatt
- 5 Pfefferkörner

Den geschuppten und ausgenommenen Fisch oder die Stücke waschen, ins kochende Salzwasser legen und mit den angegebenen Zutaten in 10–15 Minuten gar sieden. Herausnehmen, abtropfen lassen. Appetitlich mit Petersilie und Zitronenscheiben auf vorgewärmter Platte anrichten. Dazu Petersiliensoße, Tomatensoße, Dillsoße, Senfsoße. Buttersoße, Sahnesoße oder Meerrettichsoße.

Rezept 736

Fische blau – Karpfen, Schleie, Forelle, Aal

Suppengrün
Zutaten
wie Rezept 735
1 Teelöffel Salz
1 Tasse kochender Essig

Fische säubern, nicht schuppen, vorsichtig waschen, damit die Schleimhaut nicht verletzt wird. Von innen salzen, mit kochendem Essig übergießen. Kurze Zeit in Zugluft stellen, dann mit den Zutaten in das kochende Wasser geben. Nur schwach ziehen lassen, da die Fische leicht zerfallen. Vorsichtig herausheben, auf großer Platte geschmackvoll anrichten mit Zitronenkörbchen, Butterkugeln aus Butter und geriebenem Meerrettich.

Rezept 737

Kabeljau in Weißwein

4 Filets
Pfeffer, Salz
1 Glas Weißwein
1 Eßlöffel Butter
1 Eßlöffel Mehl
Zitronensaft
1 Eßlöffel gehackte Petersilie
1 Tasse geriebenen Käse

Die Filets in eine gut gefettete Auflaufform legen, würzen, Weißwein angießen und auf kleiner Flamme 15 Minuten zugedeckt dünsten. Den Saft mit einer hellen Mehlschwitze binden und mit Zitronensaft abschmecken. Mit Petersilie bestreut noch 5 Minuten zugedeckt ziehen lassen. Vor dem Anrichten den geriebenen Käse dick darüberstreuen.

Rezept 738

Goldbarschfilet gebraten

4 Filets
1 feingeriebene Zwiebel
1 Teel. feingehackte Petersilie, 1 Ei
Zitronensaft
Pfeffer, Salz
2 Eßl. Paniermehl
3 Eßlöffel Butter

Die Filets waschen, abtrocknen. Mit feingeriebener Zwiebel bestreichen. Darüber feingehackte Petersilie streuen, mit Zitronensaft beträufeln, mit Pfeffer und Salz würzen, panieren. Panade recht fest drücken und in heißer Butter in 8 – 10 Minuten hellbraun braten.

Rezept 739

Gefüllte Fischröllchen

2 Pfd. Filet
2 Eßl. Speckwürfel
1 Eßlöffel Senf
2 feingehackte Zwiebeln, Salz
1 feingeschn. Gurke
2 Eßl. Butter, Mehl
1 Tasse Wasser
1 Tasse Weißwein
1 Eßl. feingehackte Kräuter, Pfeffer

Speckwürfel anbraten, Filets mit Senf bestreichen, Zwiebeln und Gurke vermischen, die Filetscheiben damit füllen, zusammenrollen und mit Holzspießchen befestigen. Aus Fett und Mehl eine helle Schwitze bereiten, mit Wasser und Wein ablöschen und mit Gewürzen abschmecken. Die Fischröllchen auf schwacher Flamme darin garziehen lassen. Vor dem Anrichten mit frischen Kräutern bestreuen.

Rezept 740

Überbackene Seezunge

3 Seezungenfilets
1 Pfd. in Butter gedünsteter Spinat
2 Eigelb, Pfeffer
$^1/_2$ Tasse Rahm, Salz
1 Tasse feingeschn. Pilze
2 Tassen Bechamelsoße Rezept 477

Den gedünsteten, nicht durchgedrehten Spinat mit Eigelb, Rahm und Gewürzen verquirlen. Den Fisch kurz in heißes Wasser tauchen, herausnehmen, abtropfen lassen. Den Spinat in eine gut gefettete Auflaufform geben, darüber die Pilzscheiben legen, dann den Fisch. Die Bechamelsoße über den Auflauf füllen; in 15–20 Minuten überbacken.

Rezept 741

Steinbutt gekocht

1 Steinbutt
Wasser
Milch
1 Teelöffel Salz
1 Zwiebel
Fischgewürze aus dem Beutel
Petersiliensoße (Kräutersoße) Rezept 480

Am Kopf des Fisches einen Einschnitt machen und von da aus die Eingeweide ausnehmen. Flossen beschneiden und waschen. Steinchen, die sich evtl. unter der Haut befinden, ausschneiden. Den Fisch mit der weißen Seite nach oben in den Topf legen, mit Fischgewürzen in die Flüssigkeit aus halb Milch halb Wasser geben und zum Kochen bringen. Sobald die Brühe schäumt, den Fisch auf kleinster Flamme ziehen lassen ($^3/_4$–1 Stunde). Mit Petersiliensoße anrichten.

Rezept 742

Hecht mit Sardellenbutter

1 Hecht
5 Speckscheiben
2 feingehackte Sardellen
3 Eßlöffel Butter
1 Tasse Rahm
2 Eßlöffel gehackte Petersilie
Zitronenscheiben

Den Fisch reinigen, den Rücken im Abstand von 3 – 4 cm leicht einschneiden und in den Schnitt dünne Speckstreifen legen. Die gewässerten und feingehackten Sardellen mit Butter zu Sardellenbutter verkneten und den Hecht damit von innen 1 cm dick bestreichen. In eine gut gefettete Auflaufform legen, den Rahm anschütten, mit Petersilie bestreuen und 20 Minuten im eigenen Saft backen. Öfter begießen. Dazu Salzkartoffeln und Tomatensalat.

Rezept 743

Scholle

3–4 kleine Schollen
1 Tasse grüne Erbsen
3–4 kleine Tomaten
4 Eßlöffel Butter, Salz
1 Prise Zucker
1 Eßl. gehackter Dill

Die Schollen putzen, waschen und mit den Erbsen und Tomaten in Butter dünsten (15 Minuten). 1 Prise Zucker zugeben, leicht salzen und feingehackten Dill überstreuen.

Rezept 744

Fisch Hoppel-Poppel

2–3 gekochte Pellkartoffeln
Fett zum Braten
1 Stck. Räucherfisch
2 Eier
Salz
Pfeffer
Tomatenketchup

Die gekochten Pellkartoffeln abziehen, in Scheiben schneiden und in Fett braten. Den Räucherfisch in Stücke zerteilen, unter die Kartoffeln heben und ebenfalls mitbraten. Die Eier verquirlen, würzen und über die Fischkartoffeln geben, stocken lassen und mit 2 Gabeln in Stücke reißen, von beiden Seiten braten und angerichtet mit Tomatenketchup servieren.

Rezept 745

Gefüllte Fischschnitzel

1–2 Scheiben Rotbarschfilet
1–2 Scheiben Emmentaler Käse
1–2 Tomaten
1 Zwiebel
etwas Zitronensaft
Salz
Mehl
Öl
Petersilie

Die Fischschnitzel mit Zitronensaft bespritzen, salzen, in Mehl wenden und in siedend heißem Öl fast gar braten. Die Tomaten enthäuten, aushöhlen, in Streifen schneiden, die Zwiebel in kleine Würfel. Die Fischschnitzel aus der Pfanne nehmen und das Tomatenfleisch mit Zwiebeln im Fett schmoren. Petersilie fein hacken, daruntermischen und alles zusammen auf die Schnitzel häufeln, mit 1 Scheibe Käse bedecken und zugedeckt gar schmoren.

Rezept 746

Ausgebackener Fisch

4–6 Fischfilets
Salz, Pfeffer
Zitronensaft
1 Tasse Mehl
2 Eigelb
1/2 Tasse Milch
Fett zum Backen

Filets waschen, abtrocknen, in handliche Stücke schneiden, würzen. Mit Zitronensaft beträufeln. Aus Mehl, Eigelb, Milch einen Eierkuchenteig bereiten, die Fischstücke hineintauchen und in Fett schwimmend braun backen.

Wollen Sie einmal aus Fischfilet etwas Besonderes Ihrer Familie oder Ihren Gästen vorsetzen, dann versuchen Sie doch Seelachs-Doppeldecker. Für 4 Personen benötigen Sie 8 kleine Filets. Sie werden gut gewaschen, mit Zitronensaft gesäuert, gesalzen und gepfeffert und dann auf beiden Seiten in der Pfanne gebraten. Zwischen je zwei Filets werden dann eine Scheibe Tilsiterkäse und eine halbe, in Ringe geschnittene Paprikaschote gelegt. Die Filets wieder in die Pfanne geben und im Ofen überbacken. Sie werden mit einer in Butter gebratenen Ananasscheibe serviert. Dazu schmecken Prinzeßkartoffeln.

Auf den nächsten Seiten sehen Sie, wie bunt und lecker man einfache Frikadellen (Rezept 549) anrichten kann: Mit Spiegelei und Bratensoße, mit Champignons und Currysoße, mit Käse überbacken und mit Tomatensoße.

Rezept 747

Forelle gebacken

Den Fisch ausnehmen, waschen und mit scharfem Messer auf beiden Seiten einkerben, salzen und in Mehl wenden. Dann in Ei und Semmelbrösel panieren. In heißem Fett schwimmend 8 – 10 Minuten backen. Dazu Remouladensoße.

1 Forelle pro Person
1 Teelöffel Salz, 1 Ei
2 Eßlöffel Mehl
3 Eßl. Semmelbrösel
Fett zum Backen
Remouladensoße
Rezept 111

Rezept 748

Gebackene Heringe

Heringe schuppen, ausnehmen, entgräten. Mit Zitronensaft beträufeln, pfeffern und salzen und auf beiden Seiten in heißer Butter braun braten. Herausnehmen und in den leicht offengeschlitzten Rücken 2 Teelöffel Kräuterbutter streichen.

2–4 grüne Heringe
1 Eßl. Zitronensaft
Salz, Pfeffer
Butter zum Braten
2–4 Teelöffel
Kräuterbutter

Rezept 749

Makrelen

Die Fische putzen, waschen, mit Lorbeerblatt, Wacholderbeeren, Senfkörnern, Zwiebel, Möhren in das Essigwasser geben und 10 – 15 Minuten schwach kochen lassen. Herausnehmen, Kopf, Haut und Gräten entfernen. Diese Filets mit Kapern und Krabben bestreuen, auf eine Platte legen, mit holländischer Soße begießen und mit Reis oder Kartoffelbrei anrichten.

4 Makrelen
1 l Essigwasser
1 Lorbeerblatt
5 Wacholderbeeren
1 Teel. Senfkörner
1 Zwiebel, 1 Möhre
100 g Krabben
1 Teel. Kapern
½ l holl. Soße
Rezept 487

Für die so appetitanregenden Fischrouladen Fiume verwenden Sie Filets aus der Tiefkühltruhe. Sie benötigen dazu Zitronensaft, Salz, einige Speckstreifen, 2–3 rote Paprikaschoten, eine Gewürzgurke, Estragon, Pfeffer, 1 kleine Zwiebel. Die gefrorenen Filets lassen Sie antauen, daß man sie trennen und rollen kann. Mit Zitronensaft säuern und salzen. Dann die etwas geschnittenen Paprikaschoten, die in Streifen geschnittene Gurke und die Speckstreifen anschmoren, die Filets damit belegen und zusammenrollen. Mit einem Holzspießchen festpieken. Nun etwas Öl in der Pfanne erhitzen, die würfeligen Zwiebeln anrösten und die Filetrouladen dazugeben. Überall anbraten und bei geschlossenem Deckel garschmoren lassen. Dazu schmeckt herrlich eine dicke Tomatensoße.

Rezept 750

Aal grün

1 großer Aal
Petersilie, Kerbel
Estragon, Salbei
Pfefferkraut
Thymian, 2 Eigelb
150 g Butter
2 Tassen Weißwein
Pfeffer, Salz
Zitronensaft

Kleine abgezogene Aale im ganzen verwenden, große in Stücke schneiden. Die angegebenen feingehackten Kräutei in der Butter schwitzen. Die Aale mit den gedämpften Kräutern etwas schmoren, dann den Wein zugießen, wür· zen und etwa 10 Minuten kochen. Den Sud mit Eigelb legieren, mit Zitronensaft abschmecken und kalt servieren

Rezept 751

Fischkrem

2 Tassen gekochter kalter Fisch
1 Tasse Rahmsoße Rezept 502
Lorbeerblatt, Pfeffer
$^1/_2$ Zwiebel, Salz
$^1/_2$ Tasse Paniermehl
gehackte Petersilie

Die Soße mit Zwiebel, Lorbeerblatt und feingeschnittener Petersilie kochen. Eine Auflaufform gut ausfetten und abwechselnd den Fisch und die Soße einfüllen. Mit Paniermehl bestreuen und 20 Minuten im Backofen backen, bis sich eine braune Kruste bildet.

Rezept 752

Fischfrikadellen

1 Pfd. Fischfilet
1 eingeweichtes Brötchen, 1 Ei
1 Zwiebel
1 Prise Salz, Paprika
Paniermehl
Fett zum Backen

Das Filet mit dem ausgedrückten Brötchen und der Zwiebel durch den Wolf drehen. Ei, Paniermehl und Gewürze zugeben und gut verarbeiten. Frikadellen formen und in heißem Fett von beiden Seiten backen.

Rezept 753

Karpfen in polnischer Soße

1 Karpfen
2 Eßlöffel Essig
4 Eßl. geschnittenes Suppengemüse
1 Tasse Wasser
$1^1/_2$ Tassen dunkles Bier
1 Eßlöffel Rosinen
1 Eßlöffel gehackte Mandeln, Zitronensaft
2 Eßl. geriebenen Honigkuchen
3 Eßlöffel Fett
Rotwein, Zucker

Den Karpfen schlachten und das Blut mit etwas Essig verrühren. Den Fisch schuppen, ausnehmen und den Kopf in Portionsstücke teilen. Das kleingeschnittene Gemüse in Salzwasser weich kochen. Gewürze, Bier, Rosinen und Mandeln dazugeben und den Fisch 10 Minuten in dem Sud ziehen lassen. Den geriebenen Honigkuchen, Fett und Karpfenblut zugeben und den Fisch unter häufigem Begießen gar kochen. Den Karpfen auf vorgewärmter Schüssel anrichten. Soße mit Rotwein und Zucker abschmecken, durchsieben und über den Karpfen gießen.

Rezept 754

Bratheringe

2 Pfd. grüne Heringe
Salz, 2 Zwiebeln
Zitronensaft
1 Eßlöffel Mehl
4 Eßlöffel Öl
1/2–1 Tasse Essig
1 Teel. Senfkörner
5 Pfefferkörner
1/2 Lorbeerblatt
3 Wacholderbeeren

Heringe ausnehmen und waschen, Köpfe entfernen, mit Salz und Zitronensaft würzen. Mit Mehl bestäubt in heißem Fett braun braten. Essig mit den Gewürzen und den in Scheiben geschnittenen Zwiebeln aufkochen, abgekühlt über die Heringe gießen und einige Tage ziehen lassen.

Rezept 755

Hering in Gelee

2–3 Heringe, 1 Ei
2 Tassen Wasser
1 Teelöffel Salz
1 Zwiebel, 2 Nelken
2 Pfefferkörner
1/2 Tasse Essig
1 P. Aspikpulver
1 gekochte Möhre

Heringe ausnehmen und in viereckige Stücke teilen, danach mit den Gewürzen in die kochende Brühe geben, wenige Minuten darin ziehen lassen, herausnehmen, abkühlen lassen und Haut und Gräten entfernen. Die durchgesiebte Brühe mit Essig und Salz abschmecken und das Aspikpulver darin auflösen. Dann weitere Zubereitung eines Sülzkoteletts.

Rezept 756

Matjesheringe

4 Salzheringe
2 Eßlöffel Essig
2 Eßlöffel Wasser
1/2 Tasse Rahm
1 Eßlöffel geriebenen Meerrettich
1 Prise Pfeffer
Saft 1/2 Zitrone
1 Zwiebel
1 Lorbeerblatt

Aus Essig, Wasser und Rahm eine Marinade bereiten, die Heringsmilch fein zerdrücken und in die Marinade rühren. Die gewässerten Heringe entgräten und abziehen. Die so gewonnenen Filets in eine Schüssel legen, mit der Marinade übergießen und einige Stunden ziehen lassen. Mit Gurkenscheiben und Tomatenvierteln garniert anrichten. Dazu Pellkartoffeln.

Rezept 757

Rollmöpse

4 gewässerte Salzheringe
1 Eßlöffel Senf
2 kleine Gurken
2 kleine Zwiebeln
1 Eßlöffel Kapern
1 Tasse Essig
1/2 Tasse Wasser
5 Pfefferkörner
1 Lorbeerblatt

Heringe wässern, ausnehmen, Gräten entfernen und die Fische in Hälften teilen, mit Senf bestreichen, Gurkenstreifchen, Zwiebeln und Kapern einlegen, aufrollen und mit Zahnstocher zusammenstecken. Einlegen wie Heringe, 4 – 5 Tage ziehen lassen.

Rezept 758

Gebratener Aal in Tomatensoße, schwedische Art

1 großer Aal
Butter, Salz
Zitronensaft
2 Lorbeerblätter
1 Zwiebel
Zur Soße:
4–5 Tomaten
$1^1/_2$ Tassen Fleischbrühe
2 Eßlöffel Butter
Salz, Pfeffer
Mondamin

Den Aal enthäuten, ganz dicht zusammenrollen, festbinden und mit etwas Butter in eine Pfanne legen. Leicht salzen. Dann Zitronensaft, Zwiebelscheiben und Lorbeerblätter zufügen und bei fleißigem Begießen gar braten. Inzwischen eine Tomatensoße bereiten, ein Stückchen Butter darauf zergehen lassen und heiß über den Fisch geben.

Rezept 759

Florentiner Heilbutt

4 Fischfilets
$^1/_2$ Pfd. Spinatblätter
1 Zwiebel
3 Eßlöffel Butter
$^1/_2$ l helle Soße
Reste von
Kartoffelbrei
3 Eßl. gerieb. Käse

Die Filets auf ein gut gefettetes Blech legen und im Backofen (10 – 12 Minuten) dämpfen. Inzwischen den gewaschenen Spinat mit Butter und einer feingeschnittenen Zwiebel andünsten. Eine Platte mit dem Spinat belegen, darauf die Filets legen, Kartoffelbrei auf den Plattenrand garnieren, alles mit heller Soße überziehen, die kräftig mit geriebenem Käse abgeschmeckt ist, und im Backofen 15 – 20 Minuten überbacken.

Rezept 760

Karpfen auf Moldauer Art

1 Karpfen
Salz
1 Kartoffel
$^1/_2$ Tasse Weißwein
1 Tasse Suppengemüse
2 Eßlöffel Öl
1 Eßlöffel Mehl
Tomatenketchup
Meerrettich

Einen 3- bis 4pfündigen Karpfen vorsichtig ausnehmen, waschen und salzen. Um den Fisch aufrecht dünsten zu können, schiebt man eine geschälte abgeplattete Kartoffel in den Karpfen. Den Fisch in die Fettpfanne geben, mit heißem Weißwein übergießen, reichlich geschnittenes, in Fett geröstetes Suppengemüse hinzufügen und in den vorgeheizten Bratofen schieben. Den Karpfen je nach Größe bei mäßiger Hitze 35 – 45 Minuten dünsten. Wenn sich die Rückenflosse leicht herausziehen läßt, ist der Fisch gar. Vorsichtig aus der Fettpfanne nehmen und auf vorgewärmter Platte anrichten. Die Flüssigkeit und das Suppengemüse passieren, mit angerührtem Mehl binden. Mit Salz, Tomatenketchup und geriebenem Meerrettich abschmecken und über den Karpfen füllen. Mit Weinkraut und geschmorten kleinen Klößchen zu Tisch geben.

Rezept 761

Dänische Heringspastete

Die gewässerten Heringe in Stückchen schneiden und 1 Stunde in Milch einlegen. Die gekochten Kartoffeln noch warm in Scheiben schneiden. Die gehackten Zwiebeln in Butter schmoren und den gewürfelten Schinken zufügen. Alles unter Umrühren 5 Minuten dämpfen. Eine Puddingform ausfetten, abwechselnd Hering, Kartoffeln, Zwiebeln und Schinken einlegen und eine Soße darübergießen, die aus Eigelb und Sahne verquirlt ist unter Zugabe von Rotwein, zerlassener Butter und etwas Fleischextrakt. Das Gericht 1 – 1½ Stunden im heißen Ofen backen.

2–3 Heringe
6–8 gekochte Kartoffeln
1 Tasse Milch
Butter
Zwiebeln
½–¾ Pfd. gekochter Schinken
½ Tasse Sahne
1–2 Eigelb
1 Gläschen Rotwein

Rezept 762

Goldbarschauflauf, römische Art

Goldbarschfilet in Salzwasser gar dünsten. Spaghetti in Salzwasser abkochen und in eine gebutterte Auflaufform geben. Filetstücke darauflegen. Zwiebel in Butter schmoren, Mehl zugeben und mit Fisch- und Nudelbrühe ablöschen. Die Hälfte des geriebenen Käse zugeben und mit Eigelb legieren. Soße kräftig abschmecken, über den Auflauf gießen und mit Käse bestreuen. ½ Stunde im Backofen backen und vor dem Anrichten mit zerlassener Butter beträufeln.

1 Pfd. Fischfilet
½ Pfd. Spaghetti
1 gehackte Zwiebel
2 Eßlöffel Mehl
2 Eier
½ Tasse gerieb. Käse
2 Eßlöffel flüssige Butter
Salzwasser

Rezept 763

Gefüllte Seezungenröllchen

Die fertig zugerichteten Filets mit Senf bestreichen und danach hohl zusammenrollen, mit Holzspießchen feststecken, in kochendem Salzwasser mit den angegebenen Gewürzen mehr garziehen als garkochen lassen. Die abgetropften Pilze in feine Scheiben geschnitten in zerlassener Butter kurze Zeit schmoren, würzen, mit Schnittlauch bestreuen. Die Seezungenröllchen auf ein mariniertes Salatblatt stellen, etwas Meerrettichbutter hineinfüllen, darauf die Pilze legen, je 1 Teelöffel Reibkäse überstreuen und anrichten.

2 Seezungenfilets
1 Zwiebel und Senf
Pfefferkörner
Salz, 2 Nelken
1 Lorbeerblatt
1 Schuß Essig
1 Scheibe Zitrone
Salatblätter
Meerrettichbutter
Füllung:
1 Dose Champignons
Pfeffer, Salz
feingeh. Schnittlauch
etwas Butter
2 Teel. Reibkäse

Rezept 764

Dänische gegrillte Karpfenschnitten

1 Karpfen
Öl
Salz
4 Tomaten

Fingerdicke Karpfenscheiben werden mit Öl bepinselt und im sehr heißen Grill von beiden Seiten je 2 Minuten gegrillt, dann erst leicht gesalzen und auf einer heißen Platte mit gegrillten Tomaten angerichtet.

Rezept 765

Goldbarschröllchen in Weintunke

2 Pfd. Goldbarschfilet
30–50 g Räucherspeck
1 Eßlöffel Senf
3 Zwiebeln
1 kleine saure Gurke
40 g Butter
80 g Mehl
3/4 l Wasser
1/4 l Weißwein

Filet vorbereiten. Speck kleinwürfelig schneiden und andünsten, mit Senf, gehackten Zwiebeln und feinen Gurkenwürfeln vermischen. Die Filetscheiben damit oben bestreichen, fest aufrollen und mit Holzstäbchen zusammen stecken. Butter im Kochtopf schmelzen, Mehl hineingeben und nach und nach mit Wasser auffüllen. Wein hinzufügen. Fischrollen hineinlegen und auf gelindem Feuer gar ziehen lassen.

Rezept 766

Italienischer Fischauflauf mit Nudeln

2 Pfd. geräucherter Fisch
200 g Makkaroni
1/2 l Tomatenmarksoße Rezept 483
250 g Pilze
2 Eßl. Paniermehl
2 Eßlöffel Butter

Den geräucherten Seelachs oder Bücklinge sorgfältig zerteilen, Haut abziehen. Gräten entfernen. Makkaroni in Stücke brechen, in Salzwasser gar kochen, herausnehmen. Mit kaltem Wasser abschrecken. Pilze putzen, in Butter schmoren. Die Zutaten lagenweise in eine gefettete Auflaufform geben, mit der Tomatenmarksoße übergießen. Paniermehl überstreuen, Butter aufsetzen, im Backofen gratinieren.

Rezept 767

Zanderschnitten

4 Zanderschnitten
Salz, Pfeffer
1 Eßl. feingeh. Kräuter
2 Eßlöffel Mehl
4 Eßlöffel Butter
3 Tomaten, 1 Zwiebel
1/2 Tasse feingeschn. Champignons

Die gewürzten Zanderschnitten mit gehackten Kräutern belegen, in Mehl wenden. In der zerlassenen Butter Tomatenwürfel, Pilze und Zwiebelstückchen gar schmoren, herausnehmen und warmstellen. Die Fischscheiben von beiden Seiten schön bräunen, auf eine vorgewärmte Platte geben. Die geschmorten Gemüse auf die Schnitten häufen und mit dem Bratensaft beträufeln.

Rezept 768

Austernsoße

4–6 Austern
1 Glas Weißwein
2 Tassen helle Soße
Rezept 476
1 Prise Paprika
1 Eigelb
1/8 l Rahm
1 Teelöffel Butter

Den erhitzten Wein über die Austern gießen, herausnehmen und mit kaltem Wasser abschmecken. Den Wein mit der hellen Soße dick einkochen, abschmecken, mit Eigelb legieren, den Rahm unterziehen und die Austern hineinlegen. Butter darauf zergehen lassen und anrichten.

Rezept 769

Austern gedämpft

1–2 Dtzd. Austern
Salz, 1 Eigelb
1 Teel. Zitronensaft
1 Tasse helle Soße
Rezept 476

Die Austern von der Schale befreien, mit dem Austernsaft in einen Topf geben, Salz und Zitronensaft zugeben und aufkochen. Dann die helle Soße beigeben, mit Eigelb abziehen und die Austern gut durchrühren, abschmecken und mit Toastbrot anrichten.

Rezept 770

Languste

1 Languste
2 Eßlöffel Trüffeln
3 Eßl. Gemüsesalat
Mayonnaise

Einer gekochten Languste die Brustseite aufschneiden. Fleisch und Eingeweide herausnehmen, auch den bis zum Schwanzende reichenden Darm. Das Fleisch in 2 cm dicke Scheiben schneiden und mit Trüffeln garnieren. Den leeren Brustpanzer mit Gemüsesalat füllen, den man am besten mit Mayonnaise bereitet. Mit Zitronen garnieren.

Rezept 771

Gekochter Hummer

1 Hummer
kochendes Salzwasser
1 Schuß Essig
Pfefferkörner

Die Scheren zusammenbinden, den Hummer, Kopf voran, ins kochende Wasser werfen. Dem Wasser einen Schuß Essig und Pfefferkörner zusetzen. Wenn der Hummer getötet ist, 20 – 30 Minuten im kochenden Wasser ziehen lassen. Abgekühlt anrichten und der Länge nach halbieren.

Rezept 772

Hummersoße

Getrocknete Hummerschalen
1 Bd. Suppengrün
je 2 Eßl. Öl und Mehl
1/2 Glas Weinbrand
1 Tasse Fleischbrühe
2 Eßlöffel Weißwein
1 Spritzer Zitronensaft
1 Eigelb, 2 Eßl. Rahm

Die fein zerstoßenen Hummerschalen mit feingeschnittenem Suppengrün in Öl anrösten. Weinbrand angießen und abbrennen. Mit Mehl bestäubt und Fleischbrühe aufgegossen 15 Minuten auskochen lassen. Durch ein Sieb geben, mit Weißwein und Zitronensaft abschmecken. Vor dem Anrichten Eigelb und Rahm unterziehen.

Rezept 773

Muscheln in Weinsoße

24 abgekochte Muscheln
1/2 l Soße blanche Rezept 486 ohne Zucker

Von den abgekochten Muscheln die Schalen mitsamt dem Bart und sämtliche schwarzen Stellen entfernen. Die Weinsoße mit etwas Muschelbrühe verdünnen und 1/2 Stunde kochen lassen. Sie wird zu den Muscheln gereicht.

Rezept 774

Krebs gekocht

Krebse
Kümmel, Kräuter
1 Bt. Fischgewürze
Butter, Thymian
Lorbeerblatt
1/2 Weinglas Kognak
1 Flasche Rotwein
Pfeffer, Salz

Gehackte Kräuter und Gewürze in Butter anrösten, Lorbeerblatt und Thymian zugeben, 1/2 Weinglas Kognak übergießen, anstecken, abbrennen. 1 Flasche Rotwein zugießen, die lebenden Krebse, Kopf voran, in den kochenden Wein hineinwerfen, 10 Minuten kochen lassen und in einer Terrine mit Pfeffer und Salz und einem Stück Butter anrichten.

Rezept 775

Französische Weinbergschnecken nach Burgunder Art

Für 2 Personen
1 Dutzend Schnecken
Kräuterbutter:
50 g Butter
5 g geh. Petersilie
2 g Knoblauch
2 g Schalotte oder Zwiebel
1 Prise Salz, Pfeffer
geriebenen Muskat

Schnecken im Sieb abspülen und abtropfen lassen. Die leeren Häuschen heiß spülen, abtropfen lassen und mit Schnecken füllen. Dann die Häuschen in die Schneckenpfanne legen und bis zum Rand mit Kräuterbutter auffüllen. Die mit der Kräuterbutter aufgefüllten Häuschen im heißen Ofen erhitzen, bis die Butter brutzelt – dann mit Weißbrot und einem trockenen Weißwein servieren.

Kartoffelgerichte

Die Kartoffel ist unser Hauptnahrungsmittel. Ihr hoher Nährwert macht sie auch für den anspruchsvollen Tisch unentbehrlich. Wir treffen sie als Beilage, dann in Suppen, Eintöpfen, Aufläufen. Eine schon lange beliebte und bewährte Kombination von Kartoffeln und Mehl sind die Kartoffelklöße. – Nicht vergessen seien hier die Kartoffelpuffer, die in Verbindung mit Heidelbeerkompott oder Apfelmus zu allen Gelegenheiten hoch willkommen sind.
Nehmen Sie für ein Gericht möglichst gleichgroße Kartoffeln, sie werden dann auch gleichmäßiger gar.
Waschen Sie die Kartoffeln vor dem Gebrauch. Schmutz kann dann nicht durch die korkartige Schale dringen.
Vermeiden Sie es, geschälte Kartoffeln im Wasser zu kochen. Dämpfen Sie sie im Kartoffeldämpfer, oder kochen Sie Pellkartoffeln. Nährwerte bleiben erhalten, und es entsteht kaum Abfall.
Wenn Sie Kartoffeln schälen, dann bitte so dünn wie möglich. Unter der Schale sitzen die besten Nährwerte.
Schälen Sie Kartoffeln mit dem Buntschälmesser, sie sehen appetitlicher aus.
Alle anhaftenden „Augen“ oder Keime sind auszustechen.
Kartoffeln sind sofort nach dem Schälen ins Wasser zu legen, weil sie sonst braun werden.
Geschälte Kartoffeln sollte man niemals lange im Wasser liegen lassen.
Neue Kartoffeln sind in heißem Wasser, alte in kaltem Wasser anzusetzen.
Abgeschüttete Kartoffeln müssen abdampfen; man soll sie an heißer Herdstelle bei geöffnetem Topf öfter schwenken, bis sie trocken sind.

Rezept 776

Salzkartoffeln

geschälte Kartoffeln
Salzwasser
(auf 2 l Wasser
1 Eßlöffel Salz)

Kartoffeln waschen, schälen, in gleichmäßig große Stücke schneiden (halbieren oder vierteln) in Salzwasser geben und vom Kochen an gerechnet 25 Minuten kochen, abgießen, abdampfen lassen durch Schwenken des Topfes und anrichten.

Rezept 777

Pellkartoffeln

Kartoffeln
Salz
Kümmel

Neue Kartoffeln in der Schale kochen; Salz und Kümmel ins Wasser geben. Alte Kartoffeln in der Schale kochen; Salz nicht erforderlich.

Rezept 778

Bratkartoffeln

Pellkartoffeln
Salz
Butter oder
Schmalz

Geschälte Pellkartoffeln erkalten lassen, in Scheiben schneiden. In Butter oder Schweineschmalz anbraten, salzen.

Rezept 779

Röstkartoffeln

Pellkartoffeln
Salz, Butter

Kleine Pellkartoffeln schälen, salzen, in Butter anbraten.

Rezept 780

Diätkartoffeln

Öl
kleine Kartoffeln
1 Teelöffel Kümmel

Man bedecke den Boden einer Pfanne mit Öl. Ungeschälte, aber gut gewaschene Kartoffeln dicht nebeneinanderstellen. Mit Kümmel bestreuen und im Backofen in 45 Minuten gar werden lassen.

Rezept 781

Dämpfkartoffeln

1 Pfd. Kartoffeln
2 Eßlöffel Fett
Salz
Pfeffer
2 Eßlöffel Wasser

Kartoffeln waschen, schälen, in dünne Scheiben schneiden. Fett in der Pfanne erhitzen. Kartoffeln hineinlegen, Salz und Pfeffer überstreuen. Unter häufigem Umwenden goldbraun und knusprig braten. Ganz wenig Wasser zugießen, dann zugedeckt gar dämpfen.

Rezept 782

Trüffelkartoffeln

3 Pfd. dicke Kartoffeln
3 Eßlöffel Butter
Salz

Aus dicken, rohen Kartoffeln mit dem Kartoffelstecher kleine Kugeln herausformen, roh in die Pfanne geben und in heißer Butter goldbraun rösten. Salzen. Zu erlesenem Gemüse oder zu Fisch servieren.

Rezept 783

Panierte Kartoffeln

1 Pfd. Pellkartoffeln
3 Eßlöffel Fett
Milch oder Ei
gerieb. Weißbrot
Salz

Pellkartoffeln in dicke Scheiben schneiden, panieren, dicht nebeneinander in großer Pfanne hellbraun braten und salzen. Sehr heiß zu Rosenkohl oder Rotkohl anrichten.

Rezept 784

Petersilienkartoffeln

1½ Pfd. Pellkartoffeln
2 Eßlöffel Butter
1–2 Eßl. feingeschn. Petersilie
Salz

Kleine, gleichmäßige Kartoffeln in der Schale kochen, heiß pellen. Mit brauner Butter, Petersilie und wenig Salz durchschwenken und anrichten.

Rezept 785

Rahmkartoffeln

1 Pfd. Pellkartoffeln
1 Tasse Rahm
½ Tasse Milch
1 Eßlöffel Butter
Salz
Muskat

Pellkartoffeln in Würfel schneiden. In einer Pfanne mit verdünntem Rahm bedecken und auf kleiner Flamme 15 bis 20 Minuten unter häufigem Umrühren kochen. Etwas frische Butter und Gewürzdosis beigeben und anrichten.

Rezept 786

Majorankartoffeln

1 Pfd. Salzkartoffeln
1 Eßlöffel Butter
1½ Tassen Sahne
Majoran
Rosenpaprika

Salzkartoffeln in Scheiben schneiden, in einer Kasserolle mit der zerlassenen Butter vermischen, mit Sahne übergießen. Majoran und Paprika überstreuen, abschmecken. In der Sahne kurz dämpfen und anrichten.

Rezept 787

Brühkartoffeln

1 Pfd. Salzkartoffeln
½ l Brühe
1 Eßlöffel Butter
1 Eßlöffel gehackte Petersilie

Geschälte Kartoffeln in Würfel schneiden, in der Brühe gar kochen. Mit Butter und Petersilie würzen. Abschmecken. Zu Fisch, rohem Schinken oder gekochtem Fleisch servieren.

Rezept 788

Himmel und Erde

2 Pfd. Kartoffeln
2 Pfd. mürbe Äpfel
2 Tassen Salzwasser
1 Teelöffel Zucker
1 Teel. Zitronensaft
3 Eßl. Speckwürfel
3 Eßl. Zwiebelscheiben

Kartoffeln schälen und in Würfel schneiden, die geschälten Äpfel in Viertel teilen. Kartoffeln und Äpfel zusammen in möglichst wenig Salzwasser gar kochen, kleinstampfen und mit Zucker und Zitronensaft abschmecken. Speckwürfel und Zwiebelscheiben goldgelb ausbraten und über das Gericht geben. Dazu gebratene Blutwurstscheiben oder Bratwürstchen.

Rezept 789

Gebackene Kartoffelscheiben

2 Pfd. Kartoffeln
Fett oder Öl zum Backen
Salz

Die gewaschenen und geschälten Kartoffeln rechteckig zuschneiden und in etwa 2–3 cm dicke Scheiben schneiden. In zwei Töpfen das Fett erhitzen, in einem schwach, im anderen stark. Die Kartoffelscheiben einzeln so lange in das mäßig heiße Fett legen, bis sie an die Oberfläche steigen und sich mit einem weißen Häutchen überziehen. Dann in das sehr heiße Fett geben, und wenn sie polsterartig auflaufen, herausnehmen und nebeneinander auf eine Platte legen. Kurz vor dem Anrichten in sehr heißem Fett knusprig braun braten und mit feinem Salz bestreuen.

Rezept 790

Holsteiner Schmalzkartoffeln

Die Kartoffeln mit der Schale in Salzwasser kochen und nach dem Erkalten abziehen. Fett in der Pfanne erhitzen, die ganzen Kartoffeln unter dauerndem Schütteln hellgelb braten, Puderzucker überstreuen und erst servieren, wenn der Zucker gebräunt ist.

2 Pfd. ganz kleine Kartoffeln
Salz
4 Eßlöffel Schmalz
1 Eßl. Puderzucker

Rezept 791

Kartoffel-Eier

Die heiß durchgepreßten Kartoffeln mit 2 Eigelb, Salz und den in Fett ausgebratenen Zwiebelwürfelchen vermischen. Mit 2 Eßlöffeln Eier formen, auf ein gefettetes Blech setzen, mit Eigelb bestreichen, mit Käse und Kümmel bestreuen und im Ofen hellgelb backen.

2 Pfd. gekochte Kartoffeln
2 Eigelb
1 Eßlöffel Butter
1 feingeschnittene Zwiebel, Salz
1 Eigelb, Kümmel
2–3 Eßl. gerieb. Käse

Rezept 792

Quark-Kartoffeln

Die gekochten Kartoffeln in Scheiben schneiden. Aus Butter, Mehl, Flüssigkeit, dem Käse und den Gewürzen eine helle dickliche Soße bereiten und über die Kartoffeln geben. Dann in eine Auflaufform füllen und Quark mit Ei und den Gewürzen schaumig schlagen. Die Kartoffeln damit bedecken und den Auflauf im Backofen braun backen.

750 g gekochte Kartoffeln
2 Eßlöffel Butter
1½ Eßlöffel Mehl
1 Eßl. Reibkäse
1½ Tassen Bouillon
1½ Tassen Milch
Salz, Muskat
250 g Quark
4 Eier, Salz, Pfeffer

Rezept 793

Gefüllte Kartoffeln

Die geschälten Kartoffeln abtrocknen, ein Deckelchen abschneiden, aushöhlen. Das Gehackte mit Ei, eingeweichtem Brötchen und den Gewürzen fein verkneten, die Masse in die Kartoffeln füllen, Deckel festpicken. In eine gefettete Auflaufform setzen, salzen, bräunen, Brühe zugießen und im Backofen garen.
Eine kräftige Paprikasoße, Rezept 488, dazu reichen.

8 große gleichmäßige Kartoffeln
250 g Gehacktes
1 Brötchen
1 Ei, 1 Zwiebel
1 Sardelle, Salz
Piment
Pfeffer, Muskat
4 Tassen Brühe

Rezept 794

Kartoffeln in Bechamelsoße

Pellkartoffeln
2–3 Tassen Bechamelsoße
1 Strich Muskat

Kalte Pellkartoffeln in Scheiben schneiden und in einer Bechamelsoße, Rezept 477, anmachen, mit etwas Milch oder Rahm verdünnen und mit Muskatnuß abschmecken.

Rezept 795

Kartoffelgulasch

2 Pfd. rohe geschälte Kartoffeln, Paprika
400 g Gulaschfleisch oder Gehacktes
4 große Zwiebeln
Salz, Muskat
2 Eßlöffel Fett
1 Tasse saure Sahne

Kartoffeln in nicht zu dünne Scheiben schneiden, Zwiebeln in Fett leicht andünsten. Schichtweise in einen Kochtopf einfüllen: Fleischstücke, Kartoffelscheiben, Gewürze. 1 bis 2 Tassen Wasser angießen und 1 Stunde schmoren lassen. Muskat und Sahne anrühren. Aufkochen, abschmecken.

Rezept 796

Kartoffel-Sellerieklößchen

1½ Pfd. geschälte Kartoffeln, 1 Sellerie
etwas Milch
1 Eßlöffel Fett
Salz, Pfeffer
1 Ei, Reibbrot
Fett zum Backen

Kartoffeln und Sellerie kochen, abgießen, zerstampfen, mit Milch und Butter auf dem Feuer so lange schlagen, bis die Masse trocken ist. Würzen, Ei untermischen, abkühlen. Kleine Klößchen formen, in Reibbrot wälzen, in Fett schwimmend ausbacken.

Rezept 797

Paprikastangen

1 Pfd. Kartoffeln
2–3 Eier
1 Eßlöffel flüssige Butter
2–3 Eßlöffel Mehl
Salz, Paprika
gehackte Kapern
Fett zum Backen

Kartoffeln heiß durchpressen, mit den Zutaten vermischen. Aus der Masse Röllchen formen und in Fett schwimmend ausbacken.

Rezept 798

Bäckerinkartoffeln

2 große Zwiebeln
3 Eßlöffel Fett
1½ Pfd. rohe Kartoffeln
2 Tassen Bratensoße
3–4 Eßl. gerieb. Käse

Die feingeschnittenen Zwiebeln in Fett andämpfen, die in feine Scheiben geschnittenen rohen Kartoffeln dazugeben, mit der Bratensoße auffüllen und mit geriebenem Käse bestreut weichdämpfen lassen.

Rezept 799

Kartoffelwürstchen

2 Pfd. Pellkartoffeln
1/2 Pfd. Quark
Salz, Zucker
1–2 Eier
1/2 Pfd. Mehl
geriebenes Weißbrot
Fett zum Backen

Pellkartoffeln erkalten lassen, auf einem Reibeisen reiben und mit Quark vermischen. Mit Salz und Zucker abschmekken, mit Eiern und Mehl gut vermengt und vermischt zu Würstchen formen, panieren und in heißem Fett schwimmend ausbacken.

Rezept 800

Strohkartoffeln

Kartoffeln (roh)
Backfett
Salz

Die Kartoffeln in feine, längliche Streifen schneiden, waschen, abtrocknen und in heißem Fett schwimmend ausbacken.

Rezept 801

Steichholzkartoffeln

Kartoffeln
Backfett
Salz

Rohe Kartoffeln in Streichholzform schneiden, waschen, gut abtropfen lassen und in Fett ausbacken; salzen.

Rezept 802

Kartoffelspäne

1 Pfd. gek. Kartoffeln
2 Eigelb
5 Eßl. Mehl
1/2 Tasse Öl
(Palmin)

Von gekochten Kartoffeln, Eigelb und Mehl einen festen Teig kneten, den man sogleich dünn ausrollt und zu feinen Nudeln schneidet. Man legt sie in kochendes Fett ein und bäckt sie rasch goldbraun.

Rezept 803

Pommes-Frites

1 Pfd. Kartoffeln
Fett zum Braten
Salz

Kartoffeln waschen, schälen, in gleichmäßig lange (4 bis 5 cm) Stifte schneiden. Auf einem Tisch gut abtrocknen und in Fett schwimmend halb gar backen. Mit dem Schaumlöffel herausnehmen, in ein Sieb geben, abtropfen lassen. Abgekühlt noch einmal in heißes Fett geben, goldbraun und knusprig gar backen. Herausheben, mit Salz bestreuen.

Rezept 804

Glasierte Kartoffeln

2 Pfd. sehr kleine Pellkartoffeln
4 Eßlöffel Öl
Salz
Zucker

Die ganzen Kartoffeln in Fett braten, während des Bratens mit Salz und Zucker bestreuen, Zucker schmilzt, vermischt sich mit Fett und bildet die Glasur.

Rezept 805

Schicht-Kartoffeln

1½ Pfd. rohe geschälte Kartoffeln
etwas Butter
6–8 Scheiben Schweizer Käse
2 Eigelb
½ Tasse Milch
1 Teelöffel Salz

Rohe Kartoffeln in Scheiben schneiden, in eine gefettete Auflaufform legen, darüber einige Butterflöckchen und in feine Scheiben geschnittenen Käse, dann wieder Kartoffeln, abwechselnd mit Butterflöckchen und Käse. Eigelb mit Milch verquirlen, über die Kartoffeln gießen und in 1 Stunde im Backofen gar backen.

Rezept 806

Französische Kartoffeln

Kartoffeln
Mehl
Öl
Salz

Gleichmäßig kleine Kartoffeln mit der Schale kochen, abpellen. In Mehl wälzen und in eiserner Pfanne in Öl goldgelb braten. Hin- und Herwenden. Vor dem Anrichten Salz überstreuen.

Rezept 807

Kartoffel-Pickert

6 Pfd. Kartoffeln
2 Eier
1 Teelöffel Salz
2 Pfd. Mehl
40 g Hefe
½ Pfd. Rosinen
½ Tasse Milch
Butter
1 Teel. Zucker

Kartoffeln schälen, reiben, mit Salz, Eiern und Mehl kräftig verrühren. Hefe mit Zucker in lauwarmer Milch auflösen, in den Teig geben, zuletzt die gereinigten und abgetrockneten Rosinen. Die Masse in eine ausgefettete Kastenform geben und an warmer Stelle aufgehen lassen. Dann bei guter Mittelhitze in ungefähr 2 Stunden im Backofen hellbraun backen. Aus der Form stürzen, erkalten lassen. In dicke Scheiben schneiden und in heißer Butter in der Pfanne braun rösten.

Man reicht Bohnenkaffee dazu und bestreicht die Pickertscheiben mit Butter.

Rezept 808

Gespritzte Kartoffeln, ein Schweizer Gericht

8–10 Pellkartoffeln
100 g Butter
100 g Reibkäse
1 Tasse Rahm

Gut gewaschene Kartoffeln in der Schale kochen. Nach Bedarf und Größe, 2 bis 4 Stück pro Person rechnen. Die heißen Kartoffeln halbieren. Mit der Schnittfläche nach unten auf die Platte legen und mit folgender Creme bespritzen: Butter schaumig rühren, nach und nach geriebenen Schweizer Käse und ungeschlagene Schlagsahne daruntermengen. Durch den Spritzsack recht üppig auf die Kartoffelhälften verteilen. Sofort so heiß wie irgend möglich zu Tisch geben. Dazu schmeckt ein leichter Rotwein vorzüglich.

Rezept 809

Luzerner Kartoffel-Käse-Rösti

2 Pfd. Pellkartoffeln
100 g Speck
2 Eßlöffel Butter
150 g Schnittkäse

Kalte geschälte Pellkartoffeln auf der groben Seite der Rohkostreibe raffeln. Durchwachsenen, in Streifen geschnittenen Speck mit Butter in einer tiefen Pfanne glasig braten, die Kartoffeln darübergeben, fest andrücken und bei leichter Hitze braten lassen, bis sich ein goldgelber Boden gebildet hat. Das Ganze wenden und frischen, in feine Streifen geschnittenen Schnittkäse hinzufügen. Deckel auf die Pfanne geben und alles zusammen bei leichter Hitze etwa 15 Minuten braten lassen.

Rezept 810

Berner Käse-Kartoffeln

1 Pfd. gekochte Kartoffeln
125 g Schinkenspeck
4 Eßl. feingeh. Zwiebeln
Porée, Butter
2 Tassen Milch
1 P. Schmelzkäse
2 Eier
Salz, Pfeffer
Butterflöckchen

Gewürfelten Schinkenspeck mit feingeschnittenen Zwiebeln und etwas Porree in Butter glasig dünsten. Gekochte Kartoffeln in Scheiben schneiden und schichtweise mit der Gemüsemasse in eine gefettete Auflaufform legen. Milch erhitzen. 1/2 Familienpackung Schmelzkäse in Flöckchen zugeben und gut durchschlagen. Abkühlen lassen und Eier in die Soße quirlen, mit Salz und Pfeffer würzen. Auf die Kartoffeln gießen und Butterflöckchen darüberstreuen. Im Backofen bei guter Mittelhitze eine halbe Stunde backen. Dazu frischen Salat und ein kühles Bier reichen.

Rezept 811

Spanisch Fricco

2 Pfd. rohe Kartoffeln
300 g Rindfleischwürfel
3 große Zwiebeln
Salz
Pfeffer
4 Eßlöffel Sahne
Butterflöckchen

Eine Puddingform gut ausfetten, lagenweise Kartoffelscheiben, Fleischwürfelchen mit Zwiebelringen und Gewürz daraufgeben. Obenauf Kartoffeln. Butterflöckchen aufsetzen. Sahne mit einer Tasse kochendem Wasser vermischt übergießen. Deckel verschließen und 2½ Stunden im Wasserbad kochen. Auf eine Platte stürzen und mit beliebigem Salat zu Tisch geben.

Rezept 812

Kartoffelomelette, Berner Art

4–6 Scheib. Schinkensp.
6–8 gesch. Kartoffeln
100 g frische Krabben
2 Eier, 2 Eßl. Mehl
2 Eßl. gerieb. Käse
1 Teelöffel feingehackte Petersilie, Salz
1 Schuß Selterswasser

Die dünnen Speckscheiben in breiter Pfanne heiß werden lassen, Kartoffeln in dünne Schnitze schneiden, auf die Speckscheiben legen, darüber das Krabbenfleisch, und zugedeckt 15 Minuten dämpfen. Eier mit den angegebenen Zutaten verrühren, die Masse über die Kartoffeln füllen und erstarren lassen.

KARTOFFELBREI – KARTOFFELKLÖSSE KARTOFFELPUFFER

Rezept 813

Kartoffelbrei

2 Pfd. Salzkartoffeln
2–2½ Tassen Milch
2 Eßlöffel Butter
Muskat

Gekochte heiße Salzkartoffeln mit dem Kartoffelstampfer fein zerdrücken. Heiße Milch, Butter und Muskat dazugeben. Mit dem Schneebesen so lange schlagen, bis der Kartoffelbrei schön locker und schneeweiß ist. In vorgewärmter Schüssel hübsch anrichten. Beliebige Soßen dazu reichen oder hell ausgebratene Zwiebelringe oder Bröselbutter darübergeben.

Rezept 814

Kartoffelschnee

Heiße Salzkartoffeln durch eine Kartoffelpresse sofort auf eine Anrichteschüssel geben und mit Butterflöckchen belegen. Etwas geriebenen Muskat überstreuen.

2 Pfd. Salzkartoffeln
1 Prise Muskat
Butterflöckchen

Rezept 815

Kartoffelrand

Heiße Salzkartoffeln durch eine Presse drücken. Muskat, Eigelb und Butter gut verrührt unter die Kartoffelmasse geben. Den Eischnee unterziehen. Frankfurter Kranzform dick mit Butter ausstreichen, mit Paniermehl ausstreuen, die Kartoffelmasse einfüllen, 20 Minuten bei starker Hitze im Backofen backen. Auf vorgewärmte Platte stürzen, anrichten.
Den inneren Ring mit Fleisch- oder Pilzragout (oder auch Gulasch) füllen.

1½ Pfd. Salzkartoffeln
2 Eier
3 Eßlöffel Butter
Muskat
Semmelmehl

Rezept 816

Kartoffelröschen

Von Kartoffelbrei mit grober Spritztülle dicke Röschen auf ein Kuchenblech aufspritzen. In heißem Backofen hellbraun backen. Obenauf eine Messerspitze Preiselbeeren geben und auf großer Schüssel appetitlich anrichten. Zu gebackenem Fisch, Ragout oder Wild reichen.

Kartoffelbrei
aus 1½ Pfd. Kartoffeln
2–3 Eßlöffel
Preiselbeerenkompott

Rezept 817

Kartoffelkugeln

Quark mit Milch sahnig rühren, mit Schnittlauch vermischen, alles unter die durchgepreßten Kartoffeln geben, gut miteinander vermengen und kleine Kugeln formen. In geriebenem Weißbrot rollen und schnell in heißem Fett schwimmend hellgelb backen.
Auf vorgewärmter Schüssel gefällig anrichten und Salat dazu reichen.

1 Pfd. Pellkartoffeln
½ Pfd. Sahnequark
geh. Schnittlauch
etwas Milch
gerieb. Weißbrot
Fett zum Backen

Rezept 818

Kartoffelomelett

1 Pfd. Pellkartoffeln
3 Eßlöffel Fett
1 Zwiebelchen
1/2 Tasse Milch
1 Eßlöffel Mehl
2 Eier
Salz, Muskat

Pellkartoffeln in Scheiben schneiden. Mit Fett und Zwiebeln braten. Milch und Eier mit den übrigen Zutaten verquirlen, über die Kartoffeln gießen und wie ein Omelett, Rezept 59, backen. Sobald die Masse fest ist, das Omelett auf eine vorgewärmte Schüssel geben. Mit Salat, Gurken, roter Beete oder Senfgurken anrichten.

Rezept 819

Kartoffelnudeln

6 große, am Tag vorher gekochte Kartoffeln
1 Ei
1/2 Teelöffel Salz
3 Eßlöffel Mehl
3 Eßlöffel Grieß
Bröselbutter

Die geriebenen Kartoffeln mit Ei, Mehl und Grieß verkneten, in lange, fingerdicke Rollen formen. In Salzwasser etwa 10 Minuten langsam sieden lassen. Herausheben, abtropfen. Auf eine Platte geben und mit Bröselbutter begießen. Evtl. Zucker und Zimt überstreuen und zu gekochten Pflaumen reichen. Oder leicht salzen und zu Fleisch, Fisch oder Gemüse servieren.

Rezept 820

Kartoffelbällchen

Reste von Kartoffelbrei
1–2 Eßl. geriebenes Weißbrot, 1 Ei
Fett zum Backen

Das Ei unter den Rest von Kartoffelbrei kneten, Bällchen formen, flachdrücken, in geriebenem Weißbrot wälzen und in heißem Fett langsam hellbraun und knusprig backen. Zu Backobst oder zu Sauerkraut reichen.

Rezept 821

Schupfnudeln

2 Pfd. Pellkartoffeln
1/2 Pfd. Mehl
2 Eier
Salz
Muskat
Milch
Fett zum Backen

Erkaltete Pellkartoffeln durch die Fleischmühle drehen, mit Mehl und Eiern anmachen und mit Salz und Muskatnuß abschmecken. Von dieser Masse kleine Würstchen formen, die sich nach den Seiten verdünnen, und diese in Salzwasser oder Milch aufkochen. Aus dem Wasser nehmen und auf einem Sieb abtropfen lassen. Auf ein Nudelbrett legen. Wenn erkaltet, in heißem Fett in einer Stielpfanne ausbacken. Als Beilage zu Wild und verschiedenen Braten.

Rezept 822

Kartoffelauflauf

Butter mit Eigelb, Zucker und etwas Zitronenschale schaumig rühren. Halb gar gekochte Pellkartoffeln erkalten lassen und auf einem Reibeisen reiben. Die Kartoffeln mit der Buttermasse sowie mit geriebenem Weißbrot vermischen. Zum Schluß die geschlagenen Eiweiß darunterziehen. In eine gefettete Form füllen und 1 Stunde backen.

1½ Pfd. Kartoffeln
125 g Butter
8 Eigelb, 8 Eischnee
¾ Pfd. Zucker
abgerieb. Zitronenschale
8 Eßlöffel geriebenes Weißbrot, Fett

Rezept 823

Kartoffelkoteletts

Gekochte Salzkartoffeln durch ein Sieb streichen und mit Eigelb abrühren. Mit Muskatnuß abschmecken und aus der Masse kleine runde oder längliche Kroketten formen, die mit Eiweiß und Paniermehl paniert werden. In heißem Fett schwimmend ausbacken.

2 Pfd. gekochte Kartoffeln
2 Eigelb, Muskat
2 Eiweiß
geriebenes Weißbrot
Fett zum Backen

Rezept 824

Labskaus

Corned Beef in dicke Würfel schneiden, ebenso die Gewürzgurken. Zusammen in den heißen Kartoffelbrei geben. Gut durchrühren. Auf einer Platte mit Gurkenstreifen und Tomatenscheiben anrichten. Mit Bröselbutter übergießen.

Kartoffelbrei
125 g Corned Beef
2 Gewürzgurken
Bröselbutter

Rezept 825

Englischer Kartoffelauflauf

Die Knochen von den Koteletts ablösen und das Fett abschneiden. Knochen, Fett und Zwiebel mit Wasser bedekken, kochen, durchsieben und mit Pfeffer und Salz abschmecken. Eine Auflaufform ausfetten und mit Kartoffelscheiben belegen. Darüber die Fleischscheiben und je Scheibe mit 2 Scheibchen Niere bedecken, würzen und die übrigen Kartoffelscheiben auf das Fleisch legen. Die heiße Soße darübergießen, Butterflöckchen aufsetzen. Die Form mit gefettetem Pergamentpapier bedecken und bei mittlerer Hitze backen. Nach 1½ Stunden das Papier entfernen.

1 Pfd. geschälte Kartoffeln
1 Pfd. Hammelkoteletts
1 kl. Zwiebel
Salz
Pfeffer
2 Eßlöffel Fett
2 Hammelnieren

Rezept 826

Kartoffelklöße als Suppeneinlagen

2–3 geriebene gekochte Kartoffeln, Salz
30 g Butter
2 Eigelb
2–3 Eßlöffel geriebenes Weißbrot
Muskat, Eischnee

Butter schaumig rühren. Eigelb und geriebenes Weißbrot dazugeben sowie geriebene Pellkartoffeln, mit Salz und Muskatnuß abschmecken und zuletzt den steifgeschlagenen Eischnee darunterziehen. Von dieser Masse kleine Klößchen formen und 10 Minuten in der Suppe kochen lassen.

Rezept 827

Kartoffelklöße von gekochten Kartoffeln

2 Pfd. gekochte Kartoffeln
½ Pfd. Mehl
1 Ei
1 Eßlöffel Fett
1–2 Eßlöffel Grieß
½ Teelöffel Salz

Aus Kartoffeln, Mehl, Ei, Fett, Salz einen Kartoffelteig bereiten und mit dem Grieß sehr glatt durchkneten. Man formt kinderfaustgroße Klöße und läßt sie in milde gesalzenem Wasser 10–15 Minuten leise kochen.
Dasselbe gefüllt mit Fleisch- oder Leberresten: Sie werden sehr fein gehackt und mit Fett und Zwiebeln kurz aufgeröstet.
Oder Wurst: die man gehackt einrollt.

Rezept 828

Kartoffelklöße von gekochten und rohen Kartoffeln

2 Pfd. rohe Kartoffeln
½ Pfd. gekochte geriebene Kartoffeln
Salz
Semmelwürfel
1 Eßlöffel Fett

Die rohen Kartoffeln werden geschält und gerieben. Dann werden sie durch ein reines Tuch sehr fest ausgepreßt. Das ausgepreßte Kartoffelwasser läßt man eine Weile stehen. Dabei setzt sich die Stärke ab, so daß man das darüberstehende Kartoffelwasser abgießen und die Stärke zu den ausgepreßten Kartoffeln mengen kann. Dann erst gibt man auch die gekochten Kartoffeln dazu und mengt nun von beiden zusammen einen glatten Teig, den man milde salzt. Inzwischen hat man die Semmel in sehr kleine Würfelchen geschnitten, die man in heißem Fett röstet. Man nimmt vom Teig etwas in die hohle Hand, legt ein paar Semmelwürfel darauf und formt zu glatten runden Klößen, legt sie in kochendes Salzwasser und läßt sie auf kleinem Feuer 20–25 Minuten schwach kochen. Sie dürfen nicht stark abkochen. Man reicht sie mit Vorliebe zu fetten Schweine- und Hammelgerichten.

Rezept 829

Rohe Kartoffelklöße

2 Pfund Kartoffeln
1 Teelöffel Salz
1 Tasse Milch
3 Eßlöffel Grieß
1 Brötchen
1 Eßlöffel Butter zum Rösten

Kartoffeln schälen, in eine Schüssel mit Wasser reiben und fest in einem Tuch ausdrücken. Aus Grieß, Milch und Salz einen dicken Brei kochen, warm unter die ausgepreßten Kartoffeln geben. Gut miteinander vermischen. Klöße formen, in deren Mitte 1–2 geröstete Weißbrotbröckchen geben. In Salzwasser gar kochen (20–25 Minuten). Herausheben, abtropfen lassen. Zu Sauerbraten, Schmorbraten.

Rezept 830

Reibeplätzchen – Kartoffelpuffer

1 Pfd. Kartoffeln
2 Eier
Salz
1 Zwiebel
Speck oder Öl zum Backen oder
1/2 Tafel Fett

Die geschälten rohen Kartoffeln reiben, Eigelb unterrühren, Salz und geriebene Zwiebel dazugeben, den Eischnee unterziehen. Die dünnen Plätzchen in der Pfanne in heißem Fett hellbraun und knusprig auf beiden Seiten backen. Sehr heiß zu Tisch geben, am besten gleich aus der Pfanne. Apfelbrei dazu reichen oder zu Hülsenfrüchtesuppe.

Rezept 831

Westfälische Speckpfannkuchen

2 Pfd. Kartoffeln
1 Teelöffel Salz
2 Eier
1 Eßlöffel Mehl
3 Eßlöffel Speckwürfel
3 Eßl. Zwiebelwürfel
Öl zum Backen

Kartoffeln schälen, roh reiben und mit Salz, Ei und Mehl verrühren. Speck und Zwiebel goldbraun ausbraten und in den Kartoffelteig geben. Das Fett in einer Pfanne erhitzen, kleine Plätzchen hineingeben, von beiden Seiten knusprig braten und sofort anrichten.

Rezept 832

Zwetschgenknödel

2 Pfd. gekochte Kartoffeln
Salz, 2 Eier
1 Tasse Mehl
1/2 Pfd. Zwetschgen
Würfelzucker
2 Eßlöffel Semmelmehl
2 Eßlöffel Butter zum Bräunen
2 Eßlöffel Zucker und Zimt vermischt

Die gekochten Kartoffeln reiben, Salz, Eier und Mehl dazugeben. Klöße formen. In jeden Kloß eine entsteinte Pflaume drücken und in diese 1 Stück Würfelzucker, Öffnung fest verschließen. Klöße in Salzwasser gar kochen, herausnehmen, abtropfen lassen. In geriebenem Weißbrot wälzen, mit brauner Butter übergießen und mit Zucker und Zimt bestreuen. Statt Pflaumen kann man auch Aprikosen oder entsteinte Kirschen verwenden.

Rezept 833

Österreichische Powidltascherln

1 Pfd. Kartoffeln
2½ Eßlöffel Grieß
2½ Eßlöffel Mondamin
1 Ei, Zucker
1 Teelöffel Salz
1½ Eßlöffel Butter
Pflaumenmus
2 Eßlöffel Paniermehl
Zimt zum Bestreuen

Kartoffeln am Tag vorher kochen. Am andern Tag reiben, mit Grieß, Mondamin, Ei, Salz und Fett zu einem festen Teig verkneten. Dünn ausrollen, Plätzchen ausstechen (mit einem Glas) und ½ Teelöffel Pflaumenmus daraufgeben. Die Plätzchen zur Hälfte aufeinanderklappen und die Ränder gut festdrücken. Diese Powidltascherln in kochendem Salzwasser gar ziehen lassen. Herausnehmen, mit gerösteten Semmelbröseln und Zucker und Zimt bestreuen.

GESCHMACKVOLLE BETRACHTUNGEN ZUM KARTOFFELSALAT UND...

Kartoffelsalat ist nicht nur eine beliebte Beigabe zu allen möglichen Gerichten, sondern er ist häufig eine Hauptmahlzeit, und deshalb sollen Sie wissen, daß man diesen beliebten Salat immer wieder anders zubereiten kann, damit er seinen Reiz nicht verliert.
Für einen guten Kartoffelsalat benötigt man nicht nur eine gute Marinade, sondern in erster Linie eine gute Salatkartoffel, die nicht mehlig ist und in der Schale nicht platzt. Nachdem die Kartoffeln gewaschen und gekocht sind, werden die heißen Kartoffeln mit kaltem Wasser überbraust, dann lassen sie sich besser abpellen. Schneiden Sie die noch warmen Kartoffeln in dünne Scheiben.

Kluge Hausfrauen behaupten, man müsse den Salat nun folgendermaßen weiterbehandeln:
In einer Schüssel eine Salatsoße zubereiten aus
2 Eßlöffeln Essig, 3–4 Eßlöffeln Öl, Salz und Pfeffer, 1 Prise Zucker, 1 feingewürfelten oder geriebenen Zwiebel, etwas Senf und etwas Fleischbrühe (Würfel), die Kartoffeln hineingeben, durchmengen und 1 Stunde ziehen lassen.
Andere, die es noch besser wissen, meinen folgendes:
Auf die frischgeschnittenen Kartoffelscheiben etwas Fleisch-

brühe (Würfel) gießen, dann Essig, Salz, Pfeffer, 1 Prise Zucker, umrühren, durchziehen lassen und zuletzt das Öl beigeben.
Die dritte Methode liest sich so:
Aus 1–2 Tassen Fleischbrühe, die man mit Essig abschmeckt, eine helle, glasige Soße bereiten indem man 1–2 Teelöffel kalt angerührtes Stärkemehl in die heiße Flüssigkeit rührt und mit Gewürzen wie Zwiebel, Pfeffer, Salz und Zucker abschmeckt. Noch warm unter den Salat rühren, der dadurch eine gute Konsistenz einen seidigen Glanz erhält.
Die nächste Methode ist die:
Feingewürfelten Schinkenspeck in der Pfanne hell ausbraten und über den oben bereiteten Salat geben. Das gibt ihm eine pikante Würze.
Andere Raffinessen sind:
den Salat mit Mayonnaise anmachen, die man mit etwas Rahm verdünnt hat oder mit Remoulade, indem man der Mayonnaise viele gehackte Kräuter zusetzt. Man kann ein rohes Eigelb mit in die Marinade rühren oder sie mit Sahne vermischen. Tomatenketchup färbt die Marinade rot.
Ananas oder Apfelwürfel, Selleriewürfelchen oder Bananenstiftchen sind leckere Beigaben und gleichzeitig Geschmacksverwandler.
Wichtig ist, den Salat immer frisch zu bereiten und ihn geschmackvoll zu dekorieren mit Eiern, Tomaten, Paprikaschoten, Radieschen oder Schnittlauch, Petersilie oder anderen frischen Kräutern.
Als Beigabe kann man verwenden:
Würstchen gewärmt oder gebraten, Fisch gekocht, gedünstet oder gebraten, Fleischscheiben gebraten oder paniert, Sülzchen, Eier oder andere beliebige Salate wie Paprika, Gurken oder grüne Salate.

Rezept 834

Kartoffelsalat aus geriebenen Kartoffeln

6 gekochte Kartoffeln
1/2 Tasse Fleischbrühe
Zwiebel, Salz
Essig, Öl
Eier
Sardellen
Kapern

Die gekochten Kartoffeln reiben und mit etwas Fleischbrühe, feingeschnittenen Zwiebeln, Salz, Essig und Öl anmachen. Salat mit gehackten hartgekochten Eiern, Sardellen und Kapern garnieren

Rezept 835

Warmer Kartoffelsalat mit Speck

1 Pfd. gekochte Kartoffeln
50 g Speck
1 Zwiebel
3 Eßlöffel Essig
Salz
Pfeffer
3–4 Eßl. Brühe

Kartoffeln in Scheiben schneiden. Warmhalten. Etwas Speck in kleine Würfel schneiden und mit feingehackter Zwiebel anrösten. Essig dazugeben und mit Salz und Pfeffer die Kartoffeln und den Speck abschmecken. Der Salat wird durch Zugabe von heißer Fleischbrühe verfeinert. Warm servieren.

Rezept 836

Holländischer Kartoffelsalat

750 g Pellkartoffeln
1 Beutel Salat-mayonnaise
2 Eßlöffel Brühe
1 feingehackte Zwiebel
1 feingehackte Gurke
1 Teel. Petersilie
1 Eßl. milder Reibkäse

Pellkartoffeln am Tage zuvor gekocht auf der Rohkostreibe in sehr dünne Scheibchen hobeln. Mayonnaise mit Brühe strecken, Käse untermischen, Zwiebeln, Gurke, Petersilie. Die Kartoffeln mit kochender Brühe (Würfel) übergießen schnell abschütten, abtropfen und in die Mayonnaise geben.

Schmackhaftes von Reis und Nudeln

REIS- UND NUDELGERICHTE

Reis- und Nudelgerichte sind vorzügliche Mahlzeiten, die sich mit fast allen Fleischarten, mit Fisch, Gemüse oder Salaten kombinieren lassen. Mit vielen Gewürzen lassen sich auch die einfachen Reis- und Nudelbeilagen abwechslungsreich gestalten: mit Curry, Tomaten, Reibkäse, Ketchup, brauner Butter, Bröselbutter, mit Soßen aller Art, überbacken oder geröstet. Mit Zucker und Zimt, mit Mandeln und Milch, mit Rahm und Früchten zubereitet hat sich vor allem der Reis viele Anhänger erworben. Er ist ja auch so bequem nach der heutigen Methode zu kochen: Reis im Kochbeutel, der immer gelingt. Wer also wenig Zeit hat, seine Mahlzeiten in Ruhe vorzubereiten, greift gern zu Nudeln oder Reis im Kochbeutel. Aber auch die anderen Reis- und Nudelsorten sind nicht nur in Süddeutschland beliebt, wo es der Stolz jeder Hausfrau verbietet, fertige Nudeln zu kaufen. Dort macht man seine „Spätzle" selbst, entweder mit flinker Hand vom Spatzenbrett geschabt – ein Zugereister erlernt es fast nie – oder mit der Spätzlesmaschine zubereitet. Reis und Nudeln sind internationale Beigaben, in Norwegen sowohl wie in Italien (Avorioreis in Öl geröstet), Arroz in Spanien und Spaghetti oder Makkaroni in Italien, Nudeln und Reis in Frankreich und mit viel Paprika auf dem Balkan, Reis in Holland und in der Schweiz mit Käse, Reis mit scharfen Gewürzen in China und Indien.

Rezept 837

Reiskranz gefüllt

250 g gekochter Butterreis
50 g Reibkäse
Kalbsgulasch
von 500 g Kalbfleisch

Den Reibkäse mit dem Butterreis vermischen und in eine Kranzform drücken, die man vorher gut eingefettet hat. Den Reis auf eine Platte stürzen, den Hohlraum mit Gulasch ausfüllen und mit dicklicher Tomatenmarksoße, Rezept 483, am Rand auffüllen.

Rezept 838

Pilzrisotto

1 Eßlöffel Öl
1 feingeschnittene Zwiebel, Salz
1 Tasse trockener Reis
100 g gereinigte Pilze
2 Tassen Wasser
2 Eßlöffel gerieb. Käse

Die Zwiebeln in Öl hellgelb rösten, den Reis dazugeben, salzen und rösten, bis er glasig ist. Die blättrig geschnittenen Pilze zugeben, kurz mit dem Reis durchrösten, Wasser dazugießen und in 20 Minuten zugedeckt gar dünsten. Einige Male während des Dünstens auflockern und mit Käse überstreut auf einer vorgewärmten Platte anrichten.

Rezept 839

Bananenspaghetti überbacken

1 Pfd. Spaghetti
2 l Salzwasser
4 Eßlöffel heißes Fett
4 Bananen
etwas Muskat
Tomatenketchup
etwas Rahm
½ Tasse gerieb. Käse

Spaghetti wie üblich in Salzwasser gar kochen und mit kaltem Wasser abspritzen. In heißem Fett schwenken, Bananen schneiden, Muskat überreiben, Ketchup und Rahm unterrühren und alles untereinandermengen. Eine feuerfeste Form mit dieser Masse füllen, den milden geriebenen Käse überstreuen, Butterflöckchen aufsetzen und im Ofen überbacken.

Rezept 840

Hühnerleber im Gemüsereisrand

Leber von 2–3 Hühnchen, 1 Zwiebel
4 Eßlöffel Butter
1 Tasse trockener Reis
2 Tassen Brühe
1 kl. Dose feine Erbsen
Salz, Pfeffer
Tomatenketchup
Petersilie
2–3 Eßlöffel geriebener milder Käse

Die in grobe Würfel geschnittene Leber mit feingeschnittener Zwiebel in Butter braten. Den Reis in der Brühe körnig kochen, die Erbsen untermischen, Gewürze zugeben und einen Schüsselrand mit dem Gemüsereis belegen. In die Mitte die Leberschnitzel geben.
Den Reis mit Ketchup überspritzen und den geriebenen Käse überstreuen.

Rezept 841

Königinnenreis

Reis mit Milch und den Gewürzen kalt ansetzen, 15 Minuten kochen ohne zu rühren. Die eingeweichte Galatine unterziehen, abkühlen. Die Schlagsahne untermengen. Den Reis in eine kalt ausgespülte Ringform füllen, erstarren lassen. Zum Stürzen ein feuchtes, heißes Tuch auf die Form legen, den inneren Kranz mit Früchten füllen.

2 Tassen Reis
4–5 Tassen Milch
1 Prise Salz
4 Eßlöffel Zucker
Zitronenschale
1 Eßlöffel Rum
1 Blatt weiße Gelatine
2 Tassen Schlagsahne
beliebiges Obst

Rezept 842

Spaghetti-Trient

Spaghetti in Salzwasser nicht zu weich kochen, Petersilie klein schneiden und mit den Muscheln und reichlich Tomatenketchup vermischen. Etwas Sherry dazugießen und mit dem Lorbeerblatt gut durchkochen, notfalls, wenn die Flüssigkeit zu schnell einkocht, etwas Wasser zugießen. Die fertige Soße über die gut abgetropften Spaghetti auf einer Platte anrichten. Geriebenen Käse darüberstreuen.

400 g ital. Spaghetti
3–4 Büchsen Muscheln
Tomatenketchup
Sherry
1 Lorbeerblatt
Petersilie
gerieb. Parmesankäse

Rezept 843

Böhmisches Würstchenragout im Reisrand

Reis wird mit Zwiebeln und Knoblauch in Olivenöl angeröstet. Auf einen Teil Reis kommen zweite Teile Brühe. Gut durchrühren, aufkochen, 18 Minuten ziehen lassen, danach in eine Ringform drücken und stürzen. Zum Füllen Würstchen in kleine Stücke schneiden, leicht anbraten, mit brauner Soße auffüllen und das Ragout mit Pilzen und gerösteten Schinkenwürfeln abschmecken.

1 Tasse Reis
1 Zwiebel
Knoblauch
4 Würstchen
1 Tasse dunkle Soße
Rezept 494
1 Dose Pilze
1 Tasse Schinkenwürfel

Rezept 844

Schweizer Mandelreis

Mandeln, Krabbenfleisch (aus der Dose) und eingelegte Paprikaschoten werden in etwas Öl gebraten und mit frisch gekochtem Reis vermengt. Auf den Reis legt man gegrillte Schweinekoteletts und serviert mit Tomatenketchup.

20 g Mandeln
1 Dose Krabben
2 Eßl. Paprikaschoten
Öl, 250 g Reis
3 Koteletts
Tomatenketchup

Rezept 845

Nudeln, andalusisch

250 g Nudeln, 4 Eier
3 Eßlöffel Öl
Salz, Suppengemüse
Muskat, Knoblauch
400 g Kalbfleisch
4 Eßlöffel Zwiebeln
4 Eßlöffel Öl
2 Teelöffel Senf
1 Eßlöffel Tomatenmark
100 g rote Paprikastreifen, 100 g Oliven

Kalbfleisch in wenig Wasser mit Salz und Suppenkräutern weichkochen. Die Nudeln mit Salz, Muskat und Knoblauch würzen, in heißem Olivenöl schwenken und auf eine Platte geben. Inzwischen das Fleisch mit Zwiebeln, Senf, Salz und Tomatenmark andünsten und über die Nudeln geben. Die Eier als Spiegeleier braten und obenauf setzen. Das Gericht mit Paprikastreifen und Oliven garnieren.

Rezept 846

Reisklöße

375 g Reis
1 l Milch
Salz
1 Stich Butter
3 Eier
3 Eßlöffel Zucker
1 Eiweiß, Reibbrot
Fett, Zucker, Zimt

Von Reis, Milch, Salz und Butter einen dicken Brei kochen. Verquirlte Eier und Zucker daruntermischen und noch heiß mit zwei Eßlöffeln Klöße formen, die man zum Erkalten auf ein nasses Brett setzt. Dann in verrührtem Eiweiß und Weckmehl wenden, schwimmend in heißem Fett braun backen und mit Zucker und Zimt bestreut auftragen.

Rezept 847

Spanisch-Reis

500 g Schweinefleisch
Knoblauch
1 Zwiebel
Öl
Salz
1 Tasse Brühe
1 kl. Dose Erbsen
1 Tasse Reis
2 Eßlöffel Butter

Schweinefleisch in nußgroße Würfel schneiden. Zusammen mit 2 Knoblauchzehen, einer Zwiebel, beides feingehackt, in Öl schön braun braten, dann salzen und mit Bouillon (aus Würfel) bedecken. Auf kleiner Hitze halbgar kochen, dann eine kleine Büchse Erbsen und 1 Tasse Reis dazugeben und gut zugedeckt kochen, bis der Reis kernig gar ist, d. h. etwa 20 Minuten. Mit flüssiger Butter betropft anrichten.

Rezept 848

Mailänder Spaghetti

250 g gek. Spaghetti
1 Tasse Champignons
4 Tomaten
4 Sch. Räucherzunge
1 Tasse Schinkenwürfel
2 Zwiebeln
2 Eßlöffel Fett
4 Eßlöffel Reibkäse

Alle Zutaten feinwürflig schneiden, in Butter andämpfen, unter die heißen Spaghetti heben und mit Reibkäse überstreut auf runder Platte anrichten. Mit würziger Tomatenmarksoße, Rezept 483, umranden.

Rezept 849

Reis Trautmannsdorf

Den Reis in der gezuckerten Milch körnig kochen. Wasser, Zitronensaft, Zucker und aufgelöste Gelatine unter den Reis geben und mit den Früchten mischen. Die Reismasse in eine mit Wasser ausgespülte Form füllen und einige Stunden im Kühlschrank kalt stellen. Stürzen, mit Schlagsahne verzieren, die mit Weinbrand verfeinert und mit etwas Zucker gesüßt wurde.

½ l Milch,,100 g Reis
¼ l lauwarmes Wasser
Saft 1 Zitrone
2 Eßlöffel Zucker
3 Blatt Gelatine
kleingeschnittene Früchte wie: Ananas Aprikosen usw.
1 Eßlöffel Orangeat
2 Eßlöffel Rosinen
¼ Gl. Weinbrand
⅛ l Schlagsahne

Rezept 850

Reisauflauf mit Kirschen

Milch mit Salz und Zitronenschale kochen, den gewaschenen Reis zugeben und bei leichter Hitze ½ Stunde im geschlossenen Topf aufquellen. Fett und Zucker schaumig rühren, Eigelb unter Rühren beifügen. Löffelweise den abgekühlten Reis in die Schaummasse geben und diese mit den abgetropften Früchten vermischen (Mandeln zugeben). Zuletzt den steifen Eischnee unterziehen. Den Auflauf in eine gut gefettete Auflaufform füllen und in 45 Minuten goldgelb backen. Kirschsaft leicht andicken und dazu reichen.

200 g Reis, 3 Eier
¾ l Milch
1 Prise Salz
abgeriebene Schale ½ Zitrone
60 g Butter
100 g Zucker
5 bittere geriebene Mandeln
1 Dose Kirschen

Rezept 851

Italienische Ravioli

Aus Mehl, Eiern, Salz und etwas Wasser einen Nudelteig herstellen und so lange kneten, bis er glänzt. Zugedeckt eine Stunde ruhen lassen. Mortadella, Rindermark und Tatar durch die Maschine drehen, Ei, Gewürze und Käse zufügen und alles zu einer Paste verrühren. Den Nudelteig ausrollen, in gleichmäßigen Abständen 1 Teelöffel Füllung daraufgeben, Zwischenräume mit Eigelb bestreichen und die andere Hälfte des Teiges darüberklappen. Den Teig vorsichtig festdrücken und mit einem Rädchen kleine Vierecke ausradeln. Die Ravioli 1 Stunde liegen lassen, dann ins kochende Salzwasser geben und in 10 Minuten gar kochen. Dazu eine Tomatensoße, Rezept 489, und Salat. Vor dem Anrichten die Ravioli mit Käse bestreuen.

½ Pfd. Mehl
Salz
2 Eier
2 Eßlöffel Wasser
Füllung:
100 g Mortadellawurst
50 g Rindermark
100 g Tatar
1 Ei
50 g gerieb. Käse
Pfeffer
Basilikum
Muskat
1½ Eßlöffel Käse zum Bestreuen

Rezept 852

Past'asciutta

1 Paket Spaghetti
4 Eßlöffel Öl
1 gehackte Zwiebel
Suppengemüse
1 Teel. gehackte Petersilie
1 Prise Pfeffer
Paprika, Salz
8–10 Tomaten
250 g gek. Schinken
1/2 Tasse Wasser
geriebenen Käse
1 Teel. Meerrettich

Spaghetti in Salzwasser gar kochen. In einer Pfanne mit heißem Öl die feingeschnittenen Zwiebeln, Suppengemüse und Petersilie andämpfen, mit Paprika bestreuen und 1 Eßlöffel Wasser zugeben. Die abgezogenen Tomaten in Stücke schneiden, Tomaten, Fleisch und Meerrettich zu den Zwiebeln geben, etwas Wasser zugeben und sehr weich kochen. Die Soße mit Salz abschmecken und über die Nudeln geben. Käse streut sich jeder selbst über das Gericht. Die langen Spaghetti mit Löffel und Gabel essen, indem man die Nudeln im Löffel um die Gabel wickelt.

Rezept 853

Haluska vom Balkan

500 g Teigwaren
250 g Quark
50 g Räucherspeck
Salz
Pfeffer

Die Teigwaren kochen, den Räucherspeck kleinschneiden, glasig ausbraten und den Quark fein zerkrümeln. Die gekochten Teigwaren werden lagenweise auf eine gewärmte Platte gebracht, mit Quark bestreut und mit dem Speckfett und Grieben betropft, wieder Teigwarenlage usw. bis alles aufgebraucht ist. Obenauf muß Quark sein, mit Speck beträufelt. Man stellt für einige Minuten zu neuerlicher Erwärmung in den heißen Backofen.

Rezept 854

Pasticcio, ein italienisches Nationalgericht

500 g Teigwaren (gekocht)
150–200 g Hackfleisch
25–30 g Fett
Zwiebel, Basilikum
Salz, Pfeffer

Das Hackfleisch mit Fett und Zwiebeln kurz durchrösten, mit etwas Wasser oder Suppe anfeuchten und die Teigwaren darin sehr gut durchrühren, nochmals erhitzen, würzen und gleich auftragen.

Gespickter Wildbraten mit Ananas und Maraschinokirschen, so recht geeignet für ein großes Fest. Diesen Braten kann man auch kalt am Abend oder am kalten Büfett anbieten.

Rezept 855

Reisfleisch vom Huhn

1 Suppenhuhn
1 Bünd. Suppengrün
3 Eßlöffel Butter
250 g Reis
1/2 l Bouillon
4 Bananen
etwas Butter
1 Ei
3 Eßlöffel Reibbrot
2 Eßlöffel Reibkäse

Das Huhn mit Suppengrün in Salzwasser fast gar kochen. Das Fleisch von den Knochen trennen und gleichmäßig zerteilen. Den Reis mit einem sauberen Tuch abreiben, über das Fleisch geben, die Brühe zugeben und zusammen garkochen. Die Bananen enthäuten, mit Eigelb bestreichen, in Weißbrot mit Käse gemischt panieren und in Butter hellgelb backen. Das Reisfleisch auf eine große Platte füllen, den Rand mit den Bananen belegen und recht heiß servieren.

Rezept 856

Yambalaga, indonesisches Reisgericht

2 Tassen Reis
1 Tasse Scampi oder Krabben
1 Dose Champignons
2 Eßl. Perlzwiebeln
Salz, Paprika, Curry
Sambal, 1 Tomate
Rührei von 2 Eiern
1 Tasse holl. Soße Rezept 487

Reis in 4 Tassen Brühe körnig kochen, gut abdampfen lassen, alle Zutaten und Gewürze untermischen. Rührei bereiten, in breiten Streifen kreuzweise über den angerichteten Reis garnieren, mit Tomatenstreifen verzieren und 2–3 Eßlöffel holl. Soße überfüllen. Dazu: Kopfsalat mit Essig-Öl-Marinade und 1 feingehacktes Ei.

Rezept 857

Risotto, portugiesische Art

1/2 Zwiebel
2 Eßlöffel Öl
2 Tassen Reis
4 Tassen Brühe
Safran, Pilze
Zunge
Ei, Salz
2 Eßlöffel Butter

Zwiebel in feine Würfel schneiden und mit Olivenöl in einer Kasserolle anrösten lassen. Reis dazugeben und mit Fleischbrühe auffüllen. Safran hinzufügen, mit Salz abschmecken und 18 Minuten im Ofen zugedeckt kochen lassen. In der Zwischenzeit Pilze, Pökelzunge und poschiertes Eiweiß in feine Streifen schneiden und mit frischer Butter unter den Reis mischen.

Auch eine gekochte Räucherzunge mit Madeira- oder Weinsoße, leichten Gemüsen und Kartoffelpüree ist eine große Delikatesse bei Festlichkeiten in der Familie. Auch wenn Sie Kapernsoße und Reis dazu wählen, werden alle von diesem Gericht begeistert sein.

Rezept 858

Gebackene Reisschnitten

250 g Reis
2 Tassen Bouillon
etwas Butter, Pfeffer
gehackte Petersilie
½ Tasse milder
Reibkäse, Salz
1 Tasse Schinkenwürfel
2 Eßl. geriebenes
Weißbrot, 2 Eier
Fett zum Braten

Den Reis mit einem sauberen Tuch abreiben und in die kochende Brühe schütten, Butter und Gewürze zugeben und in 15–20 Minuten garkochen. Petersilie, Käse, Ei und Schinken untermischen. Die Masse auf ein nasses Brett 1 cm dick aufstreichen und erkalten und erstarren lassen. Dann in quadratische Plätzchen schneiden, panieren in Ei und geriebenem Weißbrot und in der Pfanne braten. Salat und eine herzhafte Soße von Tomaten, Pilzen oder Senf dazu reichen.

Rezept 859

Käsespatzen mit Röstzwiebeln

250 g Spätzle
6 Eßl. gerieb. Käse
3 Zwiebeln
3 Eßlöffel Fett

Die Spätzle in Salzwasser gar kochen, herausheben und auf einer flachen Schüssel anrichten. Mit geriebenem Käse bestreuen, wieder eine Schicht Spätzle darauflegen und so weiter, bis je 3 Schichten Spätzle und Käse auf der Platte liegen. Die feingeschnittenen Zwiebeln in Fett hellbraun rösten und über die Käsespätzle geben. Mit Tomatenschnitzen servieren.

Rezept 860

Türkischer Auflauf

250 g Makkaroni
4 Schweineschnitzel
1 kl. Dose gemischtes
Gemüse
2–4 Tomaten
1 Scheibe Emmentaler
Käse, ½ cm dick
1 Teelöffel Senf
Salz
Paprika
2 Eßlöffel Fett
2 Eßlöffel Reibkäse
Petersilie

Die Makkaroni in Salzwasser weichkochen. In der Zeit die Schnitzel klopfen und würzen. Den Käse in breite Streifen schneiden, in die Roulade einrollen, mit Holzstäbchen festspießen und 15 Minuten in Fett schmoren. Das Dosengemüse zum Abtropfen auf ein Sieb schütten. Die Makkaroni abschütten, in eine gefettete Auflaufform legen, die Rouladen in gleichmäßige Scheiben schneiden und über die Nudeln verteilen, ebenso das Gemüse. Tomaten in Scheiben schneiden und den Auflauf am Rand damit bedecken. Das Bratenfett mit Salz und Paprika würzen, etwas Gemüsebrühe zugießen, geriebenen Käse überstreuen, über den Auflauf füllen und 25 Minuten überbacken. Vor dem Anrichten gehackte Petersilie überstreuen.

Rezept 861

Nudelkroketten

350 g Suppennudeln (schmale)
1/2 l Milch
1 Ei
100–150 g Schinken oder Geräuchertes (auch Wurst)
30 g Käse (kann auch wegbleiben)
Backfett

Die Nudeln zuerst im Wasser kochen und abschütten, dann in der Milch langsam dicklich ausquellen. Das Fleisch sehr fein hacken, mit Ei und Käse vermengen und die Nudeln darin durchrühren. Man streicht die gut abgeschmeckte Masse fingerdick auf eine flache Platte und läßt erkalten. Dann schneidet man nette Vierecke, die man entweder in heißem Fett brät oder in Ei und Semmelbröseln paniert und in sehr reichlich Fett ausbäckt.

Rezept 862

Nudeln auf Bordelaiser Art

500 g Teigwaren, gek.
100 g frische Champignons
30 g Fett
Zwiebel, Pfeffer
1/8 l Rotwein

Die geschnittenen, feingehackten Champignons werden mit Fett und Zwiebel durchgeröstet, die Teigwaren dazugegeben und zuletzt mit Rotwein gewürzt.

Rezept 863

Nudeltaschen, Schweizer Art

250 g gek. Nudeln
2–4 Eier
2 Eßlöffel Milch
2 Eßlöffel Fett
1 Tasse Schinkenabfälle oder Räucherspeckwürfel
5 Tomaten in Würfel geschnitten
Salz
Pfeffer
1/2 Tasse Reibkäse

In einer kleinen Pfanne Fett erhitzen, 1/4 der Nudeln einfüllen und von allen Seiten hellbraun anbraten. Die Eier mit Milch und Salz verklopfen, einen Teil davon über die Nudeln geben und braten bis das Ei gestockt ist. Dann 1/4 der in Fett geschmorten Schinken- und Tomatenwürfel, die mit Salz und Pfeffer gewürzt sind, auf den Pfannkuchen füllen und diesen zu einer Tasche zusammenklappen, 4 Taschen zu einem Kranz auf einer Platte zusammenlegen, mit geriebenem Käse bestreuen und möglichst heiß servieren. Dazu Kopfsalat.

Rezept 864

Spaghetti, Königinart

250 g gekochte Spaghetti
4 Tassen Kalbsragout Rezept 637
1/2 Tasse Reibkäse
2 Eßl. flüssige Butter

Den Boden einer gefetteten Auflaufform mit Spaghetti belegen, darauf das Ragout füllen, mit Spaghetti zudecken, dick mit Käse bestreuen, mit Butter beträufeln und 20–30 Minuten überbacken.

Rezept 865

Nassi-Goreng

500 g körnig gekochten Reis (Siam-patna)
6 Eßlöffel Öl
1 große Zwiebel
1 gekochtes Huhn
100 g gek. Schinken
100 g Krabben
1 Prise Cayennepfeffer
Koriander
gehackte Petersilie
2 Eßl. Erdnußkerne
2 Eßl. gerieb. Käse
4 Bananen
etwas Fett

Öl in der Pfanne erhitzen, die Zwiebel feingehackt darin glasig rösten. Das in Würfel geschnittene Fleisch des gekochten Hühnchens, den in feine Streifen geschnittenen, gekochten Schinken und die Krabben zufügen. Unter Rühren 5 Minuten auf kleiner Pfanne anbraten. Den Reis unterheben und würzen, die Erdnußkerne zugeben, den geriebenen Käse überstreuen und unter gelegentlichem Umwenden 10 Minuten lang schmoren. Die geschälten Bananen halbieren und auf beiden Seiten in Butter anbraten. Den Reis anrichten und mit den Bananen garnieren. Nun all die Beilagen, die das Gericht so schmackhaft und delikat machen: Ananasstückchen (aus der Dose), Tomatenschnitze, Scheiben von Gurken, Senfgurken, Gewürzgurken, Chicorée mit Apfelsinenschnitzen, Mixed Pickles, Blumenkohlröschen, feingehackte Zwiebeln, gehackte Datteln, Perlzwiebeln, Mango-Chutnay.
Diese Beilagen werden gesondert in kleinen Schälchen ringsum auf der Tischplatte verteilt. Jeder nimmt sich nur 1 Teelöffel voll davon auf seinen Teller. Auch Sambal aus kleinen Glasröhrchen wird dazu gereicht. Das sind zerkleinerte Gemüse und Früchte in Öl und scharfem Pfeffer eingelegt, von dem man nur 1 stecknadelkopfgroße Winzigkeit zu jedem Bissen nimmt, sonst verbrennt man sich Gaumen und Zunge. Nach Belieben können gekochte Eier, Beefsteak, Grillwürstchen, geröstete Speckscheiben noch dazu gereicht werden. Je bunter die Tafel, um so besser. (4 Personen)

Rezept 866

Curry-Reis, indisch

125 g Schinkenspeck, grob gehackt
250 g Zwiebeln, grob gehackt
2 Tassen Reis
4–6 Tassen Brühe
etwas Curry, Salz
1 Glas Südwein
1 Schmelzkäse
1 geraspelter Apfel
1 Banane

Schinkenspeck anrösten, Zwiebeln darin glasig dämpfen. Reis zugeben, kurz rösten lassen und mit Fleischbrühe auffüllen, Curry überstreuen, Salz und Wein zugeben, Käseflöckchen darüber verteilen und 10 Minuten kochen. Den geraspelten Apfel und die in Scheiben geschnittene Banane mit 2 Gabeln untermischen, im verschlossenen Topf warm gestellt garziehen lassen.

Rezept 867

Bulgarischer Reissalat

2 Tassen gek. Reis
1 Btl. Salatmayonnaise
je 1 Teel. Curry und Paprikamus
2 Eßl. Mango-Chutney
1 Tasse Rahm
1 Eßl. feingeschnittene Datteln und Feigen
1 Btl. Mandelblättchen

Mayonnaise, Curry, Paprikamus mit Rahm verrühren, Datteln und Feigen untermischen, den Reis zugeben und auf Salatblättern anrichten oder in leicht gewürzte ausgehöhlte Tomaten füllen. Mit in Butter gerösteten Mandelblättchen bestreuen.

AUFLÄUFE – RESTE – EINTOPF – KNÖDEL

Sie haben sich doch vorgenommen, auch aus den kleinsten Resten noch verlockende Gerichte zu bereiten. Und welche würden sich besser eignen als Aufläufe und Eintopfmahlzeiten?
Da sind Blumenkohlröschen übriggeblieben, eine dicke Scheibe Hackbraten, ein Schüsselchen Möhren; Kartoffeln haben sich in stattlicher Zahl angesammelt und ein Kohlrabirestchen steht ebenfalls noch da. Alles ist fertig gekocht und zubereitet und die Reste reichen, um die Familie satt zu machen. Nehmen Sie noch ein paar Scheiben gekochten Schinken oder ein nicht zu kleines Stück Schinkenwurst, bereiten Sie in einer feuerfesten Form daraus einen Auflauf (als Vorlage Rezept 869); dann werden sich heute mittag alle mit großem Appetit über Ihren Auflauf hermachen.

Rezept 868

Grießauflauf

1 l Milch
1 Prise Salz
½ Tasse Zucker
½ Zitronenschale
1 Tasse Grieß
3 Eigelb
2 Eßlöffel Butter
2 Eßlöffel Zucker

Milch mit Salz, Zucker und Zitronenschale aufkochen, Grieß einrühren und quellen lassen. Abkühlen. Eigelb, Butter und Zucker schaumig rühren. Grießmasse unterziehen, mit Eischnee vermischen. In eine gefettete Auflaufform geben und 20–30 Minuten bei mäßiger Hitze backen. Dazu Obstkompott.

Rezept 869

Resteauflauf

Gekochte Kartoffeln
Gemüsereste
Fleischreste
Paniermehl
Butter
Milch
Salz
Muskat

Gekochte Kartoffeln durch die Maschine drehen, 2 Eßlöffel Butter in kochender Milch zerschmelzen und mit dem Schneebesen in die Kartoffelmasse schlagen, bis der Brei weiß ist. Mit ein wenig Muskat und Salz würzen.
Die Auflaufform mit Butter ausstreichen, den Boden dick mit Kartoffelbrei bedecken, dann die Blumenkohlröschen und die Kohlrabi darauf, eine kräftige Handvoll Schinkenwürfel dazwischen, wieder Kartoffelbrei, dann die Möhren mit den kleingeschnittenen Resten vom Hackbraten vermischt. Den Rest der Schinkenwürfel unter den Kartoffelbrei mischen und den Auflauf damit bedecken. Mit einem Löffel hübsche Treppchen hineindrücken, Paniermehl überstreuen und recht viel Butterflöckchen aufsetzen. Im Backofen 45 Minuten überbacken. Aus Fleischbrühe eine Tomatensoße bereiten, die man zum Auflauf reicht.

Rezept 870

Zitronenauflauf

3 Eßlöffel Butter
4 Eßlöffel Mehl
2 Tassen Milch
4 Eier, Salz
4 Eßlöffel Zucker
4 Eßl. Zitronensaft
1 abgeriebene Zitronenschale
3 Äpfel in Scheiben

Butter schmelzen, Milch und Mehl verrühren, zu dem Fett geben und so lange rühren, bis sich die Masse zum Kloß formt. Eigelb mit Zucker schaumig rühren, Zitronensaft und -schale zugeben und mit dem Kloß verrühren. Eischnee unterziehen. In eine Auflaufform werden Apfelscheiben gelegt, Zucker darübergestreut und die Teigmasse darübergegeben. 3/4 Stunde backen. Dazu Weinsoße, Rezept 1344.

Rezept 871

Römischer Tomatenauflauf

6–8 Tomaten
2 Tassen gekochter Reis
1 Tasse Fleischreste
2 Schmelzkäse
1 Tasse Sahne
Paniermehl

Von Tomaten ein Deckelchen abschneiden, aushöhlen. Reis mit Fleischresten vermischen und in die Tomaten füllen. Deckelchen schließen. Nebeneinander in eine dick ausgebutterte Auflaufform stellen. Käseecken mit Sahne auf kleiner Flamme flüssig werden lassen, bis Blasen kommen, über die Tomaten tröpfeln, ein wenig Paniermehl überstreuen und im Backofen bei mäßiger Hitze 1/2 Stunde backen. Dazu Kartoffelbrei oder Bratkartoffeln.

Rezept 872

Hammelpilaff

1 Pfd. Hammelfleisch
1/2 Pfd. Hammelnieren
2 Eßlöffel Butter
2 gehackte Zwiebeln
1 Glas Rotwein
1 Tasse Brühe
Salz, Pfeffer
3 Eßl. Tomatenmark
Engl. Soße
2 Tassen gek. Reis
2 Eischnee
Butterflöckchen
3 Eßlöffel gerieb. Käse

Das Fleisch in kleine Stücke schneiden, in heißem Fett mit den feingeschnittenen Zwiebeln anbraten, Rotwein zugießen und einkochen lassen. Dann Fleischbrühe zufüllen, mit Salz, Pfeffer und Tomatenmark würzen und englische Soße überspritzen. Die Masse in eine Auflaufform füllen, über das Fleisch eine dicke Schicht Reis geben, der mit Eischnee gelockert ist. Butterflöckchen aufsetzen, geriebenen Käse überstreuen und 10 Minuten im Backofen überbacken.

Rezept 873

Leberpudding

1 Pfd. Leber
3 Eßlöffel Speckwürfel
1 Eßl. Gewürzblätter
1 Zwiebel
3 Eßlöffel Butter
4 eingeweichte Brötchen
3 Eigelb
2 Eßl. geriebener Käse
3 Eischnee, Salz

Leber und Speck durch den Fleischwolf drehen. Zwiebel, Petersilie und Majoran in Butter dünsten und die ausgedrückten Brötchen zugeben. Alles zusammen durchrösten. Die Brötchenmasse mit der durchgedrehten Fleischmasse, Eigelb, Käse und Salz gründlich vermischen und den Eischnee unterziehen. Den Teig in eine mit Paniermehl ausgestreute Puddingform geben und 1 Stunde im Wasserbad kochen. Auf eine Platte stürzen und mit Tomatensoße, Rezept 489, und grünem Salat servieren.

Rezept 874

Goldbarschauflauf Monaco

1 Pfd. Fischfilet
1 Eßl. Tomatenmark
1 Eßlöffel Senf
1 Zwiebel in Scheiben
1 Paket Spaghetti
1 Eßlöffel Butter
1 feingeschnittene Zwiebel
2 Eßlöffel Mehl
2 Eier
6 Eßlöffel geriebener Chesterkäse
2 Eßl. flüssige Butter

Das Filet in Portionsstücke teilen, Senf und Tomatenpüree fein verrühren und die Fische damit bestreichen. Mit Zwiebelscheiben belegen. Butter heiß werden lassen, die Fischstücke hineingeben, zudecken und bei gelinder Hitze dünsten. Spaghetti in Salzwasser abkochen, abtropfen lassen und in eine gut gebutterte Auflaufform geben, die Fischstücke darauf verteilen. Zwiebeln in Fett schmoren, mit Mehl binden, 2 Tassen Nudel- oder Fischbrühe zugießen, mit Eigelb und geriebenem Käse glattrühren, abschmecken und über den Auflauf füllen. Noch 1 Eßlöffel geriebenen Käse überstreuen, flüssige Butter überträufeln und 30 Minuten im Backofen überbacken.

Rezept 875

Schinkensoufflee

1 Eßlöffel Butter
1 Eßlöffel Mehl
1 Tasse Milch
Salz, Muskat
3 Eigelb, 3 Eischnee
2 Eßl. geriebenen Käse
200 g gewürfelter gekochter Schinken

Aus Butter, Mehl und Milch eine helle Soße bereiten und mit Salz und Muskat abschmecken. Eigelb, Käse und Schinken zugeben, Eischnee unterziehen, die Masse in eine gefettete Auflaufform füllen und im vorgewärmten Ofen hellbraun überbacken. Dazu Kopf- oder Gurkensalat.

Rezept 876

Vanilleklößchen

3 Tassen Milch
2 Eßlöffel Zucker
1 Prise Salz
2 Päckchen Vanillezucker
1 Tasse Grieß
1/2 Paket Mondamin
4 Eßlöffel Butter
3 Eier

Milch, Zucker, Salz, Vanillezucker, Grieß und Mondamin verrühren, Fett zugeben und unter ständigem Rühren zum Kochen bringen. Sobald sich ein Kloß bildet, vom Feuer nehmen. Einzeln die verquirlten Eier unterziehen. Mit zwei feuchten Löffeln Klößchen abstechen, in Salzwasser 20 Minuten ziehen lassen und mit brauner Butter und Kompott anrichten.

Rezept 877

Hamburger Klößchen

4 Tassen Mehl
5 Eßlöffel Mondamin
1 Teelöffel Salz
1 l Wasser
Salzwasser

Mehl und Mondamin sieben, mit Salz würzen und so viel kochendes Wasser zurühren, daß ein fester Teig entsteht. In einem großen Topf Salzwasser zum Kochen bringen. Mit 2 nassen Kochlöffeln von dem Teig Klöße abstechen, gleichmäßig formen und 15 Minuten im Salzwasser ziehen lassen. Mit Schaumlöffel herausnehmen, abtropfen lassen. Auf eine vorgewärmte Platte legen und mit würziger Soße begießen.

Rezept 878

Schinkenklöße

2 Pfd. gek. und durchgepreßte Kartoffeln
3 Eßlöffel Mehl
2 Eier, Salz, Muskat
2 Eßl. Schinkenwürfel
Salzwasser
2–3 Eßlöffel Butter
2–3 Eßlöffel Reibbrot

Aus den angegebenen Zutaten einen Kartoffelteig herstellen und den in kleine Würfel geschnittenen Schinken unterrühren. Mit nassen Händen nicht zu dicke Knödel formen, in kochendem Salzwasser 10 Minuten schwach ziehen lassen. Herausnehmen, abtropfen lassen und mit Bröselbutter begießen.

Rezept 879

Karthäuserklöße

6–8 Brötchen
1/2 l Milch
1 Eßlöffel Zucker
2 Eier
2 Eßlöffel Mandeln
Fett zum Backen

Brötchen abreiben. Milch mit Ei und Zucker verquirlen. Die Brötchen darin einweichen, herausnehmen und mit dem abgeriebenen Weißbrot panieren. Von beiden Seiten in Butter goldgelb backen. Mandeln abziehen, in feine Stifte schneiden, in die Brötchen spießen und anrichten. Frucht- oder Weinschaumsoße, Rezept 522, dazu geben.

Rezept 880

Quarkknödel

1 Pfd. Quark
1 Tasse Zucker
1 Vanillezucker
1 Prise Salz, 1 Ei
2 Eßlöffel Mandeln
3/4 Tasse Mehl
1 gestrichener Teelöffel Backpulver, Zimt
2 Eßlöffel Mondamin
2 Eßlöffel Paniermehl
Butter, Zucker

Quark mit Salz, Zucker, Ei, Vanillezucker schaumig schlagen. Gemahlene Mandeln, Mehl, Backpulver und Mondamin zurühren. Mit nassen Händen runde Knödel formen, in Paniermehl wenden und 15 Minuten in kochendem Wasser gar ziehen lassen. Herausnehmen, abtropfen lassen. Auf vorgewärmter Platte mit brauner Butter begießen. Mit Zucker und Zimt bestreuen. Kompott dazu.

Rezept 881

Serviettenkloß

1 Pfd. Kartoffeln
2 Eßlöffel Butter
1 Ei
Muskat
geröstete Semmelwürfel
gehackter Schnittlauch

Am Tag vorher gekochte Kartoffeln reiben. Die Hälfte der Butter schaumig rühren, mit Ei, Muskat und Semmelwürfel zu einem Teig verarbeiten. Serviette mit Butter bestreichen, mit Mehl bestäuben, Teigmasse als Kloß daraufgeben, zubinden und in Gemüsebrühe langsam kochen. Herausheben, mit brauner Butter und Schnittlauch anrichten.

Rezept 882

Apfelauflauf

1 Tasse Butter
1 Tasse Zucker
4 Eier, 2 Pfd. Äpfel
1/2 Tasse Milch
1 Tasse Mehl
1 Spritzer Rum
1 Eßlöffel Rosinen
1 Eßlöffel gehackte Mandeln

Butter schaumig rühren, Eigelb, Zucker, Mehl und Milch zugeben. Äpfel in feine Scheiben geschnitten mit Rum beträufeln und mit Rosinen und Mandeln mischen. Die halbe Teigmasse in eine gefettete Auflaufform geben, Apfelmasse zwischenfüllen, mit dem andern Teig bedecken und 40 Minuten im Backofen backen. Dazu Weinsoße, Rezept 1344.

Rezept 883

Hefeklöße

1 Pfd. Mehl
1 Tasse Milch
30 g Hefe
2 Eier
2 Eßlöffel Zucker
1 Prise Salz
2 l kochendes Salzwasser

Zutaten auf ein Brett geben, von der Mitte aus zu einem Teig verkneten (Hefeteig) und an warmer Stelle aufgehen lassen. Zu einer Rolle formen, 3 cm dicke Scheiben abschneiden, diese zu Klößen rollen und auf einem gefetteten Blech 1/2 Stunde aufgehen lassen. In kochendem Salzwasser so lange ziehen lassen, bis sie von selbst nach oben steigen. Herausheben, abtropfen lassen und auf vorgewärmter Platte mit gebräunter Butter übergießen. Evtl. mit Zucker und Zimt bestreuen und Kompott dazu reichen.

Süß-Speisen

PUDDINGS UND KREMS

Rezept 884

Grundrezept für Pudding

- ½ l Milch
- 2–2½ Eßl. Bindemittel
- 2 Eßlöffel Zucker
- 1 Stich Butter
- 1 Prise Salz

Geschmacksrichtung nach Wunsch: Schokolade, Vanille, Karamel, Mokka, Zitrone.
Als Bindemittel: Stärke, Puddingpulver, Kartoffelmehl o. ä.
Zum Verfeinern: Mandeln, Nüsse, Zitronenschale, Sahne, Obst, Ei.
Reis als Bindemittel für ½ l Flüssigkeit 100 g, Grieß als Bindemittel für ½ l Flüssigkeit 50 g, Haferflocken als Bindemittel für ½ l Flüssigkeit 40 g.
Milch mit Zucker, Geschmackszutaten und Salz aufkochen. Das kalt angerührte Bindemittel unter ständigem Rühren hineingeben, aufkochen lassen. Mit Eigelb legieren. Den steifgeschlagenen Eischnee unterziehen, die Puddingmasse in eine kalt ausgespülte Form gießen und nach Erkalten stürzen.

Rezept 885

Grundrezept für Krem

- ¾ l Flüssigkeit: Obstsaft, Wasser oder Milch
- 2–3 Eßlöffel Zucker
- 2–2½ Eßl. Bindemittel

Krems sind nicht so steif wie Pudding, sie lassen sich nicht stürzen. Alle Puddings lassen sich zu Krem verarbeiten, wenn man ¾ l Flüssigkeit verwendet. Sie werden meistens gerührt bis zum Erkalten, damit sich keine Haut bildet. Häufig werden sie mit Sahne verziert oder mit Obst gereicht. Statt Milch kann auch andere Flüssigkeit verwendet werden, z. B. Wein, Obstsaft oder Wasser.

Rezept 886

Grundrezept für Geleespeisen

- $^1/_8$ l kochendes Wasser
- 6–8 Blatt Gelatine
- $^1/_2$ l Flüssigkeit
- 2 Eßlöffel Zucker

Sie werden häufig mit Gelatine zubereitet. Man weicht die Blätter in kaltem Wasser ein, löst sie in wenig kochendem Wasser auf und gibt sie dann zu der Speise. Am besten bereitet man Geleespeisen am Abend vorher, sie lassen sich dann auch besser stürzen. Die Schüssel wird vorher mit ein wenig Fett eingerieben, die Speise löst sich besser. Auf einen halben Liter Flüssigkeit rechnet man 6–8 Blatt Gelatine.

Rezept 887

Mokkapudding

Zutaten wie Rezept 884

Statt einem halben Liter Milch einen viertel Liter starken und gefilterten Bohnenkaffee und Milch verwenden.

Rezept 888

Karamelpudding

- 2 Eßlöffel Zucker
- $^1/_2$ l Milch
- 2 Eßlöffel Bindemittel
- 2 Eier
- 3 Eßlöffel Milch zum Anrühren
- 1 Stich Butter

Zucker und Butter in der Pfanne bräunen, vom Feuer nehmen, Milch zugießen und kochen. Das mit kalter Milch angerührte Bindemittel und Eigelb hineinrühren, aufkochen lassen. Den steifgeschlagenen Eischnee unterziehen, der ein wenig gesüßt ist und den Pudding in eine kalt ausgespülte Schüssel füllen oder in kleine Förmchen. Nach dem Erkalten stürzen und Obstsoße, Rezept 516, dazu reichen.

Rezept 889

Nußpudding

- 5 Eier
- 2 Eßlöffel Butter
- 4 Eßlöffel Zucker
- $^1/_2$ Vanillestange
- 1 Tasse gerieb. Nüsse
- $^1/_2$ Tasse Rahm
- 4 Eßlöffel Grieß
- 2 Tassen Milch

Butter schaumig rühren, Eigelb und Zucker zugeben. Grieß in die kochende Milch einrühren und 10 Minuten kochen lassen. Abgekühlt zu der Eimasse geben. Nüsse und Rahm unterrühren. Eischnee zugeben, leicht durchrühren und in eine gefettete Puddingform füllen. Zugedeckt im Wasserbad 1 Stunde kochen. Mit Weinschaumsoße, Rezept 522, oder Schokoladensoße, Rezept 528, anrichten.

Rezept 890

Zwiebackpudding

10–12 Zwiebäcke
$^1/_2$ l Milch
1 Prise Salz
1 Tasse Korinthen
1 Tasse Butter
4 Eier
10 süße Mandeln
4 Eßlöffel Zucker

Zwieback in Milch einweichen. Butter schaumig rühren, Eigelb, Zucker, die gewaschenen Korinthen und die feingeschnittenen Mandeln zugeben und gut verrühren. Den steifgeschlagenen Eischnee und die in der Milch fein zerdrückten Zwiebacke unterziehen. Die Masse in eine gut gefettete Puddingform füllen und zugedeckt 1 Stunde im Wasserbad kochen. Den Pudding stürzen und warm mit Fruchtsoße, Rezept 516, servieren.

Rezept 891

Grießpudding

$^1/_2$ l Milch
2 Eßlöffel Zucker
1 Stck. Zimt
abgerieb. Zitronenschale
$2^1/_2$ Eßlöffel Grieß
2 Eier

Milch mit Zucker und Gewürzen kochen, Grieß mit dem Schneebesen einrühren und 10 Minuten quellen lassen. Dann das angerührte Eigelb hineingeben. Eischnee unterziehen und die Masse in eine Puddingform füllen. Erkaltet stürzen und Obst oder Fruchtsoße, Rezept 516, dazu reichen.

Rezept 892

Gefüllter Reispudding

1 Tasse Reis
2 Tassen Milch
1 Eßlöffel Butter
2 Eier, 1 Banane
2 Eßlöffel Zucker
Zitronenschale
4 zerkl. Mandeln
10 Rosinen, 2 Äpfel
$^1/_2$ Eßlöffel Zitronat
Datteln oder Feigen

Reis in Milch weichkochen, Butter mit Zucker, Eigelb, Zitronenschale, Mandeln, Rosinen schaumig rühren und unter den erkalteten Reis rühren. Eischnee zugeben. Die Hälfte der Masse in eine gut gebutterte Puddingform geben. Mit gezuckerten Apfelscheiben, Bananenscheiben, feingeschnittenem Zitronat und Datteln bedecken. Dann den anderen Reis daraufgeben. Puddingform verschließen. $1^1/_2$ Stunden im Wasserbad kochen.

Rezept 893

Frankfurter Pudding

4–5 Scheiben
Pumpernickel, 2 Eier
1 gestr. Eßl. Butter
3 Eßlöffel Zucker
2 Eßl. gerieb. Mandeln
abgerieb. Zitronenschale
1 Pfd. Äpfel

Das trockene, geriebene Brot mit den Zutaten vermengen und die in kleine Würfel geschnittenen Äpfel zugeben. Zuletzt den Eischnee unterziehen. Alles in eine gut gefettete Puddingform füllen und 1 Std. im Wasserbad kochen.

Rezept 894

Kirschpfannkuchen

125 g Mehl, 3 Eier
etwas Milch
1 Vanillezucker
1 Glas Schwarzwälder Kirschwasser
Butter zum Backen
Zur Füllung:
250 g Quark
3 Eßlöffel Zucker
etwas Kirschsaft
1 kl. Dose Kirschen
Puderzucker zum Bestäuben

Aus Mehl, Eiern, Zucker, Milch und Kirschwasser einen dünnflüssigen Eierkuchenteig bereiten und kleine, dünne Pfannkuchen davon in heißer Butter backen.
Füllung: Quark mit Zucker und Saft schaumig schlagen, die Pfannkuchen damit bestreichen, abgetropfte Kirschen auf die eine Hälfte füllen und den Pfannkuchen überklappen. Mit Puderzucker bestäuben und heiß servieren. Man kann auch auf den gefüllten Pfannkuchen einen zweiten auflegen, dann wird die ganze Fläche mit Früchten belegt.

Rezept 895

Holländisches Dessert

1–1½ cm dicke Scheibe Käse
Restchen von Gurke
Ananas, Weintrauben
Bananen, Walnüsse
Cocktailkirschen
Holzspießchen

Die Käsescheiben in gleichmäßige Würfel schneiden und mit Holzstäbchen kleine Stücke der oben angegebenen Zutaten dazu aufspießen.

Rezept 896

Quarkplätzchen

½ Pfd. Quark
1 ½ Tassen Buttermilch
½ Pfd. Mehl
2 Eier, Salz
Backfett, Zucker, Zimt

Den Quark durch die Maschine drehen, mit 1½ Tassen Buttermilch verrühren. Mehl, Eier, Salz zugeben und kleine Küchlein in Fett auf beiden Seiten goldbraun backen. Die fertigen Plätzchen mit Zucker und Zimt bestreuen.

Rezept 897

Quarkpudding mit Schokoladenschnee

½ l Milch
20 g Stärkemehl
etwas Vanillezucker
2 Eigelb
50 g Zucker
150 g passierter Quark
3 Blatt Gelatine
1 Eßlöffel Wasser
2 Eiweiß
100 g Zucker
1 Teelöffel Kakao

Milch mit Stärkemehl und Vanillezucker verrühren und auf kleiner Flamme dicklich kochen. Eigelb mit Zucker schaumig rühren und den Quark und die abgekühlte Vanillesoße zugeben. Die kalt eingeweichte Gelatine ausdrücken, in etwas heißem Wasser auflösen, unter den Pudding rühren, die Masse in eine kalt ausgespülte Form geben und erstarren lassen. Die Eiweiß steif schlagen, nach und nach den Zucker zugeben, mit etwas Kakao abschmecken und über den gestürzten Pudding spritzen.

Rezept 898

Eierpfannkuchen mit Quarkfüllung

4–6 Eier
4–6 Eßlöffel Milch
oder Selterswasser
je Ei 1 Eßlöffel Mehl
1 Prise Salz
Zucker
1 P. Vanillezucker
Fett zum Backen
Fülle:
250–500 g Quark
4–6 Eßl. Zucker
1 Vanillezucker
1 Eßlöffel Zitronensaft
3–4 Eßlöffel Milch

Eier und Mehl miteinander verrühren, Flüssigkeit und Gewürze zugeben, Fett in der Pfanne erhitzen, Teig einfüllen und Pfannkuchen auf beiden Seiten goldgelb backen. Aus der Pfanne heben und mit folgender Fülle bestreichen: Quark durch ein Sieb streichen, übrige Zutaten zugeben und mit dem Schneebesen schaumig schlagen, bis die Masse fest und streichfähig ist. Die Quarkfüllung auf die noch heißen Pfannkuchen aufstreichen, zusammenrollen und mit Puderzucker bestäuben oder mit Zucker-Zimtgemisch bestreuen. Recht heiß servieren. Nach Belieben können auch Kompottfrüchte unter den Quark gemischt werden oder sie werden gesondert dazu gereicht.

Rezept 899

Sahnequark mit Früchten

½ l Milch
2 Eßlöffel Mondamin
2 Eßlöffel Zucker
½ Stange Vanille
1 Eigelb
¼ l Schlagsahne
gekochte Früchte

Milch mit Zucker und Vanille zum Kochen bringen, Mondamin mit etwas kalter Milch und dem Eigelb glattrühren; unter Rühren in die kochende Milch geben, kurz aufwallen lassen und kalt rühren. Dann die geschlagene Sahne unterziehen.
Zum Garnieren verwendet man gekochte Früchte aller Art. Auch Dosenfrüchte kann man nehmen.

Rezept 900

Englischer Plumpudding

1 Tasse Zucker
1 Tasse Rindertalg
1 Tasse Rosinen
1 Tasse Zibeben
1 Tasse Korinthen
2 Eßlöffel Zitronat
1 Eßl. gerieb. Mandeln
2–3 Eßlöffel Mehl
3 Eßlöffel Paniermehl
½ Zitronenschale
1 Ei, 1 Eigelb
½ Tasse Milch
1 Glas Weinbrand
1 Prise Muskat
½ Glas Rum

Zitronat fein schneiden, Zitronenschale abreiben, Rindertalg zerkleinern, dann folgende Zutaten vermischen: Zukker, Talg, Rosinen, Zibeben, Korinthen, Zitronat, Mandeln, Mehl, Paniermehl, Zitronenschale. Alle Flüssigkeiten außer Rum miteinander verquirlen, zu den trockenen Zutaten geben und gründlich verarbeiten, in eine gefettete Puddingform füllen und 5–6 Stunden fest verschlossen im Wasserbad kochen. Auf eine Platte stürzen, mit Rum begießen, anzünden und brennend anrichten. Dazu eine Rotwein- oder Weißweinsoße.

Rezept 901

Quark-Götterspeise

250 g Quark
3–5 Eßlöffel Milch
4 Eßlöffel Zucker
1 P. Vanillezucker
1 Glas Wein
oder Kognak
1 Teller Kuchenreste
gekochte Apfelschnitze
von 2–3 Äpfeln

Den Quark durch ein Sieb passieren, mit Milch, Zucker und Vanillezucker sahnig schlagen. In eine Glasschüssel mit etwas Alkohol beträufelte Kuchenreste legen, darauf in etwas Zuckerwasser gedünstete Apfelschnitze und zum Schluß die Quarkkreme schichten. Die Speise mit Apfelschnitzen oder Kompottfrüchten verzieren.

Rezept 902

Joghurt-Bananen

1 Ecke Gervais
oder 2–3 Eßl. Quark
2 Eßlöffel Dosenmilch
1 Flasche Joghurt
2–3 Eßl. Zucker
1 P. Vanillezucker
3 Bananen
2–3 Eßl. geraspelte
Mandeln

Gervais oder Quark mit der Milch glattrühren, Zucker zugeben, Joghurt mit dem Schneebesen unterschlagen bis die Masse schaumig wird, evtl. 1 Eigelb zugeben. Die Bananen in Würfel geschnitten untermengen und die Speise mit geraspelten Mandeln garniert servieren.

Rezept 903

Französisches Käsedessert

125 g Emmentaler
1 großer süßer Apfel
50 g Mandelstifte
½ Zitronensaft
2 Eßl. Mayonnaise

Emmentaler in dünne Streifen schneiden, ebenso den geschälten Apfel. Mit Mandeln und Zitronensaft mischen, Mayonnaise unterrühren und zu Toast servieren.

Rezept 904

Apfelsinenkrem

Saft von 2 Apfelsinen
Zutaten wie Rezept 906

Statt Zitronensaft Apfelsinensaft verwenden; statt Wasser kann auch Wein genommen werden.

Rezept 905

Weinkrem

2 Tassen Wein
1 Eßl. Mondamin
4 Eßlöffel Zucker
½ Zitrone, 3 Eier
Saft und Schale
1 Vanillezucker

Alle Zutaten in einen Topf geben und im Wasserbad schlagen, bis die Krem anfängt, steif zu werden. Kalt stellen und mit viel Schlagsahne verziert anrichten. Auf die Sahnetupfen halbierte Weintrauben legen.

Rezept 906

Zitronenkrem

2 Tassen Wasser
4 Eßlöffel Zucker
Saft von 2 Zitronen
2½ Eßl. Mondamin
2 Eier
Vanillezucker

Wasser mit Zucker zum Kochen bringen. Mondamin in Zitronensaft anrühren. Eigelb zugeben und zusammen in das kochende Wasser einrühren, kurz aufkochen lassen, Vanillezucker zugeben, den steifgeschlagenen Eischnee unterziehen und kalt stellen. Dazu Vanillesoße, Rezept 526, oder mit Schlagsahne verzieren.

Rezept 907

Vanillekrem

½ l Milch, 2 Eigelb
½ Stange Vanille
2 Eßlöffel Zucker
1 Teel. Mondamin
2 Eiweiß
1 Eßlöffel Butter
1 Tasse Schlagsahne

Alle Zutaten außer Eiweiß zusammen in einen Topf geben und im Wasserbad so lange schlagen, bis die Krem anfängt, steif zu werden. Das steifgeschlagene Eiweiß unterziehen, in eine Glasschale füllen und kalt stellen. Vor dem Anrichten mit Sahne verzieren.

Rezept 908

Apfelschlagsahne

1 Pfd. Äpfel
½ Tasse Wasser
3–4 Eiweiß
2 Blatt Gelatine
Zucker
1 Vanillezucker

Mürbe Äpfel zerschneiden, in wenig Zuckerwasser breiig kochen. Mit dem Schneebesen schaumig rühren. Vanillezucker und die aufgelöste Gelatine zugeben, dann den steifgeschlagenen Eischnee. Mit Sahne verzieren.

Rezept 909

Schokoladenkrem

1 Eigelb
2 Eßlöffel Zucker
2 Eßl. geriebene Schokolade
2 Eßlöffel Kaffee
1 Tasse Rahm

Eigelb und Zucker schaumig rühren. Schokolade und heißen Kaffee verschmelzen und zu der Eiermasse geben. Tüchtig schlagen und mit der steifgeschlagenen Sahne vermengen. Mit Schlagsahne verziert anrichten.

Rezept 910

Schokoladensahne

2 Tassen Schlagsahne
1 Tafel Schokolade

Fein zerriebene Schokolade unter eisgekühlte Schlagsahne mischen.

Rezept 911

Rumkrem

- 4 Eier
- 1 1/2 Tassen Zucker
- 8 Blatt weiße Gelatine
- 1 Tasse Wasser
- 2 Eßlöffel Rum
- 2 Tassen Sahne
- Saft von 1/2 Zitrone

Eigelb mit Zucker und Wasser, mit Rum und Zitronensaft schaumig schlagen. Dann die eingeweichte und in wenig heißem Wasser aufgelöste Gelatine unterrühren. Eischnee und die sehr steifgeschlagene Sahne zugeben. Kalt stellen. Mit Sahnetupfen verzieren.

Rezept 912

Kaffeekrem

- 4 Eigelb
- 2 Tassen Zucker
- 4 Eßlöffel starker Bohnenkaffee
- 4 Blatt weiße Gelatine
- 4 Eischnee
- 1 Tasse Schlagsahne

Eigelb und Zucker schaumig rühren. Kaffee und aufgelöste Gelatine zugeben und rühren, bis die Krem anfängt steif zu werden. Eischnee und Schlagsahne unterrühren und in hohe Gläser gefüllt erstarren lassen.

Rezept 913

Nußkrem

- 2 Eier
- 6 Eßlöffel Zucker
- 2 1/2 Tassen kalte Milch
- 9 Blatt Gelatine
- Nüsse
- 1/2 Tasse geraspelte Nüsse
- 1 Tasse Schlagsahne

Eigelb und Zucker schaumig rühren, Milch und die geraspelten Nüsse zugeben. Gelatine in etwas heißem Wasser auflösen, zur Krem geben, gut durchrühren. Wenn die Masse anfängt steif zu werden, den Eischnee und die Schlagsahne zugeben, in Schüsselchen füllen und mit Nüssen verzieren.

Rezept 914

Russische Krem

- 2 Eigelb
- 2 Eßlöffel Zucker
- 3 Blatt weiße Gelatine
- 2 Tassen Sahne

Eigelb und Zucker schaumig rühren. Aufgelöste Gelatine zugeben. Die steifgeschlagene Sahne mit der Eierkrem vermischen und in Gläser füllen. Mit Biskuit garnieren.

Rezept 915

Konfitürekrem

- 4 Eßlöffel Konfitüre
- 1 große Dose Milch
- 6 Blatt rote Gelatine

Konfitüre mit Dosenmilch verquirlen und schaumig schlagen. Die aufgelöste Gelatine unterrühren. Die Masse in Gläser füllen und kalt stellen. Mit Schlagsahne verzieren.

Rezept 916

Milchkrem

- 2 Eier
- 6 Eßlöffel Zucker
- 1 Eßlöffel Rum
- 2 1/2 Tassen kalte Milch
- 8 Blatt Gelatine
- etwas Vanille

Eigelb mit Zucker und Vanille schaumig rühren, dazu den Rum und die Milch geben, dann die aufgelöste Gelatine. Sobald die Masse anfängt steif zu werden, den steifgeschlagenen Eischnee unterziehen, in Förmchen füllen und kalt stellen. Oder Mokka, Schokolade oder Krokant zugeben und mit reichlich Schlagsahne verzieren.

Rezept 917

Falsche Schlagsahne

- 1/2 l Milch
- 2 Eßlöffel Mehl
- etwas Wasser
- 1 Eßlöffel Zucker
- 1 Vanillezucker

Das kalt angerührte Mehl unter Rühren in die kochende Milch geben und gar kochen. Den Brei über Nacht stehen lassen. Dann Zucker und Vanillezucker dazugeben und in breiter Schüssel schaumig schlagen, am besten von oben nach unten.

Rezept 918

Erdbeersahne - Himbeersahne

- 1 Pfd. Erdbeeren (Himbeeren)
- 2 Tassen Schlagsahne
- 1 Vanillezucker

Die geschlagene Sahne mit Vanillezucker süßen, Erdbeeren durch ein Haarsieb streichen und unter die Schlagsahne mengen. Eisgekühlt mit Waffeln oder Keks reichen.

Rezept 919

Bananensahne

- 4 Bananen
- 2 Tassen Sahne
- 1 Gläschen Maraschinokirschen

Bananen halbieren, die Früchte fein zerdrückt unter die Schlagsahne mischen, mit dicker Spritztülle in die halbierten Schalen hineinspritzen. Mit Maraschinokirschen garnieren.

Rezept 920

Tutti frutti

- Vanillekreme Rezept 907
- gekochte Früchte
- Makrönchen
- etwas Weinbrand

In eine Glasschüssel lagenweise Krem, Früchte und Makrönchen einfüllen, letztere mit einigen Spritzern Kognak versehen. Obenauf Krem mit Früchten garnieren.

Rezept 921

Himmelspeise

Apfelsinen
Zucker
gehackte Nüsse
Schlagsahne
kleine Makronen
geriebener Pumpernickel

In eine Glasschale schichtet man abwechselnd Scheiben von Apfelsinen, darauf Zucker und gehackte Nüsse, Schlagsahne, Makronen, geriebenen Pumpernickel. Schlagsahne obenauf.

Rezept 922

Biskuitspeise

100 g Löffelbiskuits
1/2 Pfd. Weintrauben
2 Tassen Schlagsahne
1 Glas Cherry

Eine Schale mit Löffelbiskuits belegen und Cherry überspritzen. Eine Schicht Schlagsahne einfüllen, darauf die entkernten und halbierten Weintrauben geben. Dann wieder Biskuits abwechselnd mit Sahne und Trauben.

Rezept 923

Rote Grütze

1 Tasse Himbeeren
2 Tassen Johannisbeeren
6 Eßlöffel Zucker
8 Blatt rote Gelatine
1 Tasse Wasser
1 Tasse Wein

Die Früchte mit Flüssigkeit und Zucker kurz überwallen, die aufgelöste Gelatine einrühren und die Masse in eine Form geben. Nach dem Erkalten stürzen und Vanillesoße, Rezept 526, oder Schlagsahne dazu reichen.

Rezept 924

Grießschnitten

1/2 l Milch
2 Eßlöffel Grieß
1 Ei
1 Prise Salz
Zucker
1 Vanillezucker
abgeriebene Zitrone
Butter zum Backen

Milch und Grieß kochen, Eigelb mit Zucker, Vanille und Zitrone zugeben. Ein nasses Holzbrett mit dem Grießbrei 2 cm dick bestreichen und erkalten lassen. In 3 cm breite und 5 cm lange Streifen schneiden und in heißer Butter hellbraun backen. Dazu Obstkompott.

Rezept 925

Arme Ritter

8–10 Zwiebäcke
2 Tassen Milch
1 Ei
1 Eßlöffel Zucker
Butter zum Backen

Milch mit Ei verquirlen. Zwiebäcke kurz in der Eiermilch einweichen und in heißer Butter braun backen. Mit Zucker oder Vanillezucker bestreuen. Obst dazu reichen.

Rezept 926

Königinreis

½ Tasse Reis
2 Tassen Milch
1 Prise Salz
1 Vanillezucker
3 Eßlöffel Zucker
2 Eßlöffel Butter
1 Eigelb
1 Eischnee

Den gewaschenen Reis mit Milch und Salz weich kochen. Butter mit Eigelb, Zucker und Vanillezucker schaumig rühren. Den abgekühlten Reis untermengen, dann den Eischnee. Die Masse in eine gut gefettete Puddingform füllen, fest verschließen und 1 Stunde kochen. Stürzen. Mit gekochten, kalten Früchten garnieren, die mit Sahnetupfen besetzt werden. Dazu den leicht angedickten Obstsaft als Soße.

Rezept 927

Sahnereis mit Pfirsichen

3 Tassen gekochter kalter Milchreis
2 Tassen Schlagsahne
3 Eßlöffel Zucker
1 Vanillezucker
Pfirsiche
1 Teel. Mondamin

Den kalten Reis mit Sahne verrühren und den Zucker untermischen, in eine gefettete Kranzform füllen, die mit gekochten, halbierten Pfirsichen ausgelegt ist und auf eine Glasplatte stürzen. Den Pfirsichsaft mit etwas Mondamin abdicken und als Soße dazureichen.

Rezept 928

Apfelreis

1 Tasse Reis
4 Tassen Milch
2 Eßlöffel Zucker
Vanillezucker
4 mittlere Äpfel
etwas Stangenzimt
1 Eßlöffel Butter
Datteln
Suppenmakronen

Den in Milch und Zucker gekochten Reis in eine Kranzform füllen und erkaltet auf eine Glasplatte stürzen. Äpfel in wenig Flüssigkeit mit Zucker, Butter, Zimt weich dünsten und in die Mitte des Kranzes geben. Mit geschnittenen Datteln und Suppenmakronen garnieren.

OBSTSPEISEN

Alles Obst kann roh, fast alles Obst kann gekocht verwendet werden, und es lassen sich erfrischende Leckereien, besonders in den heißen Sommermonaten, damit zube-

reiten. Bevor das Obst genossen wird, muß es sorgfältig gewaschen werden, denn es ist schon durch viele Hände gegangen, ehe es zu uns auf den Tisch gelangt. Soll es gekocht werden, sind auch nach Möglichkeit die Steine und Kerne zu entfernen, z. B. bei Pflaumen, Kirschen, Pfirsichen, Aprikosen. Bei Äpfeln und Birnen entfernen Sie die Schale mit einem Buntschälmesser, es sieht so hübsch aus. Das Kerngehäuse muß sehr sorgfältig weggeschnitten werden, damit keine Spelzen zurückbleiben, Pfirsiche und Aprikosen werden kurz in heißes Wasser gelegt, wenn sie enthäutet werden sollen.
Über die weitere Zubereitung gilt das gleiche wie für Süßspeisen: jede Möglichkeit, Ihre Kompotts oder Rohobstgerichte zu verfeinern, sollten Sie wahrnehmen. Mit Soßen und Sahne, mit Quark und Wein, mit Mandeln und Nüssen gibt es immer wieder anderes Aussehen und anderen Geschmack.

Rezept 929

Gekochte Äpfel – Birnen

1 Pfd. Äpfel
2 Tassen Wein
2 Eßlöffel Zucker
1 Stück Stangenzimt
1 Vanillezucker

Äpfel oder Birnen mit dem Buntschälmesser schälen, halbieren, Kerngehäuse entfernen. In gezuckertem Wein (Wasser) mit etwas Stangenzimt gar kochen. Vanillezucker überstreuen und kaltstellen.

Rezept 930

Mirabellen-, Reineclauden-, Pflaumenkompott

1 Pfd. Obst
2 Tassen Wasser
2 Eßlöffel Zucker
1 Stück Stangenzimt
1 Vanillezucker

Obst waschen, entsteinen oder im ganzen in Zuckerwasser gar kochen. Mit Zimt und Vanillezucker abschmecken.

Rezept 931

Aprikosen, Pfirsiche

6–8 Pfirsiche
oder 1 Pfd. Aprikosen
2 Tassen Zuckerwasser
1 Vanillezucker

Die Früchte kurze Zeit in heißes Wasser legen und enthäuten, halbieren, entsteinen. Einige Steine aufknacken und die innere Mandel mitkochen. Die Früchte in kochendem Zuckerwasser einige Male aufwallen lassen.

Rezept 932

Rhabarber

1 Pfd. Himbeerrhabarber
1 Tasse Zucker
2 Eßlöffel Wasser

Rhabarber abziehen, in gleichmäßige Stücke schneiden. Möglichst ohne Flüssigkeit im eigenen Saft gar kochen, zuckern und kalt stellen. Oder wenn mit Flüssigkeit gekocht, mit einem Teelöffel Mondamin binden.

Rezept 933

Stachelbeeren

1 Pfd. Stachelbeeren
1 Tasse Zucker
$^{1}/_{2}$ Tasse Wein
1 Vanillezucker

Beeren putzen, waschen, mit Zahnstocher durchstechen. Wein mit Zucker zum Kochen bringen, Stachelbeeren kurz überwallen lassen. Kalt stellen.

Rezept 934

Schattenmorellen – Sauerkirschen

1–2 Pfd. Kirschen
4–8 Eßlöffel Zucker
1 Vanillezucker
$^{1}/_{4}$ l Schlagsahne

Kirschen am Abend vorher waschen, entkernen. Über Nacht Saft ziehen lassen. Am nächsten Tag zuckern und kurz im eigenen Saft überwallen, kalt stellen und mit Schlagsahne anrichten.

Rezept 935

Backobst

1 Pfd. Backobst
Apfelsaft
Zucker

Am Abend vorher einweichen, daß es gerade mit dem Apfelsaft bedeckt ist. Am nächsten Tag zum Kochen bringen, zuckern und kalt stellen. Oder bei reichlicher Flüssigkeit diese mit Mondamin binden. Zu Nudeln oder Kartoffelklößen reichen.

Rezept 936

Apfelbrei

2 Pfd. Äpfel
Zucker
Vanillezucker
Saft $^{1}/_{2}$ Zitrone
1 Glas Kognak
1 Tasse Sahne
Zimt

Äpfel schälen, putzen, klein schneiden und in wenig Zuckerwasser breiig kochen oder zerstampfen. Zucker und Zimt mit Vanillezucker vermischt unterrühren. Nach Belieben etwas Zitronensaft und $^{1}/_{2}$ Gläschen Kognak zugießen und evtl. mit Schlagsahne verziert anrichten.

Rezept 937

Volkskompott

500 g Äpfel
Birnen, Pflaumen
1 Tasse Zucker
1 Tasse Wein

Früchte schälen, putzen, entsteinen und zusammen in gezuckertem Wein gar kochen. Kalt stellen.

Rezept 938

Gekochte Apfelhälften

4 Äpfel
Zuckerwasser
Schale 1/2 Zitrone
1 Stück Stangenzimt
1 Glas Weinbrand

Gleichmäßig große Äpfel mit dem Buntschälmesser schälen, halbieren. Kerngehäuse entfernen. In reichlich Zuckerwasser glasig kochen. Mit dem Schaumlöffel herausheben abtropfen lassen. Mit der Schnittseite nach unten auf Glastellerchen legen und etwas Kognak überträufeln. Mit Schlagsahne verzieren.

Rezept 939

Gebackene Apfelscheiben

1 Pfd. Äpfel
1 Eßlöffel Zucker
Saft 1/2 Zitrone
Butter oder Öl
Eierkuchenteig:
6 Eßlöffel Mehl
3 Eier, 1 Prise Salz
1 Tasse Milch
Backpulver

Äpfel schälen, in runde, 1/2 cm dicke Scheiben schneiden. Mit Zucker und Zitronensaft bestreichen. Aus den angegebenen Zutaten einen Eierkuchenteig bereiten, die Apfelscheiben hineintauchen und in heißem Fett in der Pfanne hellbraun backen. Mit Zucker und Zimt bestreut anrichten.

Rezept 940

Äpfel in Vanillesoße

4 gleichmäßige Äpfel
2 Tassen Wein
2 Eßlöffel Zucker
4 Makronen
1/4 l Vanillesoße, Rezept 526
1 Tasse Sahne
4 Kirschen oder Erdbeeren

Äpfel mit dem Buntschälmesser schälen, das Kerngehäuse mit dem Apfelstecher entfernen. Wein mit Zucker zum Kochen bringen, die Äpfel hineinstellen und vorsichtig kochen, daß sie nicht zu weich werden. Herausnehmen, abtropfen lassen. Inzwischen hat man ganz flache Makronen gebacken und stellt die Äpfel darauf. Die abgekühlte Vanillesoße über die Äpfel gießen, die Apfelhöhlung mit Schlagsahne vollspritzen und verzieren. Halbierte, gezukkerte Erdbeeren oder Kirschen oder Konfitürehäufchen auf die Sahnetupfen setzen. Entweder alle Äpfel auf einer großen Platte anrichten oder in Portionen auf kleinen Glastellerchen.

Rezept 941

Aprikosenquarkschnitten

1 Tasse Quark
Vanillezucker
Aprikosensaft
4 gek. Aprikosen
4 Pumpernickel
8 Erdbeeren

Den gezuckerten Quark mit Aprikosensaft verrühren. Pumpernickelscheiben mit der Masse bestreichen. Die gekochten Aprikosen in Viertel teilen und die Quarkschnitten damit belegen. Mit Erdbeeren verzieren.

Rezept 942

Kürbisspeise

$^1/_2$ Pfd. zarter Kürbis
1 Tasse gehackte Haselnüsse
1 Eßlöffel Honig
1 Eßlöffel Zitronensaft
1 Prise Currypulver
1 geriebener Apfel

Den Kürbis durch die Maschine drehen. Mit Honig, Zitronensaft, den gehackten Nüssen und den geriebenen Äpfeln vermischen. In kleine Glasschalen füllen und etwas Currypulver überstäuben.

Rezept 943

Obstbecher

$^1/_2$ l Johannisbeersaft
3 Eßlöffel Zucker
1 Teelöffel Zitronensaft
4 Blatt rote Gelatine
4 Blatt weiße Gelatine
Würfel 1 Banane
Ananasstückchen
1 kl. Glas Kirschen
1 Handvoll Rosinen
1 Tasse Vanillesoße

Den Johannisbeersaft reichlich süßen, Zitronensaft zugeben, dann die aufgelöste Gelatine und sorgfältig einrühren. Die Obstwürfel einlegen. Wenn die Masse beginnt steif zu werden, in Portionsgläsern anrichten und obenauf 1 Schicht Vanillesoße, Rezept 526, füllen. Kühl stellen.

Rezept 944

Zitronensoufflé

4 Eier
2 Eßl. Zitronensaft
1 abgeriebene Zitronenschale
1 Tasse Zucker

Eigelb mit Zucker, Zitronensaft und -schale schaumig rühren. Den steifen Schnee unterziehen. Eine Auflaufform mit Butter bestreichen, die Masse vorsichtig einfüllen und 25 Minuten bei mittlerer Hitze backen.

Rezept 945

Pfirsichsalat

1 Pfd. Pfirsiche
1 Glas Kirschwasser
2 Eßlöffel Zucker
Saft $^1/_2$ Zitrone
1 Tasse Sahne

Pfirsiche enthäuten, entkernen, einzuckern. Mit Kirschwasser begießen und Zitronensaft überträufeln. Kaltstellen. Vor dem Anrichten mit Schlagsahne verzieren.

Rezept 946

Gemischter Obstsalat

½ Pfd. Weintrauben
2 Äpfel
2 Orangen
2 Bananen
1 Glas Gin
1 Tasse Sahne
2 Eßl. gehackte Nüsse
3 Eßlöffel Zucker

Weintrauben halbieren, entkernen, Äpfel, Orangen und Bananen geschält in Scheiben schneiden. Lagenweise in eine Glasschüssel füllen, einzuckern. Obenauf Apfelscheiben legen. Sahne und Gin schaumig schlagen, mit Vanillezucker süßen und über das Obst gießen, mit gehackten Nüssen bestreuen und kalt stellen. Dazu Eiswaffeln.

Rezept 947

Bananenschiffchen

4 Bananen
4 Eßl. Preiselbeerkompott
1 Tasse Sahne
8 Nüsse

Die Schale von gut gewaschenen Bananen der Länge nach halbieren, ohne die innere Frucht zu beschädigen. Die Banane herausnehmen. Preiselbeeren in die halbierten Schalen füllen. Die in Scheiben geschnittenen Bananen schuppenartig auf die Preiselbeerfüllung legen, mit Schlagsahne verzieren und obenauf halbierte Nüsse legen. Strahlenförmig auf einer Glasplatte anrichten.

Rezept 948

Gefüllte Apfelsinenkörbchen

4 Apfelsinen
½ Pfd. Quark
4 Erdbeeren
4 Weintrauben
1 Vanillezucker
2 Eßlöffel Zucker

Apfelsinen halbieren, aushöhlen, das Innere klein schneiden. Quark mit Apfelsinenfleisch, Zucker und Vanillezucker vermengen. Mit einer Spritztülle in die Körbchen hineinspritzen. Mit halbierten Erdbeeren und Weintrauben verzieren.

Rezept 949

Obstsülze

1 Tasse Wasser
1 Tasse Zucker
1 Päckchen Wackelpeter
1 Tasse Wein
1 Pfd. gemischtes Obst
½ Tasse Sahne

Wasser aufkochen, den mit Zucker vermischten Wackelpeter zurühren. Wein zugeben und den Boden einer Schüssel mit der Geleemasse begießen. Wenn sie steif wird, die rohen oder gekochten Früchte einordnen. Wieder Geleemasse aufgießen, dann Obst und noch einmal Geleemasse. Über Nacht kaltstellen, stürzen und mit Sahne verziert anrichten.

Rezept 950

Bananenbissen

1 Gervais
1 Banane
1 Eßlöffel Honig
Kräcks
4 Kirschen

Gervais mit Honig und $^1/_2$ Banane vermengen. Auf die Kräcks abwechselnd Bananenkrem und Bananenscheiben geben. Eine Kirsche als Verzierung obenauf.

Rezept 951

Pikanter französischer Fruchtsalat

1 Apfel
1 Banane
1 Orange
1 Stück Ananas
1 Tasse Mayonnaise
1 Tomate
2 Tassen gekochter kalter Reis

Das Obst in kleine Würfelchen schneiden, mit der Mayonnaise vermischen. Den gekochten Reis in Tassen füllen, auf eine Glasplatte stürzen und mit dem Obstbrei garnieren. Obenauf Tomatenscheiben geben.

Rezept 952

Gefüllte italienische Melonen

2 Zuckermelonen
2 Scheiben Ananas
2 Eßlöffel gemahlene Nüsse, 2 Eßl. Sahne
1 Eßlöffel Zucker
2 Eßl. kalter, gekochter Reis, Saft $^1/_2$ Zitrone

Melonen halbieren, aushöhlen. Alle Zutaten fein zerhacken und miteinander vermischen, in die Schalen füllen und mit Melonen oder Ananasstückchen verzieren.

Rezept 953

Sizilienschnitten

1 Gervais
1 Apfelsine
Knäckebrot oder Kräcks
1 Apfel i. Scheiben
Erdbeeren, Kirschen

Gervais mit Apfelsinensaft und -fleisch vermischt auf Knäckebrot streichen. Darauf gezuckerte Apfelscheiben legen. Diese mit einem Käsetupfer besetzen und obenauf eine Erdbeere oder Kirsche geben.

Rezept 954

Indischer Obstsalat

1 Dose Ananas
4 Orangen
$^1/_2$ Tasse leichtes Salzwasser
1 Eßlöffel Öl
Zitronensaft, Sahne
etwas Ingwer und Zimt

Ananas und Orangenscheiben mit Salzwasser übergießen. Öl, Zitronensaft und Sahne miteinander verquirlen, mit Ingwer und Zimt würzen und die Flüssigkeit über die Früchte gießen.

2 Tomaten
1 Banane
1 säuerlicher Apfel
Saft 1 Zitrone
1 Glas Joghurt
Zwiebäcke

Rezept 955

Türkischer Salat

Obst und Tomaten in feine Scheiben schneiden. Zitrone und Joghurt verschlagen und über die Früchte geben. Dazu Zwiebäcke.

3 Orangen
3 Bananen
3 Tomaten
1 Kopfsalat
1 Beutel Salatmayonnaise, Pfeffer
1 Prise Zucker
Salz, Petersilie

Rezept 956

Amerikanischer Orangensalat

Salatschüssel mit Blättern des Salates auslegen, schuppenartig Orangen, Tomaten, Bananen einschichten. Mayonnaise mit Orangensaft (Blutorangen) verrühren, würzen, 1 Teelöffel feingehackte Petersilie zugeben und vor dem Anrichten über den Salat träufeln.

3 Orangen i. Sch.
1 Dose Krabben
Ananasstückchen
Spargelspitzen, Öl
Salatblätter, Essig
etwas Weißwein
Pfeffer, Salz
Orangensaft, Zucker
1 Eßl. feingeh. Kräuter

Rezept 957

Französischer Orangensalat

Schüssel mit Salatblättern auslegen, Orangenscheiben, Spargel, Ananas und Krabben geschmackvoll einschichten. Essig, Öl, Wein, Orangensaft, Gewürze und Kräuter mischen, den Salat damit begießen.

Rezept 958

Birnenschnitten à la Hélène

Biskuitteig, Rezept 1231
1 Dose Birnen
200 g Kochschokolade
1 Stich Butter
1–2 Eßl. Rahm
Rum

Einen Biskuitteig mit etwas Rum bereiten, ihn in einem nicht zu heißen Backofen ungefähr 20 Minuten backen. Den Kuchen gut erkalten lassen. 1 Dose Williamsbirnen öffnen, den Kuchen auf einen Teller legen und die Hälfte des gebundenen Birnensaftes darübergießen. Die Birnenstücke wie eine Margerite auf dem Kuchen anordnen und alles mit dem Rest Saft übergießen. In einem Topf Kochschokolade in etwas Wasser schmelzen lassen, rühren bis die Mischung sämig ist, dann den Topf vom Feuer zurückziehen, ein Butterstückchen hinzufügen, alles erkalten lassen und bei gutem Umrühren einen großen Löffel Sahne daruntermengen. Die Birnen mit dieser Soße bedecken und schön kühl servieren.

Rezept 959

Pfirsichspeise „Kardinal“

Pfirsichsaft
1 Stange Vanille
6–8 Pfirsiche
(Dose)
Erdbeereispackung
gedünstete Stachelbeeren
1/2 Glas Kirschwasser
1 Tasse Walderdbeeren

Einen Fruchtsaft bereiten, dem etwas Vanille beigegeben wird. Diesen Sirup kochen und die Pfirsiche hineingeben. Nicht zu lange kochen lassen. Dann die Pfirsiche aus dem Topf nehmen, abkühlen und abtropfen lassen. In einen Silberbecher etwas Erdbeereis füllen und darauf die Pfirsiche anrichten. Dann alles mit Stachelbeeren garnieren, mit Kirschwasser verfeinern und Walderdbeeren darüberstreuen. (Dosenpfirsiche nicht kochen.)

Rezept 960

Weinbrandkirschen „Belle Marquise“

500 g Kirschen
1 Gl. Weinbrand
2 Eßl. Zucker
1 Ts. Schlagsahne

Die entsteinten Kirschen mit Zucker bestreuen und mit Weinbrand beträufeln. Kalt stellen. Vor dem Anrichten geschlagene Sahne unterziehen und mit Kirschen garnieren.

EISKREMS

Im Kühlschrank ist ein Eiswürfelkästchen. Nehmen Sie es heraus, füllen den Behälter mit Eiskrem und stellen Sie Ihren Kühlschrank auf Schnelleis. In 4 Stunden haben Sie eine heißbegehrte Erfrischung.

Rezept 961

Vanilleeis

2 Eigelb
2 Vanillezucker
2 Tassen Sahne

Eigelb mit Vanillezucker schaumig rühren, die steifgeschlagene Sahne unterziehen, die Masse in das Kästchen füllen (Einsatz herausnehmen) und gefrieren lassen.

Rezept 962

Schokoladeneis I

2 Eigelb
2 Vanillezucker
1 Tafel Schokolade
1 Tasse Sahne

Eigelb und Vanillezucker schaumig rühren. Schokolade mit 1 Eßlöffel Sahne im Wasserbad zergehen lassen, zu der Eiermasse geben, und die steifgeschlagene Sahne untermischen. Einfüllen und gefrieren lassen.

Rezept 963

Schokoladeneis II

1 Riegel Blockschokolade
1 Tasse Zucker
2 Tassen Milch
3 Eier
½ Stange Vanille

Milch mit Zucker und Vanille aufkochen. Die geriebene Schokolade, mit 1 Eßlöffel kalter Milch angerührt, dazugeben. Die schaumig geschlagenen Eier unterrühren und erkaltet in die Eismaschine geben.

Rezept 964

Fruchteis

Vanilleeis, Rezept 961
Sahne
Fruchtsirup

Wie Vanilleeis, Rezept 961. Statt 2 Tassen Sahne nur 1½ Tassen verwenden und ½ Tasse Fruchtsirup zugeben.

Rezept 965

Karameleis

3 Eßlöffel Zucker
1 Stich Butter
3 Eßlöffel Büchsenmilch
1 Tasse Sahne

Zucker und Butter in der Pfanne leicht bräunen, soviel Büchsenmilch langsam zugießen, bis die Masse sämig wird, unter die steifgeschlagene Sahne mischen, einfüllen und gefrieren lassen.

Rezept 966

Karolineneis

2 gekochte Pfirsiche
1 Spritzer Gin
Vanilleeis, Rezept 961
1 Tafel Schokolade

Pfirsiche in starker Zuckerlösung gekocht, mit der Schnittseite auf einen Glasteller legen, Gin überträufeln. Kaltstellen. Vanilleeis daraufgeben. Schokolade mit ½ Tasse Sahne im Wasserbad zergehen lassen. Wenn sie anfängt steif zu werden, über die Portionen gießen und sofort anrichten. Eiswaffeln dazu reichen.

Rezept 967

Mokkaeis

Eigelb und Vanillezucker schaumig rühren, Kaffeepulver zugeben, dann die Milch. Alles schaumig schlagen, in den Behälter füllen und kühlen. Mit Schlagsahne verzieren.

2 Eigelb, Sahne
1 Vanillezucker
1 kleine Dose eisgekühlte Milch
2 Teel. Neskaffee

Rezept 968

Früchtebecher

Eigelb und Zucker schaumig rühren, die feinzerdrückten oder zerschnittenen Früchte zugeben, gut durchrühren. Die geschlagene Sahne untermischen, in Gläser einfüllen und kühlen. Vor dem Anrichten 1 Eßl. Vanilleeis obenauf geben.

Eisgekühlte Früchte
2 Eigelb
1 Vanillezucker
1 Dose Milch oder
1 Tasse Sahne
Vanilleeis, Rezept 961

Rezept 969

Zitroneneis I

Wie Vanilleeis, Rezept 961. Statt 2 Tassen Sahne nur 1 1/2 Tassen nehmen und dazu den Saft einer Zitrone.

Vanilleeis, Rezept 961
1 1/2 Tassen Sahne
Saft 1 Zitrone

Rezept 970

Zitroneneis II

1/2 Zitrone dünn schälen. Wasser, Zucker, Zitronenschale und Saft aufkochen und erkalten lassen. Sehr steifgeschlagenes Eiweiß zugeben und die Masse in die Eismaschine füllen. 20 Minuten drehen. In kleinen Ballen anrichten und mit Sahne verzieren.

2 Tassen Wasser
2 Tassen Zucker
2 rohe Eiweiß
2 Eßl. Zitronensaft
Schale 1/2 Zitrone

Rezept 971

Orangeneis

Zucker und Wasser 8 Minuten kochen, Orangensaft zugeben. Im Wasserbad Eigelb und 1 Tasse Sahne schaumig schlagen, bis die Masse steif wird. Abkühlen lassen. Die übrige steifgeschlagene Sahne mit dem abgekühlten Zukkerfruchtsaft zu der Eigelbmasse geben, tüchtig schlagen und abgekühlt in die Eismaschine füllen. Kurz vor dem Anrichten die Orangenschnitze mit in die Eismasse geben.

2 Tassen Zucker
1 Tasse Wasser
2 Tassen Orangensaft
2 Eigelb
2 Tassen Sahne
2 Eßl. feingeschnittenes Orangeat

Rezept 972

Apfelsineneis

Vanilleeis, Rezept 961
$1^1/_2$ Tassen Sahne
Saft von 2 Apfelsinen

Wie Vanilleeis, Rezept 961. Statt 2 Tassen Sahne nur $1^1/_2$ Tassen nehmen und den ausgepreßten Saft von 2 Apfel sinen. Mit Apfelsinenstückchen verziert anrichten.

Rezept 973

Vanilleeis mit Ananas

1 Tasse Zucker
$^1/_2$ Stange Vanille
2 Tassen Milch
2 Eigelb
2 ganze Eier
1 Tasse Ananaswürfel

Milch mit Vanille kochen. Eier und Eigelb mit Zucker verrühren, die kochende Milch unter fortwährendem Schlagen dazugeben. Bis zum Erkalten rühren, Ananasstückchen hineingeben und in die Eismaschine füllen.

Rezept 974

Pfirsich Melba

4 gekochte kalte Pfirsiche
Vanilleeis, Rezept 961
2 Tassen Schlagsahne

Die gekochten, halbierten, eisgekühlten Pfirsiche auf einen Ballen Vanilleeis setzen und mit Schlagsahne verzieren.

Rezept 975

Birne - Helene

4 halbierte gekochte Birnen
2 Tassen Schokoladensoße, Rezept 528
Vanilleeis, Rezept 961

Birnen mit der Höhlung nach oben auf ein Glastellerchen legen, darauf Vanilleeis geben und mit Schokoladensoße übergießen.

Rezept 976

Eisgekühlter Kardinalpunsch

4 Tassen Wasser
2 Tassen Zucker
$^1/_2$Tasse Orangensaft
Saft 1 Zitrone
2 Gläschen Kognak
1 Glas Curacao
1 Gläschen Tee

Wasser und Zucker zusammen in einem Topf kochen bis die Flüssigkeit dicklich wird (Sirup). Den Tee und die Fruchtsäfte zufüllen und gefrieren lassen. Dann den Alkohol zugießen und die gesamte Masse noch einmal kühlen.

Kühle Schleckereien an einem heißen Sommertag: Eiskrem aus der Tiefkühltruhe. Vanilleeis in Mokka mit Schlagsahne, mit Mokkabohnen und Pistazien garniert; verschiedene Früchte mit Echte Kroatzbeere übergossen und mit Eis bedeckt, obendarauf Schlagsahne und Kirschen, auch Schokoladeneis mit Pfirsichen und Likör übergossen, und die Sahne darf nicht fehlen.

Diät- und Schonkost

Wie oft geschieht es, gerade in der heutigen unruhigen, nervenaufreibenden Zeit, daß jemand aus der Familie erkrankt und einer Schon- oder Diätkost bedarf. Sei es während der Genesung von einer Infektionskrankheit, sei es eine Erkrankung des Kreislaufs oder der Verdauungsorgane, immer ist es die Hausfrau, die sich den Kopf zerbrechen muß, um ihren Genesenden oder Kranken so weit mit den Mahlzeiten zu befriedigen, daß er nach geraumer Zeit wieder am allgemeinen Mittagstisch teilnehmen kann. Oft auch zeigt sich nur allgemeine Unlust zum Essen, und es liegt nun an der Hausfrau, dafür zu sorgen, daß im weiteren Verlauf keine gesundheitlichen Mängel auftreten. Manchmal wirkt ein Weg ins Reformhaus Wunder, wo so viele Produkte zu finden sind, die dem gesamten Organismus zugute kommen. Abgesehen von vielen hochwertigen Nahrungsmitteln, mit denen Sie den Appetit Ihrer Angehörigen oder Ihres Rekonvaleszenten anreizen können, finden Sie Broschüren, Hinweise und Tips, wie Magen- und Darmschonkost, Leber- und Gallendiät usw. gereicht und zubereitet werden können; wie Sie Ihr Kind im Wachstumsalter, Ihr Baby in seiner Entwicklungszeit fördern oder

Fruchtkaltschalen aus Erdbeeren, Johannisbeeren und Apfelsinen mit Sahne verziert und mit Makronengebäck serviert, sind eine Überraschung für jede Gartenparty. Leckere Rezepte dazu finden Sie auf den Seiten 110 bis 112.

sich Ihre eigene schlanke Linie erhalten oder zurückgewinnen können, wenn Sie nur mit etwas Bedacht Ihren Küchenzettel zusammenstellen. Ein schmackhaftes Müsli am Morgen für die Kinder, ein fettloses Essen für den managerkranken Ehemann und für die Hausfrau selbst, wenn sie auf ihre Linie bedacht ist, finden Sie in Hinweisblättern; ferner wie man anregende Salate bereitet aus Rohkost, mit kaltgeschlagenen Ölen, besonders bekömmlich und wertvoll und der Gesundheit zuträglich, weil in der natürlichen Nahrung lebensnotwendige Stoffe erhalten sind. Ernährungswissenschaftler weisen immer wieder auf den Wert der natürlichen Nahrung hin, und da ist gerade das Reformhaus ein guter Berater, der auch aufklärende Aufgaben mit übernimmt. Denn die schonende Bearbeitung der hochwertigen Rohprodukte erhalten den Reformlebensmitteln ihren natürlichen Reichtum an Nährstoffen in hohem Maße.
Ein kleiner Ratgeber soll Ihnen der folgende Abschnitt sein, um Ihnen die erste Sorge und Aufregung um die Ernährung Ihres Kranken meistern zu helfen.

DIE DIÄT-MAHLZEITEN

Zwischenmahlzeiten

Im allgemeinen kommt man bei der Krankenpflege mit drei Mahlzeiten aus. Häufig müssen aber kleinere Zwischenmahlzeiten gegeben werden, damit dem Körper auch genügend Mengen an Kalorien zugeführt werden. Das gilt besonders für Schwerkranke, bei Erkrankungen der Verdauungsorgane oder bei Menschen, deren Kaufähigkeit behindert ist. Auch bei Personen mit Untergewicht, oder bei solchen, die in der Rekonvaleszenz sind, sind Zwischenmahlzeiten erforderlich. Man benutzt dazu am besten Nahrungsmittel, die besonders hohen Nährwert haben und diese in möglichst konzentrierter Form. Dazu eignen sich vor allem Milchprodukte, insbesondere Quark und Quarkgerichte. Man kann diese mit frischem Obst kombinieren, kann Weizenkeime zufügen, Obstsäfte oder Fruchtmus von frischen Früchten. Diese Mahlzeiten sättigen nicht nur, sondern regen auch den Appetit an und tragen somit dazu bei, dem Körper die nötige Kraft zurückzugewinnen.

Das Frühstück

soll nicht schon am frühen Morgen den Körper belasten und an den Verdauungsapparat große Anforderungen stellen. Wer Diät einzuhalten hat, sollte – außer wenn es vom Arzt verordnet ist – nicht mit Bohnenkaffee, starkem Tee, Eiern, Schinken, Wurst o. ä. Nahrungsmitteln beginnen, denn sie bedeuten für den Körper in den frühen Morgenstunden eine unnütze Belastung, die sich oft ungünstig auswirkt. Wenn Obstdiät eingehalten werden muß, ist das Bircher-Müsli mit frischem Obst- oder Gemüsesäften ein beliebtes und wirksames Morgenfrühstück. Auch Vollkornbrot mit Butter, Honig, Gelee oder ungefärbter Marmelade ist in den meisten Fällen bekömmlich. Dazu eine Tasse Gesundheitstee.

Das Mittagessen

Die Appetitlichkeit einer Mahlzeit hängt nicht nur von der Auswahl der Nahrungsmittel ab, sondern auch davon, wie sie angeboten werden. Das Essen soll nicht hastig heruntergeschlungen werden, oder als Nebenbeschäftigung beim Zeitungslesen betrieben werden, denn dann kann das beste Essen nicht bekommen. Ruhe und Entspannung vor dem Essen sollen dazu dienen, daß sich der Körper nun mit Aufmerksamkeit der neuen Beschäftigung zuwenden kann. Denn was nützt geschmackvoll angerichtetes Essen, wenn das Auge es nicht wahrnimmt und durch andere Beschäftigung abgelenkt wird. Was nützt das Belegen der Salate mit Radieschen oder Tomatenschnitzen, Schnittlauch oder Petersilie, das Umranden mit Gurken, Apfelscheiben oder frischen Kräutern, die farbenfreudige Zusammenstellung von verschiedenfarbenen Rohkostgerichten, wenn der Blick die Schüssel meidet? Es wäre ja alles verlorene Liebesmüh. Die Zusammenstellung der Mahlzeit soll ein natürliches Gleichgewicht zwischen den einzelnen Nahrungsmitteln berücksichtigen und erreichen. Es sollen nicht nur an einem Tag besonders säureüberschüssige Gerichte gereicht werden und am nächsten Tag stark eiweißhaltige. Zu Fisch und Fleisch sollten keine säureüberschüssigen Nudeln oder Spätzle gereicht werden, sondern basenreiche Kartoffeln, Gemüse, grüne Salate und Obst. Zu Brot gebe man nicht nur Fleischaufschnitt, Käse und Eier, sondern auch Radieschen, Tomaten, Gurken und Obst. Die Mahlzeit beginnt am besten mit Rohkost, falls erlaubt, dann sollte die gekochte Nahrung folgen, gelegentlich eine Suppe oder auch ein Nachtisch. Aber in der ausgesprochenen Krankendiät vermeide man solch Vielerlei in einer Mahlzeit und verteile die Gerichte auf mehrere Mahlzeiten.

Das Abendessen

soll möglichst leicht sein, um den Nachtschlaf nicht zu stören. Deshalb soll es auch nicht zu spät eingenommen werden. Am besten besteht die Abendmahlzeit aus leichten Quarkgerichten, die auch warm sein können, aus Getreidebrei oder Auflauf aus Hirse u. ä., um eine Abwechslung zu schaffen, was vor allem an kalten Tagen angenehm ist. Sonst soll im Abendbrot Frischkost enthalten sein, je nach Jahreszeit Salate, Gemüse oder Obst. Auch Sauermilchgerichte, frische Milch, Vollkornbrot, Butter, Quark oder andere milde Käsesorten sollten angeboten werden. Wer abends keine Frischkostgerichte möchte, nimmt statt dessen Obst. Zu Quarkauflauf sollte man frisches Obst servieren, denn sein Wert ist größer, als wenn das Obst als Kompott gereicht wird. Gelegentlich kann auch ein Eiergericht die Abendmahlzeit beschließen.
Ernährungsforscher und Diätköchinnen haben nach genauen Berechnungen Mahlzeiten und Gerichte zusammengestellt, die im Erkrankungsfalle in kleinen Portionen angerichtet gereicht werden. Einige davon habe ich ausgewählt.

Rezept 977

Kraftbrühe

½ Pfd. Rindfleisch
½ l Wasser
wenig Salz

Rindfleisch in kaltem Wasser ansetzen und mit 1 Prise Salz langsam in 2 Stunden bis auf eine Tasse Brühe einkochen lassen.

Rezept 978

Taubenbrühe

1 Taube
2 Eßlöffel Reis
1 Prise Salz
Suppengrün
1 Eigelb
Zitronensaft

Die ausgenommene Taube in heißem Wasser ansetzen und bis auf ½ Liter Brühe einkochen lassen. Den gesondert gekochten Reis in die Brühe geben. Für eine Hauptmahlzeit das Fleisch von den Knochen lösen, eine helle Soße bereiten, das Fleisch hineingeben. Mit Eigelb legieren und mit Zitronensaft abschmecken.

Rezept 979

Huhn mit Reis

½ Huhn
3 Eßl. gekochter Reis
1 Eßlöffel Butter
1 Eßlöffel Mehl
1 Tasse Brühe
1 Eigelb
Zitronensaft

Das Fleisch vom gekochten Huhn abtrennen, in Würfel schneiden. Aus Butter, Mehl und Brühe eine helle Soße bereiten, mit Eigelb legieren, mit Zitronensaft abschmecken und über das Fleisch geben. Den Reis in ein kleines Förmchen füllen, auf einen Teller stürzen und anrichten.

Rezept 980

Haferschleim

2 Tassen Wasser
2 Eßl. Haferflocken
1 Prise Salz
1 Teelöffel Butter

Haferflocken mit Wasser zum Kochen bringen. Auf kleiner Flamme schaumig kochen. Durch ein Sieb geben, noch einmal aufkochen, abschmecken, Butter darauf zergehen lassen.

Rezept 981

Grießbrei

1 Tasse Milch
2 Eßlöffel Grieß
1 Prise Salz oder Zucker
1 Stich Butter

Milch mit Salz oder Zucker zum Kochen bringen, Grieß unter Rühren einstreuen und 10 Minuten quellen lassen. Butter darauf zergehen lassen. Mit Fruchtsaft anrichten.

Rezept 982

Rührei

1 Ei
2 Eßlöffel Milch oder Wasser
1 Stich Butter
1 Prise Salz

Ei mit Flüssigkeit verquirlen, in der Pfanne in das heiße Fett laufen lassen, mit der Gabel auflockern und warm anrichten. 1 Prise Salz überstreuen.

Rezept 983

Fruchtschnee

1 Eiweiß
1 Glas Fruchtsaft
1 Vanillezucker

Eiweiß schlagen, tropfenweise Fruchtsaft zugeben, süßen. In flachem Glas anrichten.

Rezept 984

Eiergetränk

1 Ei
1 Glas Rotwein
2 Teelöffel Zucker

Eigelb mit Zucker schaumig schlagen, unter Rühren Rotwein zugießen. Eischnee unterziehen.

Rezept 985

Mandelmilch

1 Tasse Mandeln
2 Tassen Milch
Zucker

Mandeln brühen, abziehen, abtrocknen. In der Mandelmühle reiben. Kochende Milch überschütten und einige Stunden ziehen lassen. Durch ein Sieb geben, mit Zucker abschmecken und servieren.

Rezept 986

Sahnegetränk

1 Tasse Sahne
1 Glas Obstsaft
1 Eßlöffel Zucker

Sahne mit Obstsaft verquirlen und wenig süßen.

Unter Milchmixgetränke im Abschnitt Getränke weitere Anregungen.
Kleine Häppchen im Abschnitt kalte und warme Vorspeisen auf den Seiten 37 bis 55 sind bei sorgfältiger Auswahl auch für Genesende geeignet. Für Diätgerichte müssen Anweisungen des Arztes eingehalten werden, wenn es sich um ernste Erkrankungen handelt.

KÄSE UND QUARK IN DER DIÄTKOST

In der Diät spielt der Käse eine besonders große Rolle. Meist wird er in Form von Quark erlaubt und in der Küche verarbeitet, denn er ist reich an vollwertigem Eiweiß, ist also ein billiger Eiweißträger. Alle wertvollen Bestandteile, die in der Milch enthalten sind – und es sind alle lebenswichtigen Stoffe außer Vitamin D – sind auch in genügender Menge im Quark enthalten, so daß man sich im Falle der Not ausschließlich von Quark am Leben erhalten könnte. So nimmt also der Diätkranke auch alle Nährstoffe der Milch in sich auf, wenn er die Milch in ihrer Umwandlung als Käse, Quark oder Gervais zu sich nimmt. Darum ist aus der Diätkost der Quark gar nicht mehr wegzudenken. Für alle Arten von Erkrankungen ist der Weißkäse von Vorteil: bei Magen- und Darmerkrankungen, Leber- oder Gallenkrankheiten, Nieren- und Blasenleiden oder auch bei Hauterkrankungen. Immer findet sich auf dem Diätplan Quark oder Käse.

Rezept 987

Quark mit Kümmel

250 g Quark
2–3 Eßlöffel Rahm
1 Teelöffel Kümmelkörner

Der mit Sahne glattgerührte Quark wird mit Kümmel vermischt.

Rezept 988

Quark mit Meerrettich

250 g Quark
1–2 Teelöffel gerieb. Meerrettich

Quark durch ein Sieb streichen und mit Meerrettich fein verrühren.

Rezept 989

Quark mit Rettich

250 g Quark
100–125 g gerieb. Rettich
etwas Zitronensaft

Alles miteinander gut verrühren, evtl. etwas Sahne zugeben.

Rezept 990

Sellerieaufstrich

2 Sellerieknollen
1/2 Tasse Quark
1–2 Eßl. Rahm
1 Eßlöffel Vitaminöl
etwas Zitronensaft

Sellerieknollen schälen, waschen und fein reiben. Den mit etwas Rahm verdünnten Quark, Öl und Zitronensaft zugeben und fein verrühren.

Rezept 991

Quark mit Vitaminöl

100 g Quark
1–2 Eßlöffel Milch
1–2 Eßlöffel Vitaminöl
1 Teelöffel Zwiebelsaft

Quark mit den angegebenen Zutaten fein verrühren und sofort verzehren.

Rezept 992

Rettichpaste

125 g Quark, 1 Eigelb
250 g Rettich
1 gekochte Kartoffel
Salz, Pfeffer, Petersilie
1 Prise Zucker

Rettich in Würfel schneiden und mit den anderen Zutaten im Mixbecher einer Küchenmaschine 1–2 Minuten rotieren lassen.

Rezept 993

Gefüllte Tomaten mit Gervais

2 mittelgroße Tomaten
1 Carree Gervais
1 Teel. Zitronensaft
1 Eßl. gehackte Kräuter
etwas Buttermilch
oder Joghurt

Tomaten aushöhlen, Gervais mit Buttermilch und Zitronensaft anrühren, mit Selleriesalz würzen. Tomatenfleisch und Kräuter in die Gervaiskreme geben, Tomaten damit füllen. Dazu eine Scheibe Vollkornbrot.

Rezept 994

Gefüllte Tomaten mit Quark

4 große Tomaten
1/2 Pfd. Quark
4 Eßl. Rahm
2–3 Eßl. Weizenflocken
Petersilie
Kümmelpulver
Salatblätter
einige Oliven

Von den Tomaten ein Deckelchen abschneiden, aushöhlen. Quark mit Rahm vermischen, das Tomateninnere dazugeben, Weizenflocken untermischen, mit Petersilie und Kümmel würzen. Die Tomaten füllen, auf grünen Salatblättern anrichten und mit Oliven garnieren.

Rezept 995

Gefüllte Kartoffeln

4–8 große Kartoffeln
100 g Quark
2 Eßlöffel salzloses Tomatenmark
1–2 Eigelb
3–6 kleine Champignons
50 g Diätwurst
etwas Fett

Kartoffeln schälen und mit dem Kartoffelstecher aushöhlen, daß unten ein Boden stehen bleibt. Quark mit Eigelb und Tomatenmark sahnig rühren, die in feinste Scheiben geschnittenen Pilze und die kleinen Wurstwürfelchen untermischen und die Kartoffeln mit der Masse füllen. Im Backofen in der Fettschale ein wenig Fett und Wasser erhitzen, die Kartoffeln hineinstellen und weichdünsten.

Rezept 996

Gervais Soßenquartett

1 Carree Gervais
1–2 Eßl. Milch

1 Carree Gervais mit Milch zu einer dicken, glatten Soße verrühren und nach Belieben würzen mit:

1. feingehacktem Dill, Petersilie, Schnittlauch, Zwiebeln,
2. Sardellenpaste,
3. Honig und Zitronensaft (Rohkost) für Obstgerichte,
4. Johannisbeergelee und Zitronensaft für Obstspeisen.

Dieses Quartett paßt zu rohen, geraspelten Gemüsen, Kartoffeln, heißem Butterreis, Makkaroni und Spaghetti. Ferner gewärmt zu allen feinen Gemüsen, auch wenn andere Gewürze verwendet sind (Senf, Curry, Tomatenmark, Ketchup, Kapern usw.).

Rezept 997

Quark mit Sanddorn

250 g Quark
1/2 Tasse Rahm
3–4 Eßl. Sanddorn-Vollfrucht, Zucker

Den durch ein Sieb gestrichenen Quark mit den Zutaten fein verrühren.

Rezept 998

Diätquark, süß

200 g Quark
100 g Joghurt
Honig (Süßstoff)
2 Äpfel (2 Orangen)
2 Eßl. Nußkerne

Alle Zutaten in den Mixbecher einer Küchenmaschine geben und etwa 2 Minuten fein pürieren. Als Nachtisch.

Rezept 999

Pikanter Rettich

100 g Rettich
1 Orange
1/4 Zitrone
1 Eßlöffel Quark

Von Zitrone und Orange die Schale entfernen, Rettich säubern und in Stücke schneiden, ebenso Orange und Zitrone. Dann alle Zutaten in den Mixbecher einer Küchenmaschine geben und 2 Minuten fein pürieren.

Rezept 1000

Tomatenquark

250 g Quark
1/2 Tasse Rahm
1/2 Tasse frischer Tomatensaft

Den durch ein Sieb gestrichenen Quark mit dem Rahm und Tomatensaft fein verrühren.

Rezept 1001

Apfelsinenquark

250 g Quark
1/2 Tasse Rahm
Saft von 2 Apfelsinen
2 Eßlöffel Zucker

Den Quark durch ein Sieb streichen, mit Rahm und Zucker verrühren und den Apfelsinensaft untermischen.

Rezept 1002

Früchtequark

200 g Quark
4 Eßlöffel Zucker
etwas Milch
1 P. Vanillezucker
1 Tasse frischen Rahm
frische Früchte

Quark durch ein Sieb streichen, zuckern und mit Milch und Sahne verrühren. In einer Schüssel anrichten und mit frischen Erdbeeren, Ananas und Apfelsinenstücken bedecken.

Rezept 1003

Tomatenbrei

250 g Tomaten
2 Eßlöffel Quark
feingehackte Petersilie
Selleriesalz

Tomaten mit der Schale und den anderen Zutaten im Mixbecher einer Küchenmaschine kurz pürieren lassen und als Soße oder falls fest genug als Brotbelag verwenden.

Rezept 1004

Quark-Cocktail

250 g Quark
1/8 l Süßmost
frische Früchte
1/8 l Schlagrahm
1 Teel. Mandelblättchen

Quark mit Süßmost verrühren, die rohen Beeren oder zerkleinerten Früchte untermischen, Schlagsahne unterheben und in Cocktailschalen anrichten. Mit in Butter gerösteten Mandelblättchen bestreuen.

Rezept 1005

Diät-Joghurt

2 Flaschen Joghurt
2 Eßlöffel Quark
3 Eßlöffel Zucker
Saft 1/2 Zitrone
6 Blatt rote Gelatine
3 Eßl. heißes Wasser
frisches Obst
oder gehackte Nüsse

Joghurt mit Quark, Zucker und Zitronensaft schaumig schlagen. Gelatine in kaltem Wasser einweichen, ausdrükken und in etwas heißem Wasser auflösen. Unter Rühren zum Joghurt geben und in einer Schüssel steif werden lassen. Mit frischen Früchten oder gehackten Nüssen garnieren.

Rezept 1006

Frucht-Reis

2 gestrichene Eßl. Reis
1 Eßlöffel Quark
1 Eiweiß
100 g Beeren
1 Teel. Zitronensaft
etwas Milch
1 Teel. Sionon-Zucker

Den Reis in Wasser kochen, gut abspülen, in Milch fertig quellen. Der Reis darf nicht zu fest sein. Eischnee unterziehen. Den geschlagenen Quark mit den fein zerdrückten Beeren vermengen. Mit Sionon-Zucker süßen.

Rezept 1007

Spinatbrei

100 g rohe Spinatblätter
1 Apfel
1 Tasse Milch
1 Eßlöffel Quark
1 Eßl. Haselnußkerne
Petersilie, Dill
Schnittlauch

Milch, Nußkerne, Apfel, Quark in den Mixbecher geben und fein pürieren. Dann die verlesenen und gewaschenen Spinatblätter zugeben und nochmals alles fein pürieren. Die feingehackten Kräuter überstreuen und zu Kartoffelbrei oder zum Brot reichen.

Die Einstellung eines Zuckerkranken auf seine ihm zuträgliche Diät ist immer schwierig, und nur die leichteren Fälle sind ohne Krankenhausbehandlung möglich. Sehr oft gelingt es, allein durch Diät ohne Insulin den Zuckerspiegel zu senken: Oberstes Gebot ist: *Knappe* Ernährung, *Überfütterung* vermeiden. Die Kohlehydrate sind in der Hauptsache einzuschränken, und Eiweiß und Fett dürfen die Ernährung nicht beherrschen. Wenn Kohlehydrate in natürlicher Form von Obst und Gemüse gegeben werden, nimmt sie der Körper nur langsam auf. Die Rohkost enthält insulinsparende Wirkstoffe. Auch Vollkornbrot ist reich an Vitamin B^1, das für die normale Verwertung der Kohlehydrate von großer Bedeutung ist. *Verboten sind:* Zucker und Konditoreiwaren, Weißbrot, Weißmehlgerichte, Teigwaren, Pudding usw. Fett und Eiweiß nur in normalen Mengen verabfolgen. Pflanzenöle, Mandelmilch und Nüsse sind den tierischen Fetten vorzuziehen. Ungezuckerte Weine sind erlaubt. Statt Zucker Süßstoff verwenden.

Rezept 1008

Quark mit Reis

2 Eßlöffel Reis
1 Eßlöffel Quark
1 Eiweiß
100 g Beeren
1 mittelgroßer Apfel
1 Teelöffel Zitronensaft
etwas Milch, Keimdiät

Reis in Wasser aufkochen, gut abspülen, in Milch fertig quellen. Der Reis darf nicht zu fest sein. Eischnee unterziehen. Den geschlagenen Quark mit dem fein zerdrückten Obst vermengen. Mit Keimdiät „Keime W" bestreuen.

Rezept 1009

Gefüllte Tomaten

2 mittelgroße Tomaten
2 Eßlöffel Quark
1 Teel. Keimnußmus
1 Teelöffel Zitronensaft
1 Eßl. gehackte Kräuter
etwas Buttermilch
oder Joghurt

Tomaten aushöhlen, Keimnußmus mit Buttermilch und Zitronensaft anrühren. Quark zugeben. Tomatenfleisch und Kräuter in den Quark geben, Tomaten damit füllen. Dazu eine Scheibe Vollkornbrot.

Rezept 1010

Müsli

150 g Beerenobst
100 g Bananen
10 g Fünf-Minuten-Hafergold
geriebene Nüsse
1–2 Eßlöffel Milch

Haferflocken mit 3 Eßl. Wasser 12 Stunden einweichen, das gereinigte Obst zerkleinern, Milch mit Haferflocken vermischen. Obst und geriebene Nüsse zugeben. Sofort anrichten.

Rezept 1011

Gemüsesuppe

Möhren, Sellerie
Petersilienwurzel
Blumenkohl, Wirsing
1–2 Löffel Vitaminöl
20 g Haferflocken
Hefewürze
gehackte Petersilie

Das gereinigte, kleingeschnittene Gemüse in Vitaminöl anrösten. Dann etwas Wasser zugeben und die Haferflocken unter Rühren gar kochen. Mit Hefewürze und Petersilie würzen.

Rezept 1012

Gebackene Champignons

100 g frische Champignons, 1 Ei
Keimdiät „Keime W"
Vitaminöl zum Backen
½ Teelöffel Kümmel

Die geputzten Pilze halbieren und 30 Minuten in Salzwasser legen. In Ei und Keimdiät „Keime W" wenden, in Öl schwimmend backen und mit etwas Kümmel bestreuen.

Rezept 1013

Diät-Spinat

1 Pfd. Spinat
10 g Vitaminöl
etwas frische Milch
Muskat
Hefewürze

⅔ des gewaschenen Spinats ganz kurz in kochendem Wasser brühen und durchdrehen. In heißem Öl läßt man ihn mit etwas Milch weich dünsten. Vom Feuer nehmen, den übrigen gehackten, rohen Spinat zugeben, anschließend kräftig würzen.

Rezept 1014

Fruchtgelee

1 Tasse Fruchtsaft
4–6 Blatt Gelatine
Süßstoff
½ Tasse Schlagsahne

Gelatine einweichen, in wenig heißem Wasser auflösen. Zum Fruchtsaft gießen, Süßstoff auflösen. Wenn die Masse steif ist, Schlagsahne zugeben.

Rezept 1015

Schlagrahm

Geschlagene Sahne
Kaffee
Kakao
oder Fruchtmark

Geschlagene Sahne mit Kaffee, Kakao oder Fruchtmark verrühren.

Rezept 1016

Russische Krem

2 Eigelb
1 Tablette Süßstoff
1 Teelöffel Arrak
1/2 Tasse Sahne

Eigelb mit Süßstoff schaumig rühren. Arrak tropfenweise zugeben. Vor dem Anrichten mit Schlagsahne vermischen. Weitere geeignete Rezepte finden Sie unter Rohkost auf den Seiten 339 bis 344. Bei Süßspeisen darf kein Zucker verwendet werden.

DIÄT FÜR HERZ- GEFÄSS- UND NIERENERKRANKUNGEN

Die Dauerkost des Herzkranken muß kreislaufschonend sein. Flüssigkeitsmenge darf 1 – 1 1/2 l nicht überschreiten Strenge Obsttage 1–2mal wöchentlich sind erwünscht. Als Kräftigungsmittel echter Bienenhonig mit Laevoral (aus Zichorien hergestellter Sirup).

Bei Nierenerkrankungen Fruchtsäfte mit reichlich Traubenzucker, Rohkost. Oder Apfelreis ohne Milch, Reis, Haferflocken, Grieß, Pudding. Im ganzen muß die Kost arm an Wasser, Eiweiß und Kochsalz sein.

Pflanzliche Rohkost ist kochsalzarm und sehr brauchbar. Beim Kochen Gemüsewasser nicht weggießen. Es enthält wertvolle Mineralstoffe. Gesalzene Butter soll wiederholt durchgeknetet werden. Auch das Brot muß kochsalzfrei sein. Süßwasserfische und pflanzliche Gewürze sind erlaubt. Eier und Quark in gewissen Grenzen.

Rezept 1017

Rohes Sauerkraut und Sahnesoße

250 g salzloses Sauerkraut
½ Tasse süße Sahne
1 Teelöffel Honig
1 Teel. Zitronensaft
1 Prise Paprika
gehackte Kräuter

Das Sauerkraut auseinanderzupfen und in eine Schüssel legen. Alle übrigen Zutaten zusammengeben, schaumig schlagen und über das Sauerkraut geben. Gut vermischen.

Rezept 1018

Schwarzwurzeln

½ Pfd. Schwarzwurzeln
2–3 Eßlöffel Sahne
etwas Zitronensaft

Die geputzten Schwarzwurzeln werden in die mit Zitronensaft vermischte Sahne gerieben.

Rezept 1019

Möhrenkrem

½ Pfd. Möhren
50 g gerieb. Haselnüsse
½ Tasse süße Sahne
etwas Zitronensaft
etwas Honig

Die gereinigten und fein geriebenen Möhren mit den übrigen Zutaten vermischen.

Rezept 1020

Blumenkohl

1 Blumenkohl
1 Eßlöffel Butter
1 Eßlöffel Paniermehl
gehackte Petersilie
Schnittlauch

Blumenkohl in wenig Wasser weich kochen, mit Semmelbrösel und Kräutern bestreuen und mit brauner Butter begießen.

Rezept 1021

Karotten in Sahne

1 Pfd. kleingeschnittene Möhren
½ Tasse Sahne
gehackte Petersilie

Möhren in Sahne kurz dünsten und mit Petersilie überstreuen. Mit Würze abschmecken.

Rezept 1022

Junge Erbsen

1 Pfd. Erbsen
1 Eßlöffel Butter
gehackte Petersilie
kochsalzfreie Würze

Die ausgepellten Erbsen waschen, in Butter und wenig Wasser weich dünsten, danach mit gehackter Petersilie bestreuen.

Rezept 1023

Gefüllte Tomaten mit Petersilienreis

4 große Tomaten
kochsalzfreie Würze
65 g Reis
20 g Öl
½ Zwiebel
gehackte Petersilie
½ Tasse Gemüsebrühe

Den gewaschenen Reis in der Gemüsebrühe ausquellen. In etwas Öl die gehackte Zwiebel und Petersilie kurz rösten, würzen und unter den Reis mischen. Tomaten aushöhlen, mit Reis füllen, Deckelchen auflegen und mit Öl in einer Pfanne weich dünsten.

DIÄT BEI MAGEN- UND DARMLEIDEN

Im Mittelpunkt aller Bemühungen um eine Wiedergenesung steht selbstverständlich eine sorgfältige Diät. Sie wird Ihnen vom Arzt in akuten Fällen vorgeschrieben. Bis dahin können Sie an den Aufbau der Kräfte denken mit Mandelmilch, geriebenen Äpfeln, Bananen, Vollkornflocken und Buttermilch. Obst oder Rohsäfte sind gemeinsam mit Vollkornschleim gut bekömmlich. Niemals Zuflucht zu Nahrungsmitteln ohne biologische Werte nehmen (Feinmehl, gewisse Konserven), ganz besonders sparsam mit Zucker sein, er übersäuert leicht den Magen. Ein morgendliches Frischgetreidegericht, gutes Vollkornbrot und bestes Eiweiß und Fett sind auszuwählen. Joghurt, Nußmus, Sojamehl, ungereinigte Pflanzenöle, Salate, gedünstetes Gemüse und kleine Rohkostportionen vollenden den Aufbau der Diät. In Reformhäusern erhalten Sie wertvolle Pflanzenöle, Nußmus und Weizenkeime. Fragen Sie immer wieder nach und holen sich dort neue Anregungen.

Am Morgen

2–3 Eßlöffel Getreideschrot über Nacht in wenig Wasser einweichen und mit 1 Eßlöffel Zitronensaft, 2 Eßlöffel Joghurt mischen, 1–3 saftige Äpfel hineinreiben und das Müsli mit geriebenen Nüssen und Weizenkeimen bestreuen.

Hauptmahlzeit

Gemüse im aufsteigenden Dampf garen, vor dem Servieren mit Pflanzenöl, Zitronensaft, Hefeextrakt und Kräutern abschmecken. 250 g Karotten in Pflanzenöl 20 Minuten dünsten, vor dem Servieren mit 1 Prise Meersalz, 1 Prise Zucker, Hefeextrakt und gehackter Petersilie überstreuen. Oder: Vollreis mit Paprika und Gemüse. Vollreis mit Soße aus ungefärbtem Tomatenmark. Diätnudeln mit geriebenem Käse und frischem Tomatensalat. Klöße aus Sojamehl, mit Käse gefüllt. Tomaten mit Käse im Backofen gebacken.

Nachspeise

Quark mit verschiedenen Früchten, Reformbiskuits oder Vollkornkeks. Alles gut vermischen und mit 1 Teelöffel Weizenkeimen überstreuen.

Abendmahlzeit

Rohkost aus feingeriebenen Wurzeln oder Knollen mit Soße aus Joghurt.
Pellkartoffeln mit Quark und feinen Kräutern, Pflanzenpasten, Hefeextrakt oder Tomatenmark.

Besondere Ratschläge zur Magen- und Darmdiät

Keinen Weißzucker, keine Süßigkeiten oder Konditorwaren.
Selten Kaffee, Tee, Alkohol, Nikotin.
Keine scharfen Gewürze.
Kein geräuchertes und gebratenes Feisch, keine Wurstwaren.
Langsam essen, gut einspeicheln und kauen.
Auch hier wieder der Hinweis, sich in Reformhäusern Anregungen für Ernährung und Präparate zu holen.

LEBER-GALLE-DIÄT

Eine *knapp* bemessene Kost ist die oberste Regel bei Leber-Galle-Diät. Diese knappe Kost soll so lebensfrisch wie möglich für den Kranken und mit Liebe und Sorgfalt gerichtet sein. Bei schweren Lebererkrankungen muß knappe Kost für 2–6 Jahre durchgeführt werden, weil sich in dieser Zeit das Lebergewebe wieder erholen kann.
Durch einen unregelmäßigen oder geminderten Gallenfluß ist bei der Leber- und Gallenerkrankung die Verdauung der Fette gestört. Die Bekömmlichkeit der einzelnen Öle und Fette ist sehr unterschiedlich. Sie müssen darauf sehen, das für die Diät am besten geeignete Fett auszuwählen.
Fruchtsäfte aus Äpfeln, Kirschen, schwarzen Johannisbeeren, Trauben und Heidelbeeren sind bekömmlich.
Gemüsesäfte aus Karotten, Tomaten, Gurken, Sellerie, zarte Salate mit Zitronensaft, reinem Pflanzenöl, etwas Joghurt und Kräutern regen die Gallentätigkeit an.
Hauptmahlzeiten mit gedämpften Gemüsen, Kartoffel schnee und Salat, Vollreis, Gemüsereis, Diätnudeln mit Tomatensoße, Gerichte mit Sojamehl, Weizenschrot belasten Leber und Galle nicht. Reine Pflanzenöle, Diätnudeln, Sojamehl und Schrot erhalten Sie selbstverständlich in Reformhäusern, ebenso die wertvollen Fruchtsäfte.

Frühstück

Tee, Frischgetreidebrot, Vollkornbrot mit Pflanzenfett, Hagebuttenmus oder Honig, Buttermilch, Knäckebrot, Quark mit frischen Tomaten und Kräutern.

Hauptmahlzeit

Salat, gedämpftes oder gedünstetes Gemüse, Kartoffeln, Gemüsesuppe.

Fleisch

Gekochtes Kalbfleisch, mageres Hühnerfleisch, Rindfleisch kalt als Aufschnitt in geringen Mengen.

HINWEISE FÜR ROHKOSTZUBEREITUNG

Gemüse

Blumenkohl, Möhren, junge Bohnen, Tomaten, Kopfsalat, Spargel, Kohlrabi, Kartoffeln als Kartoffelbrei, Kartoffelschnee.

Nachtisch

Fruchtquarkgerichte und gedünstetes Obst oder frische Erdbeeren, Kirschen, Pfirsiche, Bananen.

ALLGEMEINE HINWEISE FÜR ROHKOSTZUBEREITUNG

Salate schnell waschen. Alle Wurzeln gut bürsten, dann schaben oder schälen und, gerieben oder durch die Maschine gedreht, verwenden. Alle Kohlarten mit heißem Wasser übergießen und 5 Minuten stehen lassen. Tomaten sind Nahrung und Medizin zugleich. Äpfel sollen auf einer Glasreibe gerieben werden. Die Gemüse zur Rohkost nicht zu fein, aber auch nicht zu grob verarbeiten. Zum Würzen von Rohkost verwendet man Schnittlauch, Petersilie, Sellerieblätter, Zwiebeln, Tomaten, Bohnenkraut, Dill, Kümmel, Nüsse und Zitronensaft.

Rezept 1024

Weinsuppe

1 Tasse Weizenflocken
3/4 Tasse Traubensaft
1/2 Tasse Wein
Traubenrosinen

Weizenflocken mit Traubensaft und Wein übergießen. Rosinen unterrühren und 1/2 Stunde quellen lassen.

Rezept 1025

Tomatensuppe

1 Tasse Haferflocken
1 Tasse Milch
2 Tomaten
gehackte Petersilie
Schnittlauch
1/2 Zwiebel
1 Prise Selleriesalz

Haferflocken mit Milch übergießen. Enthäutete Tomaten fein wiegen, ebenso Petersilie, Schnittlauch und Zwiebeln. Zusammengeben und würzen. Diesen Gemüsebrei zu den eingeweichten Flocken geben. Würzen und abschmecken.

Rezept 1026

Eiersuppe

1 Ei, getrennt
1 Tasse Milch
1 Tasse Weizenflocken
1 Eßlöffel Öl
Selleriesalz
Petersilie
Schnittlauch
Muskatblüte

Das Eigelb mit 1 Löffel Milch verquirlen. Die übrige Milch zugießen und über die Weizenflocken geben. Dann Öl und die Gewürze untermischen. Vor dem Anrichten den steif geschlagenen Eischnee unterziehen. Diese Menge ergibt 1 Tasse Suppe.

Rezept 1027

Salatsoße für Rohkost

3 Eßlöffel Öl
Saft 1/2 Zitrone
1 Prise Selleriesalz

Beliebige Beigaben zur Zitronensaft-Öl-Soße: Joghurt, Sahne, Petersilie, Schnittlauch, Eier, Tomaten, Nußmus, Essiggurken, Kapern.

Rezept 1028

Gemischter Spinatsalat

1 Pfd. Spinat
1/4 Pfd. Kräuter
1 Bund Radieschen
1 Zwiebel
4 Eßlöffel Rahm
2–3 Tomaten

Spinat mit den Kräutern vermischen und durch die Maschine geben. Radieschen reiben, Tomaten grob zerschneiden, ebenso die Zwiebel. Den Salat in einer Soße mit Rahm anrichten und öfter durchmischen.

Rezept 1029

Gefüllte Tomaten mit Quark

4 große Tomaten
Rahm
1/2 Pfd. Quark
2–3 Eßl. Weizenflocken
Petersilie
Kümmelpulver
Salatblätter
einige Oliven

Von den Tomaten Deckelchen abschneiden und aushöhlen. Quark mit Rahm vermischen, das Tomateninnere dazugeben, etwas Weizenflocken untermischen. Mit Petersilie und Kümmel würzen. Die Tomaten füllen, auf grünen Salatblättern anrichten und mit Oliven garnieren.

Rezept 1030

Chicorée mit Tomaten

1 Teil Chicorée
1 Teil grüner Salat
1 Lauchstengel
1 Tomate
Salatsoße
Rezept 1027

Chicorée, grüner Salat und Lauchstengel fein zerschneiden und mit Salatsoße anrichten. Mit Tomatenscheiben garnieren.

Rezept 1031

Sauerkrautsalat

1 Pfd. Sauerkraut
4–5 Eßlöffel Öl
1 Teelöffel Kümmel
Selleriesalz
1 feine Zwiebel
Zitronensaft

Das Kraut im Topf auf kleiner Flamme etwas erwärmen. Öl erhitzen, über das Kraut geben. Zwiebel und die Gewürze untermischen. Zitronensaft übergießen.

Rezept 1032

Gebratene Tomatenscheiben

Tomaten
1 Ei
1 Prise Salz
Mehl, Paniermehl
Öl

Feste Tomaten in dicke Scheiben schneiden. Ein Ei verschlagen, salzen, Tomatenscheiben in Mehl, dann in Ei und Semmelbrösel wälzen, in Öl braten.

Rezept 1033

Roh gebratene Sellerieschelben

1 Sellerie
1 Ei
Paniermehl
Öl
Salz

1 Sellerie roh schälen, in 1/2 cm dicke Scheiben schneiden. In Ei und Semmelbrösel panieren, in Öl schwimmend goldgelb backen, Salz überstreuen.

Rezept 1034

Diätkartoffeln

Öl
kleine Kartoffeln
1 Teel. Kümmel

Man bedecke den Boden einer Pfanne mit Öl. Ungeschälte, aber gut gewaschene Kartoffeln dicht nebeneinander stellen. Mit Kümmel bestreuen und im Backofen in 45 Minuten gar werden lassen.

Rezept 1035

Chicorée mit Orangen und Äpfeln

1 Stange Chicorée
1 Orange
1 Apfel
Salatsoße
Rezept 1027

Chicorée in feine Streifen schneiden, Orange oder Mandarine in kleine Würfel oder Spalten teilen. Apfel ungeschält in feine Würfelchen schneiden. Sofort mit der Salatsoße aus Zitronensaft, Öl und Selleriesalz mit 1 Prise Zukker vermischt anmachen.

Rezept 1036

Hafermarkspeise

Hafermark
geriebene Nüsse
Tomaten
grüner Salat

Hafermark mit geriebenen Nüssen vermengen und mit roh gewiegten Tomaten zu dickem Brei verrühren. Grünen Salat dazu reichen.

GEMÜSE-ROHKOST

Grüner Salat mit Radieschen, grüner Salat mit Rettich,
grüner Salat mit Blumenkohl, grüner Salat mit Schwarzwurzeln,
grüner Salat mit Sauerkraut, grüner Salat mit Gurken,
grüner Salat mit Tomaten, grüner Salat mit Erbsen und Spargel,
grüner Salat mit gelben Rüben, grüner Salat mit Weißkraut,
grüner Salat mit geriebenen Äpfeln.

Rezept 1037

Rohkost-Dessert

150 g Karotten
1 Tomate
1 Banane
6–8 gehackte Mandeln
5 Eßlöffel Rahm

Karotten, Tomate und Banane in Stücke schneiden, in einem Mixbecher 2 Minuten fein pürieren, Mandeln und Rahm zugeben, in Glasschälchen anrichten.
Oder: 150 g Karotten, 1 Apfel, 1 Teelöffel Zitronensaft, 5 Eßlöffel Sahne (Büchsenmilch), $^1/_2$ bis 1 Teelöffel Honig. Zubereitung wie vorher.
Alle Obstsalate können als Nachtisch gereicht werden.

Rezept 1038

Eieraufstrich

2 hartgekochte Eigelb
$^1/_4$ Pfd. Butter
1 kl. Tomate
gehackte Kräuter

Eigelb mit Butter verrühren. Eiweiß feingehackt dazwischenmengen. Die enthäutete Tomate klein schneiden und mit den gehackten Kräutern unter die Buttermasse mischen.

Rezept 1039

Käseaufstrich

100 g geriebener Käse
1/4 Pfd. Butter
2 Tomaten
1 feingehackte Zwiebel und Petersilie

Den geriebenen Käse mit der Butter verrühren. Tomaten abhäuten, mit Zwiebel und Petersilie vermischt unter die Buttermasse mengen.

Rezept 1040

Kräuterbutter

Beliebige feingehackte Kräuter
Butter

Die Kräuter mit der sahnig gerührten Butter vermischen. Man kann auch geriebenen Rettich, Meerrettich oder Radieschen mit Butter mischen.

Rezept 1041

Zitronenmilch

Saft 1 Zitrone
1/2 l Milch

Milch und Zitronensaft so lange schlagen, bis sie gleichmäßig geronnen ist. (Im Mixer geht's schneller!)

Rezept 1042

Orangenmilch

2 Orangen
1 Tasse Milch

Milch mit dem Saft von den Orangen verquirlen, bis sie gleichmäßig verteilt ist.

Rezept 1043

Erdbeermilch

Erdbeeren
Milch

Reife Erdbeeren zerdrücken, den Saft durchpressen und ihn mit ebensoviel Milch vermischen.
Johannis- und Stachelbeermilch ebenso.

Rezept 1044

Frühlingsmilch

2 Tassen Milch
1 Sträußchen Waldmeister
Flüssiger Honig

Den Waldmeister 1 Stunde in die Milch legen, herausnehmen und mit etwas flüssigem Honig süßen.

Rezept 1045

Sauermilch mit Früchten

2 Tassen Sauermilch
Beeren nach Belieben
Honig
Weizenflocken

Sauermilch schaumig schlagen, zerdrückte Beeren zugeben, mit Honig süßen. In Glasschalen füllen und sofort essen. Flocken dazu reichen.

Rezept 1046

Sauermilch

2 Tassen Sauermilch
Saft ½ Zitrone

Sauermilch mit Zitronensaft gut schlagen; evtl. süßen.

Rezept 1047

Erdbeerbowle (alkoholfrei)

1 Pfd. Erdbeeren
200 g Zucker
1¼ l alkoholfreier Wein (Reformhaus)
1 Tasse Wasser

Erdbeeren mit Zucker vermischt 1 Stunde ziehen lassen. Wein mit Wasser vermischt über die Früchte gießen. 1 Stunde kaltstellen.

Rezept 1048

Ananasbowle (alkoholfrei)

1 Ananasfrucht
300 g Zucker
2 l alkoholfreier Weißwein (Reformhaus)
1 l Wasser

Die Ananas schälen, in feine Scheiben schneiden und mit Zucker bestreuen. Nach 2 Stunden Wasser mit Wein vermischt über die Ananas gießen und 1 Stunde kaltstellen.

KLEINE DIÄTKUR *4-Tage-Diät*

Eine Methode, die innerhalb 4 Tagen eine annehmbare Gewichtsminderung von 4 Pfund zur Folge hat:
Sie bietet für manche den Vorteil, es zunächst erst einmal mit ein paar Pfund Gewichtsabnahme zu *versuchen* und

sich so für eine spätere größere Kur „seelisch und körperlich" vorzubereiten. Vier Tage sind keine lange Zeit für eine Diätkur, und der Wille erlahmt in dieser Zeit nicht so schnell. Versuchen Sie es einmal auf diese Weise, die ich selbst ausprobierte.
Ausgangsgewicht: Montag 121 Pfd.
Endgewicht: Donnerstag 117 Pfd.
Bei normalem Essen waren die 4 Pfd. Gewichtsverlust nach 10 Tagen wieder aufgeholt. Mein Normalgewicht von 121 Pfd. halte ich seit Jahren. Bei dieser Diät fühlte ich mich sehr wohl, es stellten sich weder Hungergefühle noch sonstige Beschwerden ein und obwohl es Tagestemperaturen von 25 Grad gab, kam kein Durstgefühl auf.

1. Tag

morgens:

1 Tasse Tee mit 1 Teelöffel Zucker gesüßt, 1 Brötchen mit 2 geh. Eßlöffeln Quark, gewürzt mit feingehacktem Schnittlauch, Pfeffer (Kal: 20 + 100 + 70)

mittags:

1 Schüsselchen Erdbeeren (100 g) ohne Zucker, ein Brötchen mit 5 g Butter und 1 Scheibe Rauchfleisch (Kal: 35 + 100 + 35 + 80)

nachmittags:

1 Glas Orangensaft, 1 Scheibe Toastbrot
(Kal: 70 + 40)

abends:

2 Scheiben Vollkornbrot mit 10 g Butter bestrichen, 1 gekochtes Ei, 1 Glas Tee mit Orangensaft und 1 Teelöffel Zucker gesüßt (Kal: 140 + 76 + 70 + 70 + 20)

Tageskalorienmenge: 926

1 Stunde Spaziergang

Die Mittagsmahlzeiten können selbstverständlich gegen die Abendmahlzeiten ausgetauscht werden.

2. Tag

morgens:

1 Tasse Kaffee mit wenig Milch, 1 Scheibe Röstbrot, 1 Löffel Konfitüre (Kal: 20 + 40 + 70)

mittags:

1 gekochtes Ei, 1 Tasse gekochter Reis mit 1 Eßlöffel geh. Petersilie, 1 Tomate in Scheiben, leicht mariniert mit Zitrone, Zwiebelpulver und Pfeffer, 1 Schüsselchen Erdbeeren ohne Zucker (Kal: 70 + 215 + 23 + 35)

nachmittags:

1 Zwieback mit Erdbeeren belegt, mit 1 Teelöffel Zucker gesüßt (Kal: 35 + 35 + 20)

abends:

2 Scheiben Vollkornbrot mit 10 g Butter, 1 Scheibe Rauchfleisch, 1/2 Gervais, 1 Glas Tee mit Saft von 1 Orange und 1 Teelöffel Zucker (Kal: 140 + 76 + 80 + 125 + 70 + 20)

Tageskalorienmenge: 1074

1 Stunde Spaziergang
Statt Erdbeeren können andere kalorienarme Obstsorten gewählt werden.

3. Tag

morgens:

1 Glas Tee mit Orangensaft und 1 Teelöffel Zucker, 1 Scheibe Knäckebrot mit 10 g Butter (Kal: 70 + 20 + 35 + 76)

mittags:

1 Tasse magere Hühnerbrühe, 1 Scheibe gedünsteter Fisch, gewürzt mit Zitrone, etwas Pfeffer und Zwiebelpulver, 1 Tomate in Scheiben, gewürzt mit Schnittlauch und Petersilie, 1 Scheibe Röstbrot (Kal: 86 + 100 + 23 + 40)

nachmittags:

1 Apfel geraspelt, mit Zitronensaft bespritzt, mit 1 Teelöffel Zucker gesüßt (Kal: 60 + 70 + 20)

abends:

2 Scheiben Vollkornbrot mit 10 g Butter, 1 Scheibe Rauchfleisch, 50 g Magerquark mit Schnittlauch, Pfeffer, Zwiebel gewürzt, mit (1) Tomatenscheiben belegt, 1 Glas Orangensaft (Kal: 140 + 76 + 80 + 50 + 23 + 70)

Tageskalorienmenge: 1039

1 Stunde Spaziergang

4. Tag:

morgens:

1 Tasse Kaffee mit wenig Milch, 1 gebuttertes Brötchen (10 g Butter) (Kal: 20 + 100 + 76)

mittags:

1 Glas Orangensaft, 1 Tasse gekochter Reis mit 250 g Spargel garniert, mit 1 Teelöffel gehackter Petersilie, 1 Spritzer englischer Soße gewürzt; Würfelchen von 1 Scheibe Rauchfleisch unter den Reis mischen (Kal: 70 + 215 + 15 + 80)

nachmittags:

1 Zwieback mit 50 g Quark bestrichen, mit 1 Teelöffel Zucker süßen (Kal: 35 + 50 + 20)

abends:

1 kleine Portion gedünstete Leber mit 1 gewürzten Tomate, 1 Tasse Blumenkohl, gewürzt mit 1 Spritzer Maggi und 1 Eßlöffel gehackter Petersilie, 2 mittlere Kartoffeln, 1 Glas Tee ohne Zucker (Kal: 150 + 23 + 60 + 150)

Tageskalorienmenge: 1064

1 Stunde Spaziergang

KALORIENTABELLE

Und nun zur besseren Orientierung noch einen kurzen Blick auf die Kalorientabelle:

1700 Kalorien benötigen Sie im Bett liegend
2200 Kalorien bei wenig Bewegung
2400 Kalorien bei Büroarbeiten
2700 Kalorien bei Sport oder 2 Stunden intensiver Arbeit
3500 Kalorien bei schwerer körperlicher Arbeit
Tagesbedarf an Fett 60 g
Tagesbedarf an Flüssigkeit 3 Liter, eingeschlossen die Flüssigkeit, die in Gemüsen, Suppen, Puddings usw. enthalten ist. Bleiben für Getränke aller Art ungefähr 1½ Liter Flüssigkeit.

1 Ei	=	75	Kalorien
1 gestr. Teelöffel Zucker	=	20	Kalorien
1 Scheibe Corned Beef	=	50	Kalorien
1 Tasse Magermilch	=	85	Kalorien
1 Cocktail	=	150	Kalorien
1 Tatar	=	400	Kalorien
100 g Magerquark	=	90	Kalorien
100 g Magerkäse	=	200	Kalorien
100 g Fettkäse	=	400	Kalorien
1 Glas Joghurt	=	50	Kalorien
100 g Schlagsahne	=	380	Kalorien
100 g Butter	=	750	Kalorien
100 g Gurke, grün	=	6	Kalorien
100 g Möhren	=	45	Kalorien
100 g Äpfel	=	40	Kalorien
100 g Weintrauben	=	60	Kalorien
100 g grüner Salat	=	15	Kalorien

Kinderkost

Für die Zubereitung der Säuglingskost haben sich seit vielen Jahren eine ganze Reihe von Milchpräparaten und Bindemitteln ausgezeichnet bewährt. In den folgenden Rezepten sind die Bindemittel in Mondamin angegeben. Selbstverständlich können auch Haferflocken, Maizena oder auch andere bewährte Kinderpräparate verwendet werden, je nachdem, wie der Säugling genährt wurde. Im Reformhaus können Sie sich jederzeit Rat und Anregung holen, und man wird Ihnen gern bei der großen Auswahl von ausgezeichneten Fertigpräparaten fürs tägliche Fläschchen die besten Ratschläge erteilen. Das Angebot ist sehr reichhaltig, vor allem wenn Brei und Säfte zugefüttert werden.
Mondamin muß stets kalt angerührt und dann unter ständigem Rühren in die kochende Flüssigkeit gegeben werden.

Rezept 1049

Mondamin – Halbmilch

$^1/_2$ l Milch
$^1/_2$ l Wasser
30 g Mondamin
50 g Zucker

Mondamin mit dem kalten Wasser verrühren und unter Rühren kurz aufkochen lassen. Diesen Mondaminbrei mit abgekochtem Wasser wieder zu $^1/_2$ l auffüllen. Zucker und Milch unter Rühren hinzufügen und noch einmal zum Kochen kommen lassen. (Statt Zucker kann auch Nährzucker verwendet werden.)

Am zweckmäßigsten ist es, die ganze Tagesmenge – also 5 Fläschchen – auf einmal zu kochen und sie sogleich in die Flaschen zu verteilen. Sie müssen allerdings kühl aufbewahrt werden.

Zum Erwärmen des Fläschchens stellt man dieses in einen Topf mit Wasser und läßt das Wasser so lange kochen, bis das Fläschchen, nach öfterem, gründlichem Durchschütteln, die richtige Temperatur erreicht hat. Halten Sie das Fläschchen an Ihr Augenlid. Bei wohligem Gefühl hat es die erforderliche Temperatur. Selbstverständlich kann man auch einen elektrischen Flaschenwärmer benutzen.

Rezept 1050

Mondamin – Zweidrittelmilch

335 ccm Wasser
665 ccm Milch
30 g Mondamin
50 g Zucker

wird hergestellt wie Halbmilch, jedoch werden statt $^1/_2$ l Wasser $^1/_3$ l Wasser und statt $^1/_2$ l Milch $^2/_3$ l Milch abgemessen.

Rezept 1051

Mondamin – Citrettenmilch

100 ccm Milch
1 Citrette

Auf je 100 ccm Milch 1 Citrette in Wasser aufgelöst tropfenweise in die Milch einrühren. Die Milch ist so vorgesäuert und leichter verdaulich.

Rezept 1052

Mondamin – Vollmilch

1000 ccm Milch
30 g Mondamin
50 g Zucker

wird hergestellt wie Halbmilch, aber statt $1/2$ l Milch und $1/2$ l Wasser 1 Liter Vollmilch kochen.

Ernährungsplan

Monat		Tagesmahlzeiten
1.–2.	5mal	150 g Halb- bis Zweidrittel-Mondaminmilch (bzw. Citrettenmilch)
3.	4mal	160 g Mondaminmilch (bzw. Citrettenmilch), geriebener Apfel oder Mohrrüben und Fruchtsäfte
4.–5.	3mal	180 g Mondamin-(Sauer-)Vollmilch, 1 Mondaminbrei (Zusatz von Gemüse oder Früchten)
6.	2mal	200 g Mondamin-(Sauer-)Vollmilch, 1 Mondamin-Gemüsebrei, 1 Mondamin-Vollmilchbrei mit Zusatz von rohem Obst
7.–12.	200 g	Mondamin-(Sauer-)Vollmilch, 1 Mondamin-Keksbrei mit Früchten, 1 Mondamin-Gemüsebrei oder Gemüse-Kartoffelbrei, 1 Mondamin-Vollmilchbrei mit Früchten

Vom 10. Monat an gebe man zur Frühstücks- und Abendmahlzeit Kekse oder Butterbrot.

Bei Verdauungsstörungen ist Reisschleim und geriebener roher Apfel wirksam. Bei länger andauerndem Durchfall sofort den Arzt befragen und nur schwach gesüßten schwarzen Tee geben.

Bei Bauchweh und Blähungen: Teeaufguß aus Fenchel oder Anis. Nicht mehr, als 1 Mahlzeit an Trinkmenge ausmacht Wenig süßen.

Sind Ihnen vom Arzt oder von der Pflegeschwester Fertig-Präparate wie Honigmilch, Alete, Pelargon, Buttermilchpräparate usw. empfohlen, so können Sie im Reformhaus, in Drogerien und Apotheken Ihren Bedarf decken. Der Arzt wird schon jeweils das für Ihr Kind besonders bekömmliche Präparat empfehlen. Auch Anregungen für Breinahrung usw. wird Ihnen gern jedes Reformhaus geben.

BREINAHRUNG

Rezept 1053

Mondamin-Milchsuppe

20 g Mondamin
1/2 l Milch
25 g Zucker

Von 1/2 l Milch 3 Eßlöffel abnehmen und das Mondamin damit kalt anrühren. Inzwischen Milch mit Zucker zum Kochen bringen, Mondamin hineinrühren und unter Rühren kurz kochen lassen. Die Suppe warm oder kalt reichen. Zur Abwechslung mit Eigelb abziehen und steifgeschlagenen Eischnee beimischen. Oder 1–2 Zwiebäcke im Teller zerbröckeln und die Suppe darübergießen. Oder 2 Eßlöffel gezuckerte Beeren beifügen. Zwieback, Knäcke- oder Butterbrot dazu reichen.

Eine reichhaltige Schwedenplatte ist etwas Herrliches. Sie kann zum Mittelpunkt eines kalten Büfetts werden. Schwedische Gabelbissen, Heringsalat, Matjesfilet, Lachsröllchen und Rollmöpse, Thunfisch, Scampi, Krabben, Muscheln, geräucherter Aal, Kieler Sprotten und vieles andere mehr, garnieren Sie mit Tomaten, Oliven, Spargel, Zitronen, Kapern, Mayonnaise, Zwiebeln, Cornichons und eingelegten Paprika- und Gurkenstücken. Vergessen Sie auch nicht hartgekochte Eier und Radieschen, damit die Platte hübsch bunt wird.

Rezept 1054

Anisbrei

Die Plätzchen fein zerdrücken, mit warmer Milch übergießen und mit Gabel oder Löffel breiartig verrühren.

4–5 Anisplätzchen
Warme Milch

Rezept 1055

Karottenbrei

Die geputzten, geschnittenen Karotten dünsten und mit Wasser durchrühren. Mondamin, Gemüsewasser und Milch glatt verrühren. Unter Rühren kochen lassen. Den Gemüsebrei, die Butter, den Zucker und zuletzt den rohen Karottensaft dazugeben. Bei älteren Kindern kann man vorsichtig etwas Zitronensaft darüber spritzen.

250 g Karotten
1/4 l Wasser
10 g Mondamin
5 Eßl. Gemüsewasser
5 Eßlöffel Milch
10 g Butter
etwas Karottensaft
1 Prise Zucker

Rezept 1056

Mondaminbrei

Von 1/2 l Milch 4 Eßlöffel abnehmen und das Mondamin kalt anrühren. Inzwischen die übrige Milch mit Zucker kochen und das Mondamin unter Rühren hineingeben. Man kann auch Fruchtsaft oder Fruchtmus (fein zerdrückte Banane) mit hineingeben. Oder gezuckerte Früchte oder Kompott.
Wird der Zucker weggelassen, kann man den Saft von rohen Möhren, Tomaten oder Spinat, oder rohes oder gedämpftes Gemüse daruntermischen. Evtl. auch ein rohes Eigelb oder 40 g feingeschnittenes Fleisch oder Leber.

30 g Mondamin
1/2 l Milch
25 g Zucker

Rezept 1057

Haferbrei mit Saft

Haferflocken mit Milch zum Kochen bringen. 5 Minuten auf kleiner Flamme kochen lassen. Mit Zucker abschmecken und einen Schuß Himbeersaft hineingeben. Statt Himbeersaft kann auch frischer oder gekochter Obstbrei untergemischt werden. Butterflöckchen darauf zergehen lassen.

1 Tasse Milch
2 Eßl. Haferflocken
1 Prise Zucker
1 Stich Butter
1 Schuß Himbeersaft

Probieren Sie doch einmal ein paar andere Käsesorten. Sie werden erstaunt sein, welche Vielfalt Sie entdecken. Es gibt mehr Käsesorten als Sie glauben.

Rezept 1058

Grießbrei

2 Tassen Milch
2 Eßlöffel Grieß
1 Eigelb, verquirlt
1 Stich Butter
Zucker
Kompott

Milch kochen, Grieß einrühren, 10 Minuten quellen lassen. Mit Eigelb abziehen, zuckern, Butter darauf zergehen lassen. Kompott unterrühren.

Rezept 1059

Apfelreis

1 Tasse gekochter Milchreis
Apfelkompott oder gekochte Apfelstückchen

Die gekochten Äpfel unter den erwärmten Reis rühren, zuckern, evtl. etwas Schlagsahne zugeben.

Rezept 1060

Kartoffelbrei mit „Überraschung"

Reste vom Kartoffelbrei
1 Würstchen

Kartoffelbrei entweder im Wasserbad erwärmen oder mit etwas heißer Milch wieder geschmeidig machen. Würstchen in heißem Wasser 10 Minuten ziehen lassen. Herausnehmen, in kleine Scheiben schneiden und halb vergraben in den Kartoffelbrei spießen.
Auch schlechte Esser machen auf diese Weise ihren Teller leer!

Nudelgerichte werden von allen Kindern immer gern gegessen, weil sie wenig gekaut zu werden brauchen. Die Kleinen sind oft müde und schlucken besonders abends gern etwas Weiches.
Nudeln mit Obst, Nudeln mit Bröselbutter, Nudeln mit Tomatensoße, Nudeln mit Rosinen und Zucker.

SCHNITTCHEN FÜRS ABENDBROT ODER ALS SCHULBROT · KINDERGETRÄNKE

Rezept 1061

Eierhäppchen

1 nicht ganz hartgekochtes Ei
1 Tomate
2 Scheiben Brot
Butter

Brote dick mit Butter bestreichen. In kleine Quadrate schneiden. Mit Tomatenscheibe und Eischeibe belegen und in kleinen Portionen anrichten. Dazu 1 Becher Kakao.

Rezept 1062

Tomatenkugel

1 Tomate
2 Eßlöffel Quark
1 Prise Zucker
1 Eßl. Fruchtsaft

Tomate aushöhlen, Quark mit Zucker und Fruchtsaft vermischen, in die Tomate füllen. Dazu eine Scheibe Brot und ein Glas Fruchtsaft.

Rezept 1063

Gervaisschnitte

1–2 Scheiben Vollkornbrot
Pumpernickel
½ Gervais
1 Prise Zucker
2 Eßl. Rosinen oder Kirschen

Brotschnitte mit gezuckertem Gervais bestreichen, 1 andere Scheibe auflegen, noch einmal Gervais aufstreichen. Mit Rosinen oder halbierten Kirschen garniert in Portionsstreifen anrichten. Dazu eine Tasse Kakao.

Rezept 1064

Apfelbrot

2 Scheiben Weißbrot
Butter
Leberwurst
1 Apfel

Weißbrot mit Butter und Leberwurst bestreichen. Apfel gut abreiben, in dünne Schnitze schneiden, schuppenförmig auf das Brot legen. Eiermilch dazu.

Rezept 1065

Pastenbrot

2 Scheiben Weißbrot
Butter
Paste:
Tomatenmark
Zucker
Zitronensaft

Weißbrotscheiben mit Butter bestreichen. Aus den angegebenen Zutaten eine Paste rühren, die Brote damit bestreichen. Dazu 1 Tasse Caro-Kindertrank.

Rezept 1066

Bananengervais

1 Banane
1 Gervaiskäse
1 Teelöffel Honig
2 halbierte Kirschen

Banane in dicke Scheiben schneiden. Gervais mit Honig süßen. Bananenscheibe dick mit Gervais bestreichen, andere Bananenscheibe auflegen, etwas festdrücken. Kleinen Tupfer Gervais obenauf setzen, mit halbierter Kirsche verzieren. Dazu eine Scheibe Weiß- oder Vollkornbrot und eine Tasse Milch.

Rezept 1067

Appetitsbrot

1 Scheibe Weißbrot
1 Scheibe Pumpernickel
1 Banane
Butter

Brote mit Butter bestreichen. Banane in Scheiben aufs Brot legen. Beide Schnitten aufeinander legen, in Vierecke schneiden und Bananenscheiben obenauf.
Oder Banane fein zerdrücken, mit Butter vermischen, aufs Brot streichen. 1 Tasse Haferkakao dazu.

Rezept 1068

Haferkakao

1 Tasse Milch
1 Teel. Hafermark
1 Teel. Kakao
Zucker

Hafermark, Kakao und Zucker vermischen, mit etwas kalter Milch anrühren und unter Rühren in die kochende Milch geben. Kurz aufkochen lassen.

Rezept 1069

Milchfruchtgetränke

2 Tassen Milch
1 Ei
2 Eßlöffel Zucker
Zitronen- oder Orangenschale gerieben

Alle Zutaten in den Mixbecher einer Küchenmaschine geben und so lange rotieren lassen, bis der Inhalt gut gemischt ist. Es eignen sich: Erdbeeren, Johannisbeeren, Brombeeren, Aprikosen, Melonen, Himbeeren, Stachelbeeren, Pfirsiche, Bananen, Eiswürfel zugeben.

Rezept 1070

Milchsaftgetränke

1/2 Tasse Milch
1/2 Tasse Obstsaft
1 Teelöffel Zucker
Zitronen- oder Orangenschale gerieb.

Alle Zutaten miteinander verquirlen.

Rezept 1071

Restebrot

2 Scheiben Vollkornbrot
1/2 Gervais, 1/2 Gurke
Fleisch- oder Wurstreste
1/2 Tomate, Salz

Gervais mit feingeschnittenen Fleisch- oder Wurstresten und wenig Salz vermischen. Brote mit Butter und Gervaiskrem bestreichen. Tomate und Gurkenscheibchen fächerartig obenauf legen.

Rezept 1072

Vanilleauflauf mit Obst

1/2 l Milch
2 Päckchen Vanillesoßenpulver
1 Eigelb
2 Eßlöffel Zucker
Obst und gehackte Mandeln

Von Milch, Zucker und Soßenpulver eine Krem kochen. Mit Eigelb abziehen und in eine Auflaufform füllen. Obst und gehackte Mandeln mit Eischnee vermischen und darüber geben. Bei Mittelhitze 10 Minuten backen. Dazu 1 Tasse Kakao und Zwieback.

Rezept 1073

Schokoladensuppe

1 Paket Schokoladenpuddingpulver
1/2 l Milch
Zucker
1 Ei

Suppe nach Vorschrift zubereiten. Eiweiß schlagen, mit Vanillezucker süßen und in kleinen Klößchen auf der Suppe schwimmen lassen. Dazu Weißbrotschnitten mit Quark bestrichen.

Rezept 1074

Eiermilch

1 Eigelb
20 g Zucker
1/2 l Milch
10 g Mondamin
1 Päckchen Vanillezucker

Eigelb mit Zucker und Vanillezucker schaumig rühren. 1 Tasse Milch zugeben. Mondamin mit der übrigen kalten Milch verrühren und kurz kochen lassen. Abkühlen, zu der Eiermilch geben und durchsieben. Kalt oder warm mit Zitronen- oder anderen Säften reichen.

Rezept 1075

Kindertrank

1 Tasse heiße Milch
1 gehäufter Teel. Caro
1 Prise Vanillezucker
1 Teelöffel Zucker

Zutaten in eine Tasse geben, Milch zugießen und rühren, bis der Zucker geschmolzen ist.

Rezept 1076

Milch-Gemüse-Getränke

- ½ Tasse Milch
- ½ Tasse Gemüsesaft
- 1 Teel. Zitronensaft
- 1 Stückchen Zucker nach Belieben
- 1 Ei

Alle Zutaten im Mixer rotieren lassen, bis der Inhalt gut gemischt ist. Es eignen sich dazu alle im Handel befindlichen Gemüsesäfte, wie Tomatensaft, Spinatsaft, Karottensaft usw.

Rezept 1077

Erfrischungsgetränk

- 1 Tasse eisgekühlte Milch
- 1 gehäufter Teel. Caro
- 2 Teelöffel Honig

Zutaten zusammen im Mixer schütteln, in hohen Gläsern mit Strohhalm servieren.

Rezept 1078

Geburtstagsspeise

- ½ l eisgekühlter Rahm
- 1 Päckchen Vanillezucker
- 2 Teelöffel Caro
- 2 Eßlöffel Zucker

Rahm mit Vanillezucker und Caro steif schlagen, teelöffelweise den Zucker untermischen. In Eisschalen füllen und servieren.

Rezept 1079

Bananenkrem

- ½ Pfd. Sahnequark
- 2 Teelöffel Caro
- 1 P. Vanillezucker
- 4 Eßlöffel Zucker
- 2–3 Bananen
- ½ Dose Milch

2 Bananen fein mit der Gabel zerdrücken. Die übrigen Zutaten schaumig schlagen, den Bananenbrei zugeben und alles gut miteinander vermischen. Bergförmig in einer Glasschale anrichten und mit Bananenscheiben verzieren. Nach Belieben oder Bedarf können 1–2 Eigelb mit verrührt werden.

Rezept 1080

Schaumspeise

- 1 kl. Dose eisgekühlte 10%ige Büchsenmilch
- 2 Teelöffel Caro
- 6 Teelöffel Zucker
- Saft ½ Zitrone

Büchsenmilch schaumig schlagen, Caro und Zucker miteinander vermischen und teelöffelweise zugeben (unter ständigem Schlagen mit dem Schneebesen), tropfenweise den Zitronensaft unterziehen. Die Schaumspeise auf Glasteller füllen und mit Eiswaffeln sofort servieren. Evtl. mit rohen Früchten garnieren. (Ausreichend für 4 Personen.)

Rezept 1081

Paradeisdrink

1 Tasse Traubensaft
1 Tomate, 1/2 Orange
1/2 Tasse Karottenwürfel
1 Eßl. Zitronensaft
1 Eßlöffel Zucker

Alle Zutaten im Mixbecher rotieren lassen, bis sich der Inhalt gut vermischt hat. Etwas Muskat vor dem Anrichten überstreuen.

Rezept 1082

Orange-Eigetränk

1 Orange, 1 Ei
2 Eßl. Zitronensaft
1 Eßlöffel Honig
evtl. Eisstückchen

Alle Zutaten im Mixer rotieren lassen, bis der Inhalt gut vermischt ist. Eisstückchen zugeben.

Aus den angegebenen Anweisungen können Sie nun ganz nach Wunsch und Geschmack Mahlzeiten zusammen stellen, die gut und bekömmlich sind. Sie fördern die Verdauung und die schlanke Linie. Besonders sind sie auch für Kinder geeignet, die weder gern Milch trinken noch Gemüse essen wollen.

Wenn der Durst nicht so schön wär . . .

HEISSE UND KALTE GETRÄNKE

Zu den heißen Getränken zählen Kaffee, Tee und Kakao. Natürlich gehört auch der Glühwein dazu, der Punsch und der Grog. Aber das sind alkoholische Getränke. Der Franzose Talleyrand wußte:

Kaffee muß heiß wie die Hölle,
schwarz wie der Teufel,
rein wie ein Engel
und süß wie die Liebe sein!

Sie sehen, daß er etwas vom Kaffee verstand.
Was müssen Sie als Hausfrau vom Kaffee wissen?
Das Wasser muß sprudelnd kochen; die Kanne muß mit heißem Wasser ausgespült sein. Für 1 Tasse Kaffee rechnet man 1 gehäuften Teelöffel Kaffeemehl = 5–6 g Kaffee. 3 Salzkörner sollen den Geschmack des Kaffees erhöhen. Wer Milch in den Kaffee nimmt, sollte Sahne oder 10%ige Büchsenmilch verwenden, die leicht angewärmt ist; das Kaffeearoma kommt so besser zur Geltung.

Rezept 1083

Aufgegossener Kaffee

5–8 Eßlöffel gemahlener Kaffee
1 l kochendes Wasser

In 3 Güssen das sprudelnd kochende Wasser einschütten, nach jedem Guß den Kaffee gut umrühren. Zugedeckt stehen lassen, bis sich der Kaffee gesetzt hat, und in eine warme Kanne gießen. Die Kanne bis zum Gebrauch in heißes Wasser stellen.

Rezept 1084

Gefilterter Kaffee

Den gemahlenen Kaffee in den Filter geben, den Filter nur $^3/_4$ voll Wasser gießen, damit das Kaffeemehl quellen kann. Das immer wieder sprudelnd kochende Wasser in die Mitte des Filters gießen und nicht an den Rand, an dem sich das Kaffeemehl absetzt.

Filterpapier
5–6 Eßl. gemahl. Kaffee
1 l koch. Wasser

Rezept 1085

Mokka

Auf eine Tasse Mokka 10–12 g sehr fein gemahlenes Kaffeepulver verwenden (Mokkabohnen).

je Tasse 10–12 g Kaffeepulver

Rezept 1086

Türkisch-Mokka

$^1/_8$ l Wasser, 5 g Kaffeemehl, 1 Stück Zucker je Tasse, dreimal aufkochen, Kaffeesatz mittrinken.

je Tasse
$^1/_8$ l Wasser
5 g Kaffeemehl
1 St. Zucker

Rezept 1087

Mokka gespritzt

1 Tasse Mokka mit 1 Schuß Rum oder Weinbrand.

siehe Rezept 1085
Rum oder Weinbrand

Rezept 1088

Mazagran

Kalter, süßer, schwarzer Kaffee, mit Eisstückchen und Maraschino vermischt.

siehe Rezept 1084
Eiswürfel
Maraschino

Rezept 1089

Kaffee Cointreau

Schwarzer Kaffee mit wenig geriebener Zitronenschale und 1 Schuß Cointreau.

siehe Rezept 1084
Zitronenschale
Cointreau

Rezept 1090

Irischer Kaffee

siehe Rezept 1084
2 Teel. Zucker
2 Eßl. Whisky
1 Eßl. Schlagsahne

Kaffee in angewärmten Rotweingläsern mit 2 Teelöffeln Zucker, 2 Eßlöffeln irischem Whisky, 1 Eßlöffel eiskalter Schlagsahne.

Rezept 1091

Wiener Eiskaffee

siehe Rezept 1084
Vanilleeis
Schlagsahne

Hohes Glas: 2 Kugeln Vanilleeis und starker, schwarzer, gut gekühlter Kaffee mit Schlagsahnehaube obenauf.

Rezept 1092

Eiskaffee

1–2 Eßl. Vanilleeis
Schwarzer Kaffee
1 Eßl. Schlagsahne

Das Eis in ein hohes Glas geben, mit starkem, kaltem Kaffee übergießen und mit Schlagsahne verzieren. Dazu Eiswaffeln und Strohhalm.

Rezept 1093

Eisschokolade

1–2 Eßl. Vanilleeis
$^1/_4$ l Schokolade
2 Eßl. Schlagsahne

Das Eis in ein hohes Glas füllen, kalte, nicht zu süße Schokolade zufüllen und mit Schlagsahne verzieren. Strohhalm und Eiswaffeln dazu servieren.

Rezept 1094

Eiskrem-Soda

3 Eßlöffel Erdbeer- oder Himbeereis
Selterswasser

Das Eis in ein Fruchtsaftglas geben, Selterswasser aufgießen und sehr vorsichtig verquirlen. Strohhalm dazu.

Rezept 1095

Eislimonade

Fruchtsaft
Selterswasser
Eisstückchen

Fruchtsaft oder Limonadesirup mit Selterswasser mischen, Eisstückchen zugeben und mit Strohhalm eisgekühlt servieren.

Rezept 1096

Kakaogetränk

4 Teelöffel Kakao
3 Teelöffel Zucker
1 Prise Salz
1 l Milch

Kakao mit Zucker in etwas Milch anrühren. Die übrige Milch kochen und den angerührten Kakao hineingeben, noch einmal aufkochen lassen und mit dem Schneebesen schaumig schlagen.

Rezept 1097

Schokoladegetränk

125 g Schokolade gerieben
1 l Milch
1 Prise Salz
1 Eßlöffel Sahne

Milch mit Salz aufkochen, die geriebene Schokolade mit dem Schneebesen einrühren und bis zum Kochen kommen lassen. 1 Eßlöffel Schlagsahne oder gesüßte Sahne zugeben.

Rezept 1098

Tee

2–3 Teelöffel Tee
1 l kochendes Wasser

Teekanne mit kochendem Wasser ausspülen, Teeblätter hineingeben. Etwas kochendes Wasser übergießen und kurz ziehen lassen. Das andere Wasser noch einmal aufkochen lassen und in den Tee-Extrakt gießen. Umrühren und 5 Minuten ziehen lassen. In eine vorgewärmte Kanne abschütten und bis zum Gebrauch warm stellen.
Zitrone, Sahne, Zucker, Rum oder Arrak dazu servieren.

Rezept 1099

Kräuter- und Gesundheitstee

2–3 Teelöffel Kräuter
1 l kochendes Wasser

Blüten und Blätter mit kochendem Wasser übergießen und zugedeckt 5 Minuten ziehen lassen; dann abgießen.
Wurzeln, Beeren, Rinden und Kerne in kaltem Wasser zum Kochen bringen. Je nach Verwendungszweck kürzere oder längere Zeit kochen, dann abgießen.
Blätter, Schalen und Stengel werden ebenfalls mit kaltem Wasser angesetzt; nur kurz aufkochen lassen und zugedeckt 8–10 Minuten ziehen lassen; durch Sieb abgießen.

Dieses Kapitel ist speziell für Männer, sie verstehen etwas vom Alkohol.
Oder sind Sie sich Ihrer Sache nicht ganz sicher? Dann möchte ich Ihnen bei Ihren Vorbereitungen helfen und zum guten Gelingen Ihrer Party beitragen.

Wenden wir uns zunächst den bekannten heißen alkoholischen Getränken zu.

Rezept 1100

Grog

3 Tassen Wasser
1 Tasse Arrak, Rum oder Kognak
8–10 Eßl. Zucker

Wasser und Zucker aufkochen, vom Feuer nehmen und den Alkohol zugießen. Oder: kochendes Wasser in feuerfeste Gläser füllen und Rum und Zucker einzeln dazu servieren.
So kann sich jeder nach Geschmack bedienen.

Rezept 1101

Punsch von Weißwein

1 Flasche Weißwein (am besten vom Rhein)
½ Flasche Arrak
Zucker

Wein mit Zucker aufkochen, den Arrak zugießen und kurz aufkochen. In feuerfesten Gläsern möglichst heiß servieren.
Man kann auch dem Punsch nach Belieben Saft von Orangen oder Zitronen beimengen.

Rezept 1102

Glühwein

3 Tassen Rotwein
1 Tasse Wasser
1 Tasse Zucker
½ Stange Zimt
2 Nelken
Saft und Schale von ½ Zitrone

Alle Zutaten zusammen in einen Emailtopf geben und bis zum Kochen bringen. Man verwendet zum Trinken am besten Gläser aus Jenaer Glas oder stellt beim Einfüllen einen silbernen Löffel in die Gläser. Möglichst heiß servieren.

Rezept 1103

Rotwein-Punsch

1 Flasche Rotwein
2–3 Eßlöffel Zucker
2–3 Tassen Wasser
$^1/_2$ Orange – Saft
$^1/_2$ Zitrone – Saft
1–2 Nelken, Zimt
1 Schuß Rum

Den Wein mit Wasser, Zucker, Zimt und Nelken mischen, vorsichtig erhitzen, aber nicht kochen. Dann durchsieben, Rum und Saft zugeben und in feuerfesten Gläsern servieren.

Soll's kein heißer Alkohol sein? Nun, dann setzen Sie sich ein Weilchen in Ihren Sessel, knipsen Sie die Leselampe an, die Zigarette brennt schon und ein Gläschen Alkohol steht neben Ihnen, damit Sie recht in Stimmung sind. Denn wer kann sich den Kopf über Alkoholitäten zerbrechen, wenn er selber „trocken liegt".
Prüfen Sie, welche Vorräte in der Hausbar oder im Keller vorhanden sind, und stellen Sie am Schluß dieses Kapitels fest, was noch zu beschaffen ist, damit Ihre Gäste nicht nur zufrieden, sondern begeistert sind. Blättern Sie die nächsten Seiten durch und überlegen Sie, mit welchen Getränken Sie Ihren Gästen eine Freude machen können.
Wollen Sie bei einer Sorte bleiben, weil es billiger und bekömmlicher ist, so wählen Sie eine gute Flasche Rot- oder Weißwein. Achten Sie darauf, daß er naturrein ist, wählen Sie einen milden Rheinhessen oder Pfälzer Wein, möglichst in Originalabfüllung. Damit können Sie jeden Gast und jeden Geschmack befriedigen. Bei feierlichen Anlässen kann gut gekühlter Sekt gereicht werden.
Soll es wenig fröhlich zugehen, so kommt man – vor allem an warmen Sommerabenden – immer gut mit einer **Bowle** zurecht. Die können Sie sowohl aus frischen als auch Tiefkühl- oder Konservenfrüchten bereiten. Das Grundrezept:

> $^1/_2$ Pfd. frische Früchte säubern, entkernen wo erforderlich, in ein Gefäß legen, mit 1 Glas Weinbrand übergießen, 2–3 Eßl. Zucker zugeben, umrühren und zugedeckt einige Stunden (30–120 Minuten) ziehen lassen. Nicht länger! Später 1 Flasche Wein und 1 Flasche Sekt oder Schaumwein zugießen oder $^1/_2$ Flasche Sekt und $^1/_2$ Flasche Sprudel und sofort servieren.

Verwenden Sie Dosenfrüchte, geben Sie den Inhalt der Dose mit dem Saft in ein Bowlengefäß oder in einen großen Krug, gießen 1 Gläschen Kognak zu, lassen etwas ziehen und können schon bald Wein und Sekt nachfüllen.

Bei der Verwendung von Tiefkühlobst können Sie die gefrorenen Früchte mit Weinbrand begießen, zuckern, auftauen lassen und mit Wein und Sekt auffüllen.
Die Früchte entsprechend der Jahreszeit wählen: Waldmeister (Maibowle), Erdbeeren, Kirschen, Aprikosen, Pfirsiche, Ananas, Orangen; es sind die beliebtesten Früchte.
Sehr apart ist zum Abschluß eines gemütlichen Abends ein Kullerpfirsich, im Sommer vielleicht im Garten oder auf dem Balkon.

Rezept 1104

Kullerpfirsich

Pfirsiche
Sekt

Süße, reife Pfirsiche sauber abreiben, mehrere Male mit einer silbernen Gabel durchstechen, in ein hohes Sektglas legen und mit eisgekühltem Sekt übergießen. Das Glas muß so breit sein, daß sich der Pfirsich durch die aufsteigenden Perlen des Sektes drehen kann.

Rezept 1105

Waldmeisterbowle

1 Büschel Waldmeister
1 Flasche Weißwein
1/2 Fl. Schaumwein
1/2 Flasche Sprudel
Würfelzucker

Die gewaschenen Kräuter abtrocknen, zusammenbinden und in das Bowlengefäß hängen. Den Wein darübergießen, kaltstellen und 30 Minuten ziehen lassen. Die Kräuter herausnehmen, einige Stück Würfelzucker hineingeben, mit Sprudel und Sekt auffüllen. Die Bowle soll kühl, aber nicht zu kalt gereicht werden, damit sich der volle Fruchtgeschmack entfalten kann.

Rezept 1106

Feuerzangenbowle

2 Flaschen Rotwein
1 Zuckerhut
1 Flasche Rum

Den Rotwein im Kupferkessel erhitzen, darüber eine Feuerzange legen, den Zuckerhut darauf setzen und diesen mit Rum begießen. Den Raum verdunkeln und den Hut anzünden. Solange Rum nachgießen, bis der Zucker völlig aufgelöst ist. Die Bowle gut umrühren und evtl. einige Nelken hineingeben. In Bowlengläsern servieren.

Rezept 1107

Erdbeerbowle

- $1\,^1/_2$ Pfd. frische Erdbeeren
- $^1/_2$ Pfd. Zucker
- 2 Flaschen Moselwein
- 1 Flasche Sekt

Erdbeeren und Zucker in eine Bowlenschüssel geben, zudecken und einige Stunden kühlgestellt ziehen lassen. Wein und Sekt darübergießen und sofort anrichten.

Rezept 1108

Orangenbowle

- 1 Flasche Rotwein
- 1 Flasche Sekt
- 1 Orange
- 2 Eßlöffel Zucker

Die in dünne Scheiben geschnittene Orange zuckern, mit Eisstückchen bedeckt einige Stunden ziehen lassen. Den Saft durchsieben, in ein Bowlengefäß füllen und Rotwein und Sekt zugießen.

Rezept 1109

Pfirsichbowle

- 8 Pfirsiche
- Würfelzucker
- 1 Gläschen Kognak
- 2 Flaschen Rotwein
- 1 Flasche Sekt

Die gehäuteten Pfirsiche entkernen und in dünne Scheiben schneiden, etwas zuckern, Kognak zugießen und zugedeckt 3 Stunden kalt stellen. Mit Wein und Sekt übergießen und sofort auftragen.

Rezept 1110

Selleriebowle

- 1 rohe Sellerieknolle
- 4 Eßlöffel Zucker
- 1 Flasche Rheinwein
- 1 Flasche Sekt

Den geschälten Sellerie in dünne Scheiben schneiden und zuckern, mit $^1/_2$ Flasche Wein übergießen und zugedeckt eine Nacht stehen lassen. Selleriescheiben herausnehmen, die Bowle mit Wein auffüllen und Sekt zugießen.

Rezept 1111

Aprikosenbowle

- 6 Aprikosen
- 2 Eßlöffel Zucker
- 1 Glas Weinbrand
- 6 Stück Eiswürfel
- 1 Flasche Weißwein
- 1 Flasche Sekt

Aprikosen halbieren, mit Zucker überstreuen, Weinbrand zugießen, Eisstückchen auflegen und schmelzen lassen. Kalt gestellten Wein und Sekt zugießen, $^1/_2$ Frucht in jedes Glas füllen und mit der Bowle servieren.

Rezept 1112

Ananasbowle

1 Dose Ananas
oder 1 Frucht
1 Flasche Weißwein
1 Flasche Moselwein
1 Flasche Sekt

Die Frucht schälen, in Scheiben schneiden und diese in Stückchen, etwas zuckern und mit Wein übergießen. Zugedeckt einige Stunden kalt stellen. Vor dem Servieren den übrigen Wein und Sekt zugießen.

Rezept 1113

Misch-Fruchtbowle
(auch für Jugendliche geeignet)

2 Flaschen Weißwein
$1^1/_2$ Fl. Mineralwasser
4 Bananen
1 Dose Ananas
2 Apfelsinen
einige Apfelscheiben
1 Zitrone
etwa 100 g Zucker

Bananen, Äpfel und Apfelsinen schälen und wie die Ananasscheiben in kleine Stücke schneiden. Dieses Obst mit dem Zucker vermischen, in ein Bowlengefäß geben, den Weißwein daraufgießen, kühlstellen und zugedeckt einige Stunden ziehen lassen. Mineralwasser erst kurz vor dem Anrichten zugeben.

Rezept 1114

Schorle-Morle

Wein
Sprudel
Zitronenschale

1 Teil Wein mit 2 Teilen Selterswasser mischen und 1 Stückchen Zitronenschale zugeben. Man bereitet dieses Getränk gläserweise.

Rezept 1115

Kalte Ente

Zitrone
Zucker
Wein
Sekt

Die Schale einer Zitrone (schälen wie einen Apfel) in ein Bowlengefäß hängen, Saft von 1 Zitrone einfüllen, 1 Flasche Wein aufgießen und 15 Minuten ziehen lassen. Dann Würfelzucker (8–10 Stück) hineingeben und kurz vor dem Anrichten 1 Flasche Sekt oder Schaumwein zugießen.

Rezept 1116

Türkenblut

1 Fl. Burgunder
1 Fl. Sekt

1 Flasche Burgunder und 1 Flasche Sekt mischen und eisgekühlt servieren.

COCKTAILGETRÄNKE

Wenn man viel junges Volk erwartet, das bei Schallplattenmusik in Stimmung kommt, eignen sich vor allem *alkoholfreie Cocktailgetränke,* denn spätestens nach dem dritten Twist brauchen die Tänzer und die Nachbarn eine Ruhepause und etwas zu trinken. Hier ein paar süffige Drinks: Dazu benötigen Sie verschiedene Obstsäfte, z. B.: Orangensüßmost, Kirschsüßmost, Himbeersaft, Apfelsaft, Johannisbeersaft, Cola, Zitronen, Orangen, Cocktailkirschen, Sprudel zum Auffüllen und eine Menge Eiswürfel oder alle Säfte eisgekühlt. Hohe Gläser und Strohhalme erleichtern die Zubereitung und das Trinken.

Wer es liebt, kann auch Milch und Eigelb mit Fruchtsäften und Sprudel mischen, das schmeckt nicht nur vorzüglich, sondern sättigt auch. Ein paar Eiswaffeln oder Mürbegebäck, Salzstangen oder Erdnüsse dazu, das gibt ein gutes Gemisch.

Ein Mixbecher ist unerläßlich. Sollte sich in Ihrem Besitz eine Küchenmaschine befinden oder ein elektrischer Quirlstab, so lassen sich die Getränke auch in größeren Mengen in Sekundenschnelle im Mixbecher bereiten. Andernfalls besorgen Sie sich einen Plastik-Schüttelbecher für $^1/_2$ Liter Inhalt. Er ist sehr preiswert, und er tut die gleichen Dienste wie ein Prachtexemplar aus Silber in der Bar. Ganz nach Geschmack können Sie nun Getränke mischen und Sie werden bald auf den Geschmack kommen. Es erübrigt sich, nach diesen Anregungen viele weitere Rezepte aufzuführen. Jeder mixt sich das, was er für richtig hält. Wenn Sie noch ein wenig ungesüßte Schlagsahne bereitstellen und krönen gelegentlich eines Ihrer Getränke mit einer Sahnehaube, so gibt das einen ganz besonderen Effekt. Die Cocktailkirschen spießt man zweckmäßig auf Plastik- oder Holzspießchen, sie lassen sich dann besser in das Getränk tauchen und auch herausfischen. Man kann sie vorher auf eine halbierte Orange stecken, die dann wie ein Igel aussieht, das gibt der Angelegenheit eine ganz besonders fröhliche Note. Für Getränke, die mit Cocktailkirschen dekoriert werden, kann man noch besser breite, flache Gläser verwenden.

Und nun noch einige gut bekömmliche Cocktail-Rezepte ohne Alkohol:

Rezept 1117

Teenager-Cocktail

Orangensaft
Sprudel
Maraschino
Kirschen

1/2 Glas Orangensaft mit Soda und Eiswürfeln auffüllen, mit einer Maraschinokirsche, die auf ein Spießchen gesteckt ist, servieren.

Rezept 1118

Charleston-Drink

Eistee
Zucker
Früchtesirup
Sprudel
Orange

Eistee mit Zucker, Zitronen- oder Orangensirup und Selterswasser mischen. Obenauf eine Orangenscheibe schwimmen lassen.

Rezept 1119

Texasschluck

Grapefruitsaft
Himbeersaft
Sprudel
Zitrone

1/2 Glas Grapefruitsaft mit einem Schuß Himbeer- oder Zitronensaft mischen, mit Soda und Eiswürfel auffüllen, eine Zitronenscheibe auflegen.

Rezept 1120

Shimmy-Becher

Tomatensaft
Pfeffer, Salz
Zitronensaft

Tomatensaft mit Pfeffer, Salz und Zitronensaft würzen.

Rezept 1121

Tomaten-Cocktail

Tomatensaft
Salz, Zucker
Schlagsahne
Dill

Tomatensaft mit Salz und Zucker abschmecken, in Cocktailgläser füllen, mit geschlagener Sahne garnieren und gehacktem Dill überstreuen.

Rezept 1122

Sommerfrische

Buttermilch
Orangensirup

1 Glas eisgekühlte Buttermilch, 1 Eßl. Orangensirup im Mixbecher schaumig schütteln, mit Strohhalm in hohen Gläsern servieren.

Rezept 1123

Mixgetränk Rivoli

1 Teel. Nescafé
1 Tasse Wasser
1 Eßl. Orangensaft
1 Eigelb
1–2 Teel. Zucker

Nescafé in Wasser auflösen, alle Zutaten zusammen im Mixbecher gut schütteln und evtl. mit Eiswürfelchen servieren.

Rezept 1124

Orangenmix

1 Eßl. Orangensirup
2 Eßlöffel Dosenmilch
Selterswasser
Eiswürfel

Orangensirup mit Milch im Mixbecher schütteln, in ein hohes Glas geben, mit Sprudel auffüllen und mit Strohhalm servieren. Gut umrühren.

Probieren Sie nun selbst Getränke mit Milch, Obstsaft und Sprudel aus. Jeder Fruchtsirup und ebenso Eigelb kann mit allen anderen Zutaten vermischt werden.

Mit ein klein wenig Alkohol:

Rezept 1125

Fliegender Holländer

2 Orangen
Zuckerwürfelchen
1 Glas schwarzer Tee
1 Gläschen
Cherry Brandy
Cocktailkirschen

Schale der Orange auf den Zuckerwürfelchen abreiben, starken schwarzen Tee mit diesen Zuckerwürfelchen süßen und mit Cherry abschmecken. 1–2 Weinbrand-Cocktailkirschen einlegen und in Cocktailgläsern servieren.

Rezept 1126

Cola mit Schuß

1 Flasche Cola
1 Zitrone
1 „Fingerhut"
Weinbrand

ist ein beliebtes, erfrischendes Getränk:
Cola in ein hohes Glas gießen, 1 Spritzer Zitronensaft zugeben, 1 Scheibe Zitrone einlegen und diese mit ein wenig Weinbrand begießen. Eisgekühlt servieren.

Die Zubereitung von Cocktailgetränken *mit* Alkohol ist ziemlich kostspielig, weil die verschiedensten Ingredienzien und alkoholischen Flüssigkeiten dazu erforderlich sind. Hat man erst einmal einen bestimmten Fond, so lassen sich wirklich erfrischende und wohlschmeckende Getränke zaubern, die aber nicht jedermann bekömmlich sind, weil häufig verschiedene Alkoholsorten durcheinandergemixt werden. Man tut dann gut daran, möglichst eifrig von der Sprudel- bzw. Sodaflasche Gebrauch zu machen.

Kennen Sie das?

„Garantiegetränke"

2 Flaschen Rheinwein mit 250 g Würfelzucker, die Schale von einer Zitrone und 1 Weinflasche voll stark aufgebrühtem Tee siedend heiß werden lassen, 1/4 Flasche Arrak oder Rum und den Saft einer Zitrone dazugeben. In Gläser füllen und heiß servieren. Vertreibt unter Garantie Schnupfen, Grippe und schlechte Laune!
Oder: 2 Zitronen in feine Scheiben schneiden, mit 2 Flaschen Weißwein übergießen, 15 Minuten ziehen lassen. Durchseihen, in einen Glaskrug füllen, 6–8 Würfel Zucker hineingeben und kurz vor dem Anrichten 1 Flasche Sekt. Schmeckt garantiert in fröhlicher Runde!
Oder: 1/2 Tasse sehr starken Tee aufbrühen und auf den Blättern erkalten lassen. 1 Tasse Milch mit 3 Eßl. Zucker zum Kochen bringen, 2 Eigelb und 1 1/2 Eßl. Mondamin mit dem kalten, abgegossenen Tee verquirlen, in die kochende Flüssigkeit geben und einmal aufwallen lassen. Den steifgeschlagenen Eischnee unterziehen, und die Krem mit Rum und Zitronensaft abschmecken, in Gläser füllen und vor dem Anrichten kaltstellen. Eisgekühlt servieren. Kühlt unter Garantie heiße Gemüter!

Rezept 1127

Honigtau

1 Ei, 2 Eßl. Honig
2 Eßlöffel Gin
2 Eßl. Kirschsüßmost
1 Eßl. schwarzer Johannisbeersüßmost
3 Eßlöffel Milch

Alle Zutaten im Mixer schütteln und sofort servieren.

Rezept 1128

Samba

1 Eigelb, 1 Glas Rum
1 Eßl. Anisette
1 Eßl. Kirschwasser
Saft 1 Orange
Eisstückchen
Schlagsahne
Himbeersaft

Alle Zutaten außer Sahne und Himbeersaft im Mixbecher schütteln. Becherinhalt in ein Sektglas gießen, mit Schlagsahne garnieren, mit Himbeersaft übergießen und einen Strohhalm dazu reichen.

Rezept 1129

Geisha-Flip

1 Eßlöffel Rahm
1 Eigelb
1–2 Eßlöffel Kognak
1–2 Eßl. Schokoladensirup

Alle Zutaten im Mixbecher gut mischen. Vor dem Servieren etwas geriebene Muskatnuß überstreuen.

Rezept 1130

Cherry-Flip

1 Glas Cherry
1 Eigelb
1 Teelöffel Zucker
Eisstückchen

Alle Zutaten mit Eis im Mixbecher schütteln, in Südweingläser seihen und servieren.

Rezept 1131

Mokka-Flip

1 Teelöffel Zucker
1–2 Teel. Nescafé
1 Eigelb
2 Schuß Curaçao
2 Glas Kognak
1 Prise Nescafe

Alle Zutaten ohne Prise Nescafé im Mixbecher gut vermischen. In einem Glas mit einer Prise Nescafé bestreut servieren.

Rezept 1132

Gin-Fizz

½ Glas Gin
½ Glas Genever
1 Teelöffel Zucker
1 Eiweiß
Eis

Alle Zutaten im Mixbecher mit zerstoßenem Eis schütteln. In Cocktailgläser seihen und mit Strohhalm servieren.

Rezept 1133

Honeymoon-Fizz

1 Teelöffel Zucker
1 Glas Himbeersaft
1 Glas Kirschwasser
Saft 1 Zitrone
Eisstückchen
Mineralwasser

Alle Zutaten mit zerstoßenem Eis gut vermischen, mit Mineralwasser auffüllen.

1 Teelöffel Sahne
1 Teel. Zitronensaft
1 Teelöffel Zucker
1 Glas Gin
Mineralwasser

Rezept 1134

Sahne-Fizz

Alle Zutaten mixen, zuletzt mit kaltem Mineralwasser auffüllen.

1/2 Glas weißer Wermut
1/2 Glas Gin
1 Spritzer Orangenbitter
Eis

Rezept 1135

Martini-Cocktail

Die Zutaten im Mixbecher schütteln, in Cocktailgläser seihen. Strohhalm dazu.

1 Teelöffel Zucker
1/2 Glas Ananasstückchen
2 Spritzer Angostura
Sekt
Eis

Rezept 1136

Angostura-Cocktail

Sektglas 1/4 voll mit Eisstückchen füllen. Der Reihe nach die angegebenen Zutaten hineinfüllen, zuletzt den eisgekühlten Sekt. Strohhalm dazu.

1/3 Glas Rum
1/3 Glas Cointreau
1/3 Glas Orangensaft
Zucker
Eis

Rezept 1137

Rauhreif-Cocktail

Alle Zutaten, außer Zucker, im Mixbecher schütteln. Den Rand der Cocktailgläser zuerst in Wasser, dann in Zucker tauchen. Das Getränk hineinseihen. Strohhalm dazu.

2/3 Glas italien. Vermouth, Eis
1/3 Glas Whisky
1 Spritzer Angosturabitter

Rezept 1138

Manhatten

Alle Zutaten im Mixbecher mit kleinen Eisstückchen schütteln, durchseihen in Cocktailgläser. Strohhalm dazu.

2 Teel. Worcestersoße
4 Teel. Tomatenketchup, 1 Eigelb
1 Spritzer Zitronensaft
3 Tropfen Öl
1 Schuß Whisky

Rezept 1139

Prärie-Auster

Die Worcestersoße in ein Cocktailglas geben, darauf das ganze Eigelb, mit Tomatenketchup und Zitronensaft umgeben, Öl und Whisky darüberträufeln.

Rezept 1140

Knickebein

Vorsichtig die angegebenen Zutaten nacheinander in ein Cocktailglas füllen, ohne zu mixen.

½ Likörglas
Creme de Cacao
Maraschino
grüner Chartreuse
Kognak, 1 Eidotter
½ Glas Benediktiner

Rezept 1141

Alter Schwede

Zutaten mit zerstoßenem Eis im Mixbecher schütteln, in Cocktailgläser seihen und mit Strohhalm servieren.

½ Glas Weinbrand
½ Glas Schweden-punsch
Eis

WAS TRINKT MAN WORAUS? INFORMIEREN SIE SICH HIER

Aperitif – Unvermischt (pur) wird er aus Südweingläsern getrunken, mit Soda und Eisstückchen dagegen aus einem Wasserglas.

Bier – Zum Tafelgedeck wird zumeist der Glasbecher (Seidel) verwendet, im übrigen sind die „Pils-Tulpe" und der Bierkrug gebräuchlich.

Bowle – Sie wird in der Bowlenschüssel serviert und aus niedrigen Henkelgläsern getrunken (Bowlenservice). Auch Stielgläser oder Römer sind zulässig.

Cocktail – Hier unterscheidet man zwei Möglichkeiten: den kleinen und den großen Cocktail (short drink und long drink). Der kleine Cocktail wird im kleinen, gestielten Glas serviert, der große im Sekt- oder Südweinglas oder in einem besonderen Cocktailglas.

Dessertwein – Siehe Südwein.

Grog und Punsch – Für die heißen Getränke haben sich die Henkelgläser aus Jenaer Glas durchgesetzt.

Kognak – Zum Kognak gehört der Schwenker, der auch für gute Weinbrandmarken verwendet wird.

Likör – wird in gestielten oder ungestielten Likörgläschen serviert.

Mineralwasser, Fruchtsaft und Mischgetränke	schmecken aus Glasbechern (mit oder ohne Strohhalm) am besten.
Punsch	Siehe Grog.
Rotwein	Zum Rotwein gehört das gestielte, bauchige Rotweinglas, das unbedingt farblos sein muß. Es gibt neuerdings Gläser, die etwa die Mitte halten zwischen Weißwein- und Rotweinglas und für beide Sorten zu verwenden sind.
Sekt	Zu den herkömmlichen hohen Sektkelchen ist heutzutage die Sektschale auf schlankem Fuß gekommen. Beide sind völlig gleichberechtigt.
Steinhäger	(Wacholder, Gin etc.) trinkt man aus flachen, gestielten Gläsern oder aus den kleinen üblichen Schnapsgläsern.
Südwein	(Portwein, Tarragona, Malaga, Marsala) trinkt man aus kleinen Stielgläsern oder aus schlanken Bechergläsern.
Süßwein	Siehe Südwein.
Weinbrand	kann aus Schwenkern oder flachen, gestielten Gläsern getrunken werden.
Weißwein	Es ist heute üblich, Weißwein in klaren, hochstieligen Gläsern zu servieren, besonders zum festlichen Tafelgedeck (geschliffene Gläser, Kristallgläser). Leichtere Sorten (Rhein, Mosel) trinkt man aber auch heute noch aus dem moosgrünen Römer, während Landweine aus dem kleinen Henkelglas besonders gut munden.

Kalte Küche mit kalten Platten

Wenn Sie Freunde einladen oder sich überraschender Besuch einstellt, schlagen Sie die nachfolgenden oder vorhergehenden Seiten auf und prüfen Sie, womit Sie Ihre Gäste erfreuen und erfrischen können, sei es nun ein kaltes Häppchen, schnell zwischen „Tür und Angel" improvisiert, oder seien es Überraschungen aus warmen Delikatessen von Fleisch, Fisch, Eiern oder Salaten.

Rezept 1142

Gefülltes Kastenbrot

1 Kastenbrot
4 Eßlöffel Käsebutter
2 Eßl. geh. Gurken
2 Eßl. geh. Tomaten
4 Eßl. Sardellenbutter

Ein Kasten- oder Sardellenbrot der ganzen Länge nach zweimal durchschneiden. Auf die erste Schnittseite eine Füllung streichen aus Käsebutter mit gehackten Gurken. 1. Lage wieder auflegen. 2. Schnittseite mit Sardellenbutter und gehackten Tomaten vermischt bestreichen. Obere Hälfte wieder auflegen, etwas aufeinanderdrücken und mit scharfem Messer 1 Zentimeter dicke Scheiben abschneiden. Man kann Eischeiben auf die Schnittseite legen oder Radieschen oder Gurkenstreifen oder Lachs- oder Sardellenröllchen. Oder 1 Gervaiskäse mit etwas Büchsenmilch schaumig rühren, in eine grobe Spritztülle füllen und dicke Rosetten auf die Schnittchen spritzen und eine Salzstange hineinspießen.
Verschiedene Brotsorten können mit verschiedenem Aufstrich belegt werden. Butter läßt sich durch viele Beigaben zu einem wandlungsfähigen Brotaufstrich verändern.

Rezept 1143

Butter mit Geschmack

100 g Butter genügen durchschnittlich für 1 Pfd. Brot: Butter sahnig rühren

Butter mit Quark, Senf, geriebenem Käse verrühren

Butter mit gehackten Kräutern oder Sardellen vermischen

Butter mit Paprika oder gehackten Zwiebeln würzen

Butter mit Tomatenketchup oder Gervais verrühren

Butter mit durchgedrehtem rohem Schinken vermischen

Butter mit durchgedrehtem Corned Beef vermischen

Butter mit gehacktem Eigelb oder Meerrettichsahne verrühren

Butter mit gemahlenen Nüssen vermischen

Butter mit zerdrückten Bananen verkneten

Butter mit gehackten sauren Gurken würzen

Rezept 1144

Champignonbutter

100 g Butter
6–8 Pilze
Salz
Pfeffer

Feste rohe Champignonköpfchen reiben und mit frischer Butter durch ein Sieb streichen, salzen, pfeffern.
Oder: Man dünstet die Champignons zuerst in Butter weich, läßt überkühlen und verfährt wie oben.

Rezept 1145

Grüne Erbsenbutter

100 g Butter
100 g Erbsen
1 Tropfen Zitrone
1 Teel. gehackte Petersilie

Weichgekochte, frische grüne Erbsen durch ein Sieb streichen und – erkaltet – mit feingehacktem Petersiliengrün und einem Tropfen Zitronensaft unter die Butter mengen.

Rezept 1146

Käsebutter

100 g Butter
1–2 Eßl. gerieb. Käse
1 Tropfen Kognak

Feingeriebener Käse, am besten Parmesan oder sonst eine pikante Sorte, mit schaumig gerührter Butter vermischen. Gut ist auch Chesterkäse mit einem Tropfen Kognak gewürzt.

Rezept 1147

Käsewürfel

1 Paket Pumpernickel
30 g Roquefortkäse
1 Gervais
1 Eßlöffel Butter
5 Nußkerne
1 Teel. geh. Kräuter
1/2 Teelöffel Paprika

Den Gervaiskäse streicht man zuerst durch ein Sieb, danach den Roquefort. Die Butter wird sahnig gerührt und mit dem Roquefort fein durchgemengt, den man mit sehr fein gehackten frischen grünen Kräutern hellgrün färbt. Die Gervaismasse teilt man in zwei Teile. Einen beläßt man weiß, einen färbt man mit Paprika hellrosa. Nun bestreicht man die unterste Pumpernickellage rosa, die nächste grün und die oberste weiß und bedeckt sie mit einem Pumpernickel. Man schneidet nun den ganzen großen Würfel mit einem sehr scharfen Messer in kleinere Würfel, die mit ihren bunten Schnittseiten reizend aussehen. In die Mitte eines solchen Würfels drückt man einen halben Nußkern, mit Eiweiß befeuchtet. Hat man noch von der grünen Roquefortkreme, so kann man auch noch ein kleines Kränzlein rund um den Nußkern spritzen mit einer ganz feinen Tülle. Der sitzt dann in einem kleinen grünen Nestchen.

Rezept 1148

Ölsardinenbrote

Graubrot
Butter
Ölsardinen
gekochte Eier

Brote mit Butter bestreichen. Ölsardinen der Länge nach halbieren, die Mittelgräte herausnehmen. Brote mit den kleinen Filets belegen. Eischeiben schuppenförmig darauflegen und die Brote in Streifen schneiden.

Rezept 1149

Illustrierte Platte

Gewürzgurken
Salatblätter
Fleischsalat
gekochte Eier
Salami
Schinken
Ölsardinen
Tomatenscheiben

Große Gewürzgurken werden der Länge nach halbiert und etwas ausgehöhlt. Man legt sie mit der Schnittfläche nach oben auf einen mit Salatblättern ausgelegten Teller. In die Mitte wird auf jede Gurkenhälfte ein Türmchen Fleischsalat gehäuft, daneben wird je ein halbes, hartgekochtes Ei gesetzt. Zwischen Salat und Ei je ein Scheibchen Salami und eine Scheibe Schinken. Auf ein Salatblatt legt man daneben eine Ölsardine und dekoriert mit Tomatenscheiben oder Tomatenecken. Dazu Brotscheiben verschiedener Sorten, Butterkugeln, Chips, Salzstangen usw.

Rezept 1150

Matrosenbrot

Quark oder Gervais
3 Eßlöffel Bier
1 Scheibe Schwarzbrot
3 Scheiben durchwachsener Speck
Zwiebelringe
Tomatenscheiben

Quark oder Gervais mit 3 Eßlöffel Bier zu einer Krem rühren. Auf die Brotscheibe den Speck legen und mit 5 Zwiebelringen in einer Pfanne anrösten. In die Mitte die angerichtete Krem spritzen und mit Tomatenscheiben garnieren.

Rezept 1151

Schachbrettschnitten

6 Scheiben Weißbrot
6 Scheiben Pumpernickel
Butter
6 Scheiben Schweizer Käse

Die Brotscheiben mit Butter bestreichen. Die Weißbrotscheiben mit Käse belegen und dann die Pumpernickelscheiben mit der gebutterten Seite daraufklappen. Gut andrücken, einmal längs und einmal quer durchschneiden und je 2 der kleinen Häppchen umdrehen, so daß sich ein Schachbrettmuster ergibt (24 Stück).

Als Aufschnitt und Belag für belegte Brote:

Braten:
Roastbeef
Kalbsbraten
Kasseler
Leberkäse

Wurst:
Salami
gek. Schinken
Mortadella
Pastetenscheiben

Käse:
Quark
Gervais
Streichkäse
Käsescheiben

Fisch:
Sardellen
Ölsardinen
Lachsscheiben
Thunfisch

Bestreichen und belegen Sie von jeder Brotsorte 2 Schnitten. Damit nicht alle die gleiche Form haben, schneiden Sie sie in Dreiecke, Quadrate oder Streifen, pressen mehrere Schnitten aufeinander, z. B. Pumpernickel, streichen Käse oder Quarkbutter dick dazwischen. Stechen Sie mit einem Bierglas runde Scheiben aus.

Rezept 1152

Radieschenblumen

Radieschen waschen, abtrocknen. In die äußere Haut mit spitzem Messer Dreiecke einritzen und die Spitzen vorsichtig mit dem Messer bis unten hin lösen. Einige Minuten in Salzwasser legen, abtropfen lassen und aufspießen.

Radieschen
Salzwasser

Rezept 1153

Gurkenfächer

Kleine Essiggürkchen oder Cornichons in dünne Scheiben schneiden, von der Spitze zum Ende, ohne sie unten ganz durchzutrennen. Sie lassen sich dann fächerartig auseinanderziehen.

Essiggürkchen

Rezept 1154

Große Aufschnittplatte

Alle Sorten von Wurstscheiben schuppenförmig nach Form und Farbe gefällig anrichten, mit Petersilienbüscheln, gefüllten Wurströllchen und -tüten garnieren. Verschiedene Brotsorten in Reihen geordnet, Schwarzbrot und Weißbrot, dazu reichen, ebenso eine große Butterrosette oder auf mehreren kleinen Tellerchen Butterkugeln oder Butterscheiben (garniert).

Wurstaufschnitt
Mayonnaisesalate
Brotsorten
Butter
Petersilie

Erwarten Sie am Abend Gäste und haben Sie Häppchen und Platten vorgerichtet, so stellen Sie auch noch Pumpernickel, Vollkornbrot und eine *Käseplatte* bereit. „Käse schließt den Magen zu", wissen schlaue Männer und genehmigen sich gern zum letzten Bierchen nach fröhlicher Skat- oder Fernsehrunde ein Käsehäppchen. Stülpen Sie auf eine große Platte einen umgedrehten Suppenteller, bedecken das ganze mit einer hübschen Papierspitzendecke und gruppieren Sie: Käsedreiecke, Vierecke, Achtecke, Viertelchen und Achtel in Scheiben und Portiönchen. Dazu Radieschen und Butterkugeln. Bestreuen Sie den Käse mit etwas Rosenpaprika, legen Sie Petersilienbüschelchen zwischen die Käsegruppen und reichen Sie die Brotschnitten gesondert dazu.

Wie lecker und appetitanregend Häppchen und Vorspeisen sein können, die mit *Käse* zubereitet oder verarbeitet werden, können Sie an den folgenden Rezepten erproben. Käse, mit kleinen Fruchtschnitzen als Käsesnak serviert, sind eine besonders reizvolle Angelegenheit, wenn Sie Gäste haben oder wenn der Appetit der Familie am Abend mal zu wünschen übrig läßt. Selbst Gäste, die „Käse nicht mögen", werden freudig zu den Spießchen greifen, die so verlockend auf dem Tellerrand dekoriert sind. Weintrauben, Orangen, Ananas, kandierte Kirschen, Tomaten, Gurken, Ei, Fisch, Reis, Fleisch oder Nudeln: Es gibt kaum ein Nahrungsmittel, das sich nicht mit Käse verarbeiten ließe. Und da die Auswahl der Käsesorten so reichhaltig ist – es gibt z. Z. etwa 800 verschiedene Geschmacksrichtungen – wird sich für jeden etwas Passendes und Bekömmliches auftischen lassen.
Achten Sie auch auf die Farbenzusammenstellung. Was farblich gut zusammenpaßt, schmeckt meistens auch vorzüglich, denn: auch das Auge entscheidet beim Essen. Je liebevoller und sorgfältiger Sie Ihre Platten oder Teller herrichten, um so angeregter wird man sich ihnen zuwenden und Ihre aufgewandte Mühe lohnen.
Weichkäse mit den verschiedensten Zutaten zu einem feinen Aufstrich oder zu einer Paste verrührt, gibt einer Brotschnitte ein pikantes Etwas, das dem beigefügten Aufschnitt eine besondere Note verleiht. Ich empfehle Ihnen, probieren Sie erst mal, denn: Der Appetit kommt beim Essen!

Rezept 1155

Käseschnitten mit Spiegelei

Weißbrot
Butter
Käse
Eier

Weißbrotscheiben zart toasten, dick mit Butter bestreichen, eine Scheibe Allgäuer Emmentaler, Tilsiter Käse oder Deutschen Gouda in Größe des Brotes daraufsetzen, unter dem Grill oder im heißen Backofen überbacken. In der Zwischenzeit Spiegeleier backen und auf die Brote setzen

Rezept 1156

Toast mit Birnen

Weißbrotscheiben zart toasten, dick mit Butter bestreichen, darauf eine Scheibe mageren, milden, gekochten Schinken, eine halbierte, gut abgetropfte Birne (Konserve) und oben als Abschluß eine Scheibe Allgäuer Emmentaler, Tilsiter Käse oder Deutschen Gouda legen. Unter dem Grill oder im heißen Backofen kurz, bis der Käse zu schmelzen beginnt, überbacken.

Weißbrot
Butter
gekochter Schinken
Birnen, gekocht
Käsescheiben

Rezept 1157

Warme Käsebrötchen

Geriebenen Allgäuer Emmentaler mit vier Eidottern, 2–3 Eßlöffeln saurer Sahne und Paprika nach Geschmack zu einer dicken Kreme rühren. Ein nicht zu frisches Weißbrot (Kasten- oder französisches Brot) in fingerdicke Scheiben schneiden, mit Butter bestreichen und mit einer dicken Lage der Käsemasse bedecken. Die bestrichenen Brote unter dem Grill oder im heißen Backofen überbacken und recht heiß servieren.

200 g gerieb. Käse
4 Eigelb
3 Eßlöffel Sahne
Paprikagewürz
Weißbrotscheiben

Rezept 1158

Toast mit Schinkenrollen

Ein bis zwei Scheiben mageren Schinken dick mit bereits geriebenem Käse bestreuen, zusammenrollen, mit einer Scheibe Tilsiter Käse bedecken, unter dem Grill oder im heißen Backofen überbacken, bis der Käse leicht Farbe bekommen hat. Auf einer dick mit Butter bestrichnen, zart getosteten Weißbrotscheibe anrichten.

2 Scheiben Schinken
4 Eßl. Reibkäse
Weißbrotscheiben
Butter
Tilsiter-Käse-Scheiben

Rezept 1159

Pikantes Toastbrot

Weißbrotscheiben zart toasten, dick mit Butter bestreichen, eine Scheibe Schinken darauflegen, leicht mit Senf bestreichen, eine Scheibe Allgäuer Emmentaler, Deutschen Gouda oder Tilsiter Käse darauflegen und unter dem Grill oder im heißen Backofen leicht Farbe nehmen lassen.

Weißbrotscheiben
Butter
gekochter Schinken
Senf
Käsescheiben

Rezept 1160

Toast mit Ananas

Weißbrotscheiben
Butter
gekochter Schinken
Ananasscheiben
Käsescheiben

Weißbrotscheiben zart toasten, dick mit Butter bestreichen, eine Scheibe Schinken darauf, eine Scheibe Ananas und darüber als Abschluß eine Scheibe Allgäuer Emmentaler, Deutschen Gouda oder Tilsiter Käse legen. Unter dem Grill oder im heißen Backofen kurz, bis der Käse zu schmelzen beginnt, überbacken.

Rezept 1161

Tomatenmilch

Tomatensaft
Milch
Salz
Zucker

Zu all den Häppchen und Schnittchen schmeckt immer Tomatenmilch. Roh ausgepreßten Tomatensaft mit der gleichen Menge Milch mischen und tüchtig schlagen. Mit einer Prise Salz und Zucker abschmecken.

Wie wäre es für heute abend mit einer reizvollen *Quarkaufstrichplatte?* Rühren Sie Quark durch ein Haarsieb, schlagen Sie ihn schaumig, teilen Sie ihn in mehrere kleine Portionen und geben Sie in die verschiedenen Quarkschälchen folgende Gewürze hinein: feingehackten Schnittlauch mit Salz und Pfeffer ins eine, Tomatenpüree ins andere, ins dritte 2 Eigelb mit Salz und Pfeffer oder Currypuder, Rosenpaprika oder frischgehackten Dill. Schneiden Sie Lyoner Wurst in feine Würfel, geben Sie einige Teelöffel voll in jedes Quarkschüsselchen, vermischen Quark, Gewürze und Wurst zu einem farbigen Aufstrich und stellen die Schälchen auf Salatblätter nebeneinander auf eine größere Platte. Reichen Sie Vollkornbrot und Eierspalten dazu. Ein Glas Tee mit Zitrone vervollständigt das leichtbekömmliche Abendbrot.

Pizza, wem läuft da nicht das Wasser im Mund zusammen? Den Belag kann man nach der eigenen Phantasie abwandeln, z. B. mit Krabben, Muscheln, Tomaten, Oliven, Sardellen, Schinken- oder Salamistückchen, und viel Oregano darauf. Rezept Nr. 1257.

Rezept 1162

Dillquark

1 Handvoll
roher Spinat
1–2 Tassen Quark
Salz
1 Teel. Zitronensaft
2 Eßl. feingeh. Dill

Spinat roh fein zerhacken, Quark durch ein Sieb passieren, alle Zutaten zusammen in eine Schüssel geben und gut miteinander verrühren. Zuletzt den feingehackten Dill überstreuen oder ebenfalls unterrühren. Ein vorzüglicher Aufstrich zu Zwieback, Knäcke- oder Toastbrot.

Rezept 1163

Tomatenquark

2 Tassen Quark
2 Eßl. Tomatenmark
je 1 Prise Salz u. Pfeffer
und Zucker, 1 Tomate
1 Paprikaschote
1 Eßl. geh. Petersilie

Quark mit Tomatenmark durch ein Sieb passieren, mit Gewürzen abschmecken und mit Tomatenstückchen, Paprikastreifen und Petersilie garnieren.

Rezept 1164

Sprenkelquark

2 Tassen Quark
1 gelbe und
1 rote Paprikaschote
2 grüne Pfeffergürkchen, Schnittlauch
2 Radieschen, Salz
1 Eßl. geh. Petersilie
1 Teel. feingeh. Dill

Quark durch ein Sieb streichen, alle übrigen Zutaten fein in Streifchen schneiden und untereinander mischen. Mit Schnittlauch und Dill garnieren. Entweder als Brotaufstrich verwenden oder zu Pellkartoffeln reichen.

Zu Sandwiches nimmt man am besten in einer Kastenform gebackenes Weißbrot.

Rezept 1165

Sandwiches, Frühlingsart

Toastbrot
Butter, Ei
Tomate, Salz
Radieschen
Salatblätter

Ein geröstetes Brot mit Butter bestreichen, 1 Scheibe Tomate, 1 Scheibe Ei und 1 feingeschnittenes Radieschen nebeneinanderlegen. Alles leicht salzen und auf Salatblättern servieren.

Mohnbrezeln, pikante Mandelplätzchen und Käsestangen eignen sich gut zum Nebenherknabbern bei Wein und angeregten Gesprächen. Wenn Sie wollen, können Sie alles aus Blätterteig aus der Tiefkühltruhe bereiten.

Rezept 1166

Sandwiches aller Art

Toastbrot
Butter, Wurst
Schinken, Zunge
Geflügel, Gurken
Salat, Tomaten

Sandwiches mit feinen Wurstwaren, Zunge oder kaltem Geflügel belegen. Mit Salat, Tomaten und Gurken garnieren.

Rezept 1167

Sardinen-Sandwiches

Toastbrot
Butter
Sardinen
Zwiebelringe

Sardinen putzen, entgräten und halbieren. Auf ein mit frischer Butter bestrichenes Brot legen und mit Zwiebelringen garnieren.

Rezept 1168

Kaviar-Sandwiches

Toastbrot
Butter
Kaviar
Zitronenspalten
Lachsstreifchen

Kleine Weißbrotschnitten rösten und mit Butter bestreichen. Mit Kaviar belegen, diesen jedoch nicht aufstreichen, damit die Körner nicht gepreßt werden. Auf einer Platte, mit Zitronenstücken umlegt, anrichten. Die Weißbrotscheiben am Rande mit geräucherten Lachsstreifen garnieren.

Rezept 1169

Sandwiches mit Lachs

Brot, Butter
Lachs
Kapern
Meerrettich

Feine Lachsschnitzel auf ein Butterbrot legen, einige Kapern und etwas geschabten Meerrettich darüberstreuen.

Rezept 1170

Klub-Sandwiches

Weißbrot
Mayonnaise
Salat
Geflügelreste
gebratener Speck

Pro Sandwich 2 Scheiben geröstetes Weißbrot nehmen. Auf die eine Scheibe Mayonnaise streichen, in Streifen geschnittenen Kopfsalat darüberlegen, darauf in Scheiben geschnittenes gebratenes Geflügelfleisch, als nächste Schicht angebratenen Speck, dann wieder Kopfsalat und zum Schluß mit Mayonnaise überziehen. Die zweite Scheibe auf die gefüllte klappen und anrichten.

Rezept 1171

Sandwiches mit Gänseleberpastete

1 Dose Gänseleberpastete
1/2 Tasse Rahm
Toastscheiben
Trüffel

Gänseleberpastete mit Rahm fein verrühren. Dickflüssig über geröstete Weißbrotscheiben geben. Mit gehackten Trüffeln verzieren.

Rezept 1172

Rühreibrötchen

2–4 Weißbrotscheiben
1 Eßlöffel Butter
1 Teelöffel Senf
Rührei aus 2–4 Eiern

Die Weißbrotscheiben in heißem Fett rösten, dünn mit Senf bestreichen und mit kleingehacktem Rührei belegen.

Rezept 1173

Landproviant

1 Dose Thunfisch
2 Essiggurken
4 Eßlöffel Mayonnaise
Kastenbrot
Salatblätter
Scheiblettenkäse

Thunfisch abgießen, sehr klein zerpflücken, mit feingehackten Essiggurken und Mayonnaise vermengen. Zwölf Scheiben Kastenbrot mit Mayonnaise bestreichen; davon 6 mit der Fischfüllung, je mit einem gewaschenen Salatblatt und einer Scheiblette belegen und die übrigen Brote mit der bestrichenen Seite nach innen darüber decken. Sandwiches zusammendrücken und dann halbieren.

Rezept 1174

Camembert-Happen

1 Camembert
Eigelb
Paprika
Himbeergeist
Toastbrot

Pro Kopf eine Ecke Edelweiß-Camembert mit der Gabel zerdrücken. Ein Eigelb dazugeben, etwas Paprika und einen Schuß Himbeergeist. Alles gut mischen und auf eine Scheibe Toast streichen.

Rezept 1175

Käsetrüffel

50 g Butter
100 g gerieb. Käse
100 g gerieb. Pumpernickel

Die Butter schaumig rühren und mit Käse und Pumpernickel mischen. Die Masse kalt stellen, dann kleine Kugeln formen, die noch einmal in geriebenem Käse oder Pumpernickel gewälzt werden.

Rezept 1176

Überraschungs-Sandwich

Vollkornbrot
Mayonnaise
Sauerkraut
Mandarinen
Weintrauben

Scheiben von Vollkornbrot dick mit Mayonnaise bestreichen. Darauf rohes, entsäuertes Sauerkraut legen. Darüber Mandarinenscheiben sternförmig garnieren, einige Weinbeeren dazu gruppieren.

Rezept 1177

Zebra-Schnitten

Quark
Rahm
Reibkäse
Petersilie
Salz
Pfeffer
Paprika
Pumpernickel
Mandarinen

Aus durchgerührtem Quark, etwas saurer Sahne, geriebenem Parmesankäse, feingewiegter Petersilie, Salz, Pfeffer, Paprika eine Creme bereiten. Pumpernickelscheiben dick damit bestreichen. Je zwei bestrichene Scheiben mit einer unbestrichenen in der Mitte zusammengeben, das Ganze mit Holzbrettchen beschweren und kalt stellen. Vor dem Auftragen in Dreiecke schneiden, diese auf einer Platte hochkant aufstellen, je eine Mandarinenscheibe dazwischenlegen.

Rezept 1178

Frühlingsbrötchen

Vollkornbrot
Quark
Milch
Salz
Schnittlauch
Radieschen

Vollkornbrot in dünne Scheiben schneiden, Speisequark mit einigen Eßlöffeln Milch, einer Prise Salz und viel feingeschnittenem Schnittlauch mischen, dick aufs Brot streichen. Dünn geschnittene Radieschen darauf legen.
Oder Gartenkresse sauber waschen, im Sieb gut abtropfen lassen, dann mit Speisequark, einer Prise Salz, dem Saft einer Zitrone mischen, auf Schwarzbrotschnitten hoch auffüllen, mit Zwiebelringen garnieren.

Rezept 1179

Baseler Vorschmack

Käse
Aal
Mandelblättchen
Gurken
Orangen
Salatblätter
Portwein
Brotscheiben

Würfel von Schweizer Käse, von Räucheraal, Gewürzgurken, Orangenstückchen und gehackten Mandeln werden zu einem Salat vermischt, auf ein Salatblatt gelegt und auf Brotscheiben serviert, indem man die Oberfläche mit etwas Portwein oder Weinbrand bespritzt.

Rezept 1180

Zungentoast mit Spargel

Toastbrot
Lachsbutter
Zunge
Spargelspitzen

Die Scheibe Toast wird mit schaumig gerührter Lachsbutter bestrichen, mit Pökelzunge belegt und mit Spargelspitzen garniert.

Rezept 1181

Toast mit Crabmeat

Toast
Eier
Krabben
Mayonnaise

Gebutterte Toastscheibe wird mit Eierscheiben und Crabmeat abwechselnd belegt und mit Mayonnaise garniert.

Rezept 1182

Flottenparade

Teigschiffchen vom Bäcker
1 gek. Sellerie
Apfel, Salami
Mayonnaise

Sellerie, Salami, Apfel in feine Würfel schneiden, mit Mayonnaise übergießen, in die Schiffchen füllen und mit Oliven, Eischeiben, Tomatenscheiben, Radieschen garnieren.

Rezept 1183

Bananenboot

Bananen
Meerrettich
Mayonnaise
gekochter Schinken

Bananen einritzen, halbieren. Das Innere mit einer Gabel zerdrücken, mit Meerrettich und Mayonnaise verrühren, Schinkenwürfel unterheben und in die Bananen einfüllen, mit Streifchen von Tomaten garnieren.

Stipp-Pikanterien: Bei einer Party werden Cocktail-Würstchen, aufgerollte Mortadella-Wurst, gekochte und erkaltete Fleischbällchen, Kartoffel-Chips rund um eine pikante, cremige Mayonnaisen-Soße gestellt. Jeder Tischgast nimmt ein pikantes Spießchen seiner Wahl und stippt dies in die Mayonnaisen-Soße – praktisch für die Hausfrau und lustig für die Gäste. Die Soße wird so bereitet:

Rezept 1184

Mayonnaisen-Soße

1 Beutel Mayonnaise
1 Eßl. Tomatenketchup
1 hartgekochtes Ei
2 Eßlöffel sehr feingehackte Paprikaschoten
1 Messerspitze geriebener Meerrettich
1 Messerspitze geriebene Zwiebel

Die Mayonnaise mit den Zutaten verrühren. Diese Soße muß kühl angerichtet werden und sollte 1–2 Stunden durchziehen.

Was spießt man auf die Zahnstocher, Holz- oder Plastikstäbchen? Als Unterlage erst einmal immer eine viereckige oder runde Scheibe Weißbrot, Toast, Schwarzbrot oder Pumpernickel – dann: Ein Würfelchen gekochtes Kasseler, eine Scheibe Apfel, eine Scheibe Tomate und ein Pfeffergürkchen.

Eine gerollte, mit Kräuterbutter bestrichene Scheibe gekochte Zunge, eine Scheibe Banane, eine Scheibe Chesterkäse.

Ein Stückchen Schweizer Käse, ein Würfelchen Streichkäse, ein Aprikosenviertel.

Ein Fleischwurstwürfel, eine Scheibe Banane, eine gefüllte Olive.

Ein Stückchen Schillerlocke, eine Scheibe Apfel, eine Perlzwiebel.

Eine dicke Scheibe enthäuteter Knackwurst, eine Scheibe Käse, obenauf eine entkernte Dattel.

Eine Scheibe Lachs, aufgerollt und mit Mayonnaise bespritzt.

Ein Stückchen Thunfisch aus der Dose, eine Scheibe Banane, ein Spritzer Tomatenmark.

Eine Scheibe Tomate, eine dicke Scheibe Ei und eine Olive.

Ein Würfel Wildbratenrest, etwas ausgehöhlt, mit Johannisbeergelee gefüllt, mit einem Apfelschnitz.

Frische Krabben, in eine Scheibe Schinken gerollt, mit Mayonnaise garniert.

Ein Stück saurer Hering, eine Scheibe rohe Zwiebel, ein Würfel Gewürzgurke.

Kuchen, Torten und Backwerk

Nichts geht über einen „mit Liebe" selbstgebackenen Kuchen. Und wenn der verlockende Duft nach Mandeln und Zitronen in der Wohnung schwebt, läuft einem schon das Wasser im Munde zusammen.

Bevor Sie mit der Zubereitung Ihres Backwerkes beginnen, möchte ich Ihnen empfehlen, alle Ihre Zutaten abgemessen und abgewogen bereitzustellen. Das erleichtert Ihnen die Arbeit, denn Kuchenbacken soll Freude bereiten und keine Last sein. Wenn Sie eine elektrische Küchenmaschine haben, benutzen Sie diese. Das Rühren der Teigmasse geht in aller Geschwindigkeit vor sich, das Schaumigschlagen der Quarkmasse ist sehr intensiv, und Mandeln oder Nüsse werden nirgendwo feiner und gleichmäßiger zerkleinert als im Mixbecher. Wer aber noch alles aus eigener Kraft leisten muß, also in „Handarbeit" seinen Kuchen rührt, der nehme sich Zeit und halte sich an die alte Methode, die Butter zu Sahne zu rühren und den Quark mit dem Schneebesen schaumig zu schlagen.

Auch diese Kuchen werden gelingen, wenn Sie sich an die Vorschriften halten.

Wenn Sie auch noch die Backregeln beachten, nämlich:

1. gesiebtes Mehl verwenden,
2. frische Zutaten nehmen,
3. Backformen gut einfetten oder mit Semmelmehl ausstreuen,
4. den Backofen nicht zu früh öffnen, um zu prüfen, ob das Meisterwerk gelingt,

dann muß jeder Kuchen ein Paradestück werden. Verschönern Sie Ihrer Familie das Leben mit einem leckeren Stückchen Kuchen, dann werden Sie durch frohe Gesichter für Ihre Mühe belohnt.

Rezept 1185

Grundrezept Rührteig

125 g Butter
250 g Zucker
1 P. Vanillezucker
2–5 Eier
Gewürze
500 g Mehl
1 Päckchen Backpulver
1/4 l Milch
Früchte wie:
Korinthen
Rosinen oder ähnl.

Allgemeine Zubereitung:
Mehl mit Backpulver mischen, Rosinen – Korinthen waschen und abtrocknen. Butter schaumig rühren, Zucker, Eier und Gewürze zugeben, das gesiebte Mehl mit Backpulver vermischt abwechselnd mit Milch unterrühren, bis der Teig schwer vom Löffel fällt. Zuletzt die vorbereiteten Früchte zugeben und den Teig in die gut ausgefettete Form füllen. Rührteig wird in den kalten Backofen gestellt und bei Mittelhitze gebacken. Mit einer Holznadel kurz vor der beendigten Garzeit eine Garprobe machen. Wenn die Nadel glatt ohne Teig herauskommt, ist der Backprozeß beendet und der Kuchen gar. Nehmen Sie die Form heraus, lassen sie noch 5 Minuten stehen und stürzen den Kuchen auf einen Rost; er muß auskühlen. Vermeiden Sie, den Kuchen in Zugluft zu stellen, er muß langsam abkühlen.

Rührteige sind erforderlich für
sehr feinen Apfelkuchen, Marmorkuchen, Streuselkuchen, Honigkuchen, Topf- oder Napfkuchen, Nußkuchen usw.

Backzeit: 60 Minuten.

Rezept 1186

Topfkuchen

200 g Butter
200 g Zucker
2–4 Eier, 500 g Mehl
abgerieb. Zitronenschale
1 Päckchen Backpulver
1/2 Tasse Milch
100 g Korinthen
100 g Rosinen
50 g Zitronat
Schokoladenüberzug
Rezept 1281

Aus den angegebenen Zutaten einen Rührteig, Rezept 1185, bereiten. Zuletzt die gereinigten Rosinen und Korinthen zugeben, dann das feingeschnittene Zitronat. Den Teig in eine gefettete Backform füllen. Nach dem Erkalten mit einem Schokoladenüberzug beziehen.

Backzeit: 50–65 Minuten bei Mittelhitze.

Rezept 1187

Napfkuchen

Aus den angegebenen Zutaten einen Rührteig bereiten, evtl. 2–3 Eßlöffel Milch zugeben. Den Quark durch ein Sieb passieren und vor dem Mehl in den Kuchen rühren. Zuletzt die geriebenen Mandeln und Rosinen hineingeben. Nach dem Erkalten mit Puderzucker überstäuben.

Backzeit: 60–70 Minuten bei Mittelhitze.

125 g Butter
200 g Zucker
2 P. Vanillezucker
abgerieb. Zitronenschale
2 Eier
1/2 Pfund Quark
250 g Mehl
1 Päckchen Backpulver
75 g Mandeln
75 g Rosinen

Rezept 1188

Marmorkuchen

Einen Rührteig bereiten, 2/3 davon in eine gefettete und mit Paniermehl ausgestreute Rodonkuchenform füllen. Den übrigen Teig mit den angegebenen Zutaten vermischen und auf dem hellen Teig verteilen, leicht mit einer Gabel durchziehen, damit ein Muster entsteht.

Backzeit: 60–70 Minuten bei Mittelhitze.

250 g Butter, 500 g Mehl
250 g Zucker, 2–4 Eier
1 P. Vanillezucker
1 Päckchen Backpulver
1/2 Tasse Milch
Dunkler Teig:
30 g Kakao
1 Eßlöffel Zucker
4 Eßlöffel Milch

Rezept 1189

Sandkuchen I

Einen Rührteig bereiten. Eier, Butter und Zucker so lange rühren, bis der Zucker aufgelöst ist. Die übrigen Zutaten beifügen. Eine Kastenform mit gefettetem Pergamentpapier auslegen und den Teig einfüllen.

Backzeit: 75 Minuten bei mittlerer Hitze.

50 g Butter
5 Eier
150 g Mehl
200 g Zucker
1 Teelöffel Backpulver
1 P. Vanillezucker

Rezept 1190

Sandkuchen II

Die schaumig gerührte Butter mit Zucker, Eigelb und den ganzen Eiern 1/4 Stunde verrühren, dann die Gewürze zugeben. Darauf die Hälfte des Mehles und des Eischnees langsam zurühren, dann die andere Hälfte. In eine mit gefettetem Papier ausgelegte Kastenform einfüllen und bei schwacher Mittelhitze backen.

Backzeit: 60–75 Minuten.

500 g Butter
500 g Zucker
125 g Mehl
1 Teelöffel Backpulver
8 Eigelb
8 Eischnee
4 ganze Eier
4 Eßlöffel Rum
375 g Mondamin
Zitronenschale, gerieb.
1/2 Stange Vanille

Rezept 1191

Mandelkuchen

400 g Butter
400 g Zucker
4 Eier
100 g süße Mandeln
70 g bittere Mandeln
400 g Mehl
(oder 1/2 Mondamin
1/2 Mehl)
1 Messerspitze Backpulver

Butter, Eier, Zucker 1/2 Stunde schaumig rühren, dann das gesiebte Mehl langsam zurühren. Die Mandeln schälen, fein hacken und zur Hälfte in den Teig geben, in eine Springform füllen und die übrigen Mandeln mit Zucker und Zimt vermischt über den Teig streuen.

Backzeit: 60 Minuten bei mittlerer Hitze.

Rezept 1192

Butter- oder Zuckerkuchen

150 g Butter, 2 Eier
150 g Zucker, 500 g Mehl
1 Päckchen Backpulver
1/2–1 Tasse Milch
Belag:
125 g Butter
75 g Zucker
1 P. Vanillezucker
50 g Mandeln

Einen Rührteig bereiten und auf ein gefettetes Blech streichen. Die Butter in kleinen Flöckchen verteilt auf den Teig setzen, die übrigen Zutaten miteinander vermischt darüber streuen.

Backzeit: 20–25 Minuten bei starker Hitze.

Rezept 1193

Einfacher Rührkuchen

200 g Butter
200 g Zucker
4–5 Eier
etwas abgerieb. Zitrone
500 g Mehl
1 Päckchen Backpulver
1/2 Tasse Milch

Einen Rührteig aus den angegebenen Zutaten bereiten, in eine gefettete Napfkuchenform füllen und hellbraun backen. Nach dem Erkalten mit Puderzucker bestreuen oder mit einem Überzug aus Schokolade, Rum oder Zitrone versehen. Rezept 1276–1281.

Backzeit: 60 Minuten bei schwacher Hitze.

Rezept 1194

Einfacher Obstkuchen

150 g Butter
150 g Zucker
1 Vanillezucker
2 Eier
500 g Mehl
1 Päckchen Backpulver
1/2–1 Tasse Milch
Belag:
2–2 1/2 Pfund Obst
Zucker zum Bestreuen

Einen Rührteig bereiten und in eine gefettete Springform füllen. Den Teig mit den in Scheiben geschnittenen Äpfeln belegen (Pflaumen entsteinen, Kirschen entkernen. Erd- oder Himbeeren gewaschen und abgetropft auflegen), mit Zucker bestreuen und 40–50 Minuten bei starker Hitze backen.
Man kann mit Sahne verzieren.

Rezept 1195

Englische Apfelpastete

½ Pfund Mehl
1 Prise Salz
1 Tasse Butter
2 Eßlöffel Wasser
2 Pfund Apfelschnitze
1 Prise Zimt
1 Tasse Zucker
1 Eßlöffel Butter
Zucker

Mehl in eine Schüssel sieben, Salz und das erweichte Fett zufügen, den Teig mit zwei Messern schneiden, bis er in einzelne Klumpen zerfällt. Löffelweise Wasser zugeben und den Teig so lange kneten, bis er sich vom Schüsselboden löst; dann in 2 Teile teilen. Auf einem Brett etwas größer ausrollen, als die Auflaufform ist. Die Form mit der einen Teigplatte bis an den Rand auslegen, die Äpfel hineingeben, mit Zucker und Zimt bestreuen, Butterflöckchen aufsetzen. Die andere Teigplatte daraufdecken, die Ränder fest zusammendrücken und mit spitzem Messer den Teigdeckel in der Mitte kreuzweise einschneiden, damit der Dampf entweichen kann. Die Pastete bei mittlerer Hitze 55–60 Minuten backen.
Reichen Sie dazu eine Vanillesoße, Rezept 526, oder geschlagene Sahne. Statt Äpfel können Sie auch gekochte oder frische entsteinte Sauerkirschen verwenden.

Rezept 1196

Wiener Apfelstrudel

½ Pfund Mehl
1 Eßlöffel Öl
1 Ei
1 Prise Salz
½ Tasse Wasser
4 Eßl. flüssige Butter
3 Eßlöffel Paniermehl
2 Pfund Apfelschnitze
2–3 Eßlöffel Zucker
1 Tasse Rosinen
1 Tasse geraspelte Nüsse
2 Eßl. flüssige Butter
Puderzucker oder Vanilleglasur:
1 Ts. Puderzucker
1 P. Vanillezucker
3 Eßl. Wasser

Das Mehl auf ein Backbrett geben, eine Vertiefung machen und Fett, Ei, Salz und Wasser zugeben, daraus einen Strudelteig bereiten, den man so lange in der Schüssel schlagen muß, bis er glänzend wird, ½ Stunde unter warmer Schüssel stehen lassen, auf bemehltem Tuch ausrollen und den Teig vorsichtig mit den Händen über die Tischplatte ganz dünn auseinanderziehen. Den Teig mit flüssiger Butter bestreichen und mit Semmelmehl bestreuen. Gleichmäßig Äpfel, Zucker, Zimt, Weinbeeren und Nüsse auf dem Teig verteilen, die Ränder einschlagen und den Strudel mit Hilfe des Tuches aufrollen. Mit flüssigem Fett bestreichen, auf ein Backblech legen und in 45 – 60 Minuten goldgelb backen. Noch warm mit Puderzucker bestreuen und sofort servieren. Statt dessen nach Belieben aus Puderzucker, Vanillezucker und Wasser eine Glasur bereiten und den warmen Apfelstrudel damit überziehen.
Mit einer Tasse Kaffee ein beliebtes Mittagessen in Österreich.

250 g Mehl
150 g Butter
Salz
Zucker
1 Glas Wasser
1 Dose Apfelkompott
1 Stich Butter
Obst zum Garnieren

Rezept 1197

Französischer Apfelkuchen

Einen lockeren Teig aus Mehl, Butter, Salz, Zucker und einem kleinen Glas Wasser bereiten. Den Teig leicht kneten und ihn eine Stunde ziehen lassen. Ausrollen und auf ein Kuchenblech von 25 cm Durchmesser legen. 20 Minuten im Backofen backen lassen. Währenddessen $^1/_1$-Dose gezuckertes Apfelkompott öffnen, das Kompott durch ein Tuch drücken und auf kleiner Flamme mit einem Stich Butter erhitzen. Wenn der Teig gar ist, darauf das Kompott verteilen und mit einigen Kirschen oder Aprikosen, Pfirsichen oder anderen Früchten garnieren.

250 g Mehl
125 g Butter
1 Prise Salz
Wasser
1 Dose Mirabellen
2 Eßlöffel Zucker
1 Tasse Rosinen
2 Eßlöffel Mandeln
4–6 Zwiebäcke
Milch

Rezept 1198

Mirabellenrolle „Brigitte"

Mehl in eine Schüssel sieben, Butter in kleine Würfel schneiden und unter das Mehl mengen, Wasser hinzufügen, alles verrühren, salzen, bis der Teig schön fest ist. Den Teig höchstens 2 Stunden ruhen lassen. Eine Dose Mirabellen öffnen, Früchte entkernen, dann den Saft, Zucker, Rosinen und geschälte Mandeln und einige Zwiebacke hinzufügen. Alles gut vermengen. Den Teig auf einer mehlbestreuten Unterlage bearbeiten und in eine rechteckige Form legen. Die Mirabellenmischung auf dem Teig verteilen, rollen und dann die Enden schließen. Alles mit Milch bestreichen. Die Teigrolle auf ein Kuchenblech legen und 30–35 Minuten im Backofen backen.

100 g Butter, 4 Eier
150 g Zucker, 250 g Mehl
100 g Schokolade, ger.
2 P. Schokoladenpuddingpulver
2 Teelöffel Backpulver
2 Eßlöffel Milch
75 g Haselnußkerne, ger.
Schokoladenüberzug Rezept 1281
50 g Mandeln

Rezept 1199

„Rehrücken"

Einen Rührteig herstellen. Die geriebene Schokolade nach den Eiern zugeben, Puddingpulver zusammen mit dem Mehl, zuletzt die geriebenen Haselnußkerne unterrühren. Den Teig in eine Rehrückenform füllen. Nach dem Erkalten mit Schokoladenüberzug versehen und mit Mandelstiften spicken.

Backzeit: 50–60 Minuten bei schwacher Mittelhitze.

Rezept 1200

Streuselkuchen

150 g Butter, 2 Eier
150 g Zucker, 500 g Mehl
1 Päckchen Backpulver
1/2–1 Tasse Milch
Streusel:
300 g Mehl
200 g Zucker
1 Vanillezucker
1 Messerspitze Zimt
150–200 g Butter

Einen Rührteig bereiten und auf einem gefetteten Blech glattstreichen. Zum Streusel: Alle Zutaten gut mit den Händen vermischen, bis eine krümelige Masse entsteht, und auf dem Teig verteilen.

Backzeit: Bei starker Hitze 20–25 Minuten.

Rezept 1201

Königskuchen

250 g Butter, 4 Eier
200 g Zucker, 500 g Mehl
gerieb. Zitronenschale
1 Päckchen Backpulver
1/2 Tasse Milch
250 g Korinthen
100 g Rosinen
50 g Zitronat
1/4 Pfund geriebene Schokolade

Einen Rührteig herstellen, die gereinigten Früchte und das feingeschnittene Zitronat (Schokolade) zugeben. In eine mit Pergamentpapier ausgelegte Kastenform füllen und bei schwacher Mittelhitze backen.

Backzeit: 75–90 Minuten.

Rezept 1202

Waffeln

125 g Butter, 3 Eier
25 g Zucker, 125 g Mehl
1 Vanillezucker
Rumaroma
125 g Mondamin
1 Teelöffel Backpulver
1 Tasse Milch
Puderzucker

Einen Rührteig bereiten. Das Waffeleisen mit Fett auspinseln (Öl oder Speckschwarte) und erhitzen. Löffelweise den Teig einfüllen, das Eisen zusammenklappen und die Waffeln von beiden Seiten backen. Herausnehmen, mit Puderzucker bestäuben und auf einem Rost auskühlen lassen.

Man kann auch 1–2 Handvoll Rosinen mit in den Teig geben.

Rezept 1203

Schokoladenkranz

200 g Butter, 4 Eier
200 g Zucker, 250 g Mehl
1 P. Vanillezucker
3 Teelöffel Backpulver
125 g Mondamin
2–4 Eßlöffel Milch
100 g Schokoplätzchen
Schokoladenglasur Rezept 1280
100 g Mandeln

Einen festen Rührteig bereiten, die Schokoladenplätzchen unterrühren, die nicht auf den Boden sinken dürfen. Den Kuchen in einer Ringform backen und aus der Form gestürzt noch heiß mit Schokoladenglasur überziehen. Dann mit gehackten Mandeln bestreuen.

Backzeit: 50 Minuten bei guter Mittelhitze.

Rezept 1204

Muzelmandeln

3/4 Pfund Mehl
1 Teelöffel Backpulver
3 Eier, 1 Prise Salz
3 Eßlöffel Zucker
100 g Butter
1/2 abgeriebene Zitronenschale
2–3 Eßl. saure Sahne
Fett zum Backen
Puderzucker

Mehl mit Backpulver vermischen, Eier, Zucker, Fett, Zitronenschale und Salz zugeben und so viel Sahne, daß ein mittelfester Teig entsteht. 1/2 Stunde kalt stellen, dann dick ausrollen. Mit einem Löffel mandelförmige Stückchen Teig abstechen und in heißem Fett schwimmend ausbacken. Das Gebäck mit Schaumlöffel herausheben, abtropfen lassen und in Puderzucker wenden.

Rezept 1205

Aachener Printen

1/2 Pfund Sirup
oder 1/2 Honig/Sirup
3 Eßlöffel Butter
5 Eßlöffel Zucker
1 Teelöffel Zimt
1/2 Teelöffel Kardamom
1 Pfund Mehl
1 Päckchen Backpulver
1/2 Tasse Wasser
1 Teelöffel Mondamin

Sirup mit Fett und Zucker erwärmen und wieder abkühlen lassen. Mehl mit Backpulver und Gewürzen vermischt in die Sirupmasse geben und den Teig gut durchkneten. Auf bemehltem Brett ausrollen und Rechtecke von etwa 10 cm ausrädeln. Mondamin mit Wasser verrühren, aufkochen. Den Teig mit dem Mondaminwasser bestreichen und bei starker Hitze in 10 Minuten backen.

Rezept 1206

Wiener Torte

500 g Mehl
500 g Butter
500 g Zucker
10 Eier
etwas Vanillekrem
einige Mandeln
Füllung:
versch. Marmeladen
Rumglasur, Rezept 1279

Einen Rührteig bereiten und 10 sehr dünne Böden in einer Springform daraus backen.
Zwischen die gebackenen Böden die verschiedenen Konfitüren füllen und den obersten Boden mit Rumglasur überziehen. Den Rand mit Butter- oder Vanillekrem bestreichen und mit Mandelblättchen belegen.

Rezept 1207

Honigkuchen

150 g Honig, 500 g Mehl
125 g gestoßener Kandiszucker
125 g Butter, 1 Ei
1 Teelöffel Zimt
1 Päckchen Backpulver
1/2 Tasse Milch
einige Mandeln

Honig, Zucker und Butter flüssig werden lassen, abkühlen, mit Zimt, Ei, Milch und Mehl abwechselnd vermischen. Den Teig in eine mit gefettetem Pergamentpapier ausgelegte Kastenform füllen und mit Mandeln verzieren.
Backzeit: 60–70 Minuten bei guter Mittelhitze.

Rezept 1208

Sachertorte

(Die Hälfte des Originalrezeptes)
Die Butter mit 40 g Zucker schaumig rühren, die erwärmte Schokolade und nach und nach die Eigelb und den Vanillezucker zugeben. Den steifen Eischnee noch einmal mit dem restlichen Zucker sehr fest schlagen und unter die Schaummasse ziehen. Zuletzt das gesiebte Mehl vorsichtig unter den Teig mischen.
Diese Masse in eine kleine, nur am Boden gefettete Tortenform füllen und bei mäßiger Hitze in 40–50 Minuten backen. Abgekühlt mit Aprikosenmarmelade bestreichen, etwas antrocknen lassen; dann mit flüssigem Schokoladenüberzug bestreichen und evtl. mit Konditorkirschen oder Mandelblättchen verzieren.

140 g Butter
160 g Zucker
180 g Schokolade flüssig
8 Eier
1 Vanillezucker
140 g Mehl
250 g Aprikosenmarmelade
300 g Schokoladenüberzug
Rezept 1281

Rezept 1209

Aprikosentorte

Einen Rührteig herstellen. 3 Böden davon in einer mit Pergamentpapier ausgelegten Springform backen. Abkühlen lassen. Inzwischen die Aprikosen dünsten und abtropfen lassen. Eine Vanillekrem kochen, Butter darin zergehen lassen und kalt rühren. 2 Böden mit Aprikosen belegen, mit Vanillekrem bestreichen. Ein hübsches Muster aufspritzen und mit Geleestückchen verzieren.
Geleestückchen: Den abgekühlten Aprikosensaft mit 6–8 Blatt Gelatine (in Wasser aufgelöst) dicken und nach dem Steifwerden in gleichmäßige Viereckchen schneiden.

250 g Butter, 3 Eier
250 g Zucker
1 P. Vanillezucker
100 g Mondamin
1 Messerspitze Backpulver, 100 g Mehl
Füllung:
Vanillekrem,
Rezept 1269
1/2 l Milch, 100 g Zucker
2 Päckchen Vanillesoßenpulver
150 g Butter
500 g frische, in Zucker gedünstete Aprikosen
Geleestückchen zum Verzieren

Rezept 1210

Gefüllter Zitronenkuchen

Einen Rührteig bereiten und in eine gefettete Kastenform füllen. Nach dem Backen erkalten lassen, zweimal der Länge nach durchschneiden und mit Krem füllen. Den Kuchen mit der Krem bestreichen und am Rand mit Mandelblättchen bestreuen. Mit Kremtupfen und Kirschen garnieren.

Backzeit: 65–75 Minuten.

125 g Butter, 3 Eier
200 g Zucker
1 P. Vanillezucker
gerieb. Zitronenschale
200 g Mehl
3 Teelöffel Backpulver
100 g Mondamin
Füllung Rezept 1268
Mandelblättchen
kandierte Kirschen

Rezept 1211

Frankfurter Kranz

200 g Butter
200 g Zucker
1 Vanillezucker
3–4 Eier
1 Päckchen Backpulver
400 g Mehl
1 Tasse Milch
Butterkrem, Rezept 1273
Krokant:
2 Eßlöffel Zucker
40 g Butter
10 Eßl. Haferflocken (Mandeln)

Einen Rührteig bereiten und in einer Ringform backen. Nach dem Erkalten zweimal durchschneiden und mit der Butterkrem füllen. Auch von außen mit Butterkrem bestreichen, dann mit Krokant bestreuen. Zum Krokant: Alle Zutaten zusammen in einen Tiegel geben, verrühren und bräunen lassen. Auf ein Brettchen geben, abkühlen lassen und fein zerkrümelt über den Kranz geben. Den Kranz mit Buttertupfen verzieren und evtl. kandierte Kirschen obenauf setzen.

Backzeit: 50–60 Minuten.

Rezept 1212

Venezianische Torte

125 g Butter
200 g Zucker
3 Eier
1 Päckch. Vanillezucker
gerieb. Zitronenschale
2 Teelöffel Zitronensaft
200 g Mehl
75 g Mondamin
3 Teelöffel Backpulver
12 Zitronengeleestückchen, Rezept 886
Mandelblättchen
Zitronenkrem
Rezept 1268

Butter, Zucker und Eigelb rühren, bis der Zucker geschmolzen ist, dann Zitronensaft und -schale zugeben und die übrigen Zutaten. Den Teig in eine nur am Boden gefettete Springform füllen und 50–60 Minuten backen. Am nächsten Tag den Boden zweimal durchteilen, die Krem zwischenfüllen und wieder zusammensetzen. Rand und Oberfläche mit Krem bestreichen und den Rand mit Mandelblättchen bedecken. Die Oberfläche mit Kremtupfer und Zitronengeleestückchen verzieren, daran anschließend die Torte kalt stellen.
Zur Füllung: Butter und Puderzucker schaumig rühren und Zitronensaft und -schale zugeben.

Rezept 1213

Bienenstich

150 g Butter, 2 Eier
150 g Zucker
500 g Mehl
1 Päckchen Backpulver
½–1 Tasse Milch
Krem:
100 g Butter
200 g Zucker
1 Vanillezucker
2 Eßlöffel Milch
200 g Nußkerne

Einen Rührteig bereiten und auf gefettetem Blech gleichmäßig verstreichen. Aus den angegebenen Zutaten eine Krem bereiten: Butter, Zucker, Vanillezucker und Milch heiß werden lassen und die gehackten Nüsse daruntermischen. Die Krem auf den Teig füllen und bei starker Hitze backen.

Backzeit: 35 Minuten.

Rezept 1214

Österreicher Strudelteig

Das Mehl auf ein Brett geben, eine Vertiefung machen und die Zutaten hineingeben. Den Teig tüchtig kneten und schlagen, auf einem Tuch ausrollen, das mit Mehl bestäubt ist. Den Teig mit flüssiger Butter bestreichen und beliebige Füllungen daraufgeben: Gemüse, Pilze, Fleisch oder Äpfel, Quark, Mohn. Den Teig zusammenrollen, noch einmal mit flüssiger Butter bestreichen und im Backofen hellbraun backen. Warm anrichten.

½ Pfund Mehl
1 Tasse Wasser
1 Eßl. flüssige Butter oder Öl
1 Ei
1 Prise Salz

Rezept 1215

Nudelteig

Mehl sieben, eine Vertiefung machen, das Ei mit Wasser verquirlt zum Mehl geben und einen geschmeidigen Teig kneten. Ganz dünn ausrollen, in ½ cm breite Streifen schneiden, ausbreiten und trocknen lassen. Dann verwenden wie Suppennudeln.

5 Eßlöffel Mehl
1 Ei
1 Eßlöffel Wasser
1 Prise Salz

Rezept 1216

Franz. Baisers

Eiweiß sehr steif schlagen, nach und nach den mit Vanille gemischten Zucker unter ständigem Schlagen zugeben, bis eine zähe Masse entsteht. Mit Spritzbeutel über Obsttorten spritzen und im heißen Backofen kurz bräunen lassen oder in Rosetten auf ein gefettetes Backblech oder auf Oblaten spritzen, und in wenigen Minuten im vorgewärmten Backofen hellgelb backen. Man reicht sie zu Obstkompott.

4 Eiweiß
4 Eßlöffel Zucker
1 Vanillezucker

Rezept 1217

Grundrezept Knet-Mürbeteig

- 250 g Mehl
- 1 Päckchen Backpulver
- 65 g Zucker
- Gewürze
- 1–2 Eier
- Flüssigkeit nach Bedarf (Milch oder Wasser)
- 125 g Butter
- Früchte

Allgemeine Zubereitung:

Das Fett muß fest und möglichst kalt sein. Früchte waschen und abtrocknen. Mehl und Backpulver auf einem Backbrett mischen, in die Mitte des Mehles eine Vertiefung drücken, Zucker, Gewürze, Eier und Flüssigkeit hineingeben und mit einem Teil des Mehles zu einem dicken Brei verarbeiten. Dann die in Stücke geschnittene Butter zugeben und evtl. die Früchte mit Mehl bedecken und von der Mitte aus alles zu einem festen Teig verarbeiten durch Andrücken, Drehen und Kneten des Teiges. Zu einer Rolle geformt, mit dem Rollholz flachrollen und bei Kleingebäck mit Formen ausstechen, oder bei Tortenböden in die Form pressen. Den Teig in einen vorgeheizten Backofen stellen und bei Mittelhitze backen. Das Backwerk sofort nach dem Garwerden aus der Form oder vom Blech nehmen. Zum Abkühlen auf einen Rost legen.

Knetteig ist erforderlich für
gedeckte Apfeltorte, Quarkstollen, Nußkranz, Obsttorte, Teegebäck, Torteletts, Terrassen usw.

Backzeit: 10–20 Minuten, Kleingebäck 10–15 Minuten.

Rezept 1218

Osterbrot

- 500 g Mehl
- 125 g Butter
- 1 Päckchen Backpulver
- 200 g Zucker, 2 Eier
- etwas Rumaroma
- ½ Pfund Sahnequark
- 125 g Mandeln
- 250 g Rosinen
- 250 g Sukkade
- 1 Eigelb zum Bestreichen
- einige Mandeln

Einen Knetteig, Rezept 1217, bereiten, ein faustgroßes Stück abnehmen und daraus 2 dicke Teigrollen formen. Den übrigen Teig zu einem etwas runden Brot formen. Die Teigrollen kreuzweise darüberlegen und mit verquirltem Eigelb bestreichen. Einige abgezogene, halbierte Mandeln dicht nebeneinander auf das Teigkreuz legen. Im vorgeheizten Ofen bei Mittelhitze 50–60 Minuten backen.

Rezept 1219

Käsetorte mit Boden

Aus den gegebenen Zutaten einen Mürbeteig bereiten, ausrollen und als Boden in eine gefettete Springform geben.
Quarkmasse: Butter, Zucker, Eigelb, Zitrone schaumig schlagen, die anderen Zutaten zugeben. Quark durch ein Sieb passieren und alles gut miteinander vermischen. Die Masse auf den Teig füllen, glattstreichen und ca. 1 Stunde bei mittlerer Hitze backen. Nach dem Erkalten dick mit gesiebtem Puderzucker bestreuen.

100 g Mehl, 1 Ei
2 Eßlöffel Mondamin
1/2 Päckchen Backpulver
3 Eßlöffel Zucker
3 Eßlöffel Butter
Zur Quarkmasse:
125 g Butter
250 g Zucker
2 Eigelb, 1 Prise Zimt
1/2 abgeriebene Zitrone
1 1/2 Pfund Quark
25 g Mondamin
etwas Rum
1 Vanillezucker

Wußten Sie schon, daß . . .
Käsekuchen eine besonders schöne Farbe erhält, wenn man Zucker in lauwarmer Milch auflöst und die obere Schicht des Kuchens vor dem Backen damit bestreicht?

Rezept 1220

Käsefüllung für Obsttorten

Den durchgerührten Quark mit Eigelb, Puddingpulver, der Hälfte Zucker und Milch zu einer ziemlich dünnen Masse anrühren. Das Eiweiß steifschlagen, den Rest Zucker zugeben, alles mischen, über den Kuchen verteilen und backen.

250 g Quark
100 g Zucker
1–2 Eier, Milch
Zitrone, Salz
20–30 g Puddingpulver

Rezept 1221

Mailänder Apfelkuchen

Einen Knetteig, Rezept 1217, bereiten und auf gefettetem Blech ausrollen. Quark mit den angegebenen Zutaten vermischen. Äpfel geschält mit Zucker und Zimt bestreuen und gut durcheinander mengen. Den ausgerollten Teig mit Paniermehl bestreuen, Quark und Apfelmasse in kleinen gleichmäßigen Feldern (Schachbrettmuster) auf den Teig geben, alles mit gehackten Nüssen bestreuen und 40 bis 50 Minuten bei guter Mittelhitze backen. Der Kuchen muß möglichst frisch verzehrt werden.

300 g Mehl
2 Teelöffel Backpulver
100 g Zucker, 1 Ei
2 Eßl. Milch, 125 g Butter
Belag: 2 Pfund Quark
200 g Zucker
gerieb. Zitronenschale
1 Ei, 40 g Mondamin
50 g Rosinen
3 Pfund Äpfel
125 g Zucker
1 Prise Zimt
1 Eßlöffel Paniermehl
Haselnußkerne

Rezept 1222

Gedeckter Apfelkuchen

300 g Mehl
2 Teelöffel Backpulver
100 g Zucker
1 P. Vanillezucker
1 Eiweiß, 1 Eßl. Milch
150 g Butter
Füllung: 2 Pfund Äpfel
2 Eßlöffel Zucker
1 Prise Zimt
2 Eßlöffel Wasser
50 g Rosinen, Rumaroma
Zum Bestreichen:
1 Eigelb, Milch

Einen Knetteig, Rezept 1217, bereiten. Die Hälfte des Teiges in eine Springform füllen, mit einer Gabel Löcher hineinstechen und in 10 Minuten hellgelb backen. Die geschälten Äpfel mit den angegebenen Zutaten leicht dünsten und mit Rumaroma würzen. Auf den abgekühlten Boden einen Teigstreifen als Rand legen, den Boden mit der Füllung bedecken, darauf eine Teigplatte legen, mit verquirltem Eigelb bestreichen und noch 20–25 Minuten bei guter Mittelhitze backen.

Rezept 1223

Stachelbeerkuchen

125 g Mehl
75 g Mondamin
½ Teelöffel Backpulver
1 P. Vanillezucker
65 g Zucker, 2 Eigelb
100 g Butter
Belag:
2 Pfund Stachelbeeren
125–150 g Zucker
ca. ½ Tasse Wasser
Baisermasse:
2 Eiweiß
115 g Puderzucker

Einen Knetteig, Rezept 1217, herstellen und ½ Stunde ruhen lassen. ¾ des Teiges ausrollen, eine Springform damit auslegen und goldgelb backen. Stachelbeeren säubern, mit einem Holzspießchen durchstechen, vorsichtig in Zukkerwasser überwällen, abtropfen lassen und auf den gebackenen Boden legen. Eiweiß mit Puderzucker sehr steif schlagen, bis eine Baisermasse entsteht, ein Gitter damit auf die Torte spritzen und noch einmal kurz in den Ofen schieben und goldgelb werden lassen. Die Backzeit des Bodens, 25–35 Minuten, sollte man auf keinen Fall überschreiten.

Rezept 1224

Träubleskuchen

¼ Pfund Butter
4 Eßlöffel Zucker
2 Eigelb
½ abger. Zitronenschale, ½ Pfund Mehl
1 Teelöffel Backpulver
Belag:
2 Eiweiß
3–4 Eßlöffel Zucker
2 Teelöffel Mondamin
1 Pfd. Johannisbeeren

Mehl mit den übrigen Zutaten zu einem Mürbeteig verarbeiten und ½ Stunde kalt stellen. Teig ausrollen und in eine Springform füllen. Den Boden in 25 Minuten goldgelb backen. Die Eiweiß zu steifem Schnee schlagen, Zukker und Mondamin zugeben und die Schaummasse noch 5 Minuten schlagen. Gereinigte und verlesene Johannisbeeren vorsichtig unterziehen, auf den Tortenboden füllen und bei gleichbleibender mäßiger Hitze im Ofen leicht gelb backen.

Rezept 1225

Obsttörtchen

175 g Mehl
75 g Mondamin
1 Ei, 1 Eßlöffel Rum
65 g Zucker
1 P. Vanillezucker
125 g Butter
gedünstete Früchte
1/4 l Schlagsahne
etwas Zucker
1 P. Vanillezucker

Einen Knetteig, Rezept 1217, bereiten. Den ausgerollten Teig in kleine Förmchen geben und backen. Die Torteletts mit abgetropften Früchten belegen und vor dem Servieren mit Sahne bespritzen. Man kann auch zuvor auf die Törtchen eine Kreme füllen und sie dann mit Obst belegen. Den Saft mit Gelierhilfe andicken und vorsichtig über die Früchte füllen.

Rezept 1226

Linzer Torte

100 g Mehl
75 g Mondamin
1 P. Vanillezucker
125 g Zucker
140 g Butter
140 g gemahl. Mandeln
1 Ei, ger. Zitronenschale
1 Eßl. Rum, 1/2 Teel. Zimt
1 Prise Nelke u. Salz
Erdbeermarmelade
Puderzucker

Einen Knetteig, Rezept 1217, bereiten, 2/3 Teig ausrollen und in eine Springform geben. Marmelade darauf streichen, den übrigen Teig mit einem Teigrädchen zu Streifen ausrollen und ein Gitter auflegen. Nach dem Backen mit Puderzucker überstäuben. Backzeit: 45–50 Minuten.

Rezept 1227

Haselnußkranz

300 g Mehl
2 Teelöffel Backpulver
100 g Zucker
1 Ei, 2 Eßlöffel Milch
125 g Butter
Füllung:
200 g Haselnußkerne
100 g Zucker, 1 Eiweiß
4 Tropf. Bittermandelöl
4–5 Eßlöffel Wasser
Zum Bestreichen:
1 Eigelb, 1 Eßl. Milch

Einen Knetteig, Rezept 1217, bereiten und zu einem Rechteck ausrollen. Die Zutaten zur Füllung vermischen, daß sie sich streichen läßt. Den Teig damit bestreichen, diesen aufrollen und als Kranz geformt auf ein glattes Blech legen. Mit verquirltem Eigelb bestreichen, den Außenrand alle 4 cm leicht einschneiden. Den Kuchen hellbraun backen und mit Puderzucker bestäuben. Backzeit: 30–35 Minuten. Füllung: Die Haselnüsse fein hacken, Zucker, Mandelöl, Eiweiß und Wasser miteinander verrühren zu einer Krem.

Rezept 1228

Korinthenstuten

450 g Mehl
50 g Mondamin
1 Päckchen Backpulver
1 Eßlöffel Zucker
1 Teelöffel Salz
25 g Butter flüssig
1 1/2 Tassen Milch
75–125 g Korinthen

300 g Mehl mit dem abgekühlten flüssigen Fett und der Milch verrühren, dann die anderen Zutaten zugeben. Den Teig in eine Kastenform füllen, in die Mitte eine 1 cm tiefe Rille schneiden und mit Milch bepinselt 60 Minuten bei schwacher Mittelhitze backen.

Rezept 1229

Christstollen

500 g Mehl
1 Päckchen Backpulver
200 g Zucker, etwas Salz
1 P. Vanillezucker
4 Tropf. Bittermandelöl
1 Rumaroma
4 Tropfen Zitronenöl
1 Messerspitze Kardamom und Muskatblüte
2 Eier, 125 g Butter
50 g Rinderfett
250 g Quark
125 g Rosinen
125 g Korinthen
125 g Mandeln
40 g Zitronat
Zum Bestreichen:
80 g zerlassene Butter
100 g Puderzucker

Einen Knetteig bereiten und die kalte Margarine und das Rinderfett in Stücke geschnitten hineinarbeiten. Quark durch ein Sieb streichen und von der Mitte aus alles zu einem glatten Teig verarbeiten. Den Teig zum Stollen 2–3 Finger dick ausrollen und zur Hälfte überklappen. Auf einem gefetteten Backblech im vorgeheizten Ofen etwa 75 Minuten bei schwacher Mittelhitze backen. Gleich nach dem Backen muß der Stollen mit zerlassener Butter öfters bestrichen werden, bis das Fett tief in die Poren eingedrungen ist. Dick mit Puderzucker bestäuben, in Cellophanpapier einschlagen und am besten 3–4 Wochen kalt liegen lassen.

(Das Rinderfett kann nach Belieben weggelassen werden und durch Butter oder Margarine ersetzt werden.)

Rezept 1230

Königin-Schnitten

150 g Mehl
50 g Mondamin
1 P. Vanillezucker
60 g Zucker
120 g Butter, 2 Eier
Belag: 125 g Butter
75 g Zucker
2 Eier, abgeriebene Zitronenschale
1 Teelöffel Backpulver
50 g Rosinen
50 g Korinthen
1 Eßlöffel Orangeat
1 Eßlöffel Zitronat
75 g gehackte Mandeln
Rumglasur, Rezept 1279

Einen Knetteig, Rezept 1217, aus den angegebenen Zutaten bereiten, etwas kalt stellen und ein halbes Backblech damit belegen. Mit der Gabel einige Male hineinstechen und den Teig leicht anbacken. Inzwischen zum Belag Butter, Zucker, Eier schaumig rühren. Die anderen Zutaten zugeben und den angebackenen Boden damit bedecken. Sofort in den Ofen schieben, backen und den heißen Kuchen mit Rumglasur überziehen. Nach dem Erkalten in gefällige Stücke schneiden. Backzeit: 35–45 Minuten.

Zitronat, Orangeat und Mandeln müssen feingehackt unter die Teigmasse gegeben werden.

Rezept 1231

Grundrezept Biskuitteig

6 Eier
250 g Zucker
6 Eßl. warmes Wasser
1 P. Vanillezucker
Gewürze
250 g Mehl
(oder 1/2 Mehl
1/2 Mondamin oder
Soßenpulver)
1/2 Päckchen Backpulver
Nüsse oder Mandeln

Allgemeine Zubereitung:

Der Teig wird in Formen oder auf Blechen gebacken, die mit gefettetem Pergamentpapier belegt sind.
Eigelb und Wasser mit Schneebesen schaumig schlagen, nach und nach 2/3 des Zuckers mit Vanillezucker zugeben. Schlagen, bis eine kremartige Masse entsteht. Eiweiß mit dem Rest des Zuckers zu sehr steifem Schnee schlagen, auf die Eigelbmasse geben, das Mehl darübersieben und vorsichtig unter die Eigelbkrem ziehen. Den Teig in die mit Papier ausgelegte Form füllen und sofort in einem vorgeheizten Ofen bei Mittelhitze backen. Nach der Garprobe herausnehmen, leicht abkühlen lassen, das Papier abziehen und den Kuchen auf einem Rost ausdünsten lassen.

Biskuitteig ist erforderlich für
Butterkremtorte, Löffelbiskuits, Luisentorte, Obstkuchen in Springform, Punschtorte, Schokoladentorte, Biskuitrolle usw. Backzeit: 30 Minuten.

Rezept 1232

Feine Kirschtorte

4 Eigelb
4 Eßl. heißes Wasser
180 g Zucker
1 P. Vanillezucker
120 g Mondamin
120 g Mehl
2 Teelöffel Backpulver
4 Eiweiß
500 g Sauerkirschen
2 Tassen Sahne
etwas Zucker
50 g Borkenschokolade
zum Bestreuen

Einen Biskuitteig, Rezept 1231, bereiten, in eine Springform füllen, die nur am Boden gefettet ist, und nach Vorschrift backen. Nach dem Abkühlen den Kuchen zweimal durchschneiden und mit dem abgetropften Obst belegen. Das Obst dünn mit Schlagsahne bestreichen, den Boden wieder auflegen. Oberfläche und Seiten mit Schlagsahne bestreichen, Borkenschokolade überstreuen und mit Sahnetupfen verzieren. Auf jeden Sahnetupfer eine Kirsche setzen und den Kuchen kalt servieren. Die Kirschen sind zu entsteinen und in Zuckerwasser zu schmoren oder man verwendet entsteinte Dosenkirschen, die man gut abtropfen läßt. Backzeit: 40–50 Minuten bei guter Mittelhitze.

Rezept 1233

Butterkremtorte

3 Eigelb, 120 g Zucker
3 Eßl. heißes Wasser
1 P. Vanillezucker
abger. Zitronenschale
75 g Mehl, 3 Eiweiß
2 Teelöffel Backpulver
75 g Mondamin
Butterkrem:
1/2 Pfund Butter
1/2 Pfund Zucker
1 P. Vanillezucker
2 Eigelb
1/4 l Wasser
Zum Bestreichen:
6 Eßlöffel Konfitüre

Einen Biskuitteig aus den angegebenen Zutaten bereiten und in einer Springform, die nur am Boden gefettet ist, backen. Abkühlen lassen und zweimal durchschneiden. Die Böden zuerst mit der Konfitüre bestreichen, dann mit Butterkrem und die Böden wieder zusammensetzen. Oberfläche und Rand ebenfalls sorgfältig mit Butterkrem bestreichen und mit einer Spritztülle hübsche Muster aufspritzen. Man kann die Butterkrem zu Verzierung mit etwas Kakao dunkel färben. Evtl. mit glasierten Kirschen und Mandelblättchen verzieren. Butterkrem nach Vorschrift zubereiten, Rezept 1273, Backzeit: 35–45 Minuten bei guter Mittelhitze.

Rezept 1234

Früchtebrot

3 Eier
125 g Zucker
etwas Rumaroma
1 Prise Zimt
60 g Mandeln
125 g Haselnußkerne
125 g Feigen
125 g Zitronat
250 g Rosinen
125 g Mehl
1 Teelöffel Backpulver

Mandeln und Nüsse hacken, Feigen und Rosinen waschen, abtrocknen und klein schneiden, ebenso das Zitronat. Mehl und Backpulver mischen. Eier und Zucker schaumig schlagen, Gewürze und Früchte zugeben, dann das gesiebte Mehl. Den Teig in eine mit gefettetem Pergamentpapier ausgelegte Kastenform füllen und 75–90 Minuten bei schwacher Mittelhitze backen. Statt Feigen können auch getrocknete Pflaumen oder Aprikosen verwendet werden.

Rezept 1235

Jamaika-Torte

3 Eigelb, 75 g Mehl
3 Eßl. heißes Wasser
120 g Zucker
1 P. Vanillezucker
abger. Zitronenschale
75 g Mondamin
1 Teelöffel Backpulver
3 Eiweiß
Füllung:
2 Eßl. Johannisbeergelee
Rumkrem: Rezept 1267
kandierte Kirschen
Mandelblättchen

Einen Biskuitteig Nr. 1231 bereiten und in eine nur am Boden gefettete Springform füllen. Nach dem Backen und Abkühlen den Kuchen zweimal durchschneiden, hauchdünn mit Johannisbeergelee bestreichen, Rumkrem auffüllen und wieder zusammensetzen. Rand und Oberfläche ebenfalls mit Krem bestreichen und mit Mandelblättchen und kandierten Kirschen verzieren. Vor dem Anrichten kalt stellen. Krembereitung: Butter und Puderzucker schaumig rühren und löffelweise den eisgekühlten Rum dazugeben.
Backzeit: 35–45 Minuten bei guter Mittelhitze.

Rezept 1236

Geburtstagstorte

Einen Biskuitteig, Rezept 1231, bereiten. Den Teig in eine nur am Boden gefettete Springform füllen und backen. Am anderen Tag zweimal durchschneiden, die Krem dazwischenfüllen und die Böden wieder zusammensetzen. Oberfläche und Rand mit Krem bestreichen. In den Rand mit grober Gabel leichte Rillen einziehen. Oberflächenrand mit fein geraspeltem Zitronat belegen. Aus Ananasstückchen kleine Pilzfüßchen formen und kandierte Kirschen als Fliegenpilzhut aufsetzen. Sahnetupfer auf die Kirschen. Füllung nach Vorschrift bereiten und, erkaltet, löffelweise zur schaumig gerührten Butter geben.
Backzeit: 40 Minuten bei guter Mittelhitze.

3 Eigelb, 150 g Zucker
3 Eßl. heißes Wasser
1 P. Vanillezucker
3 Eiweiß, 80 g Mehl
80 g Mondamin
2 Teelöffel Backpulver
Kremfüllung,
Rezept 1271
45 g Mondamin
20 g Kakao, 1/2 l Milch
100 g Zucker
150 g Butter
Zum Verzieren: Zitronat
Ananasstückchen und
glasierte Kirschen

Rezept 1237

Erdbeertorte

Einen Biskuitteig, Rezept 1231, bereiten und den Teig in eine nur am Boden gefettete Form füllen, backen und auskühlen lassen. Zweimal durchschneiden. Die einzelnen Böden mit Weinbrand beträufeln. Den ersten Boden mit Konfitüre bestreichen (evtl. Erdbeeren auflegen) und etwas Schlagsahne darüberstreichen. Den zweiten Boden auflegen, mit Sahne bestreichen und den dritten Boden darüberdecken. Rand und Oberfläche mit Sahne bestreichen und mit Erdbeeren oder Ananasstückchen verzieren.

3 Eigelb
3 Eßl. heißes Wasser
150 g Zucker
1 P. Vanillezucker
3 Eiweiß, 60 g Mehl
60 g Mondamin
40 g Kakao
3 Teelöffel Backpulver
Füllung:
6 Eßlöffel Weinbrand
1/2 Glas Erdbeerkonfitüre
1 1/2 Tassen Rahm
einige Erdbeeren

Rezept 1238

Punschtorte

Aus den angegebenen Zutaten einen Biskuitteig, Rezept 1231, bereiten, in eine nur am Boden gefettete Springform füllen und backen. Am anderen Tag dreimal durchschneiden. Alle 4 Böden nun mit Arrak-Wasser-Wein-Gemisch beträufeln, mit Marmelade bestreichen und wieder aufeinanderlegen. Oberfläche mit Rumglasur überziehen und mit kandierten Kirschen verzieren. Rand mit Mandelblättchen belegen.
Backzeit: 50 Minuten bei guter Mittelhitze.
Rumglasur, Rezept 1279.

4 Eigelb, 175 g Zucker
4 Eßl. heißes Wasser
1 P. Vanillezucker
4 Eiweiß, 100 g Mehl
100 g Mondamin
2 Teelöffel Backpulver
Füllung:
8 Eßlöffel Weißwein
6 Eßlöffel Wasser
50 g Zucker, 2 Eßl. Arrak
6 Eßlöffel Marmelade
1 P. Mandelblättchen

Rezept 1239

Nougat-Torte

4 Eigelb, 180 g Zucker
4 Eßl. heißes Wasser
1 P. Vanillezucker
120 g Mondamin
120 g Mehl, 4 Eiweiß
2 Teelöffel Backpulver
Kremfüllung,
Rezept 1271:
1 Schokoladenpuddingpulver, 1½ Tassen Milch
je 150 g Zucker, Butter
125 g Haselnußkerne
1 Teelöffel Neskaffee
Zum Bestreuen: Schokoladenstreusel

Einen Biskuitteig, Rezept 1231, nach Vorschrift bereiten, die Springform nur am Boden einfetten, den Teig einfüllen und in 40–50 Minuten hellbraun backen. Auskühlen lassen und zweimal durchschneiden. Die Böden mit Füllung bestreichen, ebenfalls Oberfläche und Rand. Mit Schokoladenstreusel am Rand verzieren.

BRANDTEIG

Rezept 1240

Grundrezept Brandteig

Allgemeine Zubereitung:

¼ l Wasser
75 g Butter
150 g Mehl
2–4 Eier
etwas Backpulver
1 Prise Salz

Wasser und Fett in einem Stieltopf zum Kochen bringen, vom Feuer nehmen und das gesiebte Mehl auf einmal hineinschütten, zu einem Kloß abrühren und noch eine Minute unter Rühren erhitzen. Den Kloß sodann in eine Schüssel geben und sofort nach und nach die Eier unterrühren, bis der Teig glatt ist. Das Backpulver in den erkalteten Teig geben. Zur Herstellung von Windbeuteln mit zwei Teelöffeln kleine Häufchen auf das gefettete Blech geben oder mit einer Spritztülle zu Kränzen spritzen und in Fett ausbacken. Den Teig im vorgewärmten Backofen bei starker Hitze backen. Kurz vor dem Ende der Backzeit erst den Ofen öffnen und nachsehen; das Gebäck fällt sonst leicht zusammen.

Brandteig ist erforderlich für Windbeutel, Eclairs usw.

Backzeit: 30 Minuten bei starker Hitze.

Rezept 1241

Windbeutel

Einen Brandteig bereiten, Rezept 1240. Mit zwei Löffeln kleine Häufchen auf ein bemehltes Blech setzen und nach Vorschrift backen. Sofort nach dem Backen aufschneiden, auskühlen lassen, mit Krem füllen und mit Puderzucker bestäuben.
Backzeit: 30 Minuten bei starker Hitze (Teig ergibt 12–15 Ballen).
Statt Krem kann auch Schlagsahne zur Füllung verwendet werden.

1/4 l Wasser
50 g Fett
150 g Mehl
4–5 Eier
1 Teelöffel Backpulver
Füllung:
Vanillekrem
Rezept 1269

Rezept 1242

Frucht-Sahneballen

Einen Brandteig, Rezept 1240, bereiten und zum Kloß abbrennen. Einzeln soviel Eier zurühren, bis der Teig glänzt und in Zapfen vom Löffel reißt. Dann das Backpulver untermischen. Den Teig in kleinen Häufchen auf ein bemehltes Blech setzen und backen. Sofort nach dem Backen die Ballen aufschneiden und auskühlen lassen. Zucker, Vanillezucker und das feingewürfelte Obst unter die steifgeschlagene Sahne geben. Die Bälle damit füllen und obenauf mit Puderzucker bestäuben. Backzeit: 30–40 Minuten bei starker Hitze.

1/4 l Wasser
50 g Fett
1 Prise Salz
100 g Mehl
50 g Mondamin
4–5 Eier
1 Teelöffel Backpulver
Füllung:
1/2–3/4 l Sahne
50 g Zucker
1 P. Vanillezucker
250 g vorbereitetes Ob
Puderzucker

Rezept 1243

Spritzkuchen

Wasser mit Salz und Butter aufkochen und einen Brandteig, Rezept 1240, bereiten. Zitronenschale und Zimt zugeben. Den Teig in eine mit Fett ausgestrichene Kuchenspritze füllen. Steifes, weißes Papier mit Fett bestreichen und talergroße Kränze aus grober Tülle darauf spritzen. Das Papier mit den Teigringen ins heiße Fett halten, sie lösen sich sofort. Die Kringel auf beiden Seiten im heißen Fett goldgelb backen und mit Puderzucker bestäuben. Man kann die Ringe auch sofort ins heiße Fett spritzen. Sie müssen obenauf schwimmen.

1/2 l Wasser
1 Prise Salz
50 g Butter
1/2 Pfund Mehl
5–6 Eier
40 g Zucker
etwas abgeriebene
Zitronenschale
1 Prise Zimt
Zum Ausbacken:
Schmalz, Öl oder Fett
2–3 Eßl. Puderzucker

Rezept 1244

Eclairs

Brandteig
Rezept 1240
Vanille- oder
Kaffeekrem

Einen Brandteig mit den angegebenen Zutaten bereiten, in einen Spritzbeutel füllen und mit breiter Tülle zwei fingerlange Streifen dicht nebeneinander auf ein Backblech spritzen, den dritten obenauf. Nach dem Backen aufschneiden und mit Vanille- oder Kaffeekrem, Rezept 1269 bzw. Rezept 1272, füllen und mit Rum- oder Mokkaglasur, Rezept 1279 bzw. Rezept 1278, überziehen.

HEFETEIG

Rezept 1245

Grundrezept Hefeteig

Allgemeine Zubereitung:

500 g Mehl
1/4 l Milch
30 g Hefe
25 g Zucker
etwas Butter
1 Prise Salz
1 Ei

Alle Zutaten müssen leicht angewärmt sein.
Hefe in lauwarmer Milch mit 1 Teelöffel Zucker und 2 Eßlöffeln Mehl verrührt an warmer Stelle aufgehen lassen (das ist der sogenannte Vorteig).
Butter, Ei, Zucker schaumig rühren, Mehl zugeben, abwechselnd die aufgegangene Hefe und das übrige Mehl unterrühren, den Teig gut schlagen, bis er Blasen wirft, und in eine gefettete Form geben. Einige Zeit an warmer Stelle zugedeckt gehen lassen. Oder auf dem Backbrett ausrollen, zu dem gewünschten Backwerk formen und verarbeiten und dann aufgehen lassen. Der Teig darf beim Ausrollen nicht mehr kleben. Hefeteig mit wenig Fett und Eiern muß möglichst frisch gegessen werden, z. B. Streuselkuchen, Bienenstich, Butterkuchen. Mit Zusatz von viel Fett, Eiern und anderen Geschmackszutaten für Stollen und Korinthenbrot läßt sich das Backwerk längere Zeit aufbewahren. Es muß dann aber auch etwas mehr Hefe verwendet werden.

Backzeit: 20–60 Minuten.

Rezept 1246

Hefekranzkuchen

250 g Mehl, 1 Prise Salz
1/2 Tasse Milch
25 Hefe, 65 g Butter
1 Eiweiß, 1 Ei
Füllung:
65 g Mandeln
60 g Marzipan
30 g Korinthen
30 g Rosinen
1 Teel. Zitronenzucker
60 g Zucker
1 Teelöffel Zimt
40 g Butter, 1 Eigelb
20 g Mandelblättchen

Einen Hefeteig, Rezept 1245, bereiten. Gehackte Mandeln, Rosinen, Korinthen, Zitronenzucker, Zucker und Zimt vermischen. Den aufgegangenen Hefeteig ausrollen und mit der Füllung bestreichen. Mit Marzipan und Butterflöckchen belegen, den Teig zusammenrollen, zu einem Kranz zusammenlegen und 3/4 Stunde aufgehen lassen. Mit Eigelb bestreichen und mit Mandelblättchen belegen. Auf ein gefettetes Backblech legen und hellbraun backen.
Backzeit: 30 Minuten bei mittlerer Hitze.

Rezept 1247

Hefezöpfe

2 Pfd. Mehl
4 Eier
60 g Hefe
125 g Zucker
50 g Rosinen
250 g Butter
3/4 l Milch
Eiweißglasur, Rezept 1277
200 g Puderzucker
1–2 Eiweiß
1 Teel. Zitronensaft

Einen Hefeteig nach Vorschrift bereiten. Rezept 1245. Zuletzt die schaumig gerührte Butter und die Rosinen zufügen. Den Teig ausrollen und in 2–3 cm breite Streifen schneiden, davon einen Zopf flechten oder zum Kranz zusammenlegen und noch einmal aufgehen lassen. Hellbraun backen und nach dem Erkalten mit Eiweißglasur überziehen. Einige Minuten im warmen Backofen trocknen lassen.
Backzeit: 20–25 Minuten bei mittlerer Hitze.

Rezept 1248

Mohnstriezel

2 Pfd. Mehl, 80 g Hefe
275 g Butter
150 g Zucker
1/2 l Milch, 3 Eier
125 g gehackte Mandeln
Füllung:
1 Pfd. geriebener blauer Mohn, Milch
250 g Zucker
150 g Mandeln
1 Prise Zimt
abger. Zitronenschale
60 g Korinthen, 1 Ei
50 g flüssige Butter
200 g Puderzucker

Einen feinen geschmeidigen Hefeteig bereiten, Rezept 1245, fingerdick ausrollen und 1/2 Stunde aufgehen lassen. Mohn mit kochender Milch überbrühen, alle anderen Zutaten wie Zucker, gehackte Mandeln, Zimt, abgeriebene Zitronenschale und Korinthen zugeben und zu einer Füllung verrühren. Den Teig ausrollen, mit flüssiger Butter bepinseln, mit der Mohnfülle bestreichen und zu länglicher Striezelform zusammenrollen, auf ein gut gefettetes Blech legen und noch einmal aufgehen lassen. Den Striezel mit geschlagenem Ei bepinseln und hellbraun backen. Heiß mit flüssiger Butter bestreichen und mit Puderzucker überstäuben.

Rezept 1249

Rosenkuchen

1 Pfd. Mehl
$^1/_4$ l Milch
50 g Hefe, 100 g Butter
2 Eier, 125 g Zucker
50 g Korinthen
50 g Rosinen
50 g Mandeln
Vanilleglasur,
Rezept 1276
Eigelb zum Bestreichen
2 Eßl. Zucker

Einen Hefeteig nach Vorschrift bereiten. Rezept 1245. Den Teig ausrollen, mit geschlagenem Eigelb bestreichen, darauf die Rosinen, Korinthen und gehackten Mandeln streuen und den Zucker darübergeben. Den Teig aufrollen und in 8 gleiche Teile schneiden in eine gut gefettete Springform nebeneinander setzen, noch einmal zugedeckt an warmer Stelle aufgehen lassen und hellbraun backen. Nach dem Erkalten mit Vanilleglasur überziehen.
Backzeit: 20–25 Minuten bei mittlerer Hitze.

Rezept 1250

Streuselkuchen

1 Pfd. Mehl
2 Eier, 125 g Butter
100 g Zucker
$^1/_4$ l Milch, 35 g Hefe
1 Prise Salz, 1 Ei
abger. Zitronenschale
50 g Butter flüssig
Streusel:
375 g Mehl
200 g Zucker
1 Prise Zimt
65 g Mandeln
250 g kochende Butter
2 P. Vanillezucker

Einen Hefeteig, Rezept 1245, bereiten. Wenn er aufgegangen ist, ausrollen, auf ein gefettetes Blech legen, den Rand dick andrücken und noch einmal 15 Minuten aufgehen lassen. Mit Ei und flüssiger Butter bestreichen. Zum Streusel alle Zutaten, wie Mehl, Zucker, Zimt und gehackte Mandeln, miteinander vermischen, mit der flüssigen Butter übergießen, dann leicht mit den Händen reiben, bis sich Streusel bilden, auf den gut aufgegangenen Teig streuen und hellbraun backen. Noch heiß mit Vanillezucker bestreuen. Backzeit: 20–30 Minuten bei Mittelhitze.

Rezept 1251

Berliner Pfannkuchen

$1^1/_2$ Pfd. Mehl
$^1/_4$ Pfd. Butter
100 g Zucker
3 Eier
$1^1/_2$ Tassen Milch
80 g Hefe
1 Prise Salz
Muskatblüte
abgerieb. Zitronenschale
Marmeladenfüllung
Puderzucker
Öl oder Schmalz

Man bereitet einen Hefeteig und läßt ihn zweimal aufgehen. Ausrollen, mit einem Glas runde Scheiben ausstechen, in die Mitte etwas Marmelade füllen, die Ränder mit Eiweiß bestreichen, ein anderes Scheibchen auflegen und die Ränder fest aufeinander drücken. Noch einmal an warmer Stelle aufgehen lassen. In heißem Backfett auf beiden Seiten hellbraun backen, aber nicht zu schnell, da sie sonst innen nicht gar werden. Die Ballen müssen im Fett schwimmen. Herausnehmen und mit Puderzucker bestäuben oder mit einer Vanilleglasur, siehe Rezept 1276, überziehen.

Rezept 1252

Speckkuchen

Hefe in etwas lauwarmer Milch auflösen. Aus Mehl, Salz, Ei, Fett und Milch einen Hefeteig bereiten und so lange schlagen, bis er Blasen wirft. An warmer Stelle zugedeckt aufgehen lassen. Zutaten für die Füllung vermischen. Den Teig 1 cm dick auf bemehltem Brett ausrollen, runde Plätzchen (10 cm Durchmesser) ausstechen, von der Füllung 1 Eßlöffel voll daraufgeben und zusammenklappen. Mit Eigelb bestreichen und in 20–25 Minuten im vorgewärmten Ofen goldbraun backen. Man kann den Speckkuchen kalt oder warm zu Bier oder Wein reichen.
Füllung: Alle Zutaten miteinander vermischen.

1 Pfd. Weizenmehl
25 g Hefe, 1 Tasse Fett
1 Tasse lauwarme Milch
1/2 Teelöffel Salz, 1 Ei
Füllung:
2 Ts. durchgedr. Speck
1 Eßl. Paniermehl
1 Ei, 1 Eßl. Rahm
1 Teel. geh. Kräuter
1 Eigelb z. Bestreichen

Rezept 1253

Mohnkuchen

Aus den angegebenen Zutaten einen Hefeteig, Rezept 1245, bereiten und kräftig schlagen, bis sich Blasen bilden. An warmer Stelle zugedeckt stehen lassen. Mohn mit allen Zutaten aufkochen und zuletzt die gewaschenen Rosinen untermischen. Die Masse etwas abkühlen lassen. Für den Streusel alle Zutaten vermischen. Den ausgerollten Hefeteig auf ein gefettetes Backblech geben, die Mohnfüllung daraufstreichen und die Streusel lose darübergeben. In vorgewärmtem Ofen 40 Minuten backen.

Teig:
1/2 Pfd. Mehl, 10 g Hefe
1/2 Tasse lauw. Milch
1/2 Teelöffel Salz, 1 Ei
2 Eßlöffel Zucker
4 Eßlöffel Butter
Mohnbelag:
1 Pfd. gem. Mohn
1 Tasse Milch u. Zucker
2 Eßlöffel Butter
1 Tasse Rosinen
Streusel:
7 Eßlöffel Mehl
1/2 Tasse flüssige Butter
2 Eßlöffel Zucker
1 Eßl. Vanillezucker
2 Eßl. feingeh. Mandeln

Rezept 1254

Schwäbischer Zwiebelkuchen

Aus Mehl, Hefe, Milch, Salz und Fett einen Hefeteig bereiten, schlagen, bis er Blasen wirft. Zugedeckt an warmer Stelle gehen lassen (1–1 1/2 Stunden). Speck in einer Pfanne auslassen und mit den Zwiebeln glasig dünsten. Eier mit Sahne, Salz und Kümmel verquirlen und die Eimasse mit Speck und Zwiebeln vermischen. Den Zwiebelbelag auf den ausgerollten Teig streichen und bei guter Hitze in vorgewärmtem Ofen gar backen. Warm zu Most oder Wein servieren.

1 Pfd. Mehl, 20 g Hefe
1/2–1 Tasse lauwarme Milch, 1–2 Teelöffel Salz
3 Eßlöffel Butter
Füllung:
2 Pfd. streifig geschnittene Zwiebeln
150 g würflig geschnittener Speck
2–3 Eier
1 Tasse saure Sahne
Salz, Kümmel

Rezept 1255

Korinthenstuten

2 Pfd. Mehl
60 g Hefe
100–150 g Butter
1 Eßlöffel Schmalz
100–150 g Zucker
1 Teelöffel Salz
2 Eier
1½ Tassen Milch
½ abgeriebene Zitronenschale
1 Tasse Korinthen

Einen Hefeteig nach Vorschrift bereiten, Rezept 1245, in eine gefettete Kastenform füllen. ½ Stunde zugedeckt aufgehen lassen. In die Mitte des Teiges mit einem scharfen Messer eine Rille schneiden und hellbraun backen. Aus der Form stürzen und erkalten lassen. In Scheiben geschnitten mit Butter bestreichen und anrichten.
Backzeit: 30–45 Minuten bei mittlerer Hitze.

Rezept 1256

Sächsischer Rosinenstollen

3 Pfd. Mehl
90–100 g Hefe
¾ l Milch, 6 Eier
1½ Pfd. Butter
400 g Zucker
1 Prise Salz
abgeriebene Schale von 2 Zitronen
125 g ger. Mandeln
3 Tropfen Bittermandelöl
1 P. Vanillezucker
etwas Kardamom und Muskatblüte
1 Gläschen Rum
1½ Pfd. Rosinen
150–200 g Zitronat
Zum Bestreichen:
80 g flüssige Butter
Puderzucker

Einen Vorteig bereiten und aufgehen lassen. Nach ½ Stunde Milch, verquirlte Eier, die erweichte, aber nicht flüssige Butter untermischen und tüchtig durchkneten. Drei- oder viermal wieder aufgehen lassen und verarbeiten. Dann den Teig für 2 Stollen teilen, leicht ausrollen, die eine Seite mit Wasser bestreichen und übereinanderschlagen. Kurze Zeit warm stellen. Mit zerlassener Butter bestreichen und auf gefettetem Papier auf einem Backblech im Ofen hellbraun backen. Herausnehmen und sofort mit flüssiger Butter bepinseln, drei- oder viermal. Nach dem Erkalten dick mit Puderzucker bestäuben, in Cellophanpapier hüllen und längere Zeit kalt lagern.
Backzeit: 60 Minuten.
Vorteig: Rezept 1245.

Diese Nußsahnetorte schmeckt immer, ob Sie an einem Sommernachmittag im Garten Kaffee trinken oder bei kaltem Wetter im gemütlichen Zimmer sitzen. Sie können natürlich auch eine andere Form wählen. Probieren Sie aber in jedem Fall Rezept 1227.

Rezept 1257

Olivenpizza

1 Zwiebel
Öl
4 Tomaten
Salz
Pfeffer
Hefeteig aus:
Mehl
Wasser
Hefe, Öl
gekochtem Schinken
Salami
Oliven
Reibkäse
Tomatensoße
Rezept 1338

Eine fein geschnittene Zwiebel in Öl glasig werden lassen, einige enthäutete, kleingeschnittene Tomaten hineingeben, mit Salz würzen und bei kleiner Flamme zu einer dickkremigen Soße kochen. Aus einem einfachen Hefeteig dünne tellergroße, runde Böden formen, und den Rand leicht einrollen. Die Böden mit Öl bestreichen, darauf dünn Tomatensoße verteilen. Dann je nach Geschmack mit in Streifen geschnittenem, gekochtem Schinken, Salamiwurst oder Anchovisfilets belegen. Darauf nicht zu wenig halbierte, spanische Oliven verteilen, mit geriebenem Parmesankäse bestreuen und im heißen Backofen auf dem Blech 20 Minuten backen.

Rezept 1258

Hefeküchlein

1 Pfd. Mehl
20 g Hefe
1 Tasse lauwarme Milch
$\frac{1}{2}$ Teelöffel Salz
$1\frac{1}{2}$ Eßlöffel Butter
1 Ei
1 Eßlöffel Zucker
Schmalz zum Backen
Puderzucker
zum Bestreuen

Aus Mehl, aufgelöster Hefe, Milch, Salz, Ei, Fett und Zucker einen Hefeteig bereiten und schlagen, bis er Blasen wirft. Teig an warmer Stelle zugedeckt gehen lassen. Den Teig dann in 12 – 14 gleichmäßige Stücke teilen, Kugeln daraus formen, auf ein bemehltes Brett legen und noch einmal gehen lassen. Das Backfett in einem weiten Topf erhitzen. Die Finger in flüssige Butter tauchen und die Teigkugeln vorsichtig so ausziehen, daß sie in der Mitte durchscheinend sind und einen dicken Rand haben. Die Küchlein nacheinander in das heiße Fett legen, auf der Unterseite gelb backen und umwenden. Wenn sie vollständig braun sind, zum Abtropfen auf ein Sieb geben und noch warm in Puderzucker wenden.

Windbeutel sind der Stolz einer jeden Hausfrau. Versuchen Sie das Rezept 1241. Wenn Sie aber noch ein wenig ängstlich sind, dann benützen Sie die Teigzutaten aus der Packung und halten Sie sich genau an die Gebrauchsanleitung, dann kann absolut nichts schiefgehen.

1 Pfd. Weizenmehl
1 Tasse Milch
75 g Hefe, 1 Ei
1 Prise Salz
2½ Eßlöffel Zucker
je 5 Eßl. Butter u. Schmalz
1 Teelöffel Rosenwasser
1 Messerspitze Kardamom
½ Pfd. Zitronat
½ Pfd. Rosinen
½ Pfd. Korinthen

Rezept 1259

Norddeutscher Stollen

Aus allen Zutaten, außer den Trockenfrüchten, einen Hefeteig bereiten und so lange schlagen, bis er Blasen wirft. Zugedeckt 1½ Stunden an warmer Stelle gehen lassen. Dann feingeschnittenes Zitronat, gewaschene Rosinen und Korinthen zugeben. Teig zu einem dicken Oval ausrollen und ihn seitlich einmal übereinanderschlagen wie Christstollen. Noch einmal auf gefettetem Blech aufgehen lassen und in vorgewärmtem Backofen 1 Stunde backen.

1 Pfd. Mehl, ¼ l Milch
25 g Hefe, 80 g Zucker
50 g Butter, 2 Eigelb
80 g Korinthen
1 Prise Salz
etwas Kardamom
Zimt

Rezept 1260

Heiße Wecken

Einen Hefeteig aus Mehl, Hefe, Milch, Zucker, Butter, Ei, Korinthen, Salz, Kardamon und 1 Prise Zimt bereiten. Runde Wecken daraus formen, aufgehen lassen und auf gebuttertem Blech backen.

Vorteig:
1¼ Pfd. Mehl
¼ l lauwarme Milch
50 g Hefe, 2 Eßl. Zucker
Teig:
300 g Butter, 2 Eigelb
2 ganze Eier
Saft und Schale
½ Zitrone
Zimt und Kardamom
65 g Rosinen
65 g Korinthen
65 g gehackte Mandeln
1 Pfd. Mehl
1 Eigelb
3–4 Eßl. Hagelzucker

Rezept 1261

Kaffeekringel

Aus den angegebenen Zutaten einen Vorteig bereiten. Während er geht, die Butter schaumig rühren, die anderen Zutaten nach und nach zufügen, und wenn die Masse gut gerührt ist, das Mehl mit verkneten, bis der Teig glatt und eben ist. Den zuerst bereiteten Teig mit verarbeiten. Dann den Teig zu einem Kringel formen, auf gut gefettetem Blech 2 Stunden aufgehen lassen. Mit Eigelb bestreichen und Hagelzucker überstreuen. Bei mäßiger Hitze hellbraun backen.
Backzeit: 15–20 Minuten bei mittlerer Hitze.

Rezept 1262

Grundrezept Blätterteig

Allgemeine Zubereitung:

1/2 Pfd. Mehl
1/2 Pfd. Butter
1 Ei
1/8 l Wasser

Mehl auf ein Backbrett geben und mit 1/8 der Butter fein vermischen. Ei und Wasser verquirlen und in eine Vertiefung des Mehles geben. Die Zutaten insgesamt leicht verrühren, den Teig kneten und schlagen, bis er glatt ist, dann zu einem Rechteck ausrollen; ebenso die Butter, die man am besten auf feuchtem Pergamentpapier in die gewünschte Form bringt. Sie muß aber etwas kleiner sein als der Teig. Die Butter aus dem Papier nehmen, auf den Teig legen und diesen von allen Seiten darüberschlagen. Dieses Paket muß 15 Minuten ruhen. Dann den Teig vorsichtig wieder in die Rechteckform ausrollen, wieder zusammenlegen, kalt stellen und nochmal 1 Stunde ruhen lassen. Dann nochmal ausrollen, drei- bis viermal wiederholen, bis sich die Butter vollkommen mit dem Teig vermischt hat. Den Teig möglichst kalt verarbeiten. Die Stückchen, die beim Ausrollen abfallen, kann man nicht mehr zu Blätterteig verarbeiten, wohl zu anderem Gebäck. Der geformte Blätterteig wird mit Ei bepinselt oder mit Zucker bestreut, je nach Verwendung. Das Backblech mit kaltem Wasser besprengen. Der Wasserdampf treibt den Blätterteig hoch. Man bäckt ihn bei starker Hitze.

Blätterteig ist erforderlich für
Pasteten, Schweinsöhrchen, Kremschnitten usw.
Backzeit: 10–15 Minuten.

Rezept 1263

Apfeltaschen

Blätterteig aus
250 g Mehl
in Wein gedünstete Äpfel
Eigelb

Den Blätterteig nach Vorschrift bereiten wie Rezept 1262 und 4 Touren ausrollen. In Vierecke schneiden, die Mitte mit den abgetropften Apfelstückchen belegen, die Ecken zur Mitte zusammenlegen, mit Eigelb bepinseln und bei starker Hitze hellgelb backen. Backzeit: 10–15 Minuten.

Rezept 1264

Pastetchen

250 g Mehl
250 g Butter
1 Ei
1/8 l Wasser

Einen Blätterteig herstellen wie Rezept 1262 und 4 oder 6 Touren ausrollen. Den Teig zur Verarbeitung 1/2 cm dick ausrollen, kleine runde Scheiben ausstechen und doppelt soviel Ringe als Pastetchen. Die untere Seite der Ringe vorsichtig mit Eiweiß bestreichen. Es darf aber nichts daran herunterlaufen, sonst geht der Teig an der Stelle nicht auf. Den Ring auf die runde Scheibe auflegen, die man vorher mit der Unterseite nach oben gekehrt hat. Das Innere der ausgestochenen Ringe bildet das Deckelchen der Pastete; es wird vorsichtig mit Eigelb bepinselt. Die Pastetchen werden auf ein mit Wasser besprengtes Backblech gelegt und hellgelb gebacken. Noch warm werden sie mit Ragout gefüllt.

Rezept 1265

Kremschnitten

Blätterteig von
375 g Mehl
Vanillekrem,
Rezept 1269
gekochte Kirschen
oder Himbeeren
Rumglasur, Rezept 1279

Einen Blätterteig wie Rezept 1262 bereiten. Dünn ausrollen und in lange, 10 cm breite Streifen schneiden. Die Unterseite nach oben auf das mit Wasser besprengte Backblech legen und bei starker Hitze hellgelb backen. Abkühlen lassen. Die Hälfte der Streifen mit Krem auffüllen oder mit Schlagsahne, obenauf einen Teigstreifen decken und mit Rumglasur überziehen. Dann mit sehr scharfem Messer in gleichmäßige Schnitte schneiden. Backzeit: 10–15 Minuten.

Rezept 1266

Holländer Torte

Blätterteig aus
350 g Mehl
Vanillekrem,
Rezept 1269
Rumglasur, Rezept 1279
500 g gekochte Kirschen
oder rohe Himbeeren

Den Blätterteig bereiten wie Rezept 1262 und 4 Touren ausrollen. 3 runde Tortenböden ausstechen. In sehr heißem Ofen hellgelb backen. Vanillekrem bereiten, abkühlen lassen und vorsichtig die Böden damit belegen. Kirschen oder Himbeeren auffüllen und die Oberfläche mit Zitronen- oder Rumglasur überziehen und mit Früchten verzieren.

Rezept 1267

Rumkrem

150 g Butter
200 g Puderzucker
$^1/_8$ l Rum

Butter und gesiebten Puderzucker sehr schaumig rühren, löffelweise den gut gekühlten Rum dazugeben.

Rezept 1268

Zitronenkrem

150 g Butter
200 g Puderzucker
2 Eßl. Zitronensaft
abger. Zitronenschale

Butter und gesiebten Puderzucker schaumig rühren und löffelweise den Zitronensaft dazugeben.

Rezept 1269

Gekochte Vanillekrem

$^1/_2$ l Milch
100 g Zucker
2 Päckchen Vanille-Soßenpulver
200 g Butter

Kalte Milch mit Soßenpulver und Zucker verrühren, unter Rühren einige Male aufkochen und kalt rühren. Butter schaumig rühren und löffelweise den kalten Vanillebrei dazugeben.

Rezept 1270

Orangenkrem

200 g Butter
250 g Puderzucker
1 Teelöffel abgeriebene Orangenschale
3–4 Eßl. Orangensaft

Butter und Puderzucker schaumig rühren, Orangenschale unterrühren und zuletzt den Orangensaft langsam beigeben.

Rezept 1271

Nougatfüllung

1 Paket Schokoladen-puddingpulver
$^3/_8$ l Milch
150 g Zucker
150 g Butter
125 g Haselnußkerne
1 gehäufter Teelöffel Nescafé

Puddingpulver mit kalter Milch anrühren. Die übrige Milch mit Zucker zum Kochen bringen, das Puddingpulver einrühren, aufkochen lassen und rühren bis zum Erkalten. Inzwischen die Butter schaumig rühren, gemahlene Haselnußkerne zugeben, dann das Kaffeepulver und zuletzt teelöffelweise den erkalteten Schokoladenbrei mit unterziehen.

Rezept 1272

Kaffeekrem

- ¾ l Milch
- 6 Eigelb
- 6 Eischnee
- Zucker nach Geschmack
- 50 g gemahlener Kaffee
- 50 g Mondamin

¼ l Milch zum Kochen bringen, den gemahlenen Kaffee darin aufkochen, durch ein feines Haarsieb geben und erkalten lassen. Die übrige Milch mit Zucker zum Kochen bringen, Mondamin mit dem kalten Kaffee anrühren und unter Rühren in die kochende Milch geben, aufkochen lassen, vom Feuer nehmen und die mit etwas Wasser verquirlten Eigelb zugeben. Noch einmal aufwallen lassen. Den steifen Eischnee unterziehen, rühren bis zum Erkalten.

Rezept 1273

Gekochte Butterkrem

- ½ Pfd. Butter
- ½ Pfd. Zucker
- 1 Päck. Vanillezucker
- 2 Eigelb
- ¼ l Wasser

Zucker so lange mit Vanillezucker in dem Wasser kochen, bis ein Tropfen der Zuckerlösung, in kaltes Wasser gegeben, fest bleibt. Die Zuckerlösung etwas abkühlen lassen und mit den Eigelb verrühren. Völlig abgekühlt mit der schaumig gerührten Butter ½ Stunde lang verrühren, bis eine geschmeidige Krem entsteht.

Rezept 1274

Schokoladenkrem

- 4 Eßlöffel Mondamin
- 2 Tassen Milch
- 5 Eßlöffel Zucker
- 1 Ei
- 1 Tafel Schokolade

Schokolade im Wasserbad flüssig werden lassen. Mondamin mit Milch und Eigelb verrühren. Die übrige Milch mit Zucker zum Kochen bringen, Mondamin einrühren, noch einmal aufkochen lassen und die zerlassene Schokolade unterrühren. Eischnee unterziehen und rühren bis zum Erkalten.

Rezept 1275

Nußkrem

- ¼ l Schlagsahne
- 200 g geriebene Haselnüsse
- 80 g Zucker

Sahne steif schlagen, Zucker zugeben und die geriebenen Nüsse untermischen.

Rezept 1276

Vanilleglasur

- 1 Tasse Puderzucker
- 1 Päck. Vanillezucker
- 3 Eßlöffel Wasser

Zucker und Vanillezucker mit Wasser so lange verrühren, bis eine dicke, weiße Masse entsteht.

Rezept 1277

Eiweißglasur

- 200 g Puderzucker
- 1–2 Eiweiß
- 1 Teel. Zitronensaft

Den gesiebten Puderzucker mit den übrigen Zutaten 15 Minuten glatt verrühren.

Rezept 1278

Mokkaglasur

- 200 g Puderzucker
- 1 Eiweiß
- 1 Teelöffel Wasser
- 2 Teelöffel Nescafé

Alle Zutaten zusammen gut verrühren.

Rezept 1279

Rumglasur / Zitronenglasur

- 200 g Puderzucker
- 1 Eßlöffel Rum
- 1 Teelöffel Wasser
- 1 Eiweiß

Alle Zutaten tüchtig miteinander verrühren.
Statt Rum kann man auch Zitronensaft verwenden.

Rezept 1280

Schokoladenglasur

- 200 g Puderzucker
- 1 Eiweiß
- 1 Teelöffel Wasser
- 1 Teelöffel Kakao

Alle Zutaten tüchtig miteinander verrühren. Zum Spritzen muß die Glasur ganz dickflüssig sein, evtl. noch etwas Puderzucker unterrühren.

Rezept 1281

Schokoladenüberzug

- 200 g Puderzucker
- 30 g Kakao
- 4 Eßlöffel Wasser
- 1½ Eßl. flüssiges Fett

Alle Zutaten zusammen im Wasserbad flüssig werden lassen und die Torte damit überziehen.

Rezept 1282

Krokant

4 Eßlöffel Haferflocken
2 Eßlöffel Zucker
1 Vanillezucker
2 Eßlöffel Butter

Alle Zutaten in einem Tiegel verrühren und bräunen lassen, auf ein gefettetes Brett streichen und noch warm fein zerkrümeln.
Oder 125 g Zucker, 150 g gehackte Mandeln, 1 Eßlöffel Butter, 1 Vanillezucker vermischen und zubereiten wie oben. Noch warm in kleine Quadrate schneiden.

GEBÄCK

Rezept 1283

Spritzgebäck

200 g Butter
200 g Zucker
3 Eier
etwas abgeriebene Zitronenschale
500 g Mehl
125 g Mondamin
3/4 Päck. Backpulver

Aus allen Zutaten einen Mürbeteig, Rezept 1217, bereiten, in die Spritze füllen oder durch die Maschine drehen und den Teigstreifen etwa 6–8 cm lang direkt auf das gefettete Bleich legen. Hellbraun backen und nach dem Erkalten mit Zuckerguß oder Schokoladenglasur, Rezept 1280, überziehen oder verzieren.

Rezept 1284

Makronenschnitten

250 g Mehl
125 g Butter
65 g Zucker
1 Ei
1 Prise Backpulver
5 Eßl. Marmelade oder Gelee
Makronenmasse:
1 Ei
60 g Zucker
80–100 g geriebene Mandeln oder Haferflocken

Aus den angegebenen Zutaten einen Mürbeteig bereiten und in Form von zwei langen Rechtecken ausrädeln. Vier ebenso lange, 1 cm breite Streifen ausrädeln und die Ränder der langen Rechtecke damit belegen, etwas andrücken und leicht anbacken, bis der Teig hart, aber nicht braun ist. Dann mit Marmelade bestreichen, darüber die Makronenmasse geben und backen, bis sich die Makronenmasse bräunt. Sofort nach dem Backen in kleine schräge Streifen schneiden, etwa 3–4 cm breit, und auskühlen lassen. Die Ränder können mit Eiweißglasur, Rezept 1277, überzogen werden.
Zur Makronenmasse: Alle Zutaten gut vermischen.

Rezept 1285

Buttermakrönchen

125 g Butter, 2 Eier
200 g Zucker
abger. Zitronenschale
300 g Mehl
1/2 Päck. Backpulver
2–3 Tropfen Mandelextrakt

Einen Mürbeteig, Rezept 1217, bereiten, kleine Bällchen formen, auf ein gefettetes Blech legen und hellbraun backen. Mit Schokoladenüberzug, Rezept 1281, fadenförmig verzieren.

Rezept 1286

Makrönchen

120 g geraspelte Mandeln
160 g Zucker
2 Eiweiß

Mandeln mit Eiweiß und Zucker heiß rühren, dann erkalten lassen. Mit 2 Teelöffeln kleine Häufchen auf ein gefettetes Pergamentpapier setzen und hellgelb backen. Oder die Makrönchen auf kleine Oblaten setzen und dann backen. Backzeit: 35 Minuten.

Rezept 1287

Teegebäck

200 g Butter, 1 Eigelb
100 g Zucker, Mandelspäne
3 Eier, 300 g Mehl
150 g Mondamin
1 Päck. Backpulver
1 Päck. Vanillezucker
5 Eßlöffel Wasser

Die Zutaten zu einem Mürbeteig verarbeiten, ausrollen und mit Formen ausstechen, auf einem Backblech ordnen, mit Eigelb bepinseln und mit Mandelspänen belegen.

Rezept 1288

Blitzkuchen

50 g Butter
50 g Butter, 60 g Zucker
1 Ei, 125 g Mehl
2 Tropfen Zitronensaft
1 Teel. Backpulver
1 Eigelb
50 g gehackte Mandeln

Einen Rührteig bereiten, den Teig auf ein gefettetes Blech streichen, mit Eigelb bepinseln, mit Zucker und Mandeln überstreuen und nach dem Backen noch warm in schräge Vierecke schneiden. In Blechdosen aufbewahren.

Rezept 1289

Wiener Eisbogen

2 Eier
100 g Zucker
100 g geraspelte Mandeln
50 g Mehl
1 Prise Backpulver

Eier und Zucker schaumig rühren, die übrigen Zutaten untermischen; den Teig auf ein gefettetes Pergamentpapier rollen und hellgelb backen. Dann sofort in schmale Streifen schneiden und diese über ein Rollholz legen, damit das Gebäck eine Rundung bekommt.

Rezept 1290

Berliner Brot

2 Eier, 125 g Butter
200 g Mehl
250 g Zucker
50 g gerieb. Schokolade
60 g gehackte Mandeln
etwas abgeriebene Zitronenschale
Koriander, Zimt und Nelken je 1 Prise
5 g Hirschhornsalz
Zum Belegen:
150 g Mandeln

Einen Rührteig aus den angegebenen Zutaten bereiten, mit den Gewürzen vermischen und auf ein gefettetes Blech streichen. Mit einem Messerrücken leichte Rillen eindrükken, so daß regelmäßige kleine Felder entstehen. Die Mitte eines jeden Feldes mit einer geschälten Mandel belegen und backen. Nach dem Backen noch warm in die angedeuteten Vierecke schneiden und mit Eiweißglasur, Rezept 1277, kleine Fadenmuster aufspritzen.

Rezept 1291

Zwiebäcke

1 Pfd Mehl
1/4 l Milch, 1 Ei
30–40 g Hefe
50 g Butter
80 g Zucker
1 Prise Salz
etwas abgeriebene Zitronenschale
1 Eigelb

Alle Zutaten zu Hefeteig, Rezept 1245, verarbeiten, eine 5 cm hohe Rolle formen und 1/2 Stunde aufgehen lassen. Mit Eigelb bestreichen und bei mäßiger Hitze backen. Am nächsten Tag in 1 cm dicke Scheiben schneiden, in Zucker wenden und bei mäßiger Hitze hellgelb rösten.

Rezept 1292

Milchbrötchen

1 Pfd. Mehl
1/4 l Milch
15–25 g Hefe
30 g Butter
5 g Zucker
1 Prise Salz
Milch

Hefeteig, Rezept 1245, bereiten, dicke Rollen formen und in gleichmäßige 3–4 cm dicke Scheiben schneiden. Die Scheiben rund rollen, etwas flach drücken, mit dem Messerrükken eine tiefe Rille eindrücken und auf ein Backblech setzen. Wenn die Brötchen nach 1/2 Stunde gut aufgegangen sind, mit Milch bestreichen und bei mittlerer Hitze hellgelb und knusprig backen. Backzeit: 10–15 Minuten.

Rezept 1293

Zimtröllchen

300 g Mehl, 1 Ei
125 g Zucker
100 g flüssige abgekühlte Butter
1/4 l Milch
1 Eßlöffel Zimt
1/2 Päck. Backpulver

Ei und Zucker gut verrühren, die abgekühlte flüssige Butter zugeben, dann die anderen Zutaten. Das Waffeleisen gut einfetten, 1 Teelöffel Teig hineinfüllen und die Waffel nach dem Backen sofort nach unten tütenförmig zusammenrollen. Man füllt sie mit Erdbeerschlagsahne.

Rezept 1294

Anisstangen

140 g Zucker
6 Eigelb
75 g Mehl
1 Eßl. gestoßener Anis
Zum Füllen:
Marmelade

Eigelb und Zucker schaumig schlagen, Mehl und Anis zugeben. Den Teig zu kleinen Stangen rollen, in der Mitte ritzen und nach dem Backen mit Marmelade füllen.

Rezept 1295

Käsestangen

250 g Mehl
100 g Butter
100 g geriebener Emmentaler Käse
1 Ei, 1 Prise Salz
etwas Milch
1 Teel. Backpulver

Eigelb und Milch verquirlen, mit Mehl vermischen und die übrigen Zutaten mit verkneten. Den Teig ausrollen, in 5 cm breite Streifen schneiden, die Stangen mit Eigelb bepinseln und bei guter Hitze hellgelb backen.

Rezept 1296

Schokoladestangen

250 g Zucker
4 Eier
250 g Mehl
1 Eßl. geriebene Schokolade

Eier mit Zucker im Wasserbad schaumig rühren, abkühlen lassen und die anderen Zutaten zugeben. In kleinen Streifchen auf das gefettete Blech geben und backen. An den Enden mit Vanilleglasur, Rezept 1276, bepinseln.

Rezept 1297

Haselnußhalbmonde

200 g Butter
100 g Zucker
250 g Mehl, 1 Ei
170 g geriebene Haselnüsse
Puderzucker

Knetteig, Rezept 1217. Den Teig ausrollen und mit einer Form kleine Halbmonde ausstechen. Nach dem Backen in Puderzucker wälzen.

Rezept 1298

Mürbeteigplätzchen

300 g Butter
300 g Zucker
300 g Mehl
5 Eier
1/2 Päck. Backpulver
1 Päck. Vanillezucker

Mürbeteig, Rezept 1217, kühl stellen; ausrollen, runde Plätzchen ausstechen und backen.
Aus den Zutaten eine Rumglasur, Rezept 1279, bereiten, zwischen 2 Plätzchen füllen und die Oberfläche ebenfalls mit Glasur überziehen. Evtl. eine kandierte Kirsche aufsetzen.

Rezept 1299

Löffelbiskuits

2 Eier, 50 g Mehl
50 g Zucker
1 Päck. Vanillezucker
25 g Mondamin
1 gestrichener Teelöffel Backpulver

Einen Biskuitteig bereiten, mit dem Spritzbeutel kleine Streifchen auf gefettetes Pergamentpapier aufspritzen und hellgelb backen. Biskuitteig: Rezept 1231.

Rezept 1300

Heidesand

125 g Butter
125 g Zucker
200 g Mehl
½ Päck. Vanillezucker
1 Teelöffel Backpulver

Butter leicht bräunen und abkühlen lassen, mit Zucker verrühren, mit Gewürzen und Mehl verkneten. 2 Rollen von 5 cm Durchmesser formen und zugedeckt kaltstellen. Scheiben von ½ cm Dicke schneiden und auf ein gefettetes, bemehltes Blech geben. Bei guter Mittelhitze backen.

Rezept 1301

Käseknirpse

50 g Mehl
1 Teel. Backpulver
150 g Haferflocken
20 g Fett
80 g Butter
30 g geriebener Käse
2–3 Eßlöffel Milch
Füllung:
60 g Butter
60 g geriebener Käse

Mehl mit Backpulver vermischen, Haferflocken in Fett anrösten und fein zerreiben, einen Mürbeteig zubereiten, dann die übrigen Zutaten zugeben und kaltstellen, dünn ausrollen und kleine Rechtecke ausrädeln oder mit kleinsten Förmchen Figuren ausstechen. Goldbraun backen. 2 Plätzchen mit der Käsefüllung aufeinanderdrücken und kalt stellen; Mürbeteig: Rezept 1217.
Zur Füllung: Die Zutaten gut miteinander verrühren.

Rezept 1302

Suppenmakrönchen

1 Eiweiß
75 g Zucker
85 g Grieß
Rumaroma

Eiweiß sehr fest schlagen, nach und nach den Zucker zugeben, und wenn die Masse sehr fest ist, langsam den Grieß und das Aroma einrühren. Auf gefettetes Pergamentpapier kleine erbsengroße Häufchen setzen und bei schwacher Hitze mehr trocknen als backen. Wenn man die hellbraunen Makronen aus dem Ofen nimmt, dreht man das Papier auf die Rückseite, feuchtet mit lauwarmem Wasser an, läßt einen Augenblick einwirken und nimmt dann die Makronen ab.

Rezept 1303

Nußmakrönchen

3 Eier
250 g Zucker
250 g gemahlene Nüsse

Eier und Zucker schaumig schlagen, die Nüsse zugeben und kleine Häufchen mit 2 Teelöffeln auf das gefettete Blech setzen. Bei mittlerer Hitze schnell backen.

Rezept 1304

Keks

65 g Butter
100 g Zucker
3 Eier
375 g Mehl
1 Päck. Vanillezucker
3/4 Päck. Backpulver
1 Eigelb

Aus den Zutaten einen Mürbeteig bereiten, ausrollen und mit einem Fleischklopfer ein leichtes Lochmuster eindrükken. In Vierecke ausrädeln und mit Eigelb bestrichen hellgelb backen; Mürbeteig, Rezept 1217.

Rezept 1305

Sandplätzchen

1 Pfd. Mehl, 2 Eier
1/2 Pfd. Butter
1/2 Pfd. Zucker
1 Päck. Vanillezucker
1/2 Päck. Backpulver
etwas Marmelade
Schokoladenglasur
Rezept 1280

Mürbeteig, Rezept 1217, ausrollen; runde Plätzchen ausstechen in 3 verschiedene Größen. Zwischen die drei ein Löffelchen Marmelade füllen, die Ränder leicht andrücken oder mit Eiweiß bepinseln und hellgelb backen. Nach dem Erhalten mit Glasurstreifen verzieren.

Rezept 1306

Springerle

500 g feiner Zucker
abgerieb. Zitronenschale
125 g Mehl, 4 Eier
1 Päck. Backpulver
1 Päck. Vanillezucker
(Wachs und Anis
für die Platte)

Eier und Zucker schaumig rühren, Mehl und die anderen Zutaten zugeben und den Teig 3 Tage ruhen lassen. Dann ausrollen, die Formen ausstechen und auf einem Backblech, das mit Wachs abgerieben und mit Anis bestreut ist, hellgelb backen.

Rezept 1307

Spekulatius

500 g Mehl, 200 g Butter
300 g Zucker, 2 Eier
60 g gehackte Mandeln
1 Teelöffel Zimt
1 Päck. Vanillezucker
Nelken und Kardamom
1 Prise Muskatblüte

Einen Knetteig bereiten, gut verarbeiten, ausrollen, mit Formen ausstechen und auf ein Backblech legen. Dunkelbraun backen und in Blechdosen aufbewahren.

Rezept 1308

Pfeffernüsse

$1^1/_2$ Pfd. Sirup
250 g Zucker, 125 g Butter
$2^1/_4$ Pfd. Mehl
15 g Pottasche
75 g geraspelte Mandeln
1 gerieb. Zitronenschale
70 g Orangeat
1 Eßlöffel Zimt
1 Teelöffel Nelken
1 Teel. Kardamom
Eiweißglasur, Rezept 1277

Sirup mit Butter und Pottasche erhitzen, schlagen, bis er Blasen wirft, und abkühlen lassen, dann die anderen Zutaten zufügen. Alles gut miteinander vermischen und zusammenkneten. Den Teig 1 cm dick ausrollen und kleine runde Plätzchen ausstechen. Auf einem gefetteten Blech eine Nacht stehenlassen, dann bei schwacher Hitze backen und mit Eiweißglasur überziehen.

Rezept 1309

Dattelschnitten

150 g Butter
150 g Zucker
1 Päck. Vanillezucker
200 g Mehl, 1 Eigelb
75 g Mondamin
3 Teel. Backpulver
150 g gerieb. Mandeln
1 Prise Salz
Füllung:
200 g Datteln
50 g getr. Aprikosen
Saft $^1/_2$ Zitrone
50 g Zucker
Rumglasur, Rezept 1279

Butter, Zucker und Vanillezucker schaumig rühren, dann nach und nach die anderen Zutaten zugeben, zuletzt die Mandeln. Teig $^1/_2$ Stunde kaltstellen, zu einem Rechteck ausrollen und in 4 Streifen schneiden. Datteln und Aprikosen sehr fein schneiden, mit Zucker und Zitronensaft vermischen und 2 Teigstreifen mit der Fülle belegen, die beiden anderen Streifen darüberlegen, an den Rändern etwas andrücken und im vorgewärmten Ofen hellbraun backen. Noch warm in Streifen oder Dreiecke schneiden, mit Rumglasur überziehen und mit Datteln verzieren.

Rezept 1310

Honigkuchenplätzchen

250 g Honig
200 g Zucker
$^1/_2$ Teelöffel Anis
$^1/_2$ Teelöffel Nelken
$^1/_2$ Fl. Zitronenaroma
750 g Mehl
100 g Butter
$^1/_2$ Tasse Milch
Mandeln oder Rosinen

Honig und Zucker flüssig werden lassen, kochende Milch zurühren und abkühlen lassen, dann Mehl und die anderen Zutaten zugeben. Den Teig ausrollen, Plätzchen ausstechen und mit Mandeln oder Rosinen verzieren. Bei mittlerer Hitze backen, nach Erkalten mit Glasur überziehen.

Rezept 1311

Lebkuchen

Honig, Fett und Zucker miteinander verschmelzen, Mehl und Gewürze zusammenmischen und miteinander vermengen. Nüsse und Ei verkneten, dann alles zusammengeben. Den Teig über Nacht ruhen lassen. Am anderen Tag arbeitet man die Milch mit der aufgelösten Pottasche und dem Hirschhornsalz hinein und rollt den Teig aus. Kleine Plätzchen ausstechen und mit Zuckerglasur oder Schokoladenglasur überziehen und mit buntem Streuzucker bestreuen.

500 g Mehl, 100 g Fett
125 g Zucker, 1 Ei
375 g Honig
160 g gehackte Nüsse
1 Teelöffel Pfefferkuchengewürz
10 g Pottasche
5 g Hirschhornsalz
1 Eßlöffel Milch
Schokoladenglasur Rezept 1280
Bunter Streuzucker

Rezept 1312

Marzipan

Mandeln abziehen und raspeln. Wenn nicht fein genug, noch einmal durch die Mandelmühle geben. Puderzucker durch ein Haarsieb rühren, Rosenwasser zufügen und die Masse zusammen verkneten; zum Ausrollen muß Marzipan hart sein. Mit kleinen Förmchen ausstechen oder zu Kügelchen rollen und mit Schokoladenglasur überziehen.

1/2 Pfd. Mandeln
1/2 Pfd. Puderzucker
10 Tropfen Rosenwasser
Schokoladenglasur Rezept 1280

Schnelle Küche für Berufstätige

Kochbücher gibt es in Hülle und Fülle, für kleine und für größere Ansprüche, für Käseliebhaber und Feinschmecker, für Rohköstler und Diätmahlzeiten, für südländisch ausgerichtete Köchinnen und für Geflügelliebhaber. Ich möchte mit diesem Kochbuchabschnitt den Reigen erweitern und mit meiner Auswahl an Rezepten die Berufstätigen und Junggesellen ansprechen, die mehr oder weniger in kärglichen Viertelstunden auf schnelle Gerichte aus Beuteln, Konserven oder Tiefkühlkost angewiesen sind.
In der heutigen Zeit, wo alles schnell gehen muß, sollte man aber über Beruf und Geldverdienen die Häuslichkeit nicht vergessen. Unter 1000 berufstätigen Frauen gibt es sicher nicht 10, die sich nicht gern selbst das Essen zubereiten möchten, und sei es nach Feierabend nur eine kochfertige Mahlzeit aus der Dose. Das gleiche gilt für den Junggesellen. Jeder unbeweibte Mann hat sich in seiner Behausung irgendwo, mit mehr oder weniger Geschick, ein Eckchen eingerichtet, wo er – je nach Lust und Laune – seine Steaks, Spiegeleier oder Kartoffeln selbst braten kann. Denn für jeden kommt der Zeitpunkt, wo ihm das ewige Gasthaus- oder Kantinenessen leid ist.
Ich habe mir nun für Sie den Kopf zerbrochen und Rezepte zusammengestellt, die jeder von Ihnen in seinen eigenen vier Wänden auf einer einfachen Kochstelle zubereiten kann. Manchmal sind allerdings kleine Vorarbeiten zu leisten, z. B. Pellkartoffeln zu kochen oder Fleisch usw. Das kann man bequem am Abend vorher erledigen, das Fernsehen und die Erholung kommen deswegen nicht zu kurz.
Vieles läßt sich aus Beuteln und Dosen oder aus der Tiefkühltruhe zubereiten, doch sollten Sie auch immer daran denken, einen frischen Salat zu bereiten, denn in Kantinen, wo ja wohl die meisten Berufstätigen ihre Mittagsmahlzeit einzunehmen pflegen, ist es meist mit Gemüse oder Salaten nicht weit her. Den Salat können Sie bequem abends auf dem Heimweg oder in der kleinen Mittagspause nebenan beim Kaufmann frisch bekommen. Und viele grüne Kräuter sollten Sie daheim haben. Mit Petersilie, Schnittlauch, geriebenem Käse, Zwiebelpulver und gerösteten Zwiebeln – auch die gibt es in wunderbarer Qualität in kleinen Beuteln knusprig braun geröstet fertig

zu kaufen, können Sie jede Mahlzeit – und zu welcher schmeckt kein Grünzeug – zusätzlich mit Vitaminen anreichern. Ein frisches Büschelchen Petersilie sieht auch notfalls auf dem Schreibtisch oder auf dem Fensterbrett in einer Blumenvase sehr dekorativ aus und läßt sich so einige Tage frisch halten.
Sollten Sie aber glücklicher Besitzer eines Kühlschrankes sein und sei er auch noch so klein, so ist es ja gar kein Problem, dafür zu sorgen, daß immer frisches Obst, Fisch, Kräuter und Salate in Reichweite sind. Auch einige kleine Dosen Büchsenfleisch, Fisch und Wurst kann man immer zu Hause haben, ein paar Eier sind eine Selbstverständlichkeit und damit können Sie sich schon die leckersten Gerichte zubereiten.
Wenn Sie mit etwas Verstand und Umsicht Ihren Geschirrbestand angeschafft haben, befinden sich in Ihrem Besitz sicher auch 1 oder 2 kleinere Deckelschüsseln aus Jenaer Glas, die Sie gleichzeitig als Teller benützen können, die nebenbei die Speisen lange warm halten und gleichzeitig nett und appetitlich aussehen. Sie sparen da nicht nur doppeltes Geschirr bei der Anschaffung, sondern auch Töpfe, die meist in den Schränken keinen erfreulichen Anblick bieten, obwohl es heute sehr hübsche farbige Kasserollen zu kaufen gibt, die gleichzeitig als Schüsseln verwendet werden. Sie sparen auch den doppelten Abwasch und gewinnen dadurch einige Minuten kostbare freie Zeit. Sie haben das Gefühl, an einem mit Liebe gedeckten Tisch zu sitzen, wenn Sie sich die kleine Mühe machen, ein farbenfreudiges Set vielleicht mit dazu passender Serviette auf den Tisch zu legen. Auch wenn die Zeit knapp ist, bereiten Sie Ihre Mahlzeiten mit Liebe. Laden Sie sich zu sich selbst ein und Sie werden sehen, wie gut alles gelingt und wie gut es Ihnen schmeckt. Nehmen Sie dazu noch:

100 g Eifer
150 g Liebe
200 g Phantasie

und die nötigen Gewürze, mischen alles gut durcheinander und bereiten Sie daraus:

Fixfertige Mahlzeiten.

DER EINKAUF

Um sich die Kleinhaushaltführung ein wenig zu erleichtern, ist eine gute Vorratswirtschaft vonnöten. Besorgen Sie sich deshalb regelmäßig zu Beginn des Monats, wenn die Brieftasche noch prall gefüllt ist, Ihren notwendigen

Bedarf an Nahrungsmitteln und Leckereien in Packungen und kleinen Dosen. Es stimmt zwar, daß diese kleinen Dosen die teuersten sind, aber in Ihrem Falle sind sie doch günstiger, weil Sie den Rest aus einer größeren Dose vielleicht gar nicht mehr verwenden können, da Sie keinen Kühlschrank besitzen oder nur jeden 2. Tag eine warme Mahlzeit bereiten können und demzufolge der Rest verderben würde. Legen Sie sich Beutelpackungen von Soßen, Suppen, Halbfertiggerichten und Süßspeisen zurecht, und ebenso Fertiggerichte in der Dose. Natürlich sind alle diese verlockenden Dosengerichte in der Hauptsache für die Berufstätigen zusammengestellt worden, denn man weiß, wo der Schuh drückt. Auch Strohwitwer greifen gerne auf diese Gerichte zurück. Es ist ja auch so bequem. Dose im Wasserbad erwärmen, den Inhalt in die Schüssel geben – fertig. Mit gehackten Kräutern oder zusätzlichen Salatportionen oder einem leckeren Nachtisch können Sie so in wenigen Minuten ganze Menüs zusammenstellen und zubereiten. Wissen Sie überhaupt, was alles für Sie in den Regalen Ihres Kaufmanns auf Sie wartet?

Hier eine kleine Auswahl: Serbisches Reisfleisch
Hühnerragout mit Reis
Königsberger Klops
Paprika gefüllt mit Hackfleisch
Eierhütchen – Eierravioli
Bohnen mit Speck
Linsen mit Speck oder Cocktailwürstchen
Erbsen mit Schinkenspeck
(Sortiment kann beliebig erweitert werden!)

Schauen Sie sich nur um an einem arbeitsfreien Samstag und versäumen Sie nicht, von den verlockenden Gerichten kleine Dosen mit nach Hause zu nehmen. Sie halten ja so lange, und das Aufbewahren der Dosen macht überhaupt keine Schwierigkeit. Irgendwo wird sich ein Plätzchen finden, und wenn Sie Appetit auf „Besonderes“ haben, greifen Sie zu Ihren Vorräten.

Tätigen Sie Ihre täglichen Einkäufe in den bequemen Selbstbedienungsläden; das geht sehr schnell und Sie haben sich schon von der Hetze des Tages ein wenig erholt, wenn Sie Ihr Zuhause erreicht haben, um mit Freude und Behagen Ihre Abendmahlzeit zu bereiten.

Ich habe Ihnen aus meiner Erfahrung heraus Nahrungsmittel zusammengestellt, die Sie notwendigerweise daheim haben sollten, wenn Sie Wert auf eigenhändig zubereitete Mahlzeiten legen. Diese Nahrungsmittel verderben nicht so schnell, erfordern wenig Mühe bei der Zubereitung und bringen gleichzeitig Abwechslung in Ihren Ernährungsplan.

DER VORRAT

Beutelpackungen für Suppen: Ochsenschwanzsuppe, Pilzsuppe, Tomatensuppe, Spargelsuppe, Hühnersuppe, klare Fleischbrühwürfel
Beutelpackungen für Soßen: Helle Soße, braune Soße, Tomatensoße, Fleischextrakt
Gewürze: Salz, Zucker, Pfeffer, Kapern, Tomatenpüree, Senf, Essig, Öl, Zitronen, Paprika, Perlzwiebeln, Muskat, Röstzwiebeln, Butter, Margarine, Ketchup, Vanillezucker, Eier, Mayonnaise, Rosinen, Mandeln, geriebene Zwiebeln
Getränke: Kaffee, Instant, Tee, Kakao, 1/2 Flasche Weinbrand, 1/2 Flasche Wermut, Sprudel, Dosenmilch, 1 kleine Flasche Wein
Nährmittel: Reis. Nudeln, Grieß, Mehl, Kartoffelmehl, Kartoffelpüreepulver, Kloßpulver
Gemüsekonserven: Bohnen, Erbsen, Spargel, Karotten, Gurken, Hühnersuppe, Pilze, sauer eingelegte Gurken in Gläsern, Zigeunersalat, Sauerkraut, Paprikasalat
Obstkonserven: Erdbeeren, Ananas, Pfirsiche, Cocktailfrüchte, Pflaumen, Kirschen, Maraschinokirschen, Konditorkirschen
Fleisch- und Fischkonserven: Königsberger Klopse, Gulasch, Luncheon Meat, Wurst in Dosen, Cocktailwürstchen, Thunfischsalat, Heringsfilets in verschiedenen Soßen, Ragout-fin, Rouladen, 1 kleine Hartwurst
Süßspeisen: Majala-Zitronen und Orangen, Fruttina, Götterspeise, Soßenpulver, Gelatine, Pudding ohne Kochen
Geschirr: 2 kleine Deckelschüsselchen aus feuerfestem Glas, 1 kleines Kaffeeservice, 4 Weingläser, Kognakgläser, Likörgläser, 2 Suppentassen, 2 Eßteller, 4 Abendbrotteller, 2 kleine Fleischplatten, 4 Kompottschüsselchen oder Glasteller, 1 kleiner Stieltopf, 4 Teegläser, 1 Teekanne, 1 Fleischbrettchen, 1 kleines und 1 großes Küchenmesser, Besteck für 3–4 Personen, 1 Schüttelbecher mittlerer Größe.

SÄTTIGENDE SUPPEN AUS DOSEN UND BEUTELN

Ich weiß, daß Sie eine moderne, fortschrittliche Köchin sind oder zumindest den festen Vorsatz haben, eine zu werden und deshalb kopfschüttelnd diesen Suppenabschnitt übersehen wollen. Tun Sie es nicht, rate ich Ihnen. Wissen Sie überhaupt, wie lecker eine Suppe nach des Tages Müh' und Plage sein kann? – Denken Sie nun nicht gleich an Ihre schlanke Linie, die soll Ihnen erhalten bleiben bis zum 70. Geburtstag.

Aber Suppen frischen die Lebensgeister auf, machen einen rundherum angenehm satt, ohne zu belasten und beruhigen die strapazierten Nerven. Jeden Abend sollen Sie natürlich keine essen, das würde ich nicht einmal erwarten, wenn ich eine eigene Suppenfabrikation betriebe. Aber ab und zu, wenn Sie ganz „parterre" sind, stürzen Sie Ihren Kummer in einen Topf mit leckerer Suppe. Und wie schnell ist sie bereitet. Sie schwemmt allen Kummer hinunter. Nach einem kräftigen Teller Suppe sieht die Welt wieder freundlicher aus. Blättern sie die nächsten Seiten durch und wählen Sie.
Die Suppen in Dosen sind fix und fertig, d. h. tischfertig. Zum Teil handelt es sich um Konzentrate, die verdünnt werden müssen. Obwohl es sich hier um hochwertige Suppen handelt, würde ich doch vorschlagen, dieser kleinen Mahlzeit eine persönliche Note zu verleihen durch Hinzufügen von Pilzen, Eiereinlage oder frischen grünen Kräutern, durch Beigabe von Rauchfleisch, Würstchen oder Schinken, von Wein, Rahm oder Zitronensaft.

Rezept 1313

Pilzsuppe

Beigabe Gervaisschnitte

1 kl. Dose Champignons
1–2 Eßlöffel Butter
1 Eßlöffel Mehl
1 Tasse Wasser
1/2 Fleischbrühwürfel
1 Eßlöffel gehackten Schnittlauch oder
1 Teelöffel feingehackte Petersilie oder
1 Teelöffel geröstete Zwiebel (Beutel)
1 Eigelb

Aus der geöffneten Dose den Pilzsaft in eine Suppentasse schütten und voll mit Wasser auffüllen, den 1/2 Brühwürfel darin zerbröckeln. In einem kleinen Topf Butter zerlaufen lassen. Mehl zurühren und mit der Flüssigkeit zu einer hellen Suppe aufkochen. Die Pilze feinblättrig schneiden und in die Suppe geben, Salz zufügen, ein wenig Pfeffer und abschmecken. Zuletzt ein verklopftes Eigelb zurühren, Schnittlauch, Petersilie oder Röstzwiebeln über die Suppe streuen, durchrühren und anrichten. Dazu ein Butterbrötchen oder 1 Scheibe gebuttertes Toastbrot. Kochzeit 10–15 Minuten. Als Beigabe:

Rezept 1314

Gervaisschnitte

1 Brötchen
Butter
1 Tomate
Pfeffer, Salz
Schnittlauch

Ein Butterbrötchen mit Gervais bestreichen, mit in Scheiben geschnittener Tomate belegen, mit Pfeffer und Salz würzen, Schnittlauch überstreuen und 1 Glas Apfelsaft oder 1 Glas Tee dazutrinken.

Rezept 1315

Kalbfleischsuppe mit Pilzeinlage

Beigabe Pilze im Grün

$^1/_2$ Beutel Kalbfleischsuppe
1 kl. Dose Pilze
1 Eßlöffel Weißwein oder einige Tropfen Zitronensaft
1 Eßl. feingeschnitten Petersilie

Den Saft der Pilze in einen Topf laufen lassen, 1 Tasse Wasser zufügen, den halben Inhalt des Beutels mit der entsprechenden Menge Flüssigkeit glattrühren und unter Rühren aufkochen. Auf kleinster Flamme einige Minuten sanft ziehen lassen, die Hälfte der feinblättrig geschnittenen Pilze zugeben und mit Wein und Petersilie abschmekken. 1 Scheibe Toastbrot in Würfel schneiden, in den Suppenteller geben und die Suppe über den Brotbröckchen anrichten. Als Beigabe:

Rezept 1316

Pilze im Grün

1 Stck. Vollkornbrot
Butter, Pfeffer, Salz
Rest Pilze
Mayonnaise
Schnittlauch

Eine Scheibe Vollkornbrot dick mit Butter bestreichen, die übrigen halbierten Pilze darauf verteilen, pfeffern und salzen, kleine Mayonnaisetupfer aufsetzen, viel Schnittlauch überstreuen.

Rezept 1317

Tomatenkremsuppe mit Sahnehäubchen

Nachtisch Obsttörtchen

1 Beutel kochfertige Tomatensuppe
1 Suppentasse Wasser
$^1/_8$ l ungesüßte Schlagsahne
1 Teel. feingehackter Schnittlauch
kleine Reste von Käsegebäck

Den halben Inhalt des Beutels mit Wasser verrühren und nach Vorschrift kochen. Etwas abkühlen lassen in der Suppentasse, 1 Eßlöffel Schlagsahne als Sahnehäubchen aufsetzen, mit Schnittlauch bestreuen und die letzten Reste Käsegebäck dazu knabbern. Kochzeit 10–15 Minuten.
Als Nachtisch:

Rezept 1318

Obsttörtchen

1–2 Obsttörtchen
Sahnerest
$^1/_2$ Pfd. Erdbeeren

1–2 Obsttörtchen (fertig zu kaufen beim Bäcker) mit dem Sahnerest bestreichen, die aus der Tiefkühltruhe aufgetauten gezuckerten Erdbeeren auflegen.

Rezept 1319

Ochsenschwanzsuppe mit Einlage

dazu Vollkornbrot

½ Beutel oder
1 kl. Dose kochfertige Ochsenschwanzsuppe
1 Eßlöffel Wein
Dosenmilch
1 Prise Zucker
50 g Scheibe Lyoner Wurst

Die Suppe nach Vorschrift zubereiten, kurze Zeit ziehen lassen, mit Wein, Rahm und Zucker abschmecken. Die Wurst in kleine Würfel schneiden, in die Suppentasse geben, die Suppe auffüllen. Kochzeit 10 Minuten. 1–2 Scheiben Vollkornbrot mit Butter bestreichen und mit Käse und Wurst belegen. Dazu 1 Glas Johannisbeersaft.

Rezept 1320

Erbsensuppe aus der Kühltruhe

Beigabe Sardinenbrot

1 Dose gefrorene Erbsensuppe
1 Eßlöffel feingehackter Schnittlauch
1 Paar Würstchen

Die gefrorene Suppe nach Vorschrift zubereiten und mit feingehackter Petersilie oder Schnittlauch bestreuen. Die Würstchen in heißem Wasser 10 Minuten garziehen lassen und mit der Suppe anrichten. Kochzeit 15 Minuten. Als Beigabe:

Rezept 1321

Sardinenbrot

2 Brötchen
Butter
1 Ds. Ölsardinen
1 Ei

2 Brötchen mit Butter bestreichen, Ölsardinen aus der Dose darauf verteilen, 1 hartgekochtes Ei in Scheiben geschnitten darüber legen und ein gut gekühltes Glas Bier dazu reichen.

Rezept 1322

Linsensuppe mit Räucherwürstchen

Nachtisch Arme Ritter

1 P. Linsensuppe
1–2 Räucherwürstchen
1 Prise Bohnenkraut
1 Eßl. Essig
1–2 Teel. geröstete Zwiebeln

Die Räucherwürstchen an mehreren Stellen mit der Gabel anstechen und mit 2–3 Tassen Wasser 15 Minuten kochen lassen, evtl. feingeschnittenes Suppengrün mitkochen. Ein Päckchen Linsen aus der Doppelpackung in die kochende Wurstbrühe geben und nach Vorschrift kochen. Dann mit Essig, Zwiebel und Bohnenkraut würzen, abschmecken und auf Suppentellern anrichten. Dazu die Würstchen entweder im ganzen oder in 3–4 cm lange Stücke zerteilt mit Senf servieren. Kochzeit 25 Minuten. Als Nachtisch:

Rezept 1323

Arme Ritter

1/2 Tasse Milch mit Eigelb verquirlen, 2–4 Zwiebäcke darin einweichen, herausheben und in Butter in der Pfanne auf beiden Seiten goldgelb backen, mit Zucker und Zimt bestreuen.

1/2 Ts. Milch
Eigelb, Butter
Zwieback
Zucker, Zimt

Rezept 1324

Blumenkohlsuppe mit Fleischklößchen

Nachspeise Majala-Speise

Den verlesenen und gewaschenen Blumenkohl in kleinste Röschen zerteilen und in 2–3 Tassen Wasser im Topf zum Kochen bringen. Aus den Bratwürstchen kleine Klöße herausdrücken und mitkochen lassen. Blumenkohl und Klößchen herausheben, die kochfertige Suppe in die Gemüsebrühe einrühren und nach Vorschrift zubereiten. Blumenkohl und Fleischklößchen in die fertige Suppe geben, mit Muskat und Petersilie abschmecken und warmstellen.

1/2 P. Blumenkohlsuppe
1 kl. Blumenkohl
2–3 Tassen Wasser
1–2 Bratwürstchen
1 Eßlöffel gehackte Petersilie
etwas Muskat

Rezept 1325

Majala-Speise

Aus 1/2 Paket Majala-Orange eine Süßspeise bereiten, die während des Suppenkochens erstarrt, wenn man sie in kleine Glasschüsselchen gießt. Mit kleinen Apfelsinenschnitten garnieren oder mit Dosenmilch servieren.

1/2 Pk. Majala-Orange
1 Apfelsine
Dosenmilch

Rezept 1326

Hühnersuppe mit Schaumeierwürfeln

dazu Thunfischbrot

Die Hühnersuppe mit der gleichen Menge Wasser verrühren, nach Vorschrift zubereiten und feingehackte Petersilie überstreuen. Eier mit Milch und Salz verschlagen, in ein gefettetes Töpfchen oder in eine große Tasse geben und so lange (10–15 Minuten) im Wasserbad kochen, bis die Masse steif ist. (Vorsicht, damit kein Wasser hereinkocht.) Die Eimasse aus dem Töpfchen herauslösen, auf Brettchen in Würfel schneiden und in die Suppe geben.

1 kl. Dose konzentrierte Hühnersuppe
ebensoviel Wasser
2 Eier
2 Eßlöffel Milch
1 Prise Salz
1 Teelöffel gehackte Petersilie

Rezept 1327

Thunfischbrot

2 Stck. Weißbrot
Butter
1 Ds. Thunfisch
Salat
1 Tomate

2 Scheiben gebutterten Toast dazu reichen oder Knäckebrot und 1 kleine Dose Thunfischsalat mit geviertelten Tomaten umlegt.

Rezept 1328

Erbsensuppe aus der Dose mit Einlage

Beigabe Toastbrot

1 kl. Dose junge Erbsen
2–3 Stangen Spargel
2 Tassen Wasser
1 kl. Dose Luncheon Meat
1–2 Eßlöffel Suppennudeln
1 Eßlöffel Schnittlauch
Petersilie
Pfeffer
Salz

Den geschälten und in kleine Stücke geschnittenen Spargel in etwas Salzwasser garkochen, die Flüssigkeit von den Erbsen zugießen, aufkochen und die Suppennudeln darin garkochen, Erbsen zugeben, das Fleisch aus der Dose in kleine Würfel schneiden und in die Suppe geben. Abschmecken, die gehackten Kräuter zugeben und anrichten. Kochzeit 30 Minuten.
1–2 Scheiben Toastbrot mit Butter und Tomato-Käse bestreichen und 1 Glas Bier dazu reichen.

SOSSENEINMALEINS

Soßen sind das A und O einer Mahlzeit, und um eine wohlschmeckende Soße zu bereiten, sollte man daher eigentlich immer ein wenig Zeit und Geduld haben.
Bei Ihnen aber muß es ja durchweg schnell gehen, und deshalb gab ich Ihnen eingangs den Rat, Beutelpackungen für Soßen als Vorrat hinzulegen. Grundsätzlich gibt es zwei Arten von warmen Soßen: helle und dunkle Soßen, die nun jeweils dem Geschmack des Gerichtes angepaßt werden. Man wird sie nach Bedarf mit vielen pikanten Beigaben veredeln, sei es mit Wein, Rahm oder Zitrone, oder mit besonderen Gewürzen, wie Curry, Paprika, gebräunten Zwiebeln, Tomatenmark oder Ketchup, Senf oder

Meerrettich. Auch grüne Kräuter, möglichst frisch, verfeinern den Geschmack der Soßen. So kann man also guten Gewissens eine kochfertige Soße aus der Packung bereiten und sie dem Gericht entsprechend abwandeln. Sie laufen dann nicht Gefahr, daß die Soße klumpig wird oder gar zu wäßrig aussieht, wenn Sie sich an die genauen Kochvorschriften halten. Bereiten Sie jeweils 1 Tasse voll helle oder dunkle kochfertige Soße und setzen dann die erwünschten Geschmackszutaten zu.
Salatmarinaden gibt es auch fix und fertig zubereitet in Flaschen zu kaufen. Man kann aber auch aus Joghurt, Quark, Gervais, Öl und Essig oder Zitrone oder 1 bis 2 Eßlöffel Mayonnaise, die nach Bedarf verdünnt wird, eine pikante, wohlschmeckende Salatsoße selbst zubereiten.
Auch hier gilt die Regel: pikante Gewürze, viele grüne Kräuter und ein bißchen Phantasie.

Kalte Soßen

Rezept 1329

Essig-Öl-Soße für Fleisch, Fisch

1 Eßl. ger. Zwiebel
½ würfelig geschnittene Gewürzgurke, Salz
1 hartgek. Ei
Petersilie, Schnittlauch
Pfeffer, 3 Eßl. Öl
2 Eßlöffel Essig

Alle Zutaten sehr fein hacken und mit Pfeffer und Salz, Essig und Öl fein verrühren. Über feinwürfelig geschnittenes Fleisch, Fisch oder Eier geben.

Rezept 1330

Französische Salatsoße

4 Eßlöffel Öl, Salz
1 Eßl. Zitronensaft
1 Prise Zucker, Paprika
Zwiebelpulver
½ Teelöffel Senf
Knoblauch, Meerrettich

Alle Zutaten im Schüttelbecher solange schütteln, bis eine sämige Soße entsteht.

Alle Soßen können mit Rahm oder 1–2 Eßlöffel Dosenmilch sahnig gerührt oder geschüttelt werden. Sie sind dann lieblicher, eignen sich aber durchweg nur für grüne Blattsalate.

Eine köstliche Marinade bereiten Sie aus Joghurt:

Rezept 1331

Joghurt-Marinade

½ Flasche Joghurt
2 Eßlöffel Öl
Saft ½ Zitrone
1 Prise Pfeffer
Salz
Zucker
2 Eßlöffel geh. Kräuter
evtl. 1 rohes Eigelb
1 Tupfer Senf

Joghurt mit Öl und Zitronensaft fein verrühren. Gewürze zugeben, Eigelb mit Senf verrührt unter die Marinade ziehen und die gehackten Kräuter untermischen. Vorzüglich zu allen Blattsalaten.
Oder: 4 Eßlöffel Joghurt mit 2 Eßlöffel Mayonnaise verrühren. Gehackte Kräuter zugeben.

Rezept 1332

Kalte Käsesoße

½ Tasse Sahnequark
oder ½ Gervais, Salz
2–3 Eßl. Dosenmilch
Pfeffer, 5–6 Kapern
½ geh. Gewürzgurke
½ Teel. Zitronensaft
gehackten Schnittlauch
Petersilie oder Dill
1 rohes Eigelb

Den Quark oder Gervais mit der Gabel zerdrücken und so viel Rahm oder Milch unter Rühren zufügen, bis die Masse sahnig-flüssig wird. Gewürze beigeben und das rohe Eigelb unterrühren. Zu Pellkartoffeln, Salaten, Reis oder als Diätsoße geeignet.

Warme Soßen

Die nun folgenden Soßen werden aus Würfel- oder Beutelpackungen bereitet. Richten Sie sich bei der Zubereitung nach den gegebenen Kochvorschriften. Verwenden Sie für helle Soßen auch helles Soßenpulver, für dunkle Soßen die Packungen für dunkle Soßen (Bratensoße). Die gesondert aufgeführten Zutaten dienen zur Aufbereitung dieser hellen oder dunklen Soße, die sie natürlich auch fehlen lassen können, wenn Sie eine einfache Soße wünschen.

Rezept 1333

Holländische Soße

1 Tasse kochfertige
helle Soße
1–2 Eigelb
1 Eßlöffel Rahm
½ Teel. Zitronensaft
1 Strich Muskat
1 Eiweiß

Die Eigelb mit Rahm glattrühren, in die fertige Soße geben, mit Zitronensaft und Muskat abschmecken und das steif geschlagene Eiweiß unter die Soße ziehen, sofort anrichten. Zu gekochtem Fisch, Spargel, Schwarzwurzeln, Geflügel.

Rezept 1334

Senfsoße

1 Tasse kochfertige helle Soße
1 Teelöffel Senf
1–2 Eßlöffel Rahm
½ Teelöffel Essig
1 Prise Zucker
1 Stich Butter

Senf mit Essig und Rahm glattrühren, in die fertige Soße geben, gut durchrühren und 1 Stich Butter auf der Soße zerlaufen lassen. Zu gekochten Eiern, Fisch oder Fleisch servieren.

Rezept 1335

Käsesoße

1 Tasse kochfertige helle Soße
½ Eckchen Schmelzkäse oder 1 Eßl. Reibkäse
1 Strich Muskat
1 Teel. geh. Kräuter

Den Schmelzkäse in Flöckchen über der Soße verteilen und zerlaufen lassen (auf kleinster Flamme) oder den Reibkäse in die fertige Soße rühren, Muskat und gehackte Kräuter zugeben und zu Gemüsegerichten reichen.

Rezept 1336

Pikante Soße

1 Tasse kochfertige helle Soße
2–3 Pilze
1 Sardelle
1 Teel. geh. Kapern
1 Eßl. Weißwein
1 Spritzer Zitronensaft

In die fertige Soße die feinblättrig geschnittenen Pilze geben, ebenso die gewässerten gehackten Sardellen und die gehackten Kapern. Mit Wein und Zitronensaft abschmecken. Zu Fleisch, Fisch, Gemüse, Reis servieren.

Rezept 1337

Meerrettichsoße

1 Tasse kochfertige helle Soße
1 Döschen gerieb. Meerrettich oder ½ Teel. Meerrettichpulver, 1 Prise Zucker
1–2 Eßlöffel Rahm oder Dosenmilch

Das Meerrettichpulver mit dem Rahm glattrühren und in die fertige Soße geben oder den geriebenen Meerrettich in die fertige Soße rühren und diese mit Rahm abziehen. Zu Fleisch oder Fischgerichten, Kartoffelklößen, Roastbeef oder zu überbackenen Käseschnitten.

Rezept 1338

Tomatensoße

1 Tasse kochfertige helle Soße, Rahm
1 Messerspitze Zwiebelpulver
1–2 Eßl. Tomatenpüree
1 Prise Zucker
1 Eßlöffel feingehackte Kräuter

Tomatenmark und Zwiebelpulver mit 2 Eßlöffel Rahm glattrühren, in die fertige Soße geben, dazu 1 Prise Zucker und die gehackten Kräuter, gut durchrühren und herzhaft abschmecken. Zu Blumenkohl und gebackenem Fisch, zu Reis, Nudeln oder Kartoffelklößen.

Rezept 1339

Schinkensoße

1 Tasse kochfertige helle Soße (mit Buttermilch zubereitet)
Zwiebelpulver
1 Messerspitze Senf
1–2 Eßlöffel Rahm
½ Tasse Schinkenwürfelchen

Zwiebelpulver mit Senf und Rahm verrühren, in die fertige Soße geben, die Schinkenwürfel untermischen und herzhaft abschmecken. Zu Klößen, Gemüseaufläufen, Eintopfgerichten servieren.

Rezept 1340

Hackfleischsoße

100 g Gehacktes
1 Messerspitze Zwiebelpulver oder 1–2 Teelöffel Röstzwiebeln (Beutel)
1–2 Eßlöffel Fett
1 Gewürzgurke
1 Tomate
1 Tasse kochfertige helle Soße

Das Gehackte zerkrümeln, mit Zwiebelpulver bestäuben und im Topf in Fett anbräunen. 1–2 Eßlöffel Flüssigkeit (Brühe) zugeben und die fertige Soße einrühren. Unter Rühren einige Minuten kochen lassen und mit feingeschnittener Gurke und Tomate würzig abschmecken. Evtl. 1 Sardelle feingehackt untermischen. Zu Pellkartoffeln servieren.

Rezept 1341

Rahmsoße

1 Tasse kochfertige helle Soße
2 Eßl. saurer Rahm
1 Spritzer Zitronensaft
1 Stich Butter

Die kochfertige Soße mit Milch zubereiten, Rahm unterziehen und mit Zitronensaft abschmecken. Butter auf der Soße zerlaufen lassen, bis sie glänzt. Nicht mehr aufkochen. Zu allen feinen Gemüse-, Fisch- und Fleischgerichten.

Rezept 1342

Schnittlauchsoße

Zutaten wie Rezept 1341
Schnittlauch

In die fertige Soße 1–2 Eßlöffel feingehackten Schnittlauch einstreuen (Zitronensaft fortlassen). Zu Fleisch- und Gemüsegerichten.

Rezept 1343

Morgenröte

Zutaten wie Rezept 1341
Mayonnaise
Tomatenketchup

In die fertige Soße 1–2 Eßlöffel Mayonnaise und 1 Schuß Tomatenketchup geben, fein verrühren, aber nicht mehr aufkochen. Zu feinen Fleischgerichten reichen.

Rezept 1344

Helle Weinsoße

Die helle Soße mit Weißwein statt mit Wasser anrühren und aufkochen, dann die übrigen Zutaten zufügen. Das Eigelb mit etwas Wein verklopfen, in die fertige Soße geben (nicht mehr aufkochen) und 1 Stich Butter auf der Soße zerschmelzen lassen. Zu Kalbszunge noch einige Champignons einlegen, sonst zu Spargel, Erbsen, Reis o. ä. reichen.

1 Tasse kochfertige helle Soße
(Wein statt Flüssigkeit verwenden)
5–6 feingeh. Kapern
1 Spritzer Zitronensaft
1 Eigelb
1 Stich Butter

Rezept 1345

Burgundersoße

Die fertige Soße mit Zucker, Zitronensaft und Wein abschmecken, die feingehackten Zwiebelchen zugeben und noch einmal bis kurz vor das Aufkochen kommen lassen. Zu Wildbraten servieren.

1 Tasse kochfertige dunkle Soße
1 Eßl. Perlzwiebeln
1 kräftige Prise Zucker
1 Spritzer Zitronensaft
½ Gläschen Burgunder (Rotwein)

Rezept 1346

Sardellensoße

Die angegebenen Zutaten in die fertige Soße geben und unter Rühren noch einmal kurz aufkochen lassen. Zu Hackbraten, Schwarzwurzeln oder weißen Rüben reichen.

1 Tasse dunkle Soße
1–2 Teel. Röstzwiebeln
2 Eßl. Sauerrahm
1 Teel. Petersilie
1–2 feingeh. Sardellen
etwas abgeriebene Zitronenschale

Rezept 1347

Zitronensoße

Die fertige dunkle Soße noch einmal mit den Zutaten aufkochen lassen und zugedeckt 5 Minuten an warmer Stelle ziehen lassen. Zu Wildbraten servieren.

1 Tasse dunkle Soße
1 Eßl. sehr feingeschnittene Zitronenwürfelchen ohne Schale
1 Schuß Rotwein
Zucker, Essig, Muskat

Rezept 1348

Ragoutsoße

Die angegebenen Gewürze in die fertige Soße mischen und zu Kartoffelbrei oder Makkaroni servieren, ebenso zu Fleischresten aller Art.

1 Tasse kochfertige dunkle Soße
½ Teel. Rosenpaprika
1 Spritzer Zitronensaft
etwas engl. Soße
2 Eßl. süßer Rahm

Rezept 1349

Madeirasoße

1 Tasse dunkle Soße
2 Eßl. rohe Schinkenwürfelchen
1 feingeschnittene enthäutete Tomate, Zucker
1 Spritzer Zitronensaft
1–2 Eßl. Madeira
1–2 Teel. Röstzwiebeln

Die fertige Soße noch einmal mit den angegebenen Zutaten kurz aufkochen und etwas ziehen lassen. Man kann sie auch durchgesiebt zu gekochter Zunge servieren oder gekochten Schinken damit übergießen und anrichten.

Rezept 1350

Dunkle Zwiebelsoße

1 Tasse kochfertige dunkle Soße
1–2 Eßl. Röstzwiebeln (Beutel)
1 Teel. Tomatenpüree (Tube)
1 Löffelspitze Senf
1 Eßlöffel Wein

Tomatenpüree mit Senf und Wein verrühren und unter die fertige Soße mischen. Nach dem Anrichten die Röstzwiebeln lose überstreuen, damit sie knusprig bleiben. Zu Pellkartoffeln, Ragout, Nudeln o. ä. servieren.

Rezept 1351

Sauerbratensoße

1 Tasse kochfertige dunkle Soße
1 Stück Lorbeerblatt
2–3 weiße Pfefferkörner
1 Prise Zucker
1 Eßl. Röstzwiebeln (Beutel)
1–2 Eßl. Speckwürfel
1–2 Eßlöffel Rahm

Die fertige Soße noch einmal mit Lorbeerblatt, Pfefferkörnern und Zucker kurz aufkochen. Gewürze herausfischen und warmstellen. Speckwürfelchen ausbraten und in die Soße geben, Rahm unterrühren und die Röstzwiebeln vor dem Anrichten lose überstreuen. Zu Kartoffelklößen, Nudeln oder Fleisch servieren.

SALATE ALS BEIGABE

Rezept 1352

Kopfsalat zu Rührei auf Schinken

1 großer Kopfsalat
Salatsoße, Rezept 1330

Den Salatkopf entblättern, fleckige Stellen entfernen, Blätter in fließendem Wasser spülen, auf einem Sieb abtropfen lassen und kurz vor dem Anrichten in kleine Stücke zupfen, in die Marinade legen und gut durchmischen. Dazu 2 Rühreier auf gebackener Schinkenscheibe.

Rezept 1353

Endivien-Eskarol zu Leberscheiben und Püree

Einen kleinen Salatkopf mehrmals in Wasser schwenken, fleckige Blätter entfernen, braune Spitzen abschneiden, den Kopf nach oben fest zusammenfassen und auf einem Brettchen von der Wurzel (abschneiden) her in feinste, dünne Streifen schneiden. In der Marinade anrichten.
Dazu gebackene Leberscheiben und Kartoffelbrei (Püreepulver).

1 kl. Endivienkopf
Salatsoße, Rezept 1330
1 Prise Zucker

Rezept 1354

Kresse, Brunnenkresse zu Fünfminutenfleisch

1 Untertasse voll Salatblättchen sorgfältig im Wasser ausschwemmen und verlesen (Samenkörner entfernen), abtropfen lassen und unmittelbar vor dem Verzehr in der Marinade anrichten (Salat ganz locker hineingeben). Dazu Bratkartoffeln mit Wurst- oder Fleischwürfel gemischt oder Rührei.

1 Untertasse Brunnenkresse
Salatsoße, Rezept 1330
1 Prise Zucker

Rezept 1355

Chicoréesalat zu Brot und Spiegeleiern auf Schinken

Fleckige Blätter entfernen, den Stiel unten mit spitzem Messer aushöhlen (bitter). Die Stauden kurz in Wasser schwenken und von der Spitze her in feinste dünne Scheibchen schneiden, in der Marinade anrichten und evtl. kleine Orangen- oder Mandarinenschnitzchen mit untermischen. 2–3 Eßl. Dosenmilch überträufeln und den Salat einige Minuten ziehen lassen. Auch kleine Würfelchen milder Käse können untergemischt werden.
Dazu 2 bis 3 Scheiben Toastbrot oder dick mit Butter bestrichenes Vollkornbrot.
1–2 hartgekochte oder Spiegeleier auf Schinken.
Ein vorzügliches Abendbrot.

1–2 Stauden Chicorée
etwas Zucker
Orangenschnitze
Salatsoße, Rezept 1330

Rezept 1356

Möhrensalat zu Käsesnack

3–4 Möhren
2 Eßl. Mayonnaise
1 geriebener Apfel
½ Teelöffel Zucker
1–2 Teel. Zitronensaft
1 Prise Pfeffer
1 Prise Salz
1 Eßl. feingehackte Petersilie
Dosenmilch

Die geschabten Möhren auf der Reibe fein raspeln, locker in eine Schüssel legen und erst unmittelbar vor dem Verzehr mit der Marinade begießen. Die Mayonnaise mit dem feingeriebenen Apfel verrühren, Zitronensaft zugeben und so viel Rahm (Milch), bis eine sahnig-flüssige Marinade entsteht. Zucker, Pfeffer und Salz nach Geschmack zugeben, dann die feingehackte Petersilie untermischen.

Rezept 1357

Käsesnack

Roggenbrot
Butter
1 Gervais
Weintrauben

Roggenbrotschnitten dick mit Butter und Gervais bestreichen und kleine Käsewürfel mit einer aufgespießten Weintraube.

Rezept 1358

Tomatensalat zu Kartoffelbällchen

2–3 Tomaten
1 Eßl. feingeriebene Zwiebel oder 1 Messerspitze Zwiebelpulver
1 Prise Pfeffer
1 Prise Salz
2 Eßlöffel Essig
2 Eßlöffel Öl
viel gehackter Schnittlauch

Das Zwiebelpulver mit Essig und Öl glatt verrühren, die Gewürze zugeben und die Tomaten in dünne Scheiben geschnitten in eine Schüssel einlegen, mit der Marinade beträufeln, am Rand mit Eischnitzen belegen, alles mit viel Schnittlauch überstreuen und mit Kartoffelbällchen servieren.

Rezept 1359

Kartoffelbällchen

Kartoffelbrei (Rest)
1 Eigelb
gerieb. Weißbrot
Fett

Kartoffelbreirest mit 1 Eigelb verkneten. Bällchen formen und in geriebenem Weißbrot wälzen und in Fett auf beiden Seiten knusprig braun backen.

Wollen Sie einmal ganz besonderes Lob haben, dann überraschen Sie Ihre Lieben mit flambiertem Eis. Für eine Portion rühren Sie 2 Eidotter mit 50 g Puderzucker schaumig, geben zwei Kaffeelöffel Nescafé und 4 Eßlöffel ungeschlagene Sahne dazu und schmecken mit einigen Tropfen Kirschwasser ab. Diese Krem geben Sie in ein Glasschälchen, dazu Vanilleeis (auch aus der Packung) und obendarauf Löffelbiskuit. Dann erwärmen Sie den Kognak, übergießen am Tisch jede Portion mit einem Gläschen damit und zünden an. Es werden alle begeistert sein.

Rezept 1360

Gurkensalat zu Röstnierchen und Reiskopf

1 kl. Salatgurke
oder 1 Päckchen
Tiefkühlgurkenscheiben
2 Eßlöffel Essig
2 Eßlöffel Öl
1 Eßl. Rahm oder
Dosenmilch
1 Tupfer Senf
Pfeffer, Salz
1 Prise Zucker
1 Eßlöffel feingehakter
Dill (Petersilie, Schnittlauch)
1 Messerspitze
Meerrettichpulver

Essig und Öl fein mit Rahm, Senf und Meerrettich verrühren, die Gewürze zugeben und kräftig abschmecken. Dann die feingehackten Kräuter untermischen. Die geschälte Gurke in dünne Scheiben hobeln und gut mit der Marinade vermischen. Sofort anrichten. Dazu geröstete Nierenstückchen mit brauner Zwiebel und Reis (Reis-Fit im Beutel). Reis ankochen und gar quellen lassen, während die Nierchen gebraten werden. Gewässerte Nierchen in kleine Schnitzel schneiden, in Fett in der Pfanne braten, dann Pfeffer und Salz überstreuen, in den Bratensaft 1 Eßl. Röstzwiebeln einrühren (ohne Flamme) und zusammen anrichten.

Rezept 1361

Florida-Salat zu Butterreis

2 Scheiben Ananas
(kl. Dose)
oder 2 Eßlöffel Ananasstückchen, 1 Apfel
1 Orange oder
Mandarine (Dose)
1 kl. Sellerieknolle
Marinade:
2 Eßlöffel Dosenmilch
1 Eßl. Zitronensaft
1 Eßl. Ananassaft
2 Eßlöffel Öl
1 Prise Salz und Pfeffer

Apfel und Sellerie roh reiben oder raspeln und sofort mit der Marinade vermischen. Ananasscheibe auf ein Tellerchen geben, den Salat daraufhäufen und dicht mit den Orangenstückchen belegen.
Marinade: Alle Zutaten miteinander verrühren.
Dazu Reisköpfchen mit Brühe gekocht und brauner Butter beträufelt. $1/2$ Tasse Reis in 2 Tassen kochende Brühe geben und 1 Stückchen Butter zusetzen, ohne zu rühren in 20 Minuten auf kleiner Flamme garen und etwas gebräunte Butter beim Anrichten überträufeln.

Kaffee ist ein köstliches Getränk. Er sollte nicht nur zum Frühstück oder zum »Wachhalten« verwendet werden. Machen Sie doch einmal etwas ganz anderes daraus. Sie werden staunen, welche Geschmacksrichtungen sich mit Kognak, Rum, Whisky, Likör, Zimt, Nelken und Kakao erzielen lassen. Rezepte dazu finden Sie auf den Seiten 360 bis 362. Aber lassen Sie ruhig auch mal Ihrer Phantasie freien Lauf. Es wird sicher schmecken.

1 kl. Dose Schnitt- oder Brechbohnen
Marinade:
2 Eßlöffel Essig und Öl
1/2 kl. ger. Zwiebel oder Zwiebelpulver
Pfeffer, Salz
1 Eßl. geh. Petersilie

Rezept 1362

Bohnensalat zu Schinkenklößen

Die Bohnen auf einem Sieb gut abtropfen lassen und in der kräftig abgeschmeckten Marinade 10–15 Minuten ziehen lassen. Gut durchmischen. Dazu Schinkenklöße aus Kloßpulver, zubereitet mit 1 Scheibe in Würfel geschnittenem, gekochtem Schinken.

1 kl. Dose feine Erbsen
2 Eßl. Mayonnaise
1 Prise Pfeffer
1 Prise Salz
1 Teel. feingehackter Schnittlauch

Rezept 1363

Erbsensalat zu Brühreis

Die Erbsen auf einem Sieb gut abtropfen lassen. Die Mayonnaise mit 1 Eßl. Gemüsesaft glatt verrühren, die Gewürze zugeben und die Erbsen unter die Marinade mischen. Schnittlauch überstreuen und anrichten. Schmeckt ausgezeichnet zu

Reis
Wasser
Brühwürfel

Rezept 1364

Brühreis

1/2 Tassenkopf Reis mit 2 Tassen Wasser und 1/2 Fleischbrühwürfel zum Kochen bringen und in 15–20 Minuten garen, so daß ein körnig lockerer Reis entsteht.

Auf die gleiche Weise lassen sich Spargel oder Pilzsalate bereiten.

1 kl. Dose Sellerie-scheiben
Marinade:
2 Eßl. Essig und Öl
2 Eßl. Dosenmilch
1 Messerspitze Zwiebelpulver
1 Tupfer Senf
1 Prise Zucker
Pfeffer und Salz nach Geschmack
1/2 gerieb. Apfel

Rezept 1365

Selleriesalat zu Verlorenen Eiern in Schinkensoße

Essig und Öl mit all den anderen Zutaten vermischen, den geriebenen Apfel unterrühren und die dickflüssige Marinade über den in kleine gleichmäßige Stückchen geschnittenen Sellerie träufeln, öfter gut durchmischen und 10 bis 15 Minuten ziehen lassen, gehacktes Sellerielaub überstreuen und anrichten.
Dazu

Rezept 1366

Verlorene Eier in Schinkensoße

2 Eier
4 Tassen Essigwasser
$1/2$ Teel. Salz
Schinkensoße
Selleriesalat

3–4 Tassen schwaches Essigwasser mit $1/2$ Teel. Salz zum Kochen bringen. 2 Eier in eine Suppenkelle schlagen (Eigelb darf nicht zerlaufen) und so lange ins kochende Wasser halten, bis das Eiweiß glasig zu werden beginnt, dann die Eier ins Wasser gleiten lassen und 2–3 Minuten schwach kochen lassen, bis das Eiweiß fest ist. Vorher die Schinkensoße bereiten, nach Rezept 1339, die Eier in die Soße geben und mit Selleriesalat zusammen als Abendbrot servieren.
Dazu noch 1 Glas Apfelsaft;
nach Belieben auch Brotschnitten.

Rezept 1367

Festlicher Gemüsesalat zu Toastbrot

2–3 gekochte Blumenkohlröschen
2–3 Stangen gekochter Spargel
2 Eßl. kleine Karotten
2–3 Eßl. feine Erbsen
2–3 Eßl. Schnittbohnen
2–3 Eßl. kleine Pilze
3–4 Eßl. Mayonnaise
1 Eßl. Schnittlauch
1 hartgekochtes Ei
1–2 Tomaten
einige Wurstscheiben
Weißbrot

Die gut abgetropften Gemüse auf einer größeren Platte appetitlich arrangieren und mit Mayonnaise gut anmachen. Schnittlauch oder Petersilie überstreuen und mit Fleisch- oder Wurströllchen und Eischnitzen oder Tomatenscheiben zu Toastbrot servieren. Das restliche Gemüse zu Suppe oder Auflauf verarbeiten. Oder am nächsten Tag eine Kollegin einladen und mit ihr zusammen den Resten den Garaus machen.
Eine Flasche Weißwein, am besten Mosel, dazu servieren.

Rezept 1368

Geflügelsalat mit Toastbrot

Reste von gekochtem Huhn
$1/2$ Tube Remouladensoße
1–2 Scheiben Ananas
einige Champignons

Die Fleischreste in feine Würfel schneiden, mit der Remouladensoße vermischen, einige feinblättrig geschnittene Champignons zugeben, bergförmig auf einem Schüsselchen anrichten, mit Ananaswürfelchen belegen, diese mit Remoulade oder Mayonnaise garnieren und gebutterte Toastscheiben dazu reichen.
Auch ein Gläschen Weißwein schmeckt auf jeden Fall sehr gut dazu.

Rezept 1369

Orientalischer Salat

- 2–3 Orangen
- 1 kl. Dose Champignons
- ½ kleine Dose Spargel
- 1 Beutel Salatmayonnaise
- 1 Eßl. Tomatenketchup
- ½ Zitronensaft
- ½ Gläschen Weinbrand
- Currypulver

Orangen schälen, in Spalten zerteilen und diese halbieren. Pilze in Scheibchen schneiden, Spargel in kleine Stücke und dazugeben. Mayonnaise und Ketchup vermischen, mit Curry, Zitronensaft und Weinbrand abschmecken, über den Salat füllen, mischen und anrichten. Dazu körnig gekochten Reis mit viel gehackter Petersilie überstreut.

Rezept 1370

Nierchen in Preiselbeersoße

- 1 Schweinsniere, Fett
- 1 Eßl. Mehl
- 1 Tasse Brühe
- 1 Teel. Preiselbeeren
- 1 feingeh. Gurke
- 1 Teelöffel Senf
- ½ Zitrone, Pfeffer, Salz

Die Niere feinblättrig schneiden, in heißem Fett anbraten, Mehl überstäuben und mit Brühe ablöschen. Preiselbeeren, Gurke und Senf zugeben, auf kleiner Flamme 10 Minuten ziehen lassen. Mit Zitrone, Pfeffer und Salz würzen.

Rezept 1371

Butterwirsing, Strohkartoffeln

- 1 kl. Wirsing
- 2 Eßlöffel Fett
- Salz
- Muskat
- 1–2 Eßlöffel Brühe (Würfel)
- 1 Scheibe Leberkäse

Den Wirsing entblättern, waschen, die dicken Rippen herausbrechen, die Blätter fein zupfen oder schneiden, in heißem Fett im Topf andünsten, etwas Brühe zugießen, salzen und im geöffneten Topf in 10–15 Minuten gardünsten. Die Brühe muß verkocht sein. Muskat überreiben. Eine dickere Scheibe Leberkäse in grobe Würfel schneiden, unter das Gemüse mischen und das Gemüse warmstellen In der Zeit drei geschälte Kartoffeln in dünne Scheiben schneiden, diese in gleichmäßige Streifen. Palmin oder Backfett in einer Kasserolle erhitzen, die Kartoffeln hineingeben und schwimmend in wenigen Minuten goldgelb ausbacken. Mit dem Schaumlöffel herausheben, abtropfen lassen und anrichten. Salz überstreuen. Als Nachtisch Kompott von Pflaumen oder Birnen.

Rezept 1372

Bratwurst im Teigmantel

1 Ei
2–3 Eßlöffel Mehl
1 Prise Salz
1 Schuß Selterswasser
2 Bratwürstchen
Fett zum Braten
Tomatenketchup

Aus Ei, Mehl, Salz und Selterswasser einen Eierkuchenteig bereiten. Die Bratwürstchen in heißem Fett in der Pfanne braten. Aus dem Eierkuchenteig 2–3 kleine Pfannkuchen bereiten, die Bratwurst darin einwickeln und mit Tomatenketchup garniert anrichten. Dazu 1 kleiner Kopfsalat mit verdünnter Mayonnaise mariniert.

Rezept 1373

Indisches Medaillon

1 Scheibe Rinds- oder Schweinsfilet
Salz
Pfeffer
Fett zum Braten
1 Scheibe Toastbrot
1 Banane
5–6 Weintrauben

Das Fleisch klopfen, salzen und pfeffern und in heißem Fett in der Pfanne auf beiden Seiten schön bräunen, auf die geröstete Weißbrotscheibe legen. Die Banane halbieren, im Bratenfett auf beiden Seiten hellbraun braten, auf das Fleisch legen. Mit den entkernten Weintrauben garnieren. Man könnte 1 Glas Buttermilch dazu servieren, leicht gesüßt oder mit Limonade vermischt.

Rezept 1374

Spargel mit dänischer Soße

1 Dose Stangen- oder Brechspargel
Zur Soße:
2 Eßlöffel dänischer Blue-Cheese (Käse)
1 Beutel Salatmayonnaise
3–4 Eßlöffel steif geschlagene Sahne

Den Käse durch ein Sieb streichen, mit der Salatmayonnaise gut verrühren, dann die Schlagsahne untermischen und über kalten oder warmen Spargel füllen. Dazu kann man saftige Schinkenröllchen reichen und 1 Glas Weißwein.

Rezept 1375

Kasseler Schnitten

1–2 Scheiben Kasseler Rippenspeer
125 g Sauerkraut
1–2 Scheiben Schwarzbrot
1 Eßlöffel Öl
1 Eßlöffel Fett
1–2 Tomaten

Fett in der Pfanne erhitzen, die Fleischscheiben von beiden Seiten kurz darin anbraten, etwas zur Seite schieben und das Kraut in das Bratenfett geben, die enthäuteten Tomaten in Würfel schneiden, zusammen mit dem Sauerkraut kurz in der Pfanne anbraten und zugedeckt 10 Minuten dünsten. Eine Brotschnitte mit je 1 Fleischscheibe belegen, das geschmorte Sauerkraut darauf häufen und 1 Teel. Röstzwiebeln überstreuen. Trinken Sie dazu 1 Glas Bier.

Rezept 1376

Schweinskotelett

1 Schweinskotelett
1 Ei
2 Eßl. Reibbrot
Salz
Pfeffer
1 kl. Dose Pilze
Fett zum Braten
1 Tomate

Das Kotelett klopfen, panieren in Ei und Reibbrot, Panade festdrücken, würzen und in heißem Fett in der Pfanne goldgelb braten. Zur Seite schieben. Die Tomate in Schnitze schneiden, Pilze abtropfen lassen und alles zusammen im Bratenfett kurz durchschmoren, würzen. Das Kotelett auf einen Teller geben, den Bratensatz mit Tomate und Pilzen auf das Kotelett häufen und appetitlich anrichten. Rote Beete oder Paprikasalat aus dem Glas oder Mixed-Pickles schmecken gut dazu. Auch 1 Kognak oder 1 Glas Bier sind sympathische Begleiter.

Rezept 1377

Wurstrouladen

2 Knackwürstchen
etwas Senf
1 Stück Käse (100 g)
2–4 Scheiben geräuch. Schinkenspeck
Fett zum Braten
1–2 Brötchen

Die Knackwürstchen zur Hälfte der Länge nach aufschlitzen und in den Schlitz ein wenig Senf streichen, den Käsestreifen einlegen, zusammendrücken und mit je 2 Speckstreifen schräg umwickeln, evtl. mit Holzspießchen fest heften. Fett in der Pfanne erhitzen, die Röllchen einlegen, kurz anbraten, zugedeckt weiterschmoren, bis der Käse weich wird. Herausnehmen, auf einer Platte mit Reis oder Nudeln anrichten, Ketchup dazureichen. Statt Reis können auch Brötchen dazu serviert werden. Reis oder Nudeln müssen zuvor gekocht werden. Bratzeit der Rouladen 10 bis 15 Minuten. 1 Schüsselchen eingemachte Früchte als Nachtisch oder Fruchtsalat aus frischen Früchten, der Jahreszeit entsprechend.

Rezept 1378

Pilze mit Rührei und Schinken

1 kl Dose Pfifferlinge
Pfeffer, Salz, Butter
Zwiebelpulver
1 Eßl. geh. Petersilie
2 Eier, 2 Eßl. Milch
1 Scheibe gekockter Schinken in Würfel
1 Prise Salz
1 Stich Butter

Die Pilze erhitzen, würzen, Butter zugeben, warmstellen. Die Eier mit der Flüssigkeit verklopfen, salzen, die Schinkenwürfel einstreuen. Butter in einer Jenaer Deckelform erhitzen, die Eiermasse eingießen und ein lockeres Rührei bereiten. Dann zur Mitte hin zusammenschieben, die Pilze am Rand gruppieren, mit Petersilie bestreuen und mit Butter – Vollkornbrot dazu reichen. Anschließend ein

Rezept 1379

Mixgetränk

Die Orangen auspressen. Alles im Schüttelbecher schütteln, bis ein sahniges Getränk entsteht. In ein hohes Glas füllen, mit Strohhalm servieren und einige Eiswaffeln dazu reichen. Kochzeit 15 Minuten.
Als Betthupferl einen

½ Tasse Milch
2 Orangen oder
½ Tasse Orangensaft
2 Teelöffel Zucker
etwas abgeriebene Orangenschale
einige Eisstückchen

Rezept 1380

Bananen-Erdbeerschaum

Die Beeren verlesen, nur waschen, wenn unbedingt nötig. Die Banane schälen und die Früchte zusammen mit einer Gabel fein zerdrücken, zuckern, die geschlagene Sahne untermischen, kräftig mit dem Schneebesen durchschlagen und die Masse in ein breites Cocktailglas füllen, 1 Prise Zimt überstreuen und, damit der Schaum nicht zusammenfällt, möglichst sofort verzehren.

½ Tasse Erd-, Him- oder Brombeeren
1 reife Banane
½ Tasse geschlagene Sahne
1 Vanillezucker
1 Prise Zimt

Rezept 1381

Käsesteak mit Makkaroni und Salat

Das Gehackte mit Zwiebel, Ei und geriebenem Weißbrot vermischen, herzhaft nach Pfeffer und Salz abschmecken. Dann 2 Fleischplätzchen formen, zwischen die beiden eine Käsescheibe legen, mit Holzspießchen evtl. feststecken und in der Pfanne in heißem Fett auf beiden Seiten schön bräunen, fleißig begießen und einige Minuten einen Dekkel auflegen, bis der Käse anfängt zu schmelzen. Dann sofort servieren. Dazu schmecken Makkaroni und grüner Salat.
Die Makkaroni (am besten kochen, bevor Sie anfangen, das Fleisch zu braten) in drei gleichmäßige Stücke brechen, in kochendes Wasser geben und in 20 Minuten garkochen, abschütten, mit etwas kaltem Wasser überspritzen und warm stellen. Das Käsesteak in die Mitte der Jenaer Pfanne schieben, die Makkaroni am Rand verteilen, mit Tomatenketchup beträufeln und 1 Eßl. Röstzwiebeln überstreuen. Salat: Rezept 1352. Kochzeit insgesamt 35–40 Minuten.
Als Nachtisch

125 g Gehacktes oder die Füllung von
2 Bratwürstchen
1 Ei
1–2 Eßlöffel geriebenes Weißbrot
1 Messerspitze Zwiebelpulver
1 dicke Scheibe Schweizer Käse
Butter zum Braten

Rezept 1382

Gefüllte Bananen

1–2 Bananen
1–2 Eßl. Himbeer- oder Erdbeerkonfitüre
½ Tasse Schlagsahne
einige Weinbrand- oder Cocktailkirschen

Die Bananenschalen der Länge nach einritzen und halbieren, Frucht unbeschädigt herausnehmen, die Schlagsahne mit der Konfitüre gut vermischen, in die Schalenhälften füllen, die Banane in Scheiben schneiden und schuppenartig auf die Füllung legen. Mit Maraschino- oder Cocktailkirschen verzieren und möglichst bald verzehren.

Rezept 1383

Paprikagemüse mit Reisköpfchen

1 Tasse Reis
2 Eßlöffel Öl
1 Brühwürfel
Tomatenketchup
oder Schnittlauch
2–3 Paprikaschoten
1 Eßlöffel Fett
150 g Gehacktes
Pfeffer
Salz
1 Eßl. Röstzwiebeln
1 Eßlöffel Tomatenpüree
nach Belieben
1 Tomate

Den Reis trocken abreiben, ins heiße Öl geben, hellgelb rösten und den in 3 Tassen Wasser aufgelösten Brühwürfel zugießen, aufkochen lassen und in 15 Minuten ausquellen lassen. Der Reistopf kann dazu auf den Gemüsetopf gestellt werden. Den fertigen Reis in einen Tassenkopf füllen und auf eine Platte oder einen Teller stürzen, mit Ketchup oder Schnittlauch garnieren.
Die Paprikaschoten waschen, entkernen, sorgfältig die Innenrippen abschneiden und die Schoten in feinste Streifchen schneiden. Fett im Topf erhitzen, das Gehackte hineinkrümeln, Pfeffer und Salz überstreuen, Tomatenpüree unterrühren, die Zwiebeln und den feingeschnittenen Paprika zugeben, gut durchrühren und etwas anschmoren, dann bei gedecktem Topf in 10–15 Minuten gardünsten. Abschmecken. Das Gemüse um das Reisköpfchen gruppieren und ein gekühltes Bier dazu reichen.
Als Nachtisch ein

Rezept 1384

Preiselbeerdessert

1 kl. Dose Preiselbeeren
⅛ l Sahne
1 Banane

Die Preiselbeeren in ein Schüsselchen geben, die Sahne übergießen und mit dem Schneebesen locker schlagen. Hübsch auf einem Teller anrichten und mit Bananenscheiben garnieren.
Vom übriggebliebenen Reis könnte man, damit keine Reste anfallen, am nächsten Tag eine sättigende Mahlzeit bereiten; nämlich ...

Rezept 1385

Reisnierchen

Die gewaschene Niere in feine Streifchen schneiden, in Mehl wenden, ins heiße Fett geben und unter Rühren anrösten, den Wein zufüllen, würzen und in 15 Minuten garen. Den gewärmten Reis ringförmig auf einem Teller servieren, in den Ring die Nierchen füllen und Salat, Rezept 1353, dazu reichen. Als Nachtisch

1 Schweinsniere
etwas Fett zum Braten
Pfeffer, Salz
1 Eßlöffel Mehl
1 Gläschen Rotwein
1 Tasse gek. Reis

Rezept 1386

Backobst

Die Früchte am Vorabend in Saft oder Wein einweichen. Am nächsten Tag kurz aufkochen, zuckern und kaltstellen.

1 Tasse Backobst oder getrocknete Früchte
2 Tassen Apfelsaft, Wein
1 Eßlöffel Zucker
1 Vanillezucker

Rezept 1387

Falscher Hase

Die Paprikaschoten entkernen und in größere Streifen schneiden, ebenso die Gewürzgurke und das hartgekochte Ei. Alles zusammen mit den übrigen Zutaten vermischen, sorgfältig mit der Hand verkneten, daß eine geschmeidige Teigmasse entsteht. Zu einem länglichen Laib formen, in geriebenem Weißbrot wälzen und in heißem Fett von allen Seiten anbraten. Das Fleisch fleißig gießen und gleichmäßig bräunen. Man kann nebenher 1–2 Tomaten mitschmoren oder 1 Eßl. Tomatenpüree fein mit dem Fett verrühren, 1 Teel. Röstzwiebeln zugeben und daraus eine feine Bratensoße bereiten. Das Fleisch auf einer Platte mit scharfem Messer in 1–1½ cm dicke Scheiben schneiden, mit der Soße umgeben und Kopf-, Feld- oder Endiviensalat dazu servieren. Dazu

1 Tassenköpfchen gekochter Reis (Rest)
200 g Gehacktes
1 Paprikaschote
1 Gewürzgurke
1 hartgekochtes Ei
2 Eßl. gerieb. Weißbrot
1 Ei
1 Teelöffel Salz
Pfeffer
1 Teel. Röstzwiebeln oder ½ feingeschn. Zwiebel
Fett zum Braten
1 Eßl. Tomatenpüree

Rezept 1388

Bratkartoffeln

Die Kartoffeln in Scheiben oder Würfel schneiden, kurz in der Pfanne in heißem Fett erhitzen, Kümmel überstreuen und anrichten.

Rest von 2–3 Kartoffeln
etwas Fett
½ Teelöffel Kümmel

Heute ist der wohlverdiente Ruhetag. Laden Sie sich eine liebe Bekannte ein. Es gibt ein üppiges, schnell zu bereitendes Sonntagsessen.

Rezept 1389

Rouladen mit Kartoffelklößen und Bohnensalat

1 kl. Dose Rouladen (Inhalt 2–3 Stück)
1 kl. Dose Pilze
1 Paket Tiefkühlklöße
1 kl. Dose Brechbohnen
2 Eßlöffel Öl
2 Eßlöffel Essig
Pfeffer, Salz
1 Messerspitze Zwiebelpulver
1 Eßlöffel gehackter Schnittlauch oder Petersilie

Die Rouladen in einen Jenaer Deckel füllen, die Pilze feinblättrig schneiden und mit dem Fleisch zusammen erwärmen, dann warmstellen. Salzwasser zum Kochen bringen, die Kartoffelklöße einlegen und nach Vorschrift in 15 Minuten garen. In der Zeit eine Marinade bereiten, die abgetropften Bohnen einlegen, gut durchmischen, etwas ziehen lassen und appetitlich anrichten. Die Klöße mit dem Schaumlöffel herausheben und um die Rouladen gruppieren, etwas Soße mit Pilzen darüberträufeln. Als Nachtisch

Rezept 1390

Diplomatendessert

1 Dose Apfelmus
1 Spritzer Zitronensaft
1 Gläschen Weinbrand
2–3 Eßlöffel Zucker
1 Päck. Vanillezucker
1 Messerspitze Zimt

Apfelmus mit Zitronensaft und Weinbrand vermischen, Zucker mit Vanillezucker und Zimt vermischen, über den Apfelbrei streuen und evtl. mit etwas Schlagsahne garnieren. Dazu Mürbeteiggebäck oder Eiswaffeln servieren. Als Abschluß 1 Glas Cherry oder Kirschlikör, danach 1 gute Tasse Kaffee. Am Abend dann

Rezept 1391

Gefüllte Äpfel

2 Äpfel
Zuckerwasser
Ananasraspel
Schlagsahne
Mürbegebäck

Zwei gleichmäßig große, feste Äpfel schälen, Kernhaus ausstechen und die Äpfel in Zuckerwasser glasig kochen, herausheben, auf ein Tellerchen legen und abkühlen. Die Höhlung mit Konfitüre oder geraspeltem Ananas füllen, obenauf mit Sahnetupfen garnieren. Den Tellerrand mit den Ananasresten dekorieren, trockenes Gebäck oder Makrönchen dazu servieren. Anschließend eine Tasse Tee mit Zitrone oder Rum, 1 Zigarette und 1 Fernsehapparat mit gutem Programm. – Oder folgendes Essen:

Rezept 1392

Hühnerragout mit Spargel und Pilzen

Das angetaute Hühnchen von innen mit Salz einreiben und mit dem feingeschnittenen Suppengrün ins kochende Wasser geben, Spargelwasser aus der Dose zugießen, ebenso das Pilzwasser und das Hühnchen so weichkochen, daß es sich zerteilen läßt, aber das Fleisch nicht zerfällt. Herausheben und in folgende Teile zerlegen: 2 Schenkel, 2 Flügel, 2 Stück Brust. Auf einer Platte warmhalten. Aus Fett, Mehl und Brühe eine helle Soße bereiten, mit Zitrone und Muskat abschmecken. Eigelb mit Wein verklopfen, die Soße damit legieren, die Spargel einlegen, Pilze in feine Scheiben geschnitten daruntermischen und über die Fleischstücke füllen, feingehackte Petersilie überstreuen. Kochzeit 45 Minuten. Dazu als Beilage

1 kl. gefrorenes Hühnchen
4–6 Tassen Wasser
1 Bündchen Suppengrün
Pfeffer, Salz
2 Eßlöffel Fett
2 Eßlöffel Mehl
2 Tassen Brühe
½ Glas Weißwein
1 Spritzer Zitronensaft
1 Strich Muskat
1 Eigelb
1 kl. Dose Brechspargel
1 kl. Dose Champignons
1 Eßl. geh. Petersilie

Rezept 1393

Reisköpfchen

½ Tasse Reiskörner in 2 Eßl. Butter anrösten, 2 Tassen Brühe zugießen und in 15 Minuten garen. Das Fleischragout kann auf dem Reistopf stehend warmgehalten werden. Den Reis in eine mit kaltem Wasser ausgespülte Tasse füllen und auf einen Teller stürzen, mit Tomatenketchup bespritzt servieren. Wenn Sie es ganz besonders feierlich machen wollen, bereiten Sie in der Zwischenzeit noch einen leckeren Salat-exquisit aus Tomaten-, Apfel- und Ananaswürfelchen, süßsauer mit Pfeffer, Salz, 1 Prise Zukker, etwas Zitronensaft und 1 Eßl. Salatmayonnaise abschmecken und kurz vor dem Anrichten mit 2–3 Eßl. Rahm beträufeln. Und nachmittags

1 Tasse Reis
2 Eßlöffel Fett
2 Tassen Brühe
Tomatenketchup

Rezept 1394

Ananastorteletts

Vom übrigen Ananas kleine Torteletts belegen, den Saft mit 3–4 Blatt aufgelöster Gelatine verrühren und etwas fest werden lassen, dann über die Törtchen füllen und erstarren lassen. Die übrige steif geschlagene Sahne zum Garnieren der Törtchen verwenden, und einen guten Mokka servieren.
Am Abend gibt es

Ananas
Gelatine
Schlagsahne

Rezept 1395

Hühnerbrühe mit Leberklößchen

Reste von Hühnerfleisch
1 Ei
Reibbrot
Pfeffer, Salz
Muskat
gehackte Petersilie

Dazu das restliche Hühnerfleisch sowie Magen, Herz, Leber, durch den Fleischwolf drehen oder feingeschnitten im Mixbecher einer Küchenmaschine pürieren, mit 1 Ei und soviel geriebenem Weißbrot verkneten, daß sich lockere Klößchen formen lassen, die Fleischmasse mit Pfeffer und Salz, evtl. mit 1 Strich Muskat vorher abschmecken, die Klößchen in die kochende Hühnerbrühe geben und 10 Minuten sanft wallend darin kochen lassen. Vom restlichen Reis 1 bis 2 Eßl. in die Suppe geben, abschmecken, gehackte Petersilie überstreuen und mit 1–2 Scheiben Weißbrot servieren.

Ein Sonntagsessen besonderer Art:

Rezept 1396

Hammelkeule

1 Hammelkeule
4 Scheiben Speck
Pfeffer, Salz
3–4 Eßl. Paniermehl
Fett zum Braten (halb Öl, halb Margarine), etwas Butter
1 Glas Weißwein
1 Tasse Milch
1–2 Teelöffel Mehl
Johannisbeergelee

Die Hammelkeule spicken, würzen, dick mit Butter bestreichen und in Paniermehl wälzen. Im heißen Fett unter häufigem Begießen goldbraun anbraten, mit Wein ablöschen und garbraten. Die Keule aus der Soße nehmen, diese mit in Milch angerührtem Mehl binden und mit Johannisbeergelee abschmecken. Nach Belieben eine fein geschnittene Paprikaschote mitschmoren lassen oder die fertige Soße mit 1 Teel. Paprikamus (Tube) abschmecken. Dazu

Rezept 1397

Kartoffelbrei

1 Paket Püree
Milch, Butter
Salz, Muskat

Püree nach Vorschrift zubereiten, wenn der Braten fertig ist. Als Nachtisch ein

Rezept 1398

Apfelmus

1 Dose Apfelmus
1 Gläschen Weinbrand
Saft 1/2 Zitrone
etwas Zucker
etwas Vanillezucker
Konditorkirschen oder Ananasstreifchen

Den aufgetauten Apfelbrei mit Weinbrand, Zitronensaft, etwas Zucker und Vanillezucker abschmecken. Mit Konditorkirschen oder Ananasstreifchen garnieren. Nachmittags

Rezept 1399

Obstzwieback

2–4 Zwiebäcke
Rest Apfelbrei
Rest Ananas
etwas Schlagsahne

Ananas fein zerschneiden, mit Apfelbrei vermischen, dick auf die gebutterten Zwiebäcke aufstreichen, mit Sahne verzieren und einen guten Filterkaffee oder 1 Glas Tee dazu trinken. Abends zum Fleischsalat ein

Rezept 1400

Milchmixgetränk

Ananassaft
Milch

Den Ananassaft mit etwas Milch im Mixbecher schütteln und in hohen Gläsern mit Strohhalmen servieren.

Rezept 1401

Fleischsalat

Fleischreste
1 Gewürzgurke
1 Apfel, 1 Ei
1 gekochte Kartoffel
1 Bückling, Salz
Marinade, Pfeffer
2 Eßlöffel Öl
1 Eßlöffel Essig
1 Eßlöffel Rahm
Zwiebelpulver

Das Fleisch, 1 Gewürzgurke, 1 Apfel, 1 hartgekochtes Ei und 1 gekochte Kartoffel in feine Würfel schneiden, einen Bückling enthäuten und den Fisch in feine Streifen zerteilen. Mit einer Marinade aus 2 Eßlöffel Öl, 1 Eßlöffel Essig, 1 Eßlöffel Rahm, Pfeffer und Salz und etwas Zwiebelpulver anmachen und den Salat 15 Minuten ziehen lassen.

Rezept 1402

Brühkartoffeln

3/4 Pfd. Rindfleisch
1 große Möhre
1 Stück Sellerie
und Porree

Das Fleisch in etwa 1 Liter kochendes Wasser geben, die feingeschnittenen Suppengemüse zusetzen und ca. 1 Stunde kochen, bis das Fleisch noch eben mit Brühe bedeckt ist, die in feine Würfel geschnittenen Kartoffeln zusetzen und in 15–20 Minuten garen. Das Fleisch herausnehmen. das Fett abtrennen, das Fleisch in feine Würfel schneiden und bis auf 1 Tassenkopf voll wieder in die Suppe geben, diese herzhaft abschmecken, 2–3 Scheiben Weißbrot in einen Teller legen, die Brühkartoffeln darüberfüllen, mit feingehacktem Sellerielaub und den Röstzwiebeln bestreuen und anrichten. Als Nachtisch

Rezept 1403

Fruchtpudding

½ Paket „Pudding ohne Kochen“
¼ l Wein
½ Tasse gereinigte und gezuckerte Früchte

Aus ½ Paket „Pudding ohne Kochen“, Wein und Früchten einen Pudding nach Vorschrift bereiten, über die gezukkerten Früchte füllen und erstarren lassen. Mit etwas Schlagsahne garnieren.

Rezept 1404

Gänse- und Entenstücke gebraten

1–2 Stück frische oder tiefgekühlte Gänsekeulen oder ½ Ente
Saft ½ Zitrone
1 Orange
Pfeffer
Salz
1 Apfel
Fett zum Braten
1 Eßlöffel Mehl
1 Glas Weißwein
etwas Wasser

Die Gänse- oder Entenstücke waschen oder auftauen, mit Zitronensaft beträufeln, mit Salz und Pfeffer einreiben, abgeriebene Schale ½ Orange überstreuen und das Fleisch in heißem Fett in der Kasserolle schnell anbraten. Falls das Fleisch sehr fett ist, zunächst 1 Tasse Wasser im Topf zum Kochen bringen, das Fleisch hineingeben und zugedeckt etwa 20 Minuten kochen, bis das Fett ausgetreten und das Wasser verkocht ist. Dann auf kleiner Flamme weiterbraten, bis das Fleisch gar und schön braun ist. Öfter umwenden und begießen. Im Bratensaft einen halben geschälten Apfel mitschmoren lassen. Nach Beendigung der Bratzeit das Fleisch herausnehmen, das Mehl im Bratensatz verrühren, mit Wein ablöschen, nach Salz abschmecken und recht heiß servieren.

Reichen Sie dazu Apfelmus (Dose) mit Preiselbeeren (Dose) garniert und Kartoffelbrei (Püreepulver, etwas Milch und Butter).

Auch Rotkohl (Dose) und Kartoffelklöße (Kloßpulver) eignen sich vorzüglich und sind sehr schnell zubereitet. Als Nachtisch würde folgendes passen:

Rezept 1405

Preiselbeeren mit Schlagsahne

Schlagrahm
Vanillezucker
Preiselbeeren

⅛ l Sahne schön locker mit 1 Päckchen Vanillezucker aufschlagen, 1–2 Eßlöffel Preiselbeeren vorsichtig unterheben und sogleich anrichten.

Weitere Tiefkühlmahlzeiten sind nebenstehend aufgeführt:

Rezept 1406

Hasenkeule in Pilzsoße, Rosenkohl

1–2 gefrorene Hasenkeulen
2–4 Scheiben Speck
Pfeffer
Salz
3–4 Eßlöffel Rahm
Fett zum Braten
1 Zwiebel
1 Eßlöffel Mehl
1 kl. Dose Pilze
1 Schuß Weinbrand

Die tiefgekühlten Hasenkeulen mit dünnen Speckscheiben umwickeln, pfeffern und salzen, in heißem Fett in der Kasserolle mit 1 Zwiebel von beiden Seiten anbraten und fleißig gießen. Speckscheiben abnehmen, Rahm zugeben und bei nicht zu großer Hitze fertig braten. Den Bratenfond mit Mehl binden, mit Pilzwasser ablöschen, die fein geschnittenen Pilze in die Soße geben und herzhaft mit Pfeffer und Salz abschmecken, evtl. 1 kleinen Schuß Weinbrand. Dazu Pommes frites aus der Kühltruhe.
Rosenkohl tiefgekühlt in 1 Tasse schwachem Salzwasser in 10–15 Minuten garkochen, in brauner Butter schwenken und etwas geriebenen Muskat zufügen. Warmhalten.

Rezept 1407

Reh-Hirschmedaillon, Ananaskraut

1–2 Reh- oder Hirschschnitzel aus der Tiefkühltruhe, Pfeffer
1 Tasse Buttermilch
2 Eßlöffel Mehl
1 Eigelb, Salz
2 Eßl. ger. Weißbrot
Butter zum Braten
250 g Rohkostsauerkraut
2 Eßlöffel Öl
1 feingeschn. Zwiebel
1 kl. Dose Ananas
2–3 rohe geschälte Kartoffeln
1/2 Teelöffel Salz
1 Eßlöffel Röstzwiebeln

Die geklopften Schnitzel etwa 30 Minuten in Buttermilch einlegen. In der Zeit das Sauerkraut in 2 Eßlöffel Öl dünsten, eine Zwiebel feingeschnitten mitdünsten. 1–2 Scheiben Dosenananas in kleinere Stückchen zerteilen, unter das gedünstete Kraut heben, warmstellen. Das Schnitzel würzen mit Pfeffer und Salz, in Mehl wenden, Eigelb mit etwas Buttermilch verklopfen, die Schnitzel darin wenden. mit geriebenem Weißbrot panieren und in heißem Fett auf beiden Seiten schön knusprig braten. Das Ananaskraut in 2 Portionen auf eine Platte häufeln, die Medaillons darauflegen. Dazu 1 Glas Rotwein. Und nachmittags

Rezept 1408

Waffeln

50 g Butter, 2 Eier
1 Eßlöffel Zucker
1 Vanillezucker
2 Eßlöffel Mondamin
2 Eßlöffel Mehl
1 Messerspitze Backpulver
4–5 Eßlöffel Milch
2 Eßlöffel Rosinen

Einen Rührteig bereiten, d. h. die Butter schaumig rühren, Eier und Zucker zufügen, dann die anderen Zutaten. Das Waffeleisen erwärmen, mit einer Speckschwarte einreiben, löffelweise den zähflüssigen Teig einfüllen und die Waffeln hellbraun und knusprig backen. Herauslösen, mit Puderzucker bestreuen oder mit Butter und Konfitüre bestreichen. Eine gute Tasse Filterkaffee dazu kochen.

Eintopfgerichte sind für niemanden besser geeignet als für jemanden, der wenig Zeit hat und außerdem noch keine Köchin von Weltruf ist. Denn ein Eintopfgericht gerät eigentlich immer, wenn man ein klein wenig Phantasie und Liebe zum Kochen hat. Und die haben Sie gewiß. Allerdings werden viele Berufstätige Eintopfgerichte in ihren Kantinen so oft vorgesetzt bekommen, daß ihnen der Appetit darauf ein für allemal vergangen ist. Aber Sie müssen einen großen Unterschied machen zwischen Eintopfgerichten, die Sie in „Handarbeit", also „hausgemacht", auf den Tisch bringen und zwischen denen, die nur dazu dienen, eine „Wochenübersicht" darzustellen. Sie brauchen ja daheim nicht mit gut ausgewählten Zutaten zu sparen, denn was Sie da hineintun, tun Sie für sich selbst.

Rezept 1409

Steinpilze auf russische Art

1 kl. Dose Pilze
2 Eßlöffel Fett
1 Eßlöffel Mehl
etwas Dosenmilch oder Rahm
Pfeffer
Salz, Röstzwiebeln
Petersilie
Toastbrot
Butter
Rührei von 2 Eiern

Die abgetropften Pilze 10 Minuten in Fett schmoren, etwas Mehl mit dem Pilzwasser und Rahm verrühren, zu den Pilzen geben, aufkochen, würzen, 1 Teelöffel Röstzwiebeln (Beutel) zugeben, Petersilie überstreuen und anrichten. Dazu 2 Rühreier bereiten.
2 Scheiben Toastbrot mit Butter bestreichen, in eine gut gefettete Jenaer Schüssel legen, zuerst mit Rührei belegen, die Pilze darauf verteilen, die Soße über die Brote gießen, auf kleiner Flamme 5 Minuten ziehen lassen, dann anrichten und 1 Glas Tee dazu servieren.
Kochzeit 20–30 Minuten.
Als Nachtisch einen feinen

Rezept 1410

Schokoladenkrem

1/4 Liter Milch
1/2 P. Schokoladenpulver
Schlagsahne oder Dosenmilch

Aus 1/4 Liter Milch und 1/2 Päckchen Schokoladenpulver einen kalt zubereiteten Schokoladenpudding bereiten und mit Dosenmilch oder etwas Schlagsahne anrichten.

Rezept 1411

Spargelomelett

2–4 Eier
je Ei 1 Eßl. Mehl
1 Schuß Selterswasser
1 kl. Dose Spargelabschnitte, Salz
Fett zum Backen
Reibkäse

Eier mit Mehl, Salz und Flüssigkeit verklopfen, die abgetropften Spargelabschnitte hineingeben. Fett in einer Pfanne zerlassen, vorsichtig die Eier-Spargelmasse einfüllen und 2–4 Eierkuchen auf beiden Seiten hellgelb backen. Etwas geriebenen milden Käse überstreuen und anrichten. Kochzeit: 20 Minuten. Zum Abschluß gesteifte

Rezept 1412

Cocktailfrüchte

Cocktailfrüchte
2 Blatt Gelatine
Schlagsahne
Eiswaffeln

Die Cocktailfrüchte abgießen, den Sirup mit 2 Blatt aufgelöster Gelatine binden, die Früchte in ein Glasschüsselchen geben, den Sirup mit der aufgelösten Gelatine übergießen und erstarren lassen. Ein Schlagsahnehäubchen aufsetzen oder 10 Prozent Dosenmilch darübergießen. Während die Spargelomeletten gebacken werden, erstarrt die Süßspeise. Eiswaffeln dazu reichen. Zubereitung: 5 Minuten.

Rezept 1413

Rosenkohleintopf

1 Paket Rosenkohl aus der Kühltruhe
125 g Kalbfleisch
2–3 Tassen Wasser
1 Teelöffel Salz
Pfeffer
2 kleine geschälte Kartoffeln
2 Eßlöffel Butter
1–2 Teelöffel Mehl

Das Kalbfleisch in grobe Würfel schneiden, Butter im Topf zerschmelzen und die Fleischwürfel schnell von allen Seiten anbraten, 2 Tassen Wasser und Salz zugeben, ebenso die in ganz kleine Würfel geschnittenen Kartoffeln, zum Kochen bringen, den Rosenkohl darüber bereiten und 20 Minuten dünsten. Vorsichtig ab und zu rühren. Es muß immer ein wenig Flüssigkeit im Topf sein. Etwas Mehl mit kaltem Wasser anrühren, die Brühe damit binden, mit Pfeffer und Salz abschmecken und anrichten. Kochzeit 30 bis 35 Minuten. Als Nachtisch

Rezept 1414

Rote Grütze mit Schlagsahne

1 Bt. Rote-Grütze-Pulver
Fruchtsaft oder
Wasser

Sie wird am besten am Tag vorher zubereitet, entweder aus Wasser oder Fruchtsaft.

Rezept 1415

Frankfurter Topf

50–100 g durchwachsener Speck
1 Tasse eingeweichte weiße Bohnen
1 Bündch. Suppengrün
etwas Bohnenkraut
1 Möhre, 2 geschälte rohe Kartoffeln
Salz, Pfeffer
1 Paar Frankfurter Würstchen
1 Schuß Essig
1 Eßl. geh. Kräuter

Den Speck mit den am Vortag eingeweichten Bohnen, der kleingeschnittenen Möhre und dem Suppengrün im Einweichwasser ½ Stunde verkochen. Am andern Tag die geschälten Kartoffeln in feine Würfel geschnitten hinzugeben und garkochen. Mit Pfeffer, Salz und Essig abschmecken. Würstchen in der Suppe garziehen lassen, den Speck in feine Streifen geschnitten wieder in die Suppe geben, Kräuter überstreuen und anrichten. Kochzeit: Vorkochen 30 Minuten, dann weitere 30–35 Minuten.

Rezept 1416

Nudelgericht mit Tomaten

½ P. Makkaroni
Salzwasser
200 g Gehacktes
Butter zum Braten
Pfeffer
Salz
3–4 Tomaten
2 Teelöffel geröstete Zwiebeln (Beutel)
Schnittlauch
gehackte Petersilie
Reibkäse

Die Makkaroni in Stücke brechen, ins kochende Salzwasser geben, garkochen und abschütten. Gehacktes in heißem Fett im Topf krümelig anbraten (5–8 Minuten), die in Stückchen geschnittenen Tomaten zufügen, würzen und 5 Minuten schmoren lassen; die Zwiebeln in die Tomatenmasse geben, gut durchrühren und die abgetropften Makkaroni untermischen, abschmecken und anrichten. Nach Belieben geriebenen Käse überstreuen, der mit Schnittlauch und gehackter Petersilie vermischt ist.
Kochzeit 35–40 Minuten. Dazu ein Glas Obstsaft.

Rezept 1417

Gefüllte, warme Käsetomaten

2–4 Tomaten
1 Tassenkopf gekochter Reis (am Vortag kochen)
2 Eßl. Fleisch- oder Wurstwürfelchen
Pfeffer, Salz
1 Ecke Schmelzkäse
Butter
½ Tasse Brühe (Würfel)
Weißbrot
gehackter Schnittlauch

Den Tomaten ein Deckelchen abschneiden, aushöhlen. Den Reis mit den Fleischwürfeln vermischen, die Tomaten von innen würzen und die Reismasse einfüllen. Deckelchen auflegen. Die Tomaten in eine kleine, gebutterte, feuerfeste Jenaer Schüssel stellen. Käseflöckchen auf die Tomaten geben, etwas Brühe angießen und die Tomaten zugedeckt schmoren, bis der Käse zerlaufen ist. Diesen kurz mit der Bratenflüssigkeit verrühren, Weißbrotwürfelchen in die Soße streuen, die den Saft binden, in der Schüssel servieren. Vor dem Anrichten gehackten Schnittlauch überstreuen. Blattsalat mit Joghurtsoße, Rezept 1331.

Rezept 1418

Risi-Pisi

Fett im Topf erhitzen und den Reis darin anrösten, bis er glasig ist, Brühe zugießen, aufkochen und in 15 Minuten auf kleiner Flamme garquellen lassen. Die Erbsen auf einem Sieb abtropfen lassen (Gemüsewasser mit für den Reis verwenden), das Dosenfleisch in mittlere Würfel schneiden, Petersilie und Schnittlauch fein schneiden und alles zusammen unter den Reis mischen, der schön locker sein muß. Mit Tomatenketchup bespritzen und 1 Tellerchen Tomatensalat dazu servieren. Als Nachtisch

½ Tassenkopf trockener Reis
1 Eßlöffel Butter
1 Eßlöffel Öl
1½ Tassen Brühe (Würfel)
½ kl. Dose feine Erbsen
1 kl. Dose Luncheon-Meat (Fleisch), Salz
2 Eßlöffel Tomatenketchup, Pfeffer
gehackten Schnittlauch
Petersilie

Rezept 1419

Aprikosendessert

Früchte und Saft einer Dose mit 4–6 Blatt Gelatine binden. Grob hacken oder in große Würfel schneiden, mit Sahne garnieren und eisgekühlt als Nachtisch servieren.

1 Dose Aprikosen
4–6 Blatt Gelatine
Sahne

Rezept 1420

Bechamelkartoffeln

Die Kartoffeln am Vortage als Pellkartoffeln kochen, abpellen und zugedeckt kühl aufbewahren. Butter und Öl in der Jenaer Schüssel erhitzen, Mehl zurühren, Flüssigkeit zugießen und eine helle Soße bereiten. Die Zwiebeln einstreuen, Pfeffer und Salz zugeben, mit etwas Essig abschmecken und die Soße über die in Scheiben geschnittenen Kartoffeln füllen, durchrühren und auf kleiner Flamme erwärmen. Mit Schnittlauch überstreut anrichten. Dazu 1 Paar Brühwürstchen und Endiviensalat. Danach

6 kleine gleichmäßige Kartoffeln
1 Eßl. Butter
1 Eßlöffel Öl
2 Teelöffel Mehl
1 Tasse Gemüse- ode Fleischbrühe (Würfel)
Pfeffer, Salz
2 Teel. Röstzwiebeln (Beutel)
1 Spritzer Essig
Schnittlauch

Rezept 1421

Vanillepudding

Aus ½ Flasche Milch und ½ Päckchen Vanillepuddingpulver einen kalt angerührten Vanillepudding bereiten und mit dem Rest von etwas Dosenobst oder mit frischen Früchten garnieren.

¼ Liter Milch
½ P. Vanillepuddingpulver
Rest Früchte

Rezept 1422

Rosenkohl mit Rindfleisch

200 g mageres Suppenfleisch
125 g Rosenkohl
1 geschälte Kartoffeln
Pfeffer
Salz
Muskat
etwas Fondor
1 Stich Butter
1 Teelöffel feingehackte Petersilie

Das Suppenfleisch in kleinere Würfel schneiden und in möglichst wenig kochendem Wasser auf kleiner Flamme 30 Minuten kochen. Dann die geputzten Röschen und die ganze geschälte Kartoffel zugeben, weitere 30 Minuten dämpfen. Mit den angegebenen Gewürzen abschmecken und vor dem Anrichten die Butter, die mit Petersilie verknetet wurde, unterziehen. Zum Nachtisch

Rezept 1423

Senatoren-Apfel

1 Apfel
Zucker
Vanillezucker
Zitronensaft
Mandelblättchen
Rosinen

1 geraspelten Apfel mit etwas Zucker und Vanillezucker bestreut und mit Zitronensaft beträufelt als Nachtisch reichen. Mandelblättchen werden über den Apfel gestreut und evtl. einige, in etwas warmem Wasser aufgeweichte Rosinen untergemischt. Kochzeit 50–60 Minuten.

Rezept 1424

Bohneneintopf mit Räucherwürstchen

1 kl. Dose Schnittbohnen oder 1 kl. Tiefkühlpaket Bohnen
2 geräucherte Kochwürstchen
1 Prise Bohnenkraut
2 geschälte Kartoffeln
Pfeffer, Salz
etwas Fondor
1 Eßlöffel gehackte
1 Eßlöffel feingehackte Petersilie
1 Eßl. geröstete Zwiebeln

Die Räucherwürstchen einige Male mit der Gabel einstechen, in 1 Tasse kochendem Wasser ansetzen und das Gemüsewasser aus der Dose zugießen, die Kartoffeln in kleinste Würfel geschnitten zugeben und 15–20 Minuten kochen. Dann die Bohnen und die Gewürze zugeben, einige Male kräftig durchkochen lassen, abschmecken und die Röstzwiebeln überstreuen. Die Würstchen herausnehmen, in längere Stücke schneiden und oben auf dem Eintopf gefällig arrangieren. Mit Senftupfern garnieren. Eine sättigende Mahlzeit; Kochzeit 20–25 Minuten. Danach

Rezept 1425

Weinbrandkirschen

Entsteinte Kirschen
Vanillezucker
1 Glas Weinbrand

Ein Tellerchen entsteinte Kirschen, die mit Vanillezucker bestreut und mit etwas Weinbrand beträufelt wurden. Etwa 15 Minuten zugedeckt ziehen lassen.

ALLGEMEINES ÜBER DAS AUSBACKEN IN EIERKUCHENTEIG

Gemüse wird in der modernen Ernährung ganz groß geschrieben, aber leider enthalten die Mahlzeiten in Restaurants oder Kantinen, wo die Berufstätigen ihre Hauptmahlzeiten einzunehmen pflegen, diese begehrten Nahrungsmittel nur in bescheidenem Maße. Bereiten Sie sich deshalb zu Hause daraus kleine Leckerbissen, die nicht viel Mühe und Zeit erfordern. Dazu eignen sich aber nicht nur Eintopfgerichte aus Kombinationen von Fleisch, Gemüse und Kartoffeln oder Nährmitteln. Ein einfaches Verfahren, sich solche schmackhaften Mahlzeiten zu bereiten ist, Gemüse (man kann es ganz bequem auch schon am Vortag kochen und dann kühlstellen) in einen dickflüssigen Eierkuchenteig zu tauchen und in Fett in der Kasserolle hellbraun auszubacken. Das geht nicht nur sehr schnell, sondern schmeckt auch besonders gut und ist sehr bekömmlich. Sie finden hier alle gängigen Gemüsesorten aufgeführt, die sich für diese Zubereitung eignen:

1. Blumenkohl, in Röschen zerteilt
2. Sellerie, in Scheiben geschnitten
3. Schwarzwurzeln, in fingerlange Stücke geschnitten, ebenso Spargel
4. Möhren ebenso und evtl. noch der Länge nach halbiert
5. Lauch, in fingerlange Stücke geschnitten
6. Pilze, einzeln oder in großer Fläche als Pfannkuchen gebacken
7. Auberginen, halbiert und ausgehöhlt sind ebenfalls geeignet.

Die Gemüse sind in Wasser oder Fett einige Minuten zu dämpfen oder vorzukochen.

Rezept 1426

Das einfache Rezept für Eierkuchenteig

2 Eier
2 Eßlöffel Mehl
2 Eßlöffel Milch
Salz, Muskat
Fett zum Backen
1–2 Eßlöffel Reibkäse

Alle Zutaten miteinander verrühren und Gemüse, Kartoffeln, Fleisch, Fisch usw. in Teig eintauchen und in Fett ausbacken.

APPETITLICHE KLEINIGKEITEN ZUM NACHMITTAGSKAFFE ODER TEE

Manchmal hat man überraschenden Besuch, den man gern mit einer Aufmerksamkeit zum Kaffee oder Tee bedenken möchte. Ehe man zum Konditor geht und kostbare Zeit mit dem Einkaufen verliert, hat man schnell selbst die folgenden Leckereien bereitet. Voraussetzung aber ist, daß man ein wenig Sahne zu Hause hat. Die kleinen Packungen von 1/8 Liter reichen aus und man sollte sie eigentlich immer griffbereit da haben. Hat man für den Rahm keine Verwendung als Schlagsahne, so kann man ihn statt Milch in den Tee oder Kaffee geben oder ihn für Süßspeisen verwenden. Der Schlagrahm hält sich kühlgestellt 1–2 Tage.

Rezept 1427

Apfeltoast

2–4 Scheiben Weißbrot
1 Schuß Weinbrand
etwas Butter
2–3 Äpfel
1–2 Eßlöffel Zucker
1 P Vanillezucker
1 Eßlöffel Rosinen
2–3 Eßl. Schlagsahne

Die Weißbrotscheiben rösten, mit Weinbrand beträufeln und mit Butter bestreichen. Die geschälten Äpfel entkernen und kleinschneiden, zuckern, in der Pfanne in Butter andämpfen. Rosinen zugeben und auf die Toastscheiben verteilen. Schlagsahnetupfen aufsetzen und mit einer Rosine garnieren.

Rezept 1428

Ananasäpfel

2–4 Zwiebäcke
Weinbrand
2–4 Eßl. Apfelmus
2 Eßl. Ananaskonfitüre
Konditorkirschen
Schlagsahne

Die mit Weinbrand beträufelten Zwiebäcke mit dem Ananas-Apfelgemisch dick bestreichen, Sahnetupfen aufsetzen und mit Kirschen garnieren.

Rezept 1429

Apfelkekse

etwas Apfelkompott
etwas Schlagsahne
Bahlsen-Kekse
Kirschen

Apfelkompott mit Schlagsahne schaumig schlagen, dick auf die Kekse streichen und mit Kirschen garnieren.

Rezept 1430

Makronenfrüchte

$^{1}/_{8}$ l Schlagrahm oder
$^{1}/_{2}$ P. Sahnquark
1 Eßlöffel Zucker
1 Vanillezucker
6–8 zerbröckelte Makrönchen
Maraschinokirschen
1 Glas gemischte Früchte

Die Sahne schaumig schlagen oder den Quark mit Dosenmilch und Zucker sahnig schlagen, in ein Glas füllen, eine Schicht Makrönchen darübergeben, diese mit Früchten belegen und mit Maraschinokirschen garnieren. Besonders zu empfehlen, wenn Sie Gäste haben oder ein einfaches Mittagessen angenehm beschließen wollen.
Hierfür eignen sich besonders die kleinen Dosen Cocktailfrüchte oder gemischte Früchte im Glas.

Rezept 1431

Sahne-Krem

$^{1}/_{2}$ Päckchen Vanillepuddingpulver
$^{1}/_{4}$ l Milch
1 Eßlöffel Zucker
$^{1}/_{8}$ l Sahne
2 Gläschen Maraschino
4–8 Maraschinokirschen
1 kl. Dose Ananas

Den Vanillepudding nach Vorschrift bereiten, etwas abkühlen lassen, die Hälfte der Schlagsahne unterrühren, den Alkohol zugeben, gut vermischen und in 1 oder 2 Schüsselchen anrichten. Mit Sahne, Kirschen und Ananas garniert servieren. Dazu reichen Sie Mürbegebäck und 1 Tasse Kaffee.

Rezept 1432

Türkische Krem

1 Kognakglas sehr starker Kaffee
1 Eßlöffel Butter
$^{1}/_{2}$ Päckchen Quark
2 Eßl. Weinbrand
1–2 Eßlöffel Zucker
1 Vanillezucker
$^{1}/_{8}$ Schlagsahne
Raspelschokolade

Butter sahnig rühren, Quark zugeben, dann den Zucker, Weinbrand und den erkalteten Kaffee. Zuletzt die Schlagsahne unterziehen, die Krem in eine Schale füllen und mit Schokolade verzieren.

Rezept 1433

Erdbeerkrusteln

250 g Erdbeeren, 2 Eier
1 Eßlöffel Mehl
1 Eßlöffel Milch
1 Vanillezucker
Fett zum Backen
Puderzucker

Die gewaschenen Erdbeeren gut abtropfen lassen, am Stielchen fassen, in den Eierkuckenteig tauchen, den man aus Ei, Mehl, Milch und Vanillezucker angerührt hat. Dann ins heiße Fett geben, schön bräunen und auf ein Papier zum Abtropfen legen, in Puderzucker tauchen oder damit überstäuben. Kalt oder warm servieren und eisgekühlten Tee oder warmen Tee mit Zitrone dazu reichen.

Rezept 1434

Kremglas

2 Eier
4 Eßlöffel Zucker
Saft und Schale
1/2 Zitrone
1 Glas Grapefruitsaft
3 Eßlöffel heißes
Wasser
3 Teel. Gelatinepulver

Eigelb und Zucker schaumig rühren, Zitronensaft und abgeriebene Schale zugeben, ebenso den Grapefruitsaft. Die Gelatine in 3 Eßlöffel heißem Wasser auflösen und zugeben. Bevor die Krem steif wird, den steifgeschlagenen Eischnee unterziehen, die Krem in Gläser füllen und erstarren lassen. Mit Borkenschokolade und Zimtröllchen garnieren. Diese Krem ist geeignet als Nachtisch oder Erfrischung für geladene Gäste.

Rezept 1435

Herzogäpfel

1 Paket Butterkekse
etwas Konfitüre
in Wein und Zucker
gekochte Apfelspalten
von 2–3 Äpfeln
Vanillezucker
1/2 Tasse Schlagsahne
Schokoladenraspel

Auf die Butterkekse etwas Konfitüre streichen, die abgekühlten Äpfel spalten, spiralförmig darauflegen und mit Schlagsahne garnieren. Evtl. mit Raspel- oder Borkenschokolade garnieren.

Einkochen - Konservieren - Einlegen

Eine sparsame und wirtschaftliche Hausfrau wird im Sommer für den langen obst- und gemüseärmeren Winter vorsorgen und Früchte und Gemüse, die im Sommer reichlich und verhältnismäßig billig auf dem Markt zu haben sind, einkochen. Wer einen Garten besitzt und seine eigene Ernte verwerten kann, kommt natürlich besonders billig dazu.

Bei der Zubereitung gibt es allgemeine Regeln, die eine gewissenhafte Hausfrau beachten soll, um sich Ärger und Verlust zu ersparen.

1. Verwenden Sie möglichst frisches Obst und Gemüse; es darf nicht zu reif, aber auch nicht unreif sein.
2. Die Einkochtöpfe für das Kochgut müssen einwandfrei und sollen möglichst nicht aus Aluminium sein; sie sollen ausschließlich dem Einmachzweck dienen.
3. Die Gläser müssen in heißem Sodawasser gespült sein, die Ringe in leichtem Salzwasser ausgekocht werden.
4. Das Kochgut muß sauber gewaschen und vorbereitet in die Gläser gefüllt werden bis zum Rand, außer bei den Rezepten, wo es anders angegeben ist.
5. Heißes Kochgut wird in Gläser gefüllt, die man mit einem nassen Lappen umwickelt, um das Zerspringen der Gläser zu verhüten.
6. Die Gläser müssen öfters kontrolliert werden.

Die heute gebräuchliche Art der Sterilisierung von Obst, Gemüse und Fleisch ist das Einkochen im Weckapparat. Die Gläser werden, mit Ring, Deckel und Klammer versehen, auf einen gelochten Untersatz gestellt, der zum Apparat gehört. Dieser wird bis 2 Finger breit vom Gläserrand entfernt mit Wasser gefüllt und mit einem Deckel verschlossen. Das Thermometer zeigt die Wärmegrade an für Obst, Gemüse und Fleisch. Man soll nur Gläser mit gemeinsamer Kochzeit zusammen in den Apparat geben. Hat das Wasser den entsprechenden Wärmegrad erreicht, drehe man den Gashahn oder den Schalter so klein, daß die erforderliche Temperatur erhalten bleibt.

Früchte

Zuckerlösung:

Auf 1 Liter Flüssigkeit rechnet man im Durchschnitt 400 g Zucker. Bei unreifen Früchten etwas mehr, bei reifen entsprechend weniger. 1 Liter Flüssigkeit reicht für 2 Einlitergläser.
Früchte können auch einfach mit Zucker überstreut in die Gläser gegeben und mit Wasser aufgefüllt eingekocht werden. Es braucht nicht immer eine Zuckerlösung zu sein.

Rezept 1436

Johannisbeeren

Schwarze oder
rote Johannisbeeren
Zucker

Obst waschen, entstielen, in saubere Gläser füllen, mit Zucker überstreuen und mit Wasser auffüllen. 10 Minuten einkochen bei 75°.

Rezept 1437

Stachelbeeren

Nicht zu reife
grüne Stachelbeeren
Zucker

Blüte und Stiel abknipsen, Früchte waschen und mit kleinem Hölzchen mehrere Male durchstechen. Dicht in vorbereitete Gläser füllen, Zucker überstreuen und mit Wasser auffüllen. 15 Minuten einkochen bei 80°.

Rezept 1438

Himbeeren

Garten- oder
Waldhimbeeren
Zucker

Trockene Beeren sauber verlesen, in Gläser füllen und mit Zucker überstreuen. Etwas Wasser auffüllen. 10 Minuten einkochen bei 75°.

Rezept 1439

Erdbeeren

Stiel abdrehen, Früchte abbrausen, in eine Schüssel füllen, roten Zucker überstreuen und eine Nacht Saft ziehen lassen. Mit dem Saft in die vorbereiteten Gläser füllen und 20 Minuten einkochen bei 75°.

Garten-Erdbeeren
Zucker

Rezept 1440

Heidelbeeren

Früchte verlesen, waschen, in Gläser füllen, Zucker überstreuen und 20 Minuten einkochen bei 80°.

Heidelbeeren,
Blaubeeren,
Bickbeeren
Zucker

Rezept 1441

Kirschen

Kirschen waschen, entstielen, Kerne nach Belieben entfernen, in Gläser füllen und mit Zuckerlösung übergießen. Oder mit Zucker überstreuen und mit Wasser auffüllen. 20 Minuten einkochen bei 80°.

Süß-Sauerkirschen
Zucker

Rezept 1442

Pflaumen – Reineclauden – Mirabellen

Früchte waschen, nach Belieben halbieren und entsteinen, mit Zucker bestreuen und mit Wasser auffüllen. 20 Minuten einkochen bei 80°.

Pflaumen aller Sorten
Zucker

Rezept 1443

Pfirsiche

Früchte mit heißem Wasser übergießen, enthäuten, halbieren und entkernen. Einige Kerne aufknacken und die Mandeln mit der Zuckerlösung aufkochen. Die Früchte mit der Schnittfläche nach unten in die Gläser legen und dicht aufeinanderschichten. Mit Zuckerlösung übergießen.
25 Minuten einkochen bei 75°.

Reife Pfirsiche
Zucker

Rezept 1444

Aprikosen

Aprikosen
Zucker

Die Früchte abreiben, halbieren und die Mandeln mit der Zuckerlösung aufkochen. Die Früchte mit der Schnittfläche nach unten in die Gläser einlegen und mit Zuckerlösung übergießen. 25 Minuten einkochen bei 75°.

Rezept 1445

Äpfel

Äpfel jeder Art
Zucker
Essigwasser, in das die Äpfel bis zum Kochen gelegt werden

Äpfel mit Buntschälmesser schälen, halbieren, Kerngehäuse entfernen, die Früchte in Gläser einfüllen und mit Zuckerlösung übergießen. 20 Minuten einkochen bei 80°.

Rezept 1446

Birnen

Birnen jeder Art
Zucker

Die Früchte mit Buntschälmesser schälen, halbieren, Kerngehäuse entfernen, kleine Früchte ganz lassen. In Zuckerlösung halbweich kochen, herausnehmen, in Gläser einschichten und 20 Minuten einkochen bei 80°.
Oder zubereiten wie Äpfel.

Rezept 1447

Rhabarber

Roter oder grüner junger Rhabarber
Zucker

Rhabarber abziehen, in gleichmäßige Stückchen schneiden (3–5 cm lang). Mit kochendem Wasser übergießen und abtropfen lassen. In die vorbereiteten Gläser füllen, mit Zuckerlösung übergießen und 20 Minuten einkochen bei 80°

Rezept 1448

Dreifrucht

Äpfel
Birnen
Pflaumen
Zucker

Äpfel, Birnen und Pflaumen, gereinigt und vorbereitet, getrennt in Zuckerlösung kochen. Herausnehmen und lagenweise in die vorbereiteten Gläser füllen, mit Zuckerlösung übergießen und 20 Minuten einkochen bei 75°.

Rezept 1449

Apfelmus

Äpfel mit Schale und Kernhaus in Stücke schneiden und mit ganz wenig Wasser weich kochen, durch ein Sieb streichen und in die Gläser einfüllen bis 2 Finger breit unter dem Rand. Man kann nach Belieben mit oder ohne Zucker einwecken. 30 Minuten einkochen bei 80°.

Äpfel oder
Falläpfel
Zucker

Rezept 1450

Brombeeren

Die verlesenen, möglichst trockenen Früchte in die vorbereiteten Gläser füllen, mit Zucker überstreuen, ganz wenig Wasser einfüllen und 10 Minuten einkochen bei 75°.

Brombeeren
(Kroatzbeere)
Zucker

Rezept 1451

Preiselbeeren

Die Beeren auslesen, waschen und 1 Pfund Beeren mit 1/2 Pfund Zucker und etwas Zimt einmal aufkochen. Noch heiß in angewärmte Steintöpfe geben. Den Saft noch etwas einkochen und darübergießen. Am nächsten Tag zubinden.

Preiselbeeren
Zucker
Zimt

Gemüse

Rezept 1452

Mixed Pickles

Junge Böhnchen, Möhren, kleine Gurken, Blumenkohl putzen und vorbereiten. Einzeln in kochendem Wasser überwällen, die Möhren mit Buntschälmesser in Scheiben geschnitten, den Blumenkohl in Röschen zerteilt. Die Gurken eine Nacht vorher mit Salz überstreuen, dann mit sauberem Lappen abreiben. Nach Form und Farbe abwechselnd das abgekühlte Gemüse in kleine Gläser schichten und mit abgekochtem, abgekühltem, süßsaurem Essigwasser übergießen.
15 Minuten bei 90° einkochen.

Junge Böhnchen
Möhren
kleine Gurken
Blumenkohl
Salz, Zucker
Essig

Rezept 1453

Grüne Erbsen

Frische grüne Erbsen
Salz

Die ausgepellten Erbsen 5 Minuten in Wasser kochen und einige Male mit kaltem Wasser überspülen. In die Gläser füllen und mit schwachem Salzwasser übergossen einkochen. Nach 3–5 Tagen noch einmal sterilisieren. 70 Minuten bei 98°.

Rezept 1454

Grüne Bohnen – Wachsbohnen

Junge grüne oder gelbe Bohnen

Die kleinen vorbereiteten Bohnen ganz lassen, die größeren in gleichmäßige Stücke schneiden, 10 Minuten kochen, in Gläser füllen und mit dem Kochwasser übergießen. Nach 3 Tagen noch einmal sterilisieren. 90 Minuten bei 98°.
Oder die abgefädelten Bohnen gewaschen roh in die Gläser schichten, mit abgekochtem Wasser auffüllen und 120 Minuten bei 100° einkochen.

Rezept 1455

Spargel

Nicht zu dünner Stangenspargel oder Spargelstücke

Den geschälten und gut vorbereiteten Spargel gleichmäßig lang schneiden und in kaltes Wasser legen. Mit kochendem Wasser übergießen und 5 Minuten darin ziehen lassen. Dann mit dem Kopf nach unten in die Gläser füllen und mit frischem, kochendem Wasser übergießen; dann einkochen. 60 Minuten bei 110°.

Rezept 1456

Rote Beeten

Kleine junge
rote Beeten
Meerrettichstückchen
Weinessig-Wasser
Zwiebel
Zucker, Salz
Nelken

Die gekochten roten Beeten mit einem Buntschälmesser in Scheiben schneiden, mit kleinen Meerrettichstückchen vermischt in die Gläser füllen. $\frac{1}{2}$ Weinessig, $\frac{1}{2}$ Wasser, in Ringe geschnittene Zwiebel, etwas Zucker, Salz, einige Nelken aufkochen und kochend über die roten Beeten geben. Die Gläser dabei auf nasse Tücher stellen. Dann einkochen. 20 Minuten bei 80°.

Rezept 1457

Möhren – Karotten

Möhren
Karotten

Die geschabten Möhren im ganzen oder in feine Scheiben geschnitten 5 Minuten in Wasser kochen. In die vorbereiteten Gläser füllen, mit dem Kochwasser übergießen und 60 Minuten bei 98° einkochen.

Rezept 1458

Kohlrabi

Zarte junge
Kohlrabi

Die geschälten Kohlrabi in Scheiben oder Stifte schneiden und, in kaltem Wasser angesetzt, 10 Minuten kochen. In die vorbereiteten Gläser füllen und mit dem Kochwasser übergießen. 60 Minuten bei 98° sterilisieren.

Rezept 1459

Blumenkohl

Feste weiße
Blumenkohlköpfe
Salz

Den gereinigten und zerteilten Blumenkohl 1 Stunde in heißes Salzwasser legen, 10 Minuten in kochendem Wasser überwallen lassen und dann in die Gläser füllen. Mit leichtem Salzwasser übergießen einkochen. 60 Minuten bei 98°

Rezept 1460

Spinat

Junger, hellgrüner
Spinat
Salz

Den verlesenen und mehrere Male gewaschenen Spinat mit heißem Salzwasser überwällen und kalt abschrecken. Fein zerhackt mit ganz wenig Salz in die Gläser füllen und 70 Minuten bei 100° einkochen.

Rezept 1461

Tomaten

Feste reife
Tomaten

Die nicht zu weichen, aber reifen Tomaten mit einem Holzstäbchen mehrere Male durchstechen, in die vorbereiteten Gläser füllen und mit frischem Wasser übergießen. 20 Minuten einkochen bei 75°.

Rezept 1462

Groß-Bohnen

Junge kleine
Groß-Bohnen
Salz

Die ausgepellten Bohnen 10 Minuten in leichtem Salzwasser kochen. Herausnehmen, abgekühlt in die Gläser füllen, mit abgekochtem und abgekühltem leichtem Salzwasser übergießen und 30 Minuten bei 100° sterilisieren. Nach 3 Tagen die Gläser öffnen und noch einmal sterilisieren.

Rezept 1463

Pilze

Champignons
Pfifferlinge
Stein-, Butterpilze
usw.

Nur erstklassige, junge Pilze verwenden. Pilze säubern, das Stielende abschneiden, waschen und abtropfen lassen. In Stücke geschnitten im eigenen Saft 15 Minuten dünsten. In die vorbereiteten Gläser füllen und 60 Minuten bei 98° einkochen.

Rezept 1464

Gurken

Kleine grüne Gurken
Essig-Wasser
1 Eßlöffel Zucker
1 Teelöffel Senfkörner
Dill, Lorbeerblatt
Perlzwiebeln

Kleine Gurken über Nacht einsalzen, mit einem sauberen Tuch abreiben und sorgfältig in die Gläser einstellen. $^1/_2$ l Wasser, $^1/_2$ l Weinessig mit 1 Eßlöffel Zucker und 1 Teelöffel Senfkörner aufkochen, abkühlen lassen und über die Gurken gießen. Dill, Lorbeerblatt und Perlzwiebeln mit einlegen. 15 Minuten bei 70° einkochen.

Wie wäre es einmal mit einer Wiener Spezialität? Ein Tafelspitz bellt nicht, ist aber dafür köstlich zubereitetes Rindfleisch. Es ist das beste Stück vom Schlegel. Tafelspitz wird mit einem kleinen Bund Suppengrün in einer klaren Bouillon (bitte keine Würfelbrühe verwenden!) gekocht, daher bleibt das Fleisch so saftig. Zwiebelschale, Pfefferkörner und Salz kommen auch dazu. Je größer das Fleischstück ist, desto schmackhafter wird es. Nach dem Garkochen wird es in fingerdicke Scheiben geschnitten und wieder mit der abgeschmeckten Fleischbrühe übergossen. Dazu gibt es Kartoffeln mit Kren, Senf-, Schnittlauch- oder Dillsoße und verschiedene Gemüse.

Rezept 1465

Sellerie

Die gewaschenen Knollen schälen, mit einem Buntschälmesser in dicke Scheiben schneiden und in einer Flüssigkeit aus 1 Liter Wasser, 1 Tasse Weinessig, 1 Teelöffel Zukker, 2 Teelöffel Salz, 10 Minuten kochen. In die Gläser einlegen und 60 Minuten bei 98° einkochen.

Weiße Sellerieknollen
1 Liter Wasser
1 Tasse Weinessig
1 Teelöffel Zucker
2 Teelöffel Salz

Fleisch

Rezept 1466

Schweinefleisch

Das angebratene Fleisch wird ohne Knochen in Portionsstücke geteilt, in die Gläser eingelegt und mit etwas Bratensaft übergossen. Dann einkochen.
90 Minuten bei 100°.

Bratenstücke
vom Schwein
(Hals, Mürbebraten
usw.)

Rezept 1467

Rindfleisch gekocht

Das Fleisch in passende Stücke schneiden, 3 Minuten in kochendes Salzwasser legen, damit die Poren geschlossen sind, in die Gläser füllen und mit der Brühe übergießen. 90 Minuten bei 100° einkochen.

Hohe Rippe
Fehlrippe usw.
Salz

Rezept 1468

Kalbfleisch

Das angebratene Fleisch in passende Stücke schneiden und ohne Knochen in die Gläser einfüllen. Bratensaft darübergießen und einkochen.
90 Minuten bei 100°.

Brust, Spitze
usw.

Roastbeef ist so recht geeignet für einen festlichen Empfang mit kaltem Büfett, zur Hochzeit, Verlobung, Beförderungsfeier oder ähnlichem. Natürlich können Sie es auch warm am Mittag bei der Festtafel reichen. Bereiten Sie es zu nach Rezept 571.

Rezept 1469

Anderes gekochtes oder gebratenes Fleisch

Beliebige Fleischsorten

Das Fleisch mit allen Gewürzen und Zutaten in Portionsstücke geschnitten, ohne Knochen in die Gläser füllen. Mit der Brühe oder dem Bratensaft übergießen und 90 Minuten bei 100° einkochen.

Rezept 1470

Wild und Geflügel

Bratenstücke von Wild und Geflügel; z. B. Keule, Schenkel, Bruststücke usw.

Das in Fett angebratene Fleisch von Knochen befreien, in Portionsstücke schneiden, mit Bratensaft und den erforderlichen Gewürzen (s. Wild und Geflügel ab Seite 238) in die vorbereiteten Gläser füllen und 90 Minuten bei 100° einkochen.

SAFTBEREITUNG

Alles Obst, das viel Saft enthält, ist geeignet für die Saftbereitung, vor allem rote und schwarze Johannisbeeren, Erdbeeren und Himbeeren. Die Früchte werden möglichst ohne oder mit ganz wenig Wasser zum Kochen aufgesetzt und, wenn sie weich sind, in einen Beutel gegeben, damit der Saft über Nacht ablaufen kann. Der Beutelinhalt soll nach Möglichkeit nicht gepreßt werden. Man mischt die besser gelierenden Früchte häufig mit den anderen.

Dampfentsafter

Mit dem Dampfentsafter lassen sich in kürzester Zeit große Saftmengen bereiten. Richten Sie sich dabei genau nach den gegebenen Anweisungen.

Rezept 1471

Johannisbeersaft

Schwarze oder
rote Johannisbeeren
Zucker

Die Früchte mit sehr wenig Wasser zum Kochen bringen, in einen Saftbeutel füllen und über Nacht hängenlassen, damit der Saft ausläuft. Den Saft abmessen und auf 1 Liter Fruchtsaft 1 Pfund Zucker geben. 10 Minuten gut durchkochen lassen, abschäumen und kochend heiß in angewärmte Flaschen füllen.
Sofort verkorken und versiegeln.

Rezept 1472

Erdbeersaft

Wald- oder
Gartenerdbeeren
Zucker

Vor- und Zubereitung wie Johannisbeersaft, nur etwas weniger Zucker nehmen.

Rezept 1473

Himbeersaft

Wald- oder
Gartenhimbeeren
Zucker

Himbeeren in wenig Wasser zum Kochen bringen, im Saftbeutel abtropfen lassen. Saft und Zucker vermischen, 1 l Saft – 1 Pfund Zucker, und 10 Minuten kochen. Abschäumen und kochend heiß in vorgewärmte Flaschen füllen. Sofort verkorken und versiegeln.

Rezept 1474

Apfelsinensaft

$^1/_2$ l Weingeist
die Schale von
12 Apfelsinen

Von 12 Apfelsinen schält man ganz fein die Schale ab, daß nichts Weißes daran bleibt, und läßt sie in $^1/_2$ l Weingeist 6 Wochen warm, entweder im warmen Zimmer oder am Fenster in der Sonne, stehen. Dann siebt man diesen Extrakt durch und füllt ihn in Flaschen. Er hält jahrelang.
Will man Limonade bereiten, so kocht man auf $1^1/_2$ l Wasser 2 Pfund Zucker, nimmt vom Feuer und gibt 50 g kristallisierte Zitronensäure und ein Madeiragläschen des Extraktes hinzu, läßt es abkühlen und füllt dieses in Flaschen. Beim Gebrauch gibt man auf ein Wasserglas voll Wasser $^1/_4$ der Limonade.

Rezept 1475

Fruchtsaft

80 g Weinsteinsäure
3 l Wasser
3 kg Früchte
5 kg Zucker

Weinsteinsäure in kochendem Wasser auflösen, über die fertig zubereiteten Beeren gießen und 24 Stunden stehenlassen. Den ausgepreßten Saft filtern, unter Rühren den Zucker darin auflösen. Den Saft in Steintöpfe gefüllt mit einem Leinenläppchen zubinden. An kühlem Ort 3 Wochen gären lassen. Den Saft in saubere Flaschen füllen, verkorken und versiegeln.

MARMELADENZUBEREITUNG

Fast alle Früchte eignen sich zum Kochen von Marmelade unter Beigabe von größeren Zuckermengen. Man soll möglichst nicht mhr als 2 kg Früchte gleichzeitig zu Marmelade kochen. Am Abend vorher werden die Früchte eingezukkert, damit sie über Nacht Saft ziehen können. Die zerkleinerten Früchte werden zerstampft oder durch die Maschine gedreht.

Rezept 1476

Dreifruchtmarmelade

5 Pfd. schwarze Kirschen
3 Pfd. Johannisbeeren
2 Pfd. Himbeeren
4 Pfd. Zucker

Die entsteinten Kirschen werden mit einem Teil des Zukkers zum Kochen gebracht, nach 30 Minuten werden die Himbeeren und nach weiteren 10 Minuten die Johannisbeeren zugegeben. Der restliche Zucker wird untergemischt und alles zusammen noch einmal 10 Minuten gekocht. Vom Feuer genommen noch weitere 10 Minuten rühren. In die vorbereiteten Gläser füllen, nach dem Erkalten mit Rumpapier bedecken und zubinden.

Rezept 1477

Johannisbeer-, Himbeer-, Erdbeer-, Stachelbeer-, Brombeermarmelade

Die Früchte werden mit Zucker vermischt, bis zum Kochen gebracht und unter Rühren 15 Minuten gekocht. Vom Feuer nehmen, noch weitere 12 Minuten rühren. Die Marmelade in die vorbereiteten Gläser füllen, nach dem Erkalten mit Rumpapier bedecken und zubinden.

3 Pfd. Beeren
2–3 Pfd. Zucker
Rumpapier

Rezept 1478

Kirschmarmelade

Die entsteinten Kirschen mit dem Zucker vermischen und einige Stunden ziehen lassen. Auf schwacher Flamme zu Mus kochen unter Zugabe von 1 Stange Zimt. Warm in die vorbereiteten Gläser füllen und nach dem Erkalten mit Rumpapier bedeckt zubinden.

6 Pfd. Kirschen
1 Pfd. Zucker
1 Stg. Zimt
Rumpapier

Rezept 1479

Aprikosenmarmelade

Die gewaschenen Aprikosen entsteinen, mit wenig Wasser weich kochen. Das Mus wiegen und mit der gleichen Zuckermenge vermischen. Kochen, bis die Marmelade dicklich ist. Vom Feuer genommen noch 10 Minuten weiterrühren. In die vorbereiteten Gläser füllen und, nach dem Erkalten mit Rumpapier bedeckt, zubinden.

3 Pfd. Aprikosen
2 Tassen Wasser
2–3 Pfd. Zucker
Rumpapier

Rezept 1480

Obstmus

Große Mengen von Pflaumen und Zwetschgen kann man ohne Zucker einkochen. Die sehr reifen Früchte waschen, entsteinen und ohne Wasserzugabe kochen. Durch ein Sieb passieren und weiterkochen, bis die Masse in Klumpen vom Löffel fällt. Dann in vorgewärmte Steintöpfe füllen, im warmen Backofen stehen lassen, bis sich eine Kruste bildet. Erkaltet mit Rumpapier bedecken und zubinden.

Pflaumen
Zwetschgen
Rumpapier
(in Rum getauchtes Pergamentpapier)

Rezept 1481

Zitronenmarmelade

3 Zitronen
2 Pfd. Zucker
1 Vanillezucker
1 l Wasser

Die Zitronen waschen, in hauchdünne Scheiben schneiden und mit 1 l Wasser bedeckt 3 Tage in einer Porzellanschüssel stehen lassen. Dann 2 Stunden kochen, den Zucker zugeben und nochmals ½–1 Stunde kochen lassen. Gelierprobe machen. Die Menge ergibt etwa 3–4 Glas Marmelade.

Rezept 1482

Orangenmarmelade

3 Orangen
Zutaten wie Nr. 1479

Zubereitung wie Zitronenmarmelade.

Rezept 1483

Pflaumenmarmelade

10 Pfd. Pflaumen
1 Pfd. Zucker
1 P. „Einmachhülfe"

Entsteinte und zerkleinerte Pflaumen mit Zucker vermischen und über Nacht Saft ziehen lassen. In einem Kupferkessel die Marmelade 30 Minuten kochen. Rühren bis zum Erkalten. Mit „Einmachhülfe" vermischt in die vorbereiteten Gläser füllen und zubinden.

GELEEBEREITUNG

Gelee wird aus Früchten bereitet, die viel Gelierstoff enthalten. Man soll nicht zu reife Früchte verwenden, sie gelieren nicht mehr so gut. Es eignen sich vor allem Johannisbeeren, unreife Stachelbeeren, Äpfel, Quitten und Brombeeren. Den Saft gewinnt man wie bei der Saftbereitung. Die geputzten Beerenfrüchte waschen und abtropfen lassen, die anderen Früchte mit Kernhaus und Schalen in Stücke schneiden. Die Früchte kochen, bis sie den Saft abgegeben haben, aber nicht zu Brei kochen lassen. Die

Masse in einen Saftbeutel geben und ablaufen lassen. Den Saft wiegen und gleiche Saftmenge mit gleicher Zuckermenge vermischen. Man kocht möglichst nicht mehr als 1 l Saft auf einmal zu Gelee. Den Saft aufs Feuer stellen, nach und nach den Zucker löffelweise zugeben, den letzten kurz vor dem Kochen. Kurz aufkochen lassen, abschäumen, in Gläser füllen und mit einem Tuch bedeckt erkalten lassen. Dann mit Cellophanpapier zubinden.

Rezept 1484

Stachelbeergelee

Stachelbeeren
Zucker

Auf 1 kg Saft – ³/₄ kg Zucker.
Die unreifen, zerdrückten Stachelbeeren mit wenig Wasser bedeckt vorsichtig kochen. Den Saft durch einen Beutel laufen lassen und unter Zugabe des Zuckers kochen wie oben angegeben.

Rezept 1485

Apfelgelee

Äpfel
Zucker

Auf 1 kg Saft – ³/₄ kg Zucker. Zubereitung wie oben.

Rezept 1486

Quittengelee

Quitten
Zucker

Auf 1 kg Saft – ³/₄ kg Zucker. Zubereitung wie oben.

Rezept 1487

Johannisbeergelee, kaltgerührt

Rote oder schwarze Johannisbeeren
Zucker

Die zerstampften Johannisbeeren durch einen Beutel pressen, den Saft wiegen und mit der gleichen Zuckermenge verrühren, bis der Zucker geschmolzen ist. In Gläser füllen und zubinden.

Rezept 1488

Sauerkraut

Feste weiße Kohlköpfe
Salz
Wacholderbeeren
Apfelscheiben

Der Weißkohl wird fein gehobelt und abwechselnd mit Salz in einen Steintopf eingestampft, bis der Saft über dem Kohl steht. Obenauf legt man ein sauberes Tuch mit einem Brett, das von einem Stein beschwert wird. Das Gären dauert 3 – 6 Wochen. Man kann zur Geschmacksverbesserung einige Wacholderbeeren und einige Apfelscheiben mit einlegen. Auf 5 kg Weißkohl – 1 Pfund Äpfel und 100 g Salz.

Das Tuch muß im Anfang öfters ausgewaschen und sauber ausgewrungen wieder auf das Sauerkraut gelegt werden.

Rezept 1489

Salizylpflaumen

10 Pfd. Pflaumen
2 Pfd. Zucker
1 P. Salizyl

Die entsteinten Pflaumen über Nacht mit dem Zucker vermischt stehen lassen. Am anderen Tag kurz überwällen, das Salizyl unterrühren, in einen Steintopf füllen und mit Salizylpapier zubinden.

Rezept 1490

Tomatenketchup

10 Pfd. rote Tomaten
2½ Eßlöffel Salz
2 große Zwiebeln
1 Messerspitze Ingwer
1 Messerspitze Nelken
1 Messerspitze Piment
½ Tasse Weinessig
½ Tasse Rotwein
1 Eßl. geriebener Meerrettich
½ Pfd. Zucker

Tomaten waschen, Stiele entfernen. 1½ Pfund Tomaten im Mixbecher auf Stufe III fein pürieren, herausnehmen, mit den Zwiebeln 20 Minuten kochen lassen und durch ein Haarsieb rühren. Dann Rotwein, Essig, Salz, Ingwer, Nelken, Piment und Meerrettich zusetzen und alles zusammen 2 Stunden kochen lassen (bei schwachem Feuer), bis das Mark in dicken Tropfen vom Löffel fällt. Dann den Zukker zugeben und noch einmal kurz aufkochen lassen. Die Masse in Flaschen füllen und mit Gummiflaschenverschluß oder mit Korken verschließen. Zum stärkeren Würzen können rote und grüne Paprikaschoten mitverwendet werden.

Rezept 1491

Gurken

Die Gurken über Nacht mit Salz bestreut stehenlassen. Am anderen Tag mit einem sauberen Tuch abreiben, alle schlechten Stellen vorsichtig herausschneiden und mit folgenden Gewürzen in einen Steintopf legen: Estragon, Pfefferkörner, Perlzwiebeln, Dill, Senfkörner.
Auf ½ l Essig, ½ l Wasser und 25 g Salz gibt man 1 Eßlöffel Zucker, kocht das Gemisch und gießt es kochend über die mit den Gewürzen eingelegten Gurken. 1 Paket Alba-Gurkendoktor wird übergestreut und der Topf heiß zugebunden. Von Zeit zu Zeit prüfen, ob sich kein Schimmel ansetzt.

Kleine grüne Gurken
Salz
Estragon
Pfefferkörner
Perlzwiebeln
Dill
Senfkörner
Essig
Zucker
1 Paket Alba-Gurkendoktor

Rezept 1492

Kürbis

Auf den vorbereiteten, in Stücke geschnittenen Kürbis gibt man Weinessig, läßt ihn eine Nacht bedeckt in einem Steintopf liegen und nimmt ihn am nächsten Tag mit einem Schaumlöffel heraus. Er wird in eine Flüssigkeit aus Essig, Wasser, Zucker, Saft und Schale einer Zitrone gegeben und darin glasig gekocht. In einen Steintopf gefüllt, wird er mit dem Saft übergossen und mit Pergamentpapier bedeckt. Auf das Papier wird 1 Paket „Einmachhülfe" gestreut und der Topf zugebunden. Sollte der Saft nach einiger Zeit flüssig werden, muß er abgegossen und noch einmal aufgekocht werden.

4 Pfd. Kürbis
¼ l Weinessig
1¼ l Essig
1¼ l Wasser
1 kg Zucker
1 Zitrone
(Saft und Schale)
1 P. „Einmachhülfe"

Rezept 1493

Rumtopf

Sauber verlesene Früchte werden gewogen und mit der Hälfte des Gewichtes an Zucker schichtweise in einen irdenen Topf eingelegt. Ganz mit Rum bedeckt, wird er mit einem sauberen Leinenläppchen abgedeckt und zugebunden. Je nach Anfall des Obstes werden neue Lagen eingefüllt, so daß alle Sorten Obst nach Jahreszeit verwendet werden können, z. B. Erdbeeren, Himbeeren, Kirschen, Pfirsiche, Pflaumen usw.

beliebige Früchte
die Hälfte des Gewichts an Zucker
Rum

Rezept 1494

Rote Rüben in Essig

5 Pfd. rote Rüben
1 Apfel
1/2 Stg. Meerrettich
1 Eßlöffel Kümmel
1–2 l Essig
1 Eßlöffel Zucker

Rüben waschen, in Wasser weichkochen, abtropfen lassen und in frischem Wasser abkühlen. Dann schälen, in mittelgroße Scheiben schneiden. Nun die Rübenscheiben mit Apfel- und Meerrettichstückchen vermischen, in irdene Töpfe oder in Gläser schichten und einige Kümmelkörnchen dazwischenstreuen. Den Essig mit Zucker und der Hälfte Wasser aufkochen und ihn noch heiß über die Rüben gießen, bis sie ganz damit bedeckt sind. Auskühlen lassen und zubinden.

Tiefkühlkost

Eingefrorene Hühnchen oder zu Eis erstarrten Fisch haben Sie sicher alle schon einmal in Ihrer Küche verarbeitet und dann verzehrt, und Schwierigkeiten bei der Zubereitung haben Sie nicht gehabt. Es gibt ja auch keine. Wenn Hühnchen oder Ente aufgetaut waren, haben Sie sich die Ärmel aufgerempelt, Ihr Kochbuch ein wenig näher gerückt und schnell nachgeschlagen, wie ein Hühnersoufflee bereitet wird, wie Entenbraten mit Orange zugerichtet wird usw.
Nun wollte man es den Frauen noch bequemer machen, sie von aller unangenehmen Vorarbeit für viele Mahlzeiten befreien: das Zurichten von Gemüse, das Putzen von Obst, das Reiben und Schälen der Kartoffeln für Kartoffelklöße, das Rühren und Kneten der Teigmasse zu Blätterteig, das Panieren von Fisch und das Haltbarmachen von vitaminhaltigen Obststäften. Man fand, daß eine Tiefkühltruhe ein besserer Vorratsschrank sei als ein Kühlhaus, weil ja alle Tiefkühlware roh bzw. frisch eingefroren wird.
Wie das nun im einzelnen vor sich geht, können Sie im folgenden Abschnitt lesen. Eigentlich sollte ich sagen: *Sie müssen es lesen,* denn es ist wichtig, so wichtig sogar, daß Sie ohne genauere Kenntnis der Dinge einiges falsch machen werden.
Glauben Sie aber nicht, daß Sie nun wieder Kochen lernen müssen. O nein! Sie können fast alle Rezepte, die Ihnen geläufig sind und die Sie im Schlaf auswendig wissen, verwerten. Nur gewisse Hinweise müssen Sie beachten, und ich bin sicher, daß Sie ein ausgesprochener Freund und Anhänger der neuen Tiefkühlprodukte werden.

WISSENSWERTES ÜBER TIEFKÜHLKOST

In vielen Lebensmittel- und Delikateßgeschäften stehen große Kühltruhen, in denen selbst im tiefsten Winter leuchtendrote, frische Erdbeeren zu finden sind, wo zartgrüne Erbsen in durchsichtigen Packungen ruhen und auserlesene Fleisch-, Geflügel- und Fischstücke zum Mitnehmen einladen, zu durchaus erschwinglichen Preisen. Sie sehen bei näherem Betrachten schöngeformte Kartoffelklöße topffertig zugerichtet, Gemüse verschiedener Sorten, passierten Spinat, backfertigen Kuchenteig vorbereitet usw.
Es ist ein neues Verfahren, um hochwertige Nahrungsmittel, vor allem Obst und Gemüse, so frisch zu erhalten, als ob sie eben geerntet wären. Die Vitamine, die in unserer Ernährung eine so wichtige Rolle spielen, sind bei all

diesen Nahrungsmitteln weitgehend erhalten. Beste Sorten von Fleisch, Fisch, Obst und Gemüse werden schockartig eingefroren, das heißt, sie kommen verlesen, sortiert und koch- oder tafelfertig vorbereitet in große Tiefkühltunnel mit minus 40–50 Grad Luftkälte, wo sie lange Zeit lagern können, ohne ihr gutes Aussehen, ihre Frische oder ihr Aroma einzubüßen.

Wie wird eingefroren?

Vorbereitete Früchte werden bei niedrigsten Temperaturen *roh* glashart eingefroren. Bei den Gemüsen sind die Vorbereitungsarbeiten anders. Vor dem Tiefkühlen muß nämlich – um schädliche Einflüsse von vornherein auszuschalten – das Gemüse blanchiert werden, das heißt, es wird kurz mit kochendem Wasser überbrüht. Das ist sehr wichtig, denn es muß auf die Vorbereitung allergrößte Sorgfalt verwendet werden. Nur so kann die frische Farbe, das Aroma, der Geruch und der Nährwert des Gemüses während des Einfrierens, Lagerns und Auftauens erhalten werden.
Die Tiefkühlkost erscheint im Moment natürlich etwas teuer, aber es dürfen ja auch nur erstklassige Qualitäten verwendet werden, und die Firmen sind verpflichtet, den gewichtsmäßigen Inhalt auf der Packung anzugeben.
Als Hausfrau – vielleicht aus einem kleinen Landstädtchen – müssen Sie auch wissen, daß Sie bedenkenlos in der nahen Großstadt Tiefkühlkost einkaufen und mit nach Hause nehmen können, in der Gewißheit, daß Ihnen bis dahin weder Obst, noch Fleisch, Fisch oder Gemüse völlig auftaut. Sie müssen wissen, daß Sie am Samstag Ihren Bedarf an Tiefkühlkost für den Sonntag einkaufen können und, fest in Zeitungspapier verpackt, entweder im Kühlschrank oder an kühler Stelle lagern können. Im *Tiefkühlfach* Ihres Haushaltkühlschrankes läßt sich diese Ware sogar bis zu 3 Tagen fest verpackt aufbewahren.
Aber tiefgekühlte Produkte sind keine Konserven, die eine fast unbeschränkte Lagerdauer haben. Einmal aus der Tiefkühltruhe beim Kaufmann entnommen, also einer Lagertemperatur von minus 20 Grad entzogen, müssen die Produkte nun auch genossen werden.
Es ist gar nicht nötig, viele eigene Rezepte und Zubereitungen für Gefrierkost zu kennen, wenn Sie über die Vorbereitungen und Bedingungen der Tiefkühlware Bescheid wissen.
Fischfilet z. B. wird in hartgefrorenem Zustand paniert und sogleich zum Braten in die Pfanne gelegt. Nur dürfen Sie nicht bei zu großer Hitze braten, damit die Außenseite nicht verbrennt, während das Innere noch gefroren oder nicht gar ist.
Kartoffelknödel sind in tiefgefrorenem Zustand ins kochende Wasser zu geben, und nach 20 Minuten sind sie tafelfertig.

Ebenso geht es mit allem Gemüse, das dann nur noch zu würzen und im gegebenen Falle mit einer Soße abzuschmecken ist.
Kuchenteig dagegen muß völlig aufgetaut sein, ehe er verarbeitet wird. Auch Obst und Geflügel haben eine Auftauzeit von ca. 3 – 6 Stunden. Wichtig zu wissen ist, daß fast alle Tiefkühlprodukte auch eine um 1/3 kürzere Kochzeit haben. Wer sich nun einmal mit der Tiefkühlkost vertraut gemacht hat, wird sicher immer häufiger auf all die delikaten und sauber vorbereiteten Produkte zurückgreifen und bald die hohen Werte dieser Nahrungsmittel schätzen lernen.

Was wird alles tiefgekühlt?

Eine klare Übersicht soll Ihnen den Einkauf erleichtern.

Gemüse:
Bohnen, Erbsen, Groß-Bohnen, Grünkohl, Gurkenscheiben, Karotten, Mischgemüse, Rosenkohl, Spargel, Spinat, Tomaten geschält, Tomaten in Scheiben, Suppengrün.

Obst:
Apfelbrei, Apfelstückchen, Brombeeren, Erdbeeren, Heidelbeeren, Himbeeren, Johannisbeeren, Kirschen, Pfirsiche, Pflaumen, Rhabarber.

Obstsäfte:
Schwarze Johannisbeeren, Konzentrate aus Orangen, Zitronen, Grapefruits, andere Obstsäfte und Tomatensaft.

Geflügel:
Enten, Gänse, gebratenes Geflügel, Masthähnchen, Poularden, Puter, Suppenhühner geteilt und im Ganzen.

Fisch:
Felchen, Forellen, Kabeljau, Krabben, Langustenschwänze, Plattfische, Rotbarschfilet, Seelachsfilet, Schellfischfilet, panierte und unpanierte Filetportionen, vorgebackene oder rohe Fischstäbchen, Fischmarinaden.

Wild:
Hasen, Hirsch, Kaninchen, Reh, Wildschwein in verschied. Portionen.

Fleisch:
Fertige Fleischgerichte, Gulasch, Leber, Rouladen, Portionsfleisch.

Eiskrem:
Kleinportionen, Haushaltspackungen, Packungen mit Obst und Biskuit

Süßspeisen:
Quarkspeisen und andere.

Mehl- und Kartoffelerzeugnisse:
Blätterteig, Mürbeteig, Tortenböden, Kartoffelklöße, Pommes frites, Pflaumenklöße.

Wie wird Tiefkühlware verarbeitet?

Es können alle Tiefkühlprodukte, die nicht mehr als daumendick sind, unaufgetaut in den Kochtopf oder in die Pfanne gegeben werden,
bis zu 3 cm Dicke kann unaufgetaute Tiefkühlware im Backofen gedämpft oder zubereitet werden,
alles, was darüber ist, muß aufgetaut werden.

Das aufgeführte Sortiment ist nicht vollständig, da fortlaufend Ergänzungen bei Tiefkühlkost vorgenommen werden.

MENÜ-VORSCHLÄGE AUS TIEFKÜHLWARE

Man kann auch mehrere Tiefkühlpakete zu einem Mittagessen verwenden, bzw. man kann ein komplettes Mittagessen nur aus Tiefkühlware zusammenstellen. Zum Beispiel:

Hühnersuppe mit Einlage,
Huhn im Reisrand, garniert mit Erbsen,
Spargelgemüse,
Erdbeereis mit Sahne.

Da wäre zunächst aus einem tiefgekühlten Hühnchen eine appetitanregende Suppe zu bereiten. Das Huhn wird aufgetaut, von innen und außen mit Salz eingerieben – und da es ein schmackhaftes Hühnerragout geben soll – mit feingeschnittenem Suppengemüse ins kochende schwache Salzwasser gegeben. In einem Topf bringen Sie ein Tasse schwach gesalzenes Wasser zum Kochen und geben die gefrorenen Erbsen hinein, decken den Topf zu und dünsten sie in 10–15 Minuten weich. Von den Erbsen geben Sie dann später 1–2 Eßlöffel voll in die herzhaft abgeschmeckte Hühnersuppe. Die übrigen Erbsen gebrauchen Sie zur Dekoration des Hühnerragouts.
Das gargekochte Huhn teilen Sie in Portionsstücke und bereiten eine helle Soße, mit Zitrone und Weißwein abgeschmeckt und mit Eigelb legiert. Schnell legen Sie die Fleischstücke wieder hinein, damit sie nicht kalt werden. Inzwischen haben Sie 2 Liter Wasser zum Kochen gebracht, dann geben Sie den gefrorenen Reisbeutel hinein, warten, bis der Reisblock von selbst im kochenden Wasser zerfällt und gießen ihn auf ein Sieb zum Abtropfen. Eine Kranzform haben Sie gut mit Fett ausgepinselt, auf dem Kranzboden sorgfältig ein hübsches Muster mit Erbsen eingelegt, geben nun den abgetropften Reis (vorsichtig festdrücken) in die Form und stürzen sie umgekehrt auf eine große flache Platte. In den inneren Ring kommt das

Hühnerfrikassee mit ein wenig Soße beträufelt. Am Tellerrand werden abwechselnd kleine Häufchen Erbsen und Spargelstücke gruppiert, die ebenfalls in kochendem Salzwasser aufgetaut und gargekocht sind und auch mit Frikasseesoße überzogen werden. Streuen Sie nach Belieben ein wenig feingehackte Petersilie darüber und servieren möglichst heiß. Ein Paket Pückler-Eis wird zum Abschluß dem Tiefkühlfach entnommen, mit gezuckerten, aufgetauten Erdbeeren umlegt und die Früchte mit Sahnetupfen versehen.
Ein wirklich festliches Menü, in kürzester Zeit zubereitet, ohne Abfall und ohne Zeitverlust.
Natürlich kann man solche Tiefkühlmahlzeiten auch viel einfacher gestalten. Nehmen wir ein gut bürgerliches Essen:

Grüne Bohnen, Rouladen,
Kartoffelklöße,
Apfelmus.

Das gefrorene Fleisch geben Sie mit den nötigen Gewürzen ins heiße Bratenfett, lassen von allen Seiten anbräunen, decken den Bratentopf zu und bereiten die Rouladen wie üblich.
Grüne Bohnen, in kochendem Salzwasser aufgetaut und gegart, werden abgegossen und in brauner Butter geschwenkt, sie nehmen kaum Zeit in Anspruch für ihre Zubereitung. Die Kartoffelklöße sind ebenfalls fix und fertig in ihrer Packung. Die geben Sie nun in einen Topf mit kochendem Salzwasser, lassen sie langsam wallend kochen, bis sie von selbst nach oben kommen, und können sie in 15 Minuten schon auf vorgewärmter Platte servieren. Die Bohnen werden noch ein wenig mit Schnittlauch oder Petersilie überstreut und evtl. mit etwas Pfeffer gewürzt.
Das Apfelmus haben Sie zum Auftauen in eine Glasschüssel gegeben, zukkern es noch ein wenig nach und geben Zucker, Zimt und Zitrone daran, rühren gut durch, füllen die Portionen auf kleine Tellerchen und richten sie mit Sahne verziert an.
Nicht mal einen Finger haben Sie sich schmutzig gemacht.

Oder:

Gebackene Fischstäbchen – Kartoffelbrei – Tomatensalat – Quarkspeise.

Oder:

Spinat – gebackene Leber – Pommes frites, Milch-Mixgetränk mit naturreinem Obstsaft aus der Tiefkühltruhe.

Oder:

Tomatensuppe aus geschälten, rohen Tomaten – paniertes Fischfilet – Kartoffelrosetten – Gurkensalat – Kirschkompott.
Die Zubereitung der einzelnen Gerichte können Sie aus den Rezepten ersehen und den Arbeitsablauf danach einteilen. Richten Sie sich bitte möglichst genau nach den Auftauzeiten, die den Packungen aufgedruckt sind, dann kann wirklich nichts schief gehen.

TIEFGEKÜHLTES FLEISCH, WILD, GEFLÜGEL, FISCH

Fleisch, das der Tiefkühltruhe entnommen wird, ist zumeist – außer gewissem Geflügel – in Portionen aufgeteilt, und so können Sie sich selbst aussuchen, was Ihnen am meisten zusagt. Portioniertes Fleisch braucht auch nicht ganz aufzutauen. In halbgefrorenem Zustand kann es ins heiße Bratenfett gegeben werden. Tiefgekühltes Fleisch oder Geflügel braucht, wenn es nur *gekocht* und nicht gebraten werden soll, *nicht* aufzutauen. Es kann gefroren mit den Gewürzen ins heiße Kochwasser gegeben werden. Wenn es ganz schnell gehen soll, können Sie gefrorenes Geflügel in der Verpackung in kaltem Wasser auftauen. Das dauert dann nur 2–3 Stunden.
Die Fleischzubereitung geschieht wie üblich, außer wenn es sich um panierte Stücke handelt. Nur die Bratzeit ist kürzer, aber das werden Sie selbst merken.
Und denken Sie daran: *Tiefkühlfleisch* ist kein *Gefrierfleisch*.

Rezept 1495

Hasenrücken in Sahnesoße

1 gefrorener Hasenrücken
4 Speckscheiben
5 Eßlöffel Butter
Salz und Pfeffer
1 Eßlöffel Mehl
¹/₄ l Flüssigkeit
¹/₄ l Rahm
etwas Zitronensaft
Butterstückchen

Den enthäuteten und aufgetauten Hasenrücken spicken (wenn er nicht schon gespickt ist), würzen, und im heißen Fett bei nicht zu großer Hitze am besten im Backofen schön bräunen. Öfter mit dem Bratensatz beträufeln, herausnehmen und warmstellen. In den Bratensatz das Mehl einrühren, etwas bräunen lassen, Flüssigkeit und Rahm zugießen, mit Zitronensaft, Pfeffer und Salz abschmecken und Butterstückchen auf der Soße zergehen lassen. Dazu 1 Paket Rotkohl und 1 Paket Apfelbrei aus der Tiefkühltruhe.

Rezept 1496

Reh – Hirsch – Wildschwein

ist küchenfertig, oft schon gespickt in Portionen verpackt tiefgekühlt zu haben. Es eignet sich wegen seines geringen Fettgehaltes auch für magenempfindliche Personen.

Rezept 1497

Kaninchenbraten mit Buttermilchmarinade

Kaninchenfleisch wird genauso zubereitet wie Hasenbraten. Das Fleisch ist weißer und etwas fetthaltiger, ähnlich wie Kalbfleisch. Die Bratenzeit ist aber etwas länger als beim Hasenbraten. Besonders bekömmlich ist es, wenn man das Portionsfleisch in Buttermilchmarinade einlegt, der man einige Wacholderbeeren zusetzt. Dann kann man die Soße mit Tomatenmark, Zitronensaft oder Senf abschmecken.

1 P. Kaninchenfleisch
Marinade aus:
½ l Buttermilch
5 Wacholderbeeren

Rezept 1498

Rehkeule

Das aufgetaute, enthäutete Fleisch mit Speckscheiben umwickeln, in heißer Butter mit kleingeschnittener Zwiebel anbraten, etwas Brühe zugießen und dämpfen. Öfter begießen, dann wird das Fleisch saftig. Nach und nach die Sahne über das Fleisch gießen, damit es bräunt und glänzt.

Den Bratenfonds mit etwas kalt angerührtem Mondamin binden und mit Zitronensaft oder Rotwein abschmecken. Dazu aus der Tiefkühltruhe Kartoffelbrei und Preiselbeeren.

1 Paket gefrorene Rehkeule
50 g Speck
4 Eßlöffel Butter
1 Zwiebel
Salz und Pfeffer
Brühe
1 Tasse saurer Rahm
1 Teel. Mondamin
Zitronensaft
Rotwein

Rezept 1499

Rehschnitzel mit Bananen

Das gefrorene Fleisch so weit auftauen, daß es sich in Scheiben (Schnitzel) schneiden läßt, salzen, in Mehl wenden und in heißer Butter braten. Das Fleisch soll innen noch zartrosa sein. Man kann es aber auch durchbraten. Das Fleisch aus der Pfanne nehmen, Bananenscheiben einlegen, beiderseits anbraten, salzen und Zitronensaft überträufeln, Madeira angießen. Das Fleisch auf vorgewärmter Platte angerichtet mit Bananenscheiben garnieren.

Dazu Kartoffelrosetten aus tiefgekühltem Kartoffelbrei.

1 Paket Reh- oder Hirschfleisch
½ Teelöffel Salz
2 Eßlöffel Mehl
5 Eßlöffel Butter
4 Bananen halbiert
1 Teel. Zitronensaft
2 Eßl. Madeira

Rezept 1500

Hirsch- oder Rehragout

1 P. gefror. Reh- oder Hirschfleisch
Salz, Pfeffer
3 Eßlöffel Fett
1/2 Tasse Brühe
1 Eßlöffel Mehl
1 Schuß Rotwein
1 Spritzer Zitronensaft
1 Prise Paprika

Das angetaute Fleisch würzen, in heißem Fett anbraten, etwas Brühe zugießen und weichschmoren. Aus dem Bratenfonds und Mehl eine dunkle Soße bereiten, mit Rotwein, Zitronensaft, Paprika und Salz abschmecken. Das Fleisch in Streifen oder Würfel geschnitten hineingeben und noch 10 Minuten in der Soße ziehen lassen.

Rezept 1501

Wildschweinbraten

1 P. gefror. Wildschweinrücken oder -keule
Beize aus:
1/2 l Buttermilch
5 Wacholderbeeren
1/2 Lorbeerblatt
1 kl. Zwiebel, Nelke
2–3 Eßlöffel Butter
1 Prise Muskat
1–2 Eßlöffel Mehl
1 Eßl. Brombeergelee
Salz und Pfeffer

Das gefrorene Fleisch aus der Packung nehmen, 1–2 Tage in Buttermilch mit Wacholderbeeren, Lorbeerblatt und Nelke einlegen, etwas abtropfen lassen und in heißem Fett anbraten. Ab und zu mit der Beize begießen und etwa 1/2–3/4 Stunde dünsten. Dann die Zwiebel zugeben, mit Muskat würzen, und den Braten öfter mit zerlassener Butter bestreichen, bis er schön gebräunt ist. Den Bratensatz mit Mehl binden, mit Gelee, Pfeffer, Salz abschmecken.

Rezept 1502

Panierte Leberscheiben

4 gekochte Sellerie-scheiben
etwas Butter
1 Pak. gefrorene Leberscheiben
1 Ei
Semmelbrösel
Pfeffer und Salz
Zitronensaft

Die gekochten Selleriescheiben in heißem Fett gelb braten. Die Leberscheiben so weit antauen lassen, daß man sie voneinander lösen kann. Sie sollen so groß wie die Selleriescheiben sein. Leber in Ei und Semmelbröseln panieren und wenige Minuten auf beiden Seiten braten, dann erst würzen und Zitronensaft überträufeln, auf die Selleriescheiben legen und mit einer Scheibe Weißbrot anrichten.

Rezept 1503

Rouladen

2–3 Rouladen
2–3 Eßlöffel Butter
1/2 Tasse Wasser
Tomatenmark
2–3 Eßlöffel Rahm

Die gefrorenen Rouladen mit etwas Tomatenmark bestreichen und ins heiße Fett geben, wenig Wasser zugießen. Auf kleiner Flamme in etwa 40 Minuten braten. Die Soße mit Rahm dicklich rühren und herzhaft abschmecken.

Rezept 1504

Geschmortes Huhn mit Tomaten

Das angetaute Hühnchen ins kochende Wasser geben, Suppengrün zugeben und nur so lange kochen, bis es sich zerlegen läßt in Schenkel, Beine, Flügel, Brust. Dann salzen, pfeffern und im heißen Öl und Fett schön goldbraun anbraten. Feingehackte Zwiebel zugeben und bräunen lassen. Madeira angießen, die kochende Brühe und das Tomatenmark oder die in Viertel geschnittenen geschälten Tomaten zugeben und bei schwacher Flamme schmoren lassen, abschmecken und mit körnig gekochtem Reis anrichten.

1 gefror. junges Hühnchen
1½ l Wasser
Suppengrün
Salz und Pfeffer
2 Eßlöffel Butter
2 Eßlöffel Öl
2 Zwiebeln
1 Glas Madeira
1 Tasse koch. Brühe
2 Eßl. Tomatenmark oder 1 Paket gefrorene geschälte Tomaten

Rezept 1505

Gekochtes Huhn mit Reis

Das gefrorene Huhn soweit antauen, daß sich Magen, Herz und Leber aus der Öffnung nehmen lassen, dann innen und außen mit Salz abreiben und mit dem Suppengrün ins kochende Wasser geben. Wenn es gar ist, das Fett etwas abschöpfen, in einen Topf geben und den Reis darin anrösten, mit 4 Tassen Brühe auffüllen und unter langsamem Kochen gar werden lassen. Aus Butter, Mehl und Brühe eine helle Soße bereiten, mit Wein und Zitronensaft würzen und mit Salz abschmecken. Das Huhn im Ganzen oder auch in größere Stücke zerlegt auf einer Platte mit Reis gefällig anrichten.

1 gefror. Suppenhuhn
2½ l Wasser
Salz
Suppengemüse
1 Tasse trockener Reis
3 Eßlöffel Butter
2 Eßlöffel Mehl
Zitronensaft
1 Eigelb

Rezept 1506

Huhn oder Hähnchen paniert

Das aufgetaute Geflügel vorbereiten und zerteilen. Die Stücke würzen, in Mehl wälzen, mit verschlagenem Ei bestreichen, dann in Semmelbrösel wenden, in eine gut gefettete Pfanne legen und im Backofen 5 Minuten backen. Danach mit flüssiger Butter begießen und weitere 25 Minuten backen. Appetitlich auf einer Platte anrichten und das Bratenfett über das Fleisch geben.

2 junge gefror. Hühnchen oder Hähnchen
Salz und Pfeffer
2 Eßlöffel Mehl
1 Ei
½ Tasse Semmelbrösel
3 Eßl. flüssige Butter

Rezept 1507

Gebratene Ente mit Orange

1 gefrorene Ente
1 Teelöffel Salz
1 Eßl. Zitronensaft
1 Teel. geriebene Orangenschale
4 Eßlöffel Fett
1/2 Tasse Weißwein
Saft von 1 Orange
abgerieb. Zitronenschale
1 Eßlöffel Mehl

Die aufgetaute und vorbereitete Ente von innen und außen mit Salz abreiben. Zitronensaft und Orangenschale vermischen und die Ente damit einreiben. Dann von allen Seiten in heißem Fett schnell anbraten, etwas Weißwein angießen und 3/4 Stunde unter öfterem Umwenden dämpfen. Kurz vor dem Garwerden mit Fett bepinseln und die Kruste schön bräunen. Den Bratensatz mit etwas Mehl binden und mit Salz, Orangensaft und Zitronenschale abschmecken. Dazu tiefgekühlte Kartoffelklöße und Preiselbeerkompott.

Rezept 1508

Gedämpfter Puter mit Champignonsoße

1 gefrorener Puter
1/2 Pfd. Butter
100 g Speckscheiben
1 l Wasser
1 Glas Weißwein
Zwiebel
Suppengrün
Pfeffer und Salz
Zur Soße:
40 g Fett
40 g Mehl
1/2 l Brühe
125 g Pilze
1 Eßlöffel Butter
1 Eßl. gehackte Petersilie
1 Teel. Zitronensaft

Dem aufgetauten Puter die Keulen und Flügel an den Körper binden (was meistens schon geschehen ist), in das zerlassene Fett geben und mit Wasser und Weißwein begießen. Das Suppengrün und die Gewürze in die Flüssigkeit geben, den Puter mit Speckscheiben bedecken und langsam in 1 1/2–2 Stunden weich dünsten. Herausnehmen, in gefällige Portionsstücke schneiden und mit Champignonsoße anrichten.

Die Soße: Pilze säubern, waschen, fein schneiden, in Butter dünsten. Aus Fett, Mehl und der Kochbrühe eine helle Soße bereiten, die Pilze hineingeben, abschmecken und mit Petersilie bestreuen. Man kann den Truthahn auch mit folgender Füllung versehen:

Rezept 1509

Truthahnfüllung

Füllung:
Herz, Leber, Magen
1 Pfd. Gehacktes
Rührei von 3 Eiern
2 rohe, durchgedrehte Möhren
2 eingeweichte, ausgedrückte Brötchen
4 in Scheiben geschnittene gebräunte Zwiebeln, Paprika
Salz und Pfeffer

Alles, Herz, Leber, Magen durchdrehen, alle anderen Zutaten zugeben, miteinander vermischen, einfüllen, den Truthahn zunähen, in Form binden, mit Fett bepinseln und mit dünnen Speckscheiben belegen, auf dem Rost auf der unteren Schiene im mittelheißen Backofen braten (pro Kilo 3/4 Stunde). Öfter mit Bratensaft begießen. In der letzten halben Stunde mit kaltem Wasser besprengen, Bratensaft mit etwas saurer Sahne binden.

Tiefgekühlter Fisch kann gefroren oder angetaut verwendet werden.
Filet in Mehl gewendet 6 Minuten Bratzeit. Filet paniert in Mehl und Ei 8–10 Minuten Garzeit.

Rezept 1510

Gekochter Fisch

1 Paket gefrorener Kochfisch
1–2 l schwaches Salzwasser
1 Möhre, 1 Zwiebel
½ Stange Porree
1 Tomate, 1 Nelke
½ Lorbeerblatt
oder:
insgesamt nur
1 Eßl. Fischgewürze

Den gefrorenen Fisch aus der Packung nehmen, bei Zimmertemperatur auftauen, mit allen Gewürzen ins kochende Wasser geben, aufkochen lassen und an warmer Stelle mehr ziehen als kochen lassen. Herausheben, abtropfen lassen und auf vorgewärmter Platte appetitlich anrichten. Dazu eine würzig, pikante Soße oder geriebenen Meerrettich mit Schlagsahne in kleinen Portionen dazureichen.
Oder: den gefrorenen Fisch in einer fertigen Soße bei kleiner Flamme auftauen und garen lassen (10 Minuten Garzeit).

Rezept 1511

Fischkroketten

1 Paket gefrorene Fischkroketten
1 Topf mit flüssigem heißem Fett

Die gefrorenen Kroketten aus der Packung nehmen und ins heiße Fett geben, sorgsam von beiden Seiten hellbraun backen, herausheben, abtropfen lassen und zu Kartoffelsalat reichen.

Rezept 1512

Goldbarschfilet paniert

1 Paket gefrorene Filetscheiben
1 Ei
geriebenes Weißbrot
Salz
Zitrone
1 Teel. geriebene Zwiebel
1 Teel. feingehackte Petersilie
Fett zum Backen

Den gefrorenen Fisch nur so weit antauen lassen, bis er sich bequem aus der Packung nehmen läßt, die Scheiben voneinander trennen und mit geriebener Zwiebel und Petersilie einreiben. Zitronensaft überträufeln, pfeffern und salzen und in Mehl wenden. Mit Eigelb paniert in Semmelmehl wälzen und die Panade recht festdrücken. Die Filetscheiben dann in heißem Fett schnell anbraten und langsam weiterbraten, bis der Fisch auch innen aufgetaut und gar ist. Auf vorgewärmter Schüssel mit Zitronenscheiben und Petersilienbüschel garniert anrichten.

4 Filets aus der Kühltruhe
Salz, Butter
Zitronensaft
1 Eßl. geriebene Zwiebel oder Zwiebelpulver
1 Flasche Joghurt
1 Eßl. Tomatenmark
1 Teel. Paprikapuder

Rezept 1513

Rote Tiefkühlfilets

Die tiefgefrorenen Filets mit Zitronensaft bespritzen, salzen, Zwiebel überstreuen. Joghurt mit Tomatenpüree und Paprikapuder glatt rühren. Die Filets in eine gut gefettete feuerfeste Form legen, Butterflöckchen aufsetzen, die Soße darübergießen und den Fisch im Backofen garziehen lassen. Man reicht Salzkartoffeln und Salat dazu.

Tiefkühlfelchen
Salz, Pfeffer, Mehl
Butter zum Braten
3–4 gekochte Pellkartoffeln in Würfel geschnitten
3–4 Tomaten in Würfel geschnitten
1 Eßlöffel gehackte Petersilie

Rezept 1514

Felchen, filiert

Die Felchen auftauen, in Filets teilen. Dann in kurze, 2 cm breite Streifen schneiden, salzen, pfeffern, in Mehl wenden und in Butter braun braten. Die Kartoffelwürfel in heißer Butter gelb rösten und in einem kleinen Töpfchen die Tomatenwürfel garschmoren. Alles untereinander mischen und auf einer Platte mit Petersilie bestreut anrichten.

1 Stück Tiefkühlfischfilet
1 Glas Tomatenpaprika

Rezept 1515

Paprika-Fischfilet

Die Marinade des Tomatenpaprika in einen Topf abgießen, das Filet darin einlegen und langsam darin erhitzen, bis es völlig aufgetaut ist. Öfter mit der Marinade begießen. Mit den Paprikastreifen garniert anrichten.

1 gefrorene Tafel Fischfilet
3–4 Eßl. Speckwürfel
2–3 feingewürfelte Zwiebeln, 1 Tomate
1 grüne Paprikaschote
Pfeffer, Salz
1/2 Lorbeerblatt
1/2 Teel. Senfkörner
etwas Wein oder Brühe
1/2 Paket Makkaroni
2 Eßl. geh. Kräuter

Rezept 1516

Sizilianisches Fischgulasch

Angetauten Fisch in grobe Würfel schneiden, Speck und Zwiebel goldbraun ausbraten, Fisch und die in feine Streifen geschnittene Tomate und Paprika mit den Gewürzen im Fett anschmoren, überstreuen und zugedeckt 15–20 Minuten schmoren lassen. Ab und zu vorsichtig durchrühren, etwas Wein oder Brühe angießen, aber nur so viel, daß nichts anbackt. Die in Stücke geteilten Makkaroni unterheben, mit frischen Kräutern bestreuen und anrichten.

Rezept 1517

Gebackener Fisch mit Haselnüssen und Käse

1 große Packung tiefgefrorene Fischfilets
Zitronensaft
Salz
Pfeffer
50 g Margarine, zerlassen
50 g geriebenen Parmesankäse
75 g Haselnüsse, sehr fein gehackt oder gemahlen
2 Eßlöffel Cherry
3 Eßlöffel Milch
1 Eßl. Paniermehl

Den Fisch gefroren in Portionen schneiden und in eine gut gefettete, flache, feuerfeste Form (oder auf ein Backblech) geben. Mit Zitronensaft übergießen, mit Salz und Pfeffer würzen und eine halbe Stunde stehen lassen. Mit der Hälfte der zerlassenen Margarine bestreichen. Geriebene Nüsse und geriebenen Parmesankäse mit Milch und Cherry binden und jedes Fischstück damit bestreichen. Anschließend Paniermehl darüberstreuen und mit Salz und Pfeffer und einer Prise Muskatnuß würzen. Die restliche Margarine darübergeben und im heißen Ofen (ca. 180 Grad) 40 Minuten überbacken. Mit Tomatensoße servieren. Zum Garnieren eignen sich Tomatenketchup und aufgetaute Tiefkühlerbsen.

Rezept 1518

Gedünstetes Fischfilet

1 Paket gefrorenes Filet
Salz und Pfeffer
1 Teelöffel gerieb. Zwiebel
1/2 Teel. Zitronensaft
1 Teel. gehackte Petersilie
Butterflöckchen
1 Bogen Pergamentpapier

Das Filet soweit auftauen, bis sich die Scheiben voneinander lösen lassen. Den Fisch würzen, mit Zitronensaft beträufeln, bestreichen mit Petersilie und Zwiebel. Butterflöckchen auflegen, den gesamten Fisch auf eine feuerfeste gebutterte Platte legen, diese mit Pergamentpapier umhüllen und den Fisch im Backofen gardünsten. Kurz vor Beendigung der Garzeit das Papier abheben, und den Fisch einige Minuten bei starker Hitze backen, dann herausnehmen und auf der Platte servieren.
So zubereitet ist er besonders lecker, weil alle Nährstoffe und der Saft erhalten bleiben (12–20 Minuten Garzeit).

Rezept 1519

Indischer Rotbarsch

1 gefrorenes Filetstück
1/2 Flasche Joghurt
1 Zwiebel, Salz
1 Lorbeerblatt
1 Eßl. Paprikamus
2 Eßlöffel Fett
Tomatenketchup
1 Teel. Röstzwiebeln

Die feingeschnittene Zwiebel zusammen mit Lorbeerblatt und Paprikamus in Butter bräunen und mit dem Joghurt auffüllen, den Fisch einlegen, zugedeckt darin garziehen lassen und mit Salz, Pfeffer und Tomatenketchup abschmecken. 1 Teel. Röstzwiebeln mit in die Soße geben.

Rezept 1520

Bunter Fischauflauf

3 Tassen gek. Reis
1 Paket angetautes Fischfilet
1 Paket gefrorene, geschälte Tomaten
1/2 Tasse Rahm
Butterflöckchen
3 Eßl. gerieb. Käse

Fischfilet und Tomaten soweit antauen lassen, daß man sie in Streifen schneiden kann. Eine Auflaufform mit Butter auspinseln, schichtweise Reis, Fisch und Tomaten einlegen. Obenauf Reis. Den Rahm übergießen, Butterflöckchen aufsetzen und dick mit geriebenem Käse bestreuen. 25 Minuten im Backofen überbacken, bis der Käse zerschmilzt.
Mit Kopf- oder Endiviensalat servieren.

Rezept 1521

Forellen blau

1 Paket Forellen
heißes Essigwasser
2 l heißes Wasser

Den Fisch bis zum Kochen gefroren lassen. Aus der Packung nehmen, mit heißem Essigwasser übergießen, heranheben, und dann etwa 10 Minuten in heißem Wasser nurmehr ziehen lassen. Nicht kochen! Wenn der Fisch gar ist – das merkt man daran, daß sich die Flossen leicht aus dem Fleisch lösen lassen –, aus dem Wasser herausheben und mit brauner Butter und Trüffel oder Salzkartoffeln zu Tisch reichen.

Rezept 1522

Fischstäbchen

1 großes oder kleines Paket Fischstäbchen, evtl. mit Soße
1 Eßlöffel Fett

hergestellt aus seefrischen Fischfilets, dann paniert, angebraten und tiefgefroren.
Zubereitung:

Braten: 1 Eßlöffel Fett in der Pfanne erhitzen und bei kleiner Flamme 5–15 Minuten braten. (Kurze Zeit braten, wenn die Fischstäbchen bereits aufgetaut sind.) Einmal wenden.

Grillen: 7–10 Minuten Grillzeit bei mittlerer Temperatur. Einmal wenden.

Backen: In mäßig heißem Ofen 10–12 Minuten backen.

Kalt servieren: Stäbchen braten, grillen oder backen; vor dem Genuß erkalten lassen und evtl. mit Mayonnaise garniert servieren.

TIEFGEKÜHLTES GEMÜSE

Es erübrigt sich sicher, hier an dieser Stelle noch einmal Rezepte für Gemüsegerichte aufzuführen, denn sie sind im Vorderteil dieses Kochbuches so zusammengestellt, daß Sie dort auch jederzeit Anregung finden für die Verwendung und Zubereitung von Tiefkühlgemüse.

Wenn Sie sich nur eines merken wollen:

Das tiefgefrorene Gemüse einfach in wenig kochende Brühe oder ins heiße Fett geben, langsam auf kleiner Flamme garen.

Die Soßen und Gewürze dazu verwenden Sie wie gewohnt.

TIEFKÜHLKLÖSSE

Tiefgefrorene Kartoffelklöße sind hergestellt aus gekochten oder aus rohen und gekochten Speisekartoffeln, und sie werden in verschiedenen Geschmacksrichtungen angeboten, zum Teil nach Hausfrauenart, auf schlesische Art, auf bayerisch-fränkische Art zubereitet. Sie können ausprobieren, welche Ihnen am besten zusagt.
Man reicht verschiedene Soßen dazu: Zwiebel- oder Specksoße, Tomaten- oder Pilzsoße. Sie schmecken zu Backobst oder zu Obstkonserven, zu aufgetauten gezuckerten Birnen, Pflaumen, Kirschen oder Apfelmus. Besonders schmackhaft sind sie zu Schmor- und Sauerbraten, Gulasch, Rouladen, Kasseler oder Schweinebraten, eine Delikatesse zu Gänsebraten. Sie eignen sich auch besonders zu Sauerkraut oder Rotkohl und Möhren und erhöhen dadurch den Wohlgeschmack.
Von einer Mahlzeit übriggebliebene gekochte Klöße schneidet man in Scheiben und brät sie in heißem Fett in der Pfanne auf. Das gibt ein leckeres Abendbrot.
Kartoffelklöße sind niemals aufgetaut zu verwenden, sie müssen in tiefgefrorenem Zustand ins kochende Salzwasser gegeben werden. Vom Wiederaufkochen an gerechnet brauchen sie 15–20 Minuten zum Garwerden. Wenn sie oben schwimmen, sind sie tischfertig. Es befinden sich zumeist 6 mittelgroße Knödel in einer Packung, sind also ausreichend für 3–4 Personen. Es sind auch Pflaumen- und Leberknödel auf dem Markt. Entscheidend ist bei der Zubereitung: Reichlich Wasser in einen genügend großen Topf geben, damit die

Klöße schwimmen können und nicht aneinanderkleben. Sie müssen nach dem Wiederaufkochen des Wassers *langsam wallend* weiterkochen und werden dann mit einem Schaumlöffel aus dem Wasser herausgehoben und abgetropft in eine vorgewärmte Schüssel gegeben.

TIEFGEKÜHLTES OBST UND FRUCHTSÄFTE

Obstarme Zeiten haben schon oft gezeigt, wie unentbehrlich uns das Obst tatsächlich geworden ist. Über seine Werte für Gesundheit und Wohlbefinden zu sprechen, erübrigt sich wirklich. Denn dieses ist klar: Für Menschen jeglichen Alters, vom Kleinkind angefangen bis ins höchste Alter, bedeutet das Obst ein wahrhaftes Labsal, nach dem Sie greifen sollen, wann und wo immer sich eine Möglichkeit dafür bietet.

Da das Obst in rohem Zustand genossen am bekömmlichsten ist, sollten Sie auch reichlich vom Tiefkühlobst Gebrauch machen, denn es ist ja rohes Obst, das Ihnen nun jederzeit mit all seinen wertvollen Vitaminen und Nährstoffen zur Verfügung steht.

Wer aber frisches, rohes Obst wegen seiner Fruchtsäure nicht recht vertragen kann, bereite sich daraus Kompott oder Salate oder warme Obstgerichte. Das Angebot der tiefgefrorenen Früchte ist so reichhaltig, daß für jeden Magen und für jeden Geschmack etwas zu finden ist.

Mit ganz besonderer Sorgfalt sollten Sie daher Obstspeisen bereiten, die nicht nur den Abschluß einer Mahlzeit bilden, sondern auch wirklich eine vollständige Mahlzeit bieten und nicht nur der Leckerei dienen.

Tiefgekühltes Obst kann aber auch als Kuchen- oder Tortenauflage Verwendung finden, je nachdem, ob es gezuckert oder ungezuckert ist. Den Obstpackungen liegen genaue Anweisungen bei, ob die Früchte aufgetaut oder gefroren verarbeitet werden sollen. Besonders geeignet sind halbierte Pflaumen zum Kuchenbacken.

Schmackhafte *Bowlen* lassen sich ebenfalls aus Tiefkühlobst bereiten: 1–2 Pakete gezuckerte gefrorene Früchte mit etwas Zuckerzusatz und 1 Gläschen Kognak in eine Bowlenschüssel geben, zudecken und auftauen lassen. Wein und eisgekühlten Sekt übergießen und anrichten.

Fruchtsäfte halten sich nur im Tiefkühlfach eines Haushaltkühlschrankes bei minus 18 Grad unbeschränkt. Wenn kein Tiefkühlfach im Eisschrank vorhanden ist, müssen die aufgetauten Fruchtsäfte in einer verschlossenen Glasflasche aufbewahrt werden. An einem kühlen Ort oder im Kühlschrank sind sie dann einige Tage haltbar. Vor dem Gebrauch sind sie durchzuschütteln.

Fruchtsäfte läßt man in einer zugedeckten Schüssel – nicht aus Metall – bei Zimmertemperatur auftauen. Soll der Saft unmittelbar verwendet werden, stellt man das Gefäß mit dem tiefgefrorenen Fruchtsaft in warmes Wasser. Zweckmäßig ist es, während des Auftauens kräftig umzurühren. Um die Fruchtsäfte gut aus der Packung zu entnehmen, legt man das Paket 1/2 Minute in warmes Wasser.
Es sind konzentrierte und unkonzentrierte, also schon verdünnte, Fruchtsäfte im Handel. Letztere sind leicht gezuckert. Sie können beide Arten von Saft zur Bereitung von Getränken, zum Beispiel im Heimsyphon, verwenden, zur Bereitung von Eisspeisen und -krems, zur Bereitung von Süßspeisen jeder Art. Auch bunte Eiswürfel lassen sich herstellen, wenn Sie den Fruchtsaft in den Eisfächer gießen und erneut einfrieren lassen. Geben Sie die Eiswürfel dann in ein Cocktailglas und übergießen den Würfel mit Sprudel und lassen ihn schmelzen. Auch mit Alkohol übergossen ergibt es ein erfrischendes, belebendes und anregendes Getränk.

EISZUBEREITUNG

Ausgezeichnete und wohlschmeckende Eisspezialitäten lassen sich mit Tiefkühlfruchtmark, Tiefkühlfruchtsaft oder aus gefrorenen Früchten zubereiten. Natürlich müssen alle drei Produkte zuerst aufgetaut sein, ehe sie zu Eisspezialitäten verarbeitet werden können.
Jede Hausfrau, die einen Kühlschrank besitzt, weiß, daß sie im Eiswürfelbehälter ihres Kühlschrankes Eis bereiten kann. Nehmen Sie die Eiswürfel heraus, füllen Sie den Behälter mit Eiskrem. Sie können Ihre Familie oder Ihre Gäste auf sonnenglühendem Balkon mit einer Eisspeise erquicken. Rezepte dazu auf Seite 317–320.

Soll aus gefrorenem Teig Backwerk bereitet werden, so muß das Paket völlig aufgetaut sein. Im übrigen gilt auch hier, sich nach den aufgedruckten Anweisungen zu richten.

Rezept 1523

Schweinsöhrchen von Blätterteig

1 Paket aufgetauter Blätterteig
1/2 Tasse Sandzucker
1/2 Tasse Puderzucker

Von dem ausgerollten Teig dicke Scheiben ausstechen, Sand- und Puderzucker mischen, die Scheiben auf dem Zuckergemisch ganz dünn ausrollen. Auf trockenem Blech 10 Minuten ruhen lassen, dann heiß backen. Nach dem Backen kann man mit Schokoladenglasur verzieren.

Rezept 1524

Spanische Schnitten

1 Paket gefrorener Blätterteig
1 Eiweiß
200 g Puderzucker
1 Teel. Zitronensaft
1 Vanillezucker

Den gefrorenen Blätterteig an kühler Stelle in 2 Stunden auftauen lassen, einen 10 cm breiten, gut 1/2 cm dicken Streifen vom Blätterteig ausrollen und mit der Vanille-Eiweißglasur dick bestreichen (sie muß ziemlich fest sein, es darf nichts herunterlaufen), 3 cm breite Streifen abschneiden. Dann die Schnitten aufs Blech legen, die Glasur etwas antrocknen lassen, was sehr schnell geht, und nicht gar zu heiß backen. Glasur: Den gesiebten Puderzucker 15 Minuten mit den übrigen Zutaten glatt verrühren.

Rezept 1525

Äpfel im Schlafrock

1 Paket gefrorener Blätterteig
4–8 feste Äpfel
1 Gläschen Arrak
1/2 Tasse gereinigte Sultaninen
1 Ei

Den Blätterteig an kühler Stelle in 2 Stunden auftauen, die Äpfel schälen, in der Mitte ausstechen, die Höhlung mit in Arrak gemischten Sultaninen füllen. Den Blätterteig gut messerrückendick ausrollen, Äpfel aufsetzen, den Teig so schneiden, daß je 1 Apfel eingehüllt werden kann. Obenauf eine Rosette von Blätterteig geben, die mit einem kleinen Gläschen ausgestochen wird, mit Ei bestreichen und backen.

Rezept 1526

Käsegebäck aus Gefrierteig

Den aufgetauten Teig 1/2 cm dick ausrollen und mit dem Rädchen in quadratische Vierecke teilen, etwa 10 cm groß. Geriebenen Käse, Rahm und Rosenpaprika fein verrühren, Teelöffelweise auf die Mitte der Vierecke geben, die Ecken zur Mitte hin zusammenschlagen und mit verklopftem Eigelb betrichen hellgelb backen bei mittlerer Hitze.

1 Paket Mürbeteig aus der Gefriertruhe
6–8 Eßl. gerieb. milder Käse, 1 Eigelb
1/2 Tasse Rahm oder Dosenmilch
1 Prise Rosenpaprika

Rezept 1527

Käselocken

Vom gleichen Teig können die Käselocken gebacken werden, wenn geriebener Käse unter den aufgetauten Mürbeteig geknetet wird. Dann dünn ausrollen, den Teig in schmale Streifchen rädern, diese zu kleinen Locken drehen und mit Eigelb bepinselt hellgelb backen mit mittlerer Hitze.

Zutaten wie Rezept 1526
geriebener Käse

DAS SELBSTEINFRIEREN VON GEMÜSE, FLEISCH

Nun ist es aber nicht nur möglich, Tiefkühlware aus dem Geschäft zu kaufen und zu Hause einige Tage im Tiefkühlfach des Haushaltkühlschrankes aufzubewahren. Neuerdings – es haben schon eine ganze Reihe großer Haushaltungen sich diesem Verfahren zugewandt – gibt es kleine Gefriertruhen für Haushalte, in denen man eigene Erzeugnisse oder auch fertiggekaufte Tiefkühlware monatelang aufbewahren kann. Größere Haushaltungen auf dem Lande oder Gartenbesitzer, die reichlich Obst oder Gemüse zu verwerten oder aufzubewahren haben, sind schon Besitzer einer Truhe. Mit Sorgfalt und ein wenig Geschick lassen sich Fleisch, Obst und Gemüse naturfrisch aufbewahren. Allerdings sind solche Truhen nicht ganz billig. Etwa DM 700.– und mehr muß man dafür anlegen. Dafür hat man aber auch ungeahnte Vorteile.
Die folgenden Anleitungen zum Selbstherstellen der Tiefkühlware halten die Truhenlieferanten für beachtenswert:

Auswahl, Vorbereitung, Verpackung

Wichtig ist nicht nur die *Auswahl* des Produktes, sondern auch die sorgfältige *Vorbereitung* und die *Verpackung*. Hierfür kommen sowohl Konserven, Plastik- oder Aluminiumbehälter als auch Kunststoff-Folie in Form von Beuteln oder Schläuchen in Frage, die behelfsmäßig sogar mit einer alten Ondulierschere, mit einem warmen Bügeleisen oder mit Klebestreifen verschlossen werden können. Alle Luft muß aus der Umhüllung herausgepreßt sein, die Folie muß die Ware eng umschließen. Zweckmäßig ist es, alle Päckchen oder Dosen mit Datum zu versehen.

Erbsen, Spargel oder Karotten sollen knackfrisch sein, wenn sie eingefroren werden. Spargelköpfe sollen geschlossen sein, Erbsen sorgfältig verlesen und die Karotten oder Möhren sorgsam geschält. Der Stangenspargel beispielsweise wird geschält, alle harten oder holzigen Stellen werden entfernt, die Stangen werden zusammengelegt und gleichmäßig lang geschnitten. Dann werden sie kurz in kochendes Wasser getaucht, 3–4mal übergewällt, unter kaltem, fließendem Wasser schnell abgekühlt und in Portionen, die nicht zu groß sein sollen, verpackt. Die Verschlußenden der Folienpackung können mit einer erwärmten Ondulierschere, mit einem nicht zu heißen Bügeleisen oder einfach mit einem Leukoplaststreifen luftdicht verschlossen werden.

Soll Fleisch eingefroren werden, nimmt man erprobtermaßen besser Aluminiumfolie. Sie ist schmiegsam und umhüllt das Gefriergut fest, so daß die Packung auch wirklich luftdicht verschlossen werden kann. Das Fleisch soll aber möglichst nicht frisch geschlachtet sein. Abgehängtes, nicht mehr tropfendes Fleisch eignet sich besser.

Das Fleisch, das in handliche Portionen geschnitten wird, wird ohne weitere Zubereitung verpackt und eingefroren. Jedoch sollten die Portionen nach Möglichkeit nicht mehr als 5 Pfund wiegen.

Genauso verpackt man das Fleisch in den Kunststoffschläuchen, die es in verschiedenen Breiten gibt. Sie sollen sich möglichst der Größe des Fleischstückes anpassen. Die Luft wird gut herausgedrückt, der Beutel verschlossen und ist nun fertig zum Einfrieren.

Das durchsichtige Zellglas, das die Ware aromadicht verpackt, ist besonders geeignet zur Aufbewahrung von Fleisch und Obst, ist aber von sehr empfindlichem Material. Diese Paketchen gibt man zweckmäßig noch in Kartonfaltschachteln, die mit einem Wachspapier oder einer Wachsschicht von innen und außen versehen sind. Dieses dünne Zellglas kann mit einem warmen Bügeleisen luftdicht zugeschweißt werden, indem man den warmen Rand des Bügeleisens kurze Zeit auf die Packung entlang der Ware aufdrückt, nachdem man zuvor natürlich die Luft herausgedrückt hat und das Zellglas möglichst fest um die Ware gepreßt hat.

Was eignet sich zum Selbsteinfrieren?

Obst:

in jeder Form, also Aprikosen, Pfirsiche (enthäuten), Erdbeeren, Himbeeren, Brombeeren, Johannisbeeren, Kirschen süß und sauer, gepreßte Fruchtsäfte, Fruchtmark.

Gemüse:

alle Gemüse, die es nicht das ganze Jahr über gibt, also: Spargel, Schwarzwurzeln, Bohnen, Karotten, Erbsen und vor allem Pilze, Rosenkohl, Groß-Bohnen.

Fleisch roh:

Wild: Reh, Wildschwein, Hirsch, Kaninchen.
Geflügel: Gans, Huhn, Ente in Portionsstücken.

Fertiggerichte:

Konzentrierte Brühen, Frikassee, Gulasch, Rouladen. Aber die Fleischsoßen müssen als Natursaft mit eingefroren werden, Mehl darf der Soße nicht beigegeben sein, und auch mit dem Würzen sollte man vorsichtig sein.

Fertige Backwaren:

Biskuit-, Tortenböden, Pasteten, Rührkuchen, evtl. Hefegebäck. Alles ist fix und fertig gebacken, wenn man Besuch bekommt oder schnell Backwaren benötigt.

Aber bei allen Teigen, die eine lange Auftauzeit haben, lohnt sich das Einfrieren kaum, weil in der Zeit des Auftauens frischer Teig zubereitet werden kann.

DAS EINFRIEREN VON OBST

Beim Obst gibt es andere Regeln als beim Einfrieren von Gemüse. Natürlich müssen auch alle Früchte gewaschen werden, schlechte Stellen sind unbedingt zu entfernen, Pfirsiche, Pflaumen und Tomaten können enthäutet werden. Zu dem Zweck werden sie kurz in heißes Wasser getaucht und gebrüht; sie können dann mühelos abgezogen werden. Sie werden dann entweder gezuckert oder ungezuckert oder mit Zuckersirup in Beutel gefüllt und eingefroren.

Eine Ausnahme sind Äpfel und Birnen, die geschält und kurz in heißem Wasser übergewällt werden, um das Braunwerden zu verhindern. Abgetropft werden sie in die Beutel gepackt, die man fest an die Früchte anpreßt, und die Öffnung wird mit einem Gummiring verschlossen.

Alle *Beerenfrüchte* sind einfach einzufrieren. Nach dem Reinigen und Verlesen werden sie mit oder ohne Zucker in die Klarsichtbeutel gefüllt, die Beutel an der Öffnung mehrmals gedreht, bis sich die Folie fest um die Beeren gelegt hat und dann einfach mit einem Gummischnips geschlossen.

DAS EINFRIEREN IN DER TRUHE

Jedes Päckchen muß entweder *auf dem Verdampfer* oder 6–24 Stunden unmittelbar an den Wänden der Tiefkühltruhe eingefroren werden bei mindestens 25 Grad Kälte. Das ist genau zu überwachen. Danach erst kann man die Pakete stapeln, und immer muß die ältere Ware oben liegen, damit sie zuerst verbraucht wird. Die Dauertemperatur für längere Lagerung ist bei 18 Grad Kälte. Sie kann sogar etwas tiefer, darf aber niemals höher sein. So kann man viele Wochen und Monate vorsorgen und hat bei Bedarf alles gartenfrisch zur Hand.

Das **STICHWORTREGISTER** befindet sich auf den Seiten 9 bis 18 (Alphabetisches Verzeichnis sämtlicher Rezepte).